Fournil-Marie -
W0313079

DEAVS

Diplôme d'État d'auxiliaire de vie sociale

Domaines de formation 1 à 6

Chez le même éditeur

Dans la gamme Concours

Méga guide Concours AS/AP, par J. Gassier, M.-H. Bru, P. Lecocq, C. Siebert, G. Moussy-Binet. 2008, 624 pages.

Concours d'entrée AS/AP. Épreuves écrites, par J. Gassier, M. Vasseur, G. Moussy-Binet, E. Allègre, D. Guérin, F. Magère, M.-H. Bru. 2009, 416 pages.

Concours d'entrée AS/AP. Épreuve orale, par J. Gassier. 2010, 352 pages.

Réussir le concours ATSEM, par J. Gassier, E. Giroulle, O. Meyer. 2008, 224 pages.

Dans la gamme Lycée professionnel

CAP petite enfance Matières professionnelles, par J. Gassier, F. Filachet. 2009, 416 pages.

Fiches techniques CAP petite enfance, par J. Gassier. 2009, 176 pages.

TD CAP petite enfance. Sciences médico-sociales, technologies et techniques professionnelles, par J. Gassier, C.-M. Fresnay, M.-F. Roturier. 2008, 92 pages.

TD CAP petite enfance. Biologie, nutrition-alimentation, technologies et techniques professionnelles, par J. Gassier, F. Filachet. 2008, 92 pages.

Annales corrigées CAP petite enfance Épreuves professionnelles, par J. Gassier, G. Moussy-Binet, A. Cornier. 2009, 224 pages.

Dans la collection « AS/AP »

Guide AP – Auxiliaire de puériculture, par J. Gassier. 2010, 608 pages.

Guide AS – Aide-soignant, par J. Gassier, K. Le Neurès, E. Peruzza. 2009, 608 pages.

Mémo-fiches AP. Modules 1 à 8, par J. Gassier. 2010, 288 pages.

Mémo-fiches AS. Modules 1 à 8, par J. Gassier. 2010, 328 pages.

Hors collection

Le Guide de la puéricultrice, par J. Gassier, C. de Saint-Sauveur. 2008, 1192 pages.

Le Guide de la petite enfance, par J. Gassier. 2009, 416 pages.

70 activités et jeux pour les 0-6 ans, par J. Gassier, E. Allègre. 2010, 176 pages.

85 Fiches d'animation pour les personnes âgées, par J. Gassier, E. Allègre, 2011, 224 pages.

DEAVS
Diplôme d'État d'auxiliaire de vie sociale

Domaines de formation 1 à 6

Jacqueline GASSIER
Professeur de Sciences et techniques médico-sociales (STMS)

Corine CORDON
Professeur de Sciences et techniques médico-sociales (STMS)

Avec la collaboration de

Patricia CHAUVEZ-SIOURD
Responsable du Pôle accompagnement et aide à la personne (AAP) – IRTS de Franche-Comté

Bruno BOYANOV
Médecin responsable des formations AVS-Phénix, à Paris

Marie-Françoise RIOJA
Conseillère en économie familiale et sociale – Intervenante auprès des AVS

Catherine AUFFRET-PERRET
Responsable de la formation AVS – IRTS de Franche-Comté

ELSEVIER
MASSON

DANGER

LE PHOTOCOPILLAGE TUE LE LIVRE

Ce logo a pour objet d'alerter le lecteur sur la menace que représente pour l'avenir de l'écrit, tout particulièrement dans le domaine universitaire, le développement massif du « photo-copillage ». Cette pratique qui s'est généralisée, notamment dans les établissements d'enseignement, provoque une baisse brutale des achats de livres, au point que la possibilité même pour les auteurs de créer des œuvres nouvelles et de les faire éditer correctement est aujourd'hui menacée.
Nous rappelons donc que la reproduction et la vente sans autorisation, ainsi que le recel, sont passibles de poursuites. Les demandes d'autorisation de photocopier doivent être adressées à l'éditeur ou au Centre français d'exploitation du droit de copie : 20, rue des Grands-Augustins, 75006 Paris. Tél. 01 44 07 47 70.

Tous droits de traduction, d'adaptation et de reproduction par tous procédés, réservés pour tous pays.
Toute reproduction ou représentation intégrale ou partielle, par quelque procédé que ce soit, des pages publiées dans le présent ouvrage, faite sans l'autorisation de l'éditeur est illicite et constitue une contrefaçon. Seules sont autorisées, d'une part, les reproductions strictement réservées à l'usage privé du copiste et non destinées à une utilisation collective et, d'autre part, les courtes citations justifiées par le caractère scientifique ou d'information de l'œuvre dans laquelle elles sont incorporées (art. L. 122-4, L. 122-5 et L. 335-2 du Code de la propriété intellectuelle).

© 2011, Elsevier Masson SAS. Tous droits réservés.
ISBN : 978-2-294-71424-5

Elsevier Masson SAS, 62, rue Camille-Desmoulins, 92442 Issy-les-Moulineaux cedex
www.elsevier-masson.fr

Table des matières

DOMAINE DE FORMATION 1

Connaissance de la personne

DOMAINE DE FORMATION 2

Accompagnement et aide individualisée dans les actes essentiels de la vie quotidienne

DOMAINE DE FORMATION 3

Accompagnement dans la vie sociale et relationnelle

DOMAINE DE FORMATION 5

Participation à la mise en œuvre, au suivi et à l'évaluation du projet individualisé

DOMAINE DE FORMATION 6

Communication professionnelle et vie institutionnelle

Le référentiel professionnel de l'auxiliaire de vie sociale[1]

Rôle et missions de l'AVS

▶ **L'auxiliaire de vie sociale réalise une intervention sociale** visant à compenser un état de fragilité, de dépendance ou de difficultés dû à l'âge, la maladie, le handicap ou les difficultés sociales par une aide dans la vie quotidienne. Il favorise ainsi le maintien de la personne au domicile et évite son isolement. Il veille à la préservation ou à la restauration de l'autonomie de la personne et l'accompagne dans sa vie sociale et relationnelle.
Il intervient auprès des familles, des enfants, des personnes en difficulté de vie ou en difficulté sociale, des personnes âgées, malades ou handicapées. Il réalise cette intervention au domicile, lieu de résidence privative (habituel ou de substitution) de la personne aidée, et l'accompagne dans son environnement proche.

▶ **L'auxiliaire de vie sociale repère les potentialités et les incapacités constatées de la personne, ses besoins et ses attentes.** Il met en œuvre un accompagnement adapté à la situation de la personne, soit en l'aidant à faire, soit en faisant à sa place lorsque la personne est manifestement dans l'incapacité d'agir seule. Il évalue régulièrement et réajuste son intervention en s'assurant du consentement de la personne et de son implication à toutes les phases du projet individualisé et en collaboration avec l'encadrement.

▶ **L'auxiliaire de vie sociale inscrit son action dans un projet individualisé.**

▶ **L'auxiliaire de vie sociale,** s'il dispose d'une certaine autonomie dans son intervention, **inscrit son action dans le cadre d'un projet individualisé** contractualisé avec la personne et dans le cadre des missions qui lui sont confiées par l'encadrement. Il contribue à l'amélioration de la qualité du service et travaille en liaison étroite avec les autres intervenants à domicile, les institutions sanitaires, sociales et médico-sociales.

▶ Dans le cadre du projet individualisé, **l'auxiliaire de vie sociale accompagne et aide la personne dans les actes essentiels** (aide directe à la personne) et dans les activités ordinaires de sa vie quotidienne. Il favorise les activités et les relations familiales et sociales de la personne.

▶ **L'auxiliaire de vie sociale adopte un comportement professionnel en cohérence avec l'éthique de l'intervention sociale.** L'AVS veille tout particulièrement au respect des droits et libertés de la personne et de ses choix de vie dans l'espace privé de la personne qui est également son espace de travail.

1. Référentiel 2008.

Domaine de formation 1

Connaissance de la personne

Indicateurs de compétences AVS du DF1

Chapitre 1. Le développement physique, psychologique et social de la personne aux différents âges de la vie

▶ ***Prendre en compte les différentes étapes du développement physique, psychologique et social de la personne dans son accompagnement au quotidien.***

Au cours de sa vie, la personne évolue et se construit à travers des périodes importantes de son développement appelées « périodes-clés », notamment grâce à son environnement humain.

Divers événements vont avoir un impact sur son développement depuis l'enfance, en particulier l'influence familiale, les événements affectifs, les maladies (ou accidents) et les problèmes de la vie.

Pour mieux comprendre le développement de la personne et les incidences des facteurs de risques et des pathologies, il faut commencer par étudier le fonctionnement de son organisme. D'où l'intérêt du chapitre d'anatomie et physiologie.

Chapitre 2. Le contexte social et culturel et ses enjeux

▶ ***Prendre en compte l'identité culturelle, le mode de vie, le vécu et l'histoire de la personne aidée dans les actes de la vie quotidienne.***

On entend par contexte socioculturel de la personne l'environnement social et culturel dans lequel la personne est amenée à vivre. Nous verrons successivement les différents « groupes sociaux » au contact desquels la personne va construire son identité, dans l'enfance d'abord, puis dans la vie adulte ensuite et comment s'établit la socialisation, c'est-à-dire l'intégration des habitudes sociales du groupe. L'AVS s'inscrit dans la vie privée de la personne. Il (ou elle) doit connaître le vécu de celle-ci pour mieux la comprendre !

Chapitre 3. Les pathologies, les handicaps et leurs répercussions sur l'individu

▶ ***Prendre en compte les conséquences des différentes pathologies, handicaps et déficiences dans les actes de la vie quotidienne et sociale des personnes.***

L'AVS, qui accompagne une personne malade, doit :

– réfléchir aux liens intimes entre la santé et la maladie, le sens que chacun attribue à sa maladie ou son handicap en fonction de son vécu, de sa culture, de ses liens affectifs avec les proches, de sa personnalité ;

– savoir que la psychologie humaine est complexe : la maladie est l'occasion pour certaines personnes de réclamer un surcroît d'attention de la part de l'entourage familial (tel que le maternage). Au contraire, pour d'autres, la maladie peut avoir des répercussions négatives. Elles se sentent fragilisées, amoindries et la maladie constitue une épreuve douloureuse qui met fin à leur projet de vie ;

– accomplir une tâche psychologique et humaine très importante auprès des personnes malades et de leur entourage.

CHAPITRE 1

Le développement physique, psychologique et social de la personne aux différents âges de la vie

I. ANATOMIE ET PHYSIOLOGIE DES GRANDES FONCTIONS

A Appareil respiratoire

L'appareil respiratoire (*cf.* Figure 1.1) permet la respiration. Celle-ci procure à l'organisme l'oxygène vital et permet le rejet du gaz carbonique (dioxyde de carbone). Cet appareil est composé des voies respiratoires et des poumons.

1 Voies respiratoires

Ces voies respiratoires présentent des caractères communs qui ont pour but d'humidifier, de réchauffer et de nettoyer l'air inspiré :

- la *muqueuse* sécrète un mucus qui agglutine et détruit certains micro-organismes et humidifie l'air ;
- les *vaisseaux sanguins* réchauffent l'air ;
- les *cils vibratiles* arrêtent les poussières et les font remonter à la surface.

2 Poumons

Les poumons sont deux organes spongieux, logés dans le thorax et protégés par les côtes.

- Ils sont enveloppés de la *plèvre* (membrane à deux feuillets) qui solidarise les poumons à la cage thoracique.
- Un riche réseau sanguin se ramifie dans les poumons :
  - *une artériole pulmonaire* suit la bronchiole, elle apporte le CO_2 (dioxyde de carbone) aux poumons ;
  - *une veinule pulmonaire* circule à la périphérie du lobule. Elle ramène l'oxygène vers le cœur.

DEAVS. Modules 1 à 6
© 2011 Elsevier Masson SAS. Tous droits réservés

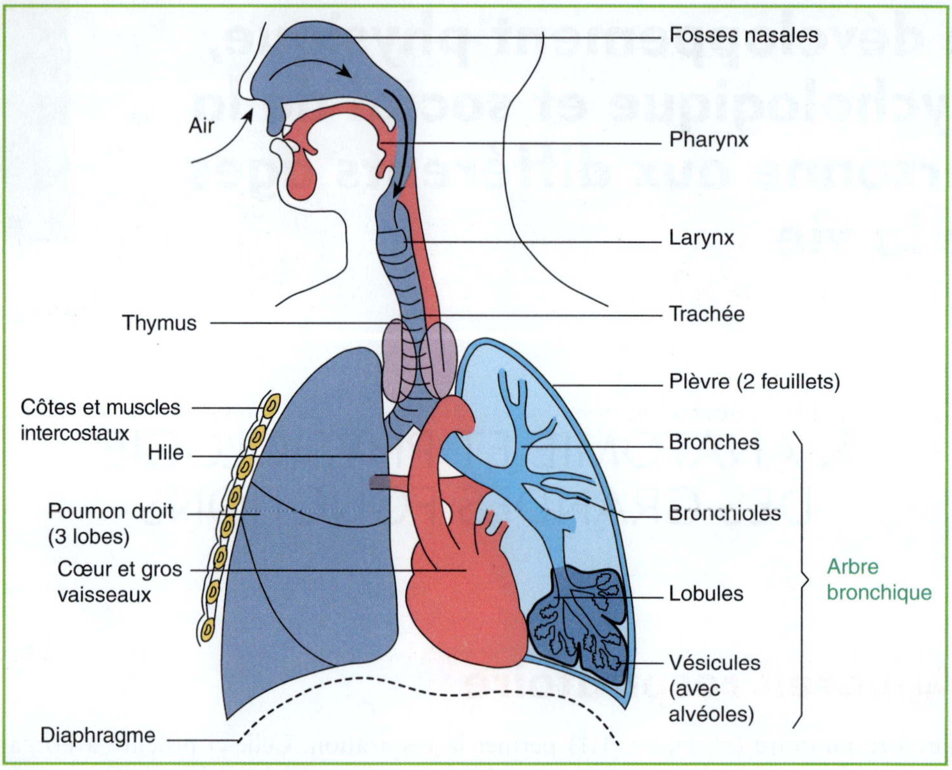

Fig. 1.1 **L'appareil respiratoire.**

3 Mécanisme de la respiration

Un mouvement respiratoire est l'ensemble d'une inspiration ou absorption d'air et d'une expiration ou rejet d'air.
Les côtes, les muscles élévateurs des côtes et le diaphragme participent à ce mouvement ; le poumon suit grâce à la plèvre. La respiration est réglée par le système nerveux central. Lors d'une inspiration et d'une expiration normales, le « volume courant » est le volume d'air qui pénètre dans les poumons.

4 Mécanisme des échanges gazeux

Au cours de la respiration (*cf.* Figure 1.2), il y a :
- absorption d'oxygène (O_2) ;
- rejet de gaz carbonique (CO_2) et de vapeur d'eau.

C'est l'*hémoglobine* (pigment des globules rouges du sang) qui va jouer le rôle de véhicule de l'O_2 (sous forme d'oxyhémoglobine) et du CO_2[1] (sous forme de carbhémoglobine) entre le cœur, les organes et les poumons.

1. On compare l'hémoglobine à un petit taxi qui transporterait toujours les deux mêmes passagers. Il change de couleur selon le passager qu'il transporte (rouge foncé avec le CO_2 ou rouge vermeil avec l'O_2).

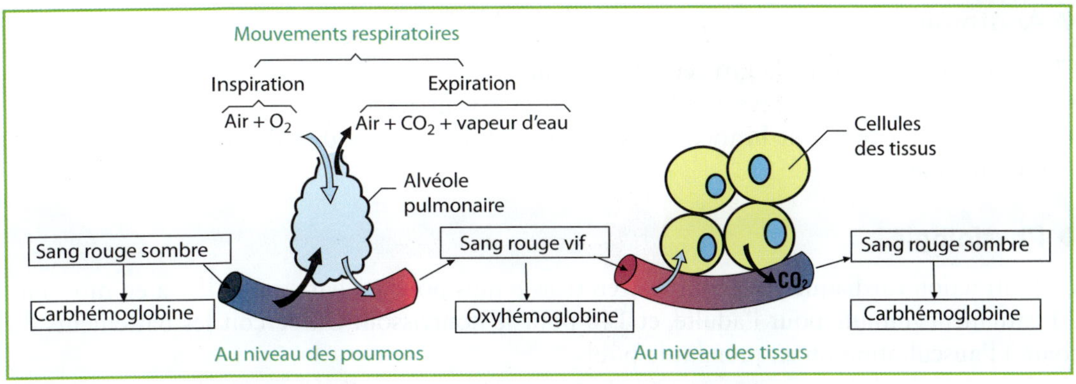

Fig. 1.2 a) Échanges gazeux au niveau des poumons ; b) Échanges gazeux au niveau des organes.

B Appareil cardiovasculaire

L'appareil cardiovasculaire comprend un organe propulseur du sang, *le cœur*, et un appareil conducteur du sang, *les vaisseaux sanguins*.

1 Cœur

Le cœur (*cf.* Figure 1.3) est situé dans la cage thoracique entre les deux poumons, au-dessus du diaphragme.

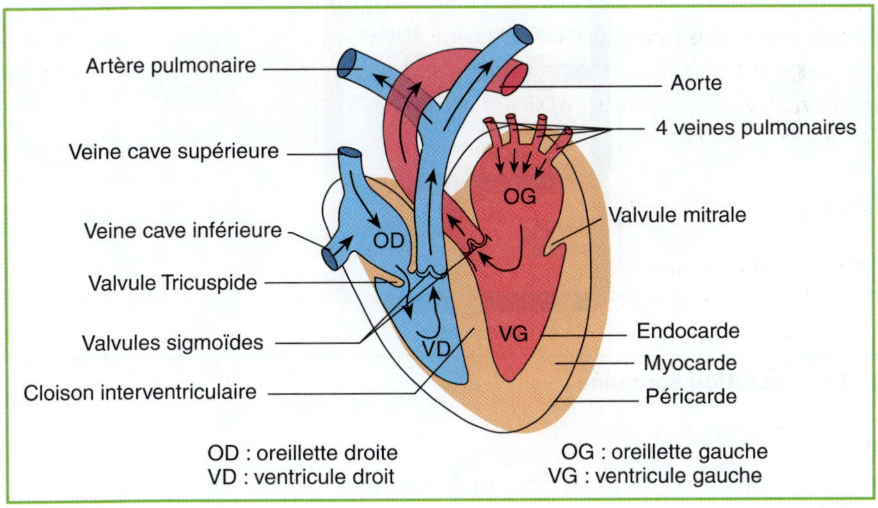

Fig. 1.3 Le cœur (coupe).

◆ Anatomie

C'est un muscle creux, de la grosseur d'un poing :
- il est divisé en quatre cavités : 2 oreillettes et 2 ventricules ;
- de gros vaisseaux sont branchés sur le cœur et assurent la distribution du sang à tout l'organisme.

◆ Physiologie

La contraction cardiaque se décompose en trois temps pour un battement. Il y a en moyenne 70 battements/minute pour l'adulte, et 140 pour le nourrisson. On perçoit les battements du cœur à l'auscultation ou en prenant le pouls.

2 Circulation sanguine

Il y a deux formes de circulation sanguine : la petite circulation et la grande circulation (*cf.* Figure 1.4).

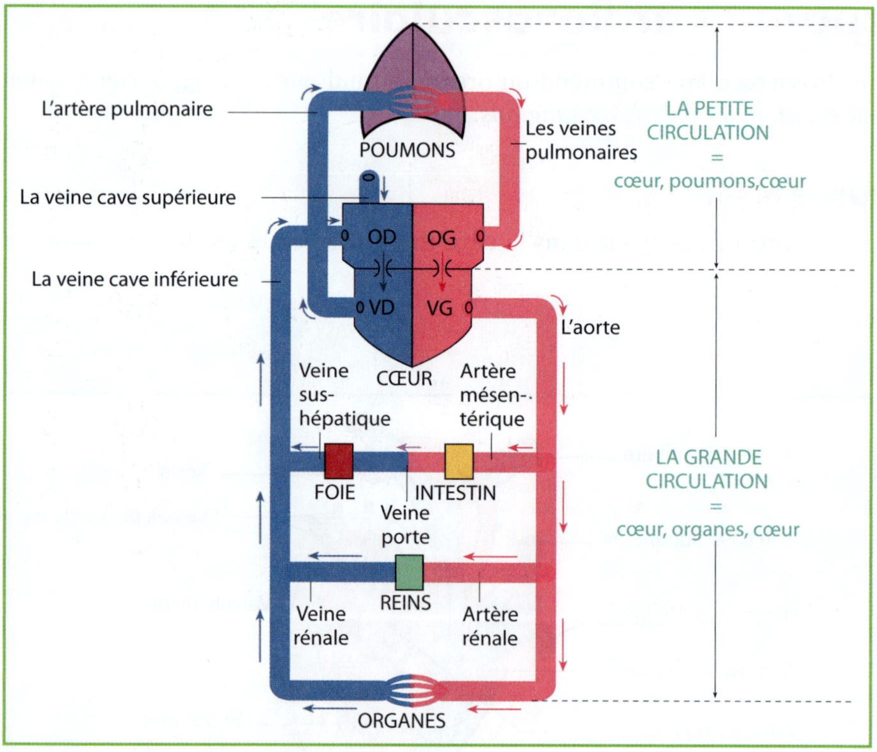

Fig. 1.4 La circulation sanguine.

◆ Petite circulation ou circulation pulmonaire

La petite circulation (*cf.* Figure 1.4) correspond au circuit du sang :
- du cœur aux poumons : le sang chargé en carbhémoglobine quitte le cœur par l'artère pulmonaire et se rend aux poumons ;

• des poumons au cœur : le sang s'oxygène au niveau des poumons et il revient au cœur chargé en oxyhémoglobine par les veines pulmonaires.

◆ Grande circulation

La grande circulation (*cf.* Figure 1.4) correspond au circuit du sang :

• du cœur aux organes : le sang chargé en oxyhémoglobine part du ventricule gauche par l'aorte. Il est distribué à tous les organes par l'intermédiaire des nombreuses ramifications des artères (artérioles, capillaires) ;
• des organes au cœur : le sang revient chargé en carbhémoglobine au cœur par les veines caves supérieures et inférieures.

3 Sang

Le sang est un liquide rouge, épais, visqueux et salé qui circule dans les vaisseaux sanguins (*cf.* Figure 1.5).

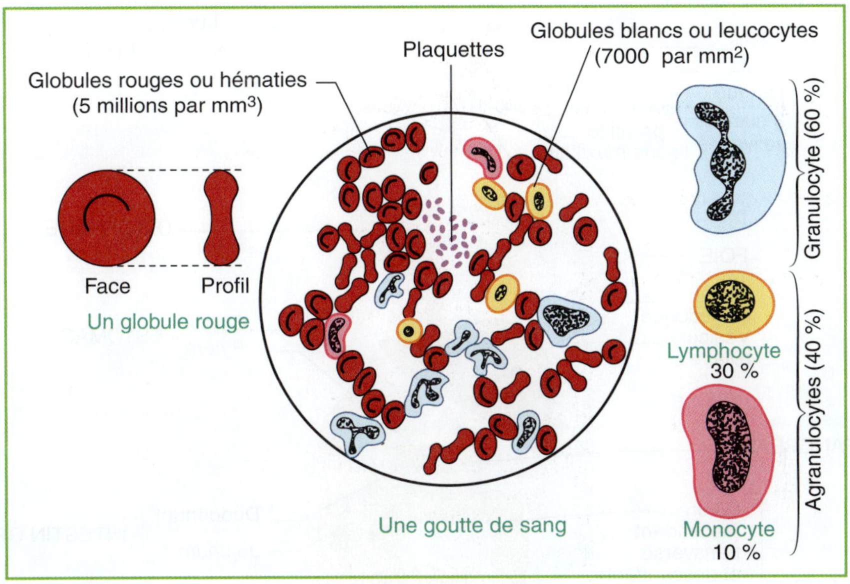

Fig. 1.5 Les globules sanguins.

◆ Cellules

Le sang contient :

• des *globules rouges* qui assurent le transport de l'O_2 et du CO_2 ;
• des *globules blancs* qui interviennent dans la défense de l'organisme ;
• des *plaquettes* qui jouent un rôle dans la coagulation.

◆ Plasma

Le liquide du sang est le *plasma*. Il véhicule :

- des substances nutritives ;
- des déchets (urée, acide urique) ;
- des substances actives (vitamines, hormones, anticorps) ;
- des facteurs de coagulation dont le fibrinogène.

C Appareil digestif

L'appareil digestif (*cf.* Figure 1.6) assure le transport et la digestion des aliments. Il commence par la bouche et se termine à l'anus. Cet appareil est composé de différents organes ayant chacun un rôle bien spécifique à jouer.

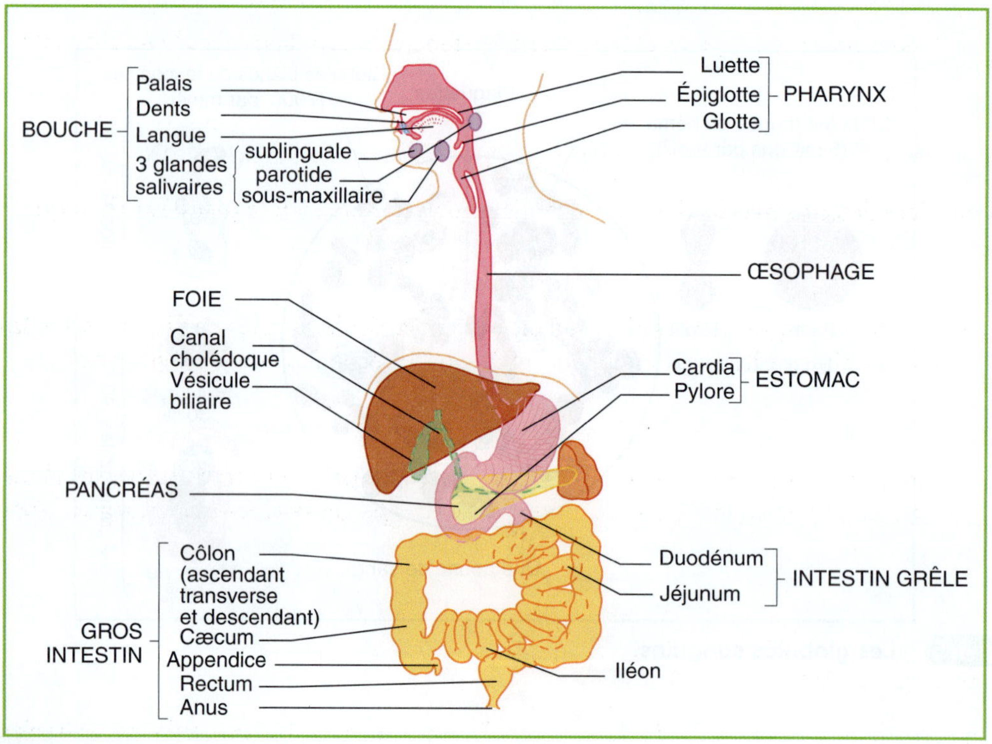

Fig. 1.6 **L'appareil digestif.**

1 Anatomie des différents organes

L'appareil digestif est composé de sept organes ayant chacun des caractéristiques spécifiques (*cf.* Tableau 1.1).

Tableau 1.1 Anatomie des organes digestifs.

Organes	Caractéristiques
1. La bouche	Elle comprend la langue, le voile du palais, les dents
2. Le pharynx	C'est le carrefour aérodigestif
3. L'œsophage	C'est un long tube qui débouche dans l'estomac
4. L'estomac	C'est une poche située sous le diaphragme, d'une capacité, chez l'homme, de 2 litres
5. L'intestin grêle	Sa paroi interne présente de nombreux replis hérissés de villosités en doigts de gant
6. Le gros intestin	Il comprend le caecum, le côlon, le rectum
7. Les glandes annexes	Foie et pancréas déversent leurs sécrétions dans le tube digestif

2 Physiologie de l'appareil digestif

On considère deux formes de digestion : la digestion mécanique et la digestion chimique.

◆ Digestion mécanique

Elle a pour effet de fragmenter les aliments ingérés en particules de plus en plus fines, facilitant la digestion chimique. Elle fait notamment intervenir les dents lors de la mastication.

◆ Digestion chimique

C'est l'imprégnation des aliments par les sucs digestifs. Ceux-ci vont transformer les aliments en « *substances assimilables* » pour l'organisme (*ex.* : le glucose, les acides gras… appelés nutriments).

D Appareil urinaire

L'appareil urinaire a pour rôle de débarrasser l'organisme des déchets de la vie cellulaire. Il partage cette fonction avec les poumons et les glandes sudoripares.

1 Anatomie des reins

Situés dans l'abdomen, les reins sont des petits organes ayant la forme d'un haricot. Ils sont richement irrigués par l'artère et la veine rénale (*cf.* Figure 1.7).

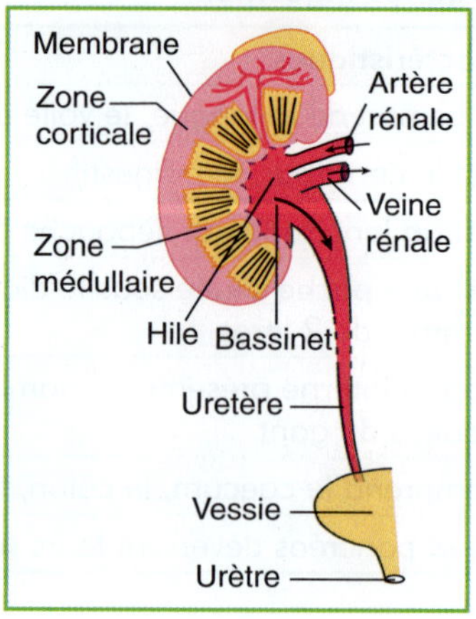

Fig. 1.7 **Le rein.**

Deux conduits à paroi élastique, les *uretères*, véhiculent l'urine des reins vers la vessie.
La vessie est une poche élastique qui se laisse distendre par l'urine. Lorsqu'elle est pleine, elle évacue l'urine à l'extérieur par l'*urètre*, normalement fermé par un sphincter.

2 Composition de l'urine

Liquide jaune clair stérile, l'urine a pour rôle d'évacuer les déchets de l'organisme. Sa définition, solution salée d'urée, résume assez bien sa composition :
- *solution* : eau (pour 1 L d'urine, il y a 950 mL d'eau) ;
- *salée* : l'urine contient du chlorure de sodium en excès dans le sang ;
- *urée* : l'urée et l'acide urique sont des déchets provenant de la dégradation des protides.

L'urine contient aussi des pigments biliaires qui lui donnent sa couleur.

3 Physiologie des reins

Le fonctionnement des reins est complexe, ils jouent un rôle de *filtre* qui fait un choix sélectif :
- les reins gardent les substances nutritives indispensables à l'organisme : protides (albumine), glucides, lipides ;
- les reins laissent passer d'autres éléments :
  - l'eau (en excès) : si nous buvons beaucoup, nous urinons beaucoup,
  - l'urée et l'acide urique (déchets), très toxiques pour l'organisme,
  - le sel et quelques autres minéraux (en excès).

En conclusion, les reins permettent de maintenir une composition constante du sang. Tout trouble du fonctionnement des reins entraîne de graves perturbations de l'organisme.

E Système nerveux

Le système nerveux comprend l'encéphale (organe noble situé dans la boîte crânienne), la moelle épinière et les nerfs (*cf.* **Figure 1.8**).

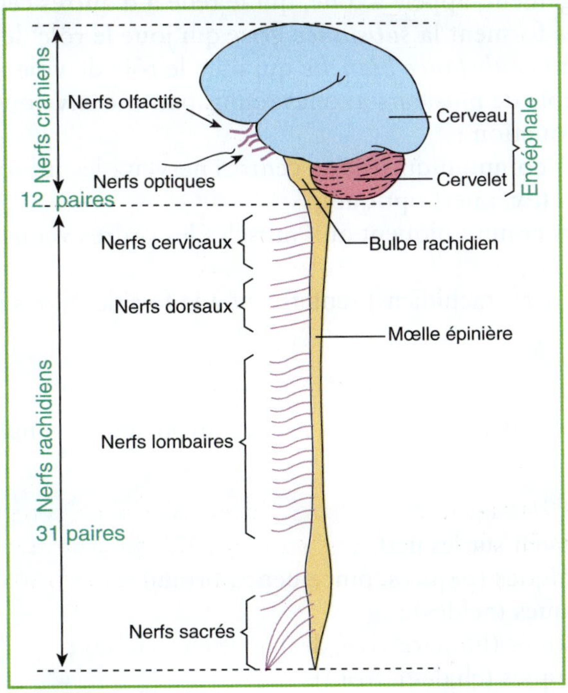

Fig. 1.8 Le système nerveux.

1 Anatomie des organes

◆ Encéphale

Cet organe, protégé par la boîte crânienne, comprend :

- deux hémisphères symétriques montrant de nombreux replis ;
- le cervelet ;
- le bulbe rachidien.

Des nerfs crâniens partent de l'encéphale, ils innervent la tête et les organes des sens (œil, oreille, nez, langue).

◆ Moelle épinière

C'est un long cordon blanc logé dans le canal rachidien qui parcourt la colonne vertébrale. De nombreux nerfs rachidiens partent de la moelle épinière. Ils innervent les membres et différentes parties du corps.

◆ Tissu nerveux et nerfs

Le tissu nerveux est formé d'un ensemble de cellules nerveuses ou neurones. Les caractéristiques du tissu nerveux sont les suivantes :

- le neurone est constitué de :
  - un corps, souvent de forme étoilée, avec un gros noyau,
  - un long prolongement, appelé axone, qui le relie à d'autres cellules nerveuses ;
- les corps cellulaires forment la *substance grise* qui joue le rôle de « centre nerveux » ;
- les axones forment la *substance blanche* qui joue le rôle de voie nerveuse ;
- un nerf est l'ensemble de plusieurs axones réunis par une enveloppe (ou gaine). Ils sont classés selon leur fonction :
  - *les nerfs sensitifs* communiquent aux centres nerveux les informations venues des organes des sens (*ex.* : nerf optique),
  - *les nerfs moteurs* communiquent aux muscles les ordres venus des centres nerveux (*ex.* : nerf fémoral),
  - *les nerfs mixtes* (nerfs rachidiens) renferment à la fois des fibres motrices et sensitives.

2 Physiologie

Différents excitants nerveux agissent sur les nerfs, provoquant un « influx nerveux ».

◆ Excitants nerveux

Plusieurs excitants agissent sur les nerfs :

- les excitants mécaniques (piqûres, pincements, bruits) ;
- les excitants chimiques (acides) ;
- les excitants électriques (lumière vive, décharge électrique) ;
- les excitants thermiques (chaleur, froid).

◆ Influx nerveux

Lorsqu'un excitant agit sur un nerf, il provoque un « influx nerveux » (*ex.* : influx visuel, auditif…).
L'influx nerveux va circuler dans les nerfs :

- de la peau vers la moelle (trajet sensitif) ;
- de la moelle vers les muscles (trajet moteur) (*cf.* Figure 1.9).

L'influx nerveux semble ainsi revenir sur lui-même, d'où le nom de « réflexe » donné au phénomène.

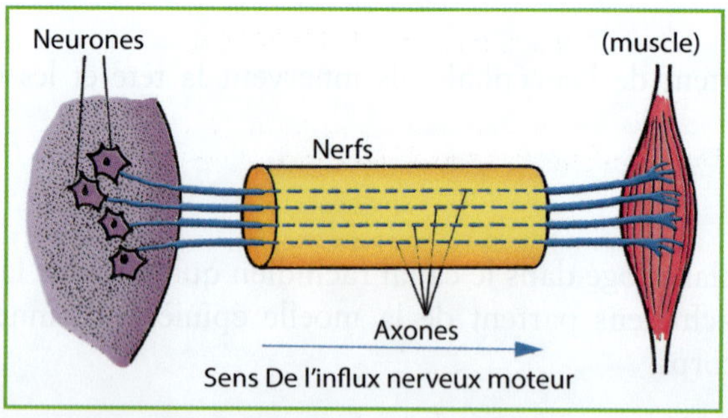

Fig. 1.9 Le neurone et la fibre nerveuse.

3 Rôle du cerveau

Le cerveau (ou encéphale) est le centre de la sensibilité consciente, de la motricité volontaire et de l'intelligence, et le cervelet est le coordinateur de nos diverses activités.

◆ L'encéphale, centre du commandement

Il commande les éléments suivants.

Contrôle nerveux

L'encéphale est le centre nerveux supérieur. Il commande les autres centres nerveux.

Sensibilité consciente

L'homme voit, entend, éprouve des sensations, perçoit des odeurs. On a pu localiser l'emplacement des récepteurs sur les hémisphères cérébraux :

- le centre visuel (partie occipitale) ;
- le centre auditif (partie temporale) ;
- le centre tactile (partie pariétale) (*cf.* Figure 1.10).

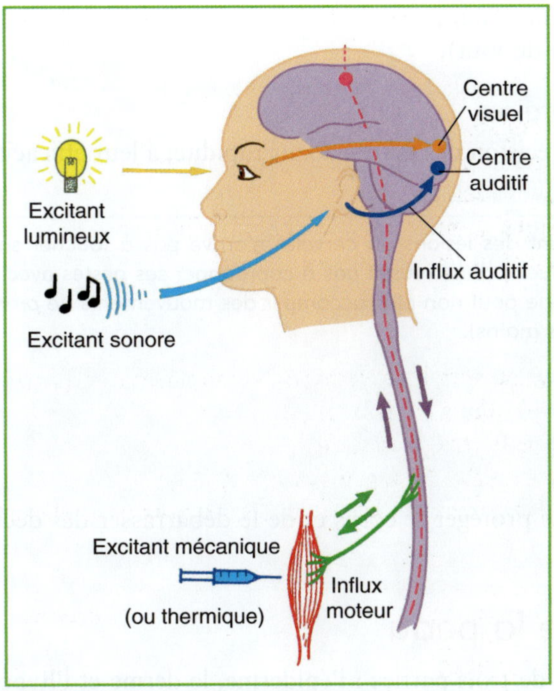

Fig. 1.10 **La sensibilité consciente (trajet de l'influx nerveux).**

Exemple

Notre pied est piqué par une ronce. Par réflexe, nous retirons le pied, mais, malgré la douleur, nous pouvons, si nous le voulons, maintenir notre pied au contact de l'« excitant mécanique » qu'est la ronce. Ainsi, les hémisphères cérébraux empêchent l'activité réflexe de la moelle épinière.

Motricité volontaire

L'homme fait des mouvements lorsqu'il le décide. On a pu localiser le centre moteur sur la partie frontale des hémisphères cérébraux.

Facultés intellectuelles et morales

L'intelligence, la volonté, et toutes les qualités humaines sont localisées dans l'encéphale. Toute lésion de l'écorce cérébrale diminue ou supprime ces facultés.

◆ Le cervelet, centre coordinateur

Il coordonne les activités suivantes.

Activité réflexe

Le cervelet assure l'équilibre du corps :
- en mouvement (la marche) ;
- au repos (équilibre debout).

Mouvements volontaires

Le cervelet aide à la précision des gestes, à leur rapidité, à leur efficacité.

Exemple

Un individu présentant des lésions du cervelet n'arrive pas à toucher son nez à l'aide de l'index (le doigt touche la joue !). Il ne réussit pas à coordonner ses gestes avec précision pour aboutir au résultat escompté. Il ne peut non plus accomplir des mouvements de *pronation-supination* (jeux de marionnettes avec les mains).

F Peau

La peau a pour rôle de protéger le corps et de le débarrasser des déchets de la vie cellulaire (la sueur).

1 Anatomie de la peau

La peau est composée de trois parties : l'épiderme, le derme et l'hypoderme ; elle comprend aussi des annexes (*cf.* **Figure 1.11**).

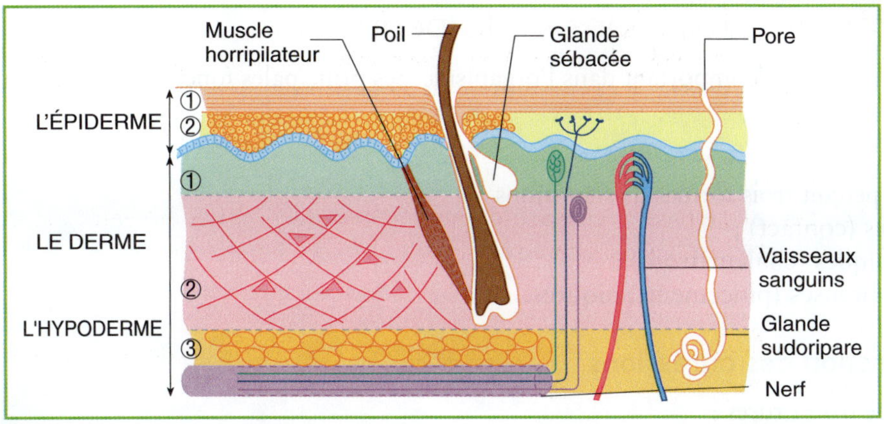

Fig. 1.11 **Schéma de la peau.**

◆ Épiderme

Il est divisé en deux couches :

- *une couche superficielle* (dite cornée) formée de cellules mortes remplies de kératine. Elle se desquame à la surface sous forme de pellicules ;
- *une couche basale* (dite germinative) formée de tissu épithélial. Elle renferme dans la partie la plus basse les cellules mélanoblastes qui sécrètent la mélanine.

◆ Derme

Il est divisé en deux couches :

- *une couche superficielle* qui contient des vaisseaux sanguins ;
- *une couche moyenne* faite de fibres conjonctives élastiques baignant dans une substance gélatineuse, le collagène.

◆ Hypoderme

Il est fait de cellules adipeuses (cellules grasses).

◆ Annexes de la peau

Parmi celles-ci, citons :

- les glandes sudoripares, qui sécrètent la *sueur* ;
- les glandes sébacées, qui sécrètent le *sébum* ;
- les poils ;
- les nerfs qui transmettent toutes les sensations au centre nerveux (les corpuscules nerveux, situés à des niveaux différents, se réunissent pour former le nerf sensitif qui va au centre nerveux).

2 Différentes fonctions de la peau

La peau joue un rôle important dans l'organisme. Ses principales fonctions sont les suivantes.

◆ Toucher

La peau perçoit trois formes de sensations :
- tactiles (contact) ;
- thermiques (chaleur-froid) ;
- douloureuses (pincements, piqûres...).

◆ Protection des agressions

Elle est de trois ordres :
- extérieure : la peau protège des chocs, des frottements, etc. ;
- microbienne : grâce au tissu épithélial et au pH acide ;
- solaire : grâce aux cellules mélanoblastes qui provoquent la pigmentation (ou hâle), la peau se protège du soleil (jusqu'à un certain point).

◆ Échanges

Ils sont de deux ordres :
- gazeux : la peau respire, elle absorbe de l'O_2 et rejette du CO_2 ;
- thermiques : la peau permet de lutter contre le froid et le chaud.

◆ Excrétion des déchets

La peau évacue les déchets, en particulier la sueur (que l'on compare à de l'urine très diluée)[2].

◆ Production de vitamine D

Sous l'effet des rayons solaires, le cholestérol de la peau se transforme en vitamine D qui a un rôle antirachitique indispensable au développement correct de l'enfant.

G Œil et vision

Grâce à l'œil, nous percevons la lumière, les formes, la distance et la couleur des objets. C'est à la fois un appareil sensible et un appareil photographique producteur d'images.

1 Anatomie de l'œil

L'œil est composé de deux parties : les annexes et le globe oculaire, dont les fonctions sont très différentes (*cf.* Figure 1.12).

2. La sueur (comme l'urine) est composée de déchets uréiques plus ou moins dilués.

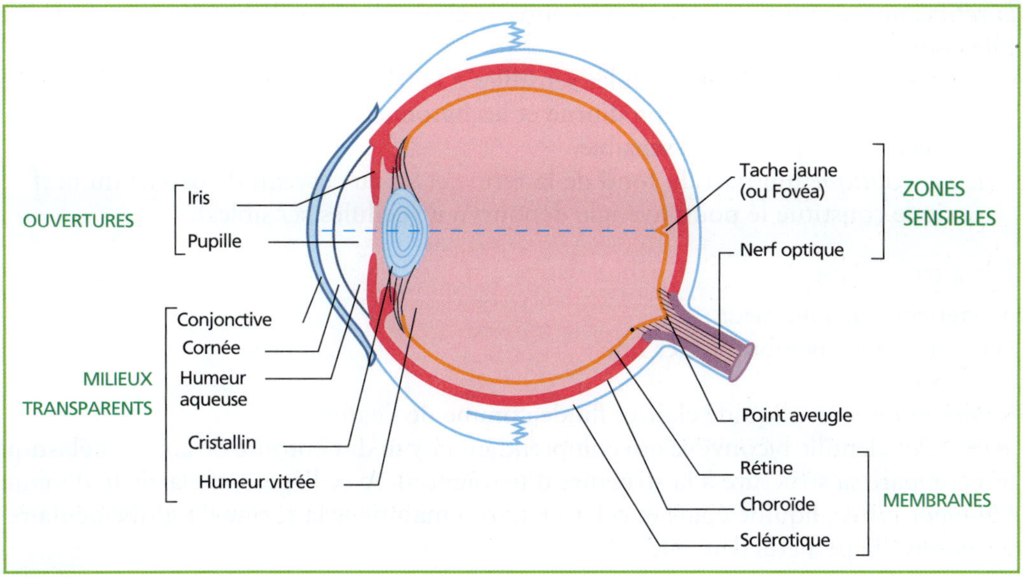

Fig. 1.12 **La coupe de l'œil.**

◆ Annexes

Elles sont :

- *protectrices* :
  - l'orbite (cavité osseuse),
  - les paupières (ourlées des cils) ;
- *motrices* : six muscles, par leurs contractions, orientent l'œil dans les quatre directions ;
- *sécrétrices* : les glandes lacrymales sécrètent les larmes qui s'écoulent dans les fosses nasales par le canal lacrymal. Les larmes désinfectent l'œil (elles contiennent une substance microbicide).

◆ Globe oculaire

Il est formé des parties suivantes.

Membranes

De l'extérieur vers l'intérieur :

- *la sclérotique*, blanche, dure et résistante, assure la *protection* du globe oculaire. En avant de l'œil, elle devient la cornée transparente ;
- *la choroïde*, mince et noire, transforme la cavité oculaire en « chambre noire » :
  - très riche en vaisseaux sanguins, elle est *nourricière* pour l'œil,
  - elle se verticalise à l'avant pour former *l'iris* (qui ressemble au diaphragme d'un appareil photographique, dont l'ouverture, variable, s'appelle la *pupille*[3]) ;

3. La pupille est noire car c'est une ouverture qui permet de voir la choroïde (chambre noire) au travers des milieux transparents.

- *la rétine*, mince et fragile, s'applique contre la choroïde. C'est l'organe nerveux de l'œil. Elle contient :
  - *les cônes et les bâtonnets*, cellules sensibles à la luminosité et à la couleur (les cônes sont spécialisés dans la vision diurne et les bâtonnets dans la vision nocturne),
  - *la tache jaune*, partie très sensible,
  - *le nerf optique* qui part du fond de la rétine et va au cerveau (le départ du nerf optique constitue le point aveugle dépourvu de cellules sensibles).

Milieux transparents

De l'extérieur vers l'intérieur :

- *la* conjonctive, membrane très fine ;
- *la* cornée ;
- *l'humeur aqueuse*, liquide clair et fluide comme de l'eau ;
- *le cristallin*, lentille biconvexe qui comprend un noyau dur entouré de lamelles élastiques (on compare sa structure à la structure d'un oignon). Avec l'âge, son élasticité diminue ;
- *l'humeur vitrée*, liquide épais et gélatineux qui maintient la forme du globe oculaire et se renouvelle perpétuellement.

2 Physiologie de l'œil

L'œil se compare à un appareil photographique et à un appareil sensible.

◆ Appareil photographique

Comparaison

- Le globe oculaire représente la chambre noire.
- La rétine représente la plaque sensible.
- Les milieux transparents sont l'objectif.
- L'iris est le diaphragme.
- Le cristallin permet la mise au point nette sur le sujet regardé (grâce à l'accommodation).

Principe de fonctionnement

- L'image d'un objet éloigné vient se former renversée au centre de la rétine (au niveau de la *tache jaune*).
- *Si l'objet se rapproche*, l'image se forme en arrière de la rétine, elle devient floue.

Alors le phénomène d'accommodation intervient, il adapte l'œil à la vision de près. Pour cela, le cristallin se bombe d'autant plus que l'objet se rapproche (on dit qu'il devient *convergent*). Cette modification de l'œil est d'origine *réflexe* (due à l'action des muscles ciliaires).

◆ Appareil sensible

Les *cônes* et les *bâtonnets* de la rétine sont sensibles à la lumière. Ils produisent un *influx nerveux* qui, par l'intermédiaire du *nerf optique*, aboutit au centre visuel du cerveau, où se produit la sensation visuelle.

La sensation visuelle nous informe sur :

- la forme ;
- le relief ;

- la couleur ;
- la distance de l'objet regardé.

Cette sensation visuelle persiste 1/50e de seconde.

H Oreille et ouïe

Les oreilles, situées de chaque côté du visage, constituent l'un des cinq organes des sens. Elles assurent l'ouïe, ou sens de l'audition. Seule une partie de l'oreille est visible extérieurement, les 2/3 de l'oreille sont inclus dans le rocher (partie inférieure de l'os temporal).

1 Anatomie

L'oreille est composée de 3 parties : l'oreille externe, moyenne et interne (*cf.* Figure 1.13).

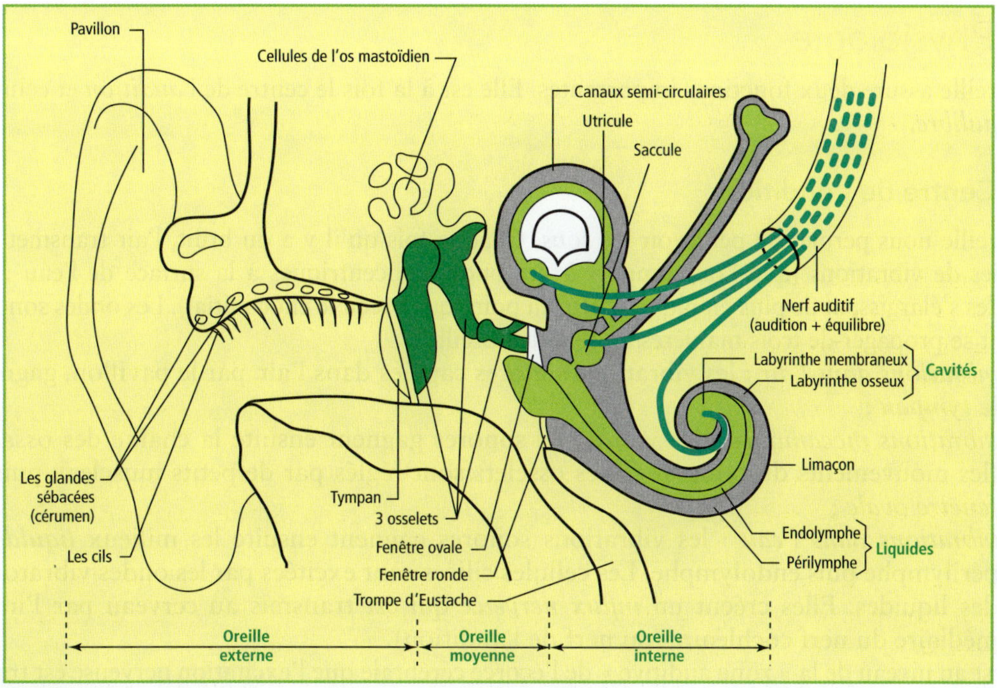

Fig. 1.13 **Anatomie de l'oreille.**

◆ Oreille externe

- Elle est formée du pavillon cartilagineux et du conduit auditif, fermé dans sa partie profonde par le *tympan* (membrane fine, bien tendue).
- Les parois de l'oreille externe contiennent des poils et des glandes sébacées volumineuses, qui sécrètent une matière grasse et marron : le *cérumen*. Son rôle est de protéger l'oreille contre les poussières et les insectes.

◆ Oreille moyenne

- C'est une cavité dans laquelle sont logés trois petits osselets, appelés, d'après leur forme, le *marteau*, l'*enclume et l'étrier*.
- Cette cavité est fermée d'un côté, par le tympan, de l'autre par deux fenêtres : la *fenêtre ovale* et la *fenêtre ronde*.
- Elle communique avec la gorge par la *trompe d'Eustache*.

◆ Oreille interne

Elle a une structure fort complexe et comprend deux parties essentielles :
- *le labyrinthe osseux*. Il s'agit d'une cavité creusée dans l'os temporal contenant les canaux semi-circulaires, le vestibule et le limaçon. Dans ce labyrinthe circule un liquide : le *périlymphe* ;
- *le labyrinthe membraneux*. Il s'agit d'une cavité, logée à l'intérieur du labyrinthe osseux et adoptant la même forme. Il contient les cellules sensorielles ciliées reliées au nerf auditif. Dans ce labyrinthe circule un liquide : l'*endolymphe*.

2 Physiologie

L'oreille assure deux fonctions importantes. Elle est à la fois le centre de l'*audition* et celui de l'*équilibre*.

◆ Centre de l'audition

L'oreille nous permet de percevoir les *sons*. Chaque fois qu'il y a du bruit, l'air transmet des séries de vibrations (que l'on compare à des ondes concentriques à la surface de l'eau : ces ondes s'élargissent de plus en plus à partir du point qui a reçu le choc initial). Les ondes sonores vont se propager de trois manières au sein de l'oreille :
- *vibrations dans l'air* : les vibrations sonores captées dans l'air, par le pavillon, gagnent le *tympan* ;
- *vibrations mécaniques* : les vibrations sonores gagnent ensuite la chaîne des *osselets* (les mouvements du tympan et des osselets sont réglés par de petits muscles), puis la *fenêtre ovale* ;
- *vibrations dans l'eau* : les vibrations sonores gagnent ensuite les milieux *liquides* : périlymphe puis endolymphe. Les cellules ciliées sont excitées par les ondes vibratoires des liquides. Elles créent un *influx nerveux* qui est transmis au cerveau par l'intermédiaire du nerf cochléaire (ou nerf de l'audition).

C'est au niveau de la « zone auditive » de l'écorce cérébrale que l'excitation nerveuse est transformée en sensation auditive.

En résumé, *l'audition passe par quatre étapes* :
- l'oreille externe *capte* les sons ;
- l'oreille moyenne les *transmet* ;
- l'oreille interne les *transforme* en influx nerveux ;
- le cerveau procure une *sensation auditive*.

◆ Centre de l'équilibre

Les canaux *semi-circulaires* et le *vestibule* (situés dans l'oreille interne) contiennent des fibres nerveuses qui informent à chaque instant le *cervelet* (centre nerveux de l'équilibration) des positions de notre corps. Ces informations sont transmises par le nerf vestibulaire ou nerf de l'équilibre[4].
La destruction, ou la lésion accidentelle, des canaux semi-circulaires et du vestibule, entraîne de graves troubles de l'équilibre : le sujet titube puis tombe ou bien encore ne peut plus se déplacer seul !

II. ÉVOLUTION DE LA PERSONNE (LES « MOMENTS-CLÉS »)

La personne évolue au cours de différentes périodes de sa vie appelées moments-clés : la maternité et la naissance, l'enfance, l'adolescence, l'âge adulte, le vieillissement. Au cours de ces étapes, la personne structure son identité et sa personnalité.

A Maternité et naissance

Il est important que la future mère soit bien accueillie dès son arrivée à la maternité. La sage-femme s'informera sur la méthode de préparation à l'accouchement suivie par la future mère, afin de pouvoir lui apporter une aide efficace.
En salle de naissance, elle veillera à la qualité de l'accueil du nouveau-né en favorisant les relations précoces parents-enfants dont dépend le climat psychologique du « début de la vie ».

1 Grossesse

La grossesse est une période particulière de l'existence d'une femme où elle fait l'expérience d'une nouvelle vie qui se prépare en elle. Cette expérience unique entraîne de nombreux bouleversements, à la fois physiques, physiologiques et psychologiques. Nous nous attarderons davantage ici sur l'aspect psychologique de la grossesse.

◆ Maternité (fait « social » ?)

Si, dans la majorité des cas, la *venue d'un enfant n'a pas d'impact sur l'emploi de la mère* (protection assurée par les textes de législation du droit au travail), 38 % des femmes considèrent que leur état a nui à leur vie professionnelle. Bien que réussir sa vie professionnelle soit important pour la femme active, réussir son rôle de mère reste une dominante pour celle qui en fait le choix.

4. Le nerf de l'équilibre (nerf vestibulaire) et le nerf de l'audition (nerf cochléaire) se rejoignent et forment le nerf auditif qui va vers les centres nerveux supérieurs.

La maternité n'est pas seulement une expérience individuelle, c'est un *fait social*. Une branche de l'arbre généalogique va se dessiner dans neuf mois et chacun des membres de la famille va avoir un nouveau rôle : père, mère, grand-père, grand-mère, oncle, tante, frère, sœur.

◆ Désir d'enfant (souhait inconscient ?)

Concevoir un enfant renvoie chacun à sa propre enfance et nous remet en question sur notre potentiel à être parent à notre tour. Du *désir*, on passe au *projet* puis à une *réalité* qui nous engage pour toute une vie.

Le couple a la possibilité de choisir de concevoir ou non un enfant. En fait, ce choix relève souvent de motivations inconscientes. Le désir d'enfant ne concerne pas l'enfant lui-même. Celui-ci peut être souhaité pour combler un manque affectif, une solitude, un vide ; attirer l'attention de ses proches ; donner un sens à la vie, se prolonger, voire correspondre à la « norme » sociale.

◆ Grossesse (réactions ambivalentes ?)

À l'annonce de la grossesse, certaines femmes ont des réactions « ambivalentes », c'est-à-dire qu'elles ont envie d'avoir un enfant et, en même temps, appréhendent cet événement.

Au fil des jours, un lien se tisse entre la mère et son bébé. Très vite, la femme ne dit plus « je suis enceinte » mais « j'attends un bébé ». Cet attachement n'est pas constant, ni d'emblée acquis. Pendant cette période, la femme se recentre sur elle-même, s'observe, écoute son bébé, elle pense à lui et généralement tout se déroule bien jusqu'à la naissance.

2 Accouchement

L'accouchement est la mise au monde d'un enfant. Il se produit normalement à la fin du 9e mois de grossesse[5].

◆ Différentes phases de l'accouchement

L'accouchement se déroule en trois phases caractéristiques :

- phase de contractions utérines ;
- phase de l'expulsion de l'enfant ;
- phase de délivrance.

Phase des contractions utérines

La durée de l'accouchement (*le travail*) est d'environ dix heures chez la primipare et cinq chez la multipare. Il est marqué par l'apparition des contractions utérines se répétant à intervalles réguliers (toutes les dix minutes environ). Ces contractions sont involontaires (d'origine réflexe). Elles provoquent :

- *l'effacement du col* : c'est la diminution de sa longueur ;
- *la dilatation du col* : c'est son ouverture progressive (jusqu'à 10 cm) ;
- *la rupture de la poche des eaux* : la poche des eaux peut se rompre spontanément au moment d'une contraction ; le plus souvent elle est rompue artificiellement par la sage-femme ;
- *la descente du fœtus* : sous l'action des contractions utérines, l'enfant descend progressivement. Pour franchir facilement le bassin, il doit bien orienter sa tête et la fléchir.

5. 40e semaine d'arrêt des règles (aménorrhée).

Phase de l'expulsion de l'enfant

La durée de l'expulsion est de 20 à 30 minutes (environ) (*cf.* Figure 1.14).

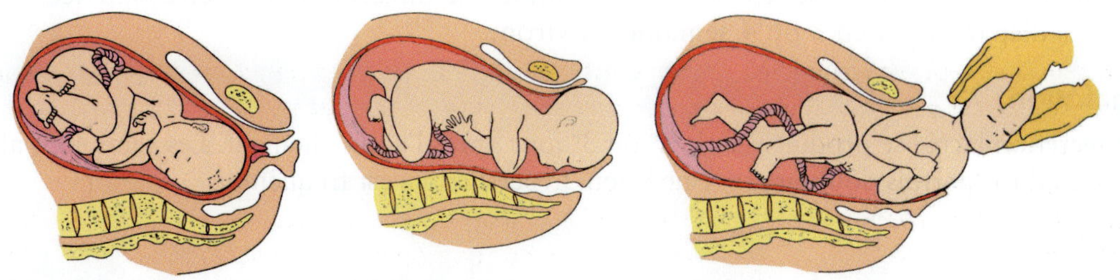

Fig. 1.14 La naissance de l'enfant (*Guide AP*, par J. Gassier. Masson).

- *Dans un premier temps*, la tête de l'enfant descend. L'occiput apparaît à la vulve et disparaît entre les contractions.
- *Dans un deuxième temps*, la tête de l'enfant va se défléchir progressivement, laissant apparaître : le front, le nez, la bouche, le menton. Puis, apparaissent les épaules. Ensuite, sont dégagés le tronc, le siège et les membres inférieurs.

Phase de la délivrance

Après la naissance de l'enfant, la maman ressent encore de petites contractions ayant pour effet de décoller le placenta. Lorsque le placenta est expulsé, il entraîne avec lui les membranes et une perte de sang pouvant aller jusqu'à 500 mL.
Après l'expulsion du placenta, les vaisseaux sanguins se resserrent, l'utérus se rétracte « en boule » sur lui-même (formant le « globe de sécurité »).

◆ Surveillance de l'accouchement

La surveillance de l'accouchement est fondamentale, elle peut être clinique et/ou électronique.
La surveillance électronique de l'accouchement se fait par le *monitoring*. C'est un appareil à ultrasons permettant d'enregistrer simultanément les contractions utérines et le rythme cardiaque fœtal. La souffrance fœtale se traduit par une modification du rythme cardiaque du fœtus et par la présence de méconium dans le liquide amniotique.

◆ Surveillance des suites de couches

La période de suite de couches est la période s'étendant de l'accouchement à la date de retour des règles (dit retour de couches), deux mois environ après l'accouchement (il faut savoir qu'en cas d'allaitement, la période de retour de couches se fait à la fin de celui-ci). Trois phénomènes caractérisent cette période.

Pertes

La rétraction de l'utérus à sa forme initiale s'accompagne de « pertes » :

- elles sont d'abord sanglantes, puis deviennent *séro-sanglantes* et enfin *séreuses* ;
- elles ont une odeur fade (toute fétidité traduit une infection et doit être signalée) ;
- elles disparaissent en 3 ou 4 semaines environ.

Lactation

La sécrétion lactée se produit vers le 2e ou 3e jour après l'accouchement. Les seins sont alors gonflés, durs, parfois douloureux. Une légère hyperthermie est fréquente.

Ovulation

Il faut signaler à la femme que l'allaitement n'empêche pas l'ovulation de se produire, et qu'un moyen contraceptif est peut-être à envisager dès cette période.

3 Accueil de l'enfant : naissance

L'accueil de l'enfant se fait dans une atmosphère calme et paisible. Le personnel de santé observe immédiatement l'aspect du nouveau-né et évalue ses premières réactions physiologiques.

◆ Caractéristiques du nouveau-né

Le nouveau-né à terme présente certaines caractéristiques spécifiques, que le personnel de santé doit connaître pour assurer une surveillance efficace.

Poids et taille

- Le nouveau-né à terme pèse en moyenne 3,250 kg et mesure 50 cm.
- Le périmètre crânien est de 30 à 35 cm.
- Le périmètre thoracique est d'environ 33 cm.

Fontanelles

À la naissance, les os du crâne ne sont pas entièrement soudés. Ils sont séparés par des espaces membraneux appelés fontanelles (*cf.* Figure 1.15), il y en a deux :

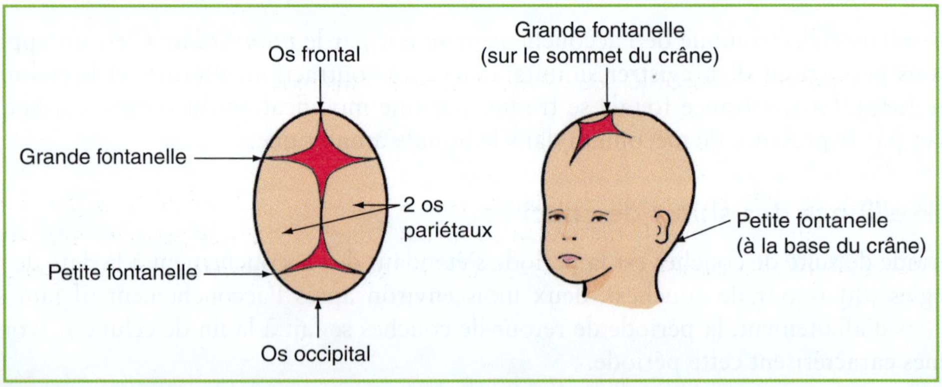

Fig. 1.15 Les fontanelles du nourrisson (*Guide AP*, par J. Gassier, Masson).

- *la fontanelle antérieure* (ou « *grande fontanelle* ») à l'avant du crâne, elle se ferme entre 12 et 18 mois ;
- *la fontanelle postérieure* (ou « *petite fontanelle* ») à l'arrière du crâne, elle se ferme vers 2 à 3 mois.

Les fontanelles facilitent :
- la croissance du cerveau ;
- l'accouchement (le chevauchement des os du crâne diminue le volume de la tête fœtale) ;
- certains diagnostics ; ex. :
  - une fontanelle bombée est un signe de méningite,
  - une fontanelle déprimée est un signe de déshydratation.

Mammite

Un gonflement mammaire (mammite), associé parfois à un écoulement blanchâtre, peut être observé chez les deux sexes (fille et garçon).
Les hormones maternelles sont la cause de ce phénomène. Il faut surtout éviter de presser les seins pour extraire le liquide.

Ictère physiologique

Définition : « *L'ictère est une coloration jaune des téguments due à la présence d'un taux important de bilirubine dans le sang* ».
Très fréquent chez les bébés après la naissance, c'est un ictère tardif qui apparaît vers le 3e jour de la vie et disparaît spontanément vers le 10e jour.
L'ictère est dû à la destruction massive de globules rouges et à l'immaturité du foie du nouveau-né. Généralement, la guérison est spontanée. Quelquefois le médecin instaure un traitement symptomatique : la photothérapie (le bébé est placé sous une lampe spéciale, dans une couveuse, quelques heures par jour) (*cf.* Figure 1.16).

La photothérapie est un traitement physique. La lumière de la couveuse (de couleur bleue) dissout la bilirubine. Il faut protéger efficacement les yeux du nouveau-né.

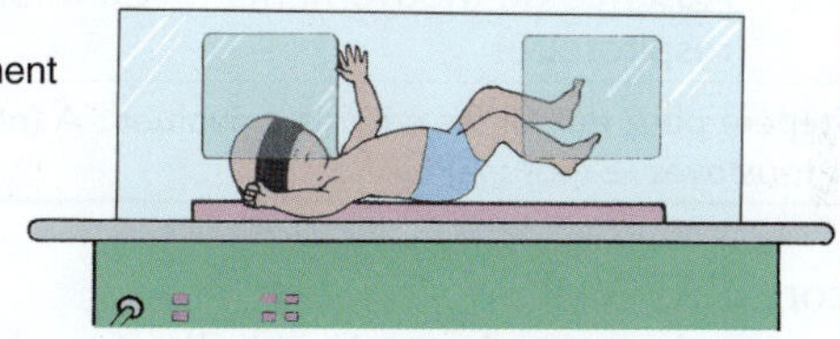

Fig. 1.16 La photothérapie (*Guide AP*, par J. Gassier. Masson).

◆ Évaluation de l'état de santé du nouveau-né

Certains soins, réalisés en salle de naissance, sont du ressort exclusif de la sage-femme ou du médecin, il s'agit d'évaluer l'état de santé du nouveau-né. D'autres peuvent être attribués à l'auxiliaire de puériculture ou l'aide-soignante, il s'agit des premiers soins d'hygiène et de confort du nouveau-né.

Situation

La « 1re bonne note » de Zohra, dès sa naissance !

Zohra est née ce 8 juillet, à 4 h du matin, à la Maternité des Lilas, à Marseille. C'est un bébé né prématurément, mais qui est en excellente santé. À 8 h 30, le médecin a dit à ses parents que leur enfant avait passé avec succès ses premiers examens ; qu'il avait été bien noté !
Les parents ont été surpris d'entendre parler d'« *examens* » et de « *notation* » et ont questionné le personnel de la maternité à ce sujet.
Effectivement toutes les grandes fonctions organiques (respiration, circulation...) sont évaluées après la naissance pour voir si le nouveau-né s'adapte bien à la vie extra-utérine. L'un des tests les plus importants est le *test d'APGAR*. Zohra a eu 10/10 !

Test d'APGAR

C'est l'évaluation de l'adaptation de l'enfant à la vie extra-utérine. Chaque paramètre étant noté de 0 à 2, les points totalisés sur 10 donnent le score d'APGAR. Cet examen (réalisé par la sage-femme) se pratique aux 1re, 5e, et 10e minutes de vie (*cf.* Tableau 1.2).

Tableau 1.2 Le test d'APGAR.

Critères[a]		NOTATION		
		0	1	2
A	Coloration de la peau	Enfant blanc ou cyanosé	Cyanose des extrémités	Enfant rosé
P	Rythme cardiaque	0	< 100	> 100
G	Réactivité	Aucune	Grimaces	Cris vifs
A	Tonus	Hypotonie globale	Flexion des membres	Mouvements actifs
R	Cri	Absence de mouvements respiratoires	Cri faible	Cri vigoureux

a. Un point de repère pour retenir les critères à évaluer : A (aspect), P (pouls), G (grimaces), A (activité), R (respiration), et vous avez le mot : APGAR.

Résultat du score d'APGAR :
- *score de 8 à 10* : bonne adaptation de l'enfant à la vie extra-utérine ;
- *score < 7* : traitement indispensable ;
- *score < 3* : réanimation d'urgence.

Désobstruction rhinopharyngée

L'aspiration rhinopharyngée permet de dégager les voies respiratoires supérieures pouvant être encombrées par du liquide amniotique et provoquer une détresse respiratoire. Le médecin l'effectue en introduisant une sonde souple par le nez, jusque dans le pharynx.

Réflexes archaïques et tonus musculaire

Le médecin évalue l'état neurologique du nouveau-né sur la présence des réflexes archaïques et sur la qualité du tonus musculaire :

- *les réflexes archaïques* sont une série d'actions motrices involontaires présentes dès la naissance et qui disparaissent (pour la plupart) au 2e mois de la vie[6] ;
- *le tonus musculaire* est l'état de légère contraction dans laquelle se trouve le muscle. Cet état de tension est normal chez le nouveau-né (la posture bras et jambes repliés est caractéristique d'une hypertonicité).

Régulation thermique

La régulation thermique est imparfaite durant les premières semaines de vie. L'enfant prend la température du lieu (*ex.* : l'excès de chauffage de la pièce, trop de vêtements ou trop de couvertures dans son lit peuvent provoquer une hyperthermie). La température corporelle du nouveau-né doit être surveillée régulièrement et notée.

◆ Premiers soins au nouveau-né à la maternité

Ils sont souvent attribués à l'auxiliaire de puériculture ou à l'aide-soignante.

Bain du nouveau-né

Il se fait chaque matin en *nursery*, le plus souvent en présence de la maman à qui le personnel de soins donne les premiers conseils d'hygiène et de sécurité.

Prise des mensurations

Il s'agit de mesurer le poids, la taille, le périmètre crânien et le périmètre thoracique.
Ces données servent de point de repère pour la surveillance du développement harmonieux de l'enfant.

Transmission à l'équipe de soins

Tous les soins effectués au nouveau-né (bain, change…) ainsi que le poids, la température, l'émission de méconium et d'urine, sont notés sur le cahier de transmissions.
La transmission écrite et orale sert à établir un « suivi » dans la surveillance et à adapter les soins en fonction des besoins spécifiques de l'enfant.

◆ Rôle du personnel de santé à la maternité

Le personnel de santé a pour mission essentielle de surveiller le nouveau-né, de veiller à son bien-être et de conseiller ses parents en vue de la sortie de la maternité.
Le personnel de santé doit considérer le bébé comme une personne ayant des besoins spécifiques. Il doit être attentif à chaque nouveau-né, personnaliser les soins et veiller particulièrement à :

- *favoriser les contacts mère/nouveau-né* : d'où l'intérêt de laisser le bébé dans la chambre de sa mère en maternité. Ainsi, elle pourra parler au bébé et le caresser. Ces premiers contacts participent au « bien-être » de l'enfant et de la mère ;
- *respecter le rythme de vie du bébé* : il faut savoir que la façon de coucher un bébé ou de le tenir, devient pour lui un premier « point de repère ». De ce fait, la régularité de la personne et la régularité des soins sont capitales.

6. *Le réflexe de Moro* : lors d'un bruit fort, le bébé ouvre brusquement les bras en croix. Autres : le réflexe de succion, le réflexe de marche automatique, le réflexe de redressement statique, etc.

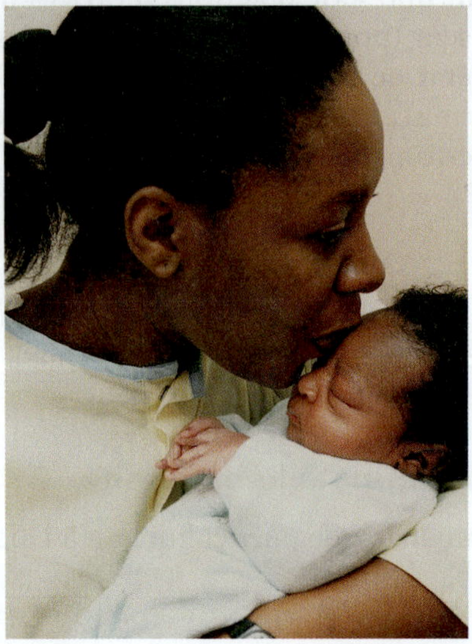

Fig. 1.17 **Béni, 2 jours, embrassé par sa maman à la maternité.**
Dès la naissance, les professionnels favorisent les « contacts » de la mère et du nouveau-né, qui participent au bien-être de chacun (*cf.* Figure 1.17).

Conseils pour les « soins » d'hygiène au cours du séjour en maternité

Un des rôles essentiels du personnel de santé en maternité est de donner aux mères des informations concernant les soins d'hygiène au nouveau-né.
Les conseils peuvent être donnés de façon *collective* ou *individuelle*.

Exemples

1. Des réunions d'information sont organisées par les puéricultrices. Les conseils sont donnés sous forme de démonstration et de films vidéo à un groupe de mamans.
2. L'auxiliaire de puériculture peut donner le bain le matin au nouveau-né et informer la maman sur les points importants : comment tenir le bébé pour le porter dans le bain (geste de sécurité), etc.

Conseils pour les soins au bébé après la sortie de la maternité

- **Conseils pour la sécurité :** rappeler aux mères et aux pères de ne jamais laisser un bébé seul sur la table de change ou dans le bain.
- **Conseils pour l'alimentation :** rappeler aux mères la technique de la tétée, de la préparation hygiénique des biberons, la façon de les nettoyer et de les stériliser, les horaires des tétées, l'intérêt du rot pour le bébé après la tétée (*cf.* ci-après rôle de l'AVS lors de la tétée du nouveau-né).
- **Conseils pour le confort :** le personnel peut informer la maman sur la façon de :
  – porter et coucher le bébé ;
  – respecter le rythme de sommeil.
- **Conseils pour le suivi médical :** le personnel peut indiquer aux parents :
  – le rythme des consultations du nourrisson, le calendrier vaccinal, etc. ;
  – l'existence d'une puéricultrice de secteur (qui peut lui rendre visite à la sortie de la maternité) ;
  – l'importance du carnet de santé dans la prévention précoce et l'accompagnement de l'enfant.

- **Conseils administratifs :** le personnel peut signaler les modes de garde de l'enfant (*ex.* : adresses des modes de garde, conditions à remplir, délais à respecter…).

Rôle de l'AVS

Auprès du nouveau-né et de sa mère

L'AVS peut être chargée de s'occuper d'un nouveau-né et d'accompagner la mère lors du premier biberon ou de la première tétée. Elle veillera à :

- vérifier *l'installation* de la mère et du bébé ;
- vérifier *la qualité de la succion* : la quantité de lait ingéré s'apprécie par l'observation du nombre de déglutitions comparé au nombre de mouvements de succion. Il ne suffit pas que le bébé tète vigoureusement, il doit encore déglutir régulièrement ;
- surveiller *le comportement du bébé* : après la tétée, il faut surveiller l'expression du bébé. Un bébé qui paraît repu après la tétée est un bébé à qui l'allaitement profite. En revanche, des cris, des pleurs doivent éveiller l'attention. Il faut veiller aussi à ce que le bébé ait fait son rot (évacuation de l'air de l'estomac) ;
- surveiller *la prise alimentaire* : elle s'apprécie par l'observation de la courbe de poids, des selles ;
- surveiller *le poids du bébé* : à partir du 10e jour, la courbe de poids doit être régulièrement croissante, à raison de 25 g par jour (environ) au cours du premier trimestre ;
- surveiller *l'aspect des selles* :
  - les selles sont nombreuses chez l'enfant nourri au sein : 5 à 6 selles/jour, semi-liquides, de couleur jaune or, d'odeur aigre, sont normales,
  - les selles sont moins nombreuses chez le bébé nourri au lait artificiel (3 à 4/jour), plus fermes, plus nauséabondes.

B Enfance

Le développement psychomoteur concerne l'ensemble des progrès accomplis tant sur le plan *psychique* (intelligence, langage, affectivité, sociabilité) que sur le plan *moteur* (mouvements du corps et des membres). Ces deux phénomènes évoluent parallèlement et rapidement dans la petite enfance.

1 Conditions d'un bon développement psychomoteur chez l'enfant

Un bon développement psychomoteur dépend en majeure partie de plusieurs facteurs.

◆ Patrimoine génétique

Chaque enfant possède un patrimoine génétique spécifique qui lui a été transmis par ses parents biologiques.

Celui-ci aura un effet sur la nature du développement psychomoteur de l'enfant ; c'est ce que l'on nomme : le facteur inné.

◆ Stimulations de l'entourage humain

L'environnement humain peut *influencer* le rythme du développement de l'enfant (le freiner ou le stimuler). Cependant, malgré la qualité de l'environnement, chaque enfant a un *rythme* de développement qui lui est *propre*.

Exemple

À 1 an, *Zoé* marche seule et *Margot* marche uniquement à 4 pattes ; à 2 ans, *Zora* parle bien et *Clara* ne dit que quelques monosyllabes…
L'adulte ne devra donc jamais faire de comparaison entre des enfants du même âge, devra respecter le rythme normal du développement de l'enfant et éviter toutes les sur-stimulations (qui sont inutiles).

◆ Stimulations de l'environnement

Grâce au jeu, l'enfant s'éveille au monde. Découvrir, expérimenter, créer, toucher sont des actes fondamentaux pour l'enfant.
Au cours du développement, il existe des *périodes sensibles* où l'enfant est *prêt* pour acquérir de nouvelles compétences. Il faut donc profiter de ces périodes pour lui donner la possibilité d'apprendre : soit par l'expérience, soit par l'apprentissage.

Exemples

- Vers 7/8 mois, l'enfant aime manipuler les objets ; c'est l'âge où on peut lui proposer des cubes à prendre, ou des petites balles à jeter, etc.
- Vers 24 mois, l'enfant aime bouger, courir, sauter ; c'est l'âge où l'on peut lui proposer des jeux de plein air.

Pour être fructueux, un apprentissage ne doit être ni trop précoce, ni trop tardif, mais se rapprocher le plus possible de la « période sensible » (où l'enfant « aime faire » car il « peut faire »). C'est une période féconde, les propositions faites à l'enfant prennent alors sens pour lui.

◆ Maturation cérébrale

La maturation cérébrale est indispensable à la progression du développement. Elle se fait selon des axes précis, dans un ordre donné.

Axes du développement

Ce développement du contrôle musculaire s'achemine selon les axes suivants :
- de la tête aux pieds ;
- du centre du corps à la périphérie.

Cette évolution explique que l'enfant peut soulever sa tête avant de parvenir à s'asseoir et qu'il contrôle ses bras, puis sa main, puis ses doigts.

Stades du développement

Un stade de développement est l'ensemble des compétences d'un enfant à un âge donné. C'est aussi la préparation des compétences de l'âge suivant.
Le développement de l'enfant se fait par *stades* (ou étapes) se succédant toujours dans le même *ordre*, indépendamment de l'environnement humain.

Exemple

L'enfant marche à quatre pattes, puis se met debout et marche seul. Il attrape un objet involontairement, puis acquiert la préhension volontaire (sachant que la marche à quatre pattes n'est pas un passage obligé pour tous les enfants).

Paliers du développement

Le développement de l'enfant ne suit pas une ligne ascendante continue, mais il se fait par *paliers* successifs (de durée variable selon les enfants) avec parfois des périodes de régressions non alarmantes. À chaque palier, le développement semble être stationnaire. En fait, le palier sert de tremplin pour acquérir une nouvelle maturité.

Exemple

Après 6 mois, l'enfant (couché sur le ventre) ne se contente plus de faire le « phoque », mais (à son rythme) il va acquérir la capacité de « rouler » sur lui-même, dans un sens, puis dans l'autre, puis dans les deux sens. Si son rythme est lent, le palier sera plus long entre l'acquisition de deux capacités différentes.

2 Évolution du développement moteur chez l'enfant

L'évolution de la motricité chez l'enfant se fait par stades ou étapes. Les grandes étapes du développement moteur de l'enfant sont présentées sous forme de bande dessinée. Des « études de situation », évoquant le développement affectif, social et cognitif de l'enfant, y sont associées.

Fig. 1.18 Émilie, 15 mois : les premiers pas deviennent plus « assurés ».

Cette présentation illustre la globalité du développement (qui est abordée dans les pages suivantes) et la façon dont un comportement en entraîne un autre d'une période à l'autre (*cf.* Figure 1.18).

Avertissement au lecteur : *les âges indiqués sur la BD ne représentent qu'une moyenne statistique.* Il faut toujours éviter de faire des comparaisons entre deux enfants du même âge, chacun ayant un rythme de développement qui lui est propre et que nous devons respecter.

3 Évolution du développement sensoriel

◆ Évolution de l'audition

L'enfant réagit aux bruits. Dès sa naissance, il entend très bien mais ne peut pas encore localiser le bruit. Cette capacité sera acquise vers l'âge de 2 à 3 mois.

◆ Évolution de la vision

La vision de l'enfant évolue considérablement entre la naissance et l'âge de 3 mois (*cf.* Tableau 1.3).

Situation

Angéla (3 semaines) et Silvio (3 mois)

▶ *Angéla* est dans son berceau… Elle vient de se rendormir après une longue séance de pleurs. Sa maman l'a changée, l'a bercée un moment. *Angéla* s'est peu à peu calmée. Elle a d'abord regardé vaguement la fenêtre de sa chambre où filtrait un rayon de soleil, puis elle s'est endormie.

▶ *Silvio* tourne la tête en direction de la porte d'entrée car sa sœur *Lola* l'appelle… Il lui sourit. Elle revient de l'école et va jouer avec lui !

Remarque

Cette situation illustre l'évolution rapide de la vision et de l'audition les trois premiers mois de la vie.

À 3 semaines, le bébé regarde vaguement la lumière émanant de la fenêtre. Le mot *vaguement* signifie que le bébé ne porte pas encore attention à ce qu'il regarde.

À l'inverse, à 3 mois, il tourne la tête du côté de la *source sonore* ; il anticipe même l'arrivée de quelqu'un qu'il connaît bien.

Les appareils *visuel* et *auditif* se complètent pour faciliter *la vie de relation.*

Tableau 1.3 Les signes indicateurs de la vision et de l'audition.

Dessins	Âges	Vision	Audition
	1 mois 2 mois	Le nourrisson peut *suivre des yeux* un objet proche de lui, de grosse taille, qui se déplace sur une ligne médiane jusqu'à un angle de 90°, puis de 180°.	Le nourrisson *identifie* les bruits familiers (en particulier les voix de ses parents, les préparatifs des biberons).
	3 mois	Le nourrisson peut *tourner la tête* pour suivre des yeux des objets plus éloignés. Il est captivé par ses petites mains ! C'est l'âge du « regard de la main » (1re étape de la découverte de son corps).	Le nourrisson *localise* le bruit et il tourne la tête en direction de celui-ci : lorsqu'une porte claque, lorsqu'on l'appelle.

4 Évolution de la préhension manuelle

La préhension manuelle évolue considérablement de la naissance à l'âge de 2 à 3 ans (*cf.* Tableau 1.4).

Tableau 1.4 Stades de l'évolution de la préhension manuelle.

1re année	
Avant 5 mois L'enfant a une *préhension réflexe* : c'est une préhension involontaire au contact d'un objet placé dans la main.	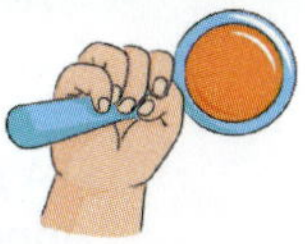
Après 5 mois L'enfant acquiert la *préhension volontaire* : – elle est d'abord palmaire et imprécise vers 5, 6 mois ; – puis elle devient précise vers 9 mois, c'est la préhension en « *pince* » : l'objet est saisi entre le pouce et l'index.	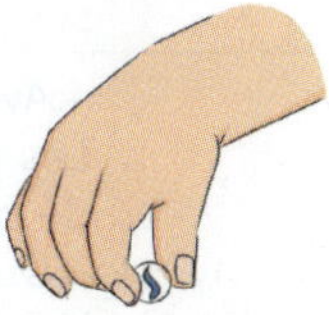
2e année	
L'enfant acquiert le *relâchement fin et précis*. *Ex.* : il peut introduire des pastilles dans le goulot d'une bouteille.	
3e année	
L'enfant peut *manipuler avec une grande précision*. *Ex.* : il tient bien sa cuillère.	

5 Évolution du développement affectif et social et du langage

Progressivement, l'enfant va enrichir ses échanges avec l'environnement. Ainsi vont se modifier :

- *ses relations avec ses parents* : l'enfant va les différencier très tôt et apprendre à mieux les connaître ;
- *ses relations avec les autres personnes* : l'enfant va découvrir et apprivoiser petit à petit les autres personnes de son environnement : ses frères d'abord, puis ses petits camarades (de crèche et d'école).

◆ Développement affectif et social la 1re année

Dès la naissance, l'enfant possède différents outils de communication. Il les utilise progressivement dans ses échanges avec autrui. Très rapidement, il est un partenaire interactif.

Moyens relationnels avant l'usage significatif du langage

Avant l'apparition du langage, l'enfant entre en contact avec l'autre par différents moyens relationnels (*cf.* Tableau 1.5).

Tableau 1.5 Les moyens relationnels avant l'usage significatif du langage.

	Exemples
Le sourire	– *Avant 2/3 mois :* – *Le nouveau-né a des petits sourires réflexes* spontanés souvent observés au cours des moments de somnolence. – *À partir du $2^{e}/3^{e}$ mois :* *Apparaît le sourire « social »* : l'enfant sourit en réponse aux sourires de ses parents.
Les pleurs	– *Avant 6 mois* : Les pleurs peuvent signifier différents malaises (ex. : un état d'inconfort dû à une couche souillée ou à la faim, la douleur, la chaleur, le froid). – *Du 6e au 9e mois :* L'enfant manifeste souvent : • *la crise d'angoisse* car il différencie sa mère des autres personnes (il pleure quand elle le quitte ou face à un visage étranger) ; • *de nouvelles expressions émotionnelles* : il rit aux éclats, il verse de grosses larmes, il crie, s'agite. Le fait de répondre adéquatement aux pleurs de l'enfant lui permet d'évoluer vers des signaux plus précis et plus variés.
Les expressions faciales (regard, mimiques…)	Dès les 1ers mois, le nouveau-né regarde intensément l'adulte qui s'occupe de lui et il est capable de mimiques variées (il réagit par des expressions du visage). La non-réponse de l'adulte aux signaux du bébé peut avoir de graves conséquences sur son développement.
Les gestes et les postures	*Avant l'apparition du langage :* Les enfants utilisent certaines expressions corporelles pour nous signifier leurs désirs et leurs états d'âme. *Ex.* : pour signifier un refus, l'enfant détourne la tête ou ferme la bouche ; pour être pris dans les bras, il utilise le langage du corps.
Le langage	– *Avant 6 mois* : L'enfant émet des vocalises (ou gazouillis) ; sons riches en voyelles (ex. : e, eu) – *Vers 5-6 mois :* C'est l'âge des lallations (ou babillages), sons riches en consonnes (ex. : R..re, G..re, K..re, P..re, B..re, etc.) – *De 6 mois à 1 an :* • l'enfant utilise d'abord des monosyllabes (ex. : Ma, Pa, Da…) ; • l'enfant utilise ensuite les doubles ou triples syllabes (ex. : Ma..Ma). Sons non significatifs et répétés à la suite. – *Vers 1 an :* Il dit Papa (mot significatif !) **Le fait de parler à l'enfant, de lui répondre l'aide à emmagasiner des mots et lui permet d'évoluer vers des modes d'expression de plus en plus précis.**

Premier « groupe familial et social » de l'enfant

L'enfant devient un individu social. Ses relations avec autrui vont, comme le reste, évoluer progressivement avec les années.

Relations avec la mère (la figure maternelle)

Le jeune enfant a tendance à avoir une relation très fusionnelle avec sa mère, mais il va apprendre à s'en détacher progressivement :

- *de la naissance à 5 mois* : période de symbiose. Le jeune nourrisson vit dans un état de fusion avec sa mère ;
- *de 6 mois à 8 mois* : période de différenciation. Le bébé commence à se détacher de sa mère. Il la regarde, la touche, et, vers 8 mois, il peut différencier sa mère des autres personnes (c'est l'âge de la crise d'angoisse) ;
- *vers 14 mois* : période d'exploration et début de l'autonomie. C'est l'âge des premiers mots et des premiers pas de l'enfant.

Relations avec le père (la figure paternelle)

Une image paternelle peut émerger de la conscience de l'enfant et se différencier progressivement de la figure maternelle.

Certains pères sont très attentifs à l'enfant ; ils le regardent, lui parlent, lui donnent le biberon. Dans ce cas, l'enfant reconnaît vite son père et a des réactions similaires avec lui comme avec sa mère.

Relations avec d'autres adultes

Pour que l'enfant puisse établir un rapport avec d'autres adultes, il faut que ces adultes établissent d'abord un rapport avec l'enfant.

Il faut toujours prévoir une période d'intégration : période pendant laquelle l'enfant pourra établir des liens avec autrui en la présence (sécurisante) de ses parents.

Rôle de l'AVS

Auprès de l'enfant la 1re année

Auprès de l'enfant de 5 à 8 mois

D'une manière générale :

- proposer à l'enfant des jouets variés ;
- lui proposer l'alimentation diversifiée avec tact et douceur ;
- apaiser ses craintes (c'est la période de la « crise anxieuse ») ;
- laisser l'enfant disposer à son gré de « l'objet transitionnel » qu'il a choisi (le doudou) ;
- permettre à l'enfant de décharger ses émotions, lui offrir une présence attentive et affectueuse, tout en restant professionnel.

Pour favoriser le langage :

- respecter les jeux vocaux de l'enfant ;
- jouer avec lui à « échanger des sons » ;
- proposer à l'enfant des sources sonores de qualité (musique douce, grelots…).

Suite

Auprès de l'enfant de 9 à 12 mois

- *D'une manière générale :*
  - accepter la vitalité de l'enfant ;
  - prévenir tous les risques d'accident ;
  - être tolérant, mais aussi savoir fixer certaines limites ;
  - éviter les déplacements fréquents de mobilier, d'objets, etc. (surtout dans la chambre de l'enfant) car il est sensible à l'ordre des objets (ce sont ses 1ers repères).
- *Pour favoriser le langage :*
  - parler souvent à l'enfant ;
  - associer les mots aux gestes ;
  - nommer les différentes parties du corps ;
  - parler sur un ton calme et expressif, avec une tonalité suffisamment douce.

Auprès de l'enfant de 1 à 2 ans

- *Pour favoriser l'autonomie :*
  - offrir à l'enfant un espace suffisamment protégé pour limiter les interdits ;
  - le sécuriser : maintenir un lien par la voix et le regard ;
  - aider l'enfant à identifier ses nouveaux besoins, en les formulant à sa place (tu pleures parce que…).
- *Pour réduire l'agressivité entre enfants, l'AVS veillera à apprendre à l'enfant :*
  - les « règles de l'échange » ;
  - à « attendre son tour » ;
  - à accepter, à reconnaître l'autre ;
  - à mettre des mots sur les sentiments (ex. : « tu n'es pas content parce que… »), etc.
- *Pour aider l'enfant à développer son langage :*
  - nommer les objets et verbaliser les actions ;
  - ne pas être trop exigeant ;
  - montrer à l'enfant qu'on le comprend ;
  - ne pas parler un langage bébé ;
  - ne pas se moquer de sa façon de parler (même si parfois c'est comique !).

Les rapports de l'enfant avec un adulte non familier seront de qualité et d'intensité variable suivant que cet adulte sera plus ou moins gratifiant à son égard.

◆ Développement affectif et social la 2e année

Développement

Vers 15 à 18 mois, l'enfant acquiert plus *d'autonomie* (c'est la marche qui le lui permet). Vers 24 mois, il se montre *égocentrique* (il se croit le centre du monde), il traverse des phases « d'agressivité » (il mord, tire les cheveux, etc.).

Langage

À partir de 1 an, l'enfant utilise le « mot phrase » : c'est un mot significatif qui résume toute une phrase (*ex.* : papa ou lolo).
De 15 à 24 mois, l'enfant utilise le « langage global » significatif (*ex.* : papa pati, bébé bobo).

◆ Développement affectif et social la 3e année

Développement

- L'enfant affirme sa *personnalité* :
  - il se sent distinct d'autrui ;
  - il veut faire seul.
- L'enfant « s'ouvre aux autres » :
  - il joue avec ses semblables ;
  - il cherche l'approbation de l'adulte.

Langage

De 2 à 3 ans, c'est *l'explosion du vocabulaire*. L'enfant utilise le « verbe » (*ex.* : poupée Lily couchée).
À 3 ans, il *maîtrise le langage*. Le vocabulaire est riche, concret (*ex.* : la poupée Lily est couchée).

Situation

L'imagination de Jules (3 ans)

Jules raconte à sa maman qu'il a vu hier des vaches dans le pré de la ferme, que les vaches étaient gardées par des cow-boys, puis il ajoute, devant l'air ahuri de sa mère : « *C'est pour de rire !* ». Puis *Jules* ajoute : « *Dis maman, c'est quand que j'irai chez grand-mère ? Demain ? C'est près… demain ?* »

Remarque

Cette situation illustre le développement affectif et social de l'enfant.
À 3 ans, l'enfant fabule, il est encore dans le « *merveilleux* », mais il comprend que le monde merveilleux (qui le fait rêver !) n'existe pas et, même si son imagination déborde encore par moments, lorsqu'il voit que ses propos surprennent (ou choquent) les adultes, il s'écrie « c'est pour de rire ! » prouvant ainsi le recul qu'il possède face à l'*imaginaire* !…
À 3 ans, l'enfant commence à avoir la notion du *temps proche* (c'est près demain ? c'est après le dodo ?).

Rôle de l'AVS

Auprès de l'enfant de 2 à 3 ans

Pour aider l'enfant à s'affirmer, l'AVS veillera à :

- favoriser la convivialité, l'inciter à tenir compte de l'existence de l'autre, à partager ses jouets avec ses copains, etc. ;
- ne pas engager de lutte avec l'enfant à propos du NON (essayer de trouver un jeu, un livre, une activité qui lui plaise) ;

Suite

- reconnaître l'enfant comme une « personne » :
  - lui demander son avis,
  - lui expliquer les interdits, etc. ;
- lui proposer des jeux collectifs (le valoriser, le féliciter de ses performances lors des jeux !).

Pour l'aider à développer son langage, l'AVS doit :

- lui raconter des histoires et lire avec lui des livres d'images ;
- faire commenter des photos, des diapositives ;
- répondre à ses « questions » ;
- tolérer ses erreurs de langage.

◆ Développement affectif et social de 3 à 6 ans

L'enfant a besoin d'aimer et d'être aimé de ses parents et des autres, d'être rassuré sur lui-même et sur sa place.

Lieux d'expression de l'enfant

On observe l'enfant dans différents milieux.

- *À l'école maternelle :* l'enfant fait connaissance avec un nouveau milieu social auquel il cherche à s'adapter.
- *Dans un groupe d'enfants à l'école* :
  - l'enfant aime *se mesurer* à autrui ;
  - il devient *persévérant* dans ses jeux ;
  - il aime *se défouler* dans des jeux qui permettent l'expression de son agressivité.

Modes d'expression de l'enfant

Le jeu est le mode d'expression favori de l'enfant. Il y en a deux qu'il affectionne particulièrement.

- *Le jeu de rôle*

C'est l'âge où l'enfant aime les *jeux de rôle réglementés* : chacun doit bien jouer le rôle qui lui est assigné, sans tricher, sans se dérober. Les jeux de rôles sont des jeux symboliques copiés sur la vie des adultes. Les déguisements y sont de plus en plus associés.

- *Le jeu-travail*

À cet âge, le jeu est pour l'enfant non seulement un plaisir mais il devient *utilitaire* ; c'est le *jeu-travail* (il veut achever la tâche entreprise). L'enfant a tendance à *se valoriser* au moyen du jeu en donnant des ordres au camarade qui joue avec lui. Les jeux de rôle ont des règles où l'on distribue les « rôles » à remplir. Ils stimulent la compétition.

Types de comportement de l'enfant dans le « groupe »

L'analyse des échanges entre les enfants dans le groupe a mis en évidence des comportements qui sont de véritables moyens de « communication préverbale ». Le but de ces comportements est de créer des liens, ou, au contraire, de provoquer une rupture de liens, une fuite ou une agression.

Le professeur *Montagner* a dégagé 4 types de comportements chez l'enfant de 3 à 6 ans :

- *le leader* est un enfant qui a une personnalité riche et attractive. C'est un meneur. Les autres enfants le suivent, l'imitent et forment des groupes « durables » autour de lui ;
- *le dominant agressif* a un comportement de menace. Il a tendance à mordre, frapper, tirer les cheveux. Il obtient ce qu'il désire par la force ou la menace ;
- *le dominé agressif* a un comportement passif : il évite la compétition, imite beaucoup les autres enfants. Il a peu d'échanges avec eux. Il les agresse souvent, sans arriver à les dominer. Alors, il s'isole du groupe ;
- *le dominé craintif* a un caractère de leader mais il est inhibé par sa timidité.

Le professeur *Montagner* a constaté que les parents (et plus particulièrement la mère) ont une influence sur le développement de la personnalité de l'enfant qui, jusqu'à l'âge de 6 ans, peut évoluer, se modifier. Après 6 ans, la personnalité tend à se renforcer.

Rôle de l'AVS

Auprès d'enfants de 3 à 6 ans

L'AVS veillera à :

- *proposer à l'enfant divers jeux adaptés à ses goûts, à son âge, à ses besoins* :
  - les jeux collectifs avec règles qui favorisent la socialisation,
  - les exercices rythmés qui favorisent la perception du corps,
  - les activités manuelles qui favorisent l'habileté et l'expression créative,
  - les jeux utilitaires (ou jeux-travail) avec but posé au départ ;
- *canaliser l'agressivité* dans des activités sportives et accepter la décharge agressive dans les jeux ;
- *prêter attention aux « jeux de rôle »* qui traduisent les préoccupations et les besoins affectifs de l'enfant ;
- *dialoguer avec l'enfant,* l'écouter, le valoriser, savoir aussi lui poser des limites ;
- *repérer ses difficultés* sociales et scolaires et transmettre ses observations afin de solutionner les problèmes.

◆ Développement affectif et social de 6 ans à l'adolescence

Au cours de la moyenne enfance, qui s'étend de l'âge de 6 ans à 12-13 ans, le vécu affectif et social de l'enfant prend racine.

L'affectivité se développe au sein de deux groupes différents mais complémentaires, le groupe familial et le groupe social.

Évolution de l'enfant dans le groupe familial

La famille sécurise l'enfant et joue un rôle fondamental dans son évolution. Elle peut l'aider à épanouir sa personnalité, à prendre confiance en lui… La famille devrait favoriser l'équilibre de l'enfant et l'aider à mieux affronter la vie dans le groupe social.

Évolution de l'enfant dans le groupe social

L'enfant va faire l'apprentissage de la vie sociale, faite de règles, de compétitions, de rivalités et aussi de conflits, d'agressivité, etc.

- **L'école :** l'enfant éprouve des sentiments collectifs :
  - un esprit de « *corps social* » se développe : on fait corps contre un professeur, contre un nouveau venu, etc. On fait preuve d'intolérance contre les défavorisés, les timides ;
  - des sympathies et des antipathies voient le jour, on observe des groupes de jeunes entraînés par un « meneur » (ou leader). Il a ses vassaux et ses rivaux ; des heurts éclatent, la violence se manifeste souvent. Mais la vie de groupe est indispensable au développement de l'enfant de cet âge.
- **Les clubs sportifs :** l'enfant forme son caractère au contact de groupes sportifs (ou autres). Le sport d'équipe fortifie le corps et l'esprit, développe l'émulation et la coopération (qui sont la loi de cet âge). Le sport (bien encadré) est la meilleure prévention de la violence chez les jeunes car il canalise l'agressivité.

Situation

Géo (8 ans), Franck (9 ans) et Carla (10 ans)

Géo, *Franck* et *Carla* jouent à chat perché. *Marcos*, un copain d'école, arrive à leur insu et souhaite s'associer à leur jeu. « *Oh, le petit rouquin !* », dit *Géo*, et *Carla* ajoute : « *Mais c'est encore Rourou qui est là !* ». *Marcos* se sent mal à l'aise ; il repart attristé. Il n'est pas pressé de rentrer chez lui et il s'asseoit sur un muret près d'une cour d'immeuble. Là, il regarde de loin un groupe d'enfants jouer ensemble, il aimerait bien les aborder.

Remarque

Cette situation illustre un cas « *d'exclusion* » du groupe.

Un enfant peut être rejeté pour une particularité physique (c'est le cas ici) ou psychologique, et l'ensemble des enfants se liguent contre lui.

On fait « *corps* » contre un nouveau venu, contre un professeur… C'est ce que l'on appelle le « *sentiment collectif* » du groupe, qui peut être vécu pour le meilleur ou pour le pire !

Rôle de l'AVS

Auprès d'enfants de 6 à 12 ans

Le rôle de l'AVS consiste à favoriser le dialogue et les capacités d'expression du jeune enfant. Il doit également aider l'enfant à canaliser certains de ses comportements, en particulier ses comportements agressifs, afin de lui permettre de mieux être intégré au groupe.

L'AVS veillera à :

- soutenir l'enfant de son affection, de son estime ;
- donner à l'enfant des responsabilités au sein de la famille (bricolage, ménage, jardinage, garde et soins à un animal domestique…) ;
- ce que l'enfant s'adapte bien dans un club ;

- dépister l'enfant « exclu » et le signaler rapidement à sa (son) responsable ;
- dépister « l'hyposcolarisation » (l'inadapté scolaire souffre, il faut le signaler rapidement) ;
- ce que les mass-médias (TV, Internet...) ne nuisent pas à l'équilibre physique et mental de l'enfant ;
- toujours respecter l'enfant dans les dialogues avec lui. Éviter les conflits, favoriser la concertation, la négociation, la compréhension, les explications.

6 Évolution globale du développement psychomoteur

Ces études de situations (*cf.* Tableau 1.6) présentent à titre d'exemple des moments-clés de la vie de l'enfant au cours desquels on peut observer divers aspects de son développement psychique, moteur, social, affectif et intellectuel en rapport avec son âge.
Les aspects essentiels de l'évolution motrice de l'enfant du deuxième mois jusqu'à sa 3e année sont présentés dans la colonne de droite du tableau 1.6. Afin de prendre en compte les variations de rythme de développement, nous parlons d'âge approximatif (en utilisant le mot : *vers*).

Tableau 1.6 Études de situations illustrant le développement de la motricité.

Études de situations	Développement de la motricité[a]
Nolwen (vers 2 mois) *Nolwen* pleure dans son berceau après un long épisode de sommeil. *Zora* (AVS) se penche au-dessus d'elle pour lui dire bonjour et pour la faire patienter avant l'heure de la tétée, lui présente son petit univers : sa chambre. Elle lui dit : « *Regarde le beau jouet bleu-rouge-vert qui tourne au plafond... il tourne lentement pour toi !* » L'enfant est captivé par ce mobile fixé au-dessus de son lit. Non seulement il a de jolies couleurs mais il est musical.	
Jules (vers 4 mois) *Jules* vient de se réveiller calmement, il sourit en regardant ses petites mains s'agiter devant lui, son regard va de l'une à l'autre... *Jules* est comme saisi d'admiration devant cette chose nouvelle qu'il ne connaissait pas. Il gazouille. *Tania* (AVS) met à profit le moment de la toilette pour l'aider à connaître non seulement son corps mais aussi son environnement proche. Pour observer, Jules se met sur ses avant-bras et redresse vigoureusement le buste et la tête.	
Émilie (vers 6 mois) Il est 10 h du matin, *Émilie*, après avoir sucé ses mains un court moment, décide de réveiller toute la maisonnée. Ses cris sont stridents. *Davinia* (AVS) lui donne le biberon pour la calmer, mais au moment de la recoucher, *Émilie* se contorsionne et manifeste énergiquement son refus. Bien sûr *Davinia* n'a pas compris que le petit lit n'intéresse plus beaucoup *Émilie*, il devient un peu étroit pour ses nouveaux exploits. Lorsqu'elle est couchée sur le ventre, *Émilie* sait se tourner dans tous les sens. Cet exercice l'amuse beaucoup !	

Tableau 1.6 **Études de situations illustrant le développement de la motricité.** ***(Suite)***

Études de situations	Développement de la motricité[a]
Maxime (vers 8 mois) *Maxime* est un bébé jovial, actif mais qui a pris l'habitude depuis quelques semaines de solliciter beaucoup l'attention de sa mère. Il pèse 7,200 kg, il a une incisive qui vient de sortir, et sa mâchoire inférieure lui procure quelques petits désagréments. *Maxime* s'est réveillé plusieurs fois cette nuit. Son sommeil a été agité. À présent assis sur le tapis de sol, il pleurniche après le départ de sa mère. *Élodie* (AVS) lui propose de jouer avec lui. Elle lui donne le petit canard jaune. Il s'en empare, le lâche brutalement sur le sol, le perd… puis se met à pleurer ! *Élodie* est là pour le lui restituer et le jeu s'anime. À présent, *Maxime* rit aux éclats.	
Noha (vers 9 mois) *Noha* est coincé entre deux meubles et crie désespérément afin que l'on vienne l'aider… Les progrès de sa motricité l'incitent à des tentatives nouvelles qui, bien sûr, n'ont pas toujours des résultats heureux ! *Noha* a besoin d'espace. *Noémie* (AVS) stimule l'enfant dans ses nouvelles tentatives, sécurise l'espace environnant et le surveille attentivement.	
Emma (vers 10 mois) *Emma* ne peut rester un instant tranquille. À quatre pattes, elle circule dans tous les sens… Elle veut tout voir, tout savoir. Parfois, elle essaye de se mettre debout mais elle tombe souvent. *Saïa* (AVS) est là pour la rassurer dans ses essais et la stimuler dans ses nouveaux exploits.	
Sophia (vers 15 mois) *Sophia* est une fillette pleine de vivacité, elle marche correctement, pèse 12 kg, et arrive à se faire comprendre par des « mots-phrases » simples, souvent accompagnés de gestes. Quand *Sophia* trottine dans la maison, elle se heurte souvent aux meubles et tombe, mais elle ne pleure pas. La corbeille à papier de papa reste son jeu préféré, elle la vide régulièrement de son contenu pour la mettre sur sa tête ! *Iris* (AVS) comprend tout l'intérêt de ce jeu pour l'enfant (contenu/contenant). Elle valorise son exploit puis remplace vite la corbeille par une boîte en carton remplie de jouets !	

Tableau 1.6 **Études de situations illustrant le développement de la motricité.** ***(Suite)***

Études de situations	Développement de la motricité[a]
Édouard (vers 18 mois) Le jardin tout entier paraît à présent trop étroit pour les ambitions vagabondes d'*Édouard*. Il veut le parcourir dans tous les sens… Il court, il saute. Il découvre trois blocs de pierre et demande de l'aide pour y grimper. Il voudrait faire durer ce plaisir mais l'heure du goûter arrive. *Jasmine (AVS)* lui demande de s'installer dans la cuisine. Il a faim, il y va rapidement ! Elle l'accompagne et lui dit qu'après le goûter, ils retourneront ensemble dans le jardin.	

[a]Les illustrations sont extraites du *Guide AP (auxiliaire de puériculture)*, J. Gassier. Éditions Masson.

C Adolescence

L'adolescence est une période transitoire entre la grande enfance et l'âge adulte :
- elle se caractérise par des transformations importantes, d'ordre à la fois physique, psychologique, intellectuel et social ;
- elle débute vers l'âge de 12 ans environ chez la fille et de 14 ans chez le garçon ;
- elle s'achève aux alentours de 18-20 ans.

1 Transformations physiques et physiologiques

Le processus pubertaire constitue l'avènement fondamental de cette période : la puberté se caractérise par une mise en route de l'activité ovarienne chez la fille, et testiculaire chez le garçon. Elle est sous la dépendance de la glande hypophyse (située dans le cerveau). La puberté est marquée par le développement :
- *chez la fille :*
  - des seins et de la pilosité (axillaire et pubère),
  - des organes génitaux et de l'apparition du cycle menstruel ;
- *chez le garçon :*
  - de la pilosité (plus étendue que chez la fille),
  - des organes génitaux,
  - de la modification de la voix.

2 Transformations intellectuelles

L'adolescent prend goût aux discussions interminables, aux raisonnements dans l'absolu. Ce bouillonnement intellectuel s'accompagne de périodes de « rêveries ». C'est l'âge des « conduites imaginaires » qui servent d'échappatoires au réel. C'est aussi la période des grandes illusions, des émois amoureux.

3 Transformations psychologiques

◆ Image du corps

L'adolescent doit s'adapter aux transformations physiques rapides qui s'opèrent pour lui. Il doit apprendre à s'aimer dans ce « nouveau corps ». D'où l'intérêt qu'il porte à son apparence (son « look ») et les heures qu'il passe devant la glace.

◆ Pulsions sexuelles

L'adolescent doit résister aux pulsions sexuelles qui l'envahissent et doit, en même temps, les accepter comme faisant partie de lui-même. Devant la difficulté de cette tâche, il se réfugie souvent dans :
- « l'intellectualisme » (qui nie les besoins du corps) ;
- « l'ascétisme » (qui prive le corps de tout désir).

◆ Détachement des parents

L'adolescent doit apprendre à devenir autonome. La séparation des parents s'accompagne souvent de comportements contradictoires où le besoin de revendiquer son indépendance alterne avec une quête d'amour et de protection déconcertante pour les parents.

◆ Recherche d'identité

L'adolescence est une période où s'édifie la personnalité. Les jeunes gens rejettent les « images parentales » et recherchent leur propre identité. Pour cela, il faut trouver de nouveaux modèles auxquels ils pourront s'identifier.
Pour affirmer leur personnalité, les jeunes s'opposeront constamment à l'entourage familial (jusqu'à commettre parfois des actes délictueux).

4 Vie sociale de l'adolescent

Plusieurs milieux jouent un rôle important dans la vie sociale d'un adolescent.

◆ Famille

Les parents acceptent difficilement les changements de leur enfant et les modifications de ses besoins :
- ils doivent lui donner plus d'autonomie, sans toutefois lui laisser faire n'importe quoi ;
- ils doivent veiller à ne pas rompre le dialogue avec le jeune, et ce malgré les conflits qui les opposent continuellement.

◆ École

L'école n'échappe pas au regard critique de l'adolescent. Les problèmes de l'enseignement, de la discipline, la difficulté de trouver des débouchés, créent un climat de contestation, de découragement parfois, et sont souvent source d'angoisse.

◆ Groupe de jeunes

L'adolescent aime faire partie d'un « groupe » de jeunes. Cette appartenance satisfait son besoin d'identification et d'expression. Au sein d'un groupe, s'élaborent de nouvelles normes culturelles (tenues vestimentaires, comportements, langage, intérêts divers…). Le groupe peut avoir sur lui un impact positif ou négatif.

5 Vie sexuelle de l'adolescent

◆ Relations sexuelles

La découverte de la vie sexuelle est souvent génératrice d'angoisse chez l'adolescent. Il a besoin d'être rassuré sur :

- sa capacité d'aimer et d'être aimé ;
- la normalité de son développement génital ;
- son « savoir-faire » sexuel.

◆ Contraception

Les adolescents utilisent peu (ou mal) les moyens modernes de contraception. Parmi les raisons, citons : l'imprévisibilité des rapports sexuels, le désir de prouver sa fertilité, l'envie de prendre des risques mais aussi un manque d'information.
Par ailleurs, la peur du sida ne semble pas développer chez les jeunes l'usage du préservatif, et il faut le regretter ; une meilleure information reste à faire dans ce domaine.

◆ Procréation

Pour l'adolescente, désirer un enfant, c'est le plus souvent :

- vouloir posséder quelque chose à soi, quelqu'un que l'on puisse aimer, qui permette de réparer les manques affectifs subis pendant l'enfance ;
- chercher à se valoriser au moyen de la grossesse, à être socialement reconnue, à recevoir des marques d'estime et d'intérêt ;
- chercher à grandir, à devenir adulte plus rapidement.

6 Facteurs de risque

L'adolescent qui part à la conquête du monde se heurte à de très nombreuses difficultés.
« Le passage à l'acte » permet à l'adolescent de s'affirmer et de transgresser le monde des adultes. Tout peut arriver, il est capable de « faire n'importe quoi » ! Les statistiques sur la toxicomanie révèlent que l'adolescent utilise aussi bien des drogues licites (alcool, tabac, médicaments) que des drogues illicites (stupéfiants) (*cf.* chapitre 3).
La vigilance des parents et des professionnels doit être particulièrement soutenue pour éviter le pire et apprécier les facteurs de risque.

Signaux d'alarme

Parmi les troubles du comportement, l'isolement relationnel, le don d'objets (auxquels le jeune est particulièrement attaché), ou encore la tenue de propos plus ou moins explicites (y compris dans les devoirs de français), sont autant de signes sous-jacents. De même, les fugues ou encore des conduites alimentaires pathologiques (du type anorexie ou boulimie), les troubles du sommeil (caractérisés par l'insomnie ou le réveil matinal précoce), dissimulent bien souvent un malaise profond qu'il conviendrait d'identifier lors d'une consultation chez le médecin généraliste.

Situation

Les jeunes en jeans

Un dessin croqué par la plume alerte d'un caricaturiste, illustre bien notre propos. On y voit une bande de jeunes assis au bord d'un trottoir : *mêmes* mèches de cheveux décolorés sur l'œil, *mêmes* tatouages, *mêmes* blousons de cuir, *mêmes* jeans « décolorés », « troués » et rapiécés (aux mêmes endroits !), *mêmes* amulettes au cou… Tous très attentifs aux propos tenus par leur *alter ego* juché sur une moto et claironnant : « Moi, les gars, c'qui m'plaît pas à l'armée, c'est l'*uniforme* ! ».

Remarque

Chaque génération d'adolescents adopte des goûts nouveaux en matière de look, de vêtements, de distractions, d'idées politiques, voire d'alimentation.

Les jeunes utilisent souvent très tôt les « *modes culturelles* » dans le but de :

- renforcer leur appartenance au « *groupe* » (même si cela ressemble au « *conformisme* » !) ;
- s'émanciper à l'égard de leur famille ;
- trouver leur identité ;
- adopter un langage commun (source de communication, de complicité…).

7 Rôle de l'adulte (parents ou professionnels) : être à l'écoute

Chez les 15 à 24 ans, le suicide est la deuxième cause de mortalité, après les accidents de la circulation. Chaque année, plus de 40 000 jeunes tentent de mettre fin à leurs jours. La prévention consiste à prendre en compte tous les *signaux d'alarme* cités précédemment et à consulter un médecin généraliste, l'infirmière scolaire ou l'assistante sociale scolaire dans les meilleurs délais. Une écoute attentive de troubles encore diffus et anodins pourrait aider l'adolescent à verbaliser ses difficultés. D'autant que l'on sait aujourd'hui que si le message exprimé lors du premier passage à l'acte n'a pas été suffisamment perçu ni traité, les récidives sont promptes et graves.

D Adulte

Défini physiologiquement par la fin de la croissance (du latin *adultus*, « qui a grandi »), l'âge adulte est un état apparent de maturité et de stabilité physique, intellectuelle et affective.

1 Événements « affectifs » de l'âge adulte

Tout événement est vécu subjectivement, en fonction de la personnalité du sujet et de son histoire antérieure.

◆ Choix du conjoint

On ne peut parler véritablement de choix. Les expériences vécues dans la famille, les relations (même inconscientes) avec les parents, l'éducation reçue, le groupe social auquel on appartient, déterminent plus ou moins nettement les critères selon lesquels le partenaire sera élu. Ces influences peuvent être directes, comme une ressemblance physique ou comportementale, mais aussi indirectes, se manifestant en opposition au parent du sexe opposé.
Dans les premiers temps de la vie du couple, le partenaire est idéalisé. Les éléments gênants sont projetés sur des personnes extérieures. La phase suivante, où l'autre cesse d'être idéalisé et où les conflits peuvent apparaitre, signe une évolution et donc une certaine maturité des partenaires.

◆ Séparation ou divorce

La séparation, légale ou non, peut être provoquée par un rythme d'évolution, de maturation différente. L'issue d'un conflit dans un couple est fonction de la capacité de chacun à communiquer, à opérer un changement dans ses manières de fonctionner, à accepter une désillusion sans se sentir anéanti, à reconnaître que la faiblesse de l'autre n'est insupportable que du fait de ce qu'elle « réveille » en nous.
La présence d'enfants doit nécessiter la recherche de la solution la moins traumatisante pour eux. Les enfants ont besoin de sécurité affective et les parents doivent leur garantir leur affection quoi qu'il arrive. L'enfant n'a pas à choisir entre les deux.

◆ Parentalité

L'accession à la paternité ou à la maternité est un moment-clé dans la maturation de l'individu.

Aspects

- *Pour la femme* : avoir un enfant revient à prendre position par rapport à sa propre mère, soit pour faire aussi bien qu'elle, soit pour faire mieux si celle-ci n'a pas été suffisamment bonne. Les relations entre une femme et sa mère sont faites d'ambivalence. Elles sont à la fois positives et négatives :
  - *la grossesse* peut être le révélateur de cette ambivalence, faite de conflits anciens, et devenir source d'insécurité, de culpabilité, entraînant diverses perturbations psychologiques ou physiques. Les vomissements du premier trimestre, d'origine hormonale, ont une intensité variable d'une femme à l'autre. Ils sont en rapport avec le vécu de la grossesse, l'anxiété de la future mère ;
  - de même pour *l'état dépressif* qui suit souvent l'accouchement, son ampleur dépendra aussi de la façon dont la jeune mère accepte cette première séparation d'avec son enfant que constitue la naissance ;
  - pour d'autres femmes, la possibilité d'être enceinte est plus importante que la venue de l'enfant. Elles se rassurent ainsi sur leur capacité d'être fertiles. Ceci peut expliquer certains « accidents » de contraception.
- *Pour le couple :* le projet d'enfant répond au désir de chacun des partenaires d'avoir un enfant. Ce désir n'est pas indépendant de la façon dont chaque partenaire a été désiré, accueilli par ses propres parents.

Effets pour le couple

La maternité et la paternité provoquent une *maturation brutale* de l'homme et de la femme en les mettant en face de responsabilités nouvelles dont ils doivent s'accommoder.

La venue d'un enfant est l'occasion d'une *modification des rapports* dans le couple. Le couple conjugal devient couple parental. Certaines mères négligent leur rôle d'épouse, certains pères ressentent de la jalousie vis-à- vis de l'enfant qui accapare leur femme. Les parents doivent donc savoir s'adapter à leur nouveau rôle pour continuer à exister en même temps comme couple et comme parents.
Devenir parent, c'est aussi s'inscrire dans un processus généalogique : c'est franchir une génération.

2 Événements « sociaux » de l'âge adulte

◆ Emploi

L'entrée dans la vie active se fait de plus en plus tard pour des raisons économiques (chômage) ou sociales (allongement de la scolarité). Le fait d'accéder à un emploi est le plus souvent bénéfique à l'individu, puisqu'il lui donne un rôle social, mais les contraintes et les responsabilités afférentes peuvent être source d'angoisse et déstabiliser un sujet.

◆ Chômage

Le chômage, surtout de longue durée, est une période de grande fragilité. L'individu se sent inutile, dévalorisé dans une société qui vante le travail et la réussite sociale, et il a le sentiment de ne plus être capable d'assumer ses responsabilités familiales.
L'organisation psychique du sujet, ses expériences antérieures détermineront les moyens qu'il utilisera pour faire face à cette situation. S'il ne trouve pas en lui et autour de lui des appuis suffisamment solides, il peut se sentir rejeté et incapable de réagir.

Situations

Réflexion

Les phrases suivantes évoquent des situations difficiles vécues par l'adulte. Elles peuvent être un point de départ pour une réflexion personnelle, en utilisant ce qui a été dit dans ce chapitre.

- *Théo* dit : « *J'ai peur pour l'avenir de mes enfants. Que vont-ils devenir avec le chômage actuel ? Quelle sera leur vie dans une société de violence, avec la drogue ?* »
- *Marie* dit : « *Si je quitte mon emploi pour me consacrer à l'éducation de mes enfants, je vais régresser dans ma capacité professionnelle et je ne retrouverai plus d'emploi…* »
- *Sonia* dit : « *J'ai trois enfants, mon mari m'a quittée, je me retrouve seule, sans travail, sans formation. Que vais-je devenir ?* »
- *Ben* dit : « *Nous renonçons à avoir un autre enfant. Cela bousculerait nos habitudes de vie. Notre logement serait trop petit, et la voiture… Il faudrait se priver de vacances… On est bien comme ça !* »
- *Léna* dit : « *Nous sommes au bout du rouleau, plus de couverture sociale, les huissiers sont à la porte tous les jours, nous n'avons plus de quoi manger, et tout le monde l'ignore.* »

Remarque

Si l'on hiérarchise les « *événements sociaux* » exposés dans ces différents exemples, on voit que dans la majorité des cas les problèmes les plus redoutés sont le *chômage* et les *difficultés économiques*.
En effet, Théo a peur pour l'avenir professionnel de ses enfants. Marie et Sonia appréhendent, à titre personnel, un problème d'emploi. Ben fait le choix de la sécurité financière au détriment d'une éventuelle naissance. Quant à Léna, elle est en situation de grande précarité.

E Vieillissement

Les personnes âgées sont en nombre important dans nos sociétés européennes ; ceci grâce à l'allongement de l'espérance de vie.
Le développement des soins médicaux, l'amélioration des conditions de vie et d'habitat, la mise en place de politiques de prévention (vaccinations, sécurité au travail, prévention routière, dépistage précoce des maladies...) ont permis de faire chuter notablement la morbidité et la mortalité chez les plus de 60 ans. Au cours d'une vie, le temps de la vieillesse tient donc une place importante.

Exemple

Une personne de 94 ans qui a commencé à travailler à 20 ans, aura passé autant d'années à la retraite (37 ans) qu'au travail (37 ans).

1 Début du vieillissement

Dès la naissance, l'homme commence à vieillir et passe ainsi par différents stades (enfance, adolescence et âge adulte) pour atteindre le 3e âge.
Les effets importants du vieillissement se font sentir au 4e âge (autour de 80 ans), mais ils dépendent souvent du niveau culturel et social de la personne, ainsi que de son hygiène de vie.
On remarque chez beaucoup de personnes âgées :

- une difficulté d'apprentissage mais surtout d'adaptation aux nouvelles situations (*ex.* : utiliser Internet ou une carte bancaire) ;
- une diminution de l'imagination, de l'intuition ;
- une atteinte de la mémoire immédiate ;
- des difficultés d'adaptation (*cf.* situation)

Situation

Les difficultés d'adaptation de Mme X.

Mme X., personne à mobilité réduite, refuse de quitter un appartement au 2e étage sans ascenseur pour un rez-de-chaussée, car elle ne veut pas quitter son « *chez elle* ». Elle y a « ses habitudes et ses souvenirs », dit-elle. Mme X. préfère vivre seule. Elle critique souvent le comportement de ses petits-enfants. Elle trouve l'éducation des jeunes « trop libre », leurs modes vestimentaires « débraillées » ; les nouvelles musiques lui semblent un « tintamarre » insoutenable ! Enfin, le constat de son vieillissement crée chez elle un sentiment d'inutilité.

Remarque

Cette situation illustre les « *difficultés d'adaptation* » d'une personne âgée. Comme Mme X., beaucoup de personnes âgées ne veulent pas quitter leur domicile, même si, matériellement parlant, ce changement leur faciliterait la vie. De plus, lorsqu'elles sont amenées à côtoyer les jeunes générations, elles ne les comprennent plus (elles ne peuvent plus *s'adapter*). Ainsi, on pourrait évaluer l'entrée dans le « grand âge » par le fait que la personne ne peut plus (ou ne veut plus) « avancer » dans la vie !...

2 Ralentissement physiologique

Chez le sujet vieillissant, un grand nombre de « signaux » témoignent de l'avancée en âge qui entraîne inévitablement la diminution de certaines aptitudes et capacités, en particulier la diminution :

- de la force musculaire (difficulté à la marche) ;
- des capacités respiratoires, cardiaques, digestives ;
- de l'acuité des organes sensoriels (vue, ouïe…).

3 Aspects psychologiques du vieillissement

Chez la personne âgée, le physique et le psychique sont interdépendants et la fragilité de l'organisme s'accompagne d'une difficulté de plus en plus grande à résister au stress.
La personne âgée doit alors faire face à une image dépréciée d'elle-même, tout en supportant des changements et traumatismes importants à certains moments-clés de la vie : retraite, perte du conjoint, éloignement des enfants, entrée en maison de retraite, etc.

Situations

À chacun son mode de vie…

▶ *Monsieur G. a 68 ans.* Il vit seul, dans une petite ville du Nord de la France. Son épouse est décédée il y a quelques mois d'un cancer. Aujourd'hui retraité, il souffre d'insuffisance respiratoire et a besoin d'aide au quotidien.

▶ *Monsieur S. a 82 ans.* Il vit dans le Sud de la France avec sa femme, n'a aucun problème de santé même s'il ne court plus aussi vite qu'autrefois. Ancien professeur d'histoire, passionné de voyages, il continue d'exercer sa passion pour la civilisation grecque en se rendant chaque été en Grèce.

▶ *Madame V. a 78 ans.* Ancienne agricultrice, veuve, elle continue de vivre dans la ferme où elle a toujours vécu, aujourd'hui reprise par son fils. Elle continue de pratiquer certains petits travaux (nourrir les poules), participe à l'entretien du potager. Ses articulations la font parfois souffrir et sa peau est très ridée, du fait de toutes ces activités pratiquées dehors depuis de nombreuses années. Mais cela ne l'affecte pas ; ce qui compte pour elle, c'est de se sentir utile.

Remarque

Ces différentes situations illustrent les aspects *physiologiques* et *psychologiques* du vieillissement.
On peut observer des différences importantes au niveau du *mode de vie*, de la *santé* et du *moral*.

▶ M. G. a été atteint par un deuil et est victime d'une maladie invalidante, tandis que M. S. voyage en pleine santé et que Mme V. continue à travailler ;

▶ M. G. vit seul et malade tandis que Mme V. est entourée de sa famille.

Le vieillissement est donc très *inégal* selon les personnes.

◆ Image corporelle

L'image corporelle est souvent dévalorisée chez la personne âgée qui voit son corps se dégrader sur le plan morphologique, physiologique et esthétique. La vision qu'elle a d'elle-même et le regard des autres ont une importance fondamentale dans sa façon de vivre.

Un environnement chaleureux joue un rôle fondamental par le sentiment de sécurité affective et de reconnaissance d'elle-même qu'il lui procure. La personne âgée tente alors de goûter ce que la vie peut encore apporter de plaisir. Elle peut conserver une estime de soi : vivre des sentiments, des émotions et le simple plaisir d'exister, sont des protections indispensables contre la dépression et le vide intérieur.

◆ Événements ayant un impact psychologique

L'âge entraîne des remaniements de la personnalité, en raison des changements dans les rapports entre la personne et son image sociale.

Retraite

L'arrêt de l'activité professionnelle est un cap difficile pour les personnes retraitées. Les statistiques montrent que cette période est un pic de morbidité donc de mortalité.

La retraite provoque un stress majeur, à cause des modifications du mode de vie. Le retraité se réveille un matin sans avoir « rien à faire ». Il va devoir remplacer par autre chose une activité professionnelle qui l'occupait toute la journée.

- Certains investissent dans des loisirs, des activités culturelles, associatives ou dans la garde des petits enfants.
- D'autres en revanche sont incapables d'assumer ce vide de leurs journées, s'ennuient, ne s'intéressent à rien et finissent par ne plus sortir.

Vie de couple

La retraite et le départ des enfants entraînent un face à face du couple âgé parfois difficile à vivre : on constate un nombre élevé de divorces à cette période de la vie.

Tous les comportements agressifs, anxieux qui étaient masqués, épongés par la vie professionnelle, vont réapparaître. Ils risquent de se fixer sur des points mineurs : la place des objets, les petites misères physiques, le territoire de chacun, et entraîner un égocentrisme qui empoisonne la vie commune. Le couple devra réaménager sa distance, son espace, son temps, de façon à vivre ensemble des choses positives.

La bonne santé psychologique du couple s'exprime dans des projets et par la faculté de profiter encore de choses séparément pour pouvoir partager ensuite.

Cadre de vie

La personnalité se crée, se forge et surtout se maintient par et dans une relation avec un environnement. Le cadre de vie d'une personne âgée constitue des repères temporaux, spatiaux et affectifs importants. Il est le « réservoir » des souvenirs d'une vie, le lieu où elle s'est déroulée, avec ses bons et mauvais moments. Il est le témoin matériel de cette vie.

Modifier totalement ou brutalement le cadre de vie d'une personne âgée, c'est la jeter « hors de sa vie », la couper de son histoire, bouleverser ses repères et la mettre dans une situation d'insécurité et de menace parfois insoutenable. Si la personne âgée ne dispose pas alors de défenses psychologiques adaptées et solides, le stress est tel qu'il risque d'entraîner une décompensation sous forme de somatisation ou de démence.

Situation

Germaine (80 ans)

Germaine vit à Paris avec ses enfants. Elle s'occupe avec joie, le week-end, de ses arrières-petits enfants, à qui elle sait raconter de nombreuses histoires. Elle fait des gâteaux et participe encore activement à la vie de famille. Parfois *Germaine* a quelques « trous de mémoire », mais elle a de bons yeux et peut lire ou regarder la télévision. Elle s'est inscrite au club du 3e âge, organisé par la mairie deux fois par semaine. De nombreux jeux de société y sont proposés (cartes, loto…), ce qui occupe agréablement son temps. *Germaine* a perdu son mari il y a dix ans, ce qui l'a longtemps perturbée (troubles du sommeil, de l'appétit), mais avec un traitement et le soutien de ses proches, elle a pu surmonter cette épreuve.

Remarque

Voyons les besoins satisfaits et perturbés chez cette personne âgée :

- *satisfaits* : besoin de s'occuper, de se recréer, d'être utile, besoin affectif et relationnel ;
- *perturbés* : besoins de sommeil, de manger (appétit).

F Entrée dans la « dépendance » et la fin de vie

La période de fin de vie se situe autour de 85 ans lorsque les effets du vieillissement sont importants, sur le plan physique, mais surtout psychique.

1 Détérioration mentale

La détérioration mentale est très variable d'un individu à l'autre. Cette détérioration (aboutissant à une démence sénile) a des causes variées, dont certaines peuvent être traitées (*ex.* : le ralentissement de la circulation sanguine cérébrale). En revanche, beaucoup de personnes de plus de 80 ans peuvent être atteintes de la maladie d'Alzheimer et représentent une très lourde charge pour l'entourage. Bien souvent, les familles font appel à un(e) auxiliaire de vie sociale ou demandent le placement dans un établissement spécialisé.

2 Dépendance physique

Nombre de personnes âgées, qui ont gardé « toute leur tête », se trouvent dans un état de dépendance en raison de handicaps physiques importants et elles ont besoin de quelqu'un pour les aider à accomplir les gestes de la vie quotidienne (toilette, lever, habillage, repas).

Cependant, même si leurs activités se trouvent ainsi limitées, elles ont gardé la capacité de communiquer avec leur entourage et peuvent encore faire des choix quant à leur mode de vie. L'entourage familial, amical, les professionnels de l'aide à domicile, doivent les considérer comme adultes et ne pas les infantiliser ou les isoler sous prétexte de leurs difficultés dans les actes de la vie quotidienne.

3 Affaiblissement des ressources

Lorsque les personnes n'ont pas travaillé assez longtemps pour avoir une retraite complète, les frais, liés à la maladie (ou au besoin d'aide) peuvent poser de réelles difficultés, même si l'État et les collectivités locales ont mis en place des mesures de solidarité pour les personnes âgées. *Ex.* : le minimum vieillesse, l'aide médicale gratuite, l'Allocation personnalisée d'autonomie (APA), etc.

4 Solitude

L'Insee prévoit que d'ici dix ans, le nombre de solitaires de plus de 60 ans augmentera deux fois plus vite que celui des ménages. Aujourd'hui près de 40 % des personnes âgées vivent seules. Cela implique pour elles des difficultés à trouver de l'aide pour les activités qui leur sont pénibles : courses, ménage, déplacement, mais aussi une impossibilité à maintenir la communication avec les autres ainsi qu'une inscription sociale. Peu à peu des équipements se mettent en place : portage des repas, aide-ménagère, soins à domicile, téléalarme, CLIC, famille d'accueil pour personnes âgées, etc., mais ils sont encore insuffisants pour éviter le départ de beaucoup de personnes vers les établissements de gériatrie.

La personne âgée préfère généralement vivre chez elle, auprès de sa famille, mais la cohabitation de plusieurs générations pose souvent problème. Cette cohabitation exige de chacun beaucoup de concessions pour une vie supportable par tous. Aussi beaucoup de personnes âgées restent déterminées à vivre seules, au prix parfois de gros efforts, pas toujours compatibles avec leur sécurité.

5 Placement en structure d'accueil

Lorsque la famille fait le choix de placer la personne dépendante en trouvant un lieu d'accueil satisfaisant, elle peut en concevoir inquiétude et culpabilité. Cependant, le maintien du lien familial est toujours indispensable, même si des professionnels prennent le relais de l'entourage pour la vie quotidienne. En effet, on remarque une dégradation très rapide chez les personnes qui n'ont plus aucun contact avec leur famille.

6 Maltraitance de la personne âgée

La maltraitance envers les personnes âgées se rencontre aussi bien au sein de la famille que dans les établissements d'accueil.

Les principaux responsables de ces abus sont :

- la famille : 50 % des cas ;
- les professionnels (à domicile ou en institution) : 25 % des cas (environ) ;
- les voisins : 15 % des cas (environ) ;
- les responsables de maison de retraite, les tuteurs, les banquiers, etc.

On peut considérer deux formes de maltraitance :

- *les actions délibérées :* maltraitance psychologique (insultes, menaces…), maltraitance financière (prélèvement des biens, signature forcée…), violences physiques ;
- *les maltraitances par omission* : manque d'aide pour les repas, pour aller aux toilettes, privation de visites, non respect de la vie privée, de l'intimité, manque de respect, etc.

◆ En milieu familial

Le plus souvent, les parents maltraitants sont confrontés à une situation difficile et craquent devant l'accumulation des problèmes. Il leur est souvent difficile d'accepter de voir leur père ou leur mère ainsi diminué.

◆ En institution ou à domicile

Il faut sensibiliser et former les personnels pour éviter qu'ils ne soient maltraitants malgré eux : paroles blessantes dites sous le coup de l'énervement, oubli de frapper lorsqu'on rentre dans une chambre, toilettes faites à la chaîne, règlement appliqué de façon trop rigide, etc. Il parait indispensable que les professionnels bénéficient de temps d'échanges, de rencontres pour analyser les situations rencontrées ainsi que leurs réactions face à ces situations.

7 La personne malade en phase terminale

Lorsque la personne âgée se trouve en phase terminale d'une maladie, elle a surtout besoin d'une présence à ses côtés.

Il est évident que les besoins physiologiques doivent être satisfaits (dormir, boire, manger, éliminer), mais la personne a surtout besoin de quelqu'un sur qui elle peut compter. Elle doit être *sécurisée* pour partir en paix.

Situation

La fin de Mme G.

Madame G., 80 ans, très malade, a une espérance de vie fort brève. Elle ne veut plus voir personne et ne manifeste aucun désir. Plus rien ne l'intéresse. Elle pleure souvent… Ce matin Samira (AVS) lui a tenu la main, très longuement et lui a dit : « *Je suis là, je reste près de vous* » et *Madame G.* a souri.

Remarque

Mme G. est déconnectée du monde extérieur et pleure souvent.

Ici, la personne malade est très affectée et traverse une phase dépressive. L'état psychologique présente de grandes variations d'une personne à l'autre. Certaines meurent en ressentant une certaine sérénité.

Rôle de l'AVS

À domicile, les auxiliaires de vie sociale vont s'efforcer de préserver la meilleure qualité de vie possible à la personne jusqu'au décès et proposer un soutien aux proches.

Compétences attendues

L'AVS devra tenir compte de la dépendance vécue par le patient. Elle fera preuve avant tout de beaucoup de *prévenance* et de *respect* à son égard. Le mode de communication doit s'adapter à cette situation (quand la parole n'est plus possible).

L'AVS devra toujours *verbaliser* et être *attentive(if)* aux réactions corporelles en retour (appelé langage du corps).

Auprès d'une personne en fin de vie

L'AVS devra avoir des capacités d'*observation* et d'*écoute*. Il lui faudra :

- être attentive à ce « qui est dit » (la plainte est douloureuse pour la personne en fin de vie), à l'intonation de la voix, à ses silences ;
- être capable d'entendre la plainte (facteur d'angoisse) sans devenir angoissée elle-même ;
- assurer une présence réelle, proche et compréhensive afin d'aider la personne à dire, nommer et exprimer ce qu'elle ressent ; pour cela il faudra prendre le temps de :
  - *S'asseoir* à son chevet,
  - *la Toucher* (avoir un contact physique par la main),
  - *l'Écouter,*
  - *lui Parler.*

L'attitude de l'AVS peut donc se résumer par ces quatre lettres : STEP.

Moments propices à l'observation

L'AVS observera plus particulièrement la personne aux moments suivants :

- *lors des soins d'hygiène*, elle sera attentive à :
  - la position du corps (ex. : repli sur soi),
  - l'aspect (contracté ou non),
  - la crainte du contact physique,
  - les grimaces lors des changements de positions ;
- *lors des repas*, elle surveillera :
  - le refus alimentaire,
  - l'indifférence face aux mets présentés ;
- *lors des passages dans la chambre*, elle sera attentive à :
  - l'absence d'intérêt (pour la TV, la lecture...),
  - l'absence de communication ou l'agressivité,
  - la demande de « massages »,
  - la demande d'un traitement « anti-douleur ».

Attitudes en cas de décès

En cas de décès, l'AVS veillera à :

- annoncer le décès à la famille avec tact et délicatesse ;
- raconter comment les choses se sont passées (si la famille était absente) ;
- mettre de l'ordre (ranger, nettoyer la chambre) ;
- proposer à la famille de rester autour du lit du défunt car la famille a besoin de temps (chacun doit pouvoir toucher le mort et lui dire « adieu ») ;
- respecter les croyances et valeurs du défunt et de sa famille.

Chapitre 2

Le contexte socioculturel de la personne et ses enjeux

A Principaux phénomènes de société

On peut définir un groupe social comme un ensemble d'individus ayant deux objectifs communs :

- accomplir la tâche pour laquelle le groupe s'est constitué ;
- maintenir le groupe en état de stabilité, en respectant des « normes » ou « règles » communes.

1 Différents groupes sociaux dans l'enfance

La crèche, l'école et le quartier sont les institutions sociales qui interviennent le plus souvent autour de l'enfant en tant qu'agents de socialisation. Ils ont donc leur part d'influence sur l'individu dès l'enfance.

◆ Crèche

Le personnel de la petite enfance peut influer sur le comportement de l'enfant car il en a la responsabilité pendant de nombreux mois. La crèche est le groupe de référence social.
La personnalité de l'éducatrice peut avoir des répercussions (positives ou négatives) sur le groupe d'enfants qu'elle a en charge.

◆ École et quartier

L'école intervient à son tour pour influencer le comportement en société. Ensuite viendra l'influence du quartier, de la bande, et de la rue…

Situation

Jean à l'école

Jean (5 ans) vient d'être scolarisé. Il doit découvrir et s'habituer aux « règles » de la vie scolaire : il ne faut pas être en retard (rentrée à 8 h), il faut s'asseoir en silence, se laver les mains avant le repas, ne pas chahuter en classe, ne pas frapper son copain *Marius*… *Jean* doit à la fois s'intégrer à un groupe d'enfants et ne pas diluer sa propre personnalité.

© 2011 Elsevier Masson SAS. Tous droits réservés

Remarque
Cette situation illustre le rôle important de l'école en matière de *socialisation* de l'enfant : Jean va apprendre toutes les règles de la vie en société qui favorisent le respect d'autrui. Il va apprendre à être ponctuel, à écouter la maîtresse sans parler à son voisin, à respecter son copain. *S'intégrer* à un groupe veut dire en respecter les règles (le *modus vivendi*) tout en gardant sa *personnalité*. Ainsi, dans le groupe, il y aura toujours des leaders (des locomotives) et d'autres qui préfèrent les suivre, les imiter...

2 Catégorie socioprofessionnelle chez l'adulte

La catégorie socioprofessionnelle (CSP) répertorie les individus en fonction de leur appartenance sociale et professionnelle.
L'évolution se fait dans le sens d'un gonflement des classes moyennes au détriment des classes défavorisées, ceci en raison de l'élévation du niveau scolaire et de la nouvelle répartition socio-économique de nos sociétés.

Situation

M. Ben et M. Segond

- *M. Ben* est professeur à Lille dans un lycée professionnel, sa femme *Dany* est institutrice dans une grande école de la ville.
- *M. Segond* dirige une usine de matériaux, sa femme *Sandrine* (secrétaire) l'aide à rédiger ses devis et ses factures et répond au téléphone.

Remarque
Chacun de ces deux protagonistes appartient à un groupe professionnel bien différent, mais très structuré, car le groupe socioprofessionnel s'organise pour être toujours le plus efficace possible.

3 Fonctionnement du groupe social

La hiérarchie dans le groupe semble inévitable. Tout groupe recherche un chef qui organise et structure le groupe.

◆ Hiérarchie sociale : élection d'un chef

Le chef d'un groupe peut avoir des fonctions très variables, basées sur l'autorité et la responsabilité.

◆ Respect des règles dans le groupe

En tant que milieu d'existence, le groupe social doit respecter certaines règles. L'organisation sociale se traduit par un ensemble de *droits* et de *devoirs*, de *permis* et d'*interdits*. Elle garantit les libertés de chacun, définit et protège les fonctions, organise la sélection et la compétition, aussi bien que l'aide et l'assistance.

◆ La communication dans le groupe

La qualité des échanges dans un groupe est liée à l'établissement de réseaux de communication. Ils établissent le sens des échanges entre les membres du groupe.

Exemple

« Le réseau de communication en chaîne »

C'est un réseau de communication qui comporte des risques de perte et de déformation de l'information. Il est cependant très utilisé car il respecte la hiérarchie, c'est le cas des transmissions orales à l'hôpital. Elles se font dans l'ordre hiérarchique suivant : *médecin → infirmière → auxiliaire de puériculture ou aide-soignante.*

◆ « Sentiment collectif » du groupe social

Le groupe social est souvent secoué par des courants d'opinion ; il a ses émotions et ses réactions partagées. Il vit souvent au diapason, notamment lors de faits d'actualité graves (ex. : meurtres, viols ou enlèvements d'enfants). Tous les membres du groupe social ont un « sentiment collectif ». Se sentir *membre* du groupe, c'est précisément vibrer à l'unisson de la vie émotionnelle du groupe que ce soit pour acclamer, s'enthousiasmer ou au contraire rejeter et protester.

◆ Rythme de vie du groupe social

Le groupe social en tant qu'organisme vivant a son propre « rythme de vie ». Ainsi la ville :
- s'éveille et s'endort ;
- a ses heures de grande affluence et de moments creux ;
- vit ses moments de grandes migrations. *Ex.* : le départ des grandes vacances est l'un des « rythmes sociaux » les plus mobilisants pour les Français. La sécurité routière est à pied d'œuvre pour gérer le phénomène des départs, mais le groupe social arrive difficilement à se discipliner.

4 L'individu social

La *socialisation* de l'individu est indispensable pour son intégration au groupe social. Elle est faite de nombreux apprentissages. Travail, éducation, santé, économie, politique, urbanisme, religion, loisirs sont autant de domaines où s'établissent et se modifient des relations sociales, faites de règles et de contraintes que les individus exercent entre eux. Ces règles sont appelées *valeurs sociales*.

◆ Apprentissages sociaux

La socialisation d'un individu exige de lui qu'il acquière un certain nombre de règles qui lui permettront de vivre dans sa société. Certains apprentissages sont indispensables :
- *l'apprentissage d'automatismes gestuels* : par exemple, l'utilisation de couverts pour l'alimentation, l'acquisition de l'écriture ont une signification sociale ;
- *l'acquisition de connaissances* : elles permettent à l'individu de savoir être dans sa société ou dans un groupe. *Ex.* : la connaissance des lois d'un pays ou celles propres à un métier sont nécessaires à l'intégration ;

- *la maîtrise de la communication* : chaque groupe social utilise un langage permettant les relations internes du groupe. La maîtrise du vocabulaire et des modes de communication est indispensable pour trouver sa place au sein de ce groupe.

Exemples

- L'enfant comprend très vite que le meilleur moyen d'obtenir satisfaction est de nommer l'objet qu'il désire.
- La connaissance du vocabulaire médical est indispensable à l'intégration d'un professionnel de santé dans une équipe hospitalière.

◆ Rôles sociaux

L'apprentissage du rôle social est capital dans le processus de socialisation.
Chaque individu, en fonction du groupe ou des groupes sociaux dans lesquels il est intégré, doit avoir des comportements, des gestes adaptés. Il doit « *jouer son rôle* » social. Un même individu peut avoir plusieurs rôles, qui deviennent tour à tour prépondérants selon le moment. À chaque rôle correspondent des comportements admis par tous et attendus du groupe.

Situations

1. Les différents « rôles sociaux » de Marie

Marie (25 ans), mère de famille, est à la fois infirmière, membre d'un club de sport et d'un syndicat. Ces rôles sociaux différents déterminent des attitudes et compétences en conformité avec les différents rôles sociaux :

- *mère de famille* → maternage, protection, éducation, etc. ;
- *infirmière* → sens relationnel, dévouement, technicité, etc. ;
- *sportive* → convivialité, participation, esprit d'équipe, etc. ;
- *syndicaliste* → contestation, négociation, etc.

2. La « situation sociale » de Nathalie

Pour définir sa situation sociale, *Nathalie* dit : « *J'ai 28 ans, je suis divorcée avec 1 enfant. Je suis aide-soignante, attachée à l'hôpital Cochin (Assistance publique). Je fais partie de l'association X (chrétienne), des représentants des parents d'élèves et du syndicat Y. J'habite un deux pièces dans un immeuble près de l'hôpital.* »

Remarque

Exister socialement, c'est avoir des repères sociaux, c'est avoir une fonction sociale et en accepter les règles. La situation sociale détermine à chaque instant nos attitudes et l'attitude d'autrui à notre égard.

3. Le « rôle de soignante » de Nathalie

Les voisins de palier de *Nathalie* lui parlent souvent des problèmes de santé du grand-père de 90 ans qu'ils gardent chez eux. Ils ont fait appel à elle la nuit dernière pour le soigner !...

Remarque

Nous constatons que, pour les voisins, *Nathalie* a le « rôle » de soignante et ils attendent d'elle qu'elle se comporte en personnel de santé, qu'elle joue son « rôle social » (avec toutes les qualités et compétences attendues), même en dehors de « sa » structure administrative !

5 Échecs de la socialisation

La socialisation serait l'« intériorisation » d'habitudes sociales relevant d'un « apprentissage » en vue de l'ajustement aux autres membres du groupe. Certaines personnes peuvent être rejetées de ce groupe ou s'en exclure elles-mêmes.

◆ Dyssocialité

La socialisation d'un individu n'est pas autre chose qu'une « acculturation », c'est-à-dire l'adaptation à un milieu culturel et à ses habitudes, que sont les modes de pensée, les façons d'agir, les règles, les valeurs (*cf.* « La diversité des cultures »).

Exemple

Une personne immigrée peut refuser délibérément l'ensemble (ou certaines) des habitudes sociales du pays où elle vit. Elle ne peut pas ou ne veut pas « s'intégrer ». De ce fait, elle vivra une « dyssocialité », c'est-à-dire une désadaptation culturelle qui la mettra en marge du groupe social et pourra même entraîner l'exclusion du groupe.

◆ Délinquance, marginalisation et exclusion

Cf. « L'inadaptation sociale et ses conséquences », page 69.

B Évolution de la famille

1 Structure familiale

La famille se structure à partir de deux mécanismes :

- *l'alliance* : qui désigne l'union d'un homme et d'une femme ;
- *la filiation* : qui désigne les liens biologiques et les rapports entre parents et enfants.

Sur le plan social et légal, la famille est constituée de personnes ayant des liens de parenté.

Exemples

- *parenté ascendante et descendante* : grands-parents → enfants → petits-enfants
- *parenté collatérale* :
  - frère ← → sœur
  - beau-frère ← → belle-sœur
  - cousins ← → cousines

2 Modèles familiaux

Il existe plusieurs types de modèles familiaux.

◆ Famille nucléaire

On appelle famille nucléaire, une famille composée des deux parents (père et mère) et des enfants non mariés (ou dépendants économiquement des parents).

◆ Famille monoparentale

L'augmentation des divorces engendre un accroissement du nombre de familles monoparentales. Cette famille est formée d'un adulte avec un ou plusieurs enfants de moins de 25 ans (l'adulte est très souvent la femme).

◆ Concubinage

La vie maritale, hors mariage, est de plus en plus répandue car elle soulève moins de réprobation sociale qu'autrefois.

◆ Famille recomposée

La famille recomposée regroupe l'un des parents, son nouveau conjoint et les enfants nés d'un premier mariage qui vivent alors avec un beau-parent. L'augmentation du nombre de séparations et de divorces est à l'origine de ce type de famille.

◆ Pacs

Le Pacs permet à deux personnes majeures, quel que soit leur sexe, de créer un lien juridique d'aide mutuelle et matérielle.

3 Fonctions de la famille

La famille assume des fonctions de :
- *reproduction* : elle permet d'assurer sa descendance ;
- *socialisation* : elle reste le lieu privilégié de la diffusion du langage et de la culture ;
- *protection* : elle procure aide matérielle, soutien psychologique, etc. ;
- *consommation et de transmission du patrimoine* : les biens acquis par la famille vont constituer son patrimoine (celui-ci va se transmettre d'une génération à l'autre).

4 Évolution des relations familiales

Depuis quelques décennies, on constate une évolution des relations entre tous les membres de la famille.

◆ Relations entre les conjoints

En raison de l'augmentation de l'espérance de vie, un mariage peut durer plus de 45 ans, ce qui représente un risque accru d'échec à long terme.
Par ailleurs, les relations au sein du couple ont changé car le statut social de la femme s'est modifié ; en effet :
- la femme fait des études et elle a le choix d'une activité professionnelle ;
- la libéralisation de la contraception et l'interruption volontaire de grossesse lui ont donné la maîtrise de sa fécondité et la capacité de choisir ses maternités ;
- l'égalité des conjoints a été légalisée et la femme peut être chef de famille ;
- l'autorité parentale est partagée.

◆ Relations parents-enfants

L'enfant est au centre de la famille et toute l'énergie des parents est consacrée à lui fournir une vie confortable, une scolarité et une profession satisfaisantes.

◆ Relations parents-adolescents

Avec l'apparition du chômage, de l'insécurité financière, de l'allongement de la scolarité, les jeunes adultes restent plus longtemps au sein de la famille. Il n'est pas rare de rencontrer des jeunes de 25 ans (étudiants) toujours installés chez leurs parents.

◆ Relations avec les grands-parents

Les grands-parents gardent un rôle important. Ils fournissent souvent une aide non négligeable : prêt d'argent aux jeunes couples, garde des petits-enfants (50 % des enfants passent des vacances chez leurs grands-parents). Les relations sont bien différentes lorsque la personne âgée est seule.

5 Influence de l'entourage humain sur l'individu

On sait que la formation du caractère d'un être humain, et par là ses capacités futures d'adaptation à la vie sociale, sont très liées à la personnalité de ceux qui l'ont entouré dans son jeune âge et des liens qu'il a noués avec eux.

◆ Influence de l'entourage sur l'équilibre humain

L'enfant se construit en imitant, ou en s'opposant à ses proches. C'est dire l'importance pour l'enfant de vivre dans un milieu où il trouvera l'amour, la fraternité, la tolérance, la compréhension, l'écoute, l'échange, la sécurité et la sérénité. On sait que les enfants qui ont souffert de « carence affective » peuvent présenter des troubles psychologiques graves à l'âge adulte.

◆ Influence de l'entourage sur la personnalité

L'attitude des adultes peut intervenir également pour stimuler ou inhiber sa personnalité et sa créativité.

Situation

Mme A et Mme B

Laurie est une petite fille de 24 mois, qui est accueillie chez Mme A, une assistante maternelle très expansive. Au parc où elle se promène souvent avec elle, elle lui parle beaucoup, lui apporte son goûter, des jouets et veille à la mettre au contact de beaucoup d'enfants. Laurie semble très épanouie. En revanche, sa voisine *Nadia*, du même âge, l'est beaucoup moins. Elle est confiée à une assistante maternelle austère, Mme B, qui la surveille beaucoup, mais qui, ayant la crainte permanente de l'accident, la brime dans toutes ses formes d'expression personnelle et la sort rarement.

Remarque
Cette situation présente deux assistantes maternelles aux profils très différents. Il est évident que :
- Mme A paraît avoir les compétences requises pour satisfaire les besoins de l'enfant, et en particulier ses besoins *affectifs* et *relationnels* d'ouverture sur le monde qui vont l'aider à se socialiser ;
- Mme B a un naturel craintif et hyper-protecteur. Elle croit peut-être « bien faire » mais en voulant trop protéger l'enfant, elle ne permet pas sa *socialisation.* Nadia pourra avoir des difficultés accrues lorsqu'elle devra intégrer l'école maternelle.

◆ Influence de la famille sur le développement psychomoteur et social

La psychologie nous apprend que c'est par la « *nourriture affective* » que l'individu peut se développer harmonieusement, et plus tard s'affirmer dans sa plénitude adulte. Sinon il reste « *égocentrique* ». Ainsi l'individu doit d'abord recevoir sa ration affective pour pouvoir la redistribuer à d'autres (l'amour maternel et paternel est la vitamine psychologique de croissance).
C'est au gré du développement social que se mesure l'évolution psychologique d'un individu (qui pourra, à son tour, recréer une famille).

6 Parentalité[1]

Un homme, une femme, puis l'arrivée d'une troisième personne, l'enfant, et le couple devient triade : les rythmes, les repères sont modifiés. « On ne naît pas parents, on le devient. On doit donc parler de transition vers la parentalité ».

◆ Réélaboration des liens et des rôles

Avant de devenir parents, le couple a tissé des liens sur la notion du « toi et moi ». Or la venue de l'enfant va engager cette relation à « deux » vers une relation à « trois » (appelée triade).

◆ Élaboration du processus de parentalité

Les deux partenaires vont :
- réfléchir à la signification de la parentalité ;
- revivre leur histoire personnelle : devenir parents les ramène à leur « passé ». Quelle enfance ont-ils eu ? Quels étaient leurs liens avec leurs parents ? Raviver ce vécu est parfois douloureux ;
- être heureux ou craintifs du « rôle de parents » qu'ils vont devoir jouer ;
- être impatients de connaître l'enfant qu'ils ont conçu et dont ils ont rêvé. Ils ont tendance à l'idéaliser, à l'imaginer beau et déjà plein de capacités en devenir (c'est l'enfant imaginaire) ;
- se donner de nouvelles règles de vie et réorganiser leur vie quotidienne ; souvent c'est la période où l'on change d'habitat en vue de la naissance.

1. Pour plus de détails, consulter l'ouvrage *Guide AP (auxiliaire de puériculture)* de J. Gassier. Éditions Masson, 2010.

◆ Vécu de l'homme (futur père)

L'aventure de la paternité, au même titre que celle de la maternité, est un moment de crise, franchie plus ou moins pleinement selon l'histoire de chacun. *Ex.* : on appelle couvade l'ensemble des troubles psychosomatiques que peut manifester un homme lors de la grossesse de sa compagne.

◆ Désir d'enfant chez la femme

Comment naît le désir d'enfant ? Où prend-il ses racines ? Les arguments donnés par les femmes sont le plus souvent teintés d'ambivalence, tantôt l'attente d'un enfant est donnée pour soi, tantôt l'attente d'un enfant est altruiste. Parfois c'est le souhait de répéter ce qui a été vécu avec les parents ou, au contraire, de réparer une enfance douloureuse… C'est le plus souvent un mélange de tout cela. Le désir d'enfant est propre à chaque femme.

C Diversité des cultures

La culture est une construction humaine. Toutes les sociétés élaborent leur propre culture à partir des contextes historiques, géographiques, économiques.

1 Définition de la culture

La culture est l'ensemble des valeurs et des comportements intégrés par l'individu au cours du « *processus de socialisation* ».
Cette culture est complétée par l'ensemble des traditions communes aux membres du groupe.

Exemple

L'art, la foi, les rites font partie de la culture puisqu'ils imprègnent fortement les manières d'agir et de penser des individus d'une même société.
Refuser de reconnaître à un homme la validité de sa culture, c'est faire de lui un être asocial. Cependant, celui qui choisit de vivre dans un autre pays doit savoir s'adapter à la culture de celui-ci, donc s'intégrer.

2 Influence du « milieu culturel »

L'influence du « milieu socioculturel » sur l'enfant est considérable car il la subit d'une façon continue depuis sa naissance. Très souvent, il la conservera adulte et la transmettra à son tour.

◆ Influence familiale sur l'enfant

On sait, par expérience, qu'un enfant adopte très tôt le comportement de son milieu socioculturel. Il s'adaptera difficilement à un « autre milieu » (s'il est très différent de celui de sa famille). Plus l'influence socioculturelle sur l'enfant est précoce, plus elle est efficace, et vice-versa.

◆ Conformisme culturel des jeunes

Les jeunes adoptent souvent très tôt des « modes culturelles » dans le but de :
- renforcer leur appartenance au « groupe » ;
- s'émanciper à l'égard de leur famille ;
- trouver leur identité.

Ils adoptent un vocabulaire commun ou des vêtements identiques.

◆ Conformisme socioculturel des adultes

Les goûts vont-ils beaucoup évoluer au cours de la vie ? Force est de constater que, dans le domaine culturel au sens large, une autre cassure s'opère en fonction du milieu social d'origine. Chaque génération adopte des goûts en fonction de son milieu social. Notons aussi l'influence des médias (presse, TV…) sur ce conformisme.

3 Inégalités culturelles

Les inégalités culturelles s'expliquent par :
- le milieu social et l'éducation reçue depuis l'enfance ;
- les conditions de vie et de travail difficiles ;
- l'abrutissement médiatique ;
- l'éloignement géographique ;
- le manque de curiosité et de motivation, etc.

Il y a cependant une possibilité d'« *égalité culturelle* », offerte par l'enseignement public, gratuit et obligatoire jusqu'à 16 ans. Par ailleurs, le sport (en particulier collectif : le football, le rugby…) tend à rapprocher les individus (fraternité, solidarité, passion commune…).

4 Habitudes, rites sociaux

Le fait de vivre dans un certain groupe social représente une somme considérable « d'habitudes intégrées ». Ces habitudes enracinées constituent en fait la « socialisation » de l'être. Les habitudes sont si bien intégrées qu'elles orientent toutes nos conduites.

5 Religions, idéologies

Les religions font partie des habitudes sociales, c'est-à-dire des habitudes de pensée. Il est fréquent qu'un individu adopte la même religion que ses parents ; il peut cependant en adopter une autre à l'âge adulte, mais au prix d'efforts soutenus.
Chaque religion inclut, en son sein, beaucoup de rites qu'il faut également intégrer et adopter.

6 Esprit critique

Être un être social, avoir des habitudes et les avoir bien intégrées n'exclut pas tout « esprit critique ».
Il est au contraire vivement conseillé de développer ou d'adopter cette forme de réflexion. Il ne s'agit pas d'un esprit de dénigrement mais d'un esprit de discernement. Savoir discerner le *bon* du mauvais et le *vrai* du faux au cours de notre vie sociale est une preuve d'intelligence et de liberté.

Situation

« L'esprit critique » est une bonne « habitude sociale »

Jane a l'habitude de fumer du tabac depuis l'âge de 16 ans, elle dit que c'est dû à une influence subie. Aujourd'hui, *Jane* dit à ses enfants qu'avant d'adopter de telles habitudes, peut-être est-il bon de se poser des questions.

- Est-ce que le jeu en vaut la chandelle ?
- Est-ce que l'opinion de mes parents ou de mon professeur n'est pas meilleure ?

Remarque

Il faut se souvenir que, dans certains domaines de la vie sociale, l'esprit critique est une « bonne habitude sociale » et plus particulièrement dans les domaines de la santé et de la moralité. Cela force l'individu à se poser de vraies questions devant les habitudes imposées par le groupe social. Car le danger qui guette à l'ère des « mass média », c'est celui de la manipulation et de l'uniformisation des esprits. Ainsi, si certains ont tendance à plier leurs mœurs au « qu'en-dira-t-on ? », il faut leur apprendre que :

- un slogan n'est pas une *idée* ;
- un acteur n'est pas un *modèle de vie* ;
- un chanteur n'est pas un *maître à penser*, etc.

D Personnes en situation de précarité

1 Exclusion

La socialisation d'un individu n'est pas uniquement l'apprentissage du répertoire de conduites jugées acceptables par le groupe social, elle est surtout l'aptitude continue à l'adaptation. Mais des « blessures sociales » peuvent survenir. Nous réagirons tous différemment.
Après certains accidents sociaux, l'individu ressent un véritable traumatisme social, auquel il peut réagir sur deux modes.

◆ Réactions sur le mode négatif

L'individu peut refuser le changement par la fuite ou la ruse, l'agressivité, la démission.

◆ Réactions sur le mode positif

L'individu peut adopter un comportement dit « d'adaptation au changement » (dont nous allons voir les facteurs ci-après). Il existe pour chacun de nous un « quotient de socialisation et d'adaptation ».

2 Facteurs d'adaptation de l'individu

Pour s'adapter à une situation, il faut avoir les atouts suivants.

◆ Une base de socialisation-intégration

Pour se sentir bien dans un milieu social, il faut, comme dans une maison, avoir ses repères.
Les désadaptés sociaux sont des désorientés sociaux.
Une bonne « socialisation » dans l'enfance développe la faculté d'adaptation (*cf.* Figure 1.19).

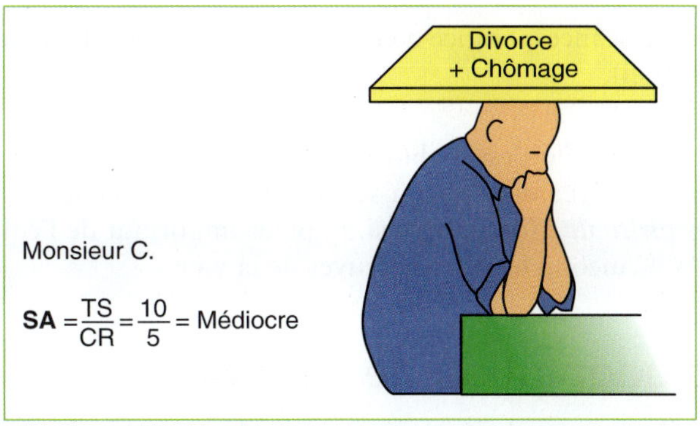

Fig. 1.19 Le quotient de socialisation-adaptation (SA) de l'individu. Le quotient SA est le rapport entre la somme des traumatismes sociaux reçus (TS) et la capacité de résistance de chaque individu (CR) (*Guide AS*, par J. Gassier. Masson).

◆ Un plan de vie

C'est avoir une notion du temps (et de l'avenir) qui fait que la vie ne se conjugue pas uniquement au présent et aux projets à courts termes. Les professionnels de santé constatent chez les dyssociaux l'absence d'*horizon* temporel (c'est une cause importante d'échec de socialisation).

◆ Une conscience sociale

Lors de changements brusques dans sa vie sociale, l'individu doit pouvoir rebondir et recommencer. Pour cela il doit pouvoir assumer une nouvelle situation ou un nouveau rôle social, même plus modeste, plus pénible.

Exemple

Après un licenciement, pour envisager un nouveau travail, l'être socialisé doit le considérer comme une fonction sociale et en accepter l'effort et la discipline exigés par la société. C'est précisément cet *effort* que refuse le dyssocial.

◆ Un moteur existentiel

Pour s'adapter aux changements, des trésors d'énergie doivent être déployés. Or l'énergie trouve le plus souvent sa source dans l'intérêt qu'on porte à autrui et qu'autrui vous porte. Le moteur existentiel, c'est autrui qui nous le fournit.
Dans le plan de vie, c'est l'amour ou l'amitié qui aide à avancer, à lutter.

Situation

France (ancienne alcoolique)

France (55 ans), après une vie familiale chaotique, a été quittée par son mari (qui est parti avec sa meilleure amie). De santé fragile, elle n'a pas pu faire face à cette épreuve et a sombré dans l'alcool. Elle détruisait progressivement sa santé lorsque son médecin lui conseilla de s'inscrire à l'association des A.A. (Alcooliques Anonymes). Ainsi, entourée par des personnes compétentes, elle a pu « *s'exprimer* » et « *être écoutée* ». Elle a pu aussi apprendre les bienfaits des relations amicales, harmonieuses au sein d'un groupe de confiance et entendre parler de *spiritualité* (terme qui lui était totalement étranger !).

Au bout de quelques séances, France a cessé de boire et a décidé de se battre (elle a trouvé son moteur existentiel).

Remarque

France a pu émerger car elle s'est d'abord sentie *comprise* dans son problème. Ensuite, elle a créé des *liens affectifs* (l'amitié est un soutien appréciable dans l'épreuve) et enfin elle a été attirée par la *spiritualité* (qui est aussi un pilier important de l'équilibre psychologique et qui « soutient » beaucoup lors des épreuves de la vie).

3 Difficultés d'adaptation de l'individu

L'être humain a naturellement tendance à résister au changement dans ses habitudes de vie. On remarque que plus la norme est importante, brutale, plus sa modification entraînera de résistance de sa part.

Situation

Les difficultés de Zhora

Zhora (35 ans) est atteinte d'obésité depuis sa plus tendre enfance. Elle pèse près de 70 kg pour une petite taille (1,60 m). Malgré le préjudice physique et esthétique que cela lui cause, Zhora a beaucoup de mal à décrocher ; elle n'aime que les plats riches en calories auxquels sa mère l'a habituée. Mais son médecin a été formel, sa santé est en danger, elle doit suivre un régime strict. Après quelques essais malheureux, une diététicienne a expliqué à Zhora les risques de l'obésité et lui a trouvé une formule pour accepter le régime avec plus de souplesse.

Remarque

Notons que l'adaptation au changement se fait plus aisément s'il fait l'objet d'une discussion avec la personne concernée et si celle-ci est motivée et consentante en fonction d'un objectif. La discussion permet en effet de réduire les tensions et les oppositions et de réaliser la prise en compte d'un bénéfice autour de nouvelles normes.

Ce principe est appliqué dans les « thérapies de groupe » dans les domaines de l'alcoolisme, des toxicomanies, du tabagisme. L'instauration d'une nouvelle norme collective, l'abstinence, s'impose à l'individu lorsque celui-ci, rassuré par le groupe, accepte de prendre le risque du changement.

4 L'insertion sociale

S'intégrer signifie *entrer*, être *accepté* par… (ici par le groupe social), aller vers d'autres, vers quelque chose de commun. Il s'agit donc d'une action qui n'a jamais fini de s'activer, de s'approfondir. Elle comprend d'abord la reconnaissance de notre position dans le groupe social, la conscience des rapports intrasociaux, par notre âge, notre origine (familiale, sociale, ethnique, régionale…). Il s'agit d'une orientation qui se développe dans un contexte culturel.

La société facilite l'*insertion* de l'individu dans le groupe si celui-ci le souhaite, dans la mesure où le plan de vie du groupe correspond au sien.

L'insertion est permanente, elle nécessite un effort perpétuel d'ajustement, des réadaptations fréquentes, car les rôles sociaux se multiplient, la société évolue, les groupes et les relations se transforment. Nous devons remplir de nouvelles fonctions, prendre en charge de nouvelles tâches inconnues (il faut sans cesse se « *reconvertir* »). Des surtensions du lien social peuvent surgir, et malgré les multiples efforts de l'individu, l'insertion sociale est loin d'être rectiligne. Ainsi la société ne se laisse pas *intégrer*, ni *habiter passivement* ; les êtres humains cherchent toujours à s'affirmer contre les autres. Enfin les échecs, les déceptions, les injustices sont considérées comme des résistances à l'insertion de l'individu, et l'individu doit, à son tour, résister à cette résistance pour poursuivre son insertion. L'individu doit constamment remporter des victoires de façon à prouver qu'il est « capable », qu'il peut être inséré par le groupe social.

E L'inadaptation sociale et ses conséquences

1 Marginalité

Suivre le rythme du groupe social devient une règle sociale inconsciente pour ses membres, car le fait de pouvoir participer à la « vie du groupe », est un moyen de s'y sentir intégré. C'est facile pour certains et plus difficile pour d'autres, qui « décrochent » du groupe et se marginalisent. D'autres en sont carrément exclus.

◆ Facteurs de marginalisation

Ils sont nombreux. Citons-en quelques-uns :
- la maladie, l'infirmité, la vieillesse ;
- les déficits mentaux et moteurs, le handicap ;
- l'absence de racines (géographiques, familiales, culturelles…) ;
- l'ostracisme social ;
- l'emprisonnement, etc.

◆ Facteurs d'exclusion

Certains membres des groupes sociaux ont des difficultés pour s'intégrer (ou se réintégrer) dans le groupe social, ils sont (ou se sentent) exclus du groupe. Citons :
- les nouveaux habitants dans un village ;
- les immigrés dans les villes ;
- les apprentis dans les milieux professionnels ;
- les chômeurs, etc.

2 Délinquance

Un individu qui s'éloigne par ses valeurs, ou transgresse par ses comportements, les normes de son groupe, entre dans la délinquance.

◆ Origine de la délinquance

L'origine de la délinquance peut être due à différents facteurs :
- immaturité de la personnalité ;
- difficultés à s'identifier à un groupe ;
- absence de relations sociales ou affectives satisfaisantes ;

- incapacité à se situer dans un rôle social ;
- manque d'apprentissage précoce des valeurs et normes sociales.

Le délinquant se forge une manière très personnelle d'agir et de penser. En effet ses délits sont pour lui sa norme. Ils ne sont délits que pour ses victimes !

◆ Caractéristiques de la délinquance : « le non-respect des normes »

Dans une société, la norme indique ce qu'un individu doit ou ne doit pas faire.

Exemples

1. La norme c'est l'interdiction de tuer ou l'obligation de respect de la vie d'autrui

La *transgression* d'une norme entraîne toujours une *sanction*. *Ex.* : un jeune tire sur un policier, cela lui vaut quelques années de prison.

2. Les normes changent à mesure que la société évolue

- *Les sociétés occidentales interdisent la polygamie.* La transgression de cette interdiction entraîne une sanction pénale ;
- L'*interruption volontaire de grossesse*, autrefois passible de la peine de mort, est devenue légale donc normale pour une majorité de la population.

F Quotient de « socialisation-adaptation » (SA) de l'individu

Le quotient de « *socialisation-adaptation* » (SA) de l'individu est le rapport entre l'ensemble des traumatismes sociaux (TS) reçus à un moment de sa vie et la capacité de résistance (CR) que l'individu peut déployer pour y faire face (*cf.* Figure 1.19).

- Parmi les *traumatismes sociaux* on peut citer : le deuil, la rupture sentimentale, le divorce, l'accident, l'exclusion, la maladie, le handicap, etc.
- La *capacité de résistance* peut être développée par l'individu s'il trouve les ressources en lui-même ou grâce à l'aide apportée par son entourage proche. Comme on le sait, certains individus sont de nature moins sensible. Ils sont psychologiquement moins fragiles que d'autres. Cela tient à la personnalité et à leur « vécu ».

Par ailleurs, l'entourage va jouer un rôle considérable pour aider l'individu.

Nous avons vu dans la situation de France (page précédente) le rôle positif joué par les groupes de paroles des « alcooliques anonymes ». (Autrui est souvent notre « *moteur existentiel* » !)

Chapitre
3

Les pathologies, les handicaps et leurs répercussions sur l'individu

I. SANTÉ, MALADIE, POLITIQUE DE SANTÉ PUBLIQUE

A Définition de la santé

La santé est un état de complet bien-être, physique, mental et social et ne consiste pas seulement en une absence de maladie ou d'infirmité[1]. La notion de santé est donc un état dynamique qui peut s'apprécier selon deux axes : la santé « résistance » et la santé « bien-être » dans un environnement.

B La santé : « équilibre instable »

La santé est donc un équilibre instable qui regroupe la satisfaction de plusieurs besoins fondamentaux : besoins biologiques, besoins psychologiques, besoins sociaux, culturels, intellectuels et besoins spirituels. L'homme doit donc sans cesse s'adapter à un environnement qui évolue autour de lui et toute influence négative fait basculer l'état de santé vers celui de maladie. Une altération de l'état de santé se traduit par « un ensemble de ruptures d'ordre physique, mental et/ou social et se manifeste par des symptômes objectifs et subjectifs ».
Divers facteurs peuvent concourir à modifier l'état de santé de la personne. Ils sont endogènes et/ou exogènes (*cf.* Figure 1.20).

- *Facteurs favorisants endogènes* : la morphologie (taille, poids…), le patrimoine génétique, l'hérédité, etc.
- *Facteurs favorisants exogènes* : le rythme de vie (repos, activités, loisirs…), l'hygiène de vie (hygiène alimentaire…).

1. Selon l'OMS : Organisation mondiale de la Santé.

© 2011 Elsevier Masson SAS. Tous droits réservés

Fiche récapitulative AGGIR

Nom et prénom
M Sec.Soc.
Adresse
Né(e) le
Âge

Date de l'évaluation

Pour chaque item, cocher les cases quand les conditions ne sont pas remplies **(Réponse NON)**

S = Spontanément
H = Habituellement
T = Totalement
C = Correctement

Activités corporelles, mentales, domestiques et sociales.

Activités réalisées par la personne seule		**S**	**T**	**C**	**H**	**Code**	**Code final**
1. Cohérence	communication						
	comportement						
2. Orientation	dans le temps						
	dans l'espace						
3. Toilette	haut						
	bas						
4. Habillage	haut						
	moyen						
	bas						
5. Alimentation	se servir						
	manger						
6. Élimination	urinaire						
	fécale						
7. Transferts							
8. Déplacements à l'intérieur							
9. Déplacements à l'extérieur							
10. Alerter							
11. Gestion							
12. Cuisine							
13. Ménage							
14. Transports							
15. Achats							
16. Suivi du traitement							
17. Activités du temps libre							

Codage intermédiaire

Pour chaque item cochez les cases quand les conditions ne sont pas remplies (réponse NON).

Puis codez secondairement par A, B ou C selon le nombre d'adverbes cochés dans les quatre cases S à H.

- Si aucun adverbe n'est ciché codez A.
(fait spontanément, totalement, correctement et habituellement)
- Si tous les adverbes sont cochés codez C
(ne fait pas)
- Si une partie des adverbes seulement est cochée codez B.

Code final sous variables

- Cohérence :
- AA = A ;
- CC, CB, BC, CA, AC = C ;
- AB, BA, BB = B
- Orientation :
- AA = A ;
- CC, CB, BC, CA, AC = C ;
- AB, BA, BB = B
- Toilette :
- AA = A
- CC = C
- Autres = B
- Habillage :
- AAA = A ;
- CCC = C ;
- Autres = B.
- Alimebtation :
- AA = A ;
- CC, BC, CB = C ;
- Autres = B
- Élimination :
- AA = A ;
- CC, BC, CB, AC, CA = C ;
- Autres = B

Groupe iso-ressources
Défini par le système informatique

Fig. 1.20 L'équilibre instable de l'état de santé : grille AGGIR.

C La maladie : « altération de la santé »

Le *Dictionnaire des soins infirmiers*[2] définit la maladie comme « l'altération de l'état de santé », caractérisée par « un ensemble de ruptures d'ordre physique, mental et/ou social et se manifeste par des symptômes objectifs et subjectifs ».
Il rajoute que « selon les ressources de chaque individu, cette altération peut être vécue comme une agression, une diminution de l'autonomie ou une expérience constructive ou destructive ».

D Classification des maladies

Nous classons généralement les maladies en fonction de leurs causes (*étiologie*), ou en fonction de leurs caractéristiques communes (*typologie*).

1 Classification par leurs causes (ou étiologie)

Citons 4 maladies pour exemples.
Les maladies infectieuses, provoquées par l'introduction dans l'organisme d'un agent pathogène (virus, bactéries). *Ex.* : rougeole, grippe, varicelle, scarlatine, infections sexuellement transmissibles (IST), etc.
Les maladies génétiques, dues à l'atteinte des gènes portés par les chromosomes. *Ex.* : hémophilie, trisomie 21, drépanocytose, etc.
Les maladies congénitales, visibles à la naissance mais qui se sont développées *in utero*. *Ex.* : la fente palatine.

- *Les maladies immunodéficitaires*, caractérisées par une déficience de l'immunité.

2 Classification par leurs caractéristiques communes (ou typologie)

Citons 4 maladies pour exemples.
Les maladies organiques, causées par l'atteinte d'un organe. *Ex.* : infarctus, cataracte.

- *Les maladies mentales ou psychiques* : l'organisme ne semble pas atteint, mais l'individu présente des troubles du comportement et de la personnalité.
- *Les maladies aiguës*, maladies d'apparition soudaine avec une évolution rapide.
- *Les maladies chroniques*, maladies avec une évolution lente, par paliers, et persistantes parfois toute la vie.

2. Définition du Dictionnaire des soins infirmiers, Groupe infirmier de recherche, dir. René Magnon, Amiec 2000.

E Répercussions de la maladie sur l'individu

L'irruption de la maladie dans la vie d'une personne constitue une véritable rupture avec la vie antérieure. En effet, la maladie grave, ou le handicap, sont des intrusions subites et imprévues qui vont entraîner, chez la majorité des personnes, des modifications du comportement, une dépendance, une perturbation des liens familiaux et souvent l'insécurité professionnelle et matérielle.

1 Entrée dans la maladie

Elle est toujours source d'angoisse pour la personne qui bascule d'un « état d'équilibre » vers l'état de « malade ».

- Il y a d'abord les *symptômes*, la *douleur*, les *examens*, les *traitements*, qui sont autant de situations désagréables. Dans le cas de maladies graves, surgissent alors la peur de la douleur et l'angoisse de la mort possible. De plus, le malade ressent une perte d'autonomie, car il doit demander l'assistance de tiers.
- Il y a aussi *l'annonce du diagnostic* à la personne malade. Si celle-ci a le désir de connaître la nature précise de son mal, cette annonce constitue souvent un choc redoutable.

Toutefois, on remarque que les malades au courant du diagnostic se battent mieux contre la maladie et acceptent plus facilement les examens, les traitements (même très lourds) ainsi que les contraintes et les renoncements auxquels ils doivent se soumettre (immobilité, régimes...). À l'inverse, ne rien savoir peut susciter pour le malade un risque d'abattement, car on combat mal un ennemi non identifié (tel un fantôme !).

Le personnel soignant et aidant (AVS) doit être vigilant et ne pas répondre sans réfléchir aux questions parfois très ambiguës des malades. Lorsqu'un malade manifeste des doutes ou des inquiétudes, le personnel doit tenter de le rassurer, sans lui mentir, et faire prévenir un médecin de la situation.

Situation

Valérie ne veut pas savoir !

Valérie (54 ans) a été opérée à la clinique de X. pour un « cancer ». Elle dit au médecin qu'elle ne veut « rien savoir » sur les détails de sa maladie. Elle vit très mal son hospitalisation et refuse presque tous les médicaments, dont elle appréhende les effets secondaires... Elle dit que le personnel n'est pas serviable et ne répond pas assez vite à ses appels et elle regrette de s'être fait opérer...

Remarque

La révélation d'un *diagnostic*[1] à un malade est de la responsabilité d'un médecin, car lui seul peut évaluer la capacité de son patient à supporter la vérité sur sa maladie.

En revanche, le *pronostic*[2] de la maladie n'est que très rarement révélé au malade, surtout s'il est très sévère. Le médecin peut cependant le donner à la famille.

1. Diagnostic : identification d'une maladie par un médecin grâce aux symptômes et aux examens pratiqués sur le malade.
2. Pronostic : prévision de l'issue de la maladie.

2 Réactions du malade face à l'annonce de la maladie

Les malades réagissent très différemment en fonction de leur caractère, leur vécu, leur éducation, leur culture.
Nous considérons ici deux réactions extrêmes, mais il faut comprendre que toutes les réactions sont possibles et qu'elles peuvent évoluer selon l'état du patient.
Certains malades réagissent par la révolte, d'autres par l'abandon face à la maladie. Dans les deux cas, ces attitudes sont des modes de défense face à l'angoisse.

◆ Le malade se révolte

Il s'agit souvent d'une personne habituellement très autonome et qui se sent humiliée par la dépendance qui lui est imposée. Cela peut entraîner de sa part des réactions agressives ou désagréables vis-à-vis du personnel et de sa famille. Ses réactions les plus courantes sont les suivantes :

- le malade refuse de connaître la maladie et minimise les conséquences ;
- le malade a des exigences et des revendications permanentes, il conteste le traitement, montre de l'ingratitude vis-à-vis du personnel de soins ou d'aide. Parfois, la révélation du diagnostic et l'explication des traitements lui permettent de canaliser son énergie dans la bataille contre la maladie.

◆ Le malade démissionne

Le malade qui abandonne la partie peut se présenter comme une personne faible bien souvent « couvée » par ses proches ; il semble attendre tout des autres. Il peut s'agir aussi d'une personne subissant une vie difficile sur le plan personnel (divorce, chômage, solitude…) et qui a perdu tout désir de se battre. Les réactions les plus courantes sont les suivantes :

- le malade s'abandonne à la maladie, il est triste, déprimé, abattu ; il réclame un maternage et se laisse infantiliser (se fait aider pour se laver, se lever…) ;
- il peut refuser les soins prétextant que « ça ne sert à rien dans son état » ;
- il a tendance à se plaindre sans arrêt de la douleur, de l'abandon et demande une présence constante (aussi bien au personnel qu'à ses proches) ;
- il ne s'intéresse à rien (télévision, lecture…) ;

Ce malade est très difficile car il est en perpétuelle demande d'assistance et refuse de s'assumer. Il tire de la maladie un *bénéfice secondaire* : on s'occupe de lui ! Il faut le prendre en charge, répondre à ses besoins de façon à le rassurer. Par la suite, avec l'amélioration de son état, il faudra le stimuler pour qu'il retrouve un désir d'autonomie et l'envie de guérir.

◆ Le malade est angoissé

L'angoisse de la maladie est un des facteurs les plus importants pour l'état et le devenir du malade. En effet, il devient très difficile de le soigner dans de bonnes conditions, et avec l'espoir de le guérir, s'il ne veut pas coopérer à son traitement.

Situation

Les « angoisses » de Jeanne

Jeanne (48 ans) consulte son médecin après une grave opération qui lui a valu deux semaines d'hospitalisation. Elle est accompagnée de son mari qui fait part au médecin des angoisses de sa femme. Son caractère s'est modifié, elle dort moins bien, elle ressent des vertiges, des douleurs abdominales et ne s'intéresse plus à rien. Son médecin lui avait prescrit une analyse de sang dont elle garde secrètement le résultat dans son sac. Elle ne veut pas la montrer au médecin car elle appréhende des révélations désagréables...

Remarque

Les analyses de sang sont souvent obscures pour les patients et source d'angoisse car révélatrices du diagnostic. Pour être sûr de bien interpréter les résultats, rien ne vaut un échange avec le médecin prescripteur, qui reste le mieux placé pour les expliquer au malade. Il est qualifié pour « parler vrai », tout en aidant la personne concernée à faire face aux « mauvais résultats ». Rien n'est jamais perdu d'avance.

3 Facteurs rassurants ou angoissants liés à la maladie

L'angoisse de la personne liée à l'entrée dans la maladie est toujours présente, mais elle peut être calmée ou augmentée par certains facteurs. L'AVS doit les connaître pour lui apporter une aide efficace.

◆ Facteurs rassurants

- Connaissance de la maladie, de l'efficacité d'un traitement.
- Prise en charge des soins, aide, présence attentive des proches.
- Bonnes relations avec le personnel aidant et soignant.
- Installation confortable.

◆ Facteurs angoissants

- Ignorance de sa maladie, troubles psychosomatiques (douleur aggravée).
- Hospitalisation, arrêt de travail, problèmes financiers dus à la maladie.
- Éloignement des proches, solitude, absence d'aide, inconfort, etc.
- Difficultés de communication avec le personnel, la famille (insécurité).

4 Réactions liées à la douleur

Chez tout malade, la peur de la douleur est un élément constant, que cette douleur soit due à la maladie ou aux divers examens et interventions qu'il doit subir. La douleur est un phénomène particulier qui imbrique des éléments organiques (lésions tissulaires, stimuli nerveux) avec des réactions émotionnelles du malade. La douleur est due à l'excitation des terminaisons nerveuses par un stimulus qui atteint un certain seuil d'intensité : le seuil douloureux. Une fois ce seuil atteint, la personne manifeste plusieurs types de réactions liées à la douleur (*cf.* « La douleur et le comportement douloureux »).

Situation

La douleur de Gaël

Gaël (60 ans) a été hospitalisé à la suite d'un accident d'auto. Outre plusieurs fractures, il souffre de violents maux de tête. Il reste prostré, contracté, il est pâle et s'alimente peu. Lorsque sa famille vient le voir, il sourit à peine et fait part de ses craintes : « J'ai mal... je ne le supporte plus, j'aurais dû y rester », dit-il souvent...

Remarque

Toute expression douloureuse doit être prise en compte par le personnel médical, soignant ou aidant, car la douleur est un symptôme qui peut entraîner une dégradation générale de l'état du patient, aussi bien physiologique que psychologique.

Aujourd'hui, on ne laisse plus souffrir un patient, car il existe un arsenal thérapeutique qui peut soulager presque tous les types de douleurs.

5 Réactions liées à l'hospitalisation

L'entrée à l'hôpital, qu'elle soit programmée (examens, opération...) ou subite (en cas d'urgence) est toujours un moment de stress important pour la personne.

Situations

Mme G. (soucis familiaux) et M. X. (soucis de bureau)

- Mme G. (45 ans), hospitalisée quelques jours pour des examens, se demande comment son mari pourra s'occuper de leurs trois enfants alors qu'il a un travail très prenant : « Comment vas-tu faire pour les courses, les repas ? Qui va surveiller les devoirs ? »
- M. X. (53 ans), propriétaire d'une petite entreprise, entre à l'hôpital pour une intervention programmée. Ses collaborateurs sont prévenus, mais M. X. ne peut s'empêcher d'envisager tous les problèmes qui pourraient se présenter si son absence était prolongée : « Comment vont-ils faire pour régler les fournisseurs ! » ; « Qui va signer le contrat ? ».

Remarque

Alors qu'elle était autonome et qu'elle maîtrisait sa vie, la personne malade est brusquement coupée de son milieu habituel et entre dans un univers étranger, dans lequel elle ne pourra plus décider, mais devra se plier aux exigences des soins et au fonctionnement de l'établissement.

Si tout malade est « particulier », il existe deux catégories de personnes, les adolescents et les personnes âgées, chez qui la maladie a un impact différent. Voyons ci-après l'explication.

◆ Adolescent

La maladie et l'hospitalisation mettent l'adolescent dans une situation de dépendance physique et psychologique qui lui semble insupportable à un moment de sa vie où il recherche son autonomie et où il est confronté à des mutations profondes.
On peut observer chez ces jeunes des réactions de rejet de la maladie et des traitements ainsi qu'une forte agressivité vis-à-vis du personnel et de la famille. Il est difficile d'imposer des soins à un adolescent même s'il reste soumis à l'autorité parentale : on cherchera plutôt à obtenir son adhésion et sa coopération.

◆ Personne âgée

La maladie d'une personne âgée est toujours un événement grave. En raison de la fragilité physique et souvent psychique de ces personnes, elle peut entraîner une dégradation de leur état, en particulier en cas d'hospitalisation. La personne âgée perd tous ses repères familiers et risque de se laisser aller : c'est ce que l'on nomme le « *phénomène de glissement* ». L'équipe soignante doit donc être vigilante et utiliser tous les moyens permettant de limiter les risques de perte d'autonomie.

6 Besoins du malade et moyens de les satisfaire

Les besoins fondamentaux doivent être satisfaits de façon autonome par un individu pour qu'il soit considéré « en bonne santé », c'est-à-dire qu'il puisse jouir de toutes ses capacités (physiques, psychologiques et sociales).
Chez la personne malade, ces besoins sont identiques, mais leur satisfaction dépend d'une prise en charge globale.
Pour plus de clarté, nous avons regroupé dans le tableau ci-après quatre grands besoins de la personne malade, les objectifs recherchés et les moyens de les satisfaire.

Tableau 1.7 **Les quatre grands besoins de la personne malade.**

Besoins du malade et objectifs recherchés	Moyens utilisés (rôle du personnel)
a) Besoin de sécurité : – physique : il s'agit de protéger l'organisme de risques potentiels, ex. : • chutes, accidents • infections nosocomiales • toxi-infections alimentaires – psychique : il s'agit d'assurer un état de tranquillité d'esprit, de confiance	Installation adaptée : barres de lit, d'appui, sonnette, objets de première nécessité, etc. – Hygiène de l'environnement – Hygiène des mains – Hygiène de l'alimentation – Attitude encourageante et stimulante du personnel soignant et aidant
b) Besoin d'hygiène : – de la personne : il s'agit d'assurer le bien-être corporel et de prévenir les risques – des locaux : il s'agit d'assurer la salubrité pour limiter la propagation des germes, les mauvaises odeurs	– Toilette quotidienne Mobilisation et prévention Entretien quotidien des locaux et du matériel Évacuation des déchets

Tableau 1.7 Les quatre grands besoins de la personne malade. *(Suite)*

Besoins du malade et objectifs recherchés	Moyens utilisés (rôle du personnel)
c) Besoin de confort : – thermique : il s'agit de permettre une thermorégulation efficace – acoustique : il s'agit de limiter les nuisances sonores qui gênent le repos – visuel : il s'agit d'assurer un éclairage correct pour la lecture, éviter l'éblouissement – aération : il s'agit d'éviter une atmosphère confinée (qui entraîne migraines, malaise…) – équipement : il s'agit d'assurer le confort lors des postures, de la mobilisation, du sommeil, etc.	– Surveillance de la température des locaux (19 à 20° C) – Habillement adapté à la personne, à la saison, etc. – Port de chaussures non bruyantes, conversations à voix basse – Éclairage indirect, lampe de chevet, stores extérieurs – Air renouvelé (sans chute brutale de température) – Matériel en bon état, stable, pratique, sûr : lits électriques, matelas anti-escarres, barres de maintien
d) Besoin affectif et de communication : – il s'agit de maintenir les relations sociales et affectives, de stimuler la communication et de respecter l'intimité, les habitudes, les convictions des malades	– Faciliter les visites de l'entourage, parler avec le malade, s'informer de ses goûts, de ses habitudes, de ses désirs – Adapter la communication à l'âge et à l'état de la personne

7 Qualité de l'accueil, présentation du personnel hospitalier

Grâce à la qualité de l'accueil à l'hôpital, le malade sera considéré, non comme une pathologie, mais comme une personne respectée qui doit être informée sur le rôle de chacun : cette information est facilitée par le port d'un badge.

- Le *médecin* est responsable du diagnostic et décide du traitement. Toutes les questions concernant l'état de santé et le traitement d'un malade sont de son unique responsabilité.
- Le *cadre supérieur de santé (IDE ou PDE)*[3] est le responsable des démarches administratives concernant les malades et de l'organisation du service.
- L'*infirmier(e)* ou la *puéricultrice (IDE ou PDE)* administre les soins et traitements prescrits par le médecin.
- L'*aide soignant(e)* ou l'*auxiliaire de puériculture (AS ou AP)* assure les soins d'hygiène et de confort sous la responsable de l'infirmier ou de la puéricultrice et les adapte aux besoins du malade (adulte ou enfant).

Les malades peuvent être amenés à rencontrer d'autres professionnels : kinésithérapeute, psychologue, diététicienne, assistante sociale, etc.

Tous les membres de cette équipe doivent être capables de coopérer pour une prise en charge efficace du patient. Ils doivent être attentifs aux demandes des malades, s'adapter à chacun d'eux et à leurs besoins.

3. IDE : Infirmier diplômé d'état ; PDE : Puéricultrice diplômée d'état.

8 Conséquences de la maladie sur la vie familiale

L'irruption de la maladie dans une famille entraîne des modifications relationnelles d'autant plus importantes que la maladie est grave, invalidante ou de longue durée. La personne malade se sent très souvent exclue de l'univers familial en raison de l'éloignement dû à l'hospitalisation ou à l'alitement prolongé.

Situation

La maladie du père de famille

M. G. (50 ans) est un père autoritaire et surprotecteur, et il y a souvent d'âpres discussions lorsque ses enfants désirent « sortir ». Il est de retour à la maison après avoir été opéré pour un infarctus. Sa fille aînée, Géraldine (17 ans) a été invitée à passer le week-end chez une amie mais elle n'ose pas demander l'autorisation à son père. Elle a peur de le peiner alors qu'il est malade et ne veut pas risquer une dispute avec lui. Elle préfère renoncer à sa sortie ; mais M. G. remarque son « air contrarié » et s'étonne de son mutisme…

Remarque

La santé du malade devient la préoccupation principale de la famille qui vit dans l'angoisse d'une aggravation possible ou d'un décès. L'attention est centrée sur le malade qui se sent souvent diminué devant autant de bienveillance et de sollicitude. Ici, le père de famille préfèrerait certainement un dialogue franc et ouvert avec sa fille. Il est malade mais il est toujours le chef de famille, le père.

La maladie entraîne aussi des frais supplémentaires et un arrêt de travail qui peuvent faire baisser les revenus de la famille, d'où une prise en compte par les proches de ce fait nouveau.

9 Conséquences professionnelles et sociales de la maladie

L'arrêt de travail, surtout s'il est de longue durée, modifie profondément les relations professionnelles de la personne malade.

Situation

L'arrêt de travail de M. T.

M. T. (50 ans) est comptable dans une petite entreprise. Atteint d'un cancer, il est en longue maladie pendant un an. Au cours de cette période, le directeur décide d'informatiser tout le secteur financier et envoie une autre personne (M. X.) à un stage de formation. À son retour au travail, M. T. se voit confier des tâches subalternes alors que son poste est attribué à son collègue, M. X.

Remarque

L'arrêt de travail peut isoler le malade professionnellement. Dans une entreprise aujourd'hui, « qui n'avance pas au rythme voulu, recule… » et la direction, généralement, n'apprécie pas les personnes fragiles, les faibles, car ils ne sont pas efficaces, rentables pour l'entreprise, dont il faut suivre l'évolution technique. Toutefois, cette attitude n'est heureusement pas habituelle, et la plupart des dirigeants d'entreprise respectent les droits des malades (en particulier la protection du statut et de la fonction).

10 Droits du malade, devoirs de la société

Tous les malades ont les mêmes droits et la société a les mêmes devoirs envers chacun d'eux, et en particulier la protection :

- de la personne et de sa vie privée (secret professionnel) ;
- de la vie professionnelle (statut, fonction,...) ;
- sanitaire et sociale (accès aux soins et prestations sociales).

Les droits de la personne malade sont issus des principes énoncés dans la *Déclaration des droits de l'homme et du citoyen*, elle-même inscrite dans la Constitution de l'État français, dont le personnel de santé et d'aide doit respecter obligatoirement les principes fondamentaux.

F Politique de santé publique

La politique de santé donne les orientations des actions de santé publique. La promotion de la santé et la prévention sont les axes principaux de la politique de santé.

1 Objectifs

La politique de santé publique a pour but la santé des populations. Elle s'efforce donc de valoriser le capital-santé d'une société. Le terme de santé publique évoque aussi bien les problèmes de santé d'une population que l'administration des services de santé. La santé publique a pour objectifs (définis par l'OMS) de :

- *ajouter de la vie aux années*, en donnant aux individus les moyens d'un bien-être physique et psychique ;
- *ajouter de la santé à la vie*, en diminuant la morbidité et l'incapacité ;
- *ajouter des années à la vie* en allongeant l'espérance de vie.

2 Échelons de la prévention

On détermine classiquement trois échelons de prévention.

◆ Prévention primaire

Elle s'exerce *avant* l'apparition de la maladie en agissant sur les facteurs de risque.

Exemple

- Prévention *individuelle* : hygiène corporelle, activités physiques et sportives, etc.
- Prévention *collective* : distribution d'eau potable, élimination des déchets, hygiène de l'habitat.

◆ Prévention secondaire

Elle tente de limiter le développement de la maladie, grâce notamment au dépistage précoce (dépister un cancer).

◆ Prévention tertiaire

Elle vise à limiter les incapacités dues à la maladie et à éviter les récidives. Elle s'exerce par des mesures favorisant la rééducation et la réinsertion *après* la maladie.

3 Éducation à la santé

L'éducation à la santé est une action destinée à améliorer l'hygiène de vie des personnes et donc, à moyen et à long terme, leur état de santé. Les moyens utilisés sont :

- *les actions médiatiques (ex.* : TV, vidéo, radios...) ;
- *les messages écrits* (*ex.* : articles de journaux, tracts, affiches...).

4 Orientations de la politique de santé : les PAP

Afin de trouver des solutions aux problèmes de santé, le gouvernement est amené à prendre des mesures spécifiques de prophylaxie, dans le cadre des PAP ou Programmes d'action prioritaire (*ex. :* lutte contre le tabagisme, l'alcoolisme...) (*cf.* « Les principaux facteurs de risques et la prévention des maladies »).

Rôle de l'AVS

L'AVS sera capable de :

- comprendre les liens entre santé et maladie ;
- repérer les facteurs influençant la maladie (facteurs favorisants) ;
- identifier les origines des pathologies ;
- comprendre le processus d'apparition, de transmission et d'évolution de la maladie ;
- percevoir et respecter les réactions individuelles face à la maladie.

II. NORMAL ET PATHOLOGIQUE

A Définitions

1 L'homme normal

L'homme normal serait celui qui serait bien adapté à son environnement familial et social. L'anormal serait celui qui serait inadapté (ou désadapté), en marge de la société. Et l'on voit alors que le degré de tolérance de l'environnement joue un rôle majeur dans cette marginalisation.
Une *personnalité bien portante* est celle qui a une adaptation satisfaisante :

- tant à la réalité extérieure, c'est-à-dire au monde environnant ;
- qu'à la réalité intérieure, c'est-à-dire à son propre psychisme : le sujet se trouve en accord avec lui-même, il a une certaine estime de soi.

Le *bien-portant* aura des relations aux autres satisfaisantes, une identité suffisante avec un sentiment de bien-être et de sécurité, ayant confiance en lui ; ces divers éléments lui permettant de s'adapter de façon correcte à la vie sociale.

À l'inverse, une *personnalité pathologique* sera emprunte d'angoisse et d'insécurité, ce qui s'exprimera, entre autres, par des difficultés d'adaptation au monde environnant.

2 Le malade mental

Le malade mental est essentiellement un être en souffrance.
Le patient souffre dans *ses relations avec les autres*, ce qui gêne son adaptation sociale, mais il souffre aussi dans *sa relation avec lui-même*, ce qui favorise son isolement. Si cette personne est bien souvent rejetée, c'est qu'elle est probablement la caricature de notre propre personnalité, que certains des traits qui nous dérangent chez elle, existent chez nous à minima ; traits de caractère que l'on refuse probablement de voir.
Par ailleurs, l'observation clinique nous indique que de nombreuses personnes, normalement adaptées, peuvent développer, à certains moments de leur existence, une *pathologie psychiatrique* (*cf.* « Les maladies mentales et la souffrance psychique »).

B Approche sociologique

Le malade mental, selon une approche sociologique, pourrait être le représentant, le symptôme, voire la victime, d'une collectivité elle-même défaillante, mais qui trouve son salut en désignant un de ses membres comme pathologique (ou anormal).
Ce courant de pensée a été à l'origine de « l'antipsychiatrie » qui avançait pour principe : « Puisque c'est la société qui rend le patient malade, réformons la société plutôt que de soigner le malade ».
Il a été aussi à l'origine des « thérapies familiales » qui considèrent qu'un individu malade est le résultat d'un *dysfonctionnement du système familial* qu'il faut tenter de rééquilibrer.
Il est aujourd'hui prouvé qu'un malade mental, à l'aide d'une thérapie et d'un suivi approprié, pourra accéder à des relations sociales équilibrées et qu'un travail auprès de sa famille pourra favoriser des relations plus harmonieuses.

III. AUTONOMIE ET DÉPENDANCE

A Définitions

1 Autonomie

L'autonomie est la capacité à accomplir seul les actes courants de la vie quotidienne et assurer sans aide la satisfaction de ses besoins fondamentaux. Schématiquement, les personnes de plus de 80 ans peuvent être réparties en trois groupes :
- totalement autonomes : 25 % ;
- partiellement autonomes : 50 % ;
- totalement dépendantes : 25 %.

Les équipes d'aide à la personne ont donc pour rôle de prendre en compte cette perte d'autonomie et d'établir des stratégies visant à restaurer l'autonomie et à aider les personnes à vivre avec les pertes d'autonomie.

2 Dépendance

La *dépendance* apparaît lorsque, malgré ces aménagements, les soins et les actes courants deviennent impossibles ; lorsque la personne est dans l'incapacité de subvenir seule à la satisfaction de ses besoins fondamentaux.

B Évaluation de l'autonomie

S'il est relativement facile de concevoir l'état d'une personne totalement autonome ou totalement dépendante, il est beaucoup plus difficile de préciser les caractéristiques d'une personne partiellement autonome ou dépendante. En effet l'importance de la dépendance va dépendre de deux facteurs :

- le domaine dans lequel s'exprime cette dépendance (hygiène, communication…) ;
- le niveau quantitatif de cette dépendance (totale, moyenne, minime…).

Les principaux domaines d'évaluation de l'autonomie concernent :

- l'autonomie physique :
  - marche, déplacement,
  - toilette, habillement,
  - repos, élimination, alimentation,
  - entretien de l'environnement ;

Question à se poser : la personne peut-elle effectuer seule tous ces gestes ?

- l'autonomie psychique :
  - comportement, raisonnement, mémoire,
  - humeur, estime de soi ;

Question à se poser : la personne présente-t-elle une altération psychique ?

- l'autonomie sociale et relationnelle :
  - vie relationnelle, affective,
  - communication,
  - loisirs,
  - niveau de retenu.

Question à se poser : l'autonomie de la personne est-elle altérée et comment ?

C Outils d'évaluation de l'autonomie

1 Échelles d'évaluation

Des échelles permettent d'évaluer le degré d'autonomie d'une personne à un *moment précis*. À partir de ces données, l'équipe élabore un projet d'aide, visant à restaurer et/ou à maintenir l'autonomie, qui doit être adapté aux besoins de la personne âgée. Des évaluations se font à intervalles réguliers de façon à suivre l'évolution de la personne et à juger de l'efficacité de ces actions (*cf.* Tableau 1.8).

Tableau 1.8 L'échelle d'Exton Smith[1].

Cotation	1	2	3	4
État général	Très mauvais	Mauvais	Peu altéré	Bon
Marche	Au lit	Au fauteuil	Marche avec une aide	Marche normale
Mobilité	Inerte	Mouvements très limités	Mouvements peu limités	Mouvements normaux
	Total	Total	Total	Total

1. Par souci de concision, nous ne pouvons proposer que des extraits. Pour plus de détails, nous invitons le lecteur à consulter le *Guide AS (aide-soignant)* de J. Gassier, éditions Masson (2009).

2 Grille d'évaluation de l'autonomie selon les besoins

La grille permet d'évaluer les capacités du patient selon ses différents besoins (d'après V. Henderson) ; *ex.* : besoin de manger, d'être propre (*cf.* Tableau 1.8). Ces besoins sont mis en images. Le personnel doit remplir les cases correspondant au degré d'autonomie et indiquer les modes de suppléance utilisés (si besoin).

3 Grille AGGIR

La grille nationale AGGIR (Autonomie Gérontologie Groupes Iso-Ressources, (*cf.* Figure 1.20) permet d'évaluer le degré de perte d'autonomie d'une personne (*cf.* Figure 1.21) et de définir l'attribution de l'allocation personnalisée d'autonomie (APA).

D Restauration ou maintien de l'autonomie

Les causes de perte d'autonomie chez les personnes âgées sont nombreuses, mais on peut les classer en deux catégories :
- *le vieillissement naturel*, sans pathologies graves associées, qui entraîne presque obligatoirement un état de dépendance chez le grand vieillard ;
- *les maladies ou les accidents* qui créent ou accélèrent brusquement la dépendance chez des personnes jusqu'alors autonomes.

Les objectifs de l'aide peuvent alors être différents.

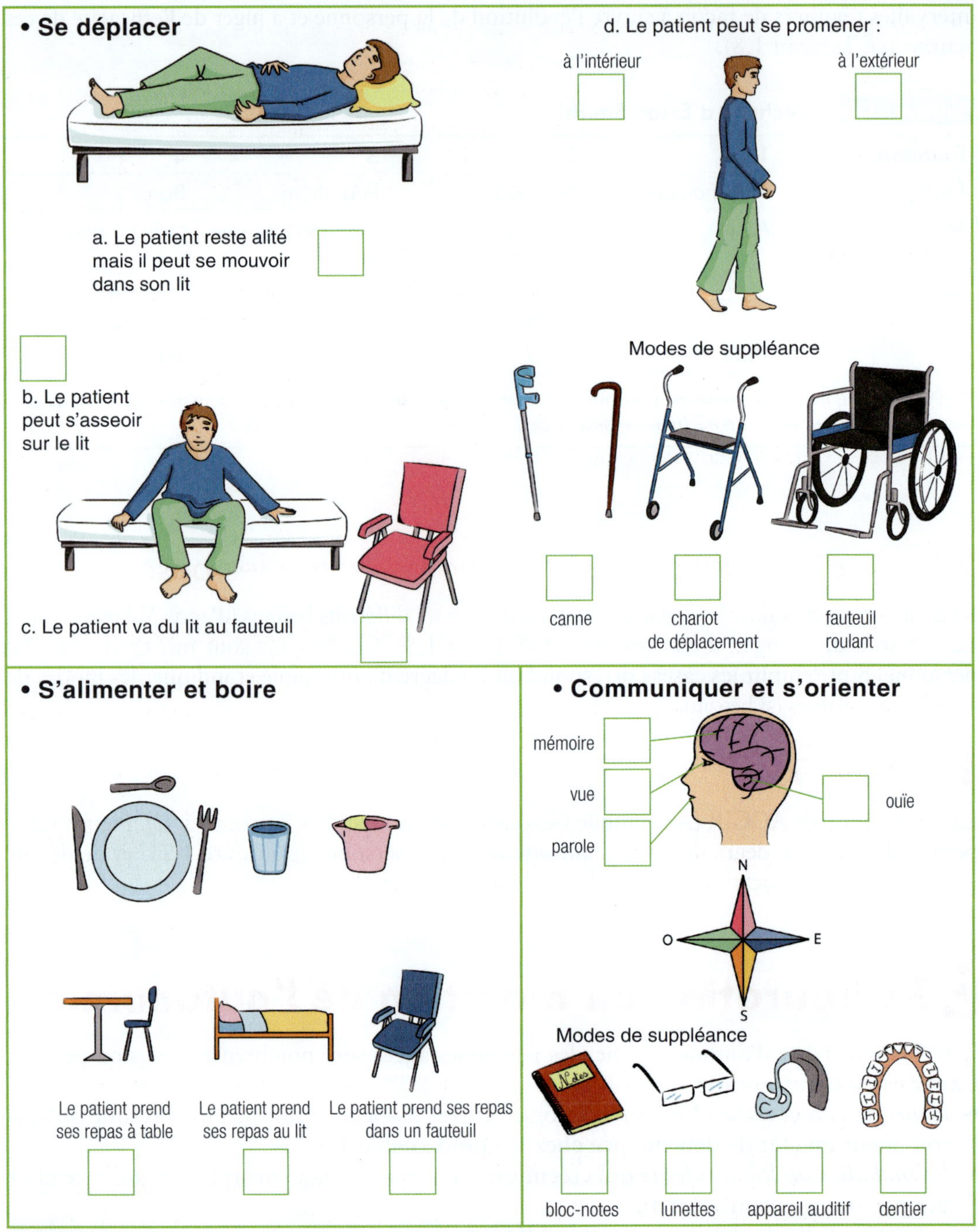

Fig. 1.21 La grille d'autonomie pour trois besoins.

Pictogramme	Situation du patient
0 Sans aide	Le patient est capable de faire seul *Ne pas l'aider* pour favoriser son autonomie
A+ Aide minime	Le patient a besoin d'être guidé ou surveillé lors de ses agissements Lui apporter l'*aide minime* dont il a besoin : Aide +

Pictogramme	Situation du patient
A+++ Aide totale	Le patient a besoin d'une aide physique et morale Lui apporter l'*aide totale* dont il a besoin : Aide +++
X	Modes de suppléance ou matériels utilisés Cochez la case à l'aide d'une croix

Fig. 1.21 La grille d'autonomie pour trois besoins. *(Suite)*

1 Maintenir l'autonomie résiduelle et éviter la dépendance

Situation

Mme Z.

Mme Z., 85 ans, est hospitalisée pour une fracture du col fémoral. La rééducation lui permet la marche avec un déambulateur mais ne lui permet pas d'obtenir une autonomie totale du déplacement, car son état osseux et musculaire n'est pas bon et elle souffre de pertes d'équilibre.

Remarque

L'objectif de l'équipe pourra être de solliciter la motricité chez cette patiente pour éviter qu'elle ne devienne impotente et grabataire. Il serait sans doute irréaliste d'envisager une restauration totale de l'autonomie de déplacement.

2 Restaurer l'autonomie après un épisode aigu

Situation

Monsieur M.

Monsieur M., 70 ans, autonome et vivant seul à son domicile, est traité à l'hôpital pour un épisode d'infection pulmonaire. Au cours de son séjour, il présente un état dépressif avec perte d'appétit et refus de se lever. L'équipe envisage cependant de l'aider à retrouver son autonomie car son état de santé lui permettrait un retour au domicile.

Remarque

L'aide portera sur la résolution de l'état dépressif et le rétablissement de relations sociales qui ont été altérées par l'hospitalisation ainsi que la mise en place d'un plan d'aide au moment du retour à domicile. Le choix d'un objectif et d'une stratégie dépend de l'état du patient, de son âge, du diagnostic médical et de l'évaluation de l'autonomie.

Rôle de l'AVS

L'AVS veillera à :

- aider à faire et non faire à la place de la personne pour « gagner du temps » ;
- stimuler l'autonomie restante avant de pallier la dépendance ;
- laisser aux personnes le temps d'agir elles-mêmes ;
- créer les conditions favorables pour que la personne agisse de façon autonome ;
- en faire ni trop ni trop peu : « trop » c'est aller vers l'infantilisation de la personne et l'installation dans la dépendance, « trop peu » c'est la mettre en situation d'échec, donc de danger physique et/ou psychique ;
- avoir une attitude éducative, encourageante, rassurante, respectueuse ;
- s'interdire les attitudes infantilisantes par bonne intention ;
- garder à l'esprit l'objectif primordial de ses actions : « maintenir l'autonomie de la personne âgée ».

E Actions d'aide à l'autonomie de la personne âgée

Les AVS ont des rapports privilégiés avec les personnes âgées, car elles ont des contacts fréquents et prolongés avec elles. Lorsqu'un projet d'aide à l'autonomie est déterminé par une équipe, elles ont donc un rôle primordial dans les domaines relevant de leur champ professionnel ; il s'agit principalement d'actions d'aide à :

- l'hygiène corporelle et l'habillement ;
- la motricité et le déplacement ;
- la prévention des complications de l'alimentation, la prévention des escarres ;
- l'élimination et la prévention de l'incontinence ;
- la nutrition et l'hydratation ;
- la stimulation intellectuelle et le maintien des relations.

Dans chacun de ces domaines, nous allons envisager quelle peut être l'attitude de l'AVS pour maintenir ou restaurer l'autonomie des personnes âgées.

1 Aide à l'hygiène corporelle et à l'habillement

Le plaisir de se sentir bien « dans sa peau » est une nécessité à tout âge. Cependant, les comportements face à l'hygiène peuvent être très différents chez les personnes âgées selon l'éducation reçue.

Rôle de l'AVS

L'AVS devra tenter de redonner à la personne âgée l'envie de soigner son aspect extérieur, de valoriser son image corporelle pour la convaincre de la nécessité de soins d'hygiène. Dans ce but, l'AVS doit :

- créer *une relation de confiance* nécessaire pour vaincre les réticences des personnes âgées face aux soins dont elles sont peu coutumières : douche, bain ;
- trouver *le rythme optimal* pour chaque personne ;
- organiser *les lieux et le matériel* de façon à ce que la personne prenne en charge la plus grande partie possible du soin. *Ex.* : encourager Mme S. à aller jusqu'à la salle de bains plutôt que de lui faire sa toilette au fauteuil ;
- laisser à la personne âgée le choix de ses vêtements ;
- proposer la modification ou l'achat de *vêtements qui facilitent l'habillage*. *Ex.* :
  - vêtements ouverts plus faciles à enfiler,
  - boutons remplacés par du velcro,
  - chaussures sans lacets ;
- proposer des *aides techniques* :
  - enfile-chaussettes,
  - passe-boutons, etc.

2 Aide à la motricité et au déplacement

Lorsqu'il y a atteinte à la motricité, l'autonomie globale d'une personne âgée est toujours gravement altérée. En effet, la plupart des actes de la vie courante exigent des déplacements et un minimum de mobilité. C'est le cas lors des actes d'hygiène, d'alimentation, d'élimination.

Rôle de l'AVS

L'AVS doit :

- participer à la lutte contre l'ostéoporose en surveillant l'alimentation de la personne (apport de laitages)[1] ;
- limiter le risque de chute en prenant des mesures de sécurité (barrières de lit, barres d'appui…) ;
- aider et stimuler les personnes âgées à bouger en tenant compte de leurs capacités ;
- rassurer la personne âgée sur ses capacités à se déplacer ; une simple présence peut permettre à la personne de se sentir en sécurité ;
- signaler toute douleur articulaire ou musculaire qui gêne le mouvement ;
- signaler toute perturbation motrice, tremblement, perte de force à la préhension, fatigabilité augmentée ;

- proposer des aides techniques qui aident et rassurent la personne âgée : canne, déambulateur, mais aussi plan incliné, rampes, signalisation des locaux[2] ;
- proposer des activités physiques destinées à redonner souplesse et mobilité.

1. « Sur prescription médicale ».
2. Selon les consignes données par les responsables de la structure.

3 Aide à la prévention des complications de l'alitement et prévention des escarres

L'alitement prolongé d'une personne âgée est toujours un facteur de risque grave de perte d'autonomie car il favorise :

- le ralentissement du métabolisme ;
- le ralentissement cardiaque, respiratoire ;
- la fonte musculaire ;
- le ralentissement digestif et la constipation ;
- l'altération cutanée et l'escarrification des tissus sous-jacents ;
- le syndrome de glissement (laisser-aller, refus de se laver, de s'habiller, de se nourrir, refus des relations avec l'environnement…).

L'alitement est parfois nécessaire pour des raisons médicales, chirurgicales ou thérapeutiques. L'AVS devra mettre en œuvre un certain nombre d'actions qui permettront de limiter ou de prévenir ces altérations.

◆ Stimuler la mobilisation dans le strict respect des prescriptions médicales

Les actions de mobilisation peuvent être actives ou passives.

- *La mobilisation passive* permet de faire bouger la personne sans lui demander d'effort personnel. *Ex.* : changement de position dans le lit.
- *La mobilisation active* vise à faire bouger la personne en lui demandant une participation adaptée à ses possibilités. *Ex.* : changement de position, lever, marche, passage de la position allongée à la position assise.

Rôle de l'AVS

Avant toute action de mobilisation, il faut s'assurer qu'elle n'est pas contre-indiquée et qu'elle peut s'effectuer sans danger pour la personne. Se référer aux avis médicaux et paramédicaux.

◆ Participer activement au protocole de prévention des escarres

L'escarre entraîne toujours une perte d'autonomie importante. Le risque d'escarre est présent chez toutes les personnes alitées quelle qu'en soit la cause.

Rôle de l'AVS

L'escarre peut et doit donc être évitée chez les personnes âgées. L'AVS veillera à :

- stimuler la mobilisation ;
- surveiller l'alimentation et l'hydratation ;
- veiller à une hygiène méticuleuse pour limiter la macération des tissus ;
- changer les draps fréquemment ;
- veiller à ce que les draps soient bien tirés, sans plis ;
- utiliser le matériel disponible pour limiter les points de pression ;
- effectuer des effleurages doux, avec huile spécifique, en l'absence de rougeur[1] ;
- effectuer des changements de position après chaque massage.

1. Sur prescription médicale. Les techniques devront être apprises lors des stages réalisés en structure.

4 Aide à l'élimination et à la prévention de l'incontinence

L'incontinence peut survenir à la suite d'une intervention, d'une infection urinaire ou, tout simplement, d'une hospitalisation. Il suffit souvent de redonner aux personnes des habitudes pour qu'elles puissent à nouveau contrôler et déclencher les mictions.
Après avoir éliminé des causes dues à des pathologies graves, on retrouve souvent des causes banales que l'on peut traiter. *Ex.* : réaction à une hospitalisation, peur de déranger, pudeur, gêne, etc.

Situation

L'incontinence de Mme DA

Généralement, Mme DA ne mouille pas sa protection car elle demande à uriner. Mais elle n'en ressent pas toujours le besoin, surtout quand son attention est mobilisée par une activité. À ce moment-là, elle a des pertes urinaires qui la gênent beaucoup. Il faudra donc la solliciter plus régulièrement (en particulier avant l'heure des repas) pour aller aux toilettes.

Remarque

La rééducation de l'incontinence est contraignante pour les personnes âgées et pour les intervenants. Elle demande beaucoup de temps et d'énergie, mais elle est indispensable pour améliorer les conditions de vie et d'autonomie des personnes.

Rôle de l'AVS

Le rôle de l'AVS va s'articuler autour de deux axes : solliciter la personne pour qu'elle participe à sa rééducation et lui proposer une aide pour qu'elle puisse contrôler son élimination.

- *Faire participer la personne âgée à sa rééducation* :
  - la stimuler, l'encourager, lui donner confiance ;
  - dédramatiser la situation ;

- proposer des objectifs à court terme pour que la personne puisse évaluer ses progrès. *Ex.* : proposer à une personne d'enlever la protection quelques heures en matinée et de la remettre avant le repas. Elle aura la satisfaction d'avoir pu se contrôler un certain temps et n'aura pas l'angoisse d'une « fuite » à table, en présence d'autres personnes ;
- dans une étape ultérieure, on peut proposer d'enlever la protection, d'aller aux toilettes juste avant le repas et de remettre une protection pour la sieste ;
- aider la personne à rétablir des relations avec les autres pour susciter l'envie et le besoin d'être continente.

Aider la personne âgée à contrôler ses mictions :

- prévoir un bassin ou un urinal ou une chaise percée lorsque la personne a des difficultés à se déplacer ;
- proposer le déplacement aux toilettes toutes les 3 heures ;
- répondre rapidement aux demandes des personnes, ne pas les faire attendre ;
- surveiller les quantités de boissons absorbées ;
- laisser aux personnes le temps d'uriner : chez les personnes âgées, le déclenchement de la miction n'est pas toujours immédiat ;
- installer confortablement la personne aux toilettes ;
- être discrète, patiente et respecter la pudeur des personnes âgées qui peuvent être bloquées par trop d'insistance ;
- ne proposer des protections que lorsqu'elles sont indispensables et laisser à la personne le choix de les utiliser ou non. Il faut rappeler que la protection ne règle pas le problème de l'incontinence, elle le rend seulement supportable[1] ;
- éviter d'avoir des exigences trop importantes ou trop rapides. *Ex.* : les personnes âgées ont des difficultés à être continentes la nuit car il leur est pénible de se lever plusieurs fois.

1. Il faut éviter d'utiliser le mot « couches » très dégradant car infantilisant pour la personne âgée.

5 Aide à la nutrition

L'AVS doit veiller à ce que les personnes âgées aient une alimentation adaptée à leurs besoins ; cela ne signifie pas qu'il doit les « nourrir » tel qu'on l'entend pour un enfant. Il veillera au contraire à stimuler leur intérêt pour la nourriture, les guider sans rien imposer dans le choix de leurs menus, les informer sur l'importance de respecter certains principes ou régimes, les aider lors des repas en respectant leur « capacité à faire seuls » ainsi que les régimes éventuellement prescrits. Il ne faut pas oublier que le moment du repas doit rester un plaisir et ne pas devenir une simple obligation vitale ou une contrainte.

6 Aide à l'hydratation

La déshydratation est un trouble grave, courant lors d'affections ou d'accidents et particulièrement chez les personnes âgées.
Les causes sont l'addition de deux phénomènes :

- augmentation des pertes d'eau ;
- et surtout diminution des apports liquidiens.

Chez les personnes âgées, *la déshydratation est un risque majeur*. Non traitée, elle peut être fatale. Non prévenue ou mal traitée, elle augmente le risque de surinfection, d'escarre, d'atteintes veineuses et artérielles, d'atteinte rénale. Les personnes âgées *perdent souvent la sensation de soif ou l'envie de boire*. Cette situation est aggravée par certaines maladies (diabète, maladies neurologiques). D'autre part, certains médicaments peuvent modifier l'élimination d'eau ou la miction : diurétiques, tranquillisants, neuroleptiques.
Les signes de la déshydratation sont :

- sécheresse buccale ;
- fatigue, asthénie ;
- troubles psychiques, confusion ;
- fièvre, dyspnée, perte de poids.

Rôle de l'AVS

L'AVS veille à :

- prévenir et observer les signes de déshydratation ;
- vérifier que la personne ait toujours de l'eau à portée de main et la solliciter pour qu'elle boive régulièrement ;
- proposer des boissons variées en cours de journée (tisane, jus de fruit, thé...) ;
- proposer du matériel adapté permettant à la personne de boire seule (verre à pied, canard, paille) ;
- évaluer à quel niveau se situe la dépendance et agir en conséquence (tableau ci-dessous).

Niveau de dépendance

L'AVS doit :

- en cas de difficulté pour boire :
  - aider à boire,
  - proposer un matériel adapté,
  - proposer de l'eau gélifiée ;
- en cas de difficulté de déglutition :
  - faire boire lentement,
  - faire boire par petites quantités, mais souvent ;
- en cas d'absence de sensation de soif :
  - proposer à boire sans attendre qu'elle le demande,
  - réaliser une grille d'hydratation[1].

1. Selon consignes de la(le) responsable.

7 Aide à la stimulation intellectuelle et au maintien des relations de la personne âgée

L'animation doit permettre à la personne âgée de se sentir bien, reconnue, même si elle n'est plus capable des mêmes performances physiques ou intellectuelles qu'autrefois.
Les AVS ont là un rôle important, car elles partagent la vie de tous les jours des personnes âgées et font souvent de « l'animation » sans le savoir ou sans le formaliser (*cf.* Domaine de formation 3, chapitre 9).

IV. HANDICAP

Le rôle de l'AVS auprès des personnes avec un handicap est difficile mais très riche sur le plan humain et relationnel. Elle veillera à être positive et stimulante auprès de la personne et de sa famille et à répondre au mieux à ses besoins particuliers.

A Notions de déficience, incapacité, inadaptation

La difficulté, ou l'impossibilité pour une personne de maîtriser une situation donnée, relève le plus souvent d'une pathologie accompagnée d'un processus invalidant.
Pour une meilleure compréhension et une prise en charge plus efficace des personnes, la classification et la définition des principaux handicaps ont été données par l'Organisation mondiale de la santé (OMS). L'OMS propose le classement suivant : « déficience → incapacité → inadaptation ».

1 Déficience

La déficience est « la perte ou l'altération d'un appareil ou d'une fonction (physiologique ou psychologique) gênant l'activité normale de l'organisme ».
On distingue les déficiences suivantes :
- *déficience intellectuelle* : atteinte de l'intelligence, de la mémoire, etc. ;
- *déficience psychique* : atteinte de la conscience, du comportement, etc. ;
- *déficience du langage et de la parole* : atteinte de la communication, de l'expression, etc. ;
- *déficience sensorielle* : auditive (atteinte de l'acuité auditive), oculaire (atteinte de l'acuité visuelle) ;
- *déficience organique* : atteinte respiratoire, gastro-intestinale, etc. ;
- *déficience motrice* : atteinte musculaire, osseuse.

2 Incapacité

L'incapacité est la conséquence d'une déficience. Elle correspond à une limitation dans l'accomplissement de certaines activités.

Exemples

- *Incapacité de communication* : réduction de la communication orale, auditive, visuelle, écrite.
- *Incapacité des soins* : incapacité pour la personne d'assurer ses soins d'hygiène corporelle, de s'habiller, de manger, etc.
- *Incapacité de locomotion* : limitation de la marche, des déplacements.

3 Inadaptation

C'est la limitation ou l'interdiction d'accomplir un rôle social normal, en raison d'une déficience et d'une incapacité.

Exemples

- *Une dépendance physique* entraîne une difficulté pour la personne à voyager, à aller au travail, à assurer ses soins quotidiens, à s'alimenter, à s'habiller, etc.
- *Une dépendance psychologique et sociale* entraîne une difficulté à occuper son temps, à rencontrer autrui, à exprimer ses besoins, ses désirs, à établir des relations sociales, etc.
- *Une dépendance économique* entraîne une difficulté à assurer son autonomie financière.

Situation

Clara (16 ans) : déficience motrice et du langage

Clara a 16 ans. Au moment de sa naissance son cerveau a souffert, il a été privé d'oxygène à différents niveaux. Quelques années après, on diagnostiquait chez elle 2 types de déficiences : une déficience *motrice* (absence de tonus de posture) et une déficience du *langage*. *Clara* ne peut pas marcher, elle reste assise en permanence sur son fauteuil roulant, soutenue par un corset rigide, elle ne peut coordonner ses gestes et articule difficilement les mots. Sa mère, avec une auxiliaire de vie sociale, l'aide pour la toilette et l'habillage. *Clara* ne peut pas aller au collège comme les autres, mais elle a quelques camarades de classe, car elle est inscrite dans un « centre spécialisé ». Elle a une excellente mémoire et l'ordinateur l'aide à poursuivre une scolarisation adaptée à son handicap.

Évaluons les aspects de cette double déficience, les incapacités et les désavantages qu'elle engendre (*cf.* Tableau 1.9).

Tableau 1.9 Analyse de la situation de Clara

Les déficiences	Les incapacités	Les inadaptations
Absence de tonus de posture	*Incapacité de locomotion* (ne marche pas)	*Dépendance physique* : difficulté à aller au collège (comme les autres)
Gestes désordonnés	*Incapacité des soins corporels* (toilette, habillage)	*Dépendance physique* : difficultés à s'alimenter, à se laver toute seule
Difficultés à articuler la parole	*Incapacité de communication* (dialogue difficile)	*Dépendance psychologique et sociale* : difficultés à exprimer ses besoins, à établir des relations sociales

B Situations de handicaps

Les handicaps peuvent être classés en 3 catégories : moteurs, mentaux et sensoriels. Chaque catégorie présente des caractéristiques particulières :

- *le handicap moteur* : déficience de la motricité (difficulté de déplacement) et de la mobilité (mouvements non coordonnés) ;
- *le handicap mental* : déficience des fonctions intellectuelles, associée (ou non) à des troubles du comportement ;
- *le handicap sensoriel* : déficience des fonctions visuelles et auditives.

1 Handicap moteur

Le handicap moteur engendre des déficiences aux origines très diverses.

◆ Causes

Déficiences motrices d'origine héréditaire

Une maladie héréditaire est due à une perturbation de l'information génétique portée par les chromosomes et transmise par l'un ou les deux parents.

Exemple

La myopathie de Duchenne

Le gène anormal est porté par le chromosome X de la mère, seuls les garçons sont atteints.

Situation

Stéphane (12 ans), myopathe

Stéphane marche avec des béquilles, ses jambes ne le portent plus, ses muscles sont atrophiés. La maladie a progressé, elle a atteint toute la musculature du tronc, puis les muscles respiratoires. *Stéphane* est atteint de myopathie.

Remarque

Stéphane a un handicap d'origine héréditaire. Tout comme Clara (vue dans la situation précédente), il va cumuler des déficiences, des incapacités et des inadaptations.

La *déficience* de Stéphane est motrice ; il a des *incapacités* de locomotion et de soins, et une *inadaptation* (puisqu'il ne peut accomplir un rôle social normal). Stéphane subit une *dépendance physique* (difficulté à aller au collège comme les autres) et *psychologique* (difficulté à rencontrer autrui, à s'occuper, à établir des relations…). Ces deux dépendances sont très lourdes à supporter pour un jeune de 12 ans.

Déficiences motrices d'origine congénitale

Elles sont dues à des maladies (ou accidents) survenus pendant la grossesse ou au cours de l'accouchement, entraînant des malformations et des destructions organiques chez l'enfant, à l'origine d'infirmités motrices cérébrales.

Les causes principales sont :

- la rubéole, la toxoplasmose, etc. ;
- la prise de drogues, les produits chimiques, etc. ;
- l'anoxie de l'enfant à l'accouchement.

Déficiences motrices acquises

Elles sont constituées par les séquelles d'accidents ou de maladies ayant atteint la fonction motrice au cours de la vie (*cf.* Figure 1.22).

◆ Caractéristiques des handicaps moteurs

Le handicap moteur est dû à une atteinte de la fonction motrice.

La fonction motrice est liée au fonctionnement de plusieurs appareils ou systèmes dont l'intégrité est la condition indispensable ; à savoir : l'appareil locomoteur (muscle, squelette, articulation) et le système nerveux (cerveau, moelle, nerfs).

- Les handicaps moteurs sont très diversifiés ; on peut observer l'atteinte partielle ou totale d'un ou de plusieurs membres. *Ex.* :
  - la *paraplégie* est la paralysie des membres inférieurs ;
  - la *tétraplégie* est la paralysie des quatre membres ;
  - l'*hémiplégie* est la paralysie de la moitié du corps (droit ou gauche).

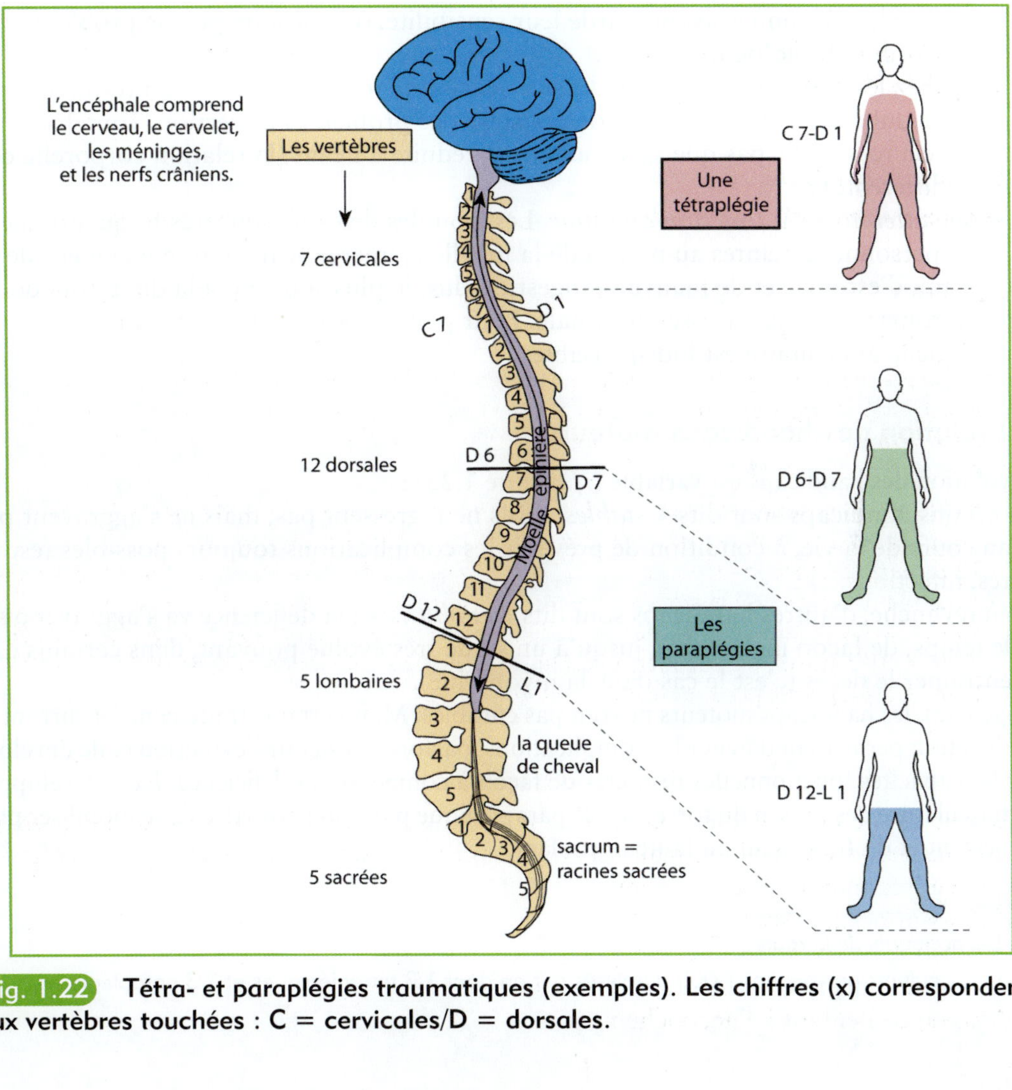

Fig. 1.22 Tétra- et paraplégies traumatiques (exemples). Les chiffres (x) correspondent aux vertèbres touchées : C = cervicales/D = dorsales.

- D'autres déficiences s'ajoutent souvent au handicap moteur. *Ex.* :
  - une *atteinte de la parole et de la sensibilité*. Elle est liée à l'hémiplégie le plus souvent ;
  - une *atteinte du contrôle des sphincters*. Cette atteinte est souvent associée à la para- et tétraplégie en raison de la perte de la sensibilité (on ne ressent pas le besoin) ;
  - une *atteinte de la peau*. L'immobilité entraîne une compression du système vasculaire et l'apparition d'*escarres*. Le risque est accru si le handicapé a une perte de sensibilité au niveau du ou des points d'appui. En effet, il ne peut ressentir ni fourmillements, ni douleurs (qui sont les signes d'alarme) ;
  - une *atteinte des os et des muscles*. L'immobilité a pour conséquence la fragilité osseuse due à la position assise qui favorise la décalcification. Il peut en résulter des fractures quasi spontanées. L'immobilité a aussi pour conséquence une rétraction musculo-tendineuse qui entraîne des malformations ;
  - une *atteinte de la fonction sexuelle*. La sexualité chez les personnes handicapées est variable. Deux cas se présentent :
    - chez les personnes ayant gardé leur sensibilité, on constate peu de problèmes d'ordre physiologique,
    - chez les personnes ayant perdu leur sensibilité (*ex.* : à la suite d'un traumatisme médullaire). Chez l'homme, on constate des problèmes d'érection. Toutefois cela ne signifie pas que sa sexualité est réduite à néant (la relation corporelle est différente) ;
  - une *atteinte de la fonction digestive*. Les troubles digestifs sont très fréquents chez les personnes atteintes au niveau de la moelle épinière. Beaucoup se plaignent de maux d'estomac et de mauvaise digestion dus, le plus souvent, à la dilatation de l'estomac et à une paresse intestinale. Pour pallier ces désagréments, une bonne hygiène alimentaire est indispensable.

◆ Évolution des handicaps moteurs

L'évolution des handicaps est variable (*cf.* Figure 1.23) :

- certains handicaps sont dits « *stables* » ; ils ne régressent pas, mais ne s'aggravent pas au cours de la vie, à condition de prévenir les complications toujours possibles (escarres, infections…) ;
- en revanche, d'autres handicaps sont dits « *évolutifs* » ; la déficience va s'aggraver avec le temps, de façon inéluctable, jusqu'à un stade très évolué pouvant, dans certains cas, entraîner le décès (c'est le cas dans la myopathie).

En général, les handicaps moteurs ne sont pas curables. Mais certains traitements et surtout la rééducation permettent d'éviter les complications, parfois de ralentir l'évolution et de développer les capacités fonctionnelles restantes de façon à compenser la déficience. *Ex.* : développer la musculature des bras et du torse chez le paraplégique pour lui permettre de se mobiliser plus facilement et d'utiliser seul un fauteuil roulant.

Exemple

Les accidents de la route

Les accidents provoquent 1 000 paralysés par an dont 1/3 tétraplégiques et 2/3 paraplégiques.

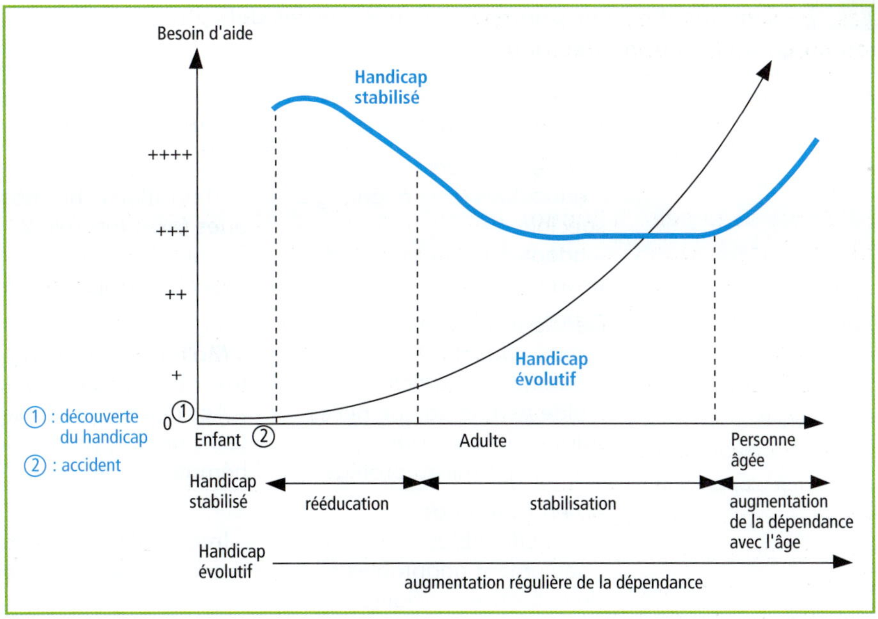

Fig. 1.23 **Évolution de la dépendance en fonction du handicap.**

Situation

Samuel (22 ans), paraplégique

Samuel a été victime d'un accident de la circulation. Sa moto s'est renversée et il a heurté un arbre. Sa colonne vertébrale a été fracturée. Il ne peut plus marcher, ne sent pas ses jambes et il est incapable de maîtriser ses sphincters. *Samuel* a besoin de l'aide d'une personne pour faire sa toilette et s'habiller.

Remarque

Samuel est *paraplégique*, ce qui signifie qu'il est paralysé des membres inférieurs ; de plus il ne maîtrise plus ses sphincters en raison de la lésion de la moelle épinière.

Les personnes ayant perdu leur sensibilité sont victimes d'*incontinence* car elles ne ressentent pas le besoin d'uriner ou d'aller à la selle.

Comme Clara et Stéphane (vus dans les situations précédentes), Samuel aura des *incapacités* de locomotion et de soins et une *inadaptation* (puisqu'il ne pourra plus accomplir un rôle social normal).

Il va subir une *dépendance physique* et *psychologique* très lourdes à supporter pour un jeune de 22 ans, qui a subi le handicap brutalement.

2 Handicap mental

La déficience mentale correspond à un retard mental et à l'incapacité de développement intellectuel.

Tableau 1.10 Classification des principales causes et des déficiences mentales en fonction du QI (quotient intellectuel).

Quotient intellectuel (QI)	Catégorie des déficiences mentales et caractéristiques	Causes des déficiences mentales
0,80 à 0,65	*Déficients légers* – éducables avec pédagogie spéciale – adaptables au monde du travail	– Aberrations chromosomiques (ex. : trisomie 21) – Maladies congénitales (ex. : rubéole, toxoplasmose)
0,65 à 0,30	*Déficients moyens* – semi-éducables – autonomie partielle – aide psychologique nécessaire en IME et IMP – travail en milieu protégé	– Malformations congénitales (ex. : hydrocéphalie) – Accidents à la naissance (ex. : anoxie, prématurité, hématome cérébral…)
< à 0,30	*Arriérés profonds* – non éducables – seulement adaptables à une vie collective spécialisée	– Intoxications (ex. : médicaments, oxyde de carbone…)

Des tests permettent de calculer le quotient intellectuel qui est le rapport entre l'âge mental (AM) et l'âge réel (AR) : QI = AM/AR.
Le QI d'un individu normal est de 1.

Exemple

Un enfant de 10 ans (AR) ayant un âge mental (AM) de 5 ans, a un QI = 5/10 = 0,50.
À partir du quotient intellectuel, une classification des déficiences a été établie (*cf.* Tableau 1.10).

3 Handicap sensoriel

Ils englobent les déficiences visuelles et auditives.

◆ Déficiences visuelles

Il existe deux grandes catégories de déficiences visuelles : la *cécité* et l'*amblyopie*, chacune à des degrés divers.
Les médecins ont établi ces classifications en fonction du reste d'acuité visuelle du meilleur œil.
L'acuité visuelle est exprimée en dioptrie (dp), la vision normale est de 10/10 dp.
Les causes et les conséquences des déficiences sur le comportement sont très diverses (*cf.* Tableau 1.11 et Figure 1.24).

◆ Déficiences auditives

Le terme de déficience auditive désigne une personne atteinte de surdité à des degrés divers.
Les déficiences sont classées en fonction de la perte en décibels (dB) sur les fréquences de la voix humaine. (*cf.* Tableau 1.12)

Tableau 1.11 Degrés, causes et conséquences des déficiences visuelles.

Degré de la perte visuelle	Degré de la déficience	Causes des déficiences	Conséquences sur le comportement
Aveugles nés ou personnes devenues aveugles	**Cécité** a – *Totale* Reste visuel nul	– Les lésions congénitales – La rétinopathie (diabétique) – Le glaucome	Les personnes nées aveugles se sont adaptées très jeunes au handicap. Elles ne font pas de comparaison avec le monde des voyants. Elles sont souvent très autonomes. Pour les autres, l'adaptation est difficile.
1/50 à 2/50 de la normale : perceptions lumineuses faibles	b – *Partielle* Reste visuel inutilisable sur le plan scolaire et professionnel	– Les lésions congénitales – Le décollement de la rétine, les rétinites – L'opacification du corps vitré – Les tumeurs (héréditaires)	Les personnes ayant perdu progressivement la vue doivent oublier leurs repères initiaux et s'adapter à un nouveau mode de vie. Pour les lésions congénitales, adaptation dans le jeune âge.
3/50 à 4/50 de la normale : perception des couleurs et des masses	**Amblyopie** a – *Profonde* Lecture des gros titres des journaux	– La myopie évolutive – L'hypermétropie forte – Le glaucome – La cataracte congénitale	Ces personnes ont des repères communs avec les voyants, mais elles doivent apprendre à modifier leurs modes de vie…
4/10 de la normale	b – *Légère* Lecture en vision rapprochée utilisable sur le plan scolaire		

Causes

On considère les surdités graves à partir d'une perte de 70 dB. Elles concernent surtout les enfants sourds de naissance et les personnes victimes d'une surdité brutale (accident…). Les surdités moyennes et légères sont le plus souvent retrouvées chez les personnes âgées (*cf.* Tableau 1.12 et Figure 1.25).

Conséquences

La surdité perturbe le développement de toutes les fonctions :
- *le langage* : chez l'enfant l'apprentissage du langage se fait par imitation ;
- *la fonction d'orientation* : l'enfant entendant se tourne vers la source du bruit ;

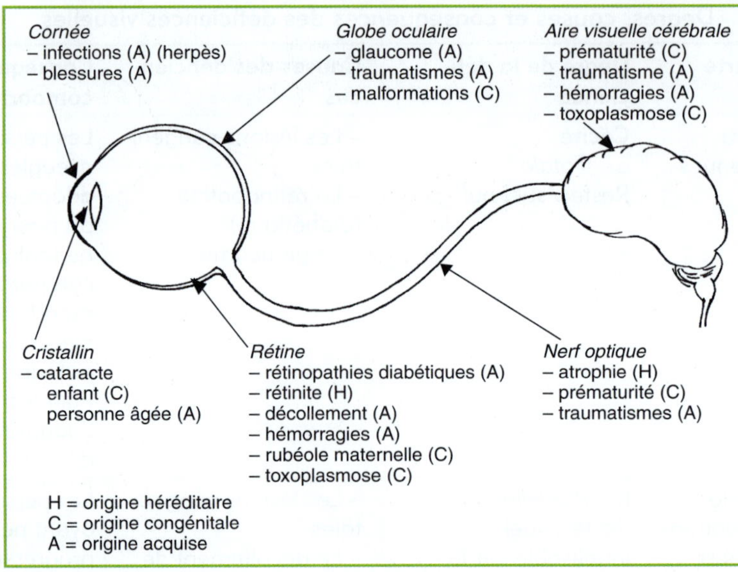

Fig. 1.24 **Localisation des déficiences visuelles.**

Tableau 1.12 **Les déficiences auditives.**

Degré de la perte auditive (en dB)	Degré de la déficience	Causes
De 20 à 40 dB	**Déficience légère** : voix faible mal perçue	Le vieillissement
De 40 à 100 dB	**Déficience moyenne** : – voix normale mal perçue (appareillage nécessaire) – mutité (rééducation de la parole nécessaire)	– Les traumatismes liés au bruit – Les anomalies héréditaires – Les lésions congénitales (*ex.* : rubéole maternelle, toxi-infections, anoxie néonatale…)
Supérieur à 100 dB	**Déficience totale** : n'entend rien (appareillage inefficace et rééducation difficile)	Les lésions acquises (*ex.* : méningites, encéphalites, traumatismes liés au bruit…)

- la fonction de perception de la distance et des volumes : l'écho du bruit permet de situer une personne ;
- *la fonction de communication* : l'environnement auditif (radio, téléphone…) n'est plus perçu ;
- *la fonction d'apprentissage* : les connaissances s'acquièrent grâce à l'audition.

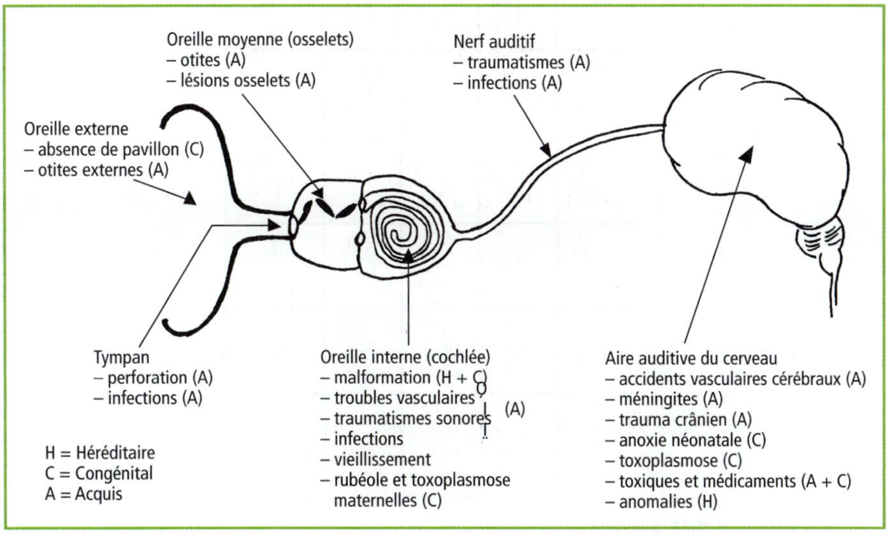

Fig. 1.25 Localisation des déficiences auditives.

◆ Moyens de dépistage du handicap

Le dépistage des handicaps sensoriels doit être le plus précoce possible afin de faire bénéficier la personne des moyens de rééducation les plus adaptés à sa situation. Par exemple, il est indispensable de dépister très tôt la déficience visuelle et auditive chez l'enfant. Il pourra ainsi bénéficier précocement des moyens de rééducation qui lui permettront une vie plus autonome. Le dépistage est fait :

- lors des examens de santé de l'enfant (8e jour, 9 mois, 2 ans) ;
- pendant la scolarité (médecine de santé scolaire).

Situation

Léo apprend le « langage des signes »

Léo est un enfant de 8 ans qui est atteint d'une surdité de naissance grave (perte de 70 dB). Cette surdité perturbe son développement à plusieurs niveaux de son organisme.

Léo ne parle pas, s'oriente mal, ce qui justifie un accompagnement permanent pour les déplacements. Il ne peut pas utiliser le téléphone pour appeler ses copains. La fonction de communication en est très perturbée. Ses parents l'ont inscrit dans un centre spécialisé où il apprend le « *langage des signes* ». (*cf.* Figure 1.26).

Remarque

La langue des signes est un véritable alphabet manuel, qui possède sa grammaire et sa syntaxe propre. Elle est très utilisée par les personnes sourdes entre elles et avec leur famille.

Notons que l'adulte *devenu malentendant* n'a pas les mêmes difficultés qu'un enfant sourd de naissance car il possède les acquis linguistiques et intellectuels qui lui permettent de parler. Toutefois, l'appareillage reste indispensable pour maintenir la communication et limiter les détériorations du contrôle de la voix.

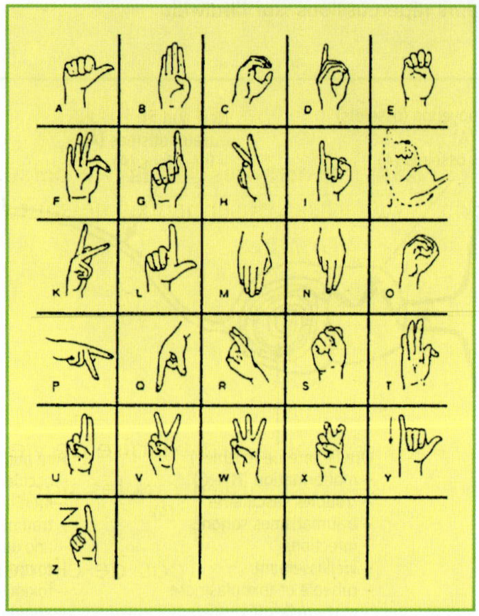

Fig. 1.26 **La langue des signes français**

Situation

Célestine (9 ans) apprend « l'alphabet Braille »

Célestine est une enfant atteinte d'un déficit visuel grave depuis sa naissance. Sa cécité est totale. Malgré son handicap, Célestine est une enfant gaie, sociable, curieuse de tout et volontaire. Elle a envie d'apprendre et apprécie les contacts humains.

Ses parents mettent tout en œuvre pour lui donner les outils de la communication. Ils l'ont inscrite dans un centre spécialisé où elle apprend « *l'alphabet Braille* » (*cf.* Figure 1.27).

Remarque

Les enfants ayant un déficit visuel sévère ont besoin d'une éducation spéciale, adaptée à leur situation et comportant notamment l'apprentissage de l'écriture Braille, durant leur scolarité primaire et le premier cycle du secondaire.

L'*alphabet Braille* est formé de groupes de points en relief représentant des lettres, chiffres et signes. La lecture se fait avec les doigts (150 mots/min) et nécessite un long apprentissage. Cet alphabet est adapté dans toutes les langues.

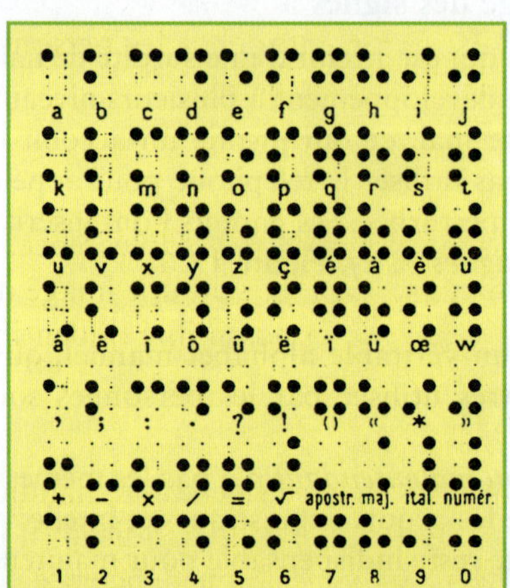

Figure 1.27 **Alphabet Braille.**

C Conséquences du handicap

Le désavantage a des conséquences importantes sur la vie personnelle, familiale, sociale et professionnelle de la personne. Toutes ces conséquences ne sont pas à dissocier les unes des autres ; leurs interactions sont très importantes.

Rôle de l'AVS

Certains signes doivent alerter la famille. L'auxiliaire de vie sociale qui est amenée à s'occuper d'un jeune enfant devra signaler tous les signaux laissant suspecter un *handicap sensoriel*. Ex. :

- l'absence de réaction à la lumière vivre (pas de clignement des yeux, pas de détournements de la tête) ;
- l'inattention à tout ce qui n'est pas dans le champ visuel (ex. : désintérêt pour les jouets, les jeux, les autres enfants…) ;
- l'absence de gestes de préhension ;
- l'absence de réaction au bruit (surtout à la voix) ;
- un sommeil trop calme ;
- l'absence de « gazouillis » dès les premiers mois ;
- à partir de 2 ans : le mutisme anormal, les mots déformés, etc. ;
- à l'âge scolaire : les phrases mal structurées, les difficultés de lecture, la confusion de mots, l'inattention, etc.

1 Conséquences sur la vie personnelle

Comme tout individu, la personne handicapée a droit au respect de sa liberté de choix et de son intimité. Cependant, les choix de vie, la projection dans l'avenir, les projets ne seront pas les mêmes pour une personne handicapée de naissance et pour celle victime d'un accident. Les différences seront encore plus importantes chez les personnes atteintes d'une pathologie évolutive, dont le pronostic est parfois très sévère.

◆ Troubles de l'identité

Tout individu, au cours de son enfance et de son adolescence, structure, pour sa vie future, l'image de son corps. Une personne handicapée voit une image de son corps différente de celle des autres. Elle rencontre là une première impossibilité d'identification corporelle.

◆ Acceptation de son corps

C'est une autre difficulté, d'ordre pratique : la personne handicapée doit réaliser et accepter les modifications de son corps endommagé par le handicap. Il lui faut en effet connaître son corps pour éviter les complications qu'entraîne une déficience.

Il lui faut évaluer ses limites, ses capacités physiques résiduelles, afin de pouvoir gérer son temps et ses besoins en tierce personne. Ceci lui permet de ne pas être complètement dépendante, et de pouvoir élaborer des perspectives pour sa vie future.

◆ Élaboration d'un projet de vie

Toute personne adulte fait des projets personnels, professionnels, affectifs pour sa vie future. De la même façon, la personne handicapée doit élaborer son projet de vie, avec la volonté de vivre comme tout le monde. Or, cela est plus difficile pour elle.

2 Conséquences sur la vie familiale

Les réactions d'une famille seront évidemment très différentes en fonction de l'âge de la personne handicapée et de l'origine de la déficience. Celle d'un enfant n'a pas les mêmes répercussions que celle d'un adulte ; la survenue d'une atteinte accidentelle ne sera jamais vécue de la même manière qu'un handicap de naissance.

◆ Rapport de dépendance

Ce rapport de dépendance existe de manière très affirmée au sein de la famille. Cette dépendance est physique, mais aussi psychologique. Dans beaucoup de cas, l'une ne va pas sans l'autre.
Cette situation met ou remet en question les relations internes de la famille, car c'est bien souvent un de ses membres qui assure les fonctions de tierce personne. L'incapacité nécessite des soins de nursing, dont l'importance varie en fonction de l'indépendance résiduelle de la personne handicapée.

◆ Rapports au sein du couple

Le handicap impose au couple une épreuve qui remet tout en question : il y a désormais un avant et un après.
Si la personne handicapée doit apprendre un autre corps, le conjoint valide doit lui aussi découvrir ce corps différent et parfois mutilé. La vie, les activités communes doivent être repensées en fonction du handicap.

3 Conséquences sur la vie sociale

L'intégration sociale est un aboutissement pour la personne handicapée, une façon de se faire reconnaître, hors de sa famille, comme un homme ou une femme capable de vivre tout simplement.

Situation

Pierre (myopathe)

Pierre a 30 ans. Il est atteint depuis l'âge de 7 ans de myopathie. Il vit chez lui, dans un appartement dont il est locataire, et demande l'intervention d'auxiliaires de vie pour l'accomplissement des actes ordinaires de la vie. Il exerce le métier d'informaticien, et a une vie bien remplie. Il s'est, comme beaucoup, créé un réseau d'amitié et il vit avec une jeune femme de son âge. Son parcours, pour arriver à ce qu'il est maintenant, fut semé d'embuches, et pas des moindres. La première difficulté fut l'intégration scolaire, pour suivre les études qu'il avait choisies. Ensuite, malgré son diplôme, il lui fut difficile de se faire embaucher dans une entreprise. Le monde du travail est peu préparé à recevoir des personnes handicapées. Mais le plus dur réside dans l'acceptation des autres. Pierre dit souvent : « Il y a le monde des valides et celui des handicapés. Et rarement ces deux mondes communiquent... » et d'ajouter : « Pourquoi, parce que je suis handicapé, devrais-je me battre plus que les autres pour me faire accepter ? J'en ai marre de ne susciter que malaise et crainte auprès des gens... ».

Remarque

La personne handicapée, par son physique différent, son incapacité à communiquer, engendre souvent la gêne, le malaise, la pitié. Elle est considérée comme vulnérable et les rapports avec elle peuvent en être faussés.

Les autres obstacles à la communication viennent de la gestualité : les mimiques, les attitudes ponctuent une conversation. Lorsque les attitudes corporelles sont différentes, l'interlocuteur ne sait plus décoder le message et le dialogue s'avère difficile.

L'inaccessibilité des entreprises, immeubles, restaurants, cinémas, etc., sont autant de barrières aux relations sociales.

Dans notre société, la place faite aux handicapés est encore trop marginale, et l'intégration sociale rarement atteinte. Les mentalités sont encore rétrogrades.

Lors d'une première rencontre, avant même d'établir un dialogue, l'aspect physique est le guide de nos impressions sur autrui. Le handicapé, par son physique différent, engendre la gêne, le malaise ou la pitié. Il est considéré comme un malade, amoindri donc vulnérable ; les rapports peuvent en être faussés.

4 Conséquences sur la vie professionnelle

L'intégration ou la réintégration professionnelle des personnes handicapées est une difficulté supplémentaire dans leur démarche vers l'insertion sociale, particulièrement en cas de crise économique et de chômage.

Quelle que soit l'importance de l'atteinte physique ou mentale, la vie de ces personnes doit être digne d'être vécue. Compenser le handicap, c'est leur offrir les moyens de cette dignité. C'est un devoir pour notre société qui se doit de reconnaître à tous le droit de vivre libre, sans ségrégation et dans des conditions décentes. La société doit permettre aux personnes handicapées de décider de leur vie, de choisir et non de subir. Les appareillages et aides techniques (*cf.* ci-après, et Domaine de formation 2, chapitre 6) vont participer à la lutte pour l'autonomie des personnes handicapées.

D Aides techniques

1 Aide pour les personnes dépourvues de mobilité : le fauteuil roulant

Le choix est fonction du handicap, de l'âge, des contraintes intérieures et extérieures (accessibilité du logement, du lieu de travail et déplacements). On trouve deux grands types de

fauteuils roulants : le fauteuil mécanique à propulsion manuelle et le fauteuil électrique ou électronique.
Déplacer ou aider au déplacement d'une personne en fauteuil roulant doit se faire dans des conditions de confort et de sécurité (*cf.* Figures 1.28 à 1.30).

Fig. 1.28 Manœuvrer un fauteuil roulant.

Fig. 1.29 Descendre un trottoir avec un fauteuil roulant en marche avant.

Fig. 1.30 Monter quelques marches en marche arrière.

Rôle de l'AVS

Pour une bonne utilisation du fauteuil roulant, l'AVS doit :
- s'assurer que les freins sont bloqués avant d'entreprendre tout transfert ;
- relever les repose-pieds avant de faire asseoir la personne ; s'assurer que ses pieds sont bien placés ; penser à fixer éventuellement les pieds pour éviter qu'ils ne glissent ;
- vérifier que les vêtements ou couvertures ne traînent pas dans les roues ;
- vérifier que la personne est habillée en conséquence et en possession de ses objets personnels, si elle doit sortir ;
- expliquer à la personne comment manœuvrer le fauteuil ;
- ne pas pousser trop vite le fauteuil (afin d'éviter un obstacle) ;
- ne pas tourner brusquement sans avertir la personne ; lui demander son avis concernant une direction (vous ne promenez pas un enfant).

Attention : face à une situation à risque (escaliers, fortes pentes), il faut demander de l'aide ou… faire un détour ! Dans tous les cas, veiller à ne jamais lâcher le fauteuil, surtout lors d'une chute.

2 Aides techniques pour les handicaps sensoriels

Pour les personnes déficientes sur les plans visuel et auditif, il existe de nombreuses aides techniques qui complètent la rééducation.

◆ Rééducation et matériel adaptés aux déficients visuels

Citons quelques exemples.
- *L'alphabet braille* est indispensable à l'éducation des jeunes aveugles. Il est formé de groupes de points en relief représentant des lettres, chiffres et signes. La lecture se fait avec les doigts (150/min) et nécessite un long apprentissage. Cet alphabet est adapté dans toutes les langues.
- *L'ordinateur* permet aujourd'hui une production automatique et rapide d'ouvrages en braille. Il aide à l'intégration des enfants aveugles dans des classes normales.
- *La canne blanche et/ou le chien d'aveugle* servent à guider les aveugles lors de leurs déplacements.
- Dans certaines villes, les trottoirs sont équipés de *bandes rugueuses* qui sont des repères très utiles pour les personnes aveugles.

◆ Rééducation et matériel adaptés aux déficients auditifs

Citons quelques moyens très variés.
- *La langue des signes* : c'est un véritable alphabet manuel, qui possède sa grammaire et sa syntaxe propre. Elle est très utilisée par les personnes sourdes entre elles.

- *La démutisation* : cette rééducation consiste à apprendre la prononciation de sons (non perçus par la personne sourde) en contrôlant sa langue, les lèvres et l'expiration de l'air sur les cordes vocales. Cette rééducation est longue et difficile.
- *L'apport de prothèses* : on peut appareiller un enfant dès 5 ou 6 mois : la prothèse auditive peut améliorer notablement l'audition pour les surdités moyennes ; dans le cas de surdité profonde, la prothèse permet de capter quelques sons et des informations sur l'intensité, la durée, le rythme de la parole, et de contrôler sa voix, mais elle n'offre pas des conditions normales d'audition.
- *La synthèse vocale* : elle permet de s'exprimer grâce à un mini-ordinateur synthétisant la parole en fonction des directives de l'utilisateur.
- *L'informatique* : c'est le moyen d'expression le plus utilisé par les personnes handicapées. Avec un minimum d'effort, elles peuvent écrire, travailler, apprendre. La frappe est aidée par des systèmes ergonomiques : licornes, palpeur électronique, etc.

Rôle de l'AVS

La stimulation de la personne handicapée auditive

L'AVS doit en permanence être « stimulante ». Elle doit veiller à :
- faire participer la personne à toutes les activités ;
- nommer chaque objet utilisé en articulant ;
- montrer à chaque fois le nom écrit d'un objet.

Elle doit aussi éviter certains comportements très nuisibles, ex. :
- ne pas parler à la personne sous prétexte qu'elle n'entend pas ;
- faire trop de gestes (ce qui brouille le message) ;
- l'isoler pour la protéger.

V. PRINCIPAUX FACTEURS DE RISQUE ET PRÉVENTION DES MALADIES

A Alcoolisme

1 Définitions

« *Est alcoolique* tout individu qui consomme l'alcool de manière répétitive, avec exagération et qui présente des troubles de santé caractéristiques ». C'est un état d'intoxication chronique qui s'accompagne d'alcoolo-dépendance entraînant l'individu à augmenter sa dose quotidienne.

« *L'ivresse* est due à un abus de boisson alcoolisée. Elle est le plus souvent passagère, mais peut conduire à l'alcoolisme chronique ». Sous sa forme la plus sévère, l'ivresse peut provoquer un coma, voire la mort.

Situation

« 1 verre ça va, 3 verres bonjour les dégâts ! »

Une campagne du ministère de la Santé a longtemps affiché ce slogan, bien connu de toutes les générations, car il évoque la limite recommandée pour la boisson alcoolisée. Quelques exemples :

- Tahar (*travailleur de force*) ne boit pas du tout d'alcool pour respecter sa religion et rester « en forme » ;
- Léon (*étudiant*) a bu 5 verres de vodka samedi soir. Il était en état d'ivresse, a perdu connaissance et s'est retrouvé à l'hôpital ;
- Léa (*chômeuse*) boit régulièrement 4 verres de vin par jour (hors des repas) et ne peut plus s'en passer. Elle dit qu'elle « noie ainsi ses idées noires » ;
- Léonie (*enceinte*) a arrêté toute boisson alcoolisée depuis sa grossesse. Elle a été informée par son médecin des effets désastreux de l'alcool sur le fœtus.

Remarque

L'impact de l'alcoolisme est à la fois humain, social et économique :

- l'alcoolisme est une *cause importante de mortalité* (en particulier à cause des cancers des voies aérodigestives) ;
- l'alcoolisme entraîne de *nombreux accidents et délits*, en particulier les accidents de la route et du travail et les drames familiaux et sociaux (maltraitance, viols, incestes, dégradations...) ;
- l'alcoolisme *coûte cher à la collectivité* : plusieurs *milliards d'euros* sur le système de soins.

2 Effets nocifs sur l'organisme

L'alcoolisme chronique a des répercussions graves sur l'organisme.

◆ Effets sur l'appareil digestif

- *L'œsophage* : inflammations, ulcères ou cancers.
- *L'estomac* : inflammations, ulcères ou cancers.
- *Le foie* : cirrhose (durcissement).

◆ Effets sur l'appareil circulatoire

- *Les globules blancs* : pouvoir diminué (l'alcool fait le lit d'infections diverses).
- *Le cœur* : il s'enrobe de graisse (risque d'infarctus).
- *Les artères* : elles durcissent (risque d'athérosclérose).

◆ Effets sur l'appareil nerveux

- *Tremblements* : des mains, des lèvres, etc. ;
- *Troubles des organes des sens* : vue, ouïe, odorat, goût diminués ;
- *Troubles du comportement* : colère, irritabilité, etc.

3 Conséquences

L'alcoolisme est une cause importante de mortalité. La dernière estimation fait état de plus de 40 000 décès par an, liés directement à l'alcool (cirrhose, cancer des voies aérodigestives) ou

indirectement (accidents). De plus, l'alcoolisme chronique entraîne des répercussions graves sur tous les organes.
L'alcoolisme entraîne de nombreux accidents et délits :
- *accidents de la route* (40 % sont mortels) et du travail ;
- *drames familiaux et sociaux* (maltraitance, viols, incestes, dégradations…).

NB : l'impact de l'alcoolisme est de plusieurs milliards d'euros sur le système de soins.

4 Prévention

Il existe quatre types de mesures préventives.

◆ Mesures sociales

- Limitation de la publicité en faveur de l'alcool (en particulier interdite lors des manifestations sportives).
- Sanction sévère de la conduite en état d'ivresse (*cf.* ci-après) et extension de l'alcootest à titre préventif.
- Création de centres d'hygiène et d'alcoologie (LHA) pour assurer l'accueil et le suivi des patients.

◆ Mesures économiques

- Réduction du nombre de débits de boissons.
- Réglementation de la distribution des boissons alcoolisées (interdit aux moins de 18 ans – Loi 2010).
- Augmentation du prix de l'alcool.

◆ Mesures éducatives

- Organiser des cours d'information à l'école.
- Encourager le sport pour les jeunes désœuvrés ; il s'agit de mesures d'antidotes à l'alcool.
- Faire des campagnes de publicité (presse, radio, télé…) contre l'alcool.
- Faire respecter la loi Évin du 10 janvier 1991 relative à la lutte contre le tabagisme et l'alcoolisme.

À ces mesures, il faut ajouter l'action efficace de l'association des « alcooliques anonymes ».

◆ Mesures répressives : répression de la conduite en état d'ivresse

Conduire avec une imprégnation alcoolique supérieure à 0,50 gramme d'alcool/litre de sang est un délit jugé par le Tribunal correctionnel qui peut infliger une amende importante, de la prison ferme et l'annulation du permis de conduire.

B Tabagisme

Fumer même occasionnellement entraîne des risques pour la santé et peut familiariser progressivement vers l'abus de tabac, c'est-à-dire le tabagisme, ce qui produit des effets pernicieux sur l'organisme.

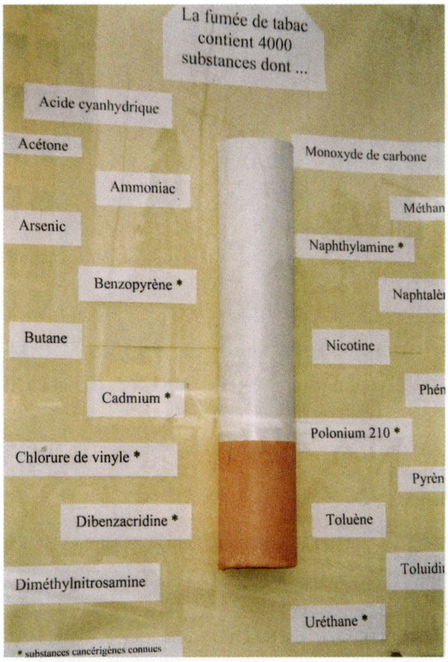

Droits réservés.

Fig. 1.31 **Savez-vous que « la fumée de tabac contient 4 000 substances nocives » ? Quelques-unes sont mentionnées sur cette affiche vue dans une pharmacie.**

1 Définitions

- *Le tabagisme actif* : c'est une intoxication par le tabac correspondant à une toxicomanie légale avec dépendance physique et psychologique à la nicotine.
- *Le tabagisme passif* : c'est une intoxication involontaire due à une exposition prolongée à la fumée du tabac.

Situation

Le « tabagisme de Tristan »

Tristan (35 ans) a commencé à fumer très tôt. À l'âge du lycée, c'était pour « faire comme les copains ! », disait-il. Puis à l'âge adulte, l'habitude était prise et les paquets de cigarettes volaient rapidement en fumée. Une fumée qui lui a coûté cher sur le plan matériel mais surtout sur celui de la santé. Aujourd'hui, Tristan vient d'être opéré d'un cancer du poumon droit avec métastases, et le goût de la cigarette est bien amer pour lui.

Remarque

L'impact du tabagisme est à la fois humain, social et économique :

- ► fumer entraîne des risques pour la santé. Ici Tristan est victime du *cancer du poumon* (fréquent chez les fumeurs) ;

► fumer coûte cher à la collectivité, puisque de nombreux fumeurs, à l'instar de Tristan, tombent malades et font l'objet de soins coûteux, voire d'examens, d'arrêts de travail, d'hospitalisation et parfois d'intervention chirurgicale (en cas de cancer).

2 Effets nocifs sur l'organisme

Le tabagisme a des effets très nocifs sur l'organisme.

◆ Effets sur l'appareil respiratoire

- *Larynx* : laryngites fréquentes.
- *Bronches* : bronchite chronique.
- *Poumons* : cancer bronchique avec un risque de 335 cas pour 100 000 chez les fumeurs de plus de 40 cigarettes par jour. Le risque existe aussi chez le fumeur passif avec 14 cas pour 100 000.

◆ Effets sur l'appareil circulatoire

- *Le cœur* : maladie coronaire et infarctus. Ce risque est multiplié par 100 chez les femmes qui fument et prennent une contraception orale.
- *Les artères* : artérite des membres inférieurs.
- *Les globules blancs* : pouvoir microbicide diminué.

◆ Effets sur l'appareil urinaire

Cancer de la vessie.

◆ Effets sur le fœtus

Augmentation du rythme cardiaque et risque de prématurité aggravé.

3 Prévention : renforcement de la loi Évin[4]

Les principales mesures sont :
- l'interdiction de la publicité en faveur de tabac ;
- l'interdiction stricte de fumer dans les lieux publics[5] (*ex.* : restaurants, gares, trains…), dans les milieux du travail (bureau…) ;
- l'inscription sur les paquets de la teneur en nicotine et en goudrons et des messages de prévention très dissuasifs ;
- l'interdiction de la vente aux moins de 18 ans (loi dite Bachelot).

4. Loi du 10 janvier 1991.
5. Interdiction totale depuis janvier 2008.

C Troubles nutritionnels et troubles du comportement alimentaire : obésité, anorexie, boulimie

Intimement liées à notre mode de vie et à l'émergence de valeurs du paraître, ces troubles inquiètent par l'ampleur qu'ils prennent à notre époque.

1 Définitions

◆ Obésité

L'obésité correspond à une augmentation excessive de la masse grasse de l'organisme, dans une proportion telle qu'elle peut avoir une influence sur l'état de santé[6].

◆ Anorexie

L'anorexie signifie la perte de l'appétit. L'anorexie mentale est une restriction volontaire de l'alimentation avec un amaigrissement massif. L'anorexique a le désir de tout maîtriser, de tout contrôler avec une valorisation narcissique de la minceur.

◆ Boulimie

- La boulimie se caractérise par la répétition de crises boulimiques. Il s'agit d'absorption massive, en un temps très court, d'aliments non choisis, sans plaisir, ni faim, ni rassasiement.
- On parler aussi de compulsion alimentaire « *frénétique* », qui ressemble à la crise boulimique, mais les aliments sont choisis, avec une connotation de plaisir. Cet accès n'est généralement pas suivi de vomissements.
- Il est question de grignotage pathologique quand la consommation se fait en un temps assez long, par petites quantités répétées, d'aliments choisis, sans sensation de faim et avec une connotation de plaisir très modérée.

2 Causes

◆ Causes de l'obésité

L'obésité est due à différents facteurs :
- mauvaises habitudes alimentaires ;
- déstructuration des repas ;
- sédentarité ;
- surconsommation d'aliments gras et sucrés ;
- problèmes affectifs ;

6. Elle est définie comme un indice de masse corporelle ≥ 30 (en comparaison, l'excès pondéral correspond à un IMC ≥ 25). L'indice de masse corporelle (IMC) ou indice Quetelet se calcule en appliquant la formule : Poids (kg) / (taille × taille (m)). Le poids exprimé en kilogrammes étant divisé par la taille au carré exprimée en mètres.

- génétique ;
- cause hormonale ;
- prise de certains médicaments, etc.

◆ Causes de l'anorexie et de la boulimie

Ces pathologies sont également multifactorielles, mais peuvent être liées :
- aux exigences de paraître de la société : la taille mannequin est omniprésente dans les médias (publicités, films, émissions) ;
- au phénomène des régimes très largement répandu ;
- à un mal-être de l'adolescent(e), voire de l'adulte, notamment à des relations familiales problématiques.

3 Effets sur l'organisme

◆ Effets physiques

L'enfant ou l'adulte obèse souffre des pathologies liées au surpoids, qui principalement fatiguent le cœur, entraînent divers troubles cardiovasculaires, et amènent souvent diabète, hypertension. À cela s'ajoutent les difficultés à se mouvoir intensément (courir, faire du sport) ou normalement (marcher, se lever…).

◆ Effets psychologiques

Vivre en étant obèse est une source de mal-être, aussi bien pour les jeunes que pour les adultes. Leur apparence ne répond pas aux critères esthétiques actuels. Le surpoids est mal vu dans la société. Il amène à des moqueries de la part des plus jeunes, ce qui met l'enfant obèse à l'écart.

4 Prévention

◆ Contre l'obésité

- *Au niveau collectif* : le gouvernement a créé le Programme national nutrition santé (PNNS) qui incite à la prévention, notamment par le biais de campagnes incitant à une alimentation variée et riche en légumes et fruits, et recommandant une activité physique d'au moins 30 minutes par jours.
- *Au niveau individuel* : des cures sont proposées aux adolescents. Il s'agit de séjours complets durant lesquels on incite l'enfant à se dépenser et on le rééduque par rapport à son comportement alimentaire.

◆ Contre l'anorexie et la boulimie

Les soins psychiatriques, consultations et thérapies comportementales sont les solutions les plus répandues. La guérison totale et définitive est rare, les rechutes fréquentes. Pour les adolescentes ou préadolescentes, des internements en centre avec contrat de reprise de poids sont proposés : aucun contact familial ou amical n'est possible avant d'avoir repris un certain poids. Mais ces méthodes traitent les symptômes, non la cause profonde de ces pathologies.

D Risques cardiovasculaires (AVC, infarctus...)

L'AVC (accident vasculaire cérébral) et l'infarctus sont très représentatifs des maladies cardiovasculaires. Ils constituent la première cause de décès en France.

1 Origine : l'athérosclérose

L'athérosclérose débute par un dépôt de lipides (cholestérol) dans la paroi artérielle. Ce dépôt est appelé athérome. Peu à peu, l'artère durcit et peut s'obstruer.

2 Cause : le cholestérol

L'hypercholestérolémie est le résultat de deux mécanismes :
- *un mécanisme génétique* : on retrouve dans certaines familles des hypercholestérolémies génétiques ;
- *un mécanisme alimentaire* : une alimentation trop riche en graisses animales, en sucre, en alcool, favorise les hypercholestérolémies.

3 Facteurs favorisants

Certains facteurs favorisent l'athérosclérose :
- l'hypertension artérielle ;
- le diabète ;
- le tabac ;
- le stress ;
- la sédentarité.

Situation

L'AVC de Rémy

Rémy (55 ans) avait une hypertension importante et un excès de cholestérol depuis des années. Cette pathologie étant « asymptomatique », il ne se souciait pas de se faire traiter. À la suite de soucis professionnels lui ayant occasionné du stress, Rémy a eu un *pic de tension*, accompagné de vomissements qui ont justifié une hospitalisation. Au bout de 24 h, une *paralysie faciale* a été observée par le corps médical. Une batterie d'examens a permis de diagnostiquer une hémiplégie. Rémy est resté deux semaines à l'hôpital ; il doit maintenant partir en soins de suite pour y suivre une longue rééducation.

Remarque

Le coût humain, social et économique des maladies cardiovasculaires (AVC, infarctus...) est énorme. C'est la première cause de décès en France et c'est une cause certaine de handicaps, d'hospitalisation, de soins, d'arrêts de travail et d'invalidité. D'où l'intérêt de faire connaître leurs causes par des campagnes d'information et leurs moyens de prévention basés sur l'hygiène de vie (activités physiques, régimes alimentaires) et surtout la nécessité d'un *traitement adapté* aux personnes ayant une tension artérielle élevée.

4 Principaux effets sur l'organisme

L'athérosclérose est malheureusement asymptomatique pendant de nombreuses années. Aussi, son dépistage n'est souvent effectué qu'à l'apparition de signes peu spécifiques. Citons pour exemples : des douleurs, une anesthésie cutanée, des troubles visuels (les troubles varient selon l'artère concernée).

- L'atteinte des artères coronaires entraîne des crises d'angor et des infarctus.
- L'atteinte des artères cérébrales entraîne des accidents vasculaires cérébraux avec risque d'hémiplégie et d'aphasie.
- L'atteinte des artères des membres inférieurs entraîne l'artérite, responsable à un stade évolué d'un risque de gangrène et d'amputation.

Le pronostic vital peut être engagé dans ces différentes atteintes.

5 Prévention

De nombreux accidents cardiaques peuvent être limités par la prévention des facteurs de risque. La prévention a trois formes.

◆ Prévention primaire

Elle consiste à inciter les sujets à risque à prendre des mesures précises :

- arrêt du tabac ;
- régime alimentaire sans graisses animales ;
- réduction de l'obésité par limitation de la ration calorique ;
- pratique de l'exercice physique ;
- arrêt de la contraception orale ;
- traitement de l'hypertension ou de l'hypercholestérolémie.

◆ Prévention secondaire

Elle consiste à dépister précocement les facteurs de risque et les hypercholestérolémies. Ce dépistage peut avoir lieu lors d'examens médicaux, en médecine du travail, par exemple. Les sujets à risque peuvent bénéficier d'explorations plus poussées comme le doppler ou l'électrocardiogramme.

◆ Prévention tertiaire

Elle consiste à favoriser l'aide à la réinsertion sociale, professionnelle et familiale car les patients gardent souvent de lourdes séquelles.

Rôle de l'AVS

Lors d'un AVC

1. Rôle de l'AVS auprès d'une personne paralysée après AVC

La paralysie peut prendre des formes diverses selon la localisation de l'artère. *Ex.* :

- *paralysie faciale*, *hémiplégie* (paralysie d'une moitié du corps, *cf.* Figure 1.32) ;
- *paraplégie* (paralysie des 2 membres supérieurs ou inférieurs) ;
- *tétraplégie* (paralysie des 4 membres).

L'installation et la mobilisation sont très importantes et participent à la stimulation du cerveau et à un nouvel apprentissage du mouvement.

a. Précautions à prendre auprès d'une personne paralysée

Dans le respect des consignes données et en collaboration avec l'infirmier(e), l'AVS veillera à :

- bien installer la personne paralysée :
  - prévenir les positions vicieuses (rétraction, pied en équin) de la personne, participer à sa mobilisation (*cf.* Figure 1.33),
  - prévenir la spasticité ;
- stimuler les perceptions de la personne. Elle se fatigue vite, il faudra donc mesurer les efforts à lui demander ;
- prévenir les risques d'escarre ;
- prévenir la douleur ;
- lui permettre de s'exprimer (même si elle a des difficultés) et être à son écoute ;
- répondre à ses besoins d'hygiène corporelle :
- l'observer et la surveiller avec vigilance ;
- apprécier sa participation et sa fatigue ;
- transmettre à l'IDE et à l'équipe tous les éléments de son observation.

b. Technique de l'installation au lit d'une personne paralysée

Pour l'installation dans le lit, deux cas se présentent.

- Si elle est couchée sur le dos, il faut :
  - placer un petit coussin triangulaire sous l'épaule hémiplégique ;
  - positionner le bras légèrement éloigné du corps, tendu sur un oreiller, plus haut que le tronc.
- Si elle est couchée du côté hémiplégique ou du côté sain, il faut :
  - placer le membre supérieur en extension, épaule en avant ;
  - placer le membre inférieur en flexion sur un petit coussin ;
  - placer la main tendue sur l'oreiller,
  - incliner la tête du patient latéralement vers le côté sain,
  - placer un coussin sous la hanche de manière à soulager le bassin et un coussin rond sous le genou pour avoir la jambe en légère flexion.

2. Rôle de l'AVS lors d'un infarctus du myocarde

a. Lors d'une alerte pré-infarctus

Dans le respect des consignes données et en collaboration avec l'infirmier(e), l'AVS veillera à :

- transmettre de façon précise la douleur ressentie par la personne et les signes qui l'accompagnent (pâleur, sueurs, agitation, angoisse, respiration anormale, cyanose, expectoration, douleur qui serre la poitrine…) ;

- subvenir aux différents besoins de la personne, pour qui toute mobilisation est proscrite (toilette, repas, élimination avec urinal et/ou bassin) ;
- surveiller son repos et favoriser un environnement calme ;
- prévenir le risque d'escarre ;
- faire respecter le régime (expliquer l'intérêt à la personne).

b. Lors d'une aide post-infarctus

Dans le respect des consignes données et en collaboration avec l'infirmier(e), l'AVS veillera à :

- rassurer et sécuriser la personne et ses proches ;
- limiter les sources de stress et d'excitation ;
- surveiller les paramètres vitaux et les modifications des normes (coloration de la peau, température, conscience, élimination…) ;
- subvenir aux différents besoins (hygiène corporelle, repas…) ;
- favoriser un environnement calme pour le repos et le sommeil ;
- transmettre à la(le) responsable de la structure tous les éléments de son observation.

Fig. 1.32 **Signes de l'hémiplégie (paralysie flasque).**[7]

7. Notons qu'il s'agit ici d'un schéma, l'homme atteint d'une hémiplégie ne tient pas debout.

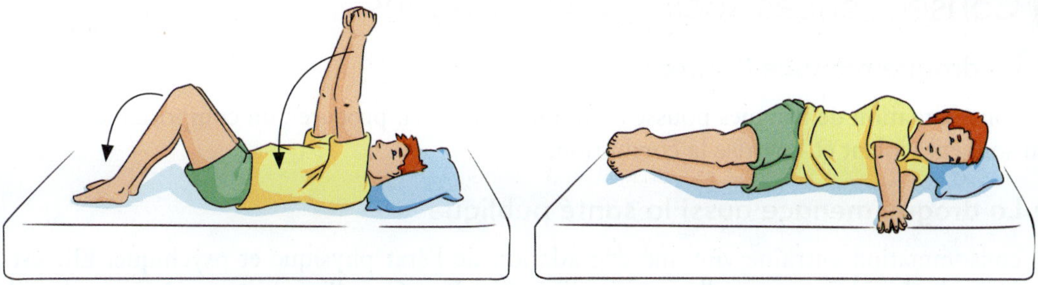

a) 1 er temps b) 2e temps

Fig. 1.33 Mobilisation du patient hémiplégique couché (côté sain). Les genoux sont réunis, le patient se tourne en décubitus latéral d'un côté ou de l'autre. L'AVS va ensuite l'aider à s'asseoir au bord du lit, jambes pendantes, pieds posés à plat sur le sol.

E Drogues et conduites addictives

1 Définition

Une conduite addictive (ou toxicomanie) correspond à l'usage intensif et répété de drogues. Elle entraîne des troubles graves, souvent irréversibles, sur tout l'organisme et pose un grave problème de santé publique.

2 Principales drogues et effets sur l'organisme (*cf*. Tableau 1.13)

Tableau 1.13 Les principales drogues et leurs effets sur l'organisme.

Principales drogues[a]	Voie	Effets sur l'organisme
Cannabis	– fumé sous forme de « joint » – ingestion	Dépendance et toxicité générale faibles : somnolence, baisse de l'attention, etc.
Héroïne	– intraveineuse – inhalation	Dépendance et toxicité générale fortes : agitation, extase (flash), etc.
– Cocaïne – Crack	– voie nasale	Dépendance et toxicité générale fortes : troubles psychiques (paranoïa)
– Ectasy – LSD	– ingestion	Dépendance et toxicité générale fortes : folie, hallucinations, etc.
a. Classées par ordre d'importance de la consommation.		

3 Conséquences sociales des drogues

◆ La drogue menace l'ordre public

La consommation de drogues pousse à adopter, pour s'en procurer, un comportement marginal souvent violent et favorise la corruption.

◆ La drogue menace aussi la santé publique

Sa consommation entraîne vite une dégradation de l'état physique et psychique. Elle est à l'origine d'infections graves, elle favorise l'hépatite B et C, et l'infection par le virus du sida. L'overdose est responsable de centaines de décès.

4 Prévention

◆ Information

On assiste dans les médias à des campagnes de prévention à l'intention des parents, mais aussi à l'attention des jeunes. Parfois, cela aboutit à la création de comités d'environnement social, dans les quartiers sensibles. Tout le monde peut avoir accès au numéro vert (gratuit) Drogue Info Service n° 113.

◆ Création de structures spécialisées

Les centres Méthadone sont utiles lorsque le toxicomane a recours à la méthadone (drogue de substitution). Il existe aussi des structures d'aide à la réinsertion (foyers, communautés) et à la réinsertion professionnelle (fonds Platini, SOS drogue international…).

◆ Action auprès des jeunes

La drogue est un poison mortel : il faut à tout prix l'éviter. C'est en observant les jeunes et en ayant une attitude ouverte que les adultes pourront percevoir les premiers signes annonciateurs de désenchantement, voire de désespoir. L'information des jeunes doit être faite par des personnes en qui ils ont confiance, qu'il s'agisse de conférences, débats ou conseils, de lectures traitant de ce problème, d'actions dans les quartiers.

Situation

Jimmy a « touché le fond » !

Étudiant, *Jimmy* (20 ans) a rejoint son groupe de copains pour un « rendez-vous particulier », samedi en fin de soirée. Le tabac et l'alcool avaient déjà chauffé les premières heures ; il fallait à présent aller plus loin… pour finir la nuit en s'éclatant avec la « drogue » dure. Au petit matin, *Jimmy* a repris la route seul pour rentrer chez lui. On a retrouvé sa voiture au « fond du fossé »…

Remarque

La drogue est un poison mortel, il faut à tout prix l'éviter. Elle a deux types d'impact. Elle menace à la fois la santé publique et l'ordre public (*cf.* Figure 1.34) :

- la *santé publique*. Sa consommation entraîne vite une dégradation de l'état physique et psychique. Elle est à l'origine d'infections graves et l'overdose est responsable de centaines de décès ;
- l'*ordre public*. La consommation de drogues pousse à un comportement marginal, soit pour s'en procurer, soit par la conduite automobile avec le risque majoré d'accidents mortels (pour soi et pour autrui).

Fig. 1.34 **La drogue menace la santé physique de l'individu et rend difficile l'insertion professionnelle**

VI. MALADIES MENTALES ET SOUFFRANCE PSYCHIQUE

Les maladies mentales et la dépression sont devenues des préoccupations prioritaires de la politique de santé.

A Maladies mentales

Les maladies mentales traduisent des troubles de l'affectivité et/ou du comportement qui ont des répercussions sur la vie personnelle, familiale et sociale de l'individu.

1 Caractéristiques

Différents « troubles » entrent dans la dénomination maladie mentale.

◆ Troubles névrotiques

Ces troubles se manifestent par différents symptômes ; le patient est conscient de leur caractère pathologique.

- *L'anxiété* : état de tension psychologique lié à la peur d'un danger imprécis, avec somatisation.
- *La phobie* : crainte angoissante reconnue par le patient comme déplacée du fait du caractère non dangereux de l'objet ou de la situation qui la déclenche (*ex.* : l'agoraphobie, peur de la foule).
- *L'obsession* : pensée qui apparaît de façon persistante et que le patient ne peut éloigner de sa conscience. Elle possède un caractère compulsif, c'est-à-dire l'adoption d'un comportement tendant à neutraliser ces idées (lavage de mains, rangement). *Ex.* : les troubles obsessionnels compulsifs ou TOC.

Exemples d'obsessions

- Les phobies de situation où le sujet a peur de la foule (magasins, rues…), des espaces clos (ascenseurs, tunnels…), des transports (avion, train…), des animaux (chiens, souris, araignées…).
- Les *phobies sociales* où le sujet a peur d'être mis en échec au cours de relations publiques (de parler et de répondre en public, de se présenter, des cocktails, réunions…).
- Les *phobies des microbes* qui sont plus proches des névroses obsessionnelles (*cf.* étude de cas).

Situation

Magali et ses TOC

Magali, 35 ans, mariée, un enfant, est hospitalisée en service de psychiatrie pour troubles du comportement perturbant sa vie personnelle, sociale et familiale. Secrétaire, *Magali* a dû quitter son emploi. Ses rituels quotidiens au bureau (orientés vers de multiples lavages des mains et du matériel), devenaient trop pénibles à supporter par l'équipe. *Magali craignait en permanence d'être salie par certains objets touchés par ses collègues.* Elle les emmenait rapidement au lavabo des toilettes pour les nettoyer. Outre la perte de temps et la détérioration du matériel, *le personnel comprenait que Magali souffrait.* Lorsque son mari a constaté qu'elle se levait la nuit pour nettoyer de nouveau, qu'elle ne dormait plus suffisamment et que sa santé se détériorait, il lui a fait comprendre qu'une thérapie était nécessaire et *Magali* a accepté d'être hospitalisée.

Remarque

Une *obsession* est une « phobie » ou une pensée parasite qui s'impose au sujet et qui l'angoisse. C'est la forme la plus grave de la pathologie névrotique (et celle qui fait le plus souffrir la personne).

◆ Troubles psychotiques

Il s'agit de troubles du comportement accompagnés d'une altération du raisonnement qui empêche le patient d'être conscient de l'ampleur et de la nature de son état. Les études de cas montrent quelques exemples de troubles psychotiques.

Situations

- *L'intuition délirante* : Léonore, 40 ans, a la conviction que ses voisins cherchent à lui nuire par tous les moyens, qu'elle est l'objet de leur malveillance permanente.
- *L'imagination délirante* : Lara, 20 ans, fille d'agriculteur, dit à son ami que ses parents milliardaires en Californie lui ont promis un royal cadeau pour son mariage…
- *Les hallucinations* : ce sont des perceptions visuelles ou auditives sans objet. Tous les appareils sensoriels sont concernés. Raffaël, 28 ans, entend la voix de Napoléon et entretient avec lui une conversation suivie sur la défaite de Waterloo. Raffaël était (dit-il) le bras droit de Napoléon et a tout fait pour sauver l'armée en déroute…

Remarque

Les troubles psychotiques s'établissent autour de convictions délirantes dont les thèmes sont innombrables.

◆ Personnalité paranoïaque

Une personnalité paranoïaque est caractérisée par les « délires de persécution ». La personne a la conviction d'être victime de manipulations.
Elle lui donne un caractère de vraisemblance, qui le fait partager parfois à l'entourage !

Situation

Tristan, paranoïaque, 50 ans

Dans le milieu du travail, *Tristan* pense que son employeur fait preuve d'une intolérance manifeste à son égard et le vole. Allant de querelles en querelles, il est renvoyé et engage un procès qui n'en finit pas. Par ailleurs, son syndic de copropriété le considère comme un être dangereux. *Tristan* a envoyé deux lettres recommandées car il est persuadé que trois copropriétaires veulent attenter à sa vie. Il se dit « victime » d'un complot dont le syndic serait l'instigateur et cherche à se défendre.

Remarque

La vie de la personne paranoïaque est remplie de querelles avec son entourage (familial, amical et professionnel) qui, la plupart du temps, s'éloigne d'elle.

2 Mesures de prévention et de réinsertion

Le malade mental est considéré comme un malade comme les autres. Il doit être soigné le plus souvent possible en ambulatoire dans des structures extra-hospitalières lorsque cela est compatible avec sa sécurité et celle de la société.

◆ Structures de réinsertion

Citons :

- les foyers de postcure et les appartements thérapeutiques préparant au retour vers l'autonomie ;
- le domicile renforcé : il consiste à maintenir le malade dans sa famille avec un service de soins infirmiers et le passage d'une auxiliaire de vie sociale ;
- les centres d'accueil de jour : ils permettent d'allier un service de type hospitalier au maintien à domicile.

◆ Professionnels spécialisés

De nombreux spécialistes peuvent être consultés, citons :

- les psychologues, psychiatres et psychanalystes : psychothérapie individuelle en entretien ;
- les orthophonistes : thérapie des troubles du langage ;
- les psychomotriciens : thérapies corporelles, relaxation ;
- les ergothérapeutes : réinsertion grâce à des activités manuelles.

B État dépressif, dépression et suicide

L'état dépressif est un trouble pathologique de l'humeur. On appelle humeur l'état psychique d'un sujet. On dit qu'elle évolue entre deux pôles extrêmes : la tristesse et la gaieté.

1 Différence entre état dépressif et dépression

- Lors d'un *état dépressif*, l'humeur peut être totalement effondrée. Il faut cependant bien distinguer la « tristesse pathologique » (liée à la dépression) d'un état de « tristesse naturelle » justifiée par un événement bien défini et qui s'estompe avec le temps.

- Dans la *dépression*, on ne retrouve pas toujours de facteur déclenchant (s'il y en a un, il est sans commune mesure avec l'état de tristesse du sujet...). Ainsi un individu en apparence gâté par la vie, peut faire une dépression (ce qui déroute son entourage...).

Situation

Marie-Louise (45 ans) en dépression

Marie-Louise est chef du personnel d'une grande société. Elle est belle et respectée. Elle connaît depuis 15 jours un état de profonde tristesse, justifiant une hospitalisation et une prise en charge thérapeutique immédiate. Son compagnon ne sait que faire pour l'aider à sortir de sa « dépression ».

Remarque

Cette situation fait la démonstration que la dépression est une maladie et qu'elle n'a aucun rapport avec l'environnement matériel et/ou humain de la personne.

Situation

Geneviève (50 ans) en état dépressif

Geneviève est médecin, mère de famille comblée. Elle n'arrive pas à surmonter des *états dépressifs* passagers qui empoisonnent son existence et celle de ses proches. Seuls les antidépresseurs semblent momentanément l'apaiser.

Remarque

Il est des cas où les états dépressifs sont si fréquents que les médicaments semblent être la meilleure solution (sur avis médical).

2 Signes d'une dépression majeure

En pathologie psychiatrique, la dépression se manifeste par les états suivants.

◆ Une tristesse anxieuse

Le sujet ressent une souffrance ou une « douleur morale » qui est profonde, permanente et inconsolable. Elle s'entend au son de la voix et dans les propos tenus, elle se lit sur le visage (traits tirés, regard éteint) et elle entraîne un « dégoût de vie » : le sujet n'éprouve ni désir, ni plaisir... Il perd ses centres d'intérêt.

◆ Des idées de suicide

Le sujet voit dans le suicide la seule issue possible à sa souffrance.

◆ Une fatigue

Elle est accompagnée d'un ralentissement :
- *psychique* : le sujet a des difficultés de concentration, d'attention, de raisonnement ;
- *moteur* : le sujet a des gestes lents et rares, il perd toute sa capacité d'effort, d'initiative ; l'action est limitée.

◆ Des troubles du sommeil

Le sujet présente :
- soit une *insomnie* qui se traduit par des difficultés d'endormissement ou des réveils nocturnes ;
- soit une *hypersomnie* (le sujet dort beaucoup).

◆ Des troubles de l'appétit

Le sujet présente :
- soit une perte d'appétit ;
- soit une *augmentation de l'appétit*, avec répercussions sur le poids.

Rôle de l'AVS

Sous la responsabilité et le contrôle de l'équipe de soins, l'AVS devra :
- agir avec tact et respect ;
- assurer la sécurité de la personne ;
- lui expliquer les modalités du traitement, l'intérêt d'une prise régulière des médicaments prescrits, la façon de les absorber, les effets secondaires éventuels ;
- surveiller la personne de très près (les risques suicidaires sont très importants) ;
- l'aider à accepter la lenteur de la guérison (en lui signalant que la tristesse ne disparaîtra qu'après la reprise du sommeil, de l'appétit, de l'activité…) ;
- surveiller les repas en lui expliquant certaines contre-indications (en particulier celle des boissons alcoolisées) ;
- surveiller le régime alimentaire en fonction du traitement ;
- l'accompagner dans le quotidien et participer avec elle à certaines activités occupationnelles ;
- la valoriser dans ses activités (car tout déprimé a perdu l'estime de soi) ;
- l'aider à se réinsérer socialement (en l'aidant à préparer certaines démarches extérieures) et solliciter l'aide bienveillante de sa famille… ;
- la stimuler à s'habiller (elle a tendance à se négliger) ;
- adopter une attitude professionnelle devant les troubles de la personne : rester calme, sans attitude hostile face à l'agressivité du patient ;
- savoir demander de l'aide si une menace est perceptible et se tenir à distance ;
- adopter une communication permettant de renforcer l'estime du patient, de l'encourager à participer aux activités, de lutter contre l'isolement, etc. ;
- transmettre à la(le) responsable toutes les informations susceptibles de concourir à la connaissance de l'évolution de l'état de santé (ex. : les réactions, les remarques formulées, les expressions non verbales significatives…).

VII. MALADIES INFECTIEUSES

Notre environnement contient une infinité de micro-organismes. Certains peuvent être pathogènes pour l'homme et développer des infections.

A Phénomène de l'infection

La maladie infectieuse est la conséquence du développement dans l'organisme d'un micro-organisme pathogène.

1 Causes de l'infection

Les micro-organismes (ou microbes) sont généralement constitués d'une seule cellule (unicellulaire). Comme tous les êtres vivants, ils se nourrissent, respirent, se reproduisent et… meurent. Citons-en quelques exemples : les bactéries (telles que les staphylocoques, les streptocoques), les champignons, les virus (VIH, grippe…).

2 Modes de transmission des micro-organismes

La contamination microbienne peut être directe ou indirecte, d'où l'intérêt des mesures de prévention à leur égard.

◆ Contamination directe

Les micro-organismes sont transmis directement d'un sujet malade (ou porteur de germe) à un sujet sain, par :
- *les liquides biologiques*, tels que les crachats, la salive, les selles, les urines, le sang, etc., d'où l'intérêt de faire porter des masques au personnel enrhumé, du lavage des mains, du port de gants si contact avec le sang, les lésions ou tout liquide biologique ;
- *les mains du personnel*, d'où l'intérêt du lavage correct et fréquent des mains ;
- *les rapports sexuels*, d'où les mesures préventives en matière d'infections sexuellement transmissibles dont le sida.

◆ Contamination indirecte

Les micro-organismes sont transmis par l'intermédiaire de supports ou vecteurs multiples :
- *l'air et les poussières*, d'où l'intérêt de l'hygiène de l'environnement ;
- *les squames*[8], d'où l'intérêt de l'hygiène vestimentaire ;
- *le matériel de soins*, d'où l'intérêt de l'asepsie en milieu hospitalier ;
- *les végétaux, les fruits* pouvant être pollués par de l'eau souillée, d'où l'intérêt de bien les laver avant consommation ;
- *les insectes* : cafards, mouches, moustiques, etc., d'où l'intérêt de l'hygiène domestique.

8. Fines particules de peau.

3 Signe de l'infection : la fièvre

La fièvre est le symptôme majeur de l'infection. Elle correspond à une augmentation de la température du corps au-dessus de 38° C. C'est en fait une réaction de défense de l'organisme.

◆ Symptômes d'accompagnement

La fièvre s'accompagne d'autres symptômes :
- l'accélération du pouls (tachycardie) ;
- l'accélération de la respiration (polypnée) ;
- la diminution du volume des urines (oligurie) ;
- souvent des malaises, de l'anorexie, de la fatigue, des maux de tête ;
- des sensations de chaud et froid ;
- une sécheresse de la bouche, etc.

Elle est parfois responsable de convulsions chez l'enfant de moins de 5 ans et doit alors être soignée rapidement.

◆ Traitement de la fièvre

Résumons le traitement classique de la fièvre. Il s'agit de donner :
- *un médicament antipyrétique* (type paracétamol) : ce sera le rôle du médecin ou de l'infirmier(e) ;
- *de l'eau* pour compenser les pertes hydriques dues à la transpiration, il faudra conseiller à la personne de boire beaucoup au cours de la journée.

D'autres médicaments, en particulier des antibiotiques, seront prescrits par le médecin en fonction du type de syndrome infectieux.

Situation

La montée de fièvre de Marion

Marion (35 ans) a été opérée de l'appendicite à l'hôpital X. 48 heures après son opération, elle a ressenti des douleurs à la miction, sous forme de brûlures. Une température à 39 °C a été constatée. Les examens biologiques ont révélé la présence de colibacilles (des *escherichia coli*). Un traitement aux antibiotiques a rapidement été mis en œuvre et l'infection a été circonscrite. Marion a été victime d'une contamination (encore trop fréquente en milieu hospitalier) appelée *infection nosocomiale* (IN) transmise par les objets ou le personnel. Ce type d'infection devrait être évité par le respect des règles d'hygiène et de sécurité.

Remarque

Les infections nosocomiales (IN) doivent absolument être prévenues. L'application des *règles d'hygiène* autour du patient est l'élément essentiel de la prévention (*cf.* « Prévention du risque infectieux »).

4 Défenses de l'organisme

L'organisme s'oppose à la pénétration des micro-organismes grâce à la peau, aux muqueuses et à certaines sécrétions (*ex.* : larmes, salives…).

Il arrive parfois que cette barrière cutanéomuqueuse soit insuffisante. Les germes prolifèrent. C'est la réaction inflammatoire qui se déroule en plusieurs étapes (*cf.* Figure 1.35).

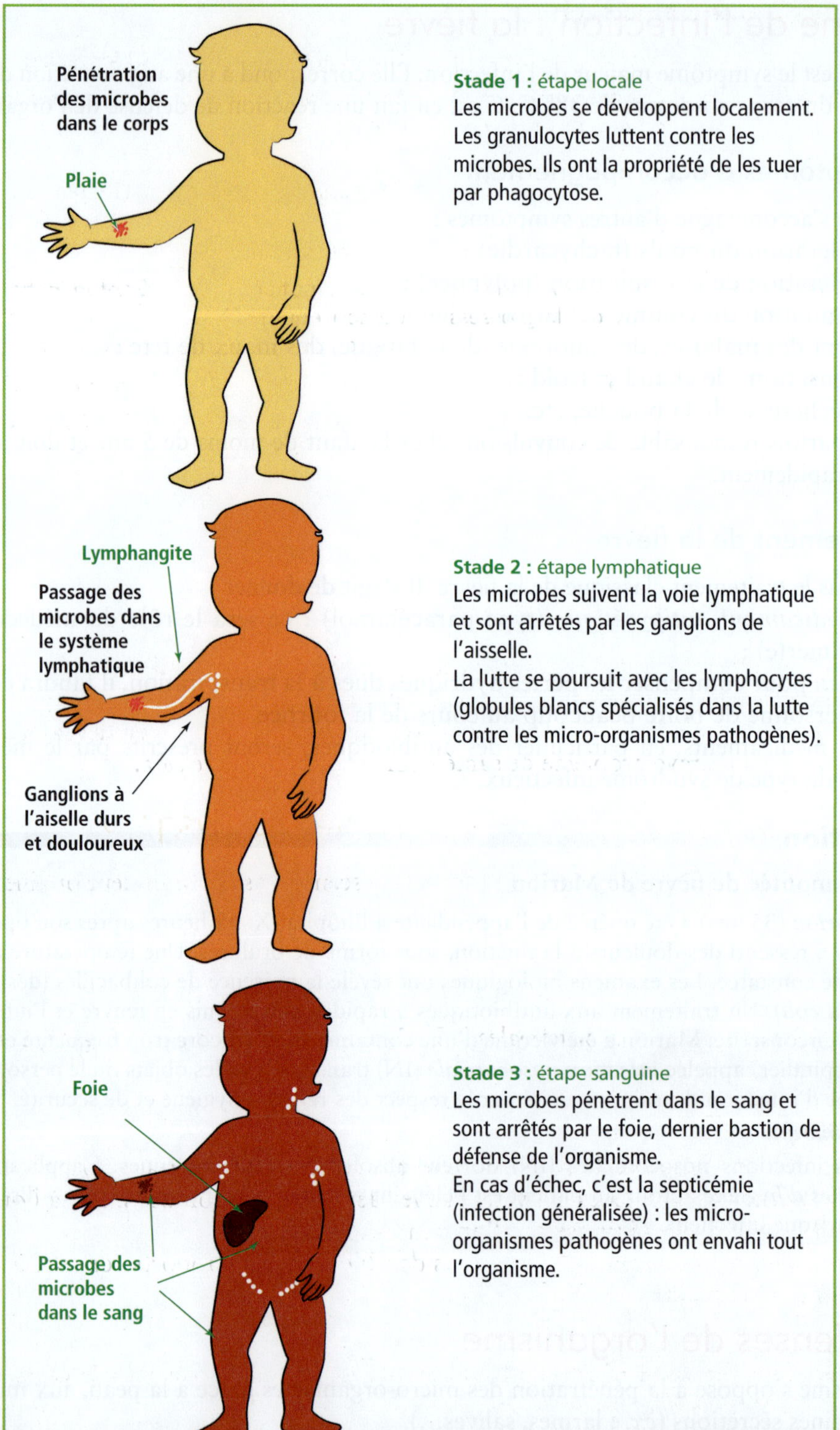

Fig. 1.35 Les étapes de propagation de l'infection.

Tableau 1.14 Les principales IST.

	Syphilis	Gonococcie	Chlamydiae
Signes du début	Chancre : plaie non douloureuse sur les organes génitaux	Brûlure lors de la miction	Asymptomatique
Évolution	Atteintes organiques graves	– Salpingite, épididymite – Risque de stérilité	– Urétrite, salpingite – Risque de stérilité
Risque durant la grossesse	Atteintes du fœtus (pendant la grossesse)	Contamination du nouveau-né (à l'accouchement)	Contamination du nouveau-né (à l'accouchement)
Traitement	Antibiothérapie	Antibiothérapie	Antibiothérapie
Prévention	– Hygiène sexuelle – Préservatif ++	– Hygiène sexuelle – Préservatif ++	– Hygiène sexuelle – Préservatif ++

Infections d'origine virale

B Maladies infectieuses de l'adulte[9]

Repérer les modifications de comportement et les premiers signes d'alerte des principales maladies infectieuses de l'adulte relève d'un acte de prévention essentiel que tout professionnel doit maîtriser. Les maladies infectieuses sont très nombreuses. Nous n'en développerons que deux qui posent un grave problème de santé publique : les IST et le sida.

1 Infections sexuellement transmissibles (IST)[10]

Ce sont des infections actuellement en forte recrudescence classées selon leur origine.

◆ Caractéristiques générales

Infections d'origine bactérienne

Les caractéristiques des trois principales IST d'origine bactérienne sont regroupées dans le tableau 1.14.

Infections d'origine virale

- L'hépatite B et l'hépatite C sont en nette recrudescence, totalisant 800 000 malades dont la moitié l'ignore. Elles peuvent, si elles deviennent chroniques, être à l'origine du développement d'une cirrhose ou d'un cancer du foie.
- L'herpès génital constitue une gêne considérable dans les rapports sexuels. Il est douloureux et récidivant.

9. Pour des compléments d'informations sur les maladies de l'adulte, consulter le Guide AS (aide-soignant), J. Gassier, Masson, 2006.

10. Actuellement, on utilise le terme Infections sexuellement transmissibles (IST), mais le grand public utilise souvent le terme MST (Maladies sexuellement transmissibles) que l'on peut encore trouver dans certaines publications.

- Le papillomavirus cause l'apparition de petites tumeurs au niveau de l'anus ou du col de l'utérus. Sans traitement, il favorise le développement de cancer du col de l'utérus.

Infections d'origine parasitaire

Les infections à trichomonas sont à l'origine de pertes blanches chez la femme et d'urétrites chez l'homme.

Infections provoquées par un champignon

Le champignon *Candida albicans* est une cause fréquente de vulvovaginites.

◆ Causes et facteurs favorisants

- Les personnes ayant des rapports sexuels non protégés et des partenaires multiples : homosexuel(le)s, prostituées, héroïnomanes (contamination par voie sanguine), adultes jeunes et célibataires, grands voyageurs, sont particulièrement vulnérables.
- Les facteurs favorisants sont :
  - une plus grande liberté sexuelle ;
  - une plus grande précocité sexuelle ;
  - une hygiène intime insuffisante ;
  - une moins grande vigilance, l'abandon des préservatifs ;
  - le manque de campagnes d'information ;
  - le développement du tourisme sexuel.

Situation

Les étés « chauds » de Dino !

Dino (30 ans) a eu, lorsqu'il était plus jeune, des rapports non protégés avec différentes partenaires. *Dino* croyait que « le sida n'était que pour les autres », « les fragiles ! », disait-il. Aujourd'hui, *Dino* vient de mourir à l'hôpital. Après avoir réchappé à plusieurs « infections opportunistes », maigre et affaibli, il n'a pas pu réchapper à la grippe hivernale.

◆ Mesures de prévention

La prévention se fait en deux temps.

Prévention primaire

Excepté pour l'hépatite B, il n'existe pas de vaccin et le seul moyen d'éviter la contamination est l'utilisation de préservatifs lors des rapports sexuels. D'autre part, il faut insister sur l'efficacité d'un traitement quand il est mis en route précocement.

Prévention secondaire

Pour limiter l'extension de ces maladies, le ministère de la Santé a pris les mesures suivantes :

- dépistage obligatoire lors des examens prénataux, des hospitalisations et pour les professions à caractère sanitaire et social ;
- obligation de traitement pour tout malade ;
- déclaration obligatoire de la maladie par le médecin ;
- déclaration nominale en cas de refus de traitement ;
- dépistage et traitement gratuit dans des dispensaires antivénériens.

2 Sida

Le sida est « la maladie » la plus préoccupante de notre siècle. Elle pose un problème majeur de santé publique.

◆ Cause : le VIH

Le sida (syndrome d'immunodéficience acquise) est dû à la contamination par le VIH (virus de l'immunodéficience humaine). Il est responsable d'une infection grave entraînant une disparition progressive des défenses immunitaires du sujet. En effet, le VIH parasite les lymphocytes T4, qui, incapables d'assurer leur fonction, laissent l'organisme démuni face aux agressions d'autres micro-organismes.

◆ Contamination

La contamination est exclusivement interhumaine car le VIH est très fragile dans le milieu extérieur. Les voies de contamination sont :
- *la voie sexuelle* (homosexuelle ou hétérosexuelle) ;
- *la voie sanguine* (échange de seringues souillées entre toxicomanes) ;
- *la voie transplacentaire* (d'une mère contaminée au fœtus).

Il faut signaler la possibilité de contamination accidentelle de membres du personnel soignant par piqûre avec du matériel contaminé.

Situation

Dorine : femme libre, mais malade

Dorine se dit « femme libre » car, depuis son divorce, elle voyage beaucoup et pour se changer les idées, elle change de partenaires et de « ports d'attaches ». Mais aujourd'hui, Dorine est malade. Elle a une « *infection à papillomavirus* » dont elle ne peut se débarrasser. Elle a subi plusieurs interventions locales, mais l'infection progresse et une hystérectomie est demandée par son médecin. Elle est complétée par une thérapie médicamenteuse. Dorine est très amaigrie et fatiguée.

Remarque

Les IST ne se remarquent pas tout de suite, il n'y a aucun symptôme chez la personne infectée ou parfois des symptômes non-spécifiques, qui ne l'inquiètent pas (*ex.* : fatigue, légers maux de ventre). Or la personne est très contagieuse et transmet la maladie à ses partenaires sexuels.

Excepté pour l'hépatite B et le papillomavirus, il n'existe pas de vaccin et le seul moyen d'éviter la contamination est l'utilisation de préservatifs lors des rapports sexuels. D'autre part, il faut insister sur l'efficacité d'un traitement quand il est mis en route précocement.

◆ Évolution de la maladie

L'infection par le VIH évolue en trois phases.

Primo-infection

Les signes cliniques peuvent apparaître de 2 semaines à 3 mois après le contact. Ils passent inaperçus dans 70 % des cas. Il s'agit d'un état pseudo-grippal avec fièvre modérée, ganglions, parfois légère éruption.

Phase asymptomatique

Des tests immunologiques permettent de rechercher la présence d'anticorps anti-VIH dans le sang. L'individu est dit « séropositif ». À ce stade, la maladie est latente mais le sujet est porteur du virus. Cette phase de séropositivité peut durer plusieurs années (jusqu'à plus de 10 ans).

Sida

Les défenses immunitaires sont très affaiblies. La personne maigrit et est fatiguée ; elle développe des infections opportunistes souvent sévères (pulmonaires, digestives...), des tumeurs (maladie de Kaposi et lymphomes) ainsi que d'autres symptômes directement liés au VIH (atteinte cérébrale, diarrhée chronique...).

◆ Traitement

Le traitement du sida a deux objectifs :
- limiter la multiplication du virus en associant les antiviraux (c'est la trithérapie) ;
- lutter contre les « infections opportunistes » et la détérioration de l'état général.

◆ Mesures de prévention

Étudions les objectifs des 3 stades de la prévention.

Prévention primaire

- Obligation de dépistage sur tous les dons de sperme, de sang et d'organes.
- Mise en place de « containers à aiguilles » dans les services de soins pour prévenir les accidents.
- Vente libre de seringues et aiguilles pour les toxicomanes.
- Vente de préservatifs à un prix abordable, etc.

D'autre part, une large place doit être accordée à l'information de la population, un numéro de téléphone vert (Sida Info Service) a été créé pour répondre aux questions (de façon anonyme) 24 h/24 (n° téléphone vert : 0800 840 800).

Prévention secondaire

- Le dépistage obligatoire est interdit en médecine du travail (il ne peut avoir lieu qu'avec le consentement des personnes malades).
- Le dépistage en revanche est obligatoire dans les consultations prénuptiales, prénatales et postnatales et lors de toute hospitalisation.
- Le test de dépistage peut être demandé par tout individu à son médecin, il est pris en charge à 100 % par la Sécurité sociale.
- Le dépistage est gratuit dans les centres spécialisés départementaux.

Prévention tertiaire

Elle a pour objectif de fournir aux patients une qualité de soin leur permettant de finir leur vie dans la dignité :
- le traitement est pris en charge à 100 % par la Sécurité sociale ;
- les femmes enceintes séropositives peuvent bénéficier d'un traitement préventif par l'AZT pour protéger le fœtus ;

- certains malades bénéficient d'un congé de maladie de longue durée de 3 ans, puis de l'assurance invalidité.

Cependant, malgré ces mesures, beaucoup de personnes se retrouvent dans une situation de précarité. Aussi, de nombreuses associations ont mis en place des structures d'aide et de prise en charge de ces personnes, prenant ainsi le relais des mesures institutionnelles.

3 Méningite

La méningite est une inflammation des méninges (enveloppes du système nerveux central). Lorsqu'elle est localisée à l'ensemble de l'encéphale, c'est la méningite cérébrospinale. Il s'agit d'une urgence médicale et thérapeutique. C'est une maladie infectieuse très contagieuse qui doit être déclarée à la DDASS.

◆ Cause

La méningite peut être d'origine bactérienne (méningocoque, pneumocoque…), virale, toxique, parasitaire ou secondaire à une infection.
La ponction lombaire est pratiquée afin de recueillir du liquide céphalo-rachidien (LCR) en vue d'une étude cytobactériologique permettant d'identifier l'agent pathogène responsable.

◆ Principaux symptômes

Le tableau clinique caractéristique de la méningite est le syndrome méningé reconnu par la triade :

- céphalées ;
- vomissements ;
- raideur de la nuque.

◆ Traitement

Il doit être instauré rapidement pour éviter des séquelles neurologiques, il repose sur l'antibiothérapie à forte dose, les antipyrétiques et les antalgiques.

C Précautions d'hygiène en cas de risque contagieux

Les maladies infectieuses sont des maladies contagieuses dues le plus souvent à des virus et parfois à des bactéries. Des mesures d'hygiène doivent donc être mises en œuvre autour des malades.

> *Rôle de l'AVS*
>
> ***Pour prévenir la contamination***
>
> L'AVS collabore avec l'infirmier(e) qui l'encadre et dans les limites de la qualification reconnue du fait de sa formation. L'AVS participera à la prévention de la contamination en respectant les principes et les règles de l'hygiène.

Ces précautions complémentaires d'hygiène sont un ensemble de règles visant à rompre la chaîne de transmission d'un agent infectieux porté par une personne. Lors d'un risque contagieux, ces précautions seront mises en œuvre, en collaboration, dans :

- les soins d'hygiène et de confort ;
- l'aide apportée aux patients ;
- l'hygiène de l'environnement.

Des précautions particulières seront définies en fonction de l'agent infectieux (réservoirs, modes de transmission, résistance…). Ex. si transmission par contact :

- désinfection des mains par friction antiseptique avant et après chaque soin ;
- port de gants, surblouse ou tablier ;
- limitation des déplacements, etc.

1 Traitement du linge et des déchets

L'AVS veillera à :

- différencier le circuit du linge appartenant à la personne malade, de celui du reste de la famille.
- organiser un tri sélectif avec distinction des déchets d'activité ménagère courante.

2 Organisation et hygiène du travail

L'AVS veillera à :

- regrouper les soins à la personne malade ;
- se laver les mains ou les frictionner avec une SHA (solution hydro-alcoolique) avant et après chaque soin ou action ;
- réaliser un soin dans un environnement propre ;
- travailler avec rigueur et calme ;
- recommander une chambre individuelle avec du matériel personnel (si possible) ;
- veiller au confort et à l'installation de la personne.

3 Relationnel avec la personne malade

L'AVS veillera à :

- parler à la personne, répondre à ses questions, la rassurer, rassurer ses proches ;
- instaurer un climat de confiance ;
- respecter sa pudeur lors des soins ;
- toujours l'informer préalablement à un soin, tenir compte de ses observations ;
- lui trouver des occupations si elle doit garder la chambre (s'informer de ses goûts).

4 Information/Transmissions/Prévention

L'AVS veillera à :

- participer au recueil d'informations susceptibles de concourir à la connaissance de l'état de santé de la personne et de son *évolution, du fait de la chronicité de la pathologie* ;

- *collaborer à l'appréciation des principaux* paramètres vitaux (respecter les consignes données) ;
- participer aux transmissions (oralement et par écrit sur le cahier de liaison) ;
- participer au dépistage et à la prévention des complications éventuelles, liées à l'infection, à la complexité du traitement, etc.

VIII. PATHOLOGIES NÉONATALES

L'auxiliaire de vie sociale peut être amenée à s'occuper d'un ou de plusieurs enfants au sein d'une famille et plus particulièrement à accompagner et à aider la mère et l'enfant dès le retour de la maternité. Pour devenir une collaboratrice efficace en santé sociale, elle doit bien connaître les diverses pathologies du nourrisson.

A Prématurité

Un prématuré est un enfant né entre la 22e et la 37e semaine d'aménorrhée. Il s'agit d'un nouveau-né à risque demandant dès sa naissance une surveillance constante.

1 Causes de la prématurité

On relève de nombreuses causes, citons-en quelques-unes touchant la mère :
- alimentation insuffisante, déséquilibrée ;
- travaux pénibles, longs trajets ;
- maladies chroniques de la mère ;
- infections aiguës, drogues, alcoolisme, etc.

2 Aspect physique du prématuré

L'aspect du prématuré est particulier : il est de petite taille et il a un petit poids ; sa peau est fine et rose ; son corps est mou ; ses membres sont grêles et en hypotonie (mous).

3 Problèmes physiologiques et surveillance

L'enfant né prématuré présente une immaturité des grandes fonctions organiques et reste à l'hôpital en service de néonatologie puis en pédiatrie jusqu'à la stabilisation de son état et une prise de poids suffisante. La durée d'hospitalisation varie donc selon chaque enfant et est en lien avec son degré de prématurité.
De retour à la maison, l'enfant doit continuer à être surveillé. L'auxiliaire de vie sociale peut être associée à cette surveillance à domicile.
Par ailleurs un suivi médical spécifique est souvent mis en place.

4 Accompagnement des parents

La naissance d'un enfant prématuré constitue toujours une épreuve pour les parents. Les futurs parents et surtout la mère éprouvent souvent un sentiment de culpabilité. Elle se demande si elle a fait le maximum pour protéger son enfant ; elle peut également douter de ses capacités à être « une bonne mère » pour cet enfant fragilisé. Le personnel devra donc la rassurer, la sécuriser, l'informer.

Situation

Emma en service de néonatologie

Jane vient de donner naissance à *Emma* à l'hôpital de C. C'est un bébé de 1,950 kg, d'aspect fragile, placé en couveuse (en service de néonatologie). Ses membres sont maigres, sa tête est petite (laissant apparaître tous les vaisseaux sanguins) ; les muscles n'ont aucun tonus. *Jane* dit à la puéricultrice : « J'ai peur de la toucher, on dirait une poupée de papier ». La puéricultrice conseille vivement à Jane de caresser le bébé et de lui parler le plus souvent possible.

Rôle de l'AVS

Lors des soins à un prématuré, l'auxiliaire de vie sociale doit tout particulièrement agir avec douceur et délicatesse et signaler immédiatement toute anomalie au service médical dont le téléphone lui a été indiqué par sa direction.

B Détresse respiratoire

La détresse respiratoire a pour conséquence une mauvaise oxygénation du sang. Elle peut entraîner la mort par asphyxie. Elle demande un traitement urgent.

1 Signes et surveillance

- *L'enfant est cyanosé* : la peau a une coloration bleutée, due à une mauvaise oxygénation du sang. Elle peut être localisée aux extrémités (lèvres, ongles, pieds) ou généralisée.
- *La fréquence respiratoire est modifiée,* on peut observer :
  - une polypnée ou bradypnée (avec risque d'apnée) ;
  - des signes de lutte respiratoire (*ex.* : tirage respiratoire, geignements, battements des ailes du nez…).

2 Conduite à tenir

C'est une urgence : l'enfant doit être placé rapidement sous oxygène (concentration contrôlée) en milieu hospitalier.

C Hyperthermie

Les centres régulateurs de la température du nouveau-né sont encore immatures à la naissance, ils ne jouent pas correctement leur rôle de « thermostat ». La température du nouveau-né est donc très sensible aux variations de la température ambiante. L'hyperthermie (ou fièvre) est une élévation anormale de la température au-dessus de 38 °C.

1 Causes

- Hyperthermie liée à une infection (*ex.* : maladies éruptives, otites, rhinopharyngite…).
- Hyperthermie consécutive à une vaccination.
- Hyperthermie consécutive à un coup de chaleur (*cf.* paragraphe ci-après).

2 Signes et surveillance

L'enfant est rouge, sa peau est chaude, il a souvent les yeux brillants et respire rapidement.

3 Conduite à tenir

Il faut agir rapidement :
- appeler le médecin[11] ;
- découvrir le bébé ;
- lui faire boire une boisson fraîche ;
- surveiller la température et le comportement du bébé.

4 Complications

La déshydratation (*cf.* ci-après) et les convulsions sont les complications à redouter.

D Déshydratation aiguë du nourrisson

La déshydratation aiguë du nourrisson est une perte brutale et importante d'eau et d'électrolytes. Elle se traduit cliniquement par une perte de poids.

1 Causes

Elles peuvent être :
- digestive, surtout diarrhées, vomissements ;
- cutanée avec hyperthermie, coup de chaleur ;
- rénale lors de diabète, malformations rénales.

11. Pour faire baisser la température (sur avis médical), généralement l'*Aspégic-bébé* est prescrit.

2 Signes

- Perte de poids.
- Les symptômes sont d'autant plus marqués que la déshydratation est importante :
  - persistance d'un pli cutané ;
  - soif et sécheresse de la bouche ;
  - teint pâle, yeux creux, abdomen plat.

3 Évolution

Favorable dans les formes mineures sous traitement.

4 Conduite à tenir

- *Formes mineures* : réhydratation par voie orale.
- *Formes sévères* : hospitalisation (réhydratation par voie veineuse).

E Coup de chaleur

1 Causes

Le coup de chaleur est dû à une exposition prolongée de l'enfant à une température élevée (*ex.* : exposition prolongée au soleil, excès de chauffage domestique ou enfant trop couvert…).

2 Signes

- Peau moite, rouge et hyperthermie.
- Déshydratation aiguë et convulsions.

3 Évolution

- Favorable en quelques heures.
- Défavorable si déshydratation.

4 Conduite à tenir

- Lutter contre l'hyperthermie.
- Traiter la déshydratation.

5 Prévention

- Ne pas trop couvrir l'enfant.
- Éviter l'exposition au soleil.
- Le faire boire souvent, etc.

Situation

Mikaël (6 mois) présente une hyperthermie

Mme D. signale à l'auxiliaire de vie sociale (*Sophia*) que son bébé *Mikaël* a mal dormi cette nuit. Elle doit s'absenter pour la matinée et demande à *Sophia* de le surveiller en lui donnant le numéro du médecin de famille.

En lui offrant le biberon, *Sophia* observe l'enfant : ses yeux sont larmoyants, il respire rapidement et n'a pas faim. *Sophia* lui prend la température, il a 38,5 °C de fièvre. Elle le découvre et appelle immédiatement le médecin.

F Hypothermie

1 Signes et surveillance

L'enfant :
- est pâle, sa peau est froide (surtout aux extrémités) ;
- a des frissons.

2 Conduite à tenir

Il faut agir rapidement :
- avertir le médecin ou le Samu ;
- couvrir le bébé d'un lange chaud ;
- lui faire boire une boisson chaude ;
- réchauffer l'atmosphère ;
- surveiller la température et le comportement.

3 Complications

Il y a un risque d'*hypoglycémie* (*cf.* ci-après). La surveillance et la prise en charge du bébé sont donc importantes.

G Hypoglycémie

L'hypoglycémie est une insuffisance de sucre dans le sang. C'est une urgence médicale car elle peut provoquer de graves séquelles neurologiques.

1 Signes et surveillance

Souvent l'hypoglycémie ne se manifeste par aucun signe, d'où son dépistage systématique chez les enfants à risque par prélèvements sanguins. Quelquefois, les signes sont discrets et tardifs :
- hypothermie (avec pâleur) ;
- agitation, trémulation (tremblements), convulsions ;
- hypertonie ou hypotonie ;
- respiration irrégulière, apnées, cyanose.

2 Conduite à tenir

Appeler le médecin (ou le Samu).

H Ictère physiologique

L'ictère est la coloration jaune de la peau et des muqueuses liée à une augmentation de la bilirubine dans le sang. Il se manifeste vers le 3e jour de vie, lorsque le bébé est encore à la maternité. C'est un ictère bénin (dit physiologique) que l'on traite par la « photothérapie » (*cf.* Figure 1.36).

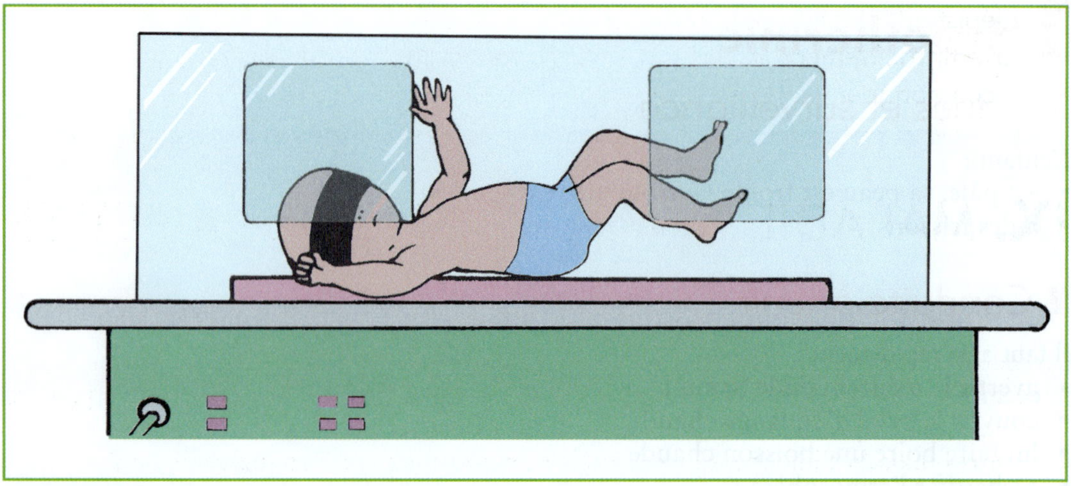

Fig. 1.36 La photothérapie (*Guide AP*, par J. Gassier. Éditions Elsevier Masson).

Modes d'action de la photothérapie

C'est un traitement physique. La lumière de la couveuse (de couleur bleue) dissout la bilirubine. Il faut protéger efficacement les yeux du nouveau-né.

I Infections néonatales

Les infections néonatales sont graves. Elles peuvent entraîner la mort du nourrisson car ses moyens de défense sont imparfaits. La contamination du nourrisson se fait le plus souvent par les biberons ou les mains du personnel… dans les jours suivant la naissance.

1 Signes d'alerte et surveillance

Face à un nouveau-né qui va mal, il faut toujours penser à la possibilité d'une infection. On observera :

- une altération de l'état général ;
- la peau bleutée (cyanose) ou pâle ;
- des troubles respiratoires (apnée, tirage…) ;
- une hypo- ou une hyperthermie ;

- un refus de boire, des vomissements après la tétée ;
- des troubles du comportement, etc.

2 Conduite à tenir

C'est une urgence médicale, l'enfant est hospitalisé et est sous surveillance continue.

Rôle de l'AVS

L'auxiliaire de vie sociale doit :
- prévenir l'infection en respectant les règles de l'asepsie ;
- dépister l'infection par l'observation de l'enfant ;
- avertir rapidement le médecin et transmettre à la(le) responsable ;
- accompagner les parents avec tact, respect et délicatesse.

IX. MALADIES INFECTIEUSES DE LA PETITE ENFANCE

Les maladies infectieuses de l'enfant sont très contagieuses :
- certaines maladies infectieuses donnent lieu à des éruptions ; elles sont appelées « *maladies éruptives* » (*ex.* : rubéole, rougeole, varicelle) ;
- d'autres maladies infectieuses sont dites *non éruptives* (*ex.* : coqueluche, oreillons).

A Phases de l'évolution

Toutes les maladies infectieuses de l'enfant évoluent en 3 phases.
- **L'incubation** : c'est la période pendant laquelle les symptômes ne sont pas encore apparents, mais où l'enfant « couve » sa maladie et est particulièrement « contagieux ». La contagion se fait par *contact direct* (*ex.* : par les particules salivaires).
- **L'invasion** : c'est l'apparition des premiers symptômes de la maladie. Ils sont le plus souvent non spécifiques (*ex.* : un rhume, de la fièvre…).
- **La période d'état** : c'est l'apparition des symptômes caractéristiques de la maladie (en particulier « l'éruption » pour les maladies éruptives).

B Caractéristiques des différentes maladies infectieuses

Chaque maladie présente des phases bien caractéristiques. Le tableau 1.15 en donne la durée et les caractéristiques essentielles qui orientent la conduite à tenir. Les auxiliaires de vie sociale doivent participer activement à la prévention, car la plupart de ces maladies peuvent être évitées par la vaccination (elles doivent donc informer les parents sur l'utilité de celle-ci).

Tableau 1.15 Les maladies infectieuses non-éruptives.

Maladies	Causes	Incubation	Invasion	État	Évolution	Prévention	Rôle de l'AVS
Oreillons	– Virus – Transmission par contact direct	21 jours (la plus longue)	1 à 2 jours : – fièvre : 38/39 °C – maux de tête	***Gonflement douloureux derrière l'oreille*** – Gorge rouge – Douleur à la mastication – Pas de fièvre	– Favorable (10 jours environ) – Complications rares : atteinte des testicules	Vaccin (ROR)	– Surveiller la T° et lutter contre l'hyperthermie – Compresses chaudes[a] pour soulager la douleur
Coqueluche	– Bacille – Transmission par contact direct	7 jours (environ)	7 à 15 jours : – toux sèche (surtout nocturne) – pas de fièvre	Quintes : – toux caractéristique : 5 secousses expiratoires suivies d'une longue inspiration sifflante appelée « *chant du coq* » – parfois vomissement (en fin de quinte) – pas de fièvre	– Favorable sous antibiotiques – complications : • fausse-route • détresse respiratoire • encéphalite	Vaccin (Pentacoq)	Pour l'enfant[b] : – repos au lit – surveiller – repas légers et fréquents – DRP[c]

a. Sur prescription.
b. Le nourrisson doit être hospitalisé.
c. DRP : désinfection rhinopharyngée au sérum physiologique (sur prescription).

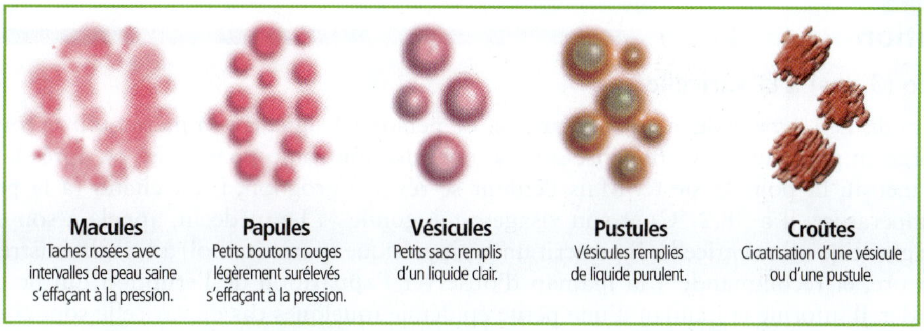

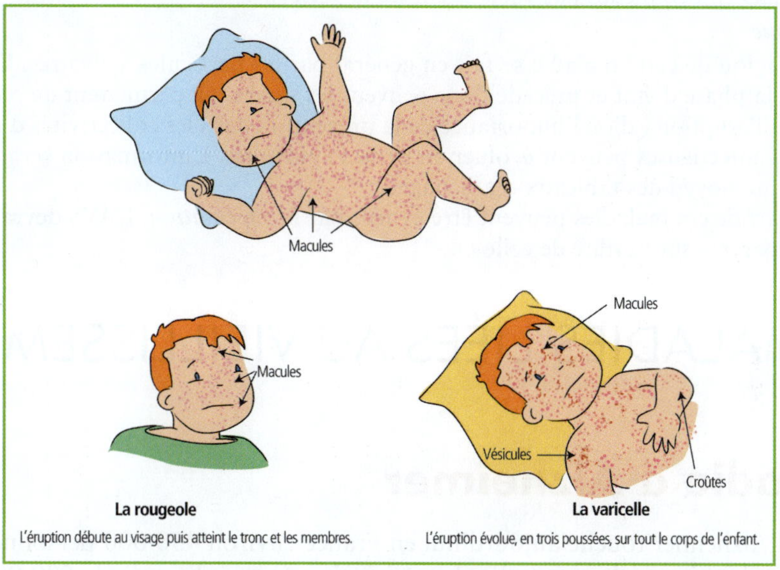

Fig. 1.37 **Les caractéristiques des maladies éruptives de la petite enfance.**

C Caractéristiques de l'éruption

Dans le cas des maladies éruptives, l'éruption présente des caractéristiques particulières. Elle peut se manifester sous forme de *macules*, *papules*, *vésicules*, ou *pustules* (*cf*. Figure 1.37).

Situation

Julie (6 ans) a la rougeole

Julie rentre jeudi soir de l'école fatiguée, les yeux rouges, elle tousse, elle éternue, elle a le front chaud. Sa maman (Mme D.) suspecte une bonne rhinopharyngite et la couche après le repas. Le vendredi matin, *Julie* se gratte, sa maman l'observe, son visage est bouffi. Quelques boutons rouges (plats) bien délimités, apparaissent nettement sur son visage. *Julie* a 38 °C de fièvre, elle a mal à la gorge et a envie de dormir. Mme D. appelle le médecin. *Julie* a la rougeole !

Situation

Léo (3 ans) a la varicelle

À midi, Léo revient de la crèche, fatigué. Le personnel signale à sa mère qu'il se touche la gorge en pleurant. Sa mère pense qu'il a une infection rhino-pharyngée, et, après le repas, le met au lit pour la sieste. Mais l'enfant se réveille grognon, il est chaud (à la prise de température, il a 38,2 °C) et son visage est « gonflé ». Le médecin, appelé à son chevet, diagnostique une varicelle. Il prescrit un antipyrétique (paracétamol) à lui administrer dans l'heure, et recommande à la maman d'observer l'apparition de l'éruption qui ne saurait tarder. Il informe la maman d'une petite épidémie (quelques cas de varicelle sont constatés actuellement). Léo n'était pas vacciné contre la varicelle.

Remarque

La contagion de cette maladie se fait en général par les particules salivaires. Elle est antérieure à la phase d'état et précède donc souvent les signes qui permettent de reconnaître la maladie (l'éruption), d'où l'importance de la prévention dans les collectivités d'enfants. Ces maladies infectieuses peuvent évoluer en petites épidémies. L'information sera donnée aux parents au moyen des tableaux d'affichage.

La plupart de ces maladies peuvent être évitées par la *vaccination*. L'AVS devra donc informer les parents sur l'utilité de celle-ci.

X. MALADIES LIÉES AU VIEILLISSEMENT

A Maladie d'Alzheimer

La maladie d'Alzheimer touche aujourd'hui en France environ 450 000 personnes de plus de 65 ans. Le nombre de cas devrait (selon les estimations) atteindre près de 500 000 personnes dans 10 ans, dont 130 000 hommes et 370 000 femmes (environ).

1 Caractéristiques de la maladie

Les symptômes de début sont si minimes que rien de vraiment anormal n'est décelé. La personne reste alerte, et poursuit son travail. Mais lentement, inexorablement, la maladie évolue et des troubles deviennent évidents, notamment au niveau de la mémoire des faits immédiats. *Ex.* : la personne dit souvent : « *Je ne sais plus où j'ai mis ça...* ». Phénomène qui conduit à des répétitions incessantes, de plus en plus pénibles à supporter par l'entourage.

2 Principaux symptômes

Les troubles de la mémoire des « faits récents » s'accompagnent souvent, et assez vite, de troubles de la mémoire des « faits anciens ».

◆ Perte de mémoire

Elle évolue dans le temps en plusieurs stades et touche de nombreux domaines.

Oubli des faits

1er stade

La personne atteinte de cette maladie commence à oublier de plus en plus de faits récents. *Ex.* : éteindre la cuisinière, fermer le robinet, fermer la porte à clé.

2e stade

La personne oublie des rendez-vous, des coups de téléphone, des visites, etc. Elle pose plusieurs fois la même question, pour en oublier aussitôt la réponse… À ce stade, la personne a toujours son « jugement » et prend conscience que son état se dégrade, ce qui entraîne une grande souffrance.

Exemple

Telle personne en devient triste, malheureuse et s'isole ; telle autre s'énerve et est qualifiée « d'infernale » ; pratiquement toutes font un syndrome dépressif.

3e stade

Le trouble de mémoire est total. C'est l'amnésie qui perturbe la vie quotidienne et la vie sociale du malade et de la famille.

Oubli des personnes

1er stade

Le malade oublie l'identité des amis, des collègues de travail.

2e stade

Le malade oublie l'identité des membres de la famille (les moins proches, puis les proches).

3e stade

Le malade ne connaît même plus sa propre identité (c'est le vide total…)

Oubli des dates, des événements (notions abstraites)

La personne atteinte de la maladie d'Alzheimer oublie complètement les dates importantes qui agrémentent la vie (fêtes de Noël, de Pâques, anniversaires, fêtes de famille…).

Oubli des besoins fondamentaux

La personne oublie ses besoins fondamentaux (*besoin de manger* en particulier), elle oublie de s'approvisionner, et ne saura plus cuisiner. Elle oublie même *avoir mangé*.

◆ Désorientation dans le temps et dans l'espace

La perte de mémoire désoriente la personne atteinte de la maladie d'Alzheimer. Désorientée dans le temps et l'espace, elle va jusqu'à :

- se perdre dans sa propre rue (*ex.* : elle ne sait plus où elle se trouve, comment elle s'est rendue là, ni comment rentrer chez elle) ;
- ranger des objets familiers dans des endroits inappropriés (*ex.* : elle range le fer à repasser dans le réfrigérateur, la montre dans le sucrier).

◆ Changements de personnalité, d'humeur et de comportement

Chez une personne atteinte de la maladie d'Alzheimer, on observera des changements très prononcés de la personnalité (*ex.* : une personne autrefois ouverte et confiante deviendra renfermée et méfiante). Au nombre des changements possibles, on compte aussi l'apathie, la peur, parfois de l'agressivité et de la violence (chez les malades les plus jeunes).
Les symptômes peuvent être caractérisés par les quatre A : amnésie, aphasie, agnosie et apraxie :

- *amnésie* : la mémoire est en premier lieu atteinte avec l'impossibilité pour la personne d'enregistrer de nouveaux événements ;
- *aphasie* : des troubles du langage apparaissent ensuite et rendent la communication difficile ; la personne oubliera des mots faciles ou y substituera des mots inappropriés ;
- *apraxie* : la maladresse gestuelle s'accompagne de la perte de sensations ;
- *agnosie* : la personne ne reconnaît plus son entourage. Dans un état de profonde confusion mentale, elle peut adopter des attitudes d'indifférence, de mutisme ou d'agressivité (l'état grabataire est inévitable à terme).

Rôle de l'AVS

L'auxiliaire de vie sociale, pour bien remplir sa mission, doit chercher à satisfaire les différents besoins fondamentaux de la personne.

1. Satisfaire le besoin de communiquer

La personne malade éprouve d'abord de la difficulté à comprendre les paroles rapides ; plus tard, elle bute sur la conversation courante ; au stade avancé, elle ne comprend plus la signification des mots. Elle pose moins de questions et fuit les situations sociales difficiles. L'AVS doit donc rassurer la personne et faciliter le dialogue.

- *Rassurer la personne* : l'anxiété est due au fait que la personne est parfois consciente de ses troubles. L'AVS doit :
  - favoriser les activités simples (marches, visites…) ;
  - éviter les situations qui la stressent (ex. : beaucoup de personnes autour d'elle) ;
  - si elle tient des propos incohérents, ne pas la corriger, la laisser dire.
- *Faciliter le dialogue* : comme le malade oublie les mots, sa compréhension diminue. L'AVS doit veiller à faire des phrases simples, claires, faciles à comprendre, elle doit reformuler souvent et parler lentement.

2. Satisfaire le besoin de s'alimenter

L'AVS doit veiller plus particulièrement à :

- *faire boire souvent* de l'eau : diminue l'agitation (la personne a soif mais ne sait pas le dire) ;
- *l'inciter à manger* : disposer bien en vue des assiettes remplies d'aliments faciles à saisir et à consommer (fruits secs et frais de saison, petits biscuits) associés à un verre rempli d'eau ou de jus de fruit et picorer soi-même ;

- *placer la personne en bout de table* : s'asseoir en se plaçant sur le petit côté (à droite ou à gauche selon que l'on est droitier ou gaucher) ; puis en tenant doucement sa main, appuyer avec la cuillère sur la lèvre inférieure de la personne (l'AVS ne doit jamais rester debout pour donner un repas) ;
- *lui donner les couverts*, sans porter de jugement, avec le sourire ;
- *éveiller l'appétit* : lui donner par exemple à manger quinze minutes avant le repas un morceau de fromage non gras (type gruyère) ou la faire marcher.

3. Satisfaire le besoin de se laver et de se vêtir

Cette aide doit être limitée le plus possible. La personne est capable pendant longtemps d'effectuer des gestes réalisés chaque jour durant toute sa vie. L'AVS doit :

- demander à la personne l'autorisation de la toucher ;
- éviter de commencer la toilette par le visage ;
- profiter de la toilette pour proposer un massage de la plante des pieds, des mains, du dos, qui sécurise psychologiquement la personne ;
- effectuer les gestes toujours dans le même ordre, afin de lui donner des repères ;
- placer les vêtements dans l'ordre où ils doivent être enfilés ;
- décrire les actions que l'on fait et accompagner le mouvement (ex. : « *Nous allons mettre la jambe gauche du pantalon* ») ;
- utiliser largement le « velcro » : chaussures, habits ;
- demander à la personne de participer à l'entretien du linge (ex. : trier le linge, plier les serviettes…).

4. Satisfaire le besoin de sommeil (l'aide au coucher)

Chaque personne a, par le conditionnement de toute une vie, des habitudes, un « rituel » pour les actes de la vie quotidienne. Si on peut le percevoir et en reproduire les conditions, cela facilite l'accomplissement de ces actes.

Exemples :

- *Respecter les rituels* :
  - poser les vêtements de nuit bien en vue ;
  - fermer les volets, tirer les rideaux ;
  - allumer la lampe de chevet et ouvrir le lit…

Ces actes répétés chaque jour ont un rôle de rituel facilitant l'étape suivante : « je me couche ».

- *Respecter les habitudes de sommeil* :
  - l'heure du coucher, l'heure du réveil, l'usage ou non des oreillers ;
  - l'habitude (ou non) de la sieste (et l'heure) ;
  - le besoin d'une veilleuse (par sécurité).
- *Fixer des « tranches horaires » de sommeil très régulières* : cette régularité est un repère sécurisant pour la personne.

5. *Satisfaire le besoin d'éliminer*

Boire beaucoup d'eau diminue l'agitation, mais boire induit aussi la miction ; pour prévenir l'incontinence urinaire, il faut offrir un service personnalisé.
Noter l'heure de la boisson et conduire la personne aux toilettes une heure après.
Il faut ***régler l'heure d'aller à la selle*** : cela permet d'éviter des déconvenues si une sortie est prévue, ou au moment du repas (les suppositoires de glycérine peuvent faciliter la régularité).

B Démences

Citons trois autres types de démences qui peuvent être rencontrées par l'AVS.

1 Démence sénile

La démence sénile est la baisse des fonctions cérébrales chez la personne âgée. Elle survient par paliers.

- *La personne bouge moins* (l'arthrose et l'essoufflement limitent son déplacement rapide). C'est un malade en général plus calme, plus facile « à garder » par le conjoint, si celui-ci est aidé pour la réalisation de certains actes de la vie quotidienne, notamment la toilette. Il est apte durant longtemps à mémoriser, à faire certains apprentissages.
- *La personne perd parfois ses repères* à l'occasion d'un événement brutal (deuil, hospitalisation, déménagement).
- Ensuite apparaissent une massive *désorientation* dans le temps et l'espace et des troubles de la *mémoire*. La personne est soit agitée, soit apathique et présente une forte turbulence nocturne (risque de fugue ou d'errance).

2 Démence alcoolique

Cette démence est causée par l'abus chronique d'alcool associé à une déficience nutritionnelle. Une amélioration peut être apportée par l'arrêt de l'alcool et un régime alimentaire équilibré. On observe généralement :

- *une détérioration intellectuelle* progressive ;
- *des troubles de la mémoire* (impossibilité pour la personne de fixer des faits actuels et perte de mémoire de faits récents), de la fabulation ;
- *des tremblements, des troubles du langage, des crises convulsives.*

3 Démence artériopathique

Cette forme de démence est due à des problèmes qui stoppent l'irrigation sanguine dans certaines parties du cerveau, à l'hypertension et à l'athérome. Cela provoque en général la mort des cellules. Les zones du cerveau les plus touchées sont celles contrôlant la mémoire, le langage et l'apprentissage.
Cette démence s'observe après 60 ans. Les problèmes de langage, les troubles de l'humeur, les crises épileptiques et la paralysie partielle ou totale d'un membre, sont assez courants. Les symptômes varient également au cours du temps. Après la crise initiale, le patient se stabilise,

parfois même s'améliore, mais cela ne dure pas très longtemps. C'est une des particularités de cette affection : le mode d'évolution se fait par à-coups.

XI. DOULEUR ET COMPORTEMENT DOULOUREUX

Chez tout malade, la peur de la douleur est un élément constant, que ce soit la douleur due à la maladie ou aux divers examens qu'il doit subir. La douleur est un phénomène particulier qui imbrique des éléments organiques avec les réactions émotionnelles du malade.

A La douleur chez l'adulte

1 Physiologie de la douleur

La douleur est due à l'excitation des terminaisons nerveuses par un stimulus qui atteint un certain seuil d'intensité : le seuil douloureux.

Exemple

À 37 °C, la peau a une sensation de chaleur agréable. À partir de 50 °C, cette sensation devient désagréable, puis quelques degrés au-dessus elle devient douloureuse.
Ce stimulus douloureux est créé par une lésion tissulaire (blessure, brûlure…) ou un dysfonctionnement organique (indigestion, coliques néphrétiques, migraine…). Il donne naissance à un influx nerveux sensitif qui va atteindre le tronc cérébral, où naît la perception de la douleur.

2 Caractéristiques de la douleur

La douleur peut être :

- *constante* et ne jamais s'apaiser seule (rhumatismes, infections) ;
- *momentanée* ou n'apparaître que de façon épisodique (contractions utérines lors de l'accouchement, coliques…).

Une douleur constante est extrêmement pénible et « use » le malade sur le plan physique et psychologique.
Une douleur intermittente est très angoissante, car le malade « attend » la crise douloureuse.
Il est intéressant de noter le moment où apparaît la douleur, car cela peut indiquer les facteurs déclenchants (*ex.* : les repas, certaines positions, le bruit…).

3 Réactions du malade à la douleur

Les réactions observables du malade à la douleur sont de trois types (*cf.* Tableau 1.16).
L'AVS et l'entourage ne doivent jamais négliger l'expression d'une souffrance, d'abord parce que la douleur est un symptôme important, ensuite parce qu'elle entraîne rapidement une dégradation de l'état physique et moral du malade. Aujourd'hui, les professionnels utilisent des « *échelles de la douleur* » qui permettent de faire évaluer la douleur par le malade et ainsi de traiter la douleur selon le degré de souffrance.

Tableau 1.16 **Les réactions observables à la douleur.**

Réactions organiques	Réactions musculaires	Réactions psychologiques
– Variation du pouls – Variation du rythme respiratoire – Variation du diamètre de la pupille – Manifestations diverses : rougeur, pâleur, sueur, etc.	– Agitation – Tremblements – Crispations – Contractions – Position recroquevillée	– Anxiété – Appréhension – Irritabilité, agressivité – Fixation sur la douleur – Hyperréactivité au bruit, à la lumière – Désintérêt pour l'environnement

4 Perception et expression individuelle de la douleur

Une douleur de même origine peut avoir une résonance très différente chez les malades en fonction de plusieurs facteurs.

◆ Facteurs subjectifs

- *L'émotion* : elle peut aggraver ou masquer la douleur. Un état perturbé va augmenter la perception douloureuse, alors qu'une brusque émotion peut la faire oublier.
- *L'attention* : la douleur semble moins importante lorsque le malade est distrait et plus pénible lorsqu'il est seul face à cette douleur, ce qui est le cas le soir ou la nuit.
- *La connaissance* : l'inconnu crée la crainte et augmente la perception douloureuse. Le malade, informé sur les causes et le devenir de la douleur, la gère mieux.

◆ Modes d'expression

Il est nécessaire aussi de comprendre la façon dont le malade exprime sa douleur. C'est ce qu'on appelle la *plainte*. Cette plainte est très différente selon les malades :

- *certains supportent stoïquement la douleur* parce qu'ils ne veulent pas importuner ni affoler les proches, ou parce qu'ils considèrent la plainte comme une faiblesse ;
- *d'autres l'expriment bruyamment* par des gémissements, des cris, des pleurs.

Entre ces deux extrêmes, on peut observer tous les comportements liés au vécu, à la culture, à l'état émotionnel des malades.

Rôle de l'AVS

Lors de *l'accompagnement d'une personne souffrante et plus particulièrement d'une personne malade en fin de vie*, l'AVS aura un rôle important à jouer.

1. Signaler la douleur physique

- L'AVS devra signaler la souffrance rapidement. La grande douleur est intolérable car elle entraîne une déchéance encore plus rapide et fait perdre toute dignité à l'individu souffrant. Il n'est plus admissible de laisser souffrir une personne alors que les traitements sont nombreux et bien connus des équipes médicales.

- L'AVS devra assurer méticuleusement les soins corporels, très importants car ils évitent les complications douloureuses (escarres) et sont un facteur de bien-être, ex. :
  - cheveux, corps, vêtements propres ;
  - lit bien fait ;
  - alimentation adaptée.
- L'AVS entretiendra l'environnement et veillera à conserver un univers le plus familier, le plus rassurant possible : objets et photos personnels, fleurs, musique.

2. Apaiser la douleur morale

La solitude et le silence autour d'une personne malade qui souffre ne sont pas acceptables, sauf s'il s'agit d'un désir de la personne.
La personne souffrante a besoin d'être entourée, de pouvoir exprimer à quelqu'un (parfois seulement par des gestes ou des attitudes) ses véritables demandes. Un geste chaleureux, une parole de l'AVS permettent de faire diminuer l'angoisse de la souffrance et de l'apaiser.

B. La douleur chez l'enfant

Le ressentiment de la douleur a un impact sur l'enfant qu'il faut connaître. Plus l'enfant grandit, plus il fait référence aux expériences passées au cours desquelles il a souffert.

1 Réactions du nourrisson à la douleur

Le nourrisson est sans ressources face à l'irruption d'une douleur. Il ressent une agression et l'observateur en interaction perçoit nettement son hostilité comme un reproche.

◆ Signes révélateurs de la douleur

On observe chez le nourrisson :
- une phase de désintérêt pour l'entourage ;
- une inertie et une économie de mouvements ;
- des pleurs et gémissements.

◆ Caractères de la plainte douloureuse

Six caractères permettent d'évaluer objectivement toute plainte douloureuse :
- sa *localisation* : point de départ et irradiation de la douleur ;
- son *type* : brûlure, piqûre, élancement, tension ;
- son *rythme* et sa *fréquence* : le jour, la nuit, (survenue par rapport aux repas) ;
- son *caractère* : aigu ou chronique, permanent ou par accès ;
- ses *signes d'accompagnement* : sueurs, tremblements, angoisse, etc.

2 Évaluation de la douleur chez le nourrisson

Il faut observer le « langage corporel » du nourrisson. En particulier, citons :
- *les mimiques douloureuses* apparaissent brièvement au cours du soin. *Ex.* : à l'instant même de la piqûre ;
- *le cri* peut se retrouver tout au long du soin avec des modulations différentes ;
- *la motricité spontanée* ;
- *l'excitation spontanée* ;
- *la crispation des doigts* (des mains, des pieds). *Ex.* : un enfant en détresse respiratoire présente une crispation des doigts et une hyperexcitation permanente ;
- *l'apaisement* : un enfant ayant ou ayant eu très mal est difficilement consolable. Cependant, il est important de consacrer du temps à l'enfant après un soin ;
- *la succion* étant un plaisir pour le bébé, le fait de téter une sucette fait augmenter le seuil de tolérance à la douleur ;
- *la sociabilité* est évaluée par le regard ou l'attention de l'enfant lors d'un soin ;
- *l'évaluation du sommeil* (qualité et quantité).

3 Évaluation de la douleur chez l'enfant de plus de 10 ans

Nous ne pouvons connaître la douleur que par ce que nous dit la personne qui souffre : par son langage et aussi son comportement. Nous allons voir ici le cas de l'enfant qui peut s'exprimer oralement. Les mesures d'évaluation de la douleur reposent sur l'observation et *l'écoute*.

◆ Localiser la douleur

Pour localiser la douleur, on utilise souvent un ***dessin*** du corps humain que l'on soumet à l'enfant. On peut :
- demander à l'enfant de préciser les circonstances d'apparition et la fréquence des crises douloureuses ;
- apprécier avec lui le retentissement de la douleur sur sa vie quotidienne : activités, jeux, sommeil, repas, déplacements, etc.

Exemple

Sophie (15 ans) se plaint d'une sensation de brûlures ; *Marc* (14 ans) se plaint d'une torsion abdominale ; *Gaëlle* (10 ans) d'un coup de couteau…

◆ Quantifier la douleur

La douleur, une fois reconnue et signalée, peut être évaluée pour en déduire une prescription et permettre le suivi évolutif. Actuellement, diverses méthodes peuvent être utilisées par le corps médical, chez l'enfant de plus de 10 ans (*ex.* : « *l'échelle d'évaluation* de la douleur » avec une petite réglette mobile destinée à indiquer le degré de la douleur).

Situation

« Paroles d'enfant sur la douleur »

Comment les enfants décrivent-ils la douleur ? Comment en définissent-ils la cause ? Quels sont, selon eux, les moyens susceptibles de la soulager ?
Ces différentes questions ont été envisagées dans une étude sur 214 enfants âgés de 9 à 12 ans recensés dans des services hospitaliers.

Lorsqu'on leur demande de choisir sur une liste de mots relatifs à l'intensité de la douleur, ceux qui décrivent le mieux ce qu'ils ont ressenti, ils rapportent le plus fréquemment une envie de pleurer, de crier, de frapper quelqu'un ou quelque chose.
Interrogés sur la douleur la plus intense dont ils aient le souvenir, les enfants sont très prolixes dans la description de leurs sensations et utilisent un très large éventail de mots, en dehors même de ceux qui leur sont proposés sur une liste.

Remarque

Les réactions de l'enfant à la douleur sont très variables selon son âge, sa sensibilité, la durée de l'hospitalisation, le rôle joué par les parents et le personnel de santé.

4 Réactions du grand enfant à la douleur

◆ Réactions psychologiques

- L'enfant ressent la douleur comme une *punition* :
  - il se sent *maltraité* ;
  - il se *culpabilise*, il pense qu'il a été méchant, il fait des rapprochements avec des événements malheureux de sa vie.
- L'enfant *appréhende de mourir*, il se pose des questions et interroge autrui.
- L'enfant se sent *différent d'autrui*, dévalorisé, diminué.
- L'enfant *ne comprend pas la souffrance physique*, il en a peur, ne peut pas la maîtriser :
  - il est triste ;
  - il est anxieux ;
  - il est parfois *en colère* et *agressif* envers l'adulte, souvent avec le personnel de soins.

◆ Expressions comportementales

- Il adopte une *attitude* dite *antalgique* par une économie de mouvements (il est prostré, en repli, car tout geste est source de souffrance).
- L'enfant *régresse* : il tend à réadopter des façons de bébé (sucer son pouce, se faire nourrir au biberon, se faire porter dans les bras). Parfois, il fait de nouveau pipi dans sa culotte.

5 Réponse de la famille à la douleur de l'enfant

Il est évident aussi que le vécu de la douleur dépend du contexte familial, des relations instaurées avec ses parents au sein d'une histoire particulière.

Situation

La douleur de Tatiana (10 ans)

Tatiana a dû être hospitalisée à Paris pour une grave maladie des os. Ses parents vont la voir le samedi… *Tatiana* n'est pas expansive. Le personnel ne sait que lui proposer : tout la laisse indifférente et elle parle peu. À son retour au domicile, *Tatiana* dit à *Solange* (l'auxiliaire de vie sociale qui a pris l'habitude de lui donner régulièrement ses repas) qu'elle avait beaucoup pleuré à la naissance de *Jean-Luc*, son petit frère, qu'elle le détestait et que cette maladie était sa punition d'avoir été méchante avec lui.

Remarque
La douleur est un phénomène qui « *frappe* » l'enfant de façon subite, souvent inexpliquée, et avec tellement de violence que celui-ci tente de lui donner une explication. Celle-ci sera liée à son vécu personnel.
Tatiana y voit une « *punition* » liée à son comportement avec son petit frère. Il est évident que le rôle de l'adulte sera d'immédiatement *rassurer* l'enfant, car cette pensée ne peut qu'aggraver son état.

L'enfant réagit au comportement de ses parents ou des adultes qui l'entourent à l'hôpital :
- *s'ils sont surprotecteurs*, il peut :
  - vouloir profiter d'eux au maximum (ce qui favorise une régression et une perte d'autonomie),
  - les rejeter et être agressif à leur égard ;
- *s'ils sont angoissés* face à la maladie, il peut :
  - en être peiné,
  - en être troublé.

Certains enfants ne disent rien : ils nient la douleur. Ainsi, ils essayent d'épargner l'adulte et ils protègent leur image.
Notre société impose un « rôle » aux garçons : ils sont censés « ne pas pleurer », « être durs »... Lors d'une enquête dans un service d'oncologie[12], à la question : « As-tu mal ? », 36 enfants (de plus de 6 ans) sur 50 ont répondu : « Non ! », alors que la *réglette de l'échelle de mesure de la douleur* cotait une intensité élevée.

12. Service hospitalier de cancérologie.

Rôle de l'AVS

1. Observation

La douleur peut apparaître à tout instant, mais l'AVS observera plus particulièrement l'enfant aux moments suivants.
- ***Lors des soins hygiène***, elle sera attentive à :
  - la position du corps (ex. : repli sur soi) ;
  - son regard (absent, lointain...) ;
  - l'aspect (contracté ou non) ;
  - la crainte du contact physique ;
  - les grimaces ou cris lors des changements de position.
- *Lors des repas*, elle sera attentive au refus alimentaire.
- *Lors des jeux*, elle sera attentive à :
  - l'absence d'intérêt ;
  - l'absence de communication ou l'agressivité, etc.

2. *Prise en charge de la douleur*

L'auxiliaire de vie sociale doit, avant tout, calmer l'enfant par la parole, elle doit en particulier :

- *nommer la douleur* pour évacuer la culpabilité de l'enfant. *Ex.* : « Non, la douleur n'est pas une punition ! » Ainsi l'enfant se trouve valorisé ; il se sent estimé, même dans sa souffrance ;
- *le laisser exprimer sa détresse, sa régression ou sa colère* en lui accordant une écoute bienveillante ;
- *transmettre*[1] *la manifestation de la douleur*, afin de pouvoir rapidement apaiser l'enfant ;
- *trouver des distractions pour l'enfant* s'il le souhaite (télévision, jeux...) pour lui faire oublier momentanément la douleur. Parfois, l'adulte pourra se servir des jeux pour faire décrire la douleur à l'enfant ;
- *câliner et bercer le nourrisson*, lui donner une sucette dont les effets « antalgiques » sont aujourd'hui prouvés. Soulignons aussi que les massages sont aujourd'hui très recommandés, car antalgiques.

3. *Transmission des observations à l'équipe*

Pour transmettre efficacement l'information à l'équipe, l'AVS peut utiliser la méthode du QQQOCP[2].

Q – *Le Qui ?* Connaître la pathologie de la personne, son âge, son vécu.

Q – *Le Quoi ?* Préciser les manifestations douloureuses à l'aide des mots utilisés par la personne (la douleur qui « serre », « lance », « ronge », « déchire »).

Q – *Le Quand ?* Préciser les circonstances d'apparition et la fréquence de la douleur.

O – *Le Où ?* Localisation de la douleur.

C – *Le Comment ?* Préciser les attitudes corporelles significatives de l'état douloureux. *Ex.* au niveau du visage : grimaces, pâleur ; au niveau de la position du corps : position antalgique (c'est une position en chien de fusil recherchée pour soulager la douleur).

P – *Le Pourquoi ?* Tenter de comprendre la cause de la douleur, le déclenchement (ce qui la favorise ou l'apaise...).

1. La transmission peut être faite à la(le) responsable du service, à la famille de l'enfant, à l'infirmier(e) ou au médecin.
2. Méthode mnémotechnique.

Domaine de formation 2

Accompagnement et aide individualisée dans les actes essentiels de la vie quotidienne

Indicateurs de compétences AVS du DF2

Chapitre 4. Les besoins fondamentaux de l'être humain

▶ ***Repérer et évaluer les besoins fondamentaux et les capacités de la personne aidée dans les actes de la vie quotidienne***

L'AVS doit savoir :
– *observer et analyser les besoins* selon les situations
– *adapter ses pratiques* en fonction des besoins et de la situation
– *évaluer les facteurs de progression ou de régression* de la personne et réajuster sa pratique au quotidien

▶ ***Établir une relation d'aide en stimulant l'autonomie de la personne***

L'AVS doit savoir :
– *utiliser les actes de soins et d'hygiène comme support à la relation*
– *utiliser des moyens techniques et relationnels* adaptés à la situation
– *donner confiance à la personne* dans ses possibilités
– aider la personne à *valoriser son image* auprès des autres et auprès d'elle-même

Chapitre 5. Les techniques d'hygiène et de soin à la personne

▶ ***Détecter les signes révélateurs d'un problème de santé ou de mal-être et prendre les dispositions adaptées***

L'AVS doit :
– *savoir écouter, entendre et questionner* à propos des *données susceptibles* de concourir au *repérage des variations* de l'état général de la personne
– *savoir évaluer* ce qui relève d'une *intervention immédiate* (à court terme) ou d'une vigilance dans la durée
– *savoir intervenir en urgence*
– *adapter son accompagnement*

▶ ***Contribuer à la satisfaction des besoins fondamentaux***

L'AVS doit savoir :
– veiller aux *soins d'hygiène corporelle* (avoir des *gestes adaptés* pour concourir au *bien-être* de la personne)
– veiller au *sommeil* de la personne (connaître son rythme biologique, la préparer au sommeil et au repos)
– veiller à *l'hygiène alimentaire* de la personne (composer des menus équilibrés et adaptés à l'âge –adulte ou enfant – et à l'état de santé)
– aider à la *prise de médicaments*

Chapitre 6. L'aide aux activités motrices et dans les gestes de la vie quotidienne

▶ ***Assurer le confort, la sécurité et l'aide aux activités motrices et aux déplacements***

L'AVS doit savoir :
– *aider à la mobilisation*, aux déplacements, à l'installation, à l'habillage et au déshabillage de la personne en respectant et en stimulant son autonomie
– *aider à l'aménagement de l'espace* dans un but de confort et de sécurité
– *prévenir les accidents domestiques* et repérer les situations à risque

CHAPITRE

4

Les besoins fondamentaux de l'être humain

I. CLASSIFICATION DES BESOINS FONDAMENTAUX

La psychologie a déterminé les besoins essentiels à l'être humain, on les appelle les besoins fondamentaux.
Ils peuvent être répartis en deux grandes catégories : les besoins *organiques* et les besoins *psychologiques*. Toutefois, ils sont très intriqués les uns aux autres et la non satisfaction d'un besoin organique aura des effets sur le psychisme de l'individu et vice versa.

A Classification des besoins fondamentaux selon Virginia Henderson

La classification des besoins par l'infirmière américaine V. Henderson est la plus utilisée par les professionnels de santé. Les quatorze besoins décrits n'ont aucune hiérarchie entre eux, ils sont tous importants et interactifs. Si l'un des besoins n'est pas satisfait, il peut entraîner des dépendances dans un autre besoin.
Mise en garde : les études de cas ou de situations qui illustrent chacun des besoins vont vous permettre de mieux comprendre les besoins fondamentaux. Elles émanent de situations réelles, mais doivent rester le plus anonyme possible (par respect du secret professionnel).

1 Respirer

La respiration est un phénomène qui permet un apport d'oxygène (O_2) destiné à assurer la vie des cellules du corps et un rejet de dioxyde de carbone (CO_2), déchet de l'organisme.
Le besoin d'O_2 suivra les « besoins » du corps, donc dépendra de notre rythme, de nos activités.

© 2011 Elsevier Masson SAS. Tous droits réservés

Situation

L'embolie de Jean

Jean (80 ans), atteint d'une embolie pulmonaire, souffrait d'une gêne respiratoire importante. Le moindre petit geste engendrait une toux pénible qui le limitait dans ses mouvements. La cause de son mal décelée et traitée, *Jean* a pu retrouver une respiration normale. Il retrouva son indépendance et put se promener, faire ses courses, et même partir en voyage !

Remarque

Nous voyons ici que, dans notre organisme, les appareils sont « *interactifs* ». Jean a un problème au niveau de l'*appareil circulatoire* (embolie) qui va perturber l'*appareil respiratoire* (Jean respire mal) et toucher également l'*appareil locomoteur* (Jean est limité dans ses mouvements). Le *système relationnel* est également touché (Jean ne se déplace plus, ne voyage plus…).

2 Boire et manger

Boire et manger, c'est apporter de l'eau et des aliments en quantité et en qualité nécessaires à notre organisme. C'est satisfaire un besoin vital.
L'être humain a « besoin », chaque jour, d'une ration calorique pour assurer sa croissance, conserver son énergie et maintenir son état de santé. Mais la nutrition est aussi liée au plaisir.

Situation

L'anorexie de Claire

À la suite d'une grave dépression, *Claire* (50 ans) ne s'alimentait plus et perdait du poids. Elle appréhendait l'heure du repas. Même l'odeur des mets lui donnait la nausée !
À la suite d'un long traitement et d'une psychothérapie, *Claire* a repris goût à la nourriture. Elle retrouva le plaisir de boire, de manger, de cuisiner, d'inviter ses amis pour partager le plaisir des repas, car reprendre goût à manger, c'est reprendre goût à la vie !

Remarque

Nous voyons ici les rapports étroits entre le psychisme et la nutrition. Nous voyons aussi les différents aspects de l'alimentation : sa nécessité physiologique et psychologique, ses plaisirs et sa convivialité.

3 Éliminer

C'est le phénomène qui permet d'évacuer les déchets de l'organisme (par voie urinaire, intestinale ou cutanée). C'est une fonction vitale.
L'élimination a des origines à la fois physiologique, hormonale et nerveuse. Elle varie selon l'âge et l'état de santé de l'individu (*ex.* : un bébé ne peut contrôler ses éliminations).

Situation

Marcel face à la maladie

Marcel (70 ans), hospitalisé, est atteint d'une tumeur intestinale provoquant des troubles pénibles du transit. Après l'opération, un appareillage discret permit à *Marcel* de contrôler ses éliminations et de ne plus souiller ses vêtements. Il a pu reprendre une vie normale et se sentir plus à l'aise avec lui-même, et avec autrui.

Remarque

Nous voyons ici le rôle de la suppléance (l'appareillage) pour améliorer le besoin d'éliminer de Marcel. Nous voyons comment il retrouve son indépendance et également sa dignité.

4 Se mouvoir et maintenir une bonne posture

L'individu doit pouvoir se mouvoir, c'est-à-dire se déplacer, marcher, courir, pour accomplir les activités de sa vie quotidienne. Une bonne posture favorise les mouvements harmonieux et le bon fonctionnement de nos organes (en particulier le système circulatoire).

Situation

Agnès (30 ans) accidentée

Un mauvais temps, une piste verglacée, et c'est l'accident ! *Agnès* a du garder sa jambe dans le plâtre plusieurs semaines. Elle ne pouvait se déplacer qu'avec des béquilles. Elle prit conscience que tous les actes de la vie devenaient plus difficiles, voire impossibles à effectuer sans l'usage normal d'un membre !

Remarque

Imaginons tous les actes au quotidien qu'Agnès ne pouvait pas réaliser malgré son mode de suppléance (les béquilles).

5 Dormir et se reposer

Le fait de dormir et de se reposer permet à l'organisme d'éliminer la fatigue physique et psychique accumulée durant la journée ou momentanément. Ainsi, l'organisme se régénère pour assurer au mieux ses fonctions.

Situation

Les nuits sans sommeil de Romain

Romain (20 ans) aime sortir la nuit, boire et danser… Il dort peu et il dort mal. Le matin, *Romain* n'a aucun entrain, la paupière est lourde, le corps est mou, l'appétit diminue et l'effort au travail est impossible à fournir… Romain traîne… La journée est passée, les cours sont oubliés. Il a le sentiment qu'il ne réussira jamais !

Remarque

Nous voyons ici l'influence du manque de sommeil sur le fonctionnement de l'organisme dans son ensemble. Nous pouvons en déduire des effets à long terme et la dépendance qui en résulte.

6 Se vêtir et se dévêtir

D'une façon quotidienne, nous disons que se vêtir c'est s'habiller (le matin) et se dévêtir c'est se déshabiller (le soir). Ce sont des gestes de la vie quotidienne que l'on peut faire mécaniquement, d'une façon routinière ou plus agréablement (car les vêtements ont un rôle important à jouer sur notre vie sociale).
Mais se vêtir, c'est aussi choisir des vêtements en fonction de notre environnement pour se protéger du chaud et du froid.

Situation

La mamie coquette

Après plusieurs jours au lit, *Mme D.* (70 ans), retrouve le sourire. *Pascale* (AVS) lui enfile sa robe rouge à fleurs, pour l'asseoir dans un fauteuil. Elle va recevoir ses deux petits-enfants qu'elle n'a pas revus depuis un an !

Remarque

Mme D., atteinte d'une maladie d'Alzheimer, ne sait pas toujours choisir ses vêtements en fonction de la température ambiante et des situations.

7 Maintenir la température du corps dans les limites de la normale

Maintenir le corps à bonne température est une nécessité pour conserver santé et bien-être. La *thermorégulation* est le phénomène qui maintient l'équilibre entre la production de chaleur et l'évaporation de l'eau de notre corps (sudation, transpiration, etc.). Elle est réglée par le cerveau (*ex.* : si les pertes calorifiques sont importantes, on constatera une baisse de la température du corps qui, à la limite, peut entraîner la mort).

Situation

Sans toit, ni loi[1]

Le film *Sans toit, ni loi*, raconte l'histoire de X., une jeune femme de 25 ans qui avait choisi la vie libre, l'errance, la rue (sans toit, ni loi). X. se nourrissait peu et vivait au hasard de rencontres... Un hiver, on la retrouvera morte de froid dans une maison abandonnée.

Remarque

À cause du déficit alimentaire, l'organisme s'affaiblit, la peau ne joue plus son rôle de réserve et de protection contre le froid. La baisse de la température ambiante (l'hiver, la nuit) sollicite une adaptation plus importante de l'organisme.

1. Film d'Agnès Varda avec Sandrine Bonnaire, tiré d'un fait divers de l'actualité.

8 Être propre, soigné et protéger ses téguments

- *Être propre* : c'est assurer l'hygiène corporelle élémentaire.
- *Être soigné* : c'est apporter des soins supplémentaires ou des raffinements (soigner son aspect, sa tenue…).
- *Protéger ses téguments* : c'est veiller à l'intégrité de la peau, des ongles, des cheveux et leur apporter les soins en conséquence.

L'ensemble de ces soins est destiné à apporter un bien-être physique et psychologique.

Situation

Yvette, femme « soignée »

Yvette (80 ans) attend Mady (AVS) chaque jour pour la toilette matinale. Elle ne manque pas de lui réclamer un shampooing de temps en temps, une coupe de cheveux, et parfois, du vernis à ongles ! *Yvette* dit que ça lui donne bon moral pour la journée. *Mady* aussi est heureuse car elle sait qu'elle a accompli une mission qui a répondu à un besoin important.

Remarque

Les soins d'hygiène assurent non seulement le confort et le bien-être, mais ils aident également la personne à valoriser son image auprès d'elle-même et auprès des autres, ce qui est un objectif essentiel à satisfaire.

9 Éviter les dangers

Éviter les dangers, tant physiques que psychologiques, n'est pas une tâche facile, mais il faut essayer de prendre les mesures nécessaires pour :

- protéger au maximum l'intégrité de notre corps ;
- préserver notre état de santé ;
- prévenir les complications d'une maladie ;
- éviter les effets indésirables d'un traitement ;
- prévenir les répercussions des problèmes sentimentaux, du stress, etc.

Situation

Monique et Julien

Monique (AVS) s'occupe de *Julien* (âgé de 16 mois). *Julien* est un petit garçon rieur, qui marche et court dans tous les coins de la maison. Ouvrir les placards, mettre les doigts dans les trous, essayer de descendre seul l'escalier de la cave, font partie de ses plus grandes sources de joie et d'intérêt.

Pour éviter les dangers, *Monique* a donc décidé de mettre des cache-prises, des barrières aux escaliers et aux fenêtres et de fermer les portes des placards, ainsi que celle de l'armoire à pharmacie, par des clefs auxquelles *Julien* ne pourra accéder.

Remarque

Nous rencontrons ici deux dimensions du *besoin d'éviter les dangers*.

► Une *dimension physique* : lorsque *Monique* évite à l'enfant de se blesser et le met à l'abri des dangers domestiques.

- Une *dimension psychique* : lorsque *Monique* met en place des mesures de protection destinées à l'enfant, s'assurant ainsi, à elle-même, une certaine tranquillité morale (un confort psychologique).

10 Communiquer avec ses semblables

Communiquer, c'est parler, entendre, toucher, voir, s'habiller et aussi « se mouvoir ». C'est établir des liens affectifs significatifs avec d'autres personnes.

Situation

Marianne (*stagiaire AVS débutante*)

Marianne commence son stage d'AVS à domicile. Elle rencontre pour la première fois *Louise* (80 ans), hémiplégique privée de l'usage de la parole. Elle ne sait comment lui faire comprendre la tâche qu'elle est chargée de pratiquer. L'infirmière lui en fait la démonstration. Elle prend doucement la main de *Louise*, la regarde, lui sourit et lui dit qu'elles sont là toutes les deux pour elle, pour lui faire sa toilette et la coiffer. *Louise* ne peut répondre, mais sourit. Son expression heureuse indique que le message est passé !

Remarque

Dans cette situation, nous observons deux modes de communication :

- le *verbal*, par l'explication donnée oralement à Louise par l'infirmière ;
- le *non-verbal*, par les gestes (le toucher) et les expressions (regard et sourire).

Nous étudierons plus longuement la communication dans le Domaine de formation 3.

11 Agir selon ses croyances et ses valeurs

Agir selon ses croyances et ses valeurs, c'est pouvoir se comporter d'une manière cohérente avec ce que l'on estime être *bien*, *beau* et *vrai* (valeurs). C'est se sentir en accord avec soi-même.

Situation

Rika *et* Toinette (*en gériatrie*)

- *Rika* (60 ans) est persuadée que les tisanes et les lavements sont plus efficaces que le traitement de son médecin. Elle refuse ses cachets et ses piqûres ! *Rika* agit selon ses croyances.
- *Toinette* (78 ans) s'occupe tous les jours de *Germaine* (90 ans) qui a perdu la tête. Elle lui donne à boire dans la journée, la coiffe, parfois lui lave le visage et la gronde quand elle mange avec ses doigts : « *Je te l'ai déjà dit, tu te salis !* ». En agissant ainsi, en prononçant ces mots, *Toinette* agit selon ses valeurs. D'une part elle s'occupe en vue de se réaliser, d'autre part, elle fait passer ses valeurs sociales : on ne mange pas avec les doigts. Malheureusement, dépourvue de mémoire et de raison, *Germaine* ne peut en tirer profit.

Remarque

Cette façon de vivre donne un sens et une harmonie à la vie, qu'il s'agisse de convictions religieuses ou de valeurs individuelles. Toutefois faut-il savoir, dans le respect d'autrui, ne pas les lui imposer !

12 S'occuper en vue de se réaliser

S'occuper pour se réaliser : c'est se trouver des « moyens » pour se sentir utile, c'est assurer le développement de son potentiel personnel et intellectuel, c'est assumer avec compétence ses différents rôles sociaux et familiaux.

Situation

La grand-mère « occupée »

Manoue aime s'occuper de ses petits-enfants. Tous les mercredis, elle les accueille pour un goûter qu'elle prépare la veille et auquel elle accorde le plus grand soin. *Manoue* aime aussi ses amis. Elle est membre d'un « club du 4e âge » qui lui permet de faire de beaux voyages. *Manoue* fait aussi de la couture le lundi, et, le jeudi, le catéchisme à ses petits paroissiens. *Manoue* dit qu'il lui reste du temps pour lire et que, pour éviter de vieillir, elle va faire de la peinture de chevalet !

Remarque

Nous voyons dans la situation de la grand-mère « *occupée* », une personne qui se sent *utile*, qui assume son rôle socio-familial. Cette grand-mère se *recrée* également au travers de ses autres activités : « Club 4e âge »… etc. (*cf.* besoin suivant : se recréer).

13 Se recréer

Se récréer, c'est avoir des activités procurant du plaisir (*ex.* : le mot « récréation » à l'école) :

- *pour l'enfant*, le plaisir c'est jouer, c'est accompagner papa et maman pour faire des courses ;
- *pour l'adulte*, se récréer, c'est partir en week-end, en vacances, c'est voir des amis, c'est regarder jouer ses enfants, c'est aussi se reposer après le travail, ou lire, ou écouter de la musique.

Situation

Les clubs de vacances

De nombreux organismes ont aujourd'hui pour fonction de *« récréer nos concitoyens »*. On les appelle clubs de vacances. Ils procurent du plaisir pour tous les goûts et à tous les prix. On peut aussi bien traverser le désert, qu'arpenter la Forêt Noire ou chasser le requin en Mer Rouge. Mais on peut aussi rester chez soi pour cultiver son jardin ou recevoir ses amis… Il est temps de faire l'apprentissage de la joie, d'apprendre le plaisir de *« se récréer »*. (À méditer…)

Remarque

Nous voyons dans cette situation que le besoin de « *se recréer* » peut être satisfait de diverses façons. D'une façon sophistiquée et onéreuse (c'est de la « *récréation sur mesure* » !), c'est le rôle des clubs (*ex.* : Club Méditerranée…) ou d'une façon simple, chez soi. Le tout est que « *se recréer* » rende heureux !

14 Apprendre

Apprendre, c'est maintenir en éveil son activité intellectuelle, sa curiosité naturelle. L'individu saisit toutes les occasions de la vie pour développer son « aptitude à connaître » d'autres choses. *Ex.* : une joie, une peine sont des événements heureux et malheureux de la vie qui seront source d'émotion et de réflexion et vont permettre à l'individu d'apprendre par l'expérience.

Le besoin d'apprendre permet également de s'adapter à de nouvelles situations. Au travers de l'éducation à la santé, il est possible d'apprendre des comportements permettant de mieux gérer sa santé.

Situation

M. X., 70 ans, vient d'apprendre qu'il est atteint de diabète. Le médecin lui a prescrit un traitement et un régime alimentaire. Avec l'aide de *Sophie*, AVS, il apprend à mieux préparer et équilibrer ses repas.

B Classification des besoins fondamentaux selon Maslow

Selon la théorie de Maslow, les motivations humaines correspondent à cinq grandes classes de besoin : ceux situés au niveau inférieur de l'échelle (les besoins physiologiques) doivent être satisfaits (au moins partiellement) avant que les besoins situés plus haut (il s'agit essentiellement de besoins psychologiques) ne se manifestent (*cf.* Figure 2.1).

B Pyramide des besoins selon Abraham Maslow

1 Cinq classes de besoins

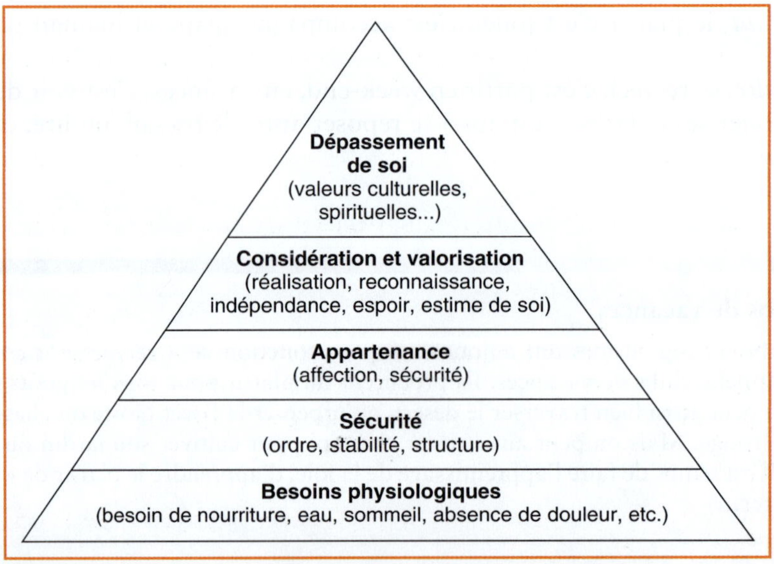

Fig. 2.1 La pyramide de Maslow (Guide AS, J. Gassier. Masson).

◆ Besoins physiologiques

Si l'un de ces besoins n'est pas satisfait, il envahit tout le champ de la conscience, au point que la personne ne peut plus penser à autre chose qu'à ce manque. Un proverbe dit : « *Ventre creux n'a pas d'oreille !* ».

◆ Besoin de sécurité

Ce besoin est fortement accentué dans une situation de danger vécue par l'individu. Il peut être satisfait par la confiance dans la personne qui s'occupe de lui (*ex.* : l'AVS pour la personne aidée).

◆ Besoin d'appartenance

C'est le besoin d'appartenir à un groupe qui reconnaît l'individu comme un des siens. L'être humain ne peut vivre isolé, il a besoin des valeurs de son groupe socioculturel qui sont autant de repères. L'exclusion du groupe est toujours vécue comme un drame personnel.

◆ Besoin de considération et de valorisation

Tout individu a besoin d'exister pour ses proches : d'être considéré avec ses qualités, d'être encouragé lorsqu'il progresse. Cette valorisation permet de prendre confiance en soi, de s'aimer. Le manque de considération peut être la cause d'une dévalorisation de la personne, qui handicapera sa vie future.

◆ Besoin de dépassement de soi

Le dépassement de soi permet à l'adulte de mettre en accord ses actes avec l'image valorisée qu'il a de lui-même. L'adhésion à des valeurs culturelles, spirituelles, donne un sens à la vie. Ce besoin est très présent chez les adolescents qui cherchent à se dépasser dans le sport (ou parfois dans les conduites à risques). Le dépassement de soi est aussi la capacité à maîtriser ses pulsions ou ses frustrations, pour progresser.

2 Effets des besoins sur l'équilibre psychique

- L'insatisfaction de ces besoins se traduit par des émotions, classées en différents sentiments de base (*ex.* : tristesse, colère, anxiété).
- L'insatisfaction de ces besoins peut entraîner des troubles psychologiques à l'origine de certains troubles physiques et physiologiques (*ex.* : anorexie, énurésie, insomnie, obésité…)
- À l'inverse, la satisfaction de ces besoins peut procurer joie, calme, paix, attachement.

3 Expression des besoins au quotidien

Les grands théoriciens ont basé leurs concepts de soins sur l'observation de l'être humain. *V. Henderson* demandait à ses élèves infirmiers d'imaginer une « journée comme les autres », pour en déduire le bien-fondé de sa théorie sur les besoins fondamentaux de la personne. Nous allons la suivre dans cette démarche.

Situation

Les besoins de Céline

Le réveil sonne. *Céline* (aide-soignante, 30 ans) prend son petit-déjeuner, se lave, s'habille, conduit ses enfants à l'école, court pour attraper le bus qui la conduit à son travail (hôpital). Elle fait une pause pour le repas, puis lit un magazine à l'heure du café et remonte rapidement dans le service. *Céline* est heureuse, elle apprécie son métier qui répond à son tempérament, à ses goûts. Le soir, elle est fatiguée mais prend le temps de faire quelques courses pour le repas, qu'elle partage avec son mari et ses enfants. Après le repas, c'est l'heure de la lecture, souvent à caractère religieux (*Céline* est très croyante), puis elle se couche tôt comme d'habitude !

Remarque

Ainsi, au cours de cette journée, *Céline* a satisfait de nombreux besoins, autant physiologiques que psychologiques, elle a respiré, mangé, éliminé (nous pouvons retrouver de nombreux besoins fondamentaux dans cette petite « tranche de vie »).

◆ L'être humain est unique

Chacun a vécu cela en fonction de sa situation sociale, familiale, professionnelle, et de ses traditions qui font de chacun de nous des *êtres uniques*.

La satisfaction de nos besoins ne représente pas seulement une nécessité vitale mais une *énergie vitale* qui nous aide à acquérir les capacités et compétences pour accomplir certaines tâches quotidiennes.

◆ L'être humain exprime ses besoins dans plusieurs dimensions

Si nous reprenons une à une les actions de la journée de *Céline*, nous constatons que ses besoins s'expriment dans des dimensions à la fois psychologiques, biologiques, sociologiques, spirituelles et culturelles. (Nous pouvons nous amuser à les classifier, *cf.* Figure 2.2).

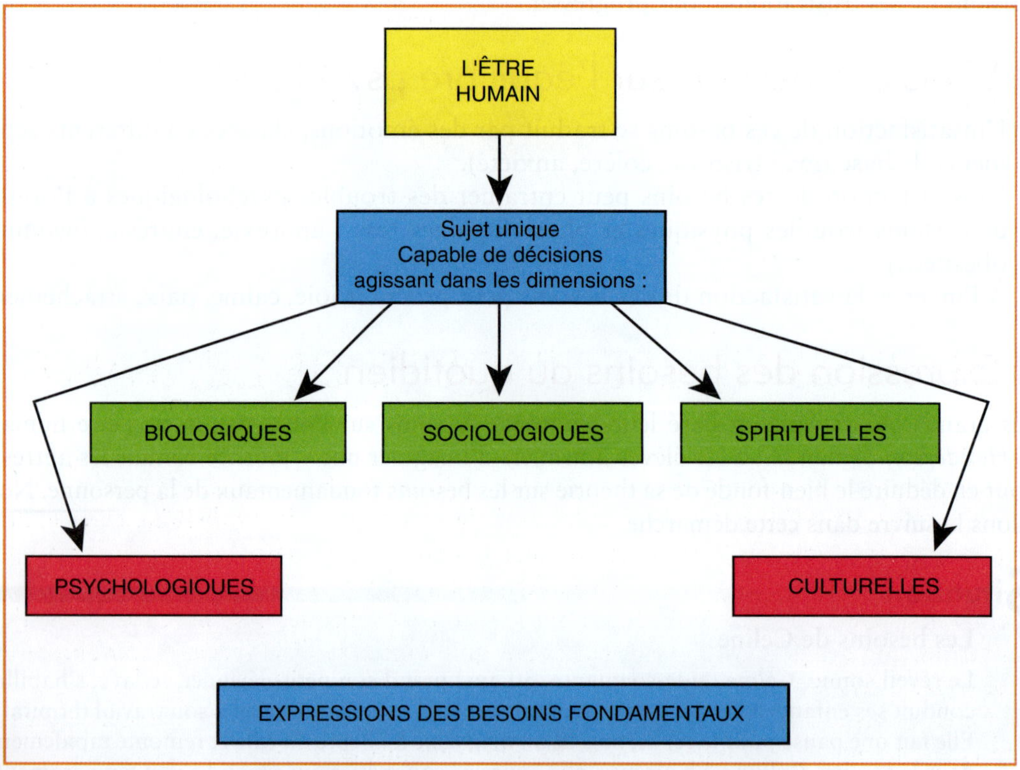

Fig. 2.2 **L'expression des besoins fondamentaux dans cinq dimensions (selon V. Henderson).**

Rôle de l'AVS

L'AVS individualise ses actions par des soins adaptés à la situation des personnes aidées. Elle intervient lorsque la personne ne peut satisfaire un ou plusieurs de ses besoins.
L'AVS assiste cette personne dans l'accomplissement des actes de la vie quotidienne dont elle s'acquitterait ordinairement sans son aide. Cette intervention diffère d'une personne à une autre, mais n'oublions pas que le résultat obtenu doit être l'amélioration ou le maintien de l'autonomie.
Réfléchissons à l'action de l'AVS au moyen des définitions de quelques « mots-clés » (*cf.* Tableau 2.1).

Tableau 2.1 **Définitions de mots-clés.**

Mots-clés	Définitions
Remplacer	– Prendre la place de – Faire provisoirement – Tenir lieu de
Compléter	– Rendre compte – Former un tout complet, un ensemble
Se substituer	– Mettre une personne à la place d'une autre
Ajouter	– Mettre en plus – Augmenter
Renforcer (et augmenter)	– Accroître la force (ou accroître le nombre) – Rendre plus solide, plus résistant

II. BESOINS SPÉCIFIQUES DE L'ENFANT

Respecter les besoins fondamentaux spécifiques de l'enfant, c'est être capable d'en repérer les manifestations par l'observation et pouvoir leur apporter une réponse adaptée.
L'enfant est encore dépendant de l'adulte pour la satisfaction de ses besoins élémentaires, nécessaires à sa survie. Sur le plan somatique, il n'a pas encore atteint le niveau de croissance et de maturité lui permettant de se débrouiller par ses propres moyens.
L'adulte doit être à l'écoute de l'enfant pour l'aider à satisfaire ses besoins. Cependant, aider à la satisfaction des besoins n'exclut pas le fait qu'il faut aider l'enfant à devenir autonome, l'aider à faire tout seul.
Respecter les besoins spécifiques de l'enfant, c'est lui permettre de vivre en *harmonie* avec son corps, avec lui-même, puis plus tard avec les autres enfants et adultes.

Situation

L'AVS et Marie (3 ans)

L'auxiliaire de vie sociale (*Mme L.*) est une femme anxieuse. Elle trouve que *Marie* (3 ans), qui lui est confiée, est trop maigre, qu'elle ne mange pas assez. À tous les repas, un conflit éclate. *Marie* comprend vite qu'elle a un grand pouvoir sur *Mme L.* Elle risque d'en jouer et de refuser de manger, non pas parce qu'elle n'a pas faim, mais parce qu'elle peut ainsi causer du déplaisir à *Mme L.*

Remarque

L'enfant doit comprendre, dès son plus jeune âge, que la satisfaction de ses besoins est légitime et ne doit pas répondre au plaisir ou au déplaisir d'une autre personne (*ex.* : « *je mange parce que j'ai besoin de manger, et non pour faire plaisir à...* ».) Dans le cas contraire, l'enfant perd l'autonomie de son propre corps au profit d'une relation de dépendance à l'égard d'un autre.

A Respect du rythme de l'enfant

L'adulte, professionnel ou parent, doit respecter l'enfant dans son propre rythme de développement, ce qui signifie qu'il ne faut pas comparer les enfants entre eux.
Par exemple, certains enfants sont précoces pour la marche, d'autres pour le langage. Il faut sans cesse se rappeler que l'évolution ne se fait pas d'une manière linéaire, mais par à-coups. Ceci est vrai non seulement pour la croissance proprement dite (poids-taille-dentition), mais aussi pour les autres acquisitions (telles que le langage et les acquisitions intellectuelles). Il faut sans cesse se rappeler, et rappeler aux parents, qu'aucun adulte n'est capable de développer autant de compétences qu'un enfant dans la prime enfance (par exemple, un adulte n'est pas capable de maîtriser une langue étrangère en une année !) Quand on parle de développement de l'enfant, il faut abandonner tout esprit de compétitivité et de concurrence. Chaque enfant a son « propre rythme » et son « rythme propre ».

Rôle de l'AVS

L'AVS doit savoir que respecter le rythme individuel de chaque enfant, c'est :

- respecter le rythme des jeux, du sommeil, des repas ;
- aménager l'espace et le temps afin que chaque enfant puisse vivre selon sa propre dimension.

Respecter le rythme de l'enfant, c'est tout simplement respecter l'enfant. Le non-respect du rythme est source de frustration, de stress et d'agressivité.

Situation

Martine et Catherine (AVS)

Pour *Martine*, les enfants doivent manger de tout et terminer leur plat. *Martine* dit à *Geoffrey*, 2 ans : « *Si tu ne termines pas ton plat, tu n'auras pas de dessert !* ».

À l'inverse, *Catherine* est beaucoup plus souple. Elle dit à *Marie*, 2 ans, qui refuse de manger : *« Tu n'aimes pas les épinards ? Veux-tu goûter ? » et ensuite tu me diras « si tu n'aimes pas du tout ? un peu ? beaucoup ? (peut-être) !... »*

Remarque

Nous voyons ici deux AVS aux comportements très différents. Martine fait une grave faute professionnelle : on n'utilise pas la nourriture comme moyen de chantage et de pression. En revanche, Catherine adopte la bonne attitude et propose à l'enfant de « *goûter le plat* ». C'est une marque de respect.

B Respect du besoin affectif et de communication

Dès sa naissance, l'enfant a besoin de liens affectifs et de communiquer avec son entourage. L'AVS aura un rôle essentiel à jouer dans l'établissement de ce lien social. Nous avons longuement développé ces deux besoins dans le domaine de formation 1 pour chaque période du développement de l'enfant, de la naissance à l'adolescence. Nous vous invitons à vous y reporter.

C Respect du besoin de boire et de manger

L'alimentation joue un rôle primordial dans l'établissement de la relation affective. Les auxiliaires de vie sociale doivent comprendre que donner un biberon est loin d'être un acte anodin. Au cours de la première année, l'enfant éprouve un grand plaisir à téter. L'introduction de la tasse ne doit pas entraîner la suppression des biberons. Ce n'est que lorsque l'enfant aura eu suffisamment de plaisir à téter qu'il décidera *seul* de renoncer au plaisir du biberon pour d'autres plaisirs (*ex.* : celui de prendre son repas à la table familiale ou de crèche).

Très tôt, l'enfant éprouve le besoin de manger seul avec ses mains. Il faut le laisser faire car cette manipulation répond à un besoin d'exploration ; elle lui permet également de développer son sens du toucher et surtout, elle est source de plaisir. En grandissant, l'enfant éprouve le besoin de participer aux activités lui procurant du plaisir et en particulier à celui de participer aux courses, à la préparation de quelques plats, à la desserte des couverts, etc. Il faut savoir l'associer à toutes ces activités de la vie quotidienne.

(*cf.* compléments d'informations dans le chapitre 5).

Rôle de l'AVS

À l'occasion du repas, l'AVS doit :

- installer correctement l'enfant ;
- s'installer correctement ;
- prendre son temps ;
- regarder l'enfant dans les yeux (face à face) ;
- respecter son rythme et lui parler beaucoup.

D Respect du besoin de dormir

Le sommeil est un élément central de la santé, aussi bien chez l'enfant que chez l'adulte. Le respect des rythmes de vie de l'enfant est fondamental, en particulier celui du sommeil : c'est une période de repos de l'organisme humain, nécessaire pour récupérer les facultés physiques et mentales.

1 Phases du sommeil

Chez l'enfant, comme chez l'adulte, le temps du sommeil est fait d'une succession de *cycles de sommeil* d'environ 2 h. Chaque cycle est composé de 4 phases (*cf.* Figure 2.3) :

- une phase *d'endormissement* en début de sommeil ;
- une phase de *sommeil lent* (ou léger) suivie d'un sommeil profond réparateur de la fatigue physique : c'est au cours de cette phase qu'est sécrétée l'hormone de croissance ;
- une phase de sommeil rapide, ou *paradoxal,* réparateur de la fatigue psychique ;
- une phase *intermédiaire* ou de disposition à l'éveil, seul moment où l'on peut réveiller l'enfant, si cela s'avère indispensable.

1. Phase d'endormissement

2. Phase de sommeil lent

3. Phase de sommeil rapide ou paradoxal

4. Phase intermédiaire

Fig. 2.3 **Les phases d'endormissement du sommeil de l'enfant de plus de deux ans (*Guide AP*, J. Gassier. Masson).**

La structuration du sommeil de l'enfant s'effectue au cours des 2 ou 3 premières années.
- *Le nouveau-né* possède deux phases de sommeil : on parle de sommeil calme et de sommeil agité (pour le futur sommeil paradoxal).
- *À partir de 2 à 3 ans*, le cycle de sommeil devient identique à celui de l'adulte.

2 Besoins de sommeil selon l'âge

Dès la naissance, l'enfant a un rythme de sommeil qui lui est propre. Il existe des *petits dormeurs* et des *gros dormeurs*.
De la naissance à l'adolescence, les besoins de sommeil sont variables, environ :
- pour le nouveau-né : 20 h ;
- de 1 à 3 ans : 15 h (12 h/nuit – 3 h/sieste) ;
- de 3 à 6 ans : 12 h (10 h/nuit – 2 h/sieste) ;
- vers 10 ans : 10 h ;
- pour l'adolescent : 8 à 9 h ;
- pour l'adulte : 7 à 8 h.

Situation

Mme A. et Mme B.

- ▶ Pour *Mme A.* (AVS), *« on ne dort qu'à la sieste et on est obligé de dormir à la sieste »*. Mme A. s'occupe de *Jules* (15 mois) dès le matin 9 h. Aujourd'hui elle remarque qu'il a traîné sa fatigue toute la matinée. Il est grognon, il ne joue pas et à midi il s'endort devant son assiette. C'est seulement à 13 h que *Mme A.* décide d'aller le coucher.
- ▶ *Mme B.* (AVS) s'occupe de *Julie (*14 mois). Elle a mis des coins coussins un peu à l'écart afin de permettre à l'enfant fatigué dans la journée de se reposer, ainsi elle observe que *Julie* manifeste des signes de fatigue dès 10 h du matin. *Mme B.* va la coucher et reste à ses côtés jusqu'à ce qu'elle s'endorme.

Nous avons là deux comportements très différents. Il est évident que c'est Mme B. qui respecte le mieux le besoin de l'enfant.

Remarque

Nous voyons ici deux AVS aux comportements très différents :
- ▶ Mme A. est une personne *rigide* qui ne tient pas compte du « rythme » personnel de Jules. L'enfant qui a sommeil a le droit de dormir ;
- ▶ Mme B., à l'inverse, est *plus souple* et répond au besoin de sommeil de Julie à 10 h du matin, en lui permettant de se reposer. Notons qu'elle a aménagé le « coin repos » pour mieux répondre aux besoins individuels.

3 Conséquences d'un mauvais sommeil

Le rythme de sommeil, quand il est perturbé, a des incidences sur tout l'organisme. Il engendre :
- un état de fatigue et un déséquilibre nerveux avec d'inévitables troubles du comportement ;
- des troubles de la croissance. Il a en effet été démontré une relation entre le sommeil et la sécrétion de l'hormone de croissance (hormone somatotrope).

Rôle de l'AVS

Elle doit veiller à :

1. Respecter les rites d'endormissement de l'enfant

Avant de s'occuper d'un enfant, il est conseillé de connaître ses habitudes de vie et ses rites d'endormissement indiqués par ses parents.

L'auxiliaire de vie sociale apprend progressivement à déceler les signes annonciateurs du sommeil : l'enfant cherche à se faire câliner, pleure, s'allonge sur des coussins. C'est un besoin de *nidation* qui est un préambule à l'endormissement. Si on ne reconnaît pas ce stade (ou si l'enfant n'y cède pas), il faudra attendre 1 h 30 le début d'un autre cycle de sommeil.

2. Protéger le sommeil de l'enfant

L'auxiliaire de vie sociale doit :

- placer le matelas de l'enfant toujours au même endroit (repères spaciaux) ;
- couvrir l'enfant en fonction de la saison (cela lui procure un sentiment de sécurité) ;
- lui donner son objet favori (ours, peluches diverses…) ;
- éviter un excès de bruit, de chaleur ou de froid ;
- faire une semi-pénombre pour la sieste.

3. Respecter le réveil naturel de l'enfant

Si on ne peut attendre celui-ci, l'enfant ne peut être réveillé qu'en période de sommeil très léger (phase intermédiaire), c'est-à-dire lorsqu'il montre des réactions au toucher, à la voix, aux bruits extérieurs. Dans les autres cas, réveiller un enfant est considéré comme une véritable agression à son égard.

4. Respecter la position à « plat dos » pour le nouveau-né

Il est conseillé de coucher le nouveau-né à plat dos car cette position :

- positionne bien la colonne vertébrale et les pieds ;
- prévient la MSN (mort subite du nourrisson) ;
- participe à l'éveil de l'enfant, celui-ci pouvant découvrir son environnement (vue, toucher…) ;
- favorise la liberté de mouvements.

Progressivement, l'enfant adoptera seul la position qui lui convient le mieux.

E Respect du besoin d'être propre

Les pratiques d'hygiène corporelle visent, avant tout, à assurer la *propreté* de l'enfant. Cependant, être « propre », c'est aussi pour l'enfant acquérir la propreté, période clé de son développement. Les pratiques d'hygiène corporelle, telles que le change ou le bain, visent à assurer à l'enfant :

- la santé de la peau (donc la prévention de l'irritation et de l'infection) ;
- le confort et la détente du corps ;

- l'échange verbal et non verbal avec l'adulte : on sait que la peau, organe du toucher, est le principal médiateur de la communication non verbale ; pour l'enfant, le toucher est particulièrement important ;
- de bonnes habitudes éducatives dès le plus jeune âge ;
- ses premiers points de repères : les soins d'hygiène rythment la vie de l'enfant, ils reviennent à heures régulières, l'enfant reconnaît les gestes de l'adulte, ces premiers repères le sécurisent ;
- des temps forts de découvertes : l'eau, le savon, le chaud, le froid, etc.

NB : pour la réalisation des soins, l'AVS doit adopter systématiquement des gestes essentiels, dits de base.

F Respect du rythme individuel de l'acquisition de la propreté

L'acquisition de la propreté est une étape essentielle dans l'autonomie de l'enfant.
Ce domaine est très délicat : l'enfant se heurte souvent aux contraintes de l'adulte qui exige une acquisition précoce de la propreté. Or, toute méthode contraignante risque de perturber l'enfant et de retarder cette acquisition. Chaque enfant a son rythme propre, mais généralement, c'est vers 2 ans et demi à 3 ans que la plupart des enfants deviennent spontanément *propres*. La propreté relève d'un processus naturel, en étroite relation avec la maturation du système nerveux.
À un stade donné de son développement, l'enfant est capable de devenir propre de *lui-même*, sans avoir été soumis aux contraintes d'un apprentissage.

1 Trois impératifs pour l'acquisition de la propreté

Trois impératifs, liés à la maturation du système nerveux, commandent l'acquisition de la propreté chez l'enfant.

◆ Une maturation physiologique

Pour que l'enfant contrôle ses sphincters, il faut qu'il ait acquis :
- *une maturation des nerfs moteurs* qui innervent les sphincters ;
- *une maturation des nerfs sensitifs* lui permettant de ressentir que sa vessie est pleine ou que son intestin contient des selles.

NB : *Un repère à connaître* : l'acquisition de la préhension manuelle fine et précise (c'est-à-dire la capacité de prendre en pince un objet de très petite taille), ainsi que la capacité de monter et descendre seul correctement un escalier, constituent des indices en faveur de cette maturation.

◆ Une maturation intellectuelle

L'enfant doit être capable de prendre conscience de son besoin. Il doit également comprendre ce qu'on attend de lui et doit pouvoir communiquer son besoin à l'adulte.

◆ Une maturation affective

L'enfant doit avoir le désir de *devenir grand*, de faire comme les grands.
L'affectivité joue un rôle de frein ou de moteur dans l'acquisition de la propreté.
Celle-ci se fait progressivement, avec parfois des retours en arrière, liés aux événements de la vie. En effet, les troubles de l'enfant ont un retentissement sur la propreté (*ex.* : naissance d'un petit frère, déménagement…).

2 Progression de la propreté (les différentes étapes)

L'enfant maîtrise d'abord le sphincter *anal* et plus tard le sphincter *vésical* (qui est plus fragile).
La propreté sera d'abord *diurne*, puis *nocturne*. Cela s'explique par la qualité du sommeil qui est trop profond chez le jeune enfant pour lui permettre de prendre conscience de ses besoins. Avec l'âge, le sommeil va évoluer et l'enfant pourra se réveiller pour appeler sa mère ou aller lui-même aux toilettes ou au pot.

3 Enjeu de l'apprentissage de la propreté

Les besoins d'uriner et de déféquer sont des besoins naturels. Il ne doit donc pas y avoir d'apprentissage de ces besoins, car l'apprentissage de la propreté est la discipline de ce besoin. Or l'adulte, généralement la mère, demande à l'enfant de faire ses besoins à heure fixe dans un endroit précis (le pot). L'enfant va alors devoir modifier le rapport à son corps : déféquer ne correspond plus à la satisfaction d'un besoin naturel, il devient la satisfaction de la demande de l'autre, pour faire plaisir à l'être aimé (ou par crainte de perdre son amour). L'AVS doit savoir qu'un apprentissage rigide peut avoir des effets très néfastes sur l'enfant.

Effets néfastes de l'apprentissage rigide de la propreté

En acceptant que l'adulte lui dise ce qu'il doit faire avec son corps, l'enfant entre dans une relation de dépendance et de soumission et perd son autonomie. Il comprend aussi qu'il détient le pouvoir de satisfaire ou non sa mère. Il peut, dès lors, jouer et abuser de ce plaisir : donner ou refuser ses selles devient monnaie d'échange contre de l'amour ou de la haine.

Situation

Rapport de la célèbre psychanalyste, F. Dolto

F. Dolto, constate que les enfants *dressés* précocement à être propres et d'une façon trop rigide :

- présentent une moins grande liberté du bassin, des jambes et des pieds, une moins bonne relaxation du corps ;
- deviennent facilement énurétiques dès le moindre problème ;
- n'ont aucune autonomie et ont besoin d'une permission pour tout ;
- plus grands, ils peuvent être atteints d'éjaculations précoces ou autres troubles à caractère sexuel.

Remarque

D'après F. Dolto, le comportement des parents est donc déterminant et peut avoir des répercussions très négatives sur celui de l'enfant devenu adulte.

Rôle de l'AVS

L'AVS doit être convaincue que l'acquisition de la propreté relève d'un *processus* naturel et non d'un apprentissage et, dans ce domaine (comme dans les autres), elle doit viser le respect de la personne de l'enfant.

Elle doit d'efforcer de faire partager ses convictions aux parents.

1. Attitudes positives envers l'enfant

L'AVS sera attentive à ce que fait l'enfant, à ce qu'il dit, à ce qu'il désire. Elle :

- respectera le rythme de l'enfant ;
- laissera le pot à sa libre disposition à un même endroit ;
- demandera à l'enfant qui commence à devenir propre s'il désire mettre une couche pour la sieste ou non et respectera son souhait ;
- parlera avec l'enfant, mettra des mots sur son souhait, son besoin ;
- aidera le jeune enfant à ôter sa couche chaque fois qu'il souhaite aller sur le pot ;
- incitera l'enfant à devenir grand et ne l'enfermera pas dans sa condition de bébé (chez les grands, l'enfant sera changé debout) ;
- encouragera l'enfant à progresser dans la maîtrise de cette acquisition ;
- l'accompagnera dans les moments difficiles, notamment en l'aidant à exprimer ce qu'il ressent ;
- dédramatisera les « petits accidents » de l'enfant, fréquents au début des premières tentatives de « sans couches ». En effet, ces accidents vexent généralement l'enfant, il faut à tout prix éviter de l'humilier par des commentaires désobligeants à son égard ;
- laissera l'acquisition de la propreté à sa juste place parmi les autres acquisitions de l'enfant (marcher, parler, aller vers les autres...).

2. Attitudes à proscrire

L'AVS évitera :

- les séances de pot à heures fixes ;
- l'usage de la force ou des menaces ;
- les moqueries, l'humiliation de l'enfant ;
- les réveils nocturnes (troubles du sommeil, nervosité...) ;
- le rationnement d'eau le soir (attitude allant à l'encontre des besoins physiologiques de l'enfant).

Situation

Clément (2 ans) et Marta (AVS)

C'est l'heure du change : *Clément* prend son pot, s'assied dessus. *Marta*, l'auxiliaire de vie sociale, lui dit : « *Tu as pris ton pot ? Tu veux donc faire pipi dedans ? Viens, je vais t'enlever ta couche.* »

Remarque

Ici, *Marta* a pu observer le besoin de l'enfant et l'aide dans son acquisition. Elle peut également lui proposer d'ôter sa couche tout seul pour favoriser son autonomie.

G Respect des besoins d'apprendre et de jouer

L'enfant est mû par le désir de grandir, le désir d'apprendre. L'adulte n'est pas là pour diriger l'enfant dans son apprentissage, ni pour lui imposer telle ou telle chose. Son rôle est de prendre appui sur le désir d'apprendre de l'enfant et de lui offrir un espace, un mobilier, un matériel, adaptés à ses besoins du moment, à ses centres d'intérêt et à ses compétences. L'enfant pourra, de ce fait, faire des expériences structurantes, en toute liberté, sans jamais être en situation d'échec, l'échec étant souvent démobilisateur. Ces 2 besoins (ainsi que le rôle de l'AVS) sont plus longuement développés dans le domaine de formation 1. Nous vous invitons à vous y reporter.

Situation

Mme N., AVS, prépare les jouets pour *Martha* et *Zoé*.
Les objets posés au sol sont renouvelés plusieurs fois dans la journée. *Martha* (13 mois) et *Zoé* (24 mois) circulent d'un endroit à l'autre et s'arrêtent pour découvrir ceux qu'elles préfèrent. *Mme N.* observe les enfants, est disponible et n'intervient qu'à la demande des enfants. Au domicile, l'ambiance est calme, personne ne pleure.

Remarque

Ici, les objets sont proposés et non imposés à l'enfant ; ainsi celui-ci peut choisir librement en fonction de ses goûts. Le fait de les renouveler plusieurs fois par jour permet d'éviter la lassitude, donc *d'éveiller* l'enfant en redoublant ses centres d'intérêt.

H Respect du besoin de sorties

Les sorties, promenades et voyages, sont bénéfiques à l'enfant. Ils lui procurent l'air et le soleil indispensables à sa santé, et lui donnent l'occasion de connaître un univers différent. Cependant, il faut tenir compte des besoins et de l'âge de l'enfant. En effet, un nourrisson a besoin d'une vie calme et régulière. Pour lui, une promenade ou un week-end à la campagne sont plus bénéfiques qu'un long voyage.
Les promenades sont bénéfiques :

- *à la santé de l'enfant* : l'oxygénation stimule les défenses de l'organisme et favorise l'appétit et le sommeil ; l'ensoleillement intervient dans la prévention du rachitisme ;
- *au développement intellectuel de l'enfant* : il entre en contact avec d'autres odeurs, d'autres sons, d'autres couleurs, d'autres personnes, etc. ; il dispose d'une relation privilégiée avec l'adulte (échanges verbaux, présence, nouveaux apprentissages…).

Rôle de l'AVS

L'AVS doit prendre quelques précautions :

- veiller à la température extérieure. Pour les promenades, il est conseillé de choisir, en été, les heures les moins chaudes et en hiver, les heures les plus chaudes ;

- en été, par *forte chaleur*, il faut :
  - éviter de laisser l'enfant tête nue au soleil : il doit porter un chapeau,
  - équiper les poussettes et landaus d'un parasol (attention : il faut savoir que la capote relevée favorise le coup de chaleur),
  - protéger le landau contre les insectes (guêpes, moustiques...) au moyen d'un voilage,
  - hydrater régulièrement l'enfant (veiller à apporter un biberon d'eau) ;
- choisir le *matériel de sortie* adéquat : il existe de nombreux modèles de poussettes et landaus présentant chacun des avantages et inconvénients (*cf.* Figure 2.4).

Fig. 2.4 **La poussette canne (*Guide AP*, J. Gassier. Masson).**
Avantages
- pliable
- maniable
- légère
- peu encombrante

Inconvénients
- mauvaise suspension
- mauvais contact avec l'enfant (car il ne fait pas face à l'adulte)

Respect du besoin de maintenir une bonne posture

Le nourrisson peut être porté de différentes façons. Dans tous les cas, il faut veiller à bien lui soutenir la tête et le dos afin qu'il ne ressente pas un sentiment de perte d'équilibre, source d'insécurité. On peut le porter :

Fig. 2.5 **Confort et sécurité du nouveau-né. (*Guide AP*, par J. Gassier. Masson).**

- *de dos* : l'enfant est maintenu redressé, son ventre repose contre le thorax de l'adulte (qui le maintient au niveau de la nuque et de ses fesses) ;
- *de face* : l'enfant est maintenu redressé. Son dos repose contre le thorax de l'adulte. L'adulte glisse une main entre les cuisses de l'enfant afin qu'il repose sur sa « base », c'est la position dite de « sécurité de base » (*cf.* Figure 2.5).

Situation

Géraldine porte Maya en « sécurité de base »

Géraldine (AVS) souhaite faire participer *Maya* (8 mois) à certaines de ses activités. Elle la transporte d'une pièce à l'autre de l'appartement en position de « *sécurité de base* » tout en lui parlant. Elle dit que l'enfant observe tout, s'intéresse à tout. (« Une vraie tour de contrôle ! », dit-elle).

Remarque

Les avantages de cette position sont nombreux :

- l'enfant est stimulé dans son éveil (il peut découvrir le monde !) ;
- l'enfant est maintenu fermement (sécurité), son dos est maintenu droit (ergonomie) ;
- l'adulte a une *main libre* (sécurité) ; il appuie l'enfant contre lui, ce qui diminue la charge (ergonomie).

III. BESOINS SPÉCIFIQUES D'UNE PERSONNE MALADE

Les enfants, les personnes âgées ou les personnes handicapées, ont besoin d'une aide plus ou moins importante pour la satisfaction des besoins fondamentaux lorsqu'ils sont malades. Cette aide peut être apportée par la famille, mais aussi par des professionnels de l'aide à domicile, qui contribuent ainsi au rétablissement de leur santé. Cette aide nécessite l'acquisition de techniques professionnelles, qui, pour être appliquées dans de bonnes conditions et adaptées aux personnes aidées, doivent être sous-tendues par une connaissance des besoins spécifiques de ces personnes.

A Respect du besoin d'hygiène et de confort

Il s'agit pour l'AVS de :

- *stimuler l'autonomie* restante avant de pallier la dépendance (aider à faire et non faire à la place !) ;
- *doser son action* ; par exemple, en faire ni trop, ni trop peu :
  - « trop » c'est aller vers l'infantilisation de la personne et l'installation dans la dépendance,
  - « trop peu », c'est la mettre en situation d'échec ;
- *avoir une attitude éducative*, c'est-à-dire encourageante et rassurante ;
- *s'interdire les attitudes infantilisantes* par bonne intention.

Situation

Mme T. (*dépressive*)

Vous êtes auxiliaire de vie sociale. Vous accompagnez *Mme T.*, âgée de 72 ans. Elle a une fracture du col du fémur et elle est alitée. Elle a beaucoup maigri et elle a une protection (elle est devenue incontinente). Elle pleure souvent sans raison et au moment des repas, elle reste devant son assiette et dit que « rien n'a de goût ». Vous constatez qu'elle est très angoissée par son état.

Remarque

Le rôle de l'AVS sera le suivant : vous devez parler avec la personne, dédramatiser l'incident. Le fait de « parler du problème » va procurer un apaisement et détendre l'atmosphère.

1 Aide à l'hygiène corporelle

Le plaisir de se sentir « bien dans sa peau » est une nécessité à tout âge, particulièrement pour la personne malade. Les AVS doivent faire en sorte que les actes d'hygiène quotidiens restent

Rôle de l'AVS

L'AVS devra :

- être attentive aux réactions de la personne au cours de la toilette (couleur de la peau, respiration) ;
- veiller à ce qu'elle ne prenne pas froid (pour cela, l'AVS doit la couvrir entre les différentes phases de la toilette) ;
- verbaliser tous les actes avant de les réaliser.

un plaisir et ne deviennent pas une nécessité, une obligation désagréable, ou pire un moment d'angoisse.

2 Aide à la prévention des complications de l'alitement et des escarres

L'alitement est parfois nécessaire pour des raisons médicales, chirurgicales ou thérapeutiques. L'auxiliaire de vie sociale doit mettre en œuvre un certain nombre d'actions qui permettront de limiter ou de prévenir ces altérations.

L'alitement prolongé d'une personne âgée est toujours un facteur de risque. Il favorise :

- le ralentissement des grandes fonctions (cardiaque, respiratoire, digestive…) ;
- la fonte musculaire et la décalcification du squelette ;
- l'altération cutanée ;
- le syndrome de glissement (laisser-aller, refus de se laver, de s'habiller…).

◆ Stimuler la mobilisation[1]

Rappelons que le premier lever d'une personne ne peut s'effectuer que sur prescription médicale et souvent sous la responsabilité d'un kinésithérapeute. La mobilisation est le meilleur moyen pour lutter contre les ralentissements cardiaque, respiratoire, digestif, prévenir la fonte musculaire et les escarres.

Les actions de mobilisation peuvent être actives ou passives :

- *la mobilisation passive* permet de bouger la personne sans lui demander d'effort personnel :
  - changement de position dans le lit,
  - massage des membres,
  - mobilisation des articulations ;
- *la mobilisation active* vise à faire bouger la personne en lui demandant une participation adaptée à ses possibilités :
  - mouvements divers au lit,
  - changement de position,
  - passage de la position allongée à la position assise,
  - marche, etc.

NB : avant toute action de mobilisation active, il faut s'assurer qu'elle n'est pas contre-indiquée et qu'elle peut s'effectuer sans danger pour la personne.

◆ Participer à la prévention des escarres[2]

L'escarre entraîne toujours une perte d'autonomie importante. Elle s'installe rapidement et hypothèque toute autre tentative d'aide à l'autonomie car elle est responsable de douleurs, de risques infectieux et de séquelles fonctionnelles. Le risque d'escarre est présent chez toutes les personnes âgées alitées, quelle qu'en soit la cause. Ce risque est augmenté par l'obésité, la dénutrition, la déshydratation.

1. Dans le respect des prescriptions médicales.
2. Selon les consignes reçues.

Rôle de l'AVS

La prévention demande une surveillance méticuleuse et fréquente de l'état cutané. Cette surveillance est une des responsabilités de l'AVS. Elle devra :

- stimuler la mobilisation de la personne âgée ;
- surveiller l'alimentation et l'hydratation ;
- veiller à une hygiène méticuleuse pour limiter la macération des tissus ;
- changer les draps fréquemment ;
- veiller à ce que les draps soient bien tirés, sans plis ;
- effectuer des effleurages de la peau au cours de la toilette[1] pour rétablir la circulation sanguine ;
- effectuer des changements de positions fréquents ;
- utiliser le matériel disponible (matelas anti-escarres) ;
- transmettre régulièrement les informations sur l'état cutané à la (le) responsable et aux membres de l'équipe.

1. La pratique et la technique des « effleurages » de la peau feront l'objet d'une prescription médicale.

B Respect des régimes alimentaires

Tous les régimes alimentaires doivent être prescrits par un médecin. S'ils débutent en milieu hospitalier, ils restent sous la surveillance d'une diététicienne qui veille à l'équilibre nutritionnel de chaque régime. L'auxiliaire de vie sociale à domicile aidera la personne à les respecter.

1 Régimes alimentaires chez l'adulte (*cf.* Tableau 2.2)

2 Régimes alimentaires chez l'enfant

Les régimes alimentaires chez l'enfant, comme chez l'adulte, font l'objet d'une prescription médicale. Ils doivent être respectés.

◆ Régime des vomissements

Les vomissements répétés provoquent fatigue et amaigrissement. Il est donc nécessaire d'appliquer un régime basé sur deux principes essentiels :

- l'*épaississement* du biberon ou du repas ;
- le *fractionnement* des repas.

Tableau 2.2 Les principaux régimes alimentaires chez l'adulte.

Nom du régime	Définition	Pathologie	Principe	Règles à respecter
Hyposodé	Régime pauvre en sel	– Hypertendus – MCV[1] – Rétention d'eau	Diminuer la quantité de sel	Éviter le sel et les aliments très salés
Hypoglucidique	Apport contrôlé en glucides	Diabétiques	Apport régulier de glucides dans le sang pour maintenir une glycémie constante	– Éviter les sucres rapides – Augmenter les sucres lents (amidon)
Hypocalorique	Régime amaigrissant	Excès de poids	Diminuer la ration alimentaire	Pas de graisses et peu de glucides
Hypolipidique	Régime pauvre en graisses	– Hyper-cholestérolémie – Obésité	Permettre une utilisation des lipides sans surcharge	Diminuer les graisses
Hypoprotidique	Régime pauvre en protides	Insuffisants rénaux	Limiter les déchets uréiques dans le sang	Diminuer les protides, boire beaucoup d'eau
Hyperprotidique	Régime riche en protides	– Cancéreux – Brûlés – Anorexiques	Donner des matériaux de construction	Augmenter viandes, poissons, fromages
Restriction hydrique	Régime pauvre en eau	Insuffisants rénaux (sévères) Insuffisance cardiaque	Limiter l'activité de l'appareil rénal Soulager le travail du cœur	Diminuer les boissons et les aliments riches en eau
Épargne digestive	Régime allégé	Avant ou après une opération chirurgicale	Limiter l'activité du système digestif	Pas de graisses cuites, pas de fibres
	Régime pauvre en fibres	Maladies du tube digestif	Ne pas irriter les intestins	Pas de fibres : diminuer les légumes
	Régime sans lait	Personnes diarrhéiques ou autres troubles métaboliques	Réduire le nombre des selles	Diminuer le lait, les fibres et augmenter les boissons

1. MCV : Maladie cardiovasculaire.

◆ Régime de la diarrhée

La diarrhée provoque une perte d'eau et d'électrolytes pouvant entraîner une déshydratation. Le régime, prescrit par un médecin, est basé sur trois grands principes :

- *supprimer le lait et les aliments accélérant le transit* : légumes (riches en fibres), fruits frais et acides (oranges, pamplemousse, abricots…) ;

- *donner des aliments riches en pectine* (type carottes, pommes, coings) ;
- *compenser les pertes d'eau et d'électrolytes.*

Situation

La journée alimentaire d'un enfant diarrhéique

Saïa (auxiliaire de vie sociale) prépare la journée alimentaire du mercredi pour *Julien* (1 an 1/2) souffrant d'une diarrhée (régime prescrit par le *Dr A.*, médecin de la famille).

Journée alimentaire	Composition des repas
Le matin	Un bol d'une préparation antidiarrhéique (210 mL) et une biscotte
À 10 h	Un petit verre d'eau
À midi	– Un plat de riz (à l'eau) – 30 g de blanc de poulet – Un petit pot de pomme/coing – De l'eau à volonté
À 16 h	– Un morceau de pain + de la gelée de coing – De l'eau à volonté
Le soir	– Une soupe de carottes fraîches – Une petite banane écrasée – De l'eau à volonté

Remarque

Nous voyons ici les différents aliments à caractère *anti-diarrhéiques* que sont le riz, les carottes, les coings, les bananes, les pommes et aussi l'importance de l'eau (afin de réhydrater l'enfant).

Nous voyons aussi qu'une *préparation spécifique* est donnée le matin à l'enfant à la place du lait (le lait est momentanément supprimé lors d'une diarrhée). La préparation contient beaucoup d'éléments minéraux qui compensent les pertes d'électrolytes dues à la diarrhée.

◆ Régime de la constipation

Ce régime se fonde sur quatre principes :

- *supprimer les aliments riches en pectine* (type carotte) ;
- *diminuer les aliments ralentissant le transit intestinal* (riz, tapioca...) ;
- *augmenter les aliments accélérant le transit* (légumes frais riches en fibres et fruits frais et acides comme les oranges, pamplemousses, abricots, citron) ;
- *augmenter l'apport hydrique* en proposant de l'eau, des jus de fruits, des tisanes.

Situation

La journée alimentaire d'un enfant constipé

Marthe (AVS) prépare la journée alimentaire de *Samantha*, 3 ans, atteinte de constipation légère (régime conseillé par le *Dr B.*, médecin de famille).

Journée alimentaire	Composition des repas
Le matin	– Un biberon de lait de vache (210 mL) – Une tartine beurrée + confiture d'orange
À 10 h	– Du jus de pruneaux
À midi	– Une entrée de crudité (tomates assaisonnées) – 50 g de rôti de dindonneau – Une purée d'épinards – Un demi-pamplemousse – De l'eau à volonté
Au goûter	– Un yaourt nature – Un biscuit
À 19 h	– Une soupe Julienne – Une salade de haricots verts – Une tartine + fromage – Une compote d'abricots
Avant de se coucher	Un biberon de 210 mL de lait

Remarque

Nous voyons ici les différents aliments à caractère *laxatif* que sont les pruneaux, les crudités, les épinards, les fruits acides (pamplemousse), les légumes verts (haricot vert).

Nous voyons aussi la place importante des produits laitiers (le lait est maintenu et on propose yaourt et fromage à l'enfant) sans oublier l'apport d'eau.

◆ Régime de l'obésité

Ce régime a pour but de diminuer la quantité d'aliments et de faire un choix qualitatif répondant aux besoins de croissance de l'organisme.

Par ailleurs, des conseils d'hygiène alimentaire doivent être prodigués à ces enfants et à leurs familles, car on retrouve souvent à l'origine de l'obésité de *mauvaises habitudes alimentaires* (telles que le grignotage en dehors des repas et une forte consommation de produits sucrés, en particulier, confiture, gâteaux, sodas, etc.). La restriction ne doit pas être très sévère, afin d'obtenir un amaigrissement progressif. La motivation de l'enfant et de sa famille est un élément déterminant pour la réussite de ce régime.

Situation

Le déjeuner d'un enfant atteint d'obésité

Chloé (AVS) prépare le déjeuner de *Florian*, enfant obèse de 8 ans (régime prescrit par le *Dr C.*, médecin de la famille). Le menu de mercredi est le suivant :
- crudités (radis) ;
- poisson blanc (merlan) avec persil et citron ;
- épinards bouillis (+ 10 g de beurre maximum) ;
- un yaourt maigre (sans sucre) ;
- une orange ;
- eau à volonté ;
- une tranche de pain.

Remarque

Nous voyons ici un repas à caractère *hypo-calorique* et *hypo-lipidique* (repas léger) à base de crudités, de poisson blanc (donc peu gras), de légumes (bouillis) et d'un yaourt maigre.

Mise en garde

- La quantité de pain doit être réduite (120 g par 24 h), mais il faut obligatoirement le conserver.
- Le lait ne doit pas être supprimé (choisir de préférence du lait totalement écrémé). L'AVS veillera à respecter les consignes données.

C Respect des demandes et attentes de la personne malade

L'auxiliaire de vie sociale intervient au domicile de la personne, lieu intime et privé. Elle doit établir une relation de confiance et de dialogue avec la personne, solliciter son accord et sa collaboration dans toutes les actions à entreprendre et faire preuve en toute circonstance, de respect, de réserve et de discrétion.

Il n'y a pas d'aide respectueuse d'une personne sans lui laisser un espace de *liberté*. Il est courant de dire qu'il ne faut jamais la précéder, ni lui indiquer la route, ni lui imposer un itinéraire, mais marcher à ses côtés, en la laissant libre de choisir son chemin et le rythme de ses pas.

L'auxiliaire de vie sociale donnera la liberté à la personne aidée d'exprimer par la parole, par le regard, par son comportement, tout ce qu'elle ressent. Cela suppose de ne pas se retrancher derrière une fonction, une technique, mais de s'ouvrir à elle avec un minimum de défenses. Ainsi est mise en jeu toute la profondeur d'une affectivité que l'auxiliaire de vie sociale devra à la fois maîtriser et laisser s'exprimer avec spontanéité. C'est un équilibre difficile à trouver.

1 Veiller à adopter une attitude respectueuse de la personne

L'auxiliaire de vie sociale doit être respectueuse de la personne dans ses propos et dans son attitude au quotidien. Elle veillera à « reformuler » ce qu'elle pense avoir compris, afin de toujours obtenir l'adhésion de la personne.

Une attitude ou un propos inadapté peut choquer la personne aidée et la placer dans une situation d'infantilisation, de dépendance, voire d'humiliation, qu'il faut absolument éviter.
Le tableau 2.3 ci-après montre trois situations de la communication à domicile : *Sophie* (auxiliaire de vie sociale) aide *Nadia* (aide-soignante du service de soins à domicile) pour la toilette de *M. Durand*.

Tableau 2.3 **Trois situations de communication à domicile (à titre d'exemples).**

Situations de communication	Rôle de l'AVS
	L'auxiliaire de vie sociale doit savoir que les réflexions désobligeantes envers la personne aidée, le fait d'insister sur une déficience, le refus de tenir compte de ses besoins, engendrent le plus souvent la crainte, l'angoisse, la honte et la régression, et freinent totalement la progression vers l'autonomie. Ici, il y a un manque total de respect du patient. C'est une *faute humaine et professionnelle* de la part du personnel d'aide à domicile.
	L'auxiliaire de vie sociale doit savoir que la familiarité et l'infantilisation de la personne aidée ne sont pas des signes de respect et que vouloir tout faire à sa place l'empêche de retrouver son autonomie. Ici, il y a également une *faute humaine et professionnelle* de la part du personnel d'aide à domicile.
	L'auxiliaire de vie sociale doit savoir que la politesse à l'égard de la personne aidée, le fait de prendre de ses nouvelles la stimule, l'aide à exprimer ses besoins, et la conduisent plus facilement vers l'autonomie. Ici, le personnel a les *qualités humaines* et les *compétences professionnelles* requises.

2 Veiller à ne pas encourager la régression[3]

La régression, même si elle semble faciliter les soins, ne doit pas être encouragée, ni niée. Pour cela, l'auxiliaire de vie sociale doit :

- comprendre que la relation d'aide s'établit sur un *mode professionnel* sans user de familiarités ;
- *être à l'écoute* : reconnaître que la demande d'aide s'exprime parfois au travers de comportements très agressifs ;
- interpréter les exigences multiples de certaines personnes : reconnaître que la demande d'aide immédiate au travers d'un soin est souvent la manifestation d'une souffrance psychologique.

Par son comportement, l'auxiliaire de vie sociale contribue à redonner à la personne aidée une image plus positive d'elle-même. L'objectif est d'aider à préserver, conserver ou reconquérir *l'autonomie*. La personne doit être reconnue comme *sujet* et non comme objet.

3 Veiller à respecter les croyances

Il est important d'établir avec la personne une relation de coopération active où elle participe. Ceci ne peut se faire que dans le respect de la dignité de la personne humaine.

La neutralité de l'auxiliaire de vie sociale, par rapport aux croyances et opinions, ne doit pas être assimilable à de l'indifférence. Elle nécessite un engagement dans la prise en charge des besoins spirituels. Respecter l'observance des coutumes et des rites religieux contribue au soutien moral de la personne et de sa famille (*cf.* Tableau 2.4).

Tableau 2.4 Le respect des croyances de la personne.

Religion	Hygiène	Alimentation	Pratique après le décès
Catholicisme	Pas de règles spécifiques	Proposer du poisson le vendredi Respecter le carême (jeûne avant Pâques)	– Aviser l'aumônerie ou la paroisse (sacrement des malades)[a] – Toilette mortuaire en association avec la famille
Judaïsme	Très importante (synonyme de pureté)	Pas de viande de porc, de crustacés, etc.	Toilette mortuaire effectuée par la famille et le rabbin
Islam	Très importante (ablutions avant les prières de la journée)	Pas de viande de porc, pas d'alcool ; jeûne du Ramadan (facultatif pour les malades)	Toilette mortuaire effectuée par l'Imam et la famille (le corps doit rester allongé)

a. La famille catholique demande souvent au prêtre de donner ce sacrement à la personne dans la phase terminale de la maladie (on l'appelait jadis « l'extrême onction »).

3. Régression : retour à un état antérieur, diminution de ses forces physiques et morales.

4 Veiller à respecter les besoins fondamentaux

Nous avons étudié l'ensemble des besoins fondamentaux dans le chapitre 4. Nous insistons ici sur le *besoin de communiquer* car il permet l'échange d'informations, de sentiments, d'opinions, indispensables aux personnes aidées. Ces échanges nécessitent l'intégrité des capacités sensorielles, locomotrices, intellectuelles et psychologiques, qui risquent de se détériorer chez les personnes âgées et/ou malades. L'accumulation de difficultés risque de placer la personne dans un « désert » relationnel. Ne plus, ou ne pas communiquer représente une menace grave pour l'équilibre psychique de tout individu.

Les principaux obstacles à la communication sont :

- les déficits sensoriels (vue, audition, toucher) ;
- la perte de mémoire, la difficulté de compréhension et d'analyse, etc. ;
- la dépression, l'incohérence, la démence, etc. ;
- l'isolement, l'éloignement, etc.

Rôle de l'AVS

Cf. le rôle de l'auxiliaire de vie sociale, dans le domaine de formation 3, chapitre 10.

L'AVS aura un rôle très important à jouer auprès de cette personne.

5 Veiller à respecter l'expression des désirs

La personne peut manifester ses désirs de plusieurs façons :

- de *façon directe*, en formulant clairement ce qu'elle souhaite ;
- de *façon indirecte*, dans un comportement ou une attitude. *Ex.* : l'agressivité de la personne aidée peut témoigner d'une peur, d'une insatisfaction ou d'une incompréhension.

Rôle de l'AVS

L'auxiliaire de vie sociale doit être capable de comprendre les demandes et les exigences de chaque personne aidée. Lorsqu'il n'est pas possible de répondre à une demande, l'AVS doit expliquer et argumenter. Elle veillera à en référer à la (le) responsable et à l'équipe. L'AVS doit impérativement bannir toute attitude de chantage. *Ex. : « Vous ne verrez pas vos petits-enfants, si vous ne mangez pas votre soupe »* ; un tel comportement est une forme de maltraitance. C'est une grave faute humaine et professionnelle.

6 Veiller à respecter les incapacités de la personne

Un jeune enfant, une personne âgée, une personne handicapée n'ont pas ou ont perdu la capacité de réaliser des gestes, des comportements. Quelques exemples :

- *un enfant de huit mois* n'est pas encore capable de maîtriser sa fonction d'élimination : il est donc normal de lui mettre des couches ;

- *une personne paralysée* a perdu l'usage de ses sphincters : il est donc normal de lui apporter une aide et le port de protections ;
- *une personne atteinte de la maladie d'Alzheimer* n'a plus la capacité de mémoriser certains gestes. *Ex.* : où elle a posé ses affaires. Il est donc normal qu'elle demande plusieurs fois par jour ce qu'elle en a fait.

Rôle de l'AVS

L'auxiliaire de vie sociale possède un diplôme d'État. Elle reçoit une formation complète avec des connaissances théoriques et techniques. Ces connaissances doivent lui permettre d'observer, d'analyser et de comprendre chaque situation. Il est indispensable qu'elle sache faire les liens entre l'observation d'un enfant ou d'une personne aidée et son développement psychomoteur ou sa pathologie. Cette mise en lien permet de mieux cerner les situations, de les maîtriser et d'adopter les techniques et attitudes adaptées.

7 Veiller à respecter les besoins spécifiques de la personne très malade ou en fin de vie

L'auxiliaire de vie sociale doit savoir répondre aux besoins complexes de la personne gravement malade ou en fin de vie. Il s'agit de deux types de besoins complémentaires.

◆ Des besoins physiologiques importants

On constate que la personne malade, ou en fin de vie, manifeste à la fois de l'angoisse et un « sursaut d'énergie », d'où la fréquence de ses demandes (appels, sonnerie, plaintes…) afin de prouver qu'elle est toujours un être vivant, avec les mêmes besoins que les autres. L'auxiliaire de vie sociale doit répondre à tous ses appels.

◆ Des besoins affectifs intenses

Cette personne a des besoins de présence et de contact très prononcés. On appelle cela « *la recherche fusionnelle du mourant* ». L'auxiliaire de vie sociale devra donc lui apporter des réponses adaptées à ses besoins, en ayant le souci de préserver jusqu'au bout sa dignité.

Rôle de l'AVS

L'AVS doit faire prévaloir le silence et l'humilité.

- *Le silence* : nous connaissons l'importance du temps de silence dans la musique. Il permet de respirer, de mûrir ce que l'on vient d'entendre, afin d'être prêt à écouter la suite. Sachons garder le silence auprès du malade et aidons-le à rester dans « l'ici et le maintenant », à ne pas anticiper sur « ce qui va se passer… » et qui, de toute façon, ne se passera pas exactement comme nous l'avions prévu. Aidons-le à garder son énergie pour assumer les problèmes au fur et à mesure qu'ils se présentent. Respectons le cheminement individuel de chaque personne accompagnée, en sachant que les malades sont d'exceptionnels « formateurs » en humanité.

- *L'humilité* : c'est accepter que l'autre ne prenne pas la « perche » que nous lui tendons. C'est apprendre à passer le relais, c'est être « humble » devant le destin qui nous échappe et qui ne nous appartient pas.

Il est important de respecter chacun et d'être attentif aux émotions de telle ou telle personne. Cette attention est fondamentale pour l'accompagnement de ceux auprès de qui nous travaillons.

IV. BESOINS SPÉCIFIQUES DE LA PERSONNE ÂGÉE

A Aide à l'autonomie

Les AVS ont des rapports privilégiés avec les personnes âgées, du fait des contacts fréquents et prolongés avec elles. Lorsqu'un projet d'aide à l'autonomie est déterminé par une équipe, les AVS ont un rôle primordial d'aide à l'autonomie.

Nous développons l'aide à l'autonomie dans le domaine de formation 1 (nous vous invitons à vous y reporter). Nous allons voir ci-après quelques domaines où peut s'exercer l'aide à l'autonomie et insister sur le rôle important que peut jouer l'AVS auprès de la personne âgée pour lui redonner confiance dans ses possibilités et valoriser son image auprès des autres et auprès d'elle-même.

B Aide à la motricité et au déplacement

Lorsqu'il y a atteinte à la motricité, l'autonomie globale d'une personne âgée est toujours gravement altérée. En effet, la plupart des actes de la vie courante exigent des déplacements et un minimum de mobilité. C'est le cas lors des actes d'hygiène, d'alimentation, d'élimination. Être autonome, c'est être mobile, pouvoir se déplacer d'un point à un autre sans risque, être capable de prendre, manipuler, utiliser des objets et effectuer certains gestes, sans gêne ni douleur.

Rôle de l'AVS

L'AVS doit :

- rassurer la personne âgée sur ses capacités à se déplacer ; une simple présence peut permettre à la personne de se sentir en sécurité ;
- stimuler l'autonomie si la personne en a les capacités, si elle est encore valide. *Ex.* : organiser les lieux de façon à ce que la personne prenne en charge la plus

grande partie possible de la tâche (encourager *Mme S.* à aller jusqu'à la salle de bain plutôt que de lui faire sa toilette au fauteuil) ;
- proposer des aides techniques qui aident et rassurent la personne âgée. *Ex.* : canne, déambulateur, barre d'appui, etc. ;
- proposer des activités physiques destinées à redonner souplesse et mobilité (dans le respect des consignes médicales).

C Aide à l'élimination et prévention de l'incontinence

L'incontinence est vécue par les personnes âgées comme une véritable humiliation et avec une angoisse permanente. Depuis quelques années, bien des équipes se sont attaquées au problème et ont mis au point des protocoles de lutte contre l'incontinence, car elles ont remarqué que toutes les personnes âgées, présentées comme incontinentes, ne le sont pas toujours ou le sont temporairement. En effet, l'incontinence peut survenir à la suite d'une intervention, d'une infection urinaire ou, tout simplement, d'une hospitalisation. Il suffit souvent de redonner aux personnes des habitudes, pour qu'elles puissent à nouveau contrôler et déclencher les mictions.

Rôle de l'AVS

Le rôle de l'AVS va s'articuler autour de deux axes : solliciter la personne pour qu'elle participe à sa rééducation et lui proposer une aide pour qu'elle puisse contrôler son élimination. L'AVS doit (dans le respect des consignes médicales) :

1. Faire participer la personne âgée à sa rééducation

La stimuler, l'encourager, lui donner confiance, dédramatiser la situation et proposer des objectifs à court terme, pour que la personne puisse évaluer ses progrès.[1]
Ex. :
- 1re étape : l'AVS peut proposer à la personne d'enlever sa protection quelques heures en matinée et de la remettre avant le repas. Elle aura ainsi la satisfaction d'avoir pu se contrôler un certain temps et n'aura pas l'angoisse d'une « fuite » à table, en présence d'autres personnes.
- 2e étape : l'AVS peut proposer à la personne d'enlever la protection, d'aller aux toilettes juste avant le repas et de remettre une protection pour la sieste. Il s'agit pour l'AVS d'aider la personne à rétablir des relations avec les autres pour susciter l'envie et le besoin d'être continente.

1. Dédramatiser c'est respecter la personne, c'est lui redonner confiance en elle-même et c'est surtout créer des rapports relationnels harmonieux, c'est essentiel

2. Aider la personne âgée à contrôler ses mictions

L'AVS doit :

- prévoir un bassin ou un urinal lorsque la personne a des difficultés à se déplacer ;
- proposer le déplacement aux toilettes toutes les 3 heures ;
- répondre rapidement aux demandes, *ne pas faire attendre la personne* ;
- surveiller les quantités de boissons absorbées mais tenir compte des besoins d'hydratation de la personne ;
- lui laisser le temps d'uriner : chez la personne âgée, le déclenchement de la miction n'est pas toujours immédiat ;
- installer confortablement la personne aux toilettes ;
- être discrète, patiente et respecter la pudeur de la personne âgée (qui peut être bloquée par trop d'assistance) ;
- ne proposer des protections que lorsqu'elles sont indispensables et laisser à la personne le choix de les utiliser ou non ;
- éviter d'avoir des exigences trop importantes ou à court terme.

Situation

La grille mictionnelle de Mme D.A.

Mme D.A. (88 ans) mouille rarement sa protection car elle demande à uriner. Mais elle n'en ressent pas toujours le besoin, surtout quand son attention est mobilisée par une activité. De ce fait, *Annie* (l'AVS) la sollicite régulièrement : avant le repas de midi, le goûter et le repas du soir. Si exceptionnellement *Annie* tarde à la solliciter, *Mme D.A.* le lui rappelle souvent.

Remarque

La rééducation de l'incontinence est contraignante pour les personnes âgées, mais elle est indispensable pour améliorer les conditions de vie et d'autonomie des personnes. Pour évaluer l'importance de l'incontinence, les variations et l'évolution de la rééducation, l'AVS peut utiliser une grille mictionnelle (*cf.* Tableau 2.5).

Tableau 2.5 Grille mictionnelle (à titre d'exemple).

Heure	Besoin d'uriner	Volume des urines[a]	Lieu et moyens utilisés	Commentaires de l'AVS
8 h 30	++	150 mL	Bassin (au lit)	Sonnette près du lit
11 h 30	+	140 mL	Bassin	Sans aide
16 h 30	+++	–	Sur sa protection (au fauteuil)	Ne peut se retenir
20 h 00	+	180 mL	Bassin	Sans aide

a. Les urines sont vidées dans un bocal pour évaluer la quantité.

D Aide à la nutrition et à l'hydratation

L'auxiliaire de vie sociale doit veiller à ce que les personnes âgées aient une *alimentation adaptée* à leurs besoins ; cela ne signifie pas que l'AVS doit les nourrir tel qu'on l'entend pour un enfant. L'AVS doit, au contraire, stimuler les intérêts pour la nourriture et les guider sans rien imposer dans le choix de leurs menus.

L'auxiliaire de vie sociale doit prévenir la *déshydratation* car c'est un trouble grave (courant lors de certaines maladies chez les personnes âgées). Les causes sont l'addition de deux phénomènes : l'augmentation des pertes d'eau et la diminution des apports liquides.

Les personnes âgées perdent souvent la sensation de soif ou l'envie de boire. Cette situation est aggravée par certaines maladies (diabète, maladies neurologiques). Certains médicaments peuvent modifier l'élimination d'eau ou la miction (diurétiques, tranquillisants, neuroleptiques). Enfin, la déshydratation entraîne une hyperthermie qui aggrave la déshydratation.

Rôle de l'AVS

L'AVS doit veiller à :

- proposer *des menus en fonction du régime* de la personne (lui expliquer pourquoi certains aliments sont déconseillés par le médecin) et de ses goûts ;
- veiller à la *bonne installation* de la personne (au lit ou au fauteuil), protéger préalablement le lit et la personne (mettre la serviette) ;
- aider la personne à manger si besoin (couper la viande…), proposer des *aides techniques* (antidérapant sous l'assiette, verre à pied, couverts adaptés…) ;
- veiller à ce que la personne porte son appareil dentaire ;
- faire en sorte que le repas soit un moment agréable en *bavardant*, en *encourageant* la personne (la maladie diminue souvent l'appétit) ;
- *dédramatiser les « petits accidents »* (aliments tombés au sol…) ;
- dépister les signes de la déshydratation :
  - baisse de la quantité d'urine,
  - sécheresse buccale,
  - perte de poids,
  - présence du pli cutané,
  - fièvre, dyspnée, etc.,
  - troubles psychiques (confusion), etc. ;
- vérifier que la personne ait *toujours de l'eau* à portée de main et *proposer des boissons* en cours de journée (eaux minérales variées[1], thé…) ;
- dépister les risques de dénutrition de la personne âgée ;
- proposer du matériel permettant à la personne de boire seule : verre à pied, canard, paille ;
- évaluer le *niveau de dépendance* de la personne et agir en conséquence. *Ex.* :

Niveau de dépendance de la personne	Rôle de l'auxiliaire de vie sociale
Difficulté pour boire	– Aider à boire – Proposer un matériel adapté
Difficulté de déglutition	– Faire boire lentement, par petite quantité et prévenir les fausses routes
Absence de sensation de soif	– Proposer à boire sans attendre que la personne le demande – Réaliser une grille d'hydratation

1. Les eaux minérales aromatisées peuvent être proposées, car elles flattent le goût. Après avis médical, on peut proposer aussi de l'eau gélifiée à la personne.

Situation

La déshydratation de Mme M. (personne de 78 ans, dépendante)

Chloé (AVS) s'occupe régulièrement de *Mme M.*, qui a subi un accident vasculaire cérébral et se remet difficilement de celui-ci. Elle est hémiplégique et a besoin d'une aide quasi permanente. *Chloé* la fait boire (en utilisant un verre à bec) très lentement. Elle lui parle entre chaque gorgée pour l'apaiser. *Mme M.* présente deux symptômes très visibles : le « pli cutané » et la langue sèche. Il s'agit de deux signes de déshydratation que *Chloé* a signalés à la responsable et au médecin.

Remarque

Le niveau de dépendance de Mme M. revêt trois volets. L'AVS devra adapter son rôle aux besoins particuliers de la personne.

E Méthode d'observation et d'analyse de la situation d'une personne

L'analyse de la situation d'une personne vise à évaluer objectivement un ensemble d'informations sur la personne afin de déterminer la cause de son ou de ses problèmes et d'y apporter une solution. Dans notre vie quotidienne, nous devons gérer un nombre important de problèmes. Certains d'entre eux sont plus complexes que les autres et nécessitent un temps de réflexion et d'analyse. Il en est de même dans le domaine de la santé. L'analyse s'adapte à la situation. L'AVS ne procédera pas de la même manière lorsqu'il s'agit d'une situation d'urgence et d'une situation de la vie ordinaire, lorsqu'il s'agit d'un adulte ou d'un enfant. Afin d'observer et d'analyser la personne dans différentes situations, nous utilisons la méthodologie de la démarche d'action, ou d'aide (DDA). Elle est structurée par étapes sur les mêmes principes que la démarche de soins (DDS), utilisée par les soignants.

1 Principes de la démarche d'action (DDA)[4]

La mise en œuvre d'une intervention, c'est la préparation d'une action et sa réalisation. C'est une excellente méthode de travail basée sur l'organisation de la pensée.

4. On peut également l'appeler Démarche d'aide (DDA).

Une démarche d'action (ou d'aide) appelée DDA est réussie lorsque l'auxiliaire de vie sociale *pense* correctement ses *actions*.

◆ S'informer sur la personne à aider

L'auxiliaire de vie sociale doit recueillir des informations (données) pertinentes sur la personne à aider, afin de mieux la connaître (connaître son histoire, son problème, son environnement familial et social).

◆ Identifier les besoins fondamentaux de la personne

L'auxiliaire de vie sociale doit savoir rechercher la nature des besoins fondamentaux de la personne. Il s'agit de besoins vitaux. S'ils sont insatisfaits, ils ont des incidences néfastes sur l'évolution de son état (*cf.* Tableau 2.6). C'est la 2e étape d'une démarche d'action.

◆ Répondre aux besoins de la personne et proposer des solutions adaptées

L'auxiliaire de vie sociale saura analyser les besoins de la personne afin de les satisfaire et de proposer des solutions adaptées (solutions alternatives s'il y a lieu).

◆ Adapter son attitude et sa technique à l'évolution de l'état de la personne

Pour savoir adapter son attitude et ses techniques à l'évolution de l'état de la personne et du contexte[5], l'auxiliaire de vie sociale doit :

- faire preuve *d'attention* : elle doit savoir *observer* la personne dans son environnement et concentrer son esprit et sa vigilance sur le changement d'un état ou d'une situation. Elle doit pouvoir faire face aux « imprévus » ;
- faire preuve *d'empathie* : elle doit pouvoir *comprendre* la souffrance de la personne à aider afin de lui offrir une relation humaine chaleureuse, adaptée à son état.

◆ S'organiser dans l'espace et dans le temps

Une démarche d'action est basée sur une méthodologie du travail qui implique une organisation, une préparation de l'action. L'auxiliaire de vie sociale doit savoir *planifier* son action dans l'espace (le lieu) et dans le temps (*cf. La planification de l'action*).

◆ Travailler en équipe et faire des « transmissions »

Une démarche d'action bien ordonnée suscite une coopération entre les membres d'une équipe. Cela permet d'offrir à la personne aidée une *continuité* d'aide.
L'auxiliaire de vie sociale doit savoir transmettre des informations pertinentes sur la personne dont elle a la charge. Elle peut faire des *transmissions* :

- aux membres de l'équipe médico-sociale qui entoure la personne (médecin, infirmière, kinésithérapeute, assistante sociale…) ;
- à sa/son responsable ;
- à la famille de la personne aidée.

Elle peut utiliser un cahier (appelé cahier de liaison) où elle notera chaque jour les informations intéressantes sur la personne : appétit, sommeil, douleurs, etc. Cela relève de la communication.

5. On appelle cela « évolution contextuelle ».

◆ Faire son « auto-évaluation »

Pour proposer une action (ou intervention) toujours plus efficace et adaptée aux besoins de la personne, l'auxiliaire de vie sociale doit savoir évaluer son action à court et à long terme.

2 Objectifs de la démarche d'action (DDA)

La démarche d'action est une succession de raisonnements logiques conduisant à la *mise en œuvre* d'une *action* (ou intervention), dont les objectifs sont définis au départ.

◆ Développer le sentiment de dignité de la personne

L'action à entreprendre doit être « personnalisée » afin de répondre aux besoins spécifiques de la personne à aider.
L'auxiliaire de vie sociale la prendra en charge dans son contexte personnel, avec ses proches. La personne et sa famille doivent *sentir* qu'ils sont *considérés* par l'auxiliaire de vie sociale, qu'ils sont importants à ses yeux, qu'ils sont *respectés*.

◆ Favoriser l'autonomie de la personne

L'auxiliaire de vie sociale doit aider la personne à découvrir ses ressources personnelles, pour cela elle dynamisera :

- ses capacités motrices (déplacements) ;
- ses capacités psychologiques (volonté, motivation) ;
- ses capacités intellectuelles (mémoire…).

Pour favoriser l'autonomie de la personne, l'auxiliaire de vie sociale fera appel aux techniques d'animation qu'elle adaptera à l'état de santé de la personne (*cf.* Domaine de formation 3).

3 Étapes de la démarche d'action (DDA)

La mise en œuvre d'une action (ou intervention) suit un processus logique. Elle évolue en 5 étapes dont le but est d'offrir à la personne une aide personnalisée visant à son « mieux être ». Il faut rappeler qu'une telle démarche relève d'un travail d'équipe.
Nous résumons les 5 étapes de la démarche d'action (DDA) dans le tableau 2.6 (nous vous proposons un moyen mnémotechnique pour retenir les 5 étapes : elles forment le mot DEAVS !)

Tableau 2.6 Les 5 étapes de la DDA (résumé).

Point de repère	Les 5 étapes	Le contenu	Les moyens
D	1 – Collecter les **D**onnées	L'AVS s'informe pour connaître la personne	L'AVS utilise l'observation[a] et la communication avec la personne et/ou sa famille ainsi que le dossier de prise en charge.
E	2 – **É**tudier les besoins fondamentaux	L'AVS étudie les besoins spécifiques de la personne, identifie le problème et réfléchit aux réponses à apporter	L'AVS utilise les informations de la collecte de données et les analyse[b]

Tableau 2.6 Les 5 étapes de la DDA (résumé). *(Suite)*

Point de repère	Les 5 étapes	Le contenu	Les moyens
A	3 – Avant d'agir : Organiser l'**A**ction et préparer le matériel	L'AVS élabore un plan d'action, elle organise et prépare l'action	L'AVS regroupe tous les moyens matériels et/ou humains en vue de l'action[c]
V	4 – **V**alider l'action – La réaliser selon une technique précise	L'AVS veille à respecter des règles essentielles et à effectuer les *transmissions*	L'AVS met en œuvre un protocole d'action (ou une technique) de soins ou d'animation *bien précis*[d]
S	5 – **S**'auto-évaluer après l'action	L'AVS vérifie l'efficacité de son action par une auto-évaluation	L'AVS se questionne par rapport à l'action (ou à l'animation) qu'elle a effectuée[e]

a. *Cf.* formulaire : La collecte de données, page 205.
b. *Cf.* formulaire : L'étude des besoins fondamentaux, page 207.
c. *Cf.* formulaire : La planification de l'action, page 209.
d. *Cf.* formulaire : La réalisation de l'action, page 214.
e. *Cf.* formulaire : L'évaluation de l'action, page 215.

4 Méthodologie de la collecte de données

La collecte de données est la première étape de la démarche d'action. C'est un recueil d'informations qui est destiné à mieux connaître la personne dans son identité individuelle, familiale, sociale et environnementale. L'auxiliaire de vie sociale s'informe sur le passé de la personne pour mieux comprendre le présent et trouver les meilleures réponses à ses besoins. Toutefois, l'AVS ne doit pas être intrusive et doit toujours veiller à *respecter l'intimité* de la personne.

◆ Contenu

L'auxiliaire de vie sociale s'informera sur la personne :
- *son identité et sa situation familiale* ;
- *son état de santé,* c'est-à-dire :
  – ses antécédents : c'est l'histoire de sa santé (son vécu médical ou chirurgical),
  – ses capacités : motrices, sensorielles, cognitives (ou intellectuelles), relationnelles, etc.

Toutes ces données doivent être sollicitées avec tact (il faut à tout prix éviter l'interrogatoire).

◆ Moyens utilisés

L'auxiliaire de vie sociale utilisera :
- *la communication verbale* : il s'agit de questions directes formulées à la personne (ou à sa famille, dans le cas d'une personne inconsciente ou âgée). Ceci se fait progressivement, au cours de la relation d'aide basée sur la confiance ;
- *la communication non verbale* : il s'agit de l'observation directe de la personne. Elle notera :
  – ses attitudes corporelles : postures, gestes (*ex.* : posture antalgique chez la personne souffrante),
  – les expressions de son visage (*ex.* : crispation, tristesse, dégoût, ennui, joie...) ;

- *les rapports écrits* : il s'agit d'informations mentionnées dans le *dossier de prise en charge* par le service d'aide à domicile, qui peut contenir la *collecte de données* effectuée par la (le) responsable du secteur.

◆ Conditions requises

L'AVS doit :
- respecter le *secret professionnel* : ces informations doivent rester confidentielles ;
- respecter la *vie privée du patient* : certaines questions ne doivent pas être posées et certaines informations ne doivent pas être inscrites ;
- rester objectif : il ne faut porter aucun jugement sur les informations obtenues.

◆ Utilisation d'un « formulaire »[6]

Pour regrouper ses informations, la (le) responsable de secteur du service d'aide à domicile peut utiliser un formulaire (*cf.* Figure 2.6), qui présente plusieurs intérêts pour l'AVS :
- il permet à l'auxiliaire de vie sociale de mieux connaître la personne à aider ;
- les données recueillies peuvent être transmises à certains membres de l'équipe médico-sociale (médecin, infirmière, kinésithérapeute).

5 Autres étapes de la DDA

Nous allons traiter les autres étapes de la démarche d'action (DDA) au moyen des trois « *études de situation* » (ci-après).
Après la collecte des données, les 4 autres étapes de la DDA sont :
- l'étude des besoins fondamentaux ;
- l'organisation de l'action (ou animation) ;
- la réalisation de l'action (ou animation) et les transmissions ;
- l'évaluation de l'action (ou animation).

Nous allons observer et analyser la situation de 3 personnes : l'enfant, l'adulte handicapé et la personne âgée.
La démarche d'action est la meilleure base de réflexion pour une action efficace. Nous allons l'adapter aux exigences de compétences définies par le « programme d'étude » pour l'AVS.
C'est dans l'optique d'un apprentissage sérieux, situé dans la réalité quotidienne du terrain, que nous avons imaginé les « applications pratiques » de la démarche d'action. Celles-ci sont écrites à la première personne : c'est la stagiaire AVS qui présente sa démarche dans le cadre d'une mise en situation professionnelle. Elle doit décrire son comportement personnel en fonction des besoins et des demandes de la personne à aider.
L'AVS doit faire la démonstration de ses capacités :
- à collecter des informations ;
- à observer une situation ;
- à identifier des problèmes ;
- à organiser une action ;
- à définir des priorités et à travailler en équipe (en cohérence avec les intervenants).

6. Le formulaire de la « collecte de données » ne peut être complété que par le responsable de secteur. Ce formulaire est donné à titre d'exemple (il n'est pas exhaustif).

Date du recueil :…………………….. Heure……………………
Personnes ayant participé à l'élaboration du recueil :……………………………………
Documents utilisés pour l'élaboration du recueil :……………………………………………

QUESTIONNAIRE

Nom :………………………….. Prénom :……………………………. Âge :……. Sexe :……
Adresse :……………………………………………………………………………………
Tél. :………………………….. Nationalité :…………………… Langue parlée :………………
Profession :…………………………………………………… Religion :……………………………………
Situation de famille :…………………………………………… Nombre d'enfants……………………………
Nom du médecin :…………………………………………… Tél. :…………………………
Personnes à prévenir :…………………………………………… Tél. :…………………………..
Nom de l'auxiliaire de vie sociale :…………………… ………Téléphone personnel :………………

Constantes/Paramètres	**Capacités relationnelles**
– poids : – taille : – dentition : – température : – pouls : – tension :	Communication verbale : Communication non verbale :
Capacités motrices	**Capacités intellectuelles**
– membres supérieurs, inférieurs : – aides techniques :	– attention : – mémoire : – analyse :
Capacités sensorielles	**Antécédents médicaux et chirurgicaux**
– vue : – audition : – goût :	– maladies : – opérations :
Traitements en cours	**Régime(s) alimentaire(s) en cours**
Examens, radios, vaccins…	**Sécurité sociale/Mutuelle**
	– numéro de SS : – adresse et tél. :
Visites reçues	**Visites prévues**
– famille : – relations : – médecin : – autres : – fréquence des visites :	– famille : – relations : – médecin : – autres : – jour (ou dates)

Fig. 2.6 Formulaire de la collecte des données (utilisé par le responsable de secteur).

F Étude de situation auprès de l'enfant

1 Énoncé de la mise en situation

« En tant qu'auxiliaire de vie sociale à domicile, vous devez prendre en charge *Julien*, un bébé de 2 mois 1/2, car sa maman (veuve) a des horaires et des charges de travail lourdes et fatigantes. Ce matin, *Julien* a une infection rhinopharyngée qui le gêne beaucoup, accompagnée de fièvre. Vous allez le changer dès votre arrivée et prendre sa température à la demande sa mère ».

2 Étapes de la démarche d'action (DDA)

La DDA se déroule en 5 étapes. La stagiaire AVS va détailler sa façon de procéder à chacune de ces étapes et personnaliser son action.

◆ Première étape : informations sur Julien[7]

(→ connaissance de Julien)
Afin de mieux connaître l'enfant sur lequel je dois réaliser la tâche, je questionne sa maman.

Son identité individuelle et familiale

- *Julien* est né le 10 décembre 2… (il a 2 mois 1/2).
  - Il est Français.
  - Il habite à Marseille chez sa maman (un F3 au 4e étage d'un immeuble).
- *Son père* : M. D. est décédé il y a 6 mois d'un accident d'auto, Français, 35 ans, employé de la société ZI.
- *Sa mère* : Mme D. Française, 25 ans, employée de la société ZI.
- *Sa situation familiale* :
  - Les parents étaient mariés.
  - Pas de frères et sœurs.

Observation : la famille a été bouleversée après l'accident du père.

Son état de santé et sa protection sanitaire

- Il est né à terme.
- Il a reçu le BCG.

Observation : aucun problème à la naissance.

Sa croissance somatique (à ce jour)

- *Julien* pèse 4,500 kg (il pesait 3,100 kg à la naissance).
- *Julien* mesure 60 cm (il mesurait 50 cm à la naissance).

7. Nous indiquons ici un maximum d'informations (à titre indicatif) en rappelant toutefois que l'AVS n'est pas tenue d'obtenir toutes ces données sur la personne aidée.

Observation : la croissance staturo-pondérale de *Julien* apparait harmonieuse et correspond aux normes de son âge.

Son développement psychomoteur (à ce jour)

Julien bouge peu, répond peu aux stimulations.
Observation : Julien semble être assez hypotonique (mou).

◆ Deuxième étape : étude des besoins fondamentaux de Julien

(→ réponses à apporter)
J'indique les besoins satisfaits (ou habitudes de vie) et les besoins insatisfaits ou perturbés de l'enfant et je précise mon « rôle » (dans la colonne de droite du tableau), c'est-à-dire la « réponse » que j'apporte à ses besoins (*cf.* Tableau 2.7)

Tableau 2.7 Étude des besoins fondamentaux de Julien (2 mois 1/2)[a] et rôle de l'AVS.

Besoins fondamentaux	Besoins satisfaits et habitudes de vie	Besoins insatisfaits ou perturbés	Rôle de l'AVS
1. *Respirer*		Infection ORL (rhinite)	– Coucher *Julien* sur le dos et le surélever un peu – Humidifier l'atmosphère – Faire une DRP[b]
2. *Boire et manger*	– Julien boit 6 biberons/24 h de 150 mL de lait 1er âge – A bon appétit	Petits rejets fréquents après les repas	– Installer l'enfant (semi-assis) dans mes bras – Vérifier la température du biberon – Donner le biberon lentement – Après le biberon : lui faire faire le rot – Évaluer la quantité ingurgitée
3. *Éliminer*	Urines normales	Selles marrons assez fermes	– Surveiller fréquence, couleur, odeur des selles et urines (les noter) – Transmettre (si problème)
4. *Se mouvoir* (développement psychomoteur)	– Soulève la tête du plan de travail – Pédale lors du change	Tenu assis : sa tête retombe en arrière (hypotonique)	– L'installer correctement dans son lit – Avoir des gestes doux
5. *Dormir*	– Dort environ 12 h/nuit – 2 h à la sieste		– Faire le change avant le couchage – Surveiller pendant la sieste – Transmettre heures de sommeil
6. *Se vêtir*	A une brassière et une couche		– Si fièvre, le découvrir

Tableau 2.7 Étude des besoins fondamentaux de Julien (2 mois 1/2)[a] et rôle de l'AVS. *(Suite)*

Besoins fondamentaux	Besoins satisfaits et habitudes de vie	Besoins insatisfaits ou perturbés	Rôle de l'AVS
7. Maintenir la température du corps		Il a de la fièvre (38 °C)	– Prendre la température à chaque change. Si fièvre, transmettre à la maman et à la (au) responsable[c] – Veiller à la température de la pièce (18 °C)
8. Être propre	– Bain quotidien – Change dès que nécessaire	L'enfant se souille après les repas (rejets fréquents)	– Laver mains et bouche après repas (car rejets) – Changer vêtements et literie souillés – Nettoyer l'environnement de l'enfant
9. Être protégé des dangers	Il a reçu le BCG	Il a la fièvre (38 °C)	– Vérifier la température de l'enfant, du bain, du biberon, de la pièce – Mettre la barrière au lit – Faire faire un rot après biberon – Donner de l'eau à boire (si fièvre)
10. Parler et communiquer	Julien communique par ses pleurs et son regard		– Lui parler et chanter – Transmettre tout comportement anormal
11. Jouer et s'amuser	Aime qu'on lui chante des chansons	Si fièvre : ne s'intéresse plus à rien	Lui chanter et proposer : – un mobile musical – un hochet
12. Respecter les croyances familiales	La maman est catholique		Elle lui a mis une médaille. Je respecte son choix

a. Nous avons volontairement simplifié l'étude des besoins fondamentaux ; l'élève AVS doit les détailler davantage.
b. DRP : la désinfection rhinopharyngée (avec un sérum physiologique) se fait sur prescription.
c. Les transmissions (ou passage d'informations) à l'équipe se font oralement.

◆ Troisième étape : planification de l'action

(→ organisation et préparation de l'action)
Afin d'effectuer une action de qualité, je dois bien connaître la procédure.
Je dois donc préciser ses caractéristiques et ensuite procéder à son organisation et à sa préparation concrète.
Je vais agir en me posant les questions fondamentales par rapport à cette action et tenter de leur apporter les réponses les plus adéquates[8] (*cf.* Tableau 2.8).

8. Les questions sont basées sur la formule QQQOCP (quoi, quand, qui, où, comment, pourquoi). Toutefois elles ne sont pas obligatoirement mises dans l'ordre de la formule.

Tableau 2.8 **Planification de l'action.**

Les questions de la planification (le QQQOCP)		**Les réponses apportées (rôle de l'AVS)**
Q	Le **Quoi** de l'action ? Je recherche : – *la nature* – *les particularités du soin*	Je dois procéder au change de couches et à une prise de température à un bébé de 2 mois 1/2. Je prévois : la prise de température axillaire qui est moins traumatisante (je dois prévoir d'ajouter 5 dixièmes à la température affichée sur le thermomètre) ou un thermomètre frontal infrarouge
P	Le **Pourquoi** de l'action ? – *les indications et les intérêts* de l'action – *les objectifs* de l'action	– Cette action est indiquée lors d'une hyperthermie – Il s'agit de vérifier la courbe de température de l'enfant (donc l'évolution de son état de santé), de prévenir ses conséquences et de satisfaire son besoin de confort (en changeant la couche)
C	Le **Comment** ? *Je prépare le matériel pour l'action*	Un thermomètre et le matériel pour effectuer un change
Q	Le avec **Qui** ? Je pense demander de l'aide	Je n'ai pas besoin d'aide pour cette action
Q	Le **Quand** ? *Je programme l'action dans le temps*	Au lever : le matin, à midi et après la sieste
O	Le **Où** ? Je réfléchis au lieu où se déroulera l'action	Près du lavabo (donc dans la salle de bain)

◆ Quatrième étape : réalisation de l'action

(→ actions à mener et précautions à prendre)
La mise en œuvre de l'intervention, c'est l'action elle-même avec la prise en compte de certaines précautions.

En préalable à l'action : « je vérifie le matériel et j'avertis l'enfant »

- Je vérifie le matériel de l'action préparée, afin de m'assurer que je n'ai rien oublié.
- J'avertis l'enfant que l'action va commencer et je le prends ensuite dans mes bras.

Au cours de l'action : « je pense aux règles professionnelles de base »

Je démontre mes acquis :
- *sur le plan gestuel*, où je respecte les cinq grandes règles professionnelles :
  - sécurité,
  - hygiène,
  - confort,
  - économie,
  - et ergonomie ;

- *sur le plan relationnel* :
  – je parle à *Julien* au cours du soin : « *Julien, je mets le thermomètre sous ton petit bras. Es-tu d'accord ? C'est un peu froid ? Ça va être rapide ! Tu vois, c'est déjà fini !* » ;
  – j'ai des gestes doux, apaisants.

En fin d'action : je fais les transmissions (ou passage d'information) à l'équipe

J'écris dans le cahier de liaison :
- Enfant : JULIEN/le 28.01 à 11 h 00.
- Température : 37,5 °C axillaire.
- Change : une selle ferme.

Je signale (oralement) à la mère de Julien (dès son retour) :
- que Julien a 37,5 °C de température axillaire ;
- qu'il était fatigué.

◆ Cinquième étape : auto-évaluation de l'action

(→ amélioration et progression)

L'action effectuée sur *Julien* a-t-elle atteint son objectif ?
- Je réfléchis aux compétences exigées en fonction des critères d'évaluation (*cf.* Tableau 2.12, *Formulaire d'évaluation de l'action*).
- Je justifie pourquoi seul l'objectif économie n'a été réalisé qu'en partie : j'ai dû prendre une deuxième couche car la première est tombée sur le sol (je prendrai plus de précautions la prochaine fois).
- Je détaille quelques objectifs satisfaits (sur le plan du confort et de l'hygiène).

G Étude de situations auprès de la personne âgée

1 Énoncé de la mise en situation

En tant qu'auxiliaire de vie sociale, vous devez prendre en charge à domicile *M. V.*, (personne de 79 ans), dépendant et incontinent. On vous demande de renouveler sa protection.

2 Étapes de la démarche d'action (DDA)

La DDA se déroule en 5 étapes. La stagiaire AVS va détailler sa façon de procéder à chacune de ces étapes, et personnaliser son action.

◆ Première étape : je recueille des informations sur M. V.

(→ connaissance de M. V.)

Je collecte mes informations afin de mieux connaître *M. V.*

Je prends connaissance d'informations dans le « dossier de prise en charge » (du service d'aide à domicile).

Son identité et sa situation familiale

M. V. est né le 25 mars 19.. (il a 79 ans) ; il est français ; il habite à Colombes avec sa femme. Il a trois enfants (mariés) et six petits-enfants.
Observation : il n'a plus de contact avec ses enfants et petits-enfants.

Son état de santé, ses antécédents

- *M. V.* a été hospitalisé le 08.07… pour hémiplégie (suite à un accident vasculaire cérébral).
- Il souffre d'incontinence urinaire.
- Il a eu une bronchite cet hiver.
- Il a été opéré il y a douze ans pour calculs à la vésicule biliaire.

Observation : *M. V.* a de gros problèmes de santé. C'est une personne « dépendante ».

Ses capacités (à ce jour)

- À ce jour, *M. V.* ne se déplace pas, il garde la chambre.
- Il s'exprime peu (il est replié sur lui-même).

Observation : *M. V.* est très fatigué et il accepte mal son état de santé.

Ses paramètres (à ce jour)

M. V. pèse 82 kg (il pesait 90 kg il y a 3 mois).
Observation : *M. V.* a perdu du poids en raison de son état de santé.
Observation : l'examen est négatif.

◆ Deuxième étape : je procède à l'étude des besoins fondamentaux

(→ *réponses à apporter)*
J'indique quels besoins de *M. V.* sont satisfaits (ou ses habitudes de vie) et quels besoins sont insatisfaits ou perturbés. Je précise mon rôle, c'est-à-dire la réponse que j'apporte à ces besoins ou habitudes de vie (*cf.* Tableau 2.9).

Tableau 2.9 **Étude des besoins fondamentaux de M. V.[a] et rôle de l'AVS.**

Besoins fondamentaux	Besoins satisfaits et habitudes de vie	Besoins insatisfaits ou perturbés	Rôle de l'AVS
1. Respirer	M. V. n'a pas de problème respiratoire et ne fume pas	M. V. tousse au réveil	– Aérer la chambre – Maintenir une température à 20 °C
2. Boire et manger	M. V. a pris ce jour un repas à midi avec : – des légumes, du poisson et un fruit – et un verre d'eau	– M. V. n'a jamais d'appétit, il se force à manger – M. V. se plaint de brûlures gastriques	– L'installer au fauteuil pour son repas – L'aider à manger et à boire – Transmettre la quantité absorbée[b] et ses plaintes[b]
3. Éliminer	Urines normales	– M. V. est incontinent – Aujourd'hui, M. V. a des selles liquides	– Le changer de protection régulièrement – Surveiller les urines et les selles et noter sur le cahier de liaison[b]

Tableau 2.9 Étude des besoins fondamentaux de M. V.[a] et rôle de l'AVS. ***(Suite)***

Besoins fondamentaux	Besoins satisfaits et habitudes de vie	Besoins insatisfaits ou perturbés	Rôle de l'AVS
4. Se mouvoir et maintenir une bonne posture	M. V. apprécie les sorties dans le jardin (en fauteuil roulant)	M. V. a des capacités motrices limitées (ne marche pas)	Lui proposer de se promener en fauteuil roulant
5. Dormir et se reposer	– M. V. dort 8 h/nuit – Sieste : 2 h – Il dort sur le côté	M. V. est fatigué après le repas, il fait la sieste	– Atténuer la lumière à sa demande – Veiller à ne pas faire de bruit
6. Se vêtir et se dévêtir	M. V. est vêtu d'un pyjama de flanelle sur lequel il ajoute deux vestes en laine	M. V. est frileux : il demande deux vestes en laine le jour et deux couvertures la nuit	Pour la nuit, limiter le nombre de couvertures car il fait chaud dans la maison
7. Maintenir sa température corporelle	T°C le matin : 37,3 °C (le 3/10 à 8 h)		Observer M. V. et surveiller la température[b]
8. Être propre, soigné	M. V. a sa toilette corporelle tous les matins	M. V. a la peau sèche et quelques irritations au niveau des fesses	– Faire sa toilette tous les matins – Surveiller les points d'appui
9. Éviter les dangers			Vérifier la barrière de sécurité du lit et la prise de ses médicaments
10. Parler et communiquer		– M. V. parle aux autres facilement – M. V. entend mal	– Parler à M. V. et l'écouter – Le stimuler à parler
11. Agir selon ses croyances et ses valeurs	M. V. est catholique		Respecter les signes de sa religion (médaille)
12. S'occuper en vue de se réaliser *13. Se divertir et se recréer*[c]	M. V. regarde la télévision (il a une émission préférée)	M. V. ne peut aller vers les autres, il est fatigué et affaibli.	– Favoriser les visites de ses amis – Varier les distractions au fauteuil
14. Apprendre	M. V. est très attentif quand on lui parle		– Lui parler des soins prodigués – Le rassurer et le sécuriser

a. Nous avons volontairement simplifié l'étude des besoins fondamentaux. La stagiaire AVS doit les détailler davantage.
b. Les transmissions (ou passage d'information) à l'équipe, se font oralement.
c. Certains besoins peuvent occasionnellement être regroupés.

◆ Troisième étape : je fais la planification de l'action

(→ *organisation et préparation de l'action)*
Afin d'effectuer une action de qualité, je dois connaître la technique de celle-ci et les précautions particulières à prendre. Pour ce faire, je dois préciser les différentes caractéristiques

de l'action et ensuite procéder à sa préparation. Je vais donc agir en me posant les questions fondamentales et tenter de leur apporter les réponses les plus adéquates (le QQQOCP)[9] (*cf.* Tableau 2.10)

Tableau 2.10 Planification de l'action.

Les questions de la planification (QQQOCP)		Les réponses apportées (rôle de l'AVS)
Q	Le **Quoi** ? *Je recherche :* *la nature et les particularités de l'action*	– Je dois effectuer une toilette intime à M. V. qui est alité et changer sa protection (il est incontinent) – Il faut aussi que je prévois de changer l'alèse si elle est souillée
P	Le **Pourquoi** ? *Je recherche :* *– les indications et les intérêts de l'action* *– les objectifs de l'action*	– Je dois effectuer une action concernant l'hygiène et le confort de la personne – Je dois aussi (et surtout) établir une relation privilégiée avec M. V. – Je dois assurer l'hygiène du siège dans le but d'éviter la macération
C	Le **Comment** ? *Je prépare le matériel* *Je prépare ma tenue*	Je sélectionne le matériel : une protection, le matériel de toilette, une alèse propre, une blouse spéciale (car selles) et des gants à usage unique
Q	Le avec **Qui** ? *Je prépare les personnes*	– J'accepterai volontiers l'aide de Mme V. (sa femme) pour soulever M. V. – Je veille à respecter les techniques d'ergonomie. – J'informe M. V. du soin qui est prévu après la sieste
Q	Le **Quand** ? *Je programme l'action dans le temps*	– Je prévois ce soin après la sieste (vers 15 h 30). – J'attendrai le réveil naturel de M. V.
O	Le **Où** ? *Je prépare le lieu*	Dans la chambre de M. V. : – je vérifie la température du local – je mets de l'ordre – je nettoie table et tablette (qui sont souillées)

◆ Quatrième étape : réalisation de l'action et transmissions

(→ *actions à mener et précautions à prendre*)
La mise en œuvre de l'intervention, c'est l'action elle-même avec la prise en compte de certaines précautions.

En préalable à l'action : je vérifie le matériel et j'avertis M. V.

- Je vérifie rapidement le matériel que j'ai déjà préparé (en visualisant mentalement mon action).
- J'avertis *M. V.* que l'intervention va commencer.

9. Les questions sont basées sur la formule QQQCP (qui, quand, quoi, où, comment, pourquoi).

Au cours de l'action : je pense aux règles professionnelles de base (*cf.* Tableau 2.11)

Après la sieste, je dois réaliser une intervention efficace auprès de *M. V.*, donc je démontre mes acquis.
- je respecte les règles professionnelles de base liées à chaque soin ;
- j'utilise le formulaire n° 4.
- *Sur le plan relationnel* :
  - je dois respecter *M. V.* (et sa femme) ;
  - j'ai déjà annoncé mon action à *M. V.* ;
  - je lui explique à présent mon action (en termes clairs et simples) ;
  - j'explique le motif de mon action à la femme de *M. V.* ; par respect de la pudeur, pour préserver l'intimité de *M. V.* je propose à *Mme V.* de quitter la chambre au cours de mon action ;
  - je parle à *M. V.* au cours de mon action, pour qu'il se décontracte et pour le sécuriser.

En fin d'action : je transmets les informations

- J'écris sur un cahier de liaison : *M. V.*/le 04.01… à 16 h :
  - toilette génito-anale ;
  - change : une selle liquide (malodorante).
- Je fais les transmissions orales à *Mme V.* et par écrit sur le « cahier de liaison » pour les collègues AVS.

Tableau 2.11 **Réalisation de l'action (ou intervention).**

Règles professionnelles	Toilette intime	Change de protection
J'assure : – *la sécurité*	J'adopte les gestes de sécurité	J'utilise les protections emballées en sachets individuels
– *l'hygiène*	– Je me lave correctement les mains avant et après l'action – J'utilise des gants – Je nettoie le siège d'avant en arrière	– Je sèche bien la peau avant de poser la protection propre à M. V. – Je respecte le circuit propre-sale
– *le confort (+ la pudeur)*	– Je change l'alèse du lit – Je respecte la pudeur de M. V. en le protégeant avec le drap au cours de la toilette	– Je pose la protection propre – Je questionne M. V. sur son bien-être au moment de la pose
– *l'efficacité de l'action et l'ergonomie*	– Je lève le lit à ma hauteur avant de commencer – Je vérifie l'état de propreté de la peau à la fin de l'action – Je vérifie l'état du matériel et je l'entretiens	Je vérifie que la protection soit bien placée (afin qu'aucune fuite ne se produise)
– *l'économie de matériel*	J'utilise un seul gant de toilette : – je n'abuse pas de « l'essuie-tout » en papier (Sopalin) – je ne fais pas la toilette avec du coton	Je ne renouvelle pas la protection inutilement

◆ Cinquième étape : je fais l'auto-évaluation de mon action (*cf.* Tableau 2.12)

(→ *amélioration et progression)*
L'action effectuée auprès de M. V. a-t-elle atteint les objectifs fixés et a-t-elle été efficace sur les plans technique, gestuel et relationnel ?

Tableau 2.12 Formulaire d'évaluation de l'action (complété).

a. Évaluation de l'action sur le plan gestuel		**Objectifs atteints[a]**		
Situations observées	Solutions proposées	Totalement	En partie	Insuffisamment
La protection a été mal fixée : il y a eu une fuite d'urine dans le lit…	Qu'aurais-je dû faire ? – mieux sécher la peau de M. V. – mieux fixer la protection		X	
b. Évaluation de l'action sur le plan relationnel				
Situations observées	Solutions proposées			
M. V. était crispé au cours du soin (poings fermés, yeux fixes, il refusait l'action en geignant…)	Qu'aurais-je dû faire ? – mieux prévenir M. V. et prévenir sa femme avant l'action – sécuriser davantage M. V.		X	
Mme V. m'a demandé des explications sur la maladie de son époux au cours de l'action	Qu'ai-je répondu ? – que je ne pouvais pas les lui fournir ! Quelle attitude ai-je eu ? – j'étais gênée, surprise, mal à l'aise… (M. V. l'a ressenti) Qu'aurais-je dû répondre ? – qu'il était préférable de contacter le médecin ou l'infirmière			X X X

a. La stagiaire AVS doit cocher les points sur lequel elle s'évalue et elle doit les justifier oralement ensuite.

H Étude de situation auprès de la personne handicapée

1 Énoncé de la mise en situation

En tant qu'auxiliaire de vie sociale, vous vous occupez à domicile de M. J. (55 ans) qui est handicapé moteur (paralysé des deux jambes). Vous devez changer l'alèse du lit après la sieste.

2 Étapes de la démarche d'action (DDA)

La DDA se déroule en 5 étapes. La stagiaire AVS va détailler sa façon de procéder à chacune de ces étapes et personnaliser son action.

◆ Première étape : je m'informe sur M. J.

(→ Connaissance de M. J.)
Afin de mieux connaître M. J. que je suis amené à accompagner, je recueille le maximum d'informations sur le « dossier de prise en charge »[10] :

Son identité et sa situation familiale

- M. J. est né le 01.12... (il a 55 ans 1/2), il est employé de mairie.
- Il est marié, il a un enfant.
- Il est français.
- Il habite à Toulon et il vit dans une grande villa avec sa femme (qui a 40 ans).

Observation : M. J. est entouré par ses proches.

Son état de santé, ses antécédents

M. J. est paralysé à la suite d'un accident du travail (paralysie des deux jambes).
Observation : sa dépendance est définitive.

Ses capacités (à ce jour)

M. J. bouge peu et a besoin d'une aide totale.

Ses paramètres (à ce jour)

- M. J. pèse 54,500 kg.
- M. J. mesure 1,77 m.

Observation : M. J. a perdu du poids en raison de son état de santé.

◆ Deuxième étape : je procède à l'étude des besoins fondamentaux

(→ réponses à apporter)
J'indique les besoins satisfaits et habitudes de vie de *M. J.* et les besoins insatisfaits ou perturbés et je précise mon rôle, c'est-à-dire les réponses que j'apporte à ces besoins (ou habitudes) (*cf.* Tableau 2.13)

◆ Troisième étape : je fais la planification de l'action

(→ organisation et préparation)
Afin d'effectuer une action de qualité, je dois bien connaître ses caractéristiques afin de procéder à son organisation et à sa réalisation méthodique. Je vais faire ma planification en me posant les questions fondamentales par rapport à celle-ci et tenter de leur apporter les réponses les plus adéquates (*cf.* Tableau 2.14)

---

10. Nous réduisons ici les données par manque de place : il y aurait d'autres informations à noter (*cf. Formulaire collecte de données*).

Tableau 2.13 **Étude des besoins fondamentaux de M. J.[a] et rôle de l'AVS.**

Besoins fondamentaux	Besoins satisfaits et habitudes de vie	Besoins insatisfaits ou perturbés	Rôle de l'AVS
1. Respirer	– Respiration rapide – Essoufflement	– M. J. est fumeur, il tousse souvent – M. J. ronfle la nuit	– Surélever M. J. – Aérer la chambre
2. Boire et manger	– M. J. boit beaucoup	– Vomissement après le repas de midi – Peu d'appétit	– Bien installer M. J. pour manger (semi-assis) – Vérifier la température des aliments – Aider M. J. à manger – Évaluer la quantité absorbée et transmettre[a]
3. Éliminer	– Reprise cette nuit du transit intestinal – Urines normales	– Ventre ballonné – Selles peu abondantes	– Surveiller fréquence, aspect, couleur, odeur des selles, et faire les transmissions[a]
4. Se mouvoir et maintenir une bonne posture	Se met en position semi-assise (avec aide)	– A été levé par l'infirmière, le 14.02 à 8 h – Mange au fauteuil ce jour	– Le stimuler pour aller au fauteuil en l'aidant – Agir avec douceur – L'installer correctement dans son fauteuil
5. Dormir et se reposer	– Dort environ 8 h la nuit – Fait 2 h de sieste	– M. J. transpire – M. J. a eu un sommeil agité cette nuit	– Vérifier l'état du lit et l'habillement avant le sommeil – Installer correctement M. J. – Transmettre l'heure du coucher et celle du lever
6. Se vêtir et se dévêtir	Porte un pyjama ample en coton		Apporter une aide totale à M. J. pour les vêtements du bas
7. Maintenir sa température corporelle	Température normale (37,5 °C) le 13.02 à 15 h prise par l'IDE		Surveiller la température de la pièce et l'habillement
8. Être propre, soigné	– Toilette quotidienne – Soins du visage (rasage) – Soins des pieds (prévus demain) par le pédicure		– Proposer le bassin dès que nécessaire – Laver les mains de M. J. après repas et selles – Changer les vêtements chaque jour et éviter le pyjama (qui renvoie la personne à l'état de malade)
9. Éviter les dangers		Traitement médical donné par IDE	– Vérifier la prise des médicaments – Veiller au bon fonctionnement du fauteuil roulant – Proposer des techniques adaptées

Tableau 2.13 **Étude des besoins fondamentaux de M. J.[a] et rôle de l'AVS.** ***(Suite)***

Besoins fondamentaux	Besoins satisfaits et habitudes de vie	Besoins insatisfaits ou perturbés	Rôle de l'AVS
10. Parler et communiquer	M. J. communique beaucoup avec les amis qui lui rendent visite		Lui parler lors de l'action, en respectant son besoin de *repos* et de *calme*.
11. Agir selon ses croyances et ses valeurs	M. J. est musulman		M. J. m'a donné des consignes particulières pour son repas (je les respecte)
12. S'occuper en vue de se réaliser	M. J. fait des dessins		Proposer à M. J. des distractions compatibles avec ses goûts
13. Se divertir et se recréer	M. J. aime qu'on lui propose une musique douce (à la radio)	Douleurs hier : M. J. ne s'intéresse plus à rien	Après la réfection du lit, replacer ses objets personnels auprès de lui (revues, livres…), respecter ses habitudes de vie
14. Apprendre			Répondre avec tact aux questions de M. J. (*selon mes compétences*)

a. Nous avons volontairement simplifié l'étude des « besoins fondamentaux ». La stagiaire AVS doit les détailler davantage.

Tableau 2.14 **Planification de l'action.**

Les questions de la planification (le QQQOCP)		Les réponses apportées
Q	Le **Quoi** ? *Je recherche :* *La nature et les particularités de l'action*	Je dois changer l'alèse du lit après la sieste de M. J.
P	Le **Pourquoi** ? *Je recherche :* *les objectifs de l'action*	Il s'agit de favoriser le bien-être et l'hygiène de M. J. en changeant son alèse après la sieste (celui-ci transpire beaucoup)
C	Le **Comment** ? *Je prépare le matériel*	Je prépare l'alèse
Q	Le **avec Qui** ?	Je n'ai pas besoin d'aide
Q	Le **Quand** ? *Je programme l'action dans le temps*	Vers 16 h (M. J. aura terminé sa sieste)
O	Le **Où** ? *Je prépare le lieu de l'action*	Dans la chambre : je vérifie l'ordre de la pièce

◆ Quatrième étape : je réalise l'action et je fais les transmissions

(→ actions à mener et précautions à prendre)
La mise en œuvre de l'intervention, c'est l'action elle-même, avec la prise en compte de certaines précautions.

En préalable à l'action : je vérifie le matériel et j'avertis M. J.

Je vérifie le matériel préparé, afin de m'assurer que je n'ai rien oublié. Je pense au matériel en fonction de la progression de mon action (je visualise mentalement et rapidement mon action).
J'avertis M. J. que l'intervention va commencer.

Au cours de l'action : je pense aux règles professionnelles de base

Je dois réaliser une intervention de qualité auprès de M. J., je démontre mes acquis :
- *sur le plan gestuel* : je respecte les règles professionnelles de base (*cf.* Tableau 2.15).
- *sur le plan relationnel* :
  - je respecte M. J. (et sa famille) ;
  - j'ai annoncé mon intervention à M. J. (et à son épouse) ;
  - je parle à M. J. au cours de l'intervention.

Tableau 2.15 **Réalisation de l'action (ou intervention).**

Règles professionnelles	Change d'alèse
J'assure : – *la sécurité de la personne*	Je reste auprès de M. J., contre le lit, pendant l'action
– *l'hygiène*	– Je me lave les mains avant et après le soin – Je ne mets pas le linge souillé contre ma blouse
– *le confort de la personne (+ la pudeur)*	– Je renouvelle l'alèse (froissée et humide) – Je renouvelle sa taie d'oreiller (souillée) – Je respecte la pudeur au cours de l'intervention
– *l'économie de matériel*	Je range le matériel en lieu sûr (pour éviter la perte ou la détérioration)

En fin d'action : je transmets les informations

J'écris : M. J./le 15.02 à 16 h 00 : l'intervention s'est bien déroulée. M. J. était souriant, coopérant, ainsi que son épouse[11].

11. Lors des transmissions, l'AVS évitera les abréviations du type RAS (rien à signaler) car il se passe toujours quelque chose lorsqu'on accompagne un être humain. Ici, l'AVS précise pourquoi elle dit que l'intervention s'est bien déroulée.

◆ Cinquième étape : je fais l'auto-évaluation de mon action (*cf.* Tableau 2.16)

(→ amélioration et progression)

L'action effectuée sur M. J. a-t-elle atteint son objectif ?

- Je justifie pourquoi seul l'objectif économie n'a été réalisé qu'en partie : j'ai dû prendre une deuxième alèse car la première est tombée au sol (je prendrai plus de précautions la prochaine fois).
- Je détaille quelques objectifs satisfaits.

Tableau 2.16 **Formulaire d'évaluation de l'action (complété).**

Évaluation des capacités profession-nelles	Objectifs atteints				
	En totalité	En partie	Pas du tout	À court terme	À long terme
Mes capacités gestuelles ont-elles assuré : *– la sécurité de la personne*	X				
– l'hygiène	X			X	
– le confort (+ la pudeur)	X			X	
– l'économie		X			
– l'efficacité	X				
– l'ergonomie	X				
Mes capacités relationnelles ont-elles assuré : *– le respect de la personne*	X				
– le respect de soi	X				

Chapitre 5

Techniques d'hygiène et de soin à la personne

I. PRINCIPAUX PARAMÈTRES DE SURVEILLANCE DE LA SANTÉ

L'AVS doit être capable d'évaluer et de surveiller les principaux paramètres vitaux de la personne (aussi bien enfant qu'adulte) afin d'alerter en cas d'anomalies.
Les principaux paramètres sont : les normes du poids et de la taille, l'aspect de la peau, les fonctions respiratoire, cardiovasculaire, neurologique, urinaire et intestinale.

A Évaluation de la taille et du poids

L'évaluation de la taille et du poids constitue un élément important de la surveillance de l'état de santé. Voyons tout d'abord l'évaluation de la taille et du poids chez l'enfant.

1 Critères d'observation (les normes)

Les normes chez l'enfant sont présentées dans le tableau 2.17.

Rôle de l'AVS

Prendre en compte ces *critères d'observation* est important car l'enfant est en période de croissance. L'AVS veillera à ce que la courbe staturopondérale (taille, poids) évolue progressivement et de façon harmonieuse (dans le cadre de ces *normes*).

2 Identification des anomalies (adulte/enfant)

◆ Chez l'enfant

La pesée est effectuée soit à la maison, soit lors des consultations médicales afin d'établir un critère de référence. Il faut savoir que tout état pathologique aura une incidence immédiate sur la croissance staturopondérale de l'enfant.

DEAVS. Modules 1 à 6
© 2011 Elsevier Masson SAS. Tous droits réservés

Tableau 2.17 Les normes de taille et de poids[a].

La taille	Repères (d'après la TN[b])
• Nouveau-né : 50 cm • Vers 6 mois : 65 cm • Vers 1 an : 75 cm • Vers 2 ans : 85 cm • Vers 3 ans : 93 cm • Vers 4 ans : 1 m • Vers 5/6 ans : 1,10 m	 = TN + 25 (moitié de la TN) = TN × 2
Le poids	**Repères (d'après le PN[b])**
• Poids naissance (PN) : 3,250 kg • 5 mois : 6,500 kg • 8 mois : 8 kg • 12 mois : 10 kg • 2 ans : 13 kg • 4 ans : 17 kg • 5 ans : 19 kg • 6 ans : 20,500 kg	 (PN × 2) (PN × 3) (PN × 4) (PN × 5)

a. Chiffres arrondis pour faciliter la mémorisation des « repères ».
b. TN = Taille de naissance ; PN = Poids de naissance.

◆ Chez l'adulte

La pesée est effectuée lors de certaines pathologies qui peuvent avoir aussi une incidence sur le poids (*ex.* : maladies chroniques, cancers, obésité…). Il est rare qu'une maladie ait des effets sur la taille de l'adulte.
On utilise une toise pour la mensuration et une balance pour la pesée (*cf.* Figures 2.7 et 2.8).

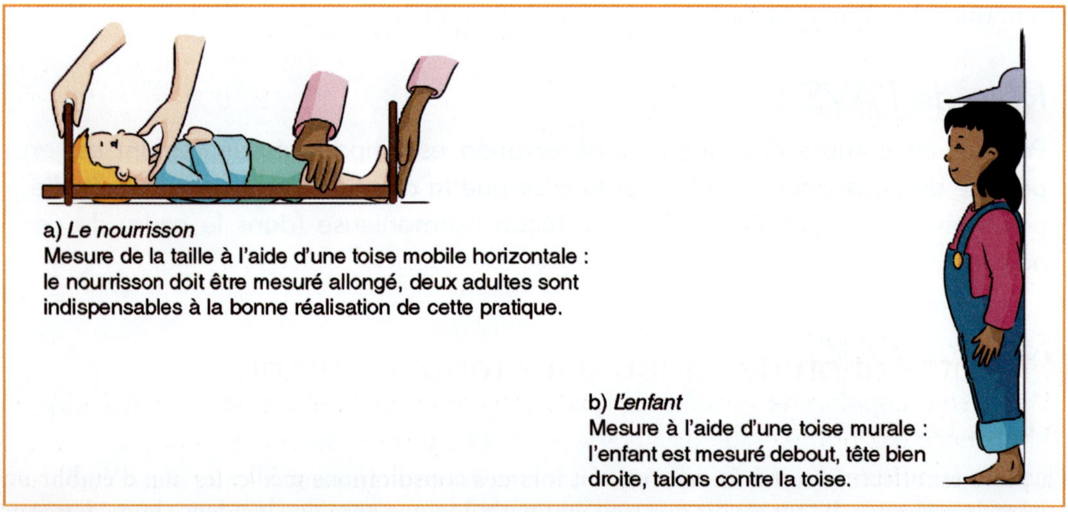

a) *Le nourrisson*
Mesure de la taille à l'aide d'une toise mobile horizontale : le nourrisson doit être mesuré allongé, deux adultes sont indispensables à la bonne réalisation de cette pratique.

b) *L'enfant*
Mesure à l'aide d'une toise murale : l'enfant est mesuré debout, tête bien droite, talons contre la toise.

Fig. 2.7 La mesure de la taille du petit et du grand enfant.

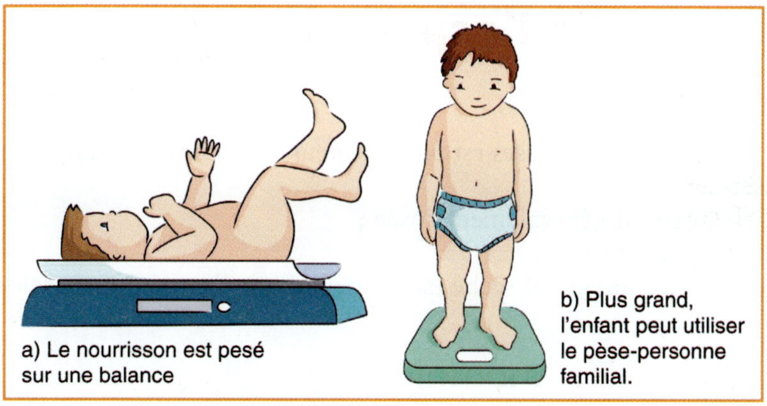

Fig. 2.8 **La pesée du petit et du grand enfant.**

Situation

L'évaluation du poids et l'observation de l'état de santé de Nora

Marie (AVS) garde *Nora* à son domicile. L'enfant est âgée de 8 mois. À sa naissance, elle était prématurée et elle a gardé un petit poids par rapport aux « normes » des enfants de son âge (7,200 kg aujourd'hui). *Marie* doit la peser deux fois par semaine et noter le poids sur une courbe qu'elle donne à la maman le vendredi soir. Excepté son problème de poids, *Nora* est en bonne santé ; sa courbe pondérale évolue harmonieusement et en l'observant, de nombreux autres paramètres de surveillance de sa santé sont satisfaisants.

Remarque

L'AVS doit avant tout « *savoir observer* » (quelle méthode adopter ?).

La méthode du QQQOCP est très utile pour l'observation. L'AVS se questionnera sur :

- le Q (*quoi ?*) : que faut-il observer ? Il faut dire ce que l'on voit sans déformer, ni interpréter les données (la neutralité est de rigueur) ;
- le Q (*qui ?*) : qui observer ? À qui transmettre le résultat de l'observation ? ;
- le Q (*quand ?*) : à quel moment ? (en permanence ? lors des soins ?) ;
- le O (*où ?*) : quelle partie du corps ? Quelle fonction est concernée ? ;
- le C (*comment ?*) : de quelle façon ? (par la vue ? par l'ouïe ? par le toucher ?). La démarche d'observation se fait en deux étapes : d'abord l'AVS observe globalement puis affine son observation (ces deux étapes sont très rapprochées dans le temps), ensuite il transmet ce qu'il a observé ;
- le P (*pourquoi ?*) : quel est l'objectif de cette observation ?

Rôle de l'AVS

L'AVS sera capable de mesurer le poids et la taille de l'enfant, et aussi d'évaluer l'incidence des pathologies sur la croissance (stagnation ou chute de poids). L'AVS notera le poids avec précision et le signalera immédiatement à la (le) responsable et à l'équipe.

B Évaluation de l'aspect de la peau

1 Critères d'observation

L'aspect de la peau et des muqueuses est un indicateur important de l'état de santé de la personne. On observera :

- *la couleur* : la peau est généralement rosée ;
- *la chaleur* : la peau est tiède ;
- *l'aspect* : la peau est intègre et sèche (sans sueur), son élasticité varie selon l'âge.

2 Identification des anomalies

Les modifications observables de la peau peuvent concerner :

- *la couleur. Ex.* :
  - rouge (allergie),
  - bleue (cyanose) ;
- *l'aspect. Ex.* :
  - l'érythème (rougeur localisée de la peau),
  - l'hématome (collection de sang à l'intérieur d'un tissu) ;
- *l'élasticité.* Ex. :
  - sécheresse cutanée (signe de déshydratation),
  - gonflement (œdème) ;
- *les muqueuses. Ex.* : écoulements (signe d'infection).

C Évaluation de la fonction respiratoire

1 Critères d'observation

◆ Évaluation de la fréquence respiratoire

La fréquence respiratoire est le nombre de mouvements respiratoires réalisé en une minute.

« Normes »

Les normes de la fréquence respiratoire varient physiologiquement en fonction de l'âge. *Ex.* : celle de l'adulte est d'environ 16 à 20 mouvements par minute.

◆ Évaluation du rythme respiratoire

Il se définit en fonction de sa régularité.

2 Identification des anomalies

◆ Anomalies de la fréquence respiratoire

Exemples

- Une apnée : interruption de la respiration.
- Une bradypnée : ralentissement de la fréquence respiratoire.
- Une dyspnée : gêne ou difficulté respiratoire.
- Une polypnée : accélération de la fréquence respiratoire.
- Une tachypnée : accélération du rythme respiratoire.

◆ Signes accompagnateurs

Exemples

- La toux.
- Le tirage.
- Le sifflement, le râle, etc.

D Évaluation de la fonction cardiovasculaire

1 Critères d'observation

◆ Évaluation de la fréquence cardiaque (le pouls)

La fréquence cardiaque est le nombre de pulsations perçues au niveau des artères. Le pouls est perçu en comprimant une artère sur un plan osseux. La prise du pouls est un élément de diagnostic important. Les normes de la fréquence cardiaque varient physiologiquement en fonction de l'âge.

« Normes »

Chez l'adulte, elle est d'environ 60 à 80 pulsations par minute.

◆ b. Évaluation du rythme cardiaque

Il se définit en fonction de sa régularité.

◆ Évaluation de la tension artérielle

La mesure de cette pression artérielle par la prise de la tension artérielle s'effectue à l'aide d'un tensiomètre. La pression artérielle ou tension artérielle (TA) varie physiologiquement en fonction de l'âge.

« Normes »

Chez l'adulte jeune, elle varie entre 12 et 14 pour la pression maximale, 7 et 8 pour la pression minimale.

2 Identification des anomalies

- Anomalies de la fréquence cardiaque. *Ex.* :
  - une *tachycardie* est une fréquence cardiaque accélérée (plus de 100 pulsations/minute) ;
  - une *bradycardie* est une fréquence cardiaque ralentie (inférieure à 60 pulsations/minute).
- Signes accompagnateurs. *Ex.* :
  - douleur thoracique brutale, pâleur, sueur ;
  - marbrure des extrémités, etc.

E Évaluation de la fonction de thermorégulation

1 Observation

La température corporelle est le degré de chaleur du corps.

« Normes »

Elles varient en fonction de l'individu mais se situent aux alentours de 37 °C.

2 Identification des anomalies

- *L'hyperthermie* : température supérieure à 38,5 °C.
- *L'état fébrile* : température anormalement élevée entre 37,5 °C et 38,5 °C.
- *L'hypothermie* : température inférieure à 36,2 °C.

F Évaluation de l'élimination urinaire

1 Critères d'observation

L'urine est évacuée par les voies urinaires. Les critères d'observation sont :
- *la couleur* : jaune paille ;
- *l'odeur* : sans odeur caractéristique ;
- *la limpidité* : sans trouble apparent ;
- *le volume* : environ 1,5 L/jour (il s'évalue sur la *diurèse*).

« Normes »

Ex. chez l'adulte : 600 à 2 000 mL/24 h.

2 Identification des anomalies

- Modification de la *couleur*. *Ex.* : la couleur rouge traduit la présence de sang (hématurie).
- Modification de *l'odeur*. *Ex.* : acétonique ou putride (infection urinaire).
- Modification du *volume*. *Ex.* : diminution ou absence d'urine.
- Modification de *l'excrétion*. *Ex.* : dysurie (mictions difficiles), incontinence (mictions incontrôlées).

G Évaluation de la fonction intestinale

1 Critères d'observation

Une selle normale doit être spontanée, moulée et de coloration brunâtre.

- *Le péristaltisme intestinal* est variable d'un individu à l'autre.
- *La défécation* est l'action d'éliminer naturellement les matières fécales. Elle varie en fonction de l'âge et des habitudes de vie.

« Normes »

Environ 1 selle par jour (ou tous les 2 jours chez l'adulte).
On observera :

- la *fréquence* des selles : plusieurs selles par jour à une selle tous les trois jours ;
- *l'odeur* : malodorante ;
- la *couleur* : l'alimentation influe sur la coloration des matières fécales ;
- la *consistance* : moulée et évacuée sans effort.

2 Identification des anomalies

On observera les anomalies au niveau de :

- *l'odeur*. *Ex.* fétide ou acide (traduisant une fermentation intestinale) ;
- la *couleur*. *Ex.* : liquide, glaireuse, sèche et dure ;
- la *fréquence*. *Ex.* :
  - la *constipation* : retard dans l'élimination des matières fécales,
  - ou la *diarrhée* : évacuation trop importante de selles avec modification de la consistance.

H Feuille de surveillance

Toutes les données sont relevées sur une feuille de surveillance. Bien que leur mesure et leur transcription ne relèvent pas des compétences de l'AVS, il est important que ces professionnels connaissent cet outil utilisé en milieu hospitalier (*cf.* Figure 2.9).

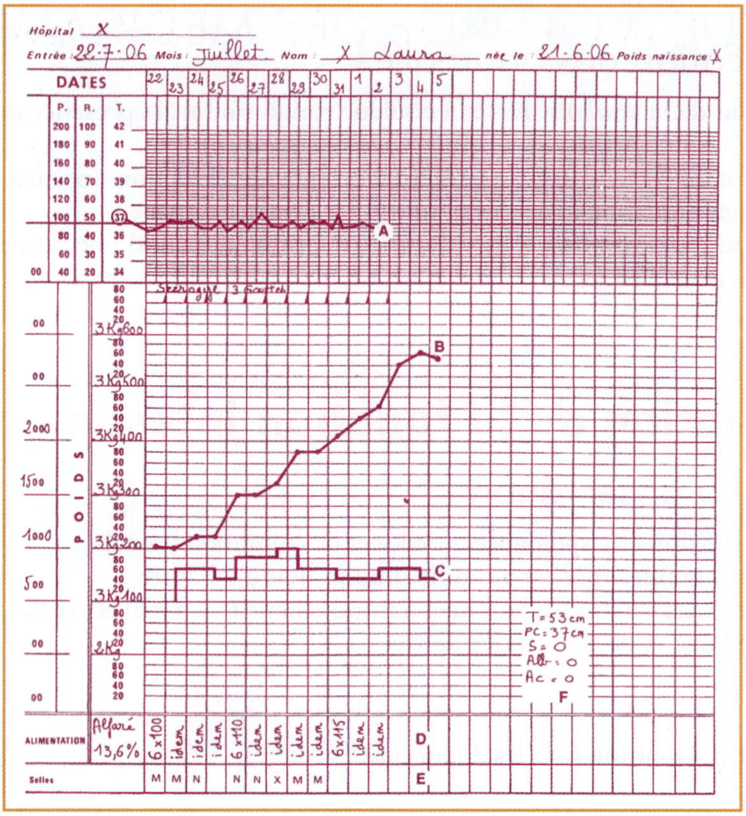

Fig. 2.9 La feuille de surveillance : inscription des paramètres (ici service de pédiatrie) A. courbe de température ; B. courbe de poids ; C. courbe alimentaire ; D. alimentation ; E. selles (molles ou normales) ; F. résultats d'analyse d'urines, etc. (sa présentation varie selon les hôpitaux)

NB : cette feuille est donnée à titre d'exemple. Il existe des feuilles de surveillance très diverses selon les services de soins.

Rôle de l'AVS[1]

L'AVS doit savoir :

- *observer* la personne ; connaître les *critères d'observation* permettant d'apprécier les différentes fonctions (respiratoire, cardiovasculaire…) ;
- évaluer les *données* concernant la personne ;
- identifier les *différentes anomalies* et les signes révélateurs d'un problème de santé ;
- évaluer ce qui relève d'une *intervention* immédiate (à court terme) ou d'une vigilance dans la durée ;
- intervenir en urgence ;
- apprécier les limites de son intervention ;
- faire les *transmissions* à la (le) responsable et à l'équipe ;
- faire appel aux *professionnels compétents* lors d'un problème de santé avéré.

1. En conformité avec les « indicateurs de compétences AVS » du référentiel.

II. AIDE À LA PRISE DES MÉDICAMENTS

- Le *médicament* est une substance possédant des propriétés curatives ou préventives à l'égard des maladies. Les médicaments sont classés en cinq catégories en fonction des substances qui les composent. Leur administration peut générer des effets secondaires nocifs induits par leurs propriétés.
- L'*excipient* est une substance sans activité thérapeutique destinée à faciliter la préparation, la conservation ou l'administration des principes médicamenteux qui lui sont incorporés. Citons pour exemple : les édulcorants (qui masquent le goût désagréable du médicament.
- La *posologie* est l'étude des doses d'un médicament à administrer en fonction de l'âge, du sexe et de l'état du malade.

L'utilisation des médicaments comporte quelques règles simples qui doivent être respectées pour assurer l'efficacité optimale du traitement et diminuer les risques d'accidents. Dans ce domaine particulier, l'AVS ne peut intervenir que sur des consignes précises et sous le contrôle de l'infirmier(e).

A Règles générales à respecter

L'auxiliaire de vie sociale devra respecter des règles précises à plusieurs moments différents.

1 Lors du suivi du traitement

L'AVS doit :

- *surveiller la personne* : veiller à ce que la personne poursuive son traitement selon la prescription. L'AVS en expliquera l'intérêt à la personne (relationnel +++) :
  - respecter les heures de prise prévues et les quantités prescrites,
  - s'assurer de la prise du médicament (lorsqu'il s'agit d'une forme orale) ;
- *surveiller l'efficacité du traitement*. L'AVS doit signaler à l'IDE toute amélioration de l'état de santé de la personne :
  - baisse de la fièvre,
  - reprise de l'appétit, selles normales,
  - modification du tonus, meilleur moral, etc. ;
- *surveiller les « effets secondaires » du médicament*. Il s'agit de l'ensemble des manifestations indésirables consécutives à l'administration d'un médicament. Elles peuvent toucher tous les organes. Voici quelques exemples :
  - les *effets digestifs* : nausées, vomissements, diarrhée, constipation,
  - les *effets cutanés* : prurit, éruption, urticaire, bouche sèche,
  - les *effets nerveux* : insomnie, céphalées, anorexie, anxiété, somnolence,
  - l'*accoutumance* : sensation de manque, besoin irréversible (cela peut être le cas avec certains tranquillisants).

NB : les effets secondaires peuvent se manifester à court ou à plus long terme. D'où l'intérêt pour l'AVS d'observer la personne et de transmettre toutes anomalies suspectées.

2 Pour prévenir les accidents

L'AVS veillera à :

- *ne pas jeter les médicaments* (même périmés) n'importe où. Il est préférable de les remettre à l'IDE (qui les rapportera à une pharmacie chargée de leur destruction éventuelle) ;
- *ne pas laisser les médicaments à portée de main des enfants*, des personnes âgées et de toute personne susceptible d'en faire un mauvais usage ;
- *dépister les signes d'intolérance aux médicaments* et les signaler rapidement à l'IDE ou au médecin. *Ex.* : malaise par hypotension, allergie, intolérance digestive (nausées, vomissements), etc.

B Règles spécifiques à respecter

L'administration de médicaments pose des problèmes différents selon l'âge de la personne, l'auxiliaire de vie sociale doit les connaître.

1 Chez la personne âgée

Il faut savoir que :

- *les changements physiologiques* liés au vieillissement peuvent entraîner des modifications de l'efficacité thérapeutique des médicaments ;
- *les maladies chroniques* du sujet âgé aboutissent souvent à la prise de nombreux médicaments multipliant le risque d'effets indésirables ;
- *les problèmes nutritionnels*, en particulier les carences alimentaires fréquentes, peuvent modifier l'efficacité thérapeutique des médicaments ;
- *les troubles de mémoire* peuvent être la cause d'oublis ;
- *les troubles visuels* et une mauvaise dextérité manuelle, peuvent causer un mauvais dosage ;
- *des troubles confusionnels* fréquents sont parfois la conséquence d'effets indésirables d'un médicament.

Il faut encourager les personnes à boire suffisamment lors de la prise de médicaments par voie orale, car la perte de la sensation de soif est fréquente avec l'âge. Il faut conseiller aux personnes âgées de ne pas conserver les médicaments qu'elles n'utilisent plus pour diminuer les risques d'erreur.

2 Chez l'enfant

Il faut veiller à :

- expliquer la nécessité du traitement à l'enfant et à ses parents ;
- distraire son attention en cas de geste douloureux (*ex.* : pendant une injection faite par l'IDE), puis le réconforter.

Mise en garde

Afin de rester dans les *limites de ses compétences,* l'auxiliaire de vie sociale ne doit pas faire de calcul de posologie de médicaments.
Toute distribution de médicaments restera du domaine de la compétence de l'infirmier(e). L'AVS ne pourra agir que sous son contrôle, en collaboration.

III. HYGIÈNE CORPORELLE, BIEN-ÊTRE ET CONFORT

L'hygiène corporelle assure le bien-être et le confort de la personne. L'AVS veillera à ce qu'elle soit assurée chaque jour avec le plus grand respect de la personne et en particulier le respect de sa pudeur.
Nous démontrerons comment l'AVS peut utiliser les actes de soins à la personne comme un support de relation et la relation comme une aide à la réalisation de ces actes de soins.
Enfin nous soulignerons le rôle important que peut jouer l'AVS auprès de la personne lors des soins, pour lui redonner confiance en elle, pour valoriser son image.
Nous vous présentons les techniques d'hygiène et de confort sous forme de tableaux afin que vous visualisiez à la fois les différentes étapes des soins et leur globalité.

A Toilette corporelle au lit

La toilette au lit relève le plus souvent des compétences de l'infirmier(e). Toutefois l'AVS peut y participer activement. Cette toilette vise à assurer l'hygiène, le bien-être et le confort de la personne tout en favorisant le relationnel (*cf.* Figure 2.10).

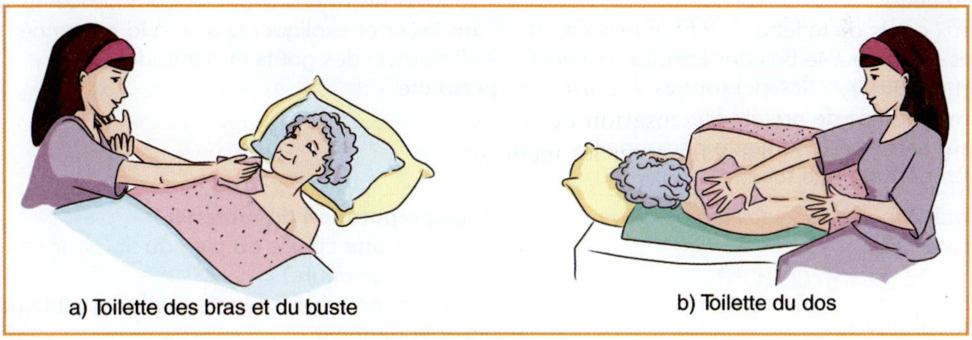

Fig. 2.10 Toilette au lit
a) Toilette des bras et du buste
b) Toilette du dos

Situation

Gilles prépare la toilette au lit de Mme D. (78 ans)

Gilles (AVS) doit aider *Martha* (IDE) à réaliser la toilette au lit de *Mme D.* (hémiplégique). Avant de commencer le soin, il faut préalablement faire une « *démarche d'observation* » et recueillir les données.

L'AVS devra s'informer sur :

- ▶ l'état de propreté de la peau, des cheveux, des ongles, etc., de *Mme D.* ;
- ▶ l'état de la literie (prévoir des draps propres si nécessaire) ;
- ▶ l'existence du nécessaire de toilette, le matériel à disposition (linge...) ;
- ▶ les précautions à prendre lors de la mobilisation (s'accorder avec l'infirmière sur la méthode à adopter) ;
- ▶ le temps de la réalisation du soin (le programmer pour avoir suffisamment de temps) ;
- ▶ le degré de dépendance de *Mme D.* le jour du soin ;
- ▶ les désirs particuliers de *Mme D.* (température de la pièce, de l'eau...).

Remarque

Ce soin s'inscrit dans le besoin fondamental (selon V. Henderson) : « *Être propre et protéger ses téguments* » auquel il faut y ajouter le « *besoin relationnel* » (à associer à tous les soins).

L'AVS veillera à :

- ▶ respecter les *règles d'HSC* (hygiène, sécurité et confort) et les *principes d'ergonomie* lors des mobilisations ;
- ▶ observer l'*état clinique* de la personne : psychologique, état cutané, notion de douleur, plaintes, degré de fatigue lors de la toilette ;
- ▶ créer un *climat chaleureux* afin de procurer un moment de détente, de bien-être.

NB : voir le déroulement de la toilette dans le tableau 2.18 ci-après.

Tableau 2.18 **La toilette corporelle au lit.**

Matériel	Procédure
• *Matériel d'hygiène :* – cuvette – eau tiède – deux gants de toilette : un pour le haut du corps et un pour le bas (les jambes, pieds et toilette intime) – savon liquide de préférence – deux serviettes de toilette personnelles – crèmes, lotion de toilette	**1. Au préalable** L'AVS doit : – se laver les mains avant de commencer le soin – informer et expliquer le soin à la personne – s'informer des goûts et habitudes de la personne
• *Matériel en cas de souillure du siège* : – papier WC	**2. La préparation du matériel** – installer une chaise au pied du lit (pour recevoir la literie supérieure) – prévoir une table roulante ou l'adaptable pour poser le matériel – préparer le matériel d'hygiène – faire apprécier, si possible, la température de l'eau à la personne en lui faisant tremper le bout de ses doigts dans la cuvette – enlever les lunettes, la montre, les prothèses dentaires et auditives (à mettre en sécurité sur la table de nuit)

Tableau 2.18 **La toilette corporelle au lit.** ***(Suite)***

Matériel	Procédure
• *Matériel pour le change (si besoin)* : – protection – vêtements pour l'habillage après la toilette : vêtements choisis par le patient ou chemise ou pyjama • *Matériel pour les soins annexés à la toilette* (*cf.* Tableau 2.20) • *Matériel pour la réfection du lit* : – drap – alèse – taie d'oreiller – protection imperméable • *Matériel pour évacuer le linge sale* : – panier – ou sac • *Matériel pour le nettoyage de l'environnement après le soin*	**3. Le déroulement du soin** – poser les couvertures et le drap de dessus sur la chaise au pied du lit – déshabiller la personne et la recouvrir d'une serviette pour éviter le refroidissement – glisser une serviette de toilette sous la partie qui va être lavée – rassurer la personne (lui rappeler le déroulement du soin) **1er temps** : *le haut du corps* – laver le corps (avec le gant) en allant du haut vers le bas du corps en ne découvrant que la partie concernée, dans l'ordre suivant : • les mains et les bras • le cou, la poitrine • l'abdomen – stimuler l'autonomie (selon les capacités de la personne) – rincer et sécher soigneusement pour éviter les irritations, les macérations, les mauvaises odeurs – essorer correctement le gant pour qu'il ne coule pas – porter un soin particulier au niveau du nombril, des aisselles, sous les seins, pli de l'aine : séchage par tamponnement – changer l'eau **2e temps** : *le dos et le bas du corps* – tourner la personne sur le côté – placer la serviette de toilette contre le dos, laver dans l'ordre : le dos, les jambes, les pieds – soutenir la jambe au niveau de la cheville avec la paume de la main – bien sécher entre les orteils car l'humidité favorise les mycoses – proposer, après avoir lavé le dos, une friction **3e temps** : *la toilette intime*[a] Pour respecter la pudeur de la personne, il faut toujours lui proposer de faire elle-même sa toilette intime. Utiliser le gant du bas. Si elle en est incapable, l'AVS y pourvoit (*cf.* toilette génitale non stérile ci-après) **4e temps** : *les soins annexes* (*cf.* ci-après) **5e temps** : *la réfection du lit* – avant de refaire le lit, deux cas se présentent : a) si la personne est valide : l'asseoir dans un fauteuil, faire le lit b) si la personne est invalide : faire le lit avec l'aide de quelqu'un et réinstaller confortablement la personne. – respecter le tri du linge sale (sac spécifique)

Tableau 2.18 La toilette corporelle au lit. *(Suite)*

Matériel	Procédure
	6e *temps* : *après le soin* – solliciter la personne sur son ressenti, être à l'écoute – valoriser son image – noter vos observations de la peau et toute anomalie éventuelle (rougeur, irritation, coupure) – noter aussi le degré d'autonomie (les progrès de la personne) – le comportement (paroles et attitudes) – les incidents éventuels et les informations apprises pendant la relation, etc.
a. Si la personne est souillée de selles, commencer la toilette corporelle par la toilette du siège (utiliser du papier WC et un gant réservé à cet usage).	

B Aide à la douche

Lorsque la personne est valide, l'AVS pourra l'accompagner jusqu'à la douche et l'aider au cours de cette pratique d'hygiène, qui sera programmée le matin et/ou le soir, selon les habitudes de la personne qu'il faut impérativement respecter (*cf.* Tableau 2.19).

Tableau 2.19 L'aide à la douche.

Matériel	Procédure
• *Matériel d'hygiène* : – gant de toilette – savon (liquide de préférence) – serviette de bain ou peignoir de bain – lotion de toilette (personnelle) – shampoing (si besoin) • *Vêtements pour l'habillage après la toilette* : – vêtements choisis par la personne (le matin) – pyjama ou chemise (le soir) • *Matériel pour les soins annexes* • *Matériel pour le linge sale* : – sac – ou panier • *Produit de nettoyage* • *Matériel de sécurité* : tapis de douche antidérapant	L'AVS veillera à : **1. Au préalable :** – se laver les mains, fermer porte et fenêtre, vérifier la température de la pièce – informer et expliquer le soin à la personne – s'informer de ses goûts et de ses habitudes **2. La préparation du matériel :** – installer une chaise près de la douche (pour poser le peignoir ou la serviette de bain et/ou les vêtements propres) – veiller à la présence du savon et du shampoing à proximité de main. **3. La préparation de la personne** – faire enlever les lunettes, la montre à la personne – l'aider à se déshabiller – l'aider à déposer les vêtements *sales* dans le panier (ou le sac) adapté – disposer les vêtements *propres* à proximité : • soit sur la chaise • soit sur une patère – faire *apprécier* à la personne la température de l'eau et le débit de la douche et *respecter* son avis.

Tableau 2.19 **L'aide à la douche.** ***(Suite)***

Matériel	Procédure
	4. La douche – l'aider à entrer dans la cabine – l'aider (ou l'assister) au cours du soin – la stimuler à se laver seule (selon ses capacités et son désir) – lui conseiller de se laver en deux temps (*cf.* Tableau 2.18) : • *1er temps : le haut du corps* • *2e temps : le dos et le bas du corps*[a] – lui conseiller de bien nettoyer dans les plis et veiller à ce que le rinçage soit efficace (prévention des irritations) – proposer le peignoir (ou la serviette de bain) à la personne – l'aider à se sécher (si besoin) – lui proposer une friction – solliciter son appréciation sur le déroulement du soin, écouter ses remarques et ses souhaits (température de l'eau, de la pièce, matériel utilisé, etc.) – observer l'état cutané de la personne (rougeur, irritations ?) **5. La fin du soin** – l'aider aux « soins annexés à la toilette » (*cf.* Tableau 2.20 : toilette du visage, lavage des dents…)[b] – l'aider à s'habiller (*cf.* Tableau 2.22 : « assistance à l'habillage ») **6. Après le soin :** – veiller à raccompagner la personne – nettoyer et ranger le matériel – aérer la salle de bains – évacuer le linge sale – se laver les mains

a. Respect de la pudeur : l'AVS veillera à détourner ses yeux lors de la toilette intime (la personne appréciera ce geste délicat).
b. Ces soins peuvent être proposés à la personne avant ou après l'habillage (respecter ses habitudes).

Situation

L'aide à la douche de Yasmine (86 ans)

Marie (AVS) s'occupe chaque jour de *Yasmine* (86 ans), paralysée du bras gauche, qui malgré son handicap reste une personne très coquette. Elle apprécie particulièrement le moment de la toilette que *Marie* a fixé chaque jour de 8 h à 9 h. Elle sait que *Yasmine* est une femme volontaire et qu'elle aime participer activement aux soins. Lorsqu'elle se douche, elle souhaite agir avec son bras droit ; de ce fait *Marie* lui verse le savon dans la main et reste proche d'elle pour pallier les manques éventuels. Lors des petits soins du visage, *Yasmine* sait utiliser le gant de toilette et réalise seule son maquillage. *Marie* veille, à la fin des soins, à solliciter *Yasmine* pour qu'elle se maquille et lui propose son aide et ses conseils. *Yasmine* écoute avec bienveillance ses remarques et ses suggestions.

Remarque

On voit ici le rôle déterminant de l'AVS pour stimuler l'autonomie restante de la personne, pour la motiver, pour valoriser son image en lui proposant son aide et ses conseils pour le maquillage.

C Soins annexés à la toilette corporelle

Les soins annexés à la toilette corporelle complètent celle-ci et apportent bien-être et confort à la personne. Ces soins englobent la toilette du visage, l'entretien des ongles, le maquillage, le rasage, les soins des dents, etc. Nous sélectionnons ci-après 4 soins[1] (*cf.* Tableau 2.20 et Figure 2.11).

Tableau 2.20 Les soins annexés à la toilette.

Matériel	Procédure
– serviette – compresse – lait de toilette ou savon	**1. La toilette du visage** – placer une serviette sous la tête de la personne – nettoyer à l'eau claire les yeux, souvent avec une compresse humide (dans le sens « propre-sale ») – nettoyer les ailes du nez, les coins de bouche
– serviette de protection – mouchoirs en papier – brosse à dents, dentifrice – gobelet d'eau tiède – récipient pour cracher	**2. Le lavage des dents** – installer la personne en position assise – mettre la serviette autour du cou – mettre le matériel à la disposition de la personne (respecter ses habitudes) et l'assister si nécessaire – ou réaliser le soin de la façon suivante : • *pour les dents de devant* : brosser de la gencive vers la dent • *pour les dents sur le côté* : effectuer des mouvements circulaires – faire rincer la bouche à l'eau claire – maintenir le récipient sous le menton pour qu'elle puisse cracher – essuyer le pourtour de la bouche – réinstaller confortablement la personne – laver et ranger le matériel – se laver les mains – observer l'état buccodentaire de la personne, l'état des gencives (douloureuses ?) et le signaler
– brosse à dents – produit nettoyant pour appareil dentaire + bol – serviette de toilette, mouchoirs en papier – solution dentifrice – crachoir	**3. L'entretien des appareils dentaires** Les appareils dentaires doivent être entretenus bi-quotidiennement, comme les dents, car ils peuvent être un support bactérien. Attention, ils sont très fragiles : ne pas les faire tomber, et veiller à les mettre dans un récipient propre, identifié.

1. Pour connaître d'autres soins, ou avoir des compléments d'informations, consulter le Guide AS (Aide Soignant), J. Gassier, Éditions Masson, 2009.

Tableau 2.20 **Les soins annexés à la toilette.** ***(Suite)***

Matériel	Procédure
– ciseaux ou coupe-ongles – limes – brosse et savon – serviettes ou torchon – cuvette d'eau chaude (37 ° – 38 °C)	**4. L'entretien des ongles** – couper les ongles des doigts en amande et ceux des orteils au carré – faire tremper les ongles 15 minutes dans l'eau chaude s'ils sont très durs – brosser les ongles à l'eau savonneuse – limer les ongles si nécessaire – éduquer la personne aux soins d'hygiène ; lui en expliquer l'intérêt – laver et ranger le matériel si nécessaire – signaler tout problème éventuel (ongles incarnés ou trop durs) à la (ou au) responsable ou à la famille qui éventuellement demandera l'intervention d'un(e) pédicure

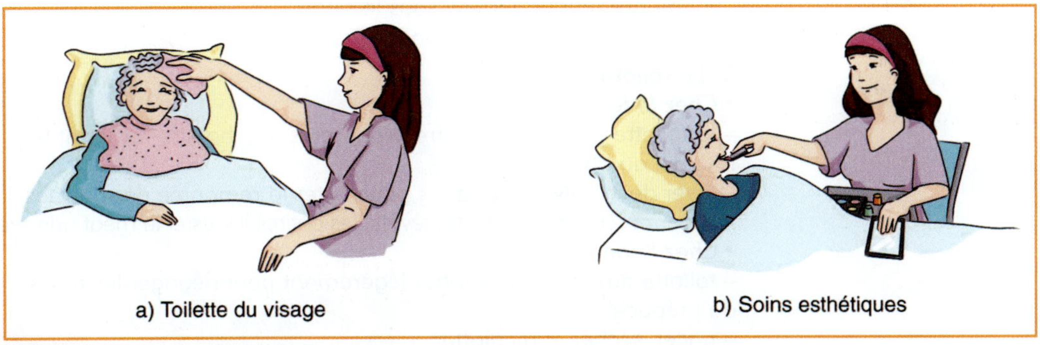

Fig. 2.11 **Soins annexés à la toilette du corps.**
a) Toilette du visage
b) Soins esthétiques

D Aide à la toilette génitale

Tout comme la toilette corporelle, la toilette génitale relève le plus souvent des compétences de l'infirmier (*cf.* Tableau 2.21). Toutefois l'AVS peut être amenée à aider ou à conseiller la personne pour ce soin. Il doit donc connaître le déroulement et les principes de cette toilette qui vise à :

- assurer l'hygiène et le confort quotidien de la personne ;
- éviter les macérations chez les personnes incontinentes ;
- lutter contre les mauvaises odeurs.

Tableau 2.21 **L'aide à la toilette génitale.**

Matériel	Procédure
– protection pour le lit – gants à usage unique[a] – cuvette + eau tiède + savon liquide doux – bock si besoin – serviette + gant de toilette – alèse propre (si besoin) – sac poubelle et sac à linge sale – papier WC (si selles) – protection anatomique (si besoin) pour le change	**1. Au préalable** L'AVS doit : – informer la personne du soin – veiller à ce que personne n'assiste à ce soin – fermer portes et fenêtres – se laver les mains **2. Le déroulement du soin** L'AVS doit : – respecter la pudeur – agir avec tact, découvrir la personne avec son accord – proposer à la personne de faire elle-même sa toilette – l'installer pour le soin confortablement – retirer son oreiller – la laisser couverte jusqu'aux genoux et la recouvrir entre chaque geste (pudeur) – si elle est très souillée, commencer par la toilette anale (utiliser du papier WC, du Sopalin…) – lui mettre une protection sous le siège – mettre les gants à usage unique[a] **3. La toilette génitale** • *Chez la femme :* – la toilette génitale peut être proposée sur le bassin, facilitant le rinçage au bock – laver de la vulve vers l'anus pour éviter la remontée des germes – rincer et sécher les grandes lèvres, les petites lèvres et le méat urinaire • *Chez l'homme :* – toilette du gland, décalotter légèrement pour dégager les replis du prépuce – rincer, sécher et recalotter **4. La toilette du siège** – faire tourner l'homme ou la femme sur le côté (ridelle mise pour appui) – laver, rincer et sécher, en particulier le pli interfessier pour éviter la macération. *En présence de selles :* • retirer le maximum de souillure avec le papier hygiénique, en ayant soin d'installer le papier sur le côté • procéder au lavage de la zone pubienne comme ci-dessus – refaire le lit et réinstaller la personne – s'informer de son bien-être, écouter ses remarques, réajuster si besoin – retirer les gants, se laver les mains – aérer la pièce – faire les transmissions : sur la présence ou non d'urines, de selles ; sur l'état cutané : rougeur, irritation, coupure ; sur vos observations.

a. L'AVS peut utiliser des gants à usage unique (recommandé par les hygiénistes). Elle en expliquera l'intérêt à la personne aidée avec tact.

E Assistance à l'habillage

Pour tout individu, pouvoir « choisir ses vêtements et s'habiller » est un acte d'affirmation de soi. Il est à encourager pour toutes les personnes aidées (*cf.* Tableau 2.22).

Tableau 2.22 L'assistance à l'habillage.

Matériel	Procédure
– vêtements propres, adaptés : • à la température ambiante • aux activités • aux goûts de la personne – peigne ou brosse – miroir – aides techniques à l'habillage (*cf.* Figure 2.12)	**1. Au préalable** L'AVS veillera à : – solliciter la personne pour le choix des vêtements – convenir avec elle de l'heure ou du moment de l'habillage (après la toilette généralement) et préparer les vêtements – contrôler la température de la chambre et se laver les mains – faire asseoir la personne, l'observer, écouter ses remarques – respecter sa pudeur, la découvrir le moins possible – aider la personne à se déshabiller **2. Au cours du soin** – faire passer la tête puis les bras l'un après l'autre – agir en douceur, parler avec la personne au cours du soin – l'aider à se recoiffer – En cas de handicap particulier : • *si le bras est handicapé*, commencer par déshabiller le bras valide puis rhabiller le bras handicapé en premier • *si la personne est inconsciente* (ou ne peut pas s'asseoir) la tourner sur le côté, dégager le dos et l'habiller en évitant de laisser des plis **3. Après le soin** – mettre de l'ordre dans la chambre de la personne et dans le placard à vêtements ; toujours l'associer verbalement à son action – *stimuler sa capacité* à organiser sa garde robe – vérifier l'état des vêtements afin de réajuster avec la famille (si besoin) – *valoriser l'image de la personne* en lui proposant un miroir, en la complimentant sur sa tenue (que vous appréciez et que d'autres personnes sauront également apprécier…) – parler avec elle du *choix des vêtements*, de l'intérêt des vêtements faciles à enfiler, etc. – prendre en compte ses remarques, ses demandes et transmettre si nécessaire à la famille ou à l'équipe.

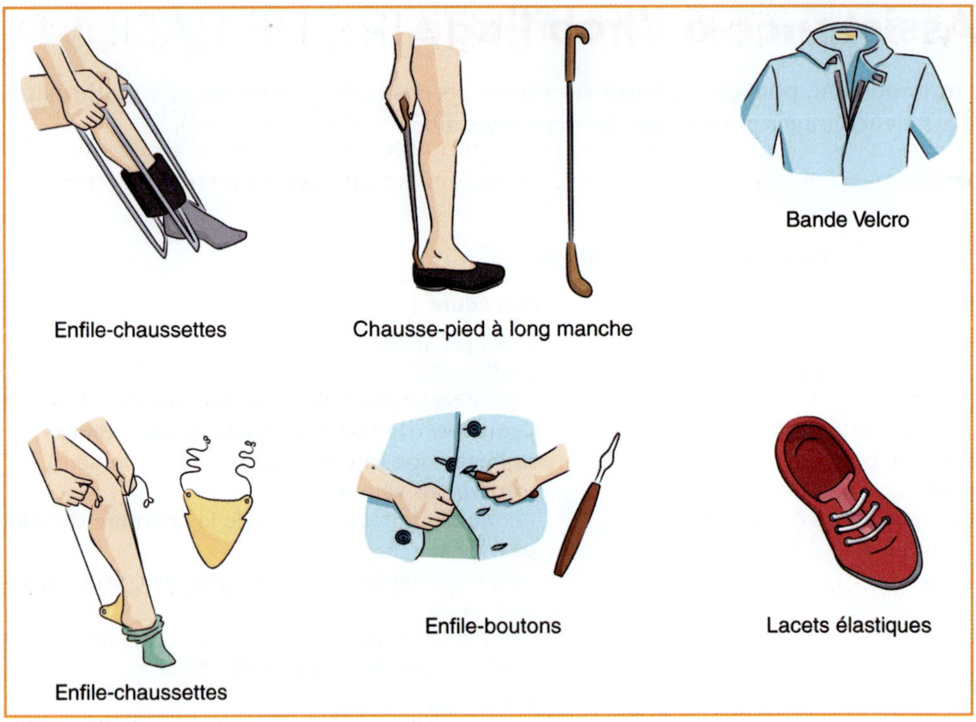

Fig. 2.12 **Aides techniques à l'habillage et au déshabillage.**

Rôle de l'AVS

Utilisation des « aides techniques à l'habillage » (méthode du QQQOCP)

L'AVS réfléchira à la nature de son assistance en utilisant la méthode du QQQOCP. Il faut évaluer :

- le *Qui* : quelle personne a besoin d'aide à l'habillage et au déshabillage ? et *Pourquoi* ? ;
- le *Quand* : à quel moment faut-il proposer l'aide ? ;
- le *Quoi* : de quelle façon la personne souhaite-t-elle être aidée ? ;
- le *Où* : où se trouvent les vêtements ? ;
- le *Comment* : faut-il prévoir des aides techniques ? ;
- le *Pourquoi* : quel est le motif qui justifie de l'aide (handicap) ? Grâce à cette information, l'AVS appréciera le degré d'autonomie de la personne pour la stimuler ou non au cours de l'habillage ou du déshabillage.

IV. HYGIÈNE ALIMENTAIRE DE L'ADULTE

L'alimentation des adultes doit être équilibrée, c'est-à-dire apporter des aliments de chaque groupe et assurer un apport énergétique en rapport avec l'âge et l'activité de chaque individu. Les personnes âgées, ou handicapées, ont des besoins spécifiques qu'il faut respecter.

A Des apports nutritionnels satisfaisants

Les besoins nutritionnels sont modifiés chez les individus selon plusieurs facteurs : l'âge, le mode de vie (actif ou sédentaire) et l'état physiologique ou pathologique. Ceci aura des conséquences sur les apports nutritionnels recommandés. D'une façon générale, l'adulte de référence a des besoins de deux sortes : énergétiques et non énergétiques.

1 Besoins en éléments énergétiques

L'alimentation doit fournir à l'organisme, tous les jours, divers éléments qui apportent de l'énergie : protides, glucides, lipides (*cf.* Tableau 2.23).

Apports énergétiques

Chacun des éléments énergétiques fournit un certain nombre de kilocalories ou kilojoules (1 kilocalorie = 1 kcal = 1,18 kJ) :

- 1 g de protides : + 17 kJ ;
- 1 g de glucides : + 17 kJ ;
- 1 g de lipides : + 38 kJ.

Tableau 2.23 Les éléments énergétiques.

Éléments	Sources	Rôles
Les protéines	1. *Protéines animales :* – lait et produits laitiers – viandes, poissons, œufs 2. *Protéines végétales :* céréales, légumineuses	– Fabrication des tissus du corps – Croissance (apport d'acides aminés)
Les glucides	1. *Glucides complexes :* – féculent des céréales : l'amidon 2. *Glucides simples :* – sucre du lait : le lactose – sucre des fruits : le fructose – sucre ordinaire : le saccharose	– Énergie musculaire – Fonctionnement cérébral
Les lipides	1. *Lipides animaux :* – lait et produits laitiers – viandes, poissons, œufs 2. *Lipides végétaux :* – huiles végétales (tournesol, olive, arachide...) – margarines	– Énergie (thermorégulation) – Absorption des vitamines liposolubles (A, D, E, K) – Croissance cérébrale (*apport d'acide linoléique*)

2 Besoins en éléments non énergétiques

L'alimentation doit fournir à l'organisme, tous les jours, des éléments non énergétiques indispensables, qui permettent l'utilisation des autres éléments. Ce sont les éléments minéraux, les vitamines, l'eau et les fibres (*cf.* Tableau 2.24).

Tableau 2.24 Les éléments non énergétiques.

Éléments	Sources	Rôles
I. Les éléments minéraux Ils n'apportent aucune kCal mais sont indispensables à la croissance • Calcium • Phosphore • Fer	– Lait, produits laitiers – Foie, viandes, œufs, légumes verts	– Ossification – Anti-anémique
II. Les vitamines Elles sont essentielles à la vie. Elles aident à l'utilisation des autres aliments. 1. *Les liposolubles* : • Vitamine A • Vitamine D • Vitamine E • Vitamine K 2. *Les hydrosolubles* : • Vitamine C • Vitamine B (B1, B2, B6, B9, B12)	Lait (+ carottes et légumes verts) Poisson Foie (+ huiles végétales) Œuf Fruits acides (+ crudités) Céréales (+ lait, poisson, foie, œuf)	Utilisation des lipides, protides, glucides – Antirachitique (vitamine D) – Croissance physique et cérébrale – Antihémorragique (vitamine K) – Anti-infectieux, anti-fatigue – Croissance physique et cérébrale
III. L'eau L'apport d'eau est très important (évite la déshydratation)	– Eau de boisson – Eau minérale[a]	– Transport des aliments – Évacuation des déchets
IV. Les fibres	Légumes et fruits	Régulation du transit

Cette liste n'est pas exhaustive. Nous avons volontairement simplifié le tableau pour une mémorisation plus facile.
a. *L'eau minérale*. Les experts estiment que le taux de nitrates, contenus dans l'eau, doit être le plus bas possible. La mention « convient pour la préparation des aliments des nourrissons » *ne peut figurer sur l'étiquette d'une eau minérale que si son taux de nitrates est inférieur ou égal à 15 mg/L* (précisions apportées, par le Dr P. Monnerot au cours des IVe rencontres pédiatriques d'Évian).

B Des aliments de chaque « groupe »

Les aliments sont classés en six grands groupes. Les aliments d'un même groupe possèdent des caractéristiques communes, ce qui permet de les remplacer l'un par l'autre, et donc de varier les menus.

1 Bien connaître chaque groupe

◆ Règles à respecter pour équilibrer les menus

Il faut proposer à chaque menu des aliments de chaque groupe (*cf.* Tableau 2.25).

Tableau 2.25 Les groupes d'aliments.

Différents groupes d'aliments		**Principaux éléments énergétiques**	**Principaux éléments non énergétiques**
 N° 1	Lait et produits laitiers	– Protéines animales – Lipides animaux	– Vitamines A, B, D – Minéraux (Ca, phosphore) – Eau
 N° 2	Viande, poisson et œuf	– Protéines animales – Lipides animaux	– Vitamines A, D, B12 – Fer (viande, œuf) – Phosphore (poisson)
 N° 3	Féculents	– Glucides complexes (amidon) – Protéines végétales	– Vitamine B – Fibres – Minéraux (potassium)
 N° 4	Végétaux frais	Glucides simples variés (fructose, glucose)	– Vitamines C, A – Fibres – Minéraux (potassium) – Eau
 N° 5	Corps gras (d'origine animale et végétale)	– Lipides animaux – Lipides végétaux	Vitamines A, D, E
 N° 6	Produits sucrés	Glucides simples	Saccharose (sucre)
 N° 7	Eau (apports variables)	– Pas d'apport énergétique	Minéraux (variables selon l'origine de l'eau)

◆ Erreurs à éviter

Il faut éviter :

- l'association de légumes secs et de charcuterie = *digestion difficile* ;
- l'apport de deux plats de féculents (riz, pâtes) = *déséquilibre nutritionnel* ;
- l'association de deux produits laitiers ou de deux fruits ou de deux fruits féculents[2] + une tarte = *déséquilibre nutritionnel.*

Situation

Le repas de midi de Jean (AVS) au « self »

Jean (35 ans) est AVS. Il déjeune tous les jours au self. Son menu de mardi midi est présenté dans le tableau 2.26 ; il a coché les apports des différents aliments qui le composent et leur groupe d'appartenance. *Jean* est satisfait. Il nous dit que son alimentation est équilibrée.

Remarque

Ce repas est effectivement équilibré car tous les *groupes* d'aliments sont présents avec les différents apports de chacun d'eux :

- ▶ *apports énergétiques* : protides, glucides et lipides ;
- ▶ *apports non énergétiques* : minéraux, vitamines, eau.

Tableau 2.26 Le menu du déjeuner de Jean.

Menu du déjeuner	Protides	Glucides	Lipides	Minéraux	Vitamines	Groupes des aliments
Entrée :						
– carottes crues				X	X	N° 4
– citronnées					X	
Plat central :						
– steak grillé	X		X			N° 2
– purée de pommes de terre		X		X		N° 3
– au beurre			X		X	N° 5
Dessert :						
– yaourt	X	X	X		X	N° 1
– fraises		X			X	N° 4 et 6
– eau				X		N° 7
– pain (1 tranche)		X				N° 3

2 Des rations alimentaires adaptées à chaque individu

Les apports alimentaires doivent correspondre à des quantités précises d'aliments, en fonction du type d'individu concerné. On parle donc de ration énergétique quotidienne. Elle est calculée en kilojoules (kJ).

Rappel : 1 kilocalorie (ou kCal) = 4,18 kJ.

---

2. La banane est un exemple de « fruit féculent » ; ce fruit contient de l'amidon (comme la farine de la tarte).

◆ Ration alimentaire de l'adulte de référence

La ration énergétique quotidienne a été étudiée pour un adulte de référence, c'est-à-dire un adulte à activité habituelle, elle varie en fonction du sexe :

- *ration de l'homme* : 11 300 kJ/24 h ;
- *ration de la femme* : 8 400 kJ/24 h.

La ration énergétique de l'adulte de référence est répartie sur 24 h entre les différents apports alimentaires. Nous les avons regroupés dans le tableau 2.27.

Tableau 2.27 Quantités moyennes d'aliments à consommer par 24 h pour l'adulte de référence.

N°	Groupes d'aliments	Aliments	Homme	Femme
1	*Produits laitiers*	Lait Fromage	250 g 60 g	250 g 60 g
2	*Aliments protidiques (VPO)*	Viande, poisson, œuf	160 g	140 g
3	*Produits féculents cuits* + pain	Légumes secs Riz Pâtes	350 g	230 g
4	*Légumes et fruits frais*			
	a) Légumes cuits b) Fruits (crus ou cuits)	Carottes, haricots verts, navets Pommes, poires, etc.	400 g 250 g	350 g 300 g
5	*Corps gras*	Beurre Huile	25 g 35 g	20 g 25 g
6	*Produits sucrés*	Confiture	30 g	15 g
7	*Boissons*[a]	Eau	1 L à 1,5 L	1 L à 1,5 L
	Rations énergétiques/24 h		11 300 kJ	8 400 kJ

a. L'alcool ne doit pas représenter plus de 10 % de la ration énergétique, soit moins d'1/2 litre de vin par 24 h (1 g d'alcool = 30 kJ).

Proposition d'un menu équilibré

À titre d'exemple, nous vous proposons le menu du lundi pour une femme à activité habituelle (*cf.* Tableau 2.28). Ce repas est dans l'ensemble assez énergétique et riche en nutriments fondamentaux (protides, lipides, glucides, vitamines, minéraux, fibres).

Tableau 2.28 Repas complet de midi (5 plats) pour une femme (40 ans) à activité habituelle.

Composition du repas	Apports alimentaires	Apports nutritionnels	Apports énergétiques
– Entrée	– Salade de tomates	– Minéraux, vitamines, fibres	100 g = 80 kJ
– Plat central	– Viande de veau	– Protéines animales	100 g = 450 kJ
– Garniture	– Pommes de terre	– Glucides (amidon)	200 g = 700 kJ
+ complément	+ beurre	– Lipides, vitamines	10 g = 350 kJ

Tableau 2.28 **Repas complet de midi (5 plats) pour une femme (40 ans) à activité habituelle. *(Suite)***

Composition du repas	Apports alimentaires	Apports nutritionnels	Apports énergétiques
– Fromage	– Camembert (1 portion)	– Calcium, protéines	30 g = 400 kJ
– Dessert	– 1 agrume (orange)	– Vitamine C, glucides, fibres	170 kJ
– Pain – Eau	– Complet (si possible) – Plate	– Glucides (amidon), fibres, vitamines B – Sels minéraux	60 g = 600 kJ
			Total = 2 750 kJ

Ration alimentaire de la personne âgée

Les rations alimentaires des personnes âgées sont difficiles à fixer car les différences d'âge, d'activités physiques et l'association de certaines pathologies compliquent l'établissement des apports conseillés. Toutefois, nous devons privilégier l'apport de certains aliments (*cf.* Tableau 2.29).

Tableau 2.29 **Rations alimentaires par 24 h pour les personnes âgées.**

Groupes d'aliments	Quantités	Conseils d'hygiène alimentaire
1. Produits laitiers – Lait – Fromage	 1/2 litre 30 à 40 g	 – Lait écrémé (de préférence) – Gruyère râpé dans les plats (ou fromage frais ou yaourts en alternance)
2. Aliments protidiques – Viande – Poisson – Œuf	 100 g	 Proposer des viandes grillées ou rôties (éviter l'apport de graisses cuites difficiles à digérer)
3. Produits féculents et sucrés – Pain – Pâtes, riz, etc.	 150 g 250 g	 – Pain tendre ou biscottes trempées – Ne pas abuser de légumes secs (car difficiles à digérer)
4. Légumes et fruits frais – Crus – Cuits	 50 g 200 g	 – Râpés (si difficultés de mastication) – Bien cuits et peu fibreux
5. Corps gras – Huile – Beurre		 – Éviter l'apport de graisses cuites – Limiter les plats riches en matière grasse
6. Produits sucrés (gâteaux...)	60 g	– Ne pas abuser de sucreries

Tableau 2.29 Repas complet de midi (5 plats) pour une femme (40 ans) à activité habituelle. ***(Suite)***

Groupes d'aliments	Quantités	Conseils d'hygiène alimentaire
7. Boissons		
– Eau (plate de préférence) – Infusions (tilleul…) – Vin – Café, thé, etc.	– à volonté	– Proposer eau et infusions à volonté (car la boisson apporte des minéraux et prévient la déshydratation) – Proposer au cours du repas une petite quantité de vin (car apport énergétique) – Proposer le café (ou le thé) après le repas du midi (car il favorise le péristaltisme intestinal)

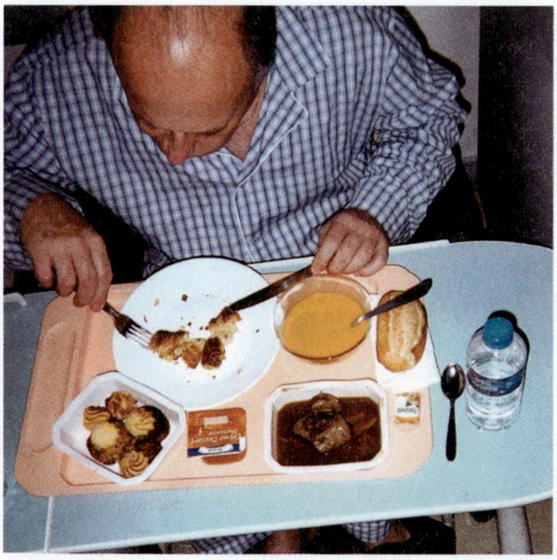

Fig. 2.13 Les menus de la personne malade, en milieu hospitalier, sont élaborés par une diététicienne en fonction de la pathologie.

3 Des apports alimentaires bien répartis dans la journée

La répartition des apports alimentaires dans la journée varie selon l'âge et l'état de santé de l'individu. Généralement, cette ration énergétique (ou calorique) doit être répartie sur 3 ou 4 repas.

◆ Petit-déjeuner (25 % de la ration calorique)

Il doit être consistant car il doit reconstituer les réserves de l'organisme après le long repos de la nuit. Il doit comprendre :

- un produit laitier (lait) ;
- des féculents (pain ou biscottes) ;
- du beurre cru ;
- des produits sucrés (confiture ou miel) ;
- un jus de fruits frais ;
- une boisson (thé ou café léger).

◆ Déjeuner (30 à 40 % de la ration calorique quotidienne)

Il doit comprendre :
- une entrée : crudités ;
- un plat protidique (viande, poisson ou œuf) ;
- un plat d'accompagnement (légumes cuits ou féculents) ;
- un dessert :
  - apport lacté (fromage ou entremets),
  - un fruit (cru ou cuit)[3] ;
- de l'eau ;
- du pain.

◆ Repas du soir (15 à 35 % de la ration calorique)

Sa composition doit tenir compte de celle du repas de midi. Il doit comprendre :
- une entrée : potage de légumes (en remplacement de la crudité) ;
- un plat protidique, la ration est répartie entre les deux repas principaux (2/3 le midi et 1/3 le soir) ;
- un plat d'accompagnement : légumes cuits ou féculents (si le convive a eu des féculents à midi, il recevra des légumes cuits le soir) ;
- un dessert :
  - un apport lacté (fromage, yaourt ou entremet),
  - un fruit (cru ou cuit)[4] ;
- de l'eau ;
- du pain.

◆ Goûter (15 à 20 % de la ration calorifique)

Il constitue un repas facultatif mais conseillé[5]. Il doit comprendre :
- un produit laitier (lait ou yaourt) ;
- un féculent (pain, gâteau, biscuit), plus éventuellement un fruit.

4 Des erreurs alimentaires à éviter

Les erreurs alimentaires sont le *résultat des différentes habitudes concernant l'alimentation.* Il faut essayer de les repérer et de les éviter, car elles peuvent avoir des conséquences préjudiciables sur la santé (*cf.* Tableau 2.30). L'auxiliaire de vie sociale chargée de l'alimentation d'une personne pourra, par un simple dialogue, voir ce qu'elle pourrait améliorer. Si la personne suit un régime, elle devra obligatoirement se référer à une prescription médicale.

3. Si un fruit *cru* est proposé à midi, on peut proposer un fruit *cuit* le soir (selon les goûts de la personne).
4. Idem.
5. Le goûter est conseillé plus particulièrement pour les enfants, les personnes âgées, les personnes fragilisées, les personnes qui ont peu d'appétit et celles qui ont de lourdes charges professionnelles.

Tableau 2.30 **Erreurs alimentaires à éviter et leurs conséquences sur la santé.**

Erreurs à éviter	Conséquences sur la santé	Conseils d'hygiène alimentaire
Mauvaise répartition des prises alimentaires dans la journée[a].	– Hypoglycémie – Fatigue – Mauvaise digestion – Somnolence	Habituer progressivement la personne à un nouveau rythme alimentaire
Excès de corps gras	– Risque d'obésité – Risque de cholestérol	– Diminuer charcuteries, viandes et fromages gras – Ne donner que du beurre cru (pas de graisses cuites) – Limiter les fromages gras
Excès de sucres	– Obésité – Hyperglycémie	Éviter les gâteaux et bonbons
Excès de sel	Hypertension artérielle (chez les sujets prédisposés)	– Ne pas trop saler – Utiliser des aromates
– Excès de protides (animaux) – Non-consommation de poisson et d'œuf	– Urémie – Troubles hépatiques	– Varier les sources de protéines animales (viande, poulet, jambon…) – Proposer du poisson et des œufs (1 à 2 fois par semaine)
– Insuffisance de fibres – Troubles du transit intestinal	Constipation	Apporter des fibres alimentaires (céréales, pain complet) et des crudités
Insuffisance de produits laitiers	Carence en calcium	– Introduire du lait dans beaucoup de préparations (purée, crème) – proposer à chaque repas des fromages et des yaourts
Insuffisance de boissons	Déshydratation	Boire au moins 1,5 L d'eau par jour

a. Ex. : pas de petit-déjeuner, déjeuner et dîner trop importants.

V. SOMMEIL

Le sommeil revêt une importance particulière, il assure la détente physique et psychique de la personne. L'auxiliaire de vie sociale mettra tout en œuvre pour que le sommeil, ou le repos, se déroule dans les meilleures conditions.

A Installation de la personne (le lit, la literie)

L'inconfort de la personne lors du sommeil risque d'avoir des conséquences néfastes. Un lit mal fait, des draps mal ou trop tirés, des oreillers mal placés peuvent entraîner des mauvaises positions, des crampes, des irritations locales.

En revanche, le confort d'un bon lit, le choix et l'hygiène de la literie, favorisent un sommeil de qualité. Il faut également veiller à l'achat d'un matériel adapté :

- un matelas ferme ou un matelas anti-escarre ;
- un support suffisant pour le dos (oreillers) ;
- une literie soutenue par un arceau (pour éviter une mauvaise position des pieds) ;
- une table adaptable et une table de nuit.

Pour favoriser un repos ou un sommeil de qualité, il peut être nécessaire de :

- vérifier l'état des alèses et des taies d'oreillers et, si besoin, de les changer ;
- aérer la pièce.

B Changements d'alèse, de taie

1 Changement des alèses

Il est nécessaire d'expliquer les gestes à faire et coordonner ses mouvements.
Cette technique demande de tourner la personne sur le côté. Il faut économiser au maximum ses mouvements, déplacements et efforts :

- adopter les « bonnes positions » afin de limiter ses efforts et protéger son dos (se référer au cours d'ergonomie) ;
- préparer des alèses propres en rouleau ;
- enlever la literie de dessus, la poser sur la chaise ;
- changer les alèses ;
- remettre la literie de dessus, la border, installer confortablement la personne, ranger le matériel et la chambre, se laver les mains.

2 Changement des taies d'oreillers

- Enlever la taie sale.
- Retourner la taie propre sur l'envers :
  - glisser les mains à l'intérieur ;
  - saisir deux coins de l'oreiller ;
  - retourner la taie sur l'oreiller ;
  - secouer l'oreiller pour répartir le garnissage.

Rôle de l'AVS

L'AVS doit :

- demander la participation de la personne : lui expliquer les différentes phases de la réfection du lit pour qu'elle se sente en sécurité ;
- si la personne a transpiré ou si les taies sont souillées, il est vivement conseiller de les changer pour améliorer son bien-être ;
- secouer l'oreiller à l'extérieur de la chambre (par la fenêtre si possible) ;
- veiller à couvrir la personne lors de l'aération de la pièce.

C Réfection du lit

La réfection du lit se fait tous les jours, afin d'assurer l'hygiène et le confort de la personne pour le repos et le sommeil (nous voyons dans le tableau 2.31 la réfection du lit non occupé).

Tableau 2.31 **Réfection du lit non occupé.**

Matériel	Procédure
– Le matériel propre : • drap • alèse • taie	– se laver les mains – aérer la chambre
	– défaire le lit :
– Sac à linge sale	déposer le linge sale dans le sac prévu à cet effet – refaire le lit : • chaque pièce de linge est déposée une à une, au centre du lit puis dépliée • border le drap de dessous puis l'alèse • border ensemble la literie de dessus • changer la taie d'oreiller – faire les « coins au carré » et le pli d'aisance (*cf.* Figure 2.14) – nettoyer-désinfecter le matériel – se laver les mains – fermer la fenêtre
– Nettoyant-désinfectant + lavette	

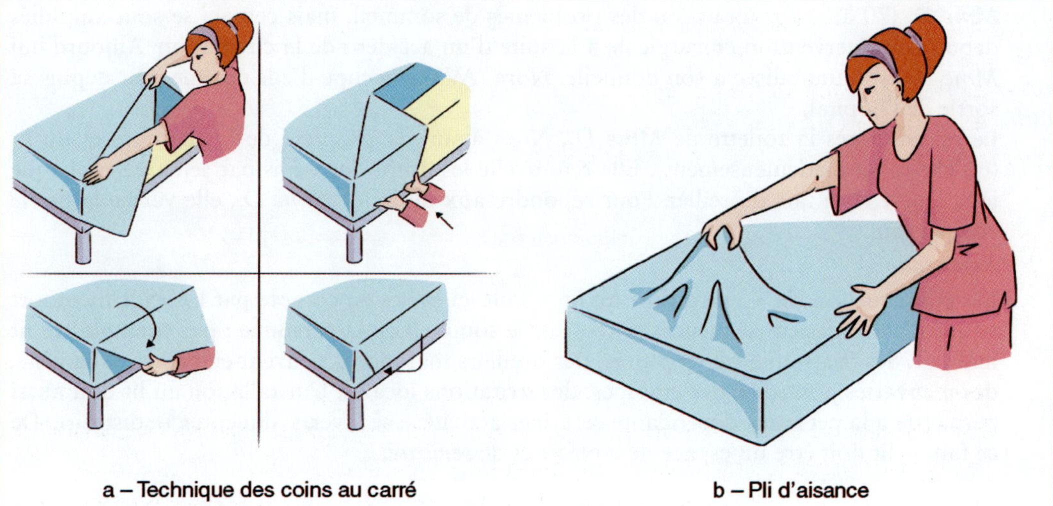

Fig. 2.14 **Réfection du lit non occupé.**

D Conditions favorables à l'endormissement

1 Critères d'hygiène et de confort

Un sommeil de qualité est indispensable au bien-être physique et moral de la personne. Tout doit être mis en œuvre pour l'aider à bien dormir :

- pièce aérée et pas trop chauffée ;
- obscurité ou demi-obscurité ;
- atmosphère calme ;
- chambre propre et régulièrement aérée ;
- installation correcte du lit ;
- lit fait correctement, propre et sans plis ;
- alèses changées ;
- taies renouvelées.

2 Objets de « 1re nécessité »

Il est important que la personne conserve toujours à portée de main certains objets dits de première nécessité. Citons plus particulièrement :

- le réveil ;
- l'interrupteur pour éclairer la nuit (si besoin) ;
- le téléphone (et les N° de téléphone d'urgence) ;
- l'eau et un verre ;
- les objets personnels (lunettes, radio, livres, télécommande…).

Situation

Le sommeil de Mme D.

Mme D. (70 ans) a toujours eu des problèmes de sommeil, mais ceux-ci se sont amplifiés depuis son intervention chirurgicale à la suite d'un accident de la circulation. Aujourd'hui *Mme D.* est immobilisée à son domicile. *Nora* (AVS) s'occupe d'elle chaque jour depuis sa sortie de l'hôpital.

Le matin, après la toilette de *Mme D.*, *Nora* assure la propreté de la chambre et du lit (qu'elle refait méticuleusement). Elle renouvelle les draps deux fois par semaine et chaque jour l'alèse et la taie d'oreiller. Pour répondre aux désirs de *Mme D.*, elle vérifie la literie chaque soir.

Remarque

Les conséquences de « l'inconfort du lit » sont ici prises en compte par l'AVS. L'inconfort risque d'avoir des conséquences graves sur le sommeil de la personne ; par exemple, un lit mal fait, des draps mal ou trop tirés, des oreillers mal placés peuvent entraîner de la gêne, des mauvaises positions, des crampes, des irritations locales. L'installation au lit doit aussi permettre à la personne dépendante certaines activités : se laver, s'alimenter, se distraire. De ce fait, le lit doit être un espace de *confort* et de *sécurité*.

Rôle de l'AVS

Règles de sécurité, de confort et de respect de la personne

L'AVS doit :

- vérifier l'état de la personne, c'est-à-dire la questionner avant le repos de la nuit, sur ses besoins, prendre en compte ses demandes, apaiser ses angoisses ;
- répondre aux appels très rapidement ;
- rester disponible et satisfaire ses besoins (*ex.* : besoin de boire, de lire, d'aller aux WC...) ;
- vérifier la présence des objets de première nécessité ;
- vérifier la température, l'ordre et la propreté de la chambre ;
- vérifier l'ambiance de l'environnement (calme, lumière tamisée...) ;
- vérifier les éléments de confort (draps sans plis, présence de couvertures légères, d'oreillers adaptés aux besoins...).

VI. HYGIÈNE ALIMENTAIRE DE L'ENFANT

L'alimentation de l'enfant doit être équilibrée et variée. Le régime alimentaire doit viser deux objectifs : éviter les erreurs alimentaires préjudiciables à la santé et satisfaire les besoins nutritionnels indispensables à la croissance.

A Règles de base de l'alimentation de l'enfant

Le comité des pédiatres recommande de suivre deux grands principes pour répondre aux besoins et aux rythmes alimentaires de l'enfant.

1 Éviter les erreurs alimentaires

Le comité des pédiatres recommande de suivre les préconisations suivantes, permettant d'éviter les erreurs alimentaires :

- *prévenir les carences en acides gras essentiels* et en fer. Il est aujourd'hui admis que le lait (maternel ou 1er âge) doit être le seul aliment du nourrisson au cours des 4 à 6 premiers mois de la vie ;
- *prévenir les excès alimentaires en protéines, sel et sucres*, qui favorisent les maladies de l'âge adulte (athérosclérose, hypertension artérielle, caries et obésité). Il est aujourd'hui admis que la diversification du régime doit être tardive (pas avant l'âge de 6 mois pour la viande et le poisson) ;
- *prévenir les allergies de type alimentaire ou eczémateuse*. Il est déconseillé de consommer du gluten avant l'âge de 6 mois (les aliments du commerce respectent ce principe dans leur composition).

2 Satisfaire le besoin de calcium (pour la croissance)

Le besoin de calcium est important, car il doit assurer la croissance de l'enfant : plus l'enfant est petit, plus sa croissance est rapide (*ex.* : à 5 mois, l'enfant double son poids de naissance, à 1 an, il le triple ; c'est le lait qui est la principale source de calcium).

◆ Calcul de la ration de lait par 24 h

Avant que l'enfant ait atteint l'âge de 5 mois

La règle d'Appert permet de calculer la ration quotidienne de lait, d'après le poids de l'enfant.
Pour obtenir la quantité par biberon, il suffit de diviser la ration de lait de 24 h par le nombre de repas (le + ou – 100 mL est apprécié par le médecin, en fonction de la courbe de poids et de l'appétit de l'enfant).

$$\frac{\textit{Poids de l'enfant (en g)}}{10} + 250\,\text{mL}\ (\pm 100\,\text{mL}) = \text{ration de lait par 24 h}$$

Dès que l'enfant a atteint l'âge de 5/6 mois

La règle d'Appert ne s'applique plus lorsque l'enfant atteint le poids de 6 kg, en général vers l'âge de 5/6 mois.
La quantité totale d'un biberon ne doit jamais dépasser 210 mL d'eau, nécessitant 7 mesures de lait.
210 mL d'eau + 7 mesurettes rases de lait

◆ Calcul de la reconstitution du lait

Les laits 1er et 2e âge se reconstituent à raison de :
1 mesurette rase de lait dans 30 mL d'eau
Il est important pour la santé de l'enfant de *respecter* scrupuleusement la *concentration du lait.*

Exemple

Si la ration du biberon est de 120 mL, on met 120 mL d'eau + 4 mesurettes de lait.
Si la ration est de 210 mL, on met 7 mesurettes de lait.

◆ Calcul du nombre de repas par 24 h

Le nombre de repas par 24 h s'évalue, théoriquement, en fonction de l'âge de l'enfant *ou* de son poids. En pratique, on tient compte de l'appétit de l'enfant et de ses désirs (*cf.* Tableau 2.32).

Tableau 2.32 Nombre de repas par 24 h selon l'âge de l'enfant.

Âge	Nombre de repas/24 h	Poids de l'enfant approximatif
1-2 mois	6	4 kg
3-4 mois	5	5 kg
5 mois	4	6 kg

Situation

Le biberon de Jérémy

Calculez la ration alimentaire par 24 h de *Jérémy* à 1 mois, pesant 4 kg et prenant 6 repas.

Réponse

► La ration journalière de Jérémy sera de :

$\frac{4000\,g}{10} + 250\,\text{mL} = 650\,\text{mL}/24\,\text{h}$

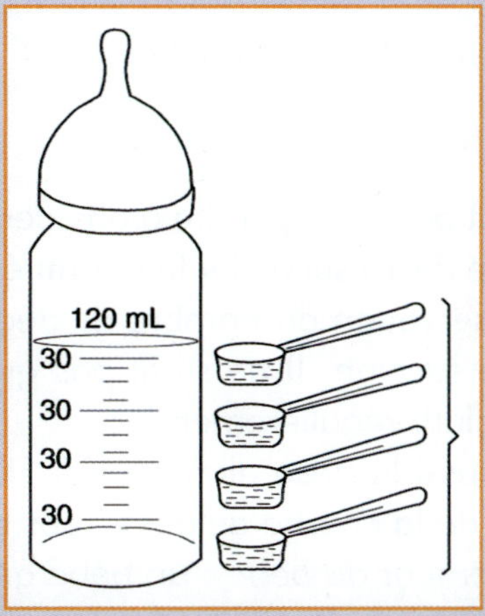

Fig. 2.15 **Reconstitution du lait dans le biberon.**

► La quantité par biberon de *Jérémy* sera de :

$\frac{650\,ml}{6}$ = 108 mL par biberon (soit 120 mL)

(On arrondit toujours à la quantité supérieure)

► La quantité de lait en poudre sera de :

120 mL d'eau + 4 mesurettes de lait 1er âge.

Rôle de l'AVS

L'AVS respectera des règles d'hygiène stricte (biberon stérilisé, matériel propre, mains propres…). De plus, la reconstitution du lait exige précision et minutie. Les mesurettes doivent être arasées. La bonne dilution du lait est obtenue en roulant le biberon entre ses mains.

◆ Laits pour nourrissons

Les laits pour nourrissons sont préparés à partir du lait de vache ayant subi de nombreuses transformations.

Caractéristiques

Ces laits ont des caractéristiques communes, ils sont enrichis :

- en acide linoléique ;

- en fer ;
- en vitamines.

Intérêts

Ces laits favorisent :
- un bon développement cérébral ;
- la prévention de l'anémie (carence en fer) et du rachitisme (carence en calcium) ;
- une bonne croissance ;
- la prévention de l'infection.

Rôle de l'AVS

L'auxiliaire de vie sociale doit pouvoir répondre à une demande d'aide de la maman.

- L'auxiliaire de vie sociale devra surveiller la quantité de lait ingérée par le bébé. Elle s'apprécie par l'observation du nombre de déglutitions comparé au nombre de mouvements de succion. Il ne suffit pas que le bébé tète vigoureusement, il doit encore déglutir régulièrement.
- L'AVS devra surveiller aussi la prise alimentaire. Elle s'apprécie par l'observation du comportement, de la courbe de poids, des selles :
  - *surveiller le comportement du bébé* : un bébé qui paraît repu après la tétée est un bébé à qui l'allaitement profite. En revanche, des cris, des pleurs doivent éveiller l'attention ;
  - *surveiller les selles* : 1 à 2 selles/jour, bien moulées, sont normales chez l'enfant nourri au biberon ;
  - *surveiller le poids* : toute baisse de poids doit être signalée.

3 Respecter les rythmes alimentaires de l'enfant

À chaque âge, son rythme alimentaire. L'auxiliaire de vie sociale doit connaître les compétences de l'enfant pour respecter son rythme alimentaire (*cf.* Tableau 2.33).

Tableau 2.33 Compétences de l'enfant et rôle de l'AVS.

Âges approximatifs de l'enfant	Compétences	Rôle de l'AVS
Vers : – 3-4 mois	L'enfant peut : – toucher son biberon	L'AVS : – installe l'enfant confortablement – lui parle en lui donnant son biberon – lui permet de toucher les aliments avec les mains
– 5-6 mois	– boire à la tasse, manger à la cuillère tenue par l'adulte	

Tableau 2.33 **Compétences de l'enfant et rôle de l'AVS.** ***(Suite)***

Âges approximatifs de l'enfant	Compétences	Rôle de l'AVS
À partir de : – 1 an – 1 an et demi	L'enfant devient plus autonome, il peut : – passer à table – manger seul (avec les mains), puis manger à la cuillère	L'AVS : – installe l'enfant à table – le laisse manger seul à son rythme, tout en l'aidant, l'encourage
À partir de : – 2 ans – 2 ans et demi – 3 ans	L'enfant peut : – manger seul correctement avec la cuillère, puis avec la fourchette – mettre et ôter seul sa serviette – participe à la préparation des repas	L'AVS : – lui propose la cuillère puis la fourchette – remplace les cordonnets de la serviette par un élastique – l'invite à participer à la préparation des repas
À partir de 4 ans	L'enfant peut utiliser un couteau à bout rond	L'AVS le surveille pendant le repas

B Diversification alimentaire

Après l'alimentation lactée, la diversification alimentaire fait son apparition. Elle suit un ordre de progression délimité en fonction de l'âge, du poids et de la maturation organique de l'enfant.

1 Étapes de la diversification alimentaire

La diversification alimentaire correspond, vers 6 mois, au passage d'une alimentation liquide (lait) à une alimentation solide. Cette alimentation permet à l'enfant de s'habituer à de nouveaux goûts et à de nouvelles consistances (*cf.* Tableau 2.34).

Tableau 2.34 **Étapes de la diversification alimentaire[a].**

Jusqu'à 3 mois : 6 repas	**Période d'alimentation lactée exclusive** : lait maternel ou à défaut lait 1er âge
Vers 4-5 mois : 5 repas	L'enfant passe à 5 repas, l'alimentation lactée reste prépondérante, mais on peut introduire des : – farines (diastasées, sans gluten) – fruits et légumes cuits (homogénéisés ou mixés)
Vers 6 mois : 4 repas	**Période d'alimentation diversifiée :** – l'enfant passe à 4 repas : 2 repas diversifiés (midi et soir) et 2 repas lactés (matin et goûter) – un demi-litre de lait par jour est indispensable (de préférence lait 2e âge) – dès 6 mois, on introduit la viande, le poisson et progressivement tous les autres aliments

a. Sur avis du pédiatre : à adapter à l'enfant en fonction de son âge, de son poids, de son état de santé.

Rôle de l'AVS

L'auxiliaire de vie sociale devra :

- toujours vérifier la texture et la température des aliments (sécurité) ;
- ne jamais forcer l'enfant à manger ;
- éviter les mélanges d'aliments (pour apprendre à l'enfant à distinguer les différents goûts) ;
- respecter les étapes de la diversification alimentaire (tenir compte des *directives reçues*) ;
- introduire un seul aliment à la fois (pour tester la tolérance digestive) ;
- respecter les goûts et préférences de l'enfant ;
- présenter les plats agréablement (s'il s'agit d'un petit pot, mettre le contenu dans une assiette décorée) ;
- lui parler pendant le repas.

2 Texture des aliments

Le passage d'une texture à une autre doit se faire progressivement, en fonction des possibilités de l'enfant. Elle sera tour à tour fluide, molle, granuleuse, en morceaux selon la progression suivante :

- au cours des premiers mois, le besoin de téter étant primordial, le lait est donné au *biberon* (*alimentation fluide*) ;
- vers 6 mois, dès que l'enfant est capable, au moyen de sa langue, d'envoyer les aliments de l'entrée de la bouche vers le fond, on introduit la purée de *légumes mixés* (*alimentation molle*) ;
- vers 8-10 mois, dès que l'enfant commence à mastiquer, on propose les *aliments moulinés* (*alimentation granuleuse*) ;
- vers 12-14 mois, dès que l'enfant a suffisamment de dents pour mâcher, on introduit les *aliments en petits morceaux*.

3 Premiers aliments proposés

Les premiers aliments introduits sont les farines pour bébés et les fruits et légumes homogénéisés[6].

◆ Farines pour bébés

L'enfant peut tirer grand profit des farines pour bébés, si celles-ci sont données en quantité raisonnable.

- *Intérêt :* l'introduction des farines permet d'augmenter l'apport énergétique, surtout par l'apport de glucides d'absorption lente (amidon).
- *Inconvénients :* données en trop grande quantité, les farines risquent de :
  - déséquilibrer la ration alimentaire ;
  - donner des troubles intestinaux, et parfois favoriser l'obésité.

---

6. Sur avis du pédiatre, ils peuvent être proposés parfois vers le 4e ou le 5e mois pour certains enfants.

◆ Fruits homogénéisés

L'apport de fruits est précieux dans la ration alimentaire et leur goût est très prisé de l'enfant.

- *Intérêt :* les fruits sont riches en vitamines (C en particulier) et en minéraux. Ils élargissent le goût de l'enfant et lui font connaître des aliments de couleur et consistance nouvelles.
- *Introduction :* on propose des fruits cuits sous forme homogénéisée (en petits pots). Les fruits crus ne sont donnés que vers 6 mois.

◆ Légumes homogénéisés

- *Intérêt :* les légumes apportent des éléments minéraux précieux (fer, magnésium, potassium). Ils élargissent le goût de l'enfant et lui font connaître des aliments de couleur et de consistance nouvelles.
- *Introduction :* ils s'introduisent sous forme de :
  - légumes homogénéisés (facilement assimilables) présentés en « petits pots » (*cf.* ci-après) ;
  - ou légumes mixés (préparation maison).

4 Utilisation des « petits pots » dans l'alimentation

- *Intérêts :* les aliments présentés en petits pots sont homogénéisés, donc très bien digérés ; de plus les aliments sont sélectionnés :
  - les fruits et légumes sont exempts de nitrates et ont une teneur en vitamines garantie ;
  - les viandes et poissons ont une fraîcheur garantie.
- *Introduction* : les petits pots homogénéisés peuvent être proposés aux bébés à partir de 3 mois.

Rôle de l'AVS

L'auxiliaire de vie sociale doit savoir :

- *lire les étiquettes des petits pots* :
  - date de péremption,
  - composition de l'aliment,
  - mode d'emploi,
  - quantité ;
- *préparer le petit pot* :
  - nettoyer le pot extérieurement,
  - s'assurer du déclic à l'ouverture du pot (preuve de l'étanchéité),
  - faire chauffer au bain-marie (après ouverture du pot). Ne faire chauffer que la quantité prévue pour le repas,
  - ne pas saler ,
  - ne pas ajouter de matières grasses ;
- *conserver l'aliment 24 h au réfrigérateur*, dans le pot refermé soigneusement ;
- *travailler proprement* ;
- *noter les quantités absorbées par l'enfant* pour pouvoir en informer les parents.

C Repas de 6 mois à 1 an

L'alimentation diversifiée est indiquée à partir de 6 mois. Cette époque correspond à l'introduction de lait 2e âge qui sera prolongée jusqu'à 1 an.
Il faudra toujours maintenir au moins 500 mL de lait par jour.

1 Aliments

De nouveaux aliments, de texture et de couleurs différentes, vont être introduits progressivement, en tenant compte du goût, de l'appétit, des besoins nutritionnels de l'enfant.

◆ Produits laitiers

- *Intérêt* : l'intérêt majeur des produits laitiers est l'apport de calcium utile pour la croissance.
- *Introduction* : yaourt (1/2 puis 1 entier), petits-suisses, fromage blanc, etc.

◆ Viande et poisson

- *Intérêt :* ces aliments apportent des protéines animales. Ils sont indispensables à la fabrication des tissus, donc à la croissance.
- *Équivalences protidiques :* 50 g de viande = 50 g de poisson = 40 g de jambon = 1 œuf.
- *Introduction et quantité* :
  - à 6 mois : 10 g (valeur de 2 cuillères à café) ;
  - à 8 mois : 20 g ;
  - à 1 an : 30 g ;
  - ensuite on augmente de 10 g par année d'âge.

NB : notons que les quantités sont très réduites et qu'elles doivent être respectées, pour la santé de l'enfant.

◆ Œuf

- *Intérêt :* cet aliment apporte des protéines animales et du fer.
- *Introduction et quantité* :
  - vers 8-9 mois : 1/4 à 1/2 jaune d'œuf ;
  - vers 1 an : 1/2 œuf ;
  - vers 2 ans : 1 œuf entier.

◆ Féculents

- *Intérêt :* ces aliments sont riches en amidon et en vitamines du groupe B.
- *Introduction et quantités :* à partir de 7 mois, les pâtes, le riz et la semoule peuvent être utilisés à raison de 20 g/j dans le potage (sans pommes de terre).

◆ Végétaux

- *Introduction :* les légumes et les fruits cuits ont été introduits les premiers dans l'alimentation sous forme homogénéisée. L'alimentation diversifiée élargit les variétés, les quantités, les présentations.
- *Intérêt :* ces aliments sont sources de minéraux, de fibres, de vitamines.

2 Journées alimentaires (de 6 mois à 1 an)

Nous vous présentons, au moyen d'illustrations, quelques repas-types composant la journée alimentaire de l'enfant de 6-7 mois (*cf.* Tableau 2.35) et de 9 mois à 1 an (*cf.* Tableau 2.36).

Tableau 2.35 Journée alimentaire pour enfants de 6-7 mois[a].

Répartition des repas sur 24 h		6 mois/7 mois	
Matin	**Repas lacté** 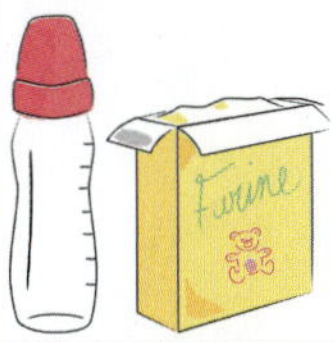	Bouillie : • Lait 2e âge • Farine bébé[b]	 210 mL 7 mesurettes
10 h	*Jus de fruits* 	Jus d'orange (dilué)	50 mL
Midi 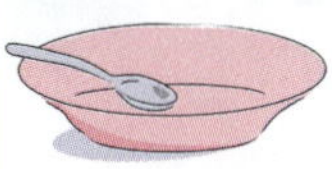	**Repas diversifié** 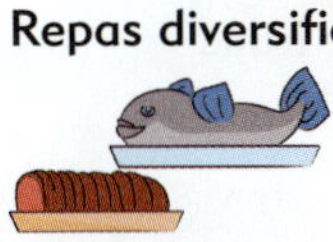	Viande ou poisson (homogénéisé)	10 g
	• *Légumes* 	– Soupe de légumes mixés sans pommes de terre (si donnée au biberon) ou : – Purée de légumes mixés : • 1/3 pommes de terre • 1/3 carottes • 1/3 légumes verts	150 g (valeur : une louche)
+ eau 	• Produits laitiers  ou • *Fruits crus ou cuits[c]* 	Yaourt –	1/2 –

Tableau 2.35 Journée alimentaire pour enfants de 6-7 mois[a]. *(Suite)*

Répartition des repas sur 24 h		6 mois/7 mois	
16 h	**Goûter lacté** 	– Biberon : lait 2e âge – Fruit cuit : compote	210 mL 7 mesurettes 1/2 tasse
Soir 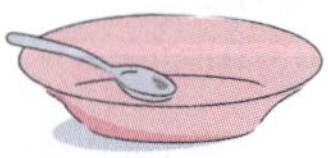	**Repas diversifié** 		
+ eau 	• *Légumes*  • *Lait* • *Farine bébé*  • *Produits laitiers ou* • *Fruits cuits[c]* 	– Bouillie aux légumes : • légumes + • lait + • farine bébé[b] – Petit pot de fruits homogénéisés	200 mL 100 g 100 mL – 1/2

a. Les quantités des aliments figurant sur ce tableau ont été fixées par les comités de pédiatres nutritionnistes. Notons qu'elles sont approximatives concernant les légumes cuits ou les fruits.
b. Quantités de farines selon avis du pédiatre.
c. Les produits laitiers et les fruits sont à alterner pour les desserts de midi, du soir et de 16 h (ici laitage à midi et fruits au goûter et le soir). Des choix variés sont possibles en tenant compte de l'équilibre alimentaire.

Tableau 2.36 Journée alimentaire pour enfants de 9 mois à 1 an.

Répartition des repas sur 24 h		9 mois		12 mois	
Matin	**Repas lacté** 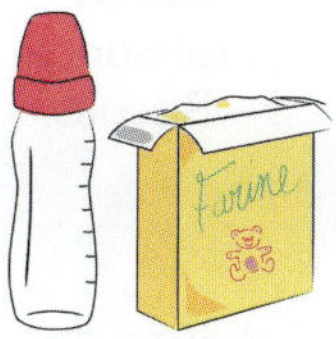	– Bouillie : • Lait 2e âge • Farine bébé[a]	210 mL 7 mesurettes	Bouillie : • Lait de croissance • Farine bébé[b]	210 mL
10 h	*Jus de fruits* 	– Jus d'orange (dilué)	50 mL	Jus de pamplemousse	50 mL
Midi 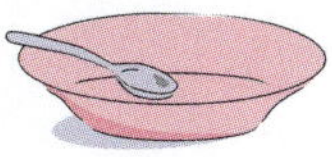	**Repas diversifié**			Tomates écrasées (sans la peau ni les pépins)	1 c à soupe
		– Viande ou poisson (mixé) ou œuf	20 g	– Viande ou poisson (mouliné) ou œuf	25 g
	• *Légumes + beurre*  • *Féculents ou pain* 	– Purée de légumes moulinés : • 1/3 pommes de terre • 1/3 carottes • 1/3 légumes verts	160 à 170 g	– Légumes en petits morceaux (plat unique, *ex.* : haricots verts) + beurre	180 à 200 g 1 c à café
		–		– Pain de mie	1/2 tranche
+ eau 	• *Produits laitiers*[c] • *Fruits crus ou cuits*[c] 	– Petit-suisse	1	– Roquefort + fruit cru	20 g (environ) 1/2

Tableau 2.36 Journée alimentaire pour enfants de 9 mois à 1 an. *(Suite)*

Répartition des repas sur 24 h		9 mois		12 mois	
16 h	**Goûter lacté** 	– Biberon : • Lait 2e âge – Fruit cru : • Banane écrasée	210 mL 7 mesurettes 1/2	– Biberon : • Lait de croissance – Biscuits	210 mL 2 à 3
Soir 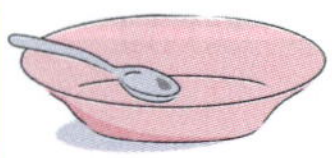	**Repas diversifié**	– Soupe de légumes :	160 à 170 mL	Soupe de légumes :	180 à 200 mL
	• *Légumes* 	• légumes mixés		• légumes mixés	
		+		+	
	• *Lait* 	• lait		• lait	
		+		+	
	• *Féculents* 	• semoule	1 c à soupe (environ)	• Petites pâtes	1 c à soupe (environ)
	• *Fruits[c] cuits ou cru[3]* 	Compote	1 tasse	– Compote	1 tasse

a. Les quantités des aliments figurant sur ce tableau ont été fixées par les comités de pédiatres nutritionnistes. Notons qu'elles sont approximatives concernant les légumes cuits ou les fruits.
b. Quantités de farines selon avis du pédiatre.
c. Les produits laitiers et les fruits sont à alterner pour les desserts de midi, du soir et de 16 h (ici laitage à midi et fruits au goûter et le soir). Des choix variés sont possibles en tenant compte de l'équilibre alimentaire.

D Menus équilibrés pour le grand enfant

« Élaborer un menu » pour le grand enfant[7] consiste à faire une liste des plats qui composeront les divers repas de la journée. Pour faire un menu, il faut tenir compte :

- des besoins alimentaires de l'enfant ;
- de la présence de tous les groupes d'aliments ;

7. Le grand enfant est l'enfant âgé d'au moins 6 ans (âge scolaire) jusqu'à la puberté (adolescence).

- de la variété des aliments d'un même groupe (pour les substituer les uns aux autres) ;
- de la saison et du budget.

1 Composition de base des repas

Pour établir un menu, on commence par établir la composition du repas principal.

◆ Repas principal

En général, il s'agit de celui de midi, il doit comprendre (*cf.* Figure 2.16) :

- *une entrée* = un apport minéral et vitaminique (crudités) ;
- *un plat protidique* = viande, poisson ou œuf (VPO) ;
- *un plat d'accompagnement* = légumes cuits ou féculents ;
- *un dessert* = un apport calcique (fromage ou entremets) + un apport vitaminique (fruits : crus de préférence) ;
- *une boisson* (eau).

Fig. 2.16 **Un « plateau-repas » équilibré (*Guide AP*, J. Gassier. Masson).**

◆ Repas du soir

Sa composition doit tenir compte de celle du repas de midi. Il comprend :

- *un potage de légumes* (en remplacement de la crudité) ;
- *un plat protidique* : seulement pour les enfants de plus de 7 ans. Dans ce cas, la ration quotidienne de protéines est répartie entre les 2 repas principaux (2/3 le midi et 1/3 le soir) ;
- *un plat d'accompagnement* : légumes cuits ou féculents (si l'enfant a eu des féculents à midi, il recevra des légumes cuits le soir) ;
- *un dessert féculent* : si le plat principal n'en contient pas (*ex.* : semoule au lait) ;
- *un apport lacté* (fromage ou yaourt ou entremets) ;
- *un fruit* (cru ou cuit).

◆ Petit-déjeuner

Il doit être consistant car il doit reconstituer les réserves de l'organisme après le long repos de la nuit. Il comprend :
- *une boisson* (thé, chocolat ou café léger) selon les goûts ;
- *un produit laitier* (lait, fromage, yaourt…) ;
- *des féculents* (céréales, pain, corn-flakes) ;
- *du beurre cru* ;
- *des produits sucrés* (miel, confiture) ;
- *un jus de fruit frais* (pris à jeun si possible).

◆ Goûter

Il constitue un repas indispensable et doit comprendre :
- *une boisson* (eau, lait ou boisson lactée chocolatée) ;
- *un produit laitier* (si la boisson ne contient pas de lait) ;
- *un féculent* (pain, gâteau, biscuit, céréales…) ;
- *un fruit* éventuellement.

2 Apports nutritionnels conseillés sur 24 h

L'alimentation équilibrée doit apporter à l'enfant en 24 h :
- 500 mL de lait (ou produits laitiers) ;
- un apport protidique (VPO) ;
- un légume cuit et un légume cru (vert et rouge) ;
- 2 fruits (un cru et un cuit) ;
- un féculent ;
- du beurre cru et de l'huile ;
- des produits sucrés ;
- un litre d'eau.

3 Variété des menus du grand enfant pendant la semaine

Les menus de la semaine seront variés afin de stimuler l'appétit de l'enfant et lui apprendre à manger de tout. Ils dépendront cependant de la saison, du budget et des goûts de l'enfant.

4 Élaboration des menus journaliers pour le grand enfant

L'alimentation de l'enfant de plus de 6 ans doit être équilibrée sur 24 h. La personne qui prépare ses repas veillera à ce que tous les groupes d'aliments soient présents et soignera leur présentation (*cf.* Tableau 2.37).

Tableau 2.37 Menu journalier pour l'enfant de plus de 6 ans, quelques exemples[a].

	Lundi	Mercredi	Vendredi
Petit-déjeuner			
– fruit (ou jus de fruit) – produit laitier ou lait[d] – pain[e] – corps gras – produits sucrés	– jus d'orange – chocolat au lait – biscottes – beurre – confiture de fraise	– jus de pamplemousse – lait + corn-flakes – pain – beurre – miel	– raisin – lait – pain – beurre – gelée de coing
Repas de midi – crudités (+ assaisonnement)[b] – VPO – légumes cuits[c] ou féculents – pain[e] – produit laitier – fruit – boisson	– carottes rapées (+ assaisonnement)[b] – rôti de bœuf rizotto – pain – fromage – banane – eau	– champignons de Paris (+ assaisonnement)[b] – poulet – carottes cuites – pain – fromage – mandarine – eau	– tomates (+ assaisonnement)[b] – roussette – purée de pommes de terre – pain[e] – yaourt – compote de poires – eau
Goûter – produit laitier ou lait[d] – pain[e] – produits sucrés ou fruits	– lait aromatisé – biscottes beurrées – confiture de fraises	– yaourt – pain beurré – miel	– petit-suisse – biscuits – jus d'orange pressée
Repas du soir – potage – VPO – légumes cuits – féculent ou pain – produit laitier – fruit – boisson	– potage Julienne – endives au jambon – pain[e] – yaourt – pomme au four – eau	– potage aux tomates – jambon – pâtes (+pain) – gruyère – compote de pommes – eau	– potage aux poireaux – omelette – épinards – pain – tapioca au lait – abricots – eau

a. Ce tableau est donné à titre indicatif ; de grandes variations sont possibles selon la saison et les goûts de l'enfant.
b. Huile de tournesol + citron + persil.
c. + beurre cru fondu dans l'un des plats.
d. Lait UHT 1/2 écrémé (recommandations GPEM/DA).
e. Le pain doit être proposé à tous les repas (y compris ceux où il y a un plat de féculent). Minimum : 40 g de pain par repas (conseil national de l'alimentation).

Rôle de l'AVS

À l'occasion du repas, l'auxiliaire de vie sociale doit :

- **créer une ambiance agréable** : pour que manger soit un plaisir, il est nécessaire que les repas se déroulent dans une atmosphère de calme et de confort. Les repas seront précédés par des activités calmes, voire une séance de relaxation ;
- **stimuler l'enfant à manger « proprement »**, cet apprentissage doit se faire :
  - avec souplesse et tolérance,
  - très progressivement (adapté à l'âge et au désir de l'enfant) ;
- **évaluer l'appétit de l'enfant** : l'AVS invite l'enfant à se servir seul (il va apprendre à établir une relation entre la quantité des aliments et son appétit). Elle ne forcera pas l'enfant (s'il s'est trop généreusement servi) à terminer son assiette ;
- **respecter les règles d'hygiène autour du repas** :
  - le lavage des mains avant et après le repas est indispensable,
  - le brossage des dents après le repas est vivement conseillé ;
- **respecter les autres convives**, l'AVS apprend à l'enfant à :
  - attendre son tour pour être servi,
  - rester en place avec les autres convives,
  - respecter la nourriture et l'espace du voisin ;
- **informer les parents de l'enfant**, l'AVS informera les parents de :
  - l'appétit de l'enfant,
  - son comportement au cours du repas,
  - les progrès réalisés.

L'AVS les invitera à prendre connaissance du menu du midi afin de composer le menu du soir, en fonction de celui-ci.

VII. LIMITES DE COMPÉTENCE DE L'AUXILIAIRE DE VIE SOCIALE DANS LES SOINS À LA PERSONNE

L'AVS accompagne la personne pour les actes de la vie quotidienne. L'AVS n'est donc pas une auxiliaire de soins (ce terme de soins est ici entendu comme soin médical). Toutefois, le rôle essentiel de l'AVS est de concourir au confort et au bien-être de la personne en respectant les souhaits et besoins de celle-ci et donc de prendre soin d'elle.

A L'hygiène et l'enfant

- L'AVS n'est pas habilitée à réaliser certaines tâches précises ayant donné lieu à une *prescription médicale*. C'est le cas, par exemple, de la *toilette médicalisée* : ce soin n'entre pas dans les compétences de l'AVS. Par contre l'AVS accompagne la personne dans la réalisation de ses soins corporels, de sa toilette entendu au sens d'un acte de la vie courante, pour répondre au besoin d'hygiène et de confort.
- Toutefois, dans certaines *situations d'urgence*, l'AVS ne laissera pas, bien sûr, une personne souillée. Elle procédera alors à une toilette de confort en attendant l'intervention du personnel soignant (IDE, AS).

B Élimination

Concernant les *fonctions d'élimination*, là encore le rôle de l'AVS connaît des limites précises :
- l'AVS accompagne et stimule la personne dans le respect de sa pudeur et de son intimité ;
- l'AVS n'est en aucun cas habilitée à donner, à son initiative, quelque traitement que ce soit en vue d'une facilitation du transit intestinal. Elle n'intervient pas non plus, dans le cadre des soins, lorsqu'une personne porte une sonde vésicale ;
- en revanche, l'AVS participera à la prévention de l'incontinence de la personne âgée en sollicitant celle-ci afin qu'elle se rende aux toilettes toutes les trois heures.

C Prévention des escarres

L'AVS concourra au *bien-être de la personne* par des gestes adaptés. En effet, l'AVS avec des gestes doux et sécurisants, pourra contribuer par exemple à la prévention des escarres en effectuant des effleurages doux au niveau des points d'appui (selon les consignes reçues).

D Aide au traitement

L'AVS peut accompagner la personne lors de la prise de *traitements médicamenteux* prescrits, lorsque cette action est assimilée à un acte de la vie courante, c'est-à-dire si le médecin prescripteur a laissé l'initiative à la personne aidée d'accomplir seule ce geste.
A contrario, en cas de prescription médicale indiquant que la prise de médicaments doit être assistée, l'AVS devra alors être relayée dans cette action par un personnel médical. Cet acte devenant alors un soin (au sens médical) et non plus un accompagnement.
L'AVS est donc un *membre de l'équipe pluridisciplinaire* intervenant auprès d'une personne aidée. À ce titre, elle doit être capable de détecter les signes d'un problème de santé ou de mal-être et prendre les dispositions adaptées en faisant appel aux professionnels compétents.

CHAPITRE 6

Aide aux activités motrices et dans les gestes de la vie quotidienne

I. NOTION D'ERGONOMIE : LES FACTEURS DE RISQUES

A Définition

L'ergonomie étudie l'activité de travail, afin de contribuer à la conception de techniques et de matériels adaptés aux caractéristiques physiologiques des êtres humains, avec des critères de santé et d'efficacité.

B Origine de la fatigue musculaire

La fatigue musculaire peut être induite par deux types de travail :

- *le travail statique*, dû au *maintien d'une position* grâce à une *contraction musculaire constante* (posture). La circulation est ralentie, entraînant une accumulation de déchets produits par le muscle (dioxyde de carbone et acide lactique), ainsi qu'une mauvaise alimentation du muscle en glucose et en oxygène ;
- *le travail dynamique*, dû à la *succession de contractions* et de *décontractions* du muscle (geste). La circulation est normale dans les phases de décontraction : la fatigue apparaît moins vite (*cf.* Tableau 2.38).

Tableau 2.38 Le travail musculaire.

Schémas	Type de travail correspondant	Situations
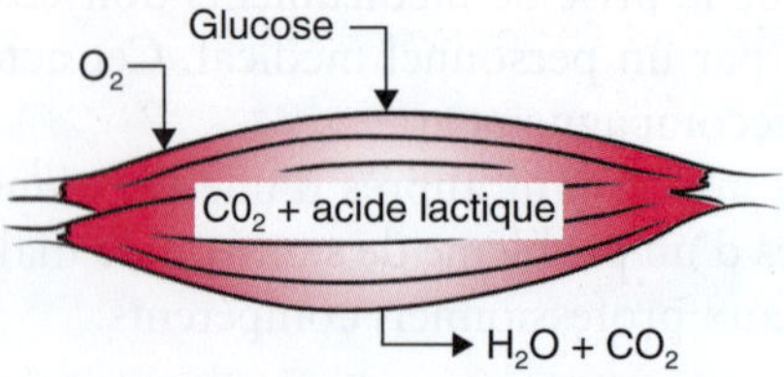	Travail statique	Contraction musculaire constante

DEAVS. Modules 1 à 6
© 2011 Elsevier Masson SAS. Tous droits réservés

Tableau 2.38 **Le travail musculaire. (*Suite*)**

Schémas	Type de travail correspondant	Situations
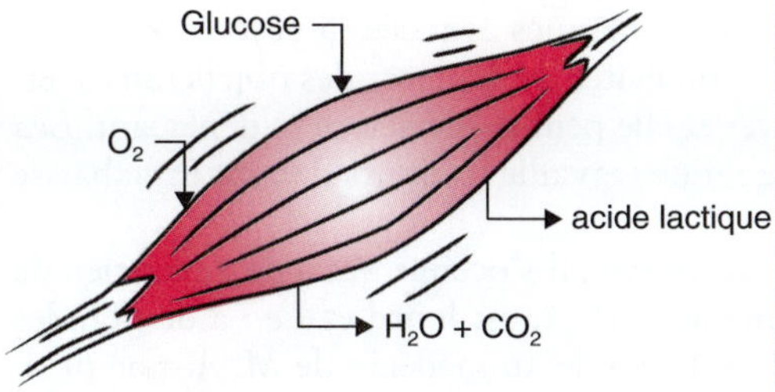	Travail dynamique	Les contractions musculaires se succèdent, s'arrêtent et recommencent à un rythme soutenu

Sur les figures, nous associons à chaque muscle le type de travail musculaire correspondant aux deux types de travail.

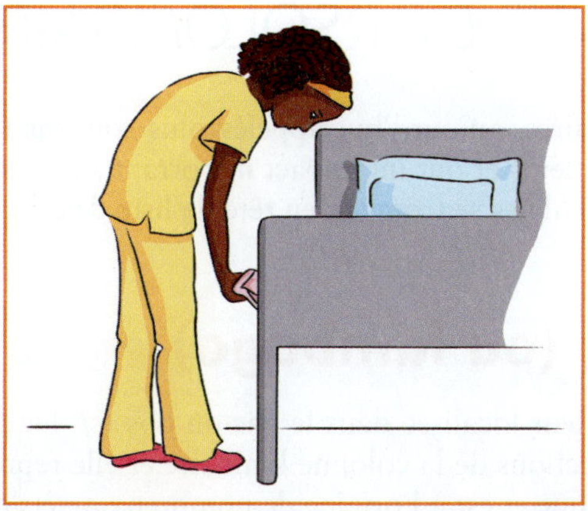

Fig. 2.17 **Léa se baisse souvent au cours de son travail journalier.**

Tableau 2.39 **Observation et analyse des gestes et postures des deux exemples ci-dessus.**

	Léa	Léo
Les gestes (activités dynamiques)	Flexion du corps (flexion–extension) Déplacements +++	Flexion du corps (flexion–extension) Port de charges lourdes Déplacements +++
Les postures (activités statiques)	Maintien de la position debout constante Courbée (lors de la réfection des lits)	Maintien de la position debout constante Port de charges lourdes
Les conséquences possibles sur l'organisme	Troubles circulatoires aux jambes Douleurs au dos Courbatures Fatigue	Risque de « claquage » musculaire Douleurs dans le dos, les bras et les jambes Courbatures Fatigue

Situations

Étude de deux situations de travail à domicile

Léa, 35 ans, est AVS chez *Mme Y.* qui est non-voyante et vit avec 2 de ses sœurs plus âgées.
Léo, 42 ans, est AVS chez *M. A.* qui a une sclérose en plaques avancée (il pèse 95 kg).

- *Léa* doit être très vigilante, en particulier, elle doit éviter de déplacer des objets sans avertir *Mme Y.* car celle-ci ne peut pas les retrouver et elle peut se blesser en se déplaçant. *Léa* s'occupe du ménage, du linge et du repassage. Elle travaille toujours debout et se baisse souvent au cours du travail journalier.
- *Léo* aide *M. A.* à se lever, à s'habiller, à faire sa toilette. Il s'occupe aussi de l'entretien de son logement, fait les courses et prépare à manger. *M. A.* est lourd et *Léo* a de grandes difficultés à l'aider au lever et au coucher. Il a demandé au médecin de *M. A.* une prescription pour un lit médicalisé et un lève-personne.

Remarque

Observons les gestes et les postures de Léa et de Léo et analysons leurs répercussions éventuelles sur la santé de ces deux professionnels (*cf.* Figure 2.17 et Tableau 2.39).

II. ACCIDENTS DORSOLOMBAIRES OU TMS

Les accidents dorsolombaires, aujourd'hui appelés plus souvent troubles musculosquelettiques (TMS) sont très fréquents et ont un impact important sur la santé et la qualité de la vie de la population. Les lombalgies se trouvent en tête de liste de ces troubles.

A Lombalgie (ou lumbago)

La lombalgie est une douleur localisée dans le bas du dos (*cf.* Figure 2.18). Elle est la manifestation de multiples affections de la colonne lombaire et elle représente le premier motif de consultation rhumatologique et est à l'origine de nombreux arrêts de travail.
Après un temps plus ou moins long de travail, suite aux compressions/vibrations constantes, le disque lombaire se déshydrate, son épaisseur diminue et une douleur plus sourde apparaît. Si la personne se couche, le disque n'est plus en compression, l'hydratation du disque est à nouveau possible et la douleur cesse. Le cycle peut se répéter.

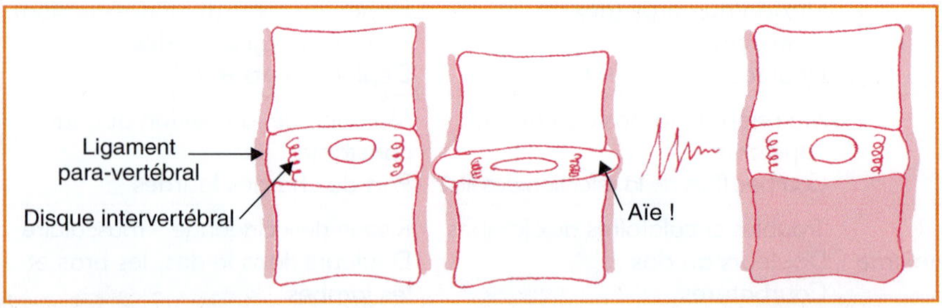

Fig. 2.18 **La lombalgie.**

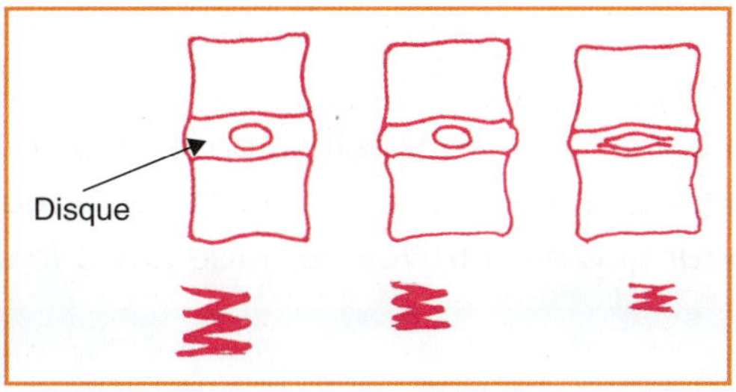

Fig. 2.19 **Le tassement.**

B Tassement de disques

Porter un poids tasse les disques (*cf.* Figure 2.19). Un temps de récupération est toujours nécessaire pour revenir à la position initiale. Si ce temps de récupération n'est pas respecté ou si le poids est porté longtemps, les disques se tassent définitivement ! Ce phénomène arrive naturellement avec l'âge (usure physiologique). À 80 ans, 8 à 10 cm sont perdus par rapport à la taille à 20 ans. Le surpoids contribue aussi au tassement des disques.

C Hernie discale

Les mouvements effectués en se penchant en avant poussent le noyau pulpeux en arrière (*cf.* Figure 2.20). Si le mouvement est brusque, soudain, ou si le poids est important, il peut déchirer l'anneau fibreux du disque et se « faufiler » jusque la moelle épinière. C'est le mécanisme de la hernie discale.

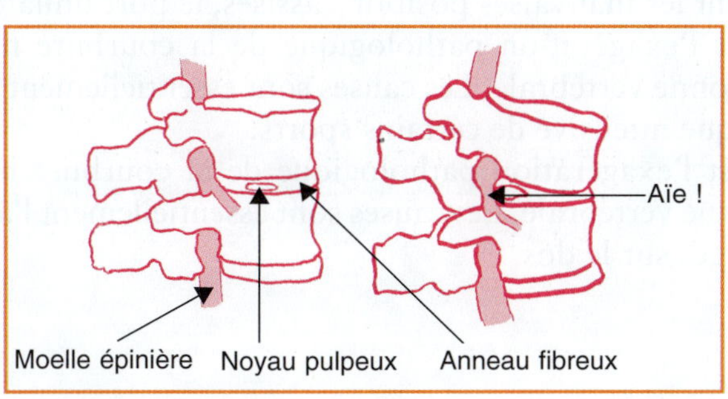

Fig. 2.20 **La hernie discale.**

D Sciatique

La sciatique résulte le plus souvent d'une hernie discale, venant comprimer ou bloquer la racine d'un nerf. Les mouvements d'inclinaison latérale, souvent résultat de charges déséquilibrées, aggravent ce risque. C'est le mécanisme du syndrome sciatique.

Rôle de l'AVS

L'AVS, avant de commencer un travail, doit se poser deux questions :
- Que dois-je faire pour que mon travail *ne nuise pas à ma santé* ?
- Que dois-je faire pour que mon travail *ne nuise pas à la santé de l'autre* ?

III. PRÉVENTION DES FACTEURS DE RISQUES

Citons les principaux facteurs de risque : le port de charges, les mauvaises postures, les faux mouvements. Dans le cadre de la prévention, l'AVS veillera à respecter un certain nombre de mesures de prévention.

A Limiter le port de charges

Le port de charges est le facteur principal du tassement des disques. Des normes sont élaborées pour éviter ce risque (*cf.* Tableau 2.40).

B Prévenir les mauvaises postures (ou anomalies posturales)

La fatigue dorsale peut être induite par trois anomalies posturales.
- *La scoliose* est une incurvation latérale anormale de la colonne vertébrale. Les causes sont essentiellement les mauvaises positions assises, le port unilatéral de charge, etc.
- *L'hyperlordose* est l'exagération pathologique de la courbure naturelle de la partie lombaire de la colonne vertébrale. Les causes sont essentiellement le port de charges en avant, ou la pratique intensive de certains sports.
- *L'hypercyphose* est l'exagération pathologique de la courbure naturelle de la partie dorsale de la colonne vertébrale. Les causes sont essentiellement l'âge (personnes âgées) ou le port de charges sur le dos.

Tableau 2.40 **Les normes Afnor de la sécurité au travail.**

Âge et sexe des personnes	Charge maximum
Homme de 18 à 25 ans	30 kg
Homme de 45 à 65 ans	25 kg
Femme de 18 à 25 ans	15 kg
Femme de 45 à 64 ans	12 kg

1 Adopter la position universelle de sécurité (PUS)

La position de notre corps est déterminante pour éviter les faux mouvements. La position universelle de sécurité (PUS) utilise davantage les muscles des membres inférieurs (les cuisses et les fessiers) et permet de préserver la colonne vertébrale, notamment la partie lombaire.

- Les pieds sont légèrement écartés, à la largeur des épaules. Cette position assure une bonne stabilité.
- Les genoux sont légèrement fléchis.
- Les hanches sont légèrement fléchies, le bassin en arrière.
- Le dos est plat.

2 Se préparer à l'effort

Il faut savoir prendre le temps de se préparer pour l'effort. Les mouvements brusques diminuent la protection naturelle de la colonne vertébrale et surprennent les muscles paravertébraux qui n'ont pas le temps de réagir et donc ne participent plus à la protection. En effet, les problèmes de lombalgie sont plus souvent liés à la rapidité et à la brutalité du mouvement qu'au poids déplacé.

3 Équilibrer les charges

Porter des charges déséquilibrées provoque une inclinaison latérale de la colonne vertébrale (notamment des lombaires). Cette position fragilise l'équilibre de la colonne vertébrale et augmente les risques d'accident dorsolombaire. Il faut équilibrer les charges de chaque côté du corps afin de préserver la symétrie de la colonne vertébrale et de réduire les accidents lombaires. Conseil : porter deux sacs à la place d'un à chaque fois que possible (*cf.* Figure 2.21).

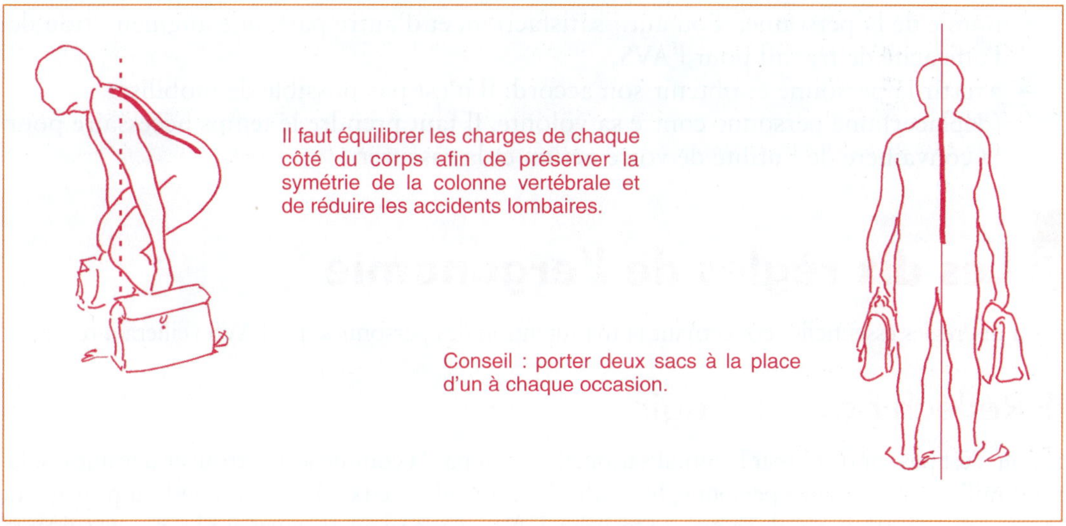

Fig. 2.21 Préserver la symétrie de la C.V. Équilibrer les charges de chaque côté du corps.

Rôle de l'AVS

Exercice pratique : comment trouver la PUS ?

L'AVS doit :

- mettre les pieds parallèles écartés de la largeur des épaules environ ;
- répartir le poids du corps sur les deux pieds ;
- rentrer le ventre et serrer les fesses ;
- mettre le bassin et les genoux en légère flexion.

Cette position est la position de base par rapport à toutes les autres positions.

IV. PRINCIPES ET RÈGLES DE L'ERGONOMIE

A Principes de l'ergonomie

Ils sont basés sur des règles de sécurité et de respect lors de la mobilisation de la personne. Il s'agit pour l'AVS de :

- *assurer la sécurité de la personne* : c'est la prévention des chutes mais aussi l'installation de la personne dans le lit ou dans le fauteuil en évitant les attitudes vicieuses et les ankyloses ;
- *assurer sa propre sécurité* : c'est la prévention des lombalgies, le respect des règles d'ergonomie, l'estimation de ses forces et la sagesse de ne pas les dépasser ;
- *sécuriser l'espace de travail* : il s'agit d'observer l'environnement et d'enlever tous les obstacles qui peuvent être dangereux (câbles, appareils médicaux, tuyaux, sondes et perfusions…). C'est la prévention des accidents du travail ;
- *respecter la personne et assurer son autonomie et son confort*. L'AVS veillera à :
  - stimuler la personne accompagnée. D'une part, il y aura renforcement de l'autonomie de la personne, d'où auto-satisfaction, et d'autre part, une augmentation de l'efficacité de travail pour l'AVS,
  - avertir la personne et obtenir son accord. Il n'est pas possible de mobiliser (déplacer) une personne contre sa volonté. Il faut prendre le temps nécessaire pour la convaincre de l'utilité de votre action et la rassurer.

B Les dix règles de l'ergonomie

Il y a dix règles essentielles concernant la manutention des personnes que l'AVS veillera à respecter.

1 Réfléchir avant d'agir

Si l'on n'est pas sûr de réussir la mobilisation, il ne faut pas la commencer et trouver une autre solution (utilisation d'un lève-personne, lit médicalisé, travail à deux…). Ceci répond au principe de sécurité de la personne et de sa propre sécurité. L'AVS devra se questionner sur les points suivants.

- Quelles seront les *prises efficaces et non traumatisantes* pour la personne ?
- Quels seront les *gestes et déplacements* à effectuer, etc. ?

2 Trouver la position d'équilibre

L'équilibre dépend de la *bonne position des pieds*. Les pieds portent tout le poids du corps et ils doivent avoir un écartement de la largeur du bassin. Un pied décalé vers l'avant, en fente, permet de résister à un déséquilibre du corps vers l'avant, l'arrière ou le côté. La surface ainsi obtenue entre les pieds est appelée « *polygone de sustentation* ». La verticale du centre de gravité doit se trouver dans ce polygone pour maintenir l'équilibre du corps.

3 Garder le dos droit

Quel que soit le mouvement ou la posture, il est indispensable de *verrouiller* la région lombaire pour bien protéger le dos. Cette position est maintenue par la *contraction des muscles abdominaux* et le *fléchissement des jambes*.

4 Se rapprocher de la charge à déplacer

Lorsque l'on doit soulever une personne, il faut travailler corps à corps, le plus près possible de l'axe central de gravité. Ne pas avoir peur d'être très proche de la personne à mobiliser ; elle se sent d'ailleurs rassurée par le contact physique. Plus on est près d'elle, plus c'est facile, plus on est loin, plus l'effort demandé est grand. De même, pour porter une charge, il est vivement conseillé de la porter contre soi.

5 Utiliser les membres inférieurs

Il faut travailler avec les muscles fessiers et les muscles des cuisses, qui sont les parties les plus fortes de notre corps et éviter de charger les lombaires. Les pivots (les charnières) pour plier le corps doivent rester les hanches et les genoux (position universelle de sécurité).

6 Se faire aider (aide humaine ou technique)

L'AVS qui devra soulever la personne devra préalablement *évaluer* ses forces ou se faire aider par la personne (participation à la manœuvre) ou utiliser une aide technique (lève-personne). Au moment de l'action, il faut compter : un, deux, trois, à haute voix, pour synchroniser son effort avec l'effort de la personne, mais aussi pour préparer son corps à l'effort.

Exemple

Une personne pesant 100 kg qui veut se lever, demande à ses muscles de soulever ce poids. Si ses muscles ne peuvent soulever que 50 kg, elle a alors besoin d'une aide pour soulever les 50 kg de différence.

7 Ménager ses efforts

Chaque fois que c'est possible, il faut remplacer l'effort vertical (soulever) par un effort horizontal (faire rouler, glisser, pivoter, déplier la personne). Autrement dit, utiliser le contrepoids.

8 Travailler en souplesse

Le mouvement doit être fluide (ne pas être brusque). Les mouvements brusques subits sont dangereux, car il n'y a pas eu assez de temps pour préparer les articulations et les muscles. La majorité des lombalgies aiguës sont dues à des mouvements brusques : perte d'équilibre, sursaut, etc.

9 Entraîner son corps à l'effort

Malgré le savoir-faire et les aides techniques, les efforts physiques demandent un entraînement. Le travail quotidien implique une préparation quotidienne ! Le but de ces exercices est d'améliorer la coordination musculaire entre les muscles abdominaux et les paravertébraux. La durée de cet entrainement ne demande pas plus d'une dizaine de minutes mais il doit être quotidien !

10 Veiller à bien se reposer après l'effort

Il est nécessaire de permettre à l'organisme de se reposer après des efforts physiques : le sommeil joue un rôle capital dans la récupération après l'effort. Un adulte doit dormir au moins 7 h. Il est préférable de dormir en reposant son dos, en évitant les oreillers durs et épais, dans un environnement frais et calme.
Dans la journée, des phases de repos et de relaxation sont conseillées (surtout après le repas) lorsque la pénibilité du travail le justifie.

V. APPLICATION DES RÈGLES D'ERGONOMIE : LES DIFFÉRENTES PRISES MANUELLES

L'aide à la mobilisation ne peut pas se faire sans contact physique avec la personne, ce qui n'est pas un geste anodin. Le toucher porte en lui un sens profond psychologique de sécurité et d'intimité. Dans la vie, on ne se laisse pas toucher par n'importe qui ! Donc l'AVS ne peut pas être n'importe qui.

A Règles à respecter

L'AVS veillera à :
- avertir la personne avant la manœuvre manuelle ;
- lui expliquer la nature de la prise ;
- avoir des mains chaudes ;
- avoir des gestes doux, des mouvements souples ;
- ne pas utiliser la prise en pince, toujours plus traumatisante ;
- ne pas tirer la personne par la tête (c'est dangereux) mais l'accompagner en douceur ;
- ne pas tirer par les vêtements (c'est désagréable et peut être interprété comme un manque de respect) ;
- ne pas tirer un membre paralysé (c'est dangereux) mais l'accompagner en douceur ;
- choisir de préférence les endroits les plus appropriés (les aisselles, les épaules, le bas du dos et les hanches).

Lors de la prise en pince (*cf.* Figure 2.22), le pouce serre et fait mal à la personne ! Les « petites » hémorragies sous-cutanées aux jambes et aux bras sont parfois dues au pouce de l'aidant.

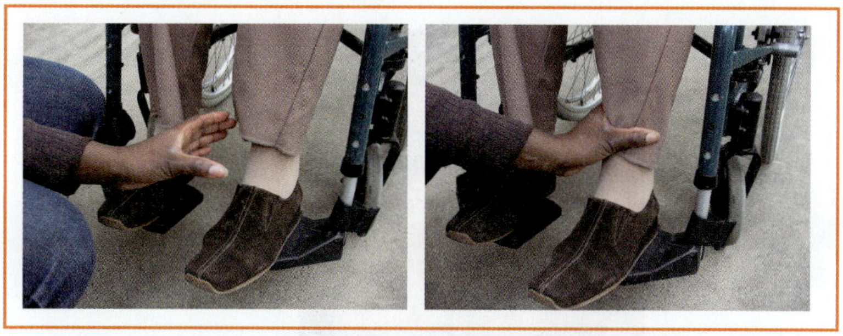

Fig. 2.22 **La prise en pince peut être traumatisante.**

B Prises à adopter

Il y a différentes techniques de prises manuelles de la personne. Citons les principales.

Prise en cuillère

On appelle cette prise manuelle « prise en cuillère », car la main de l'aidant prend la forme d'une cuillère (*cf.* Figure 2.23).
On peut l'utiliser pour :

- soulever un membre de la personne (*ex.* : pied) ;
- soulever le siège ;
- changer la personne de position.

Prise en barre de coudes et de poignets

On peut utiliser cette prise pour :

- accompagner la personne à la marche. Elle assure une bonne stabilité ;
- soutenir le bras de la personne.

Prise en bretelles

C'est la prise pour le redressement par derrière de la personne, dans le fauteuil (*cf.* Figure 2.24).
L'aidant doit :

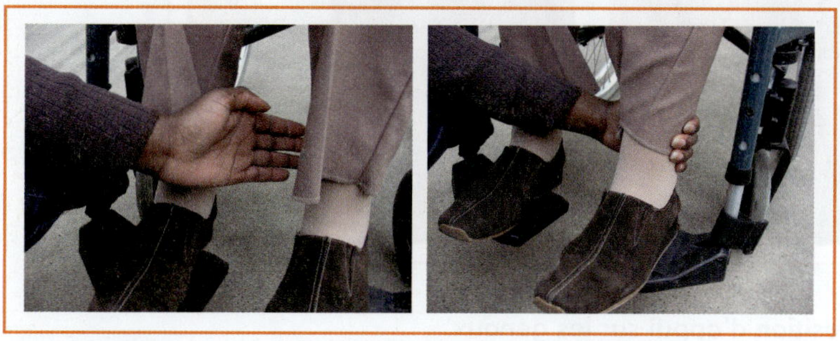

Fig. 2.23 **Prise en cuillère.**

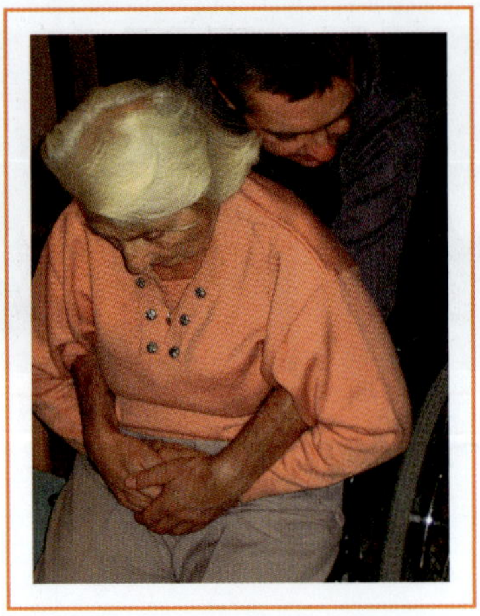

Fig. 2.24 **Prise en bretelles.**

- placer ses bras sous les bras de la personne ;
- croiser les bras de la personne sur le bas du ventre ;
- se mettre en PUS et garder le dos plat ;
- accompagner le mouvement : glisser le bassin de la personne en arrière (l'effort est horizontal !).

Position d'appui sur les genoux

Cette prise est utilisée pour le redressement par devant de la personne dans le fauteuil et le transfert en position assise. L'aidant doit choisir un endroit du corps peu sensible (*cf.* Figure 2.25).

Exemple

Pour la personne, c'est la *fosse latérale* du genou.
Pour l'aidant, c'est la *fosse médiane* du genou.
L'aidant doit serrer les genoux de la personne en biais. Il doit éviter de mettre ses genoux face à face à ceux de la personne car c'est plus douloureux.

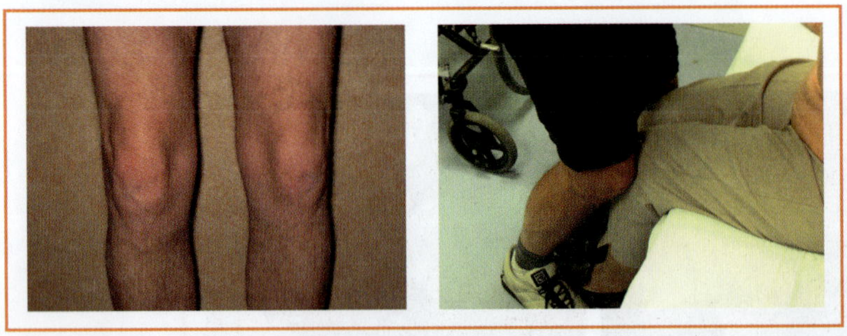

Fig. 2.25 **Position d'appui sur les genoux.**

VI. AIDES AUX DÉPLACEMENTS ET AUX TRANSFERTS

A Aide manuelle à la marche et prévention des chutes

Pour aider une personne qui a des difficultés de locomotion, l'AVS doit prendre certaines précautions et, avant tout, prévenir les risques de chutes.

1 Règles à respecter

L'AVS doit :

- s'assurer d'avoir une autorisation médicale : le premier lever après une immobilisation se fait toujours en présence du médecin ou du kinésithérapeute ;
- s'assurer que la personne est prête psychologiquement et physiquement ;
- estimer sa capacité à faire le trajet et prévoir la possibilité de repos pendant le trajet (une chaise, un tabouret…) ;
- observer le trajet à parcourir et le dégager de tous les obstacles ;
- vérifier les chaussures, les lacets de la personne, etc. ;
- pendant la marche, être attentif à la fatigue de la personne, à ses capacités et lui signaler chaque obstacle ;
- respecter le rythme de la personne, marcher à son pas.

2 Techniques à adopter

Voyons quelques situations concrètes de mobilisations d'une personne.

◆ Aide à une personne à bonne mobilité

La personne a une bonne capacité physique et a plutôt besoin d'une aide psychologique (*cf.* Figure 2.26).

Fig. 2.26 **Aide à un patient à bonne mobilité.**

L'AVS doit :
- se positionner du côté préféré de la personne ;
- adopter la prise en support de bras. Cette prise donne un sentiment de sécurité à la personne, mais ne peut pas assurer la vraie sécurité.

Son rôle consiste plus particulièrement à :
- observer et dégager les obstacles ;
- avertir la personne des obstacles qu'on ne peut pas déplacer ;
- rassurer la personne ;
- être attentif à sa fatigue.

◆ Aide à une personne qui marche avec une canne (*cf.* Figure 2.27)

L'AVS doit :
- se positionner du côté opposé à la canne ;
- faire une prise en support de hanche. Cette prise doit veiller à assurer une bonne stabilité de la personne car celle-ci risque d'avoir une faiblesse soudaine dans ses jambes.

Le rôle de l'aidant consiste plus particulièrement à :
- assurer l'équilibre de la personne ;
- être attentif à sa fatigue.

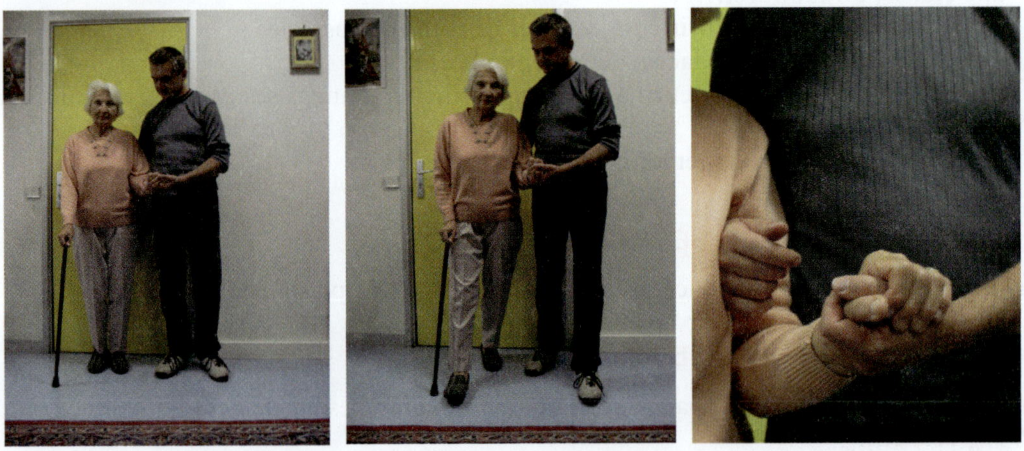
3 4 5

Fig. 2.27 **Aide à un patient qui marche avec une canne.**

◆ Aide à une personne qui marche avec un déambulateur

L'AVS doit se positionner derrière la personne en PUS, prêt à la soutenir (*cf.* Figure 2.28). Son rôle consiste plus particulièrement à :
- observer et dégager les obstacles ;
- avertir la personne des obstacles qu'on ne peut pas déplacer ;
- rassurer la personne ;
- être attentif à sa fatigue.

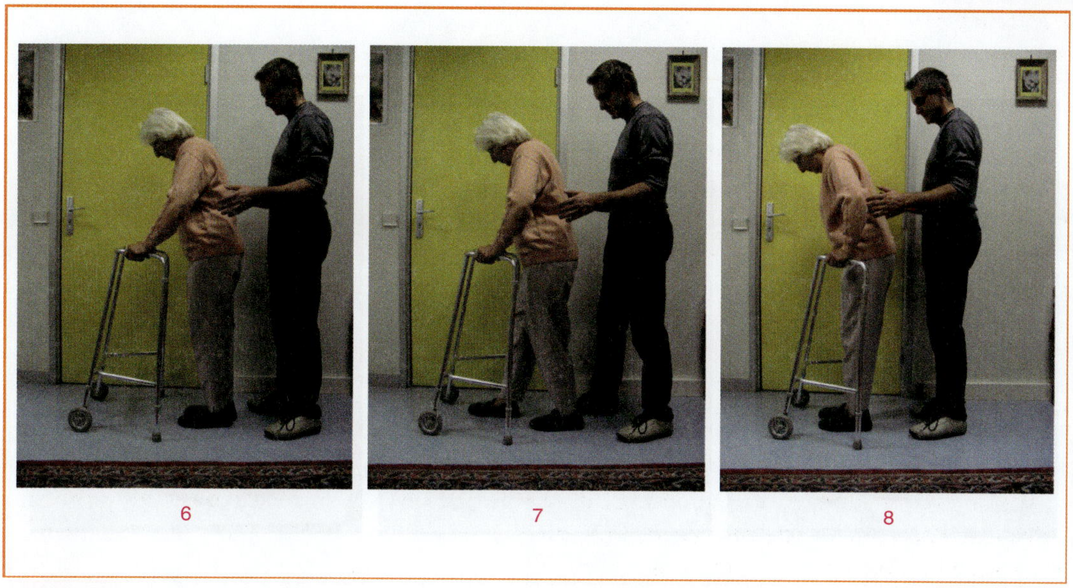

Fig. 2.28 **Aide au patient qui marche avec un déambulateur.**

◆ Aide à une personne faible ou fatiguée

La personne risque d'avoir une faiblesse dans les jambes ou une perte d'équilibre. L'aidant devra accompagner sa marche. Il y a deux méthodes, selon la situation qui se présente (courte ou longue distance).

Pour les courtes distances

Il faudra accompagner la *marche par derrière* (*cf.* Figure 2.29).
L'AVS doit :

- se positionner derrière la personne ;
- pratiquer une prise en support sous les bras : l'aidant place ses bras sous les bras de la personne ;
- être prêt à soutenir la personne si elle a une faiblesse ou si elle perd l'équilibre ;
- marcher au pas avec la personne.

Pour de très courtes distances

Il faudra accompagner à la marche par devant, l'AVS doit :

- se positionner devant la personne ;
- la prendre en support sous les bras, lui demander d'empoigner ses coudes, adopter la PUS, marcher en arrière.

Le rôle de l'AVS est plus particulièrement de :

- observer et dégager les obstacles. (Il doit être attentif car il marche en arrière !) ;
- rassurer la personne ;
- être attentif à sa fatigue.

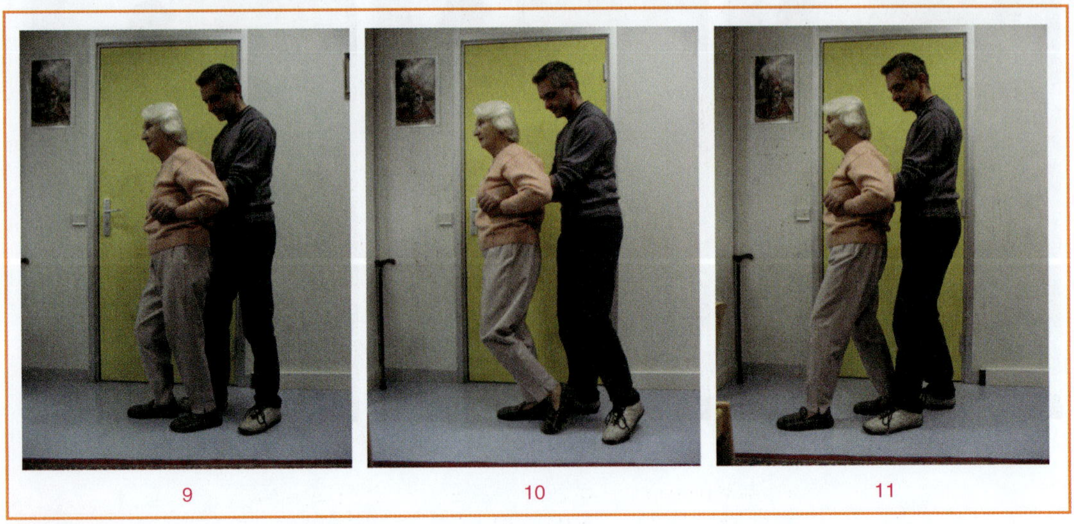

Fig. 2.29 **Aide au patient faible, sur courte distance.**

B Aides techniques au déplacement

Les personnes présentant quelques difficultés à la marche (liées à une maladie ou à l'âge) peuvent être aidées dans leurs déplacements par l'utilisation de canne ou de déambulateur. Pour les personnes présentant un handicap, il existe de nombreux appareillages favorisant la marche.

1 Cannes

Il existe différents types de cannes (la simple, l'anglaise, la tripode). Elles répondent chacune à une utilisation spécifique (*cf.* Figure 2.30).

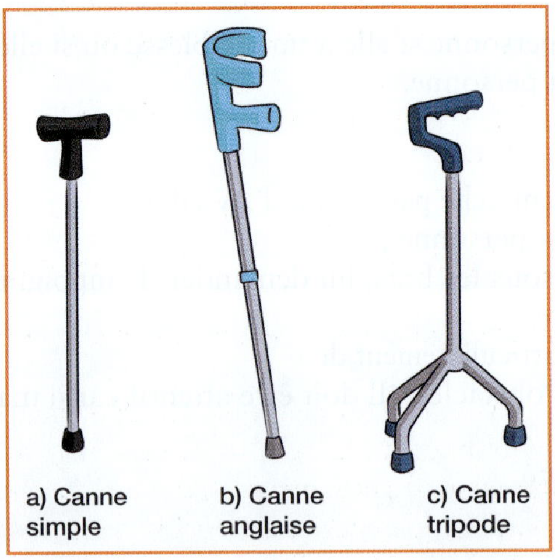

Fig. 2.30 **Les cannes.**

2 Déambulateurs

Il en existe différents modèles (*cf.* Figures 2.31 et 2.32).

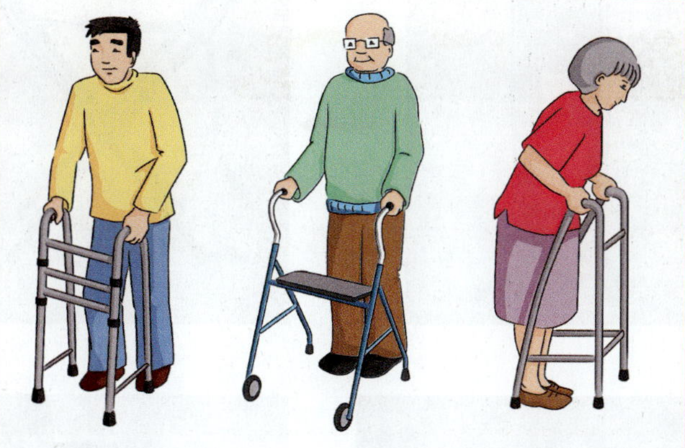

Fig. 2.31 **Les déambulateurs.**

3 Appareillages

Il existe plusieurs modèles : les releveurs, les orthèses et les prothèses (*cf.* Figure 2.33).

4 Fauteuil roulant

Quand la marche n'est plus possible ou devient très difficile lors de certaines pathologies ou de handicaps, l'utilisation d'un fauteuil roulant permet alors le déplacement de la personne. Il existe différents types de fauteuil roulant. Des caractéristiques sont communes aux différents modèles :

- des freins bloquent les grandes roues et permettent des transferts en toute sécurité ;
- des repose-pieds réglables (souvent amovibles) permettent de réaliser les transferts sans risque de blessure ;
- des accoudoirs réglables (également amovibles) facilitent les transferts latéraux.

C Aides techniques aux transferts

Le transfert consiste à passer une personne d'une position à une autre (*ex.* : le transfert du lit vers le fauteuil).

Il est important que les transferts se réalisent en toute sécurité, dans une relation de confiance avec la personne aidée. Une personne qui a peur ou se sent angoissée, sera tendue et crispée pendant le transfert (avec un risque de geste mal réalisé, voire de chute).

Il est tout aussi important d'utiliser le matériel disponible d'aide à la manutention et de faire participer la personne en fonction de ses possibilités.

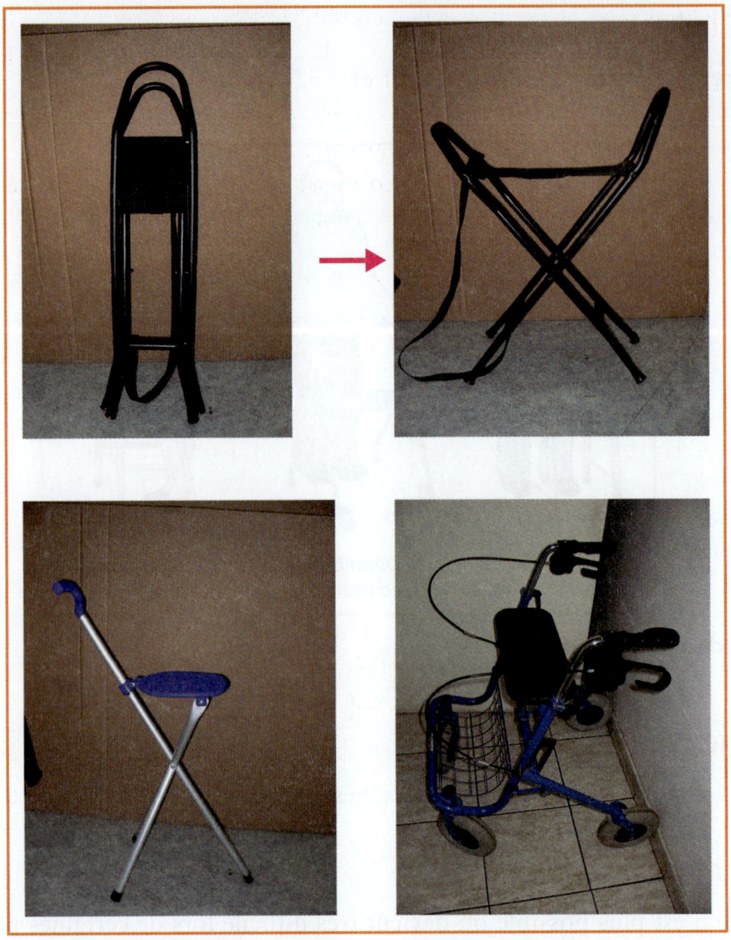

Fig. 2.32 **Cannes et déambulateurs avec sièges intégrés.**

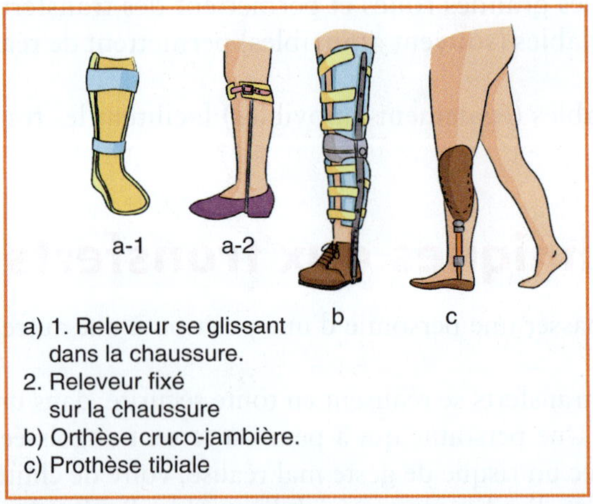

Fig. 2.33 **Appareillages aidant à la marche.**

Il existe un matériel très diversifié dont le soignant doit tirer profit (*cf.*Figure 2.34), par exemple :

- *la potence* (« perroquet ») : elle est fixée à la tête du lit et permet à une personne de se soulever avec les bras ;
- « *l'échelle de corde* » (ou « de transfert ») : elle est fixée au pied du lit et permet à une personne de se tracter afin de s'asseoir dans le lit ;
- *la* « planche de transfert » : elle est auto glissante, positionnée sous la personne, au dessous de l'alèse, elle permet de passer du lit au brancard. Il est souhaitable que les deux surfaces soient à une hauteur identique ;
- *le* « coussin de transfert » : il est également auto glissant et facilite beaucoup certains transferts (*ex.* : d'un siège à un autre de même hauteur) ;
- *le* « cadre du lit » : il permet d'y poser le pied pour une meilleure manutention ;
- *le* « matelas » : l'aidant peut l'utiliser lors de certaines manœuvres pour y poser le genou ;
- *la* « sangle » : c'est un gros ruban de tissu, très solide, qui est souvent utilisé par l'aidant pour le transfert de patients obèses avec un lève-personne ;
- *la* « têtière du lit » : elle peut être utilisée comme appui, toutefois, dans certains cas, elle peut être gênante et il faut penser à l'enlever avant la manœuvre de manutention ;

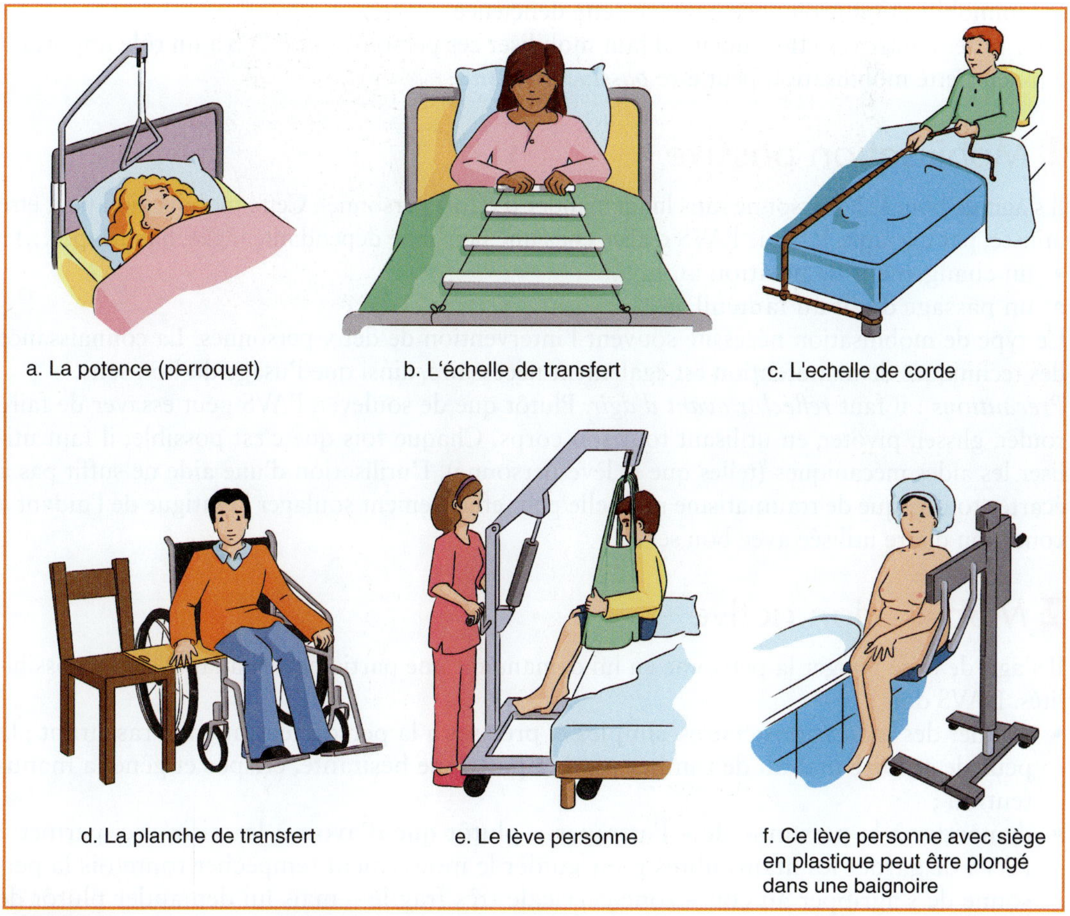

Fig. 2.34 Le matériel d'aide au transfert.

- *l'*« alèse » : c'est un tissu ferme et solide qui permet certains transferts et rehaussements au lit ;
- *le* « lève-personne » permet les transferts des personnes très dépendantes, *ex.* : pour lever la personne du lit au fauteuil ou pour transférer la personne dans la baignoire.

VII. MOBILISATION DES PERSONNES

A Formes de la mobilisation

La mobilité est la capacité à entrer en mouvement, à réaliser certains gestes (*ex.* : un changement de position, de place ou de lieu). Les personnes âgées ou handicapées sont très souvent victimes d'une déficience de cette capacité (par manque de force, d'équilibre, de coordination) et l'immobilisation prolongée aggrave cette déficience.

Pour lutter contre ces effets nocifs, il faut mobiliser ces personnes et l'AVS a un rôle important à jouer. Cette mobilisation peut être *passive* ou *active*.

1 Mobilisation passive

Il s'agit de bouger la personne sans lui demander d'effort personnel. Cette mobilisation peut être utilisée, par exemple, lorsque l'AVS réalise chez une personne dépendante (âgée, handicapée…) :

- un changement de position au lit ;
- un passage du lit au fauteuil, etc.

Ce type de mobilisation nécessite souvent l'intervention de deux personnes. La connaissance des techniques de manutention est également nécessaire, ainsi que l'usage du bon sens.

Précautions : il faut *réfléchir avant d'agir*. Plutôt que de soulever, l'AVS peut essayer de faire rouler, glisser, pivoter, en utilisant tout son corps. Chaque fois que c'est possible, il faut utiliser les aides mécaniques (telles que le lève-personne). L'utilisation d'une aide ne suffit pas à écarter tout risque de traumatisme mais elle peut efficacement soulager la fatigue de l'aidant à condition d'être utilisée avec bon sens.

2 Mobilisation active

Il s'agit de faire bouger la personne en lui demandant une participation adaptée à ses possibilités. L'AVS doit :

- donner des indications claires, simples et précises à la personne tout en la rassurant ; la peur de se faire mal ou de tomber rend la personne hésitante, crispée et gêne la manutention ;
- demander à la personne de « l'attraper » plutôt que d'avoir à la saisir, ceci permet à l'AVS de garder les mains libres pour guider le mouvement (empêcher toutefois la personne de s'agripper au cou – zone cervicale très fragile – mais lui demander plutôt de saisir à la taille ou aux épaules).

Précautions : après une longue immobilisation, la mobilisation ne peut se faire que sur avis médical. Dans tous les cas, il faut toujours vérifier que l'on peut faire bouger la personne sans risque.

3 Mobilisation mixte

Il s'agit de procéder dans un 1er temps à une mobilisation active et, dans un 2e temps, de la compléter par une mobilisation passive.

Situation

Mme A. et le brossage de dents

Lors de la toilette matinale, *Mme A.* (80 ans) est capable de prendre sa brosse à dents et de la porter à sa bouche mais est incapable de faire les mouvements pour se brosser les dents. L'AVS devra stimuler *Mme A.* pour qu'elle prépare sa brosse et son dentifrice seule, ensuite l'AVS l'aidera à effectuer le brossage des dents en lui soutenant la main.

Rôle de l'AVS

L'AVS a pour rôle de solliciter la personne pour la faire passer d'un mode passif à un mode actif lors de la mobilisation.

Préalable indispensable : toute mobilisation doit tenir compte du degré d'autonomie de la personne, de sa pathologie, de son handicap, de sa douleur, de ses appareillages médicaux éventuels et de son désir de coopération.

B Principes et règles de la mobilisation

Lors de la manutention d'une personne, l'AVS doit aussi respecter certains principes et appliquer des règles de base spécifiques.

1 Principes

La mobilisation de la personne repose sur un principe essentiel : préserver à la fois la santé et la sécurité de l'AVS et celle de la personne aidée, car l'une et l'autre sont interdépendantes.

Par exemple, lors d'une mobilisation, si l'AVS est éloigné de la personne ou réalise une mauvaise prise ou se positionne mal, la personne aidée ne se sent pas en sécurité. Cela peut engendrer un risque majeur pour les deux partenaires (chute, accident du squelette, douleur…). On peut donc résumer ainsi les interactions : AVS-personne.

2 Règles de base

L'AVS veillera à respecter quelques règles de base spécifiques à la mobilisation des personnes. Ces règles s'adaptent aux dix règles de base de l'ergonomie vues précédemment.

Rôle de l'AVS

- *Avertir* la personne de la manutention qu'elle va réaliser.
- *Expliquer* à la personne les gestes qu'elle va devoir faire avant ou pendant la mobilisation.
- *Rassurer* la personne si elle appréhende la situation.
- S'assurer qu'elle a bien compris et *reformuler* si nécessaire.
- Donner des consignes simples et précises à la personne.
- Solliciter la participation de la personne en fonction de son *degré d'autonomie*.
- Utiliser la notion de *contrepoids*.
- Se placer toujours du côté *inactif* (invalide) de la personne.
- « *Accompagner le transfert* » de la personne (couché/assis, allongé/assis, rehaussement) en inversant ses appuis sur les *jambes* (ce mouvement sera détaillé pour chaque technique exposée ci-après).
- Tenir le dos droit.
- *Regarder devant soi* et non la personne au moment où la manœuvre se déroule.
- Connaître les différentes *prises* et s'y exercer régulièrement pour les effectuer efficacement.

VIII. MANUTENTION DES PERSONNES

A Démarche de manutention (DDM)

Une démarche de manutention a une chronologie (tout comme la démarche de soin (DDS) ou d'animation (DDA). Elle peut se décomposer en quatre étapes.

1 Information, observation et réflexion

Avant d'effectuer une démarche de manutention, l'AVS doit observer la personne, collecter des informations et les analyser. Elle peut utiliser la méthode du QQQOCP[1] (qui, quoi, quand, où, comment, pourquoi, *cf.* Tableau 2.41) :

1. Comme pour la réflexion des autres démarches, il faut mettre le pourquoi au début de sa réflexion (même si pour un motif mnémotechnique, la formule se retient mieux sous cette forme.)

Tableau 2.41 **Méthode du QQQOCP.**

Q	**Qui** : à quelle personne dois-je m'adresser ?
	Quel est son âge ? Quelles sont ses capacités (physiques et intellectuelles) ? Quelle est sa pathologie, son handicap ? Quel est son degré d'autonomie ? Pourra-t-elle participer à la manœuvre ? Comprendra-t-elle les explications, les consignes ?
Q	**Quoi** : quelle manœuvre de manutention dois-je réaliser pour « telle » personne ? Est-elle prescrite ? Par qui ? Y a-t-il des consignes écrites sur le cahier de liaison ? Y a-t-il des consignes orales ? Est-ce que je maîtrise la technique ? Est-elle sans danger, sans risque (pour moi et la personne aidée) ?
Q	**Quand** dois-je la réaliser ?
	Le matin après la toilette (ex. : le lever) ? L'après-midi (ex. : la mise au fauteuil) ?
O	**Où** dois-je intervenir ? L'AVS se questionnera sur l'environnement immédiat de la personne.
	Par exemple : quels objets (ou matériel) peuvent gêner la manœuvre ? quels objets (ou matériel) de la chambre peuvent être utilisés (alèse, têtière…) ?
C	**Comment** réaliser cette manœuvre ?
	Dois-je la réaliser seul ? Dois-je faire appel à une aide humaine (un collègue) ou une aide technique (potence, canne) et laquelle ?
P	**Pourquoi** réaliser cette manœuvre ? Quel est son objectif ? Quel est son intérêt pour la personne ?

2 Préparation à l'action

La préparation de la manœuvre de manutention sera :

- *matérielle* : l'AVS doit regrouper tout le matériel utile à la manœuvre. *Ex.* : alèses, aides techniques diverses (potence…) ;
- *humaine* : l'AVS va expliquer l'intérêt de la manœuvre à la personne et si elle juge qu'elle a les capacités pour y participer, elle lui montre les gestes à effectuer et lui explique le but à atteindre. Elle adopte la « position de départ » et repère la « prise » la mieux adaptée. La personne écoute les explications, se prépare à coordonner ses gestes à ceux de l'AVS.

3 Action (ou manutention)

L'AVS réalise la manœuvre de manutention selon une technique (ou protocole) précise, adaptée à la situation. Elle veillera à respecter les principes et les règles de l'ergonomie.

4 Confirmation ou correction de la position

L'AVS doit demander à la personne si la position qui vient d'être choisie lui convient, si elle est confortable, non douloureuse et, dans le cas d'une réponse négative, elle doit immédiatement procéder à une correction de la position.

B Différentes techniques de manutention

La prise en charge d'une personne nécessite, au cours de la journée, un certain nombre de mobilisations dans son lit (rehaussements), ou dans son environnement proche (lever, mise au fauteuil, aide à la marche, transfert d'un lieu à un autre).
Chaque démarche de manutention évoquée ci-dessous sera décomposée selon les quatre étapes vues dans la partie précédente.

1 Rehaussement de la personne dans son lit

Situation : une personne à mobilité réduite sollicite l'AVS car elle a glissé vers le fond du lit.
Objectif : la rehausser dans son lit et la recoucher confortablement en position dorsale avec un oreiller (*cf.* Tableau 2.42 et Figure 2.35).

Tableau 2.42 **Le rehaussement au lit.**

Étape 1	Étude de cas
	M. D., 50 ans, pèse 60 kg, c'est une personne hémiplégique (droit) à la suite d'un AVC récent. Il est actif du côté gauche et très coopérant aux soins.
Information	L'AVS *s'informe* et estime les capacités de la personne pour obtenir un maximum de participation.
Observation	L'AVS *observe* l'environnement de la personne et dégage les obstacles (enlève les oreillers car ils seront gênants).
Réflexion	L'AVS *réfléchit*, fera la manœuvre seule, aidée par la personne (semi-active) à qui elle proposera le perroquet (ou potence).
Étape 2 **Préparation**	• ***Consignes de l'AVS à la personne*** Avertir la personne, lui demander de tenir le perroquet avec la main valide, lui demander de soulever la tête, enlever l'oreiller, lui demander de plier la jambe valide, pied à plat sur le lit. • ***Gestes de l'AVS*** – Position : L'AVS se tient debout, à peu près au niveau du nombril de la personne, les pieds bien écartés, les genoux fléchis, le dos plat. – Prises : L'AVS soutient la personne sous les cuisses et sous les omoplates.

Tableau 2.42 Le rehaussement au lit. *(Suite)*

Étape 3 Actions	• ***Actions de l'AVS*** L'AVS compte : Un, Deux, Trois (pour coordonner l'effort de la personne et le vôtre) et demande à la personne, à Trois, de pousser avec sa jambe et de tirer avec son bras valide. • ***Gestes de la personne*** À « Trois », la personne pousse avec sa jambe et tire sur la potence avec son bras valide. L'AVS accompagne la personne dans le glissement, l'effort est horizontal !
Étape 4 Confirmation/ correction	Installer la personne correctement au lit. Demander à la personne si la position est confortable (sinon la corriger).

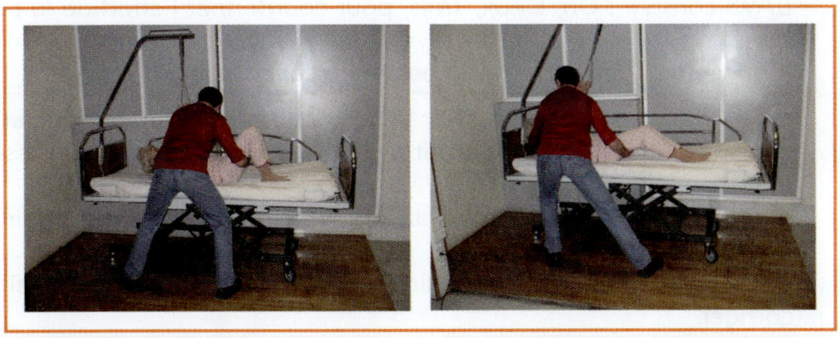

Fig. 2.35 **Rehaussement au lit.**

2 Aide au lever

Situation : l'AVS va aider une personne à mobilité réduite à s'asseoir au bord de son lit après sa toilette, afin de la lever et de la mettre au fauteuil.
Objectif : le lever favorise la circulation sanguine et stimule le moral de la personne (*cf.* Tableau 2.43 et Figure 2.36).
Précautions : asseoir une personne avant de la lever permet de prévenir les malaises dus au changement de position.

Tableau 2.43 L'aide au lever.

Étape 1	Étude de cas
	Mme C., 60 ans, (50 kg) a été opérée (une prothèse à la hanche), suite à une chute. Elle est suffisamment active pour participer à la manœuvre. Son tronc est tonique, droit et indolore. L'AVS va préalablement :
Information	S'*informer* : Y a-t-il une autorisation médicale ? des consignes écrites dans le cahier de liaison ? Dois-je si nécessaire prévoir une aide technique ?
Observation	*Observer* la personne (estimer ses capacités physiques) et observer l'environnement : écarter les obstacles, veiller à ce que les roues du lit soient bloquées, vérifier l'endroit où la personne sera installée.
Réflexion	*Réfléchir* à la préparation de la manœuvre dans le respect des principes et des règles de l'ergonomie.

Tableau 2.43 L'aide au lever. *(Suite)*

Étape 2 Préparation	• ***Consignes de l'AVS à la personne*** – Avertir la personne de la manipulation et obtenir son consentement, lui expliquer le mouvement, veiller à ce qu'elle n'ait pas froid quand on la découvre. – Croiser les bras et croiser les pieds de la personne. • ***Gestes de l'AVS*** Elle doit : – se positionner au niveau du bassin de la personne ; – positionner sa jambe « amont » face au lit ; – positionner sa jambe « aval » parallèlement au lit ; – écarter les pieds légèrement ; – glisser sa main sous le haut du dos de la personne et avec l'autre main prendre ses pieds.
Étape 3 Actions	L'AVS compte : Un, Deux, Trois, pour coordonner l'effort de la personne et le sien. Mouvement : faire pivoter la personne sur son bassin.
Étape 4 Confirmation/ correction	• *Sécurité* : garder un bras sur le dos de la personne pour l'aider à garder son équilibre ; la personne pourrait avoir un vertige passager, la laisser un moment assise. • *Confort* : lui frotter le dos pour améliorer la circulation sanguine et lui donner du bien-être. Demander à la personne de dire si la position est confortable, si non la corriger.

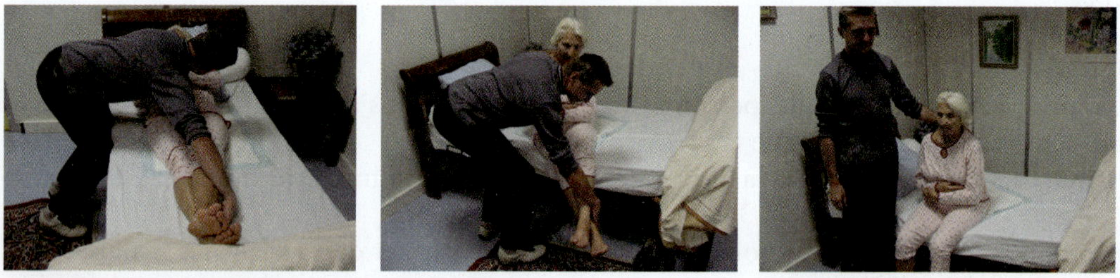

Fig. 2.36 **Aide au lever.**

3 Mise au fauteuil

Situation : l'AVS va aider une personne à mobilité réduite à s'asseoir dans son fauteuil, après la sieste de l'après-midi.
Objectif : permettre à la personne de se mobiliser, prévenir les risques d'escarres (*cf.* Tableau 2.44 et Figure 2.37).

Tableau 2.44 **La mise au fauteuil.**

Étape 1	Étude de cas
	M. E, 80 ans, (53 kg) est âgé et affaibli. Il est maigre et suffisamment actif pour participer à la manœuvre. L'AVS doit préalablement :
Information	*S'informer* : y a-t-il une autorisation médicale ? Y a-t-il des consignes écrites ou orales ? Si nécessaire prévoir une aide technique ?
Observation	*Observer* : estimer les capacités de la personne pour obtenir un maximum de participation et observer l'environnement (s'il y a des obstacles, les éliminer).
Réflexion	*Réfléchir* à la préparation de la manutention selon les principes et règles de l'ergonomie.
Étape 2 **Préparation**	• ***Consignes de l'AVS à la personne*** Avertir la personne et obtenir son consentement, lui expliquer le mouvement. • ***Gestes de l'AVS*** – L'AVS doit bloquer les pieds de la personne (pour éviter qu'ils se tordent), bloquer les genoux de la personne (attention à ne pas faire mal), se rapprocher de la personne (épaules contre épaules) et poser ses mains sur le bas de son dos. La personne se tient aux coudes de l'AVS. – L'AVS explique à la personne les prises et les points de blocage sur son corps : les pieds, les genoux, les épaules.
Étape 3 **Actions**	• L'AVS compte : Un, Deux, Trois, pour coordonner son l'effort avec celui de la personne. Au chiffre Trois, l'AVS tire la personne en arrière (le mouvement est horizontal) et la personne va se déplier (lever), pivoter un quart de tour et se retrouver dans le fauteuil. • Sécurité : le mouvement est rapide (moins de 5 secondes)
Étape 4 **Confirmation/ correction**	• Confort : après la manipulation, redresser la personne si nécessaire. Demander à la personne de confirmer si elle est confortablement installée, si non corriger la position. • Avertissement : attention au blocage des genoux pour ne pas avoir mal et ne pas faire mal à la personne !

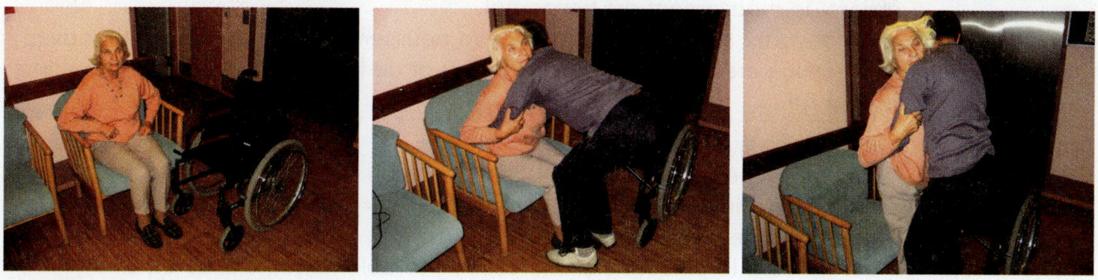

Fig. 2.37 **Mise au fauteuil.**

4 Rehaussement de la personne sur un fauteuil

Situation : la personne à mobilité réduite sollicite de l'aide pour être rehaussée sur son fauteuil, car elle a glissé.

Objectif : rasseoir la personne confortablement sur un fauteuil (l'aide peut être pratiquée à l'avant ou à l'arrière de la personne) (*cf.* Tableau 2.45 et Figure 2.38).

Tableau 2.45 **Rehaussement sur un fauteuil.**

Étape 1	**Étude de cas**
	M. A. est une personne âgée de 70 ans qui pèse 55 kg. Il a été opéré (J + 8) de la prostate. Il est semi-actif : il peut prendre appui sur ses bras et ses jambes et participer à la manœuvre. L'AVS doit préalablement :
Information	*S'informer* : y a-t-il une autorisation médicale ? Y a-t-il des consignes écrites ou orales ?
Observation	*Observer* : d'abord la personne (estimer ses capacités) puis observer l'environnement (salle de bains, WC...), dégager les obstacles.
Réflexion	*Réfléchir* : comment préparer et réaliser la manœuvre dans le respect des principes et des règles de l'ergonomie.
Étape 2 **Préparation**	• ***Consignes de l'AVS à la personne*** Avertir et obtenir le consentement de la personne, lui expliquer le mouvement. • ***Gestes de l'AVS*** – *Prises* : *Prise en bretelles* : l'AVS met ses mains sur les mains de la personne, croisées sur le bas de son ventre. *Par devant* : l'AVS va serrer les genoux de la personne en biais, et poser ses mains sur les omoplates de la personne. – *Position* : *Par derrière* : l'AVS tient les pieds écartés, les genoux fléchis, le dos plat, les mains sur le bas du ventre de la personne. *Par devant* : l'AVS a les pieds légèrement écartés, il va bloquer en biais les genoux de la personne, il a le dos plat, il pose les mains sur les omoplates de la personne.
Étape 3 **Actions**	• ***Gestes de la personne*** L'AVS compte : Un, Deux, Trois, pour coordonner son l'effort avec celui de la personne. • ***Actions de l'AVS*** – *Par derrière* : avec ses mains, l'AVS va tirer le bassin de la personne en arrière, le mouvement est horizontal. – *Par devant* : simultanément l'AVS va pousser avec ses genoux et tirer avec ses bras la personne. C'est un mouvement de basculement qui reste toujours horizontal.
Étape 4 **Confirmation/ correction**	L'AVS vérifie que la personne a : – les pieds légèrement écartés ; – les mains dans une position correcte ; – le dos droit et symétrique. Il demande à la personne si elle est confortablement installée et, si nécessaire, il lui propose un petit coussin pour soutenir les lombaires, parfois un appui-tête...

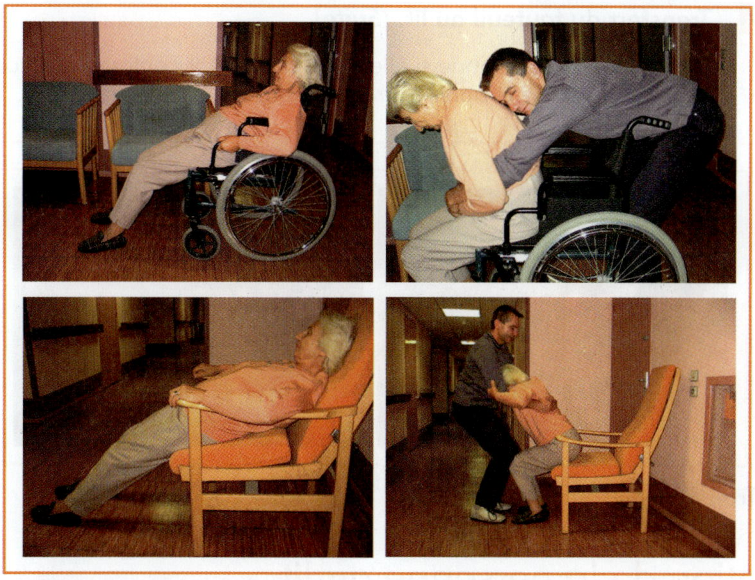

Fig. 2.38 **Rehaussement sur un fauteuil.**

5 Transfert de la personne du fauteuil au lit

Situation : la personne à mobilité réduite alerte l'AVS car elle souhaite retourner dans son lit après être resté 2 h dans son fauteuil.
Objectif : répondre au besoin de repos de la personne (*cf.* Tableau 2.46 et Figure 2.39).

Tableau 2.46 **Transfert du fauteuil au lit.**

Étape 1	**Étude de cas**
	M. X, 76 ans, (60 kg) hémiplégique, est une personne active. Il peut aider l'AVS avec les deux membres de son côté valide (jambe et bras). L'AVS va préalablement :
Information	*S'informer* : y a-t-il une autorisation médicale ? Y a-t-il des consignes écrites dans le cahier de liaison ou orales ?
Observation	*Observer* : d'abord la personne (estimer ses capacités) puis observer l'environnement (dégager les obstacles).
Réflexion	*Réfléchir* à la manœuvre en veillant à la sécurité, au confort, à la douleur de la personne.
Étape 2 **Préparation**	• ***Consignes de l'AVS à la personne*** Avertir et obtenir le consentement de la personne, déterminer ensemble sa place dans le lit (pour éviter les déplacements pénibles). • ***Gestes de l'AVS*** – *Position* : l'AVS se tient à côté de la tête du lit, pieds écartés, genoux fléchis, un bras sur le haut du dos, l'autre tenant le talon. – *Prise* : dès qu'elle est assise dans le lit, croiser les bras de la personne (pour éviter de les blesser), croiser ses pieds (pour vous faciliter la prise). Tenir la personne par l'épaule et par le talon.
Étape 3 **Actions**	L'AVS doit compter : Un, Deux, Trois, pour coordonner l'effort de la personne et le sien, et, au chiffre Trois, faire pivoter la personne sur son bassin.

Tableau 2.46 **Transfert du fauteuil au lit. *(Suite)***

Étape 4 Confirmation/ correction	Demander à la personne si elle est dans un état confortable sinon corriger la position au lit (*cf.* ci-après les règles de l'installation au lit).

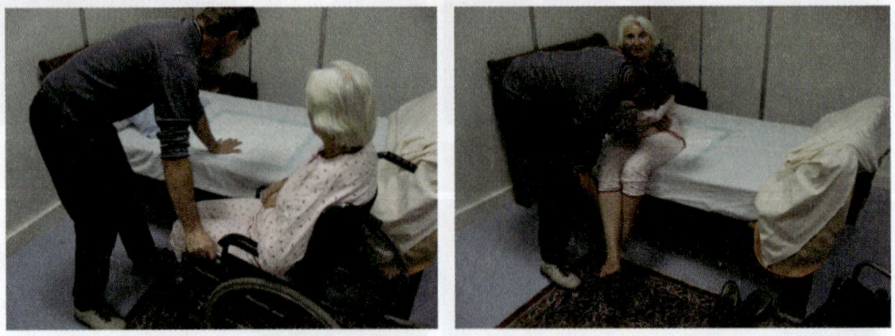

Fig. 2.39 **Transfert du fauteuil au lit.**

6 Installation de la personne au lit

Situation : c'est la suite du paragraphe précédent. La personne est installée dans son lit.
Objectif : répondre au besoin de confort et de sécurité de la personne (*cf.* Tableau 2.47 et Figure 2.40).

Tableau 2.47 **Installation au lit.**

Actions	– Positionner les pieds de la personne dans l'axe central de gravité. – Vérifier la position des mains (mettre un coussin si nécessaire). – Positionner la tête correctement (dans l'axe et soutenir le cou). – Tirer les draps, les alèses, les vêtements (pour éviter les plis).
Confirmation/ correction	Vérifier le résultat. Demander à la personne si elle est confortablement installée et, dans la négative, rectifier la position.

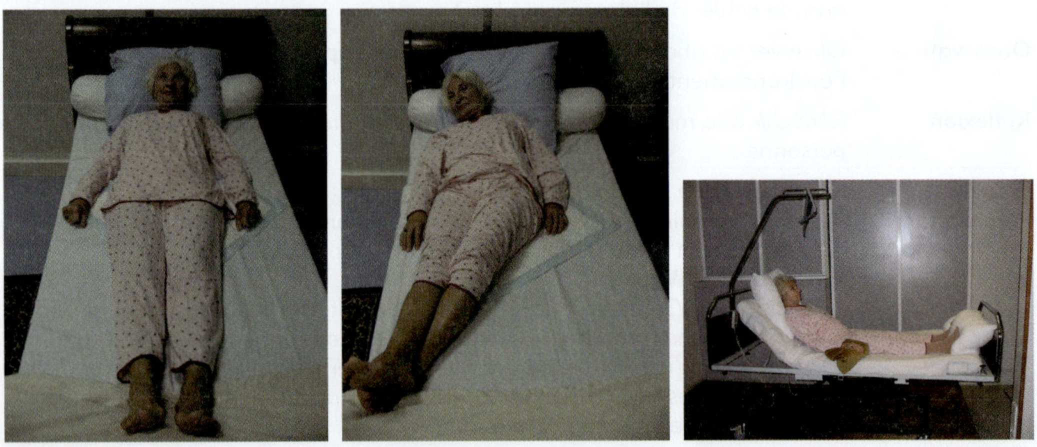

Fig. 2.40 **Installation au lit.**

Domaine de formation 3

Accompagnement dans la vie sociale et relationnelle

Indicateurs de compétences AVS du DF3

Chapitres 7 et 8. L'isolement des personnes et ses conséquences. La prévention de l'isolement

▶ ***Favoriser et accompagner les relations familiales et sociales de la personne***

L'AVS doit :
- savoir identifier et prendre en compte les besoins relationnels de la personne ;
- savoir faciliter les relations de la personne avec sa famille et avec son environnement proche (ex. : voisins) ;
- savoir respecter le rôle de chacun ;
- savoir aider la personne dans son rapport à l'autre ;
- savoir faciliter la participation de la personne aux activités à l'extérieur ;
- savoir prévenir l'isolement ;
- savoir travailler en équipe et transmettre les informations.

Chapitre 9. Les techniques d'animation adaptées aux personnes

▶ ***Choisir des activités adaptées aux besoins et aux capacités des personnes, les préparer et les organiser***

L'AVS doit savoir proposer des activités :
- mémoire et motrices (à la personne dépendante) ;
- d'éveil (à l'enfant) ;
- quotidiennes et de loisirs ;
- socio-relationnelles.

L'AVS doit savoir proposer des activités en tenant compte de :
- l'âge de la personne et de ses capacités ;
- son autonomie ou de sa dépendance ;
- son état de santé ;
- ses goûts et de ses envies ;
- ses repères culturels ;
- ses habitudes ;
- du matériel mis à disposition par la famille ou la structure ou des priorités à déterminer.

Chapitre 10. La communication

▶ ***Connaître les différents modes de communication et les adapter à la situation de la personne***

L'AVS doit :
- avoir une communication adaptée à la personne ;
- savoir développer avec la personne un mode de communication adapté (verbal ou non verbal...) ;
- savoir prendre en compte les difficultés de communication de la personne ;
- savoir adapter le mode de communication aux pathologies et aux handicaps de la personne ;
- savoir travailler en équipe avec d'autres professionnels ;
- savoir transmettre les informations au responsable et/ou à la famille de la personne aidée par écrit et oralement.

Chapitre 7

L'isolement des personnes et ses conséquences

L'environnement familial et social joue un rôle essentiel dans l'équilibre de l'individu. Il se tisse et évolue considérablement au cours de la vie.
Le rôle de l'auxiliaire de vie sociale sera de favoriser le maintien des liens sociaux chez les personnes âgées, à un moment de la vie où la personne est menacée par la solitude.

A Évolution de l'environnement familial et social au cours de la vie

- *Pour l'enfant*, l'environnement est représenté essentiellement par le groupe familial auquel s'ajoutent le groupe scolaire, puis celui des sports et des loisirs.
- *Pour l'adulte*, l'environnement s'élargit au groupe professionnel et aux relations amicales et sociales.
- *Pour la personne âgée*, l'environnement social a tendance à se réduire. Souvent la famille s'éloigne, les liens avec les amis se distendent et les relations établies au cours de la vie active disparaissent. De ce fait, la personne âgée est *menacée* d'« isolement social ».

B Intérêts du maintien des « liens relationnels » (familiaux et amicaux)

Le maintien de liens affectifs, avec la famille et avec les amis, revêt une grande importance.

1 Intérêt des liens familiaux

Jadis plusieurs générations vivaient sous le même toit. L'individu était « entouré » par sa famille jusqu'au terme de sa vie (ceci est encore pratiqué chez certains peuples d'Asie ou d'Afrique où les anciens sont « vénérés » par les plus jeunes).
Aujourd'hui, les modes de vie ont changé, les personnes n'habitent plus les mêmes régions, la famille a éclaté : on parle de « famille nucléaire ».

DEAVS. Modules 1 à 6
© 2011 Elsevier Masson SAS. Tous droits réservés

Si l'éloignement géographique ne peut être évité, il est souhaitable que la personne âgée garde des liens familiaux ; l'auxiliaire de vie sociale pourra l'y aider.

Rôle de l'AVS

L'auxiliaire de vie sociale aura un rôle important à jouer, elle pourra favoriser les « liens familiaux » :

- aider la personne âgée à rencontrer ses enfants et petits-enfants ;
- lui proposer d'organiser des goûters d'anniversaire ;
- l'inviter à écrire et à téléphoner régulièrement ;
- veiller à se faire « discrète » lors des visites de la famille ;
- savoir informer la famille du « vécu quotidien » de la personne âgée, etc.

2 Intérêt des liens amicaux

Les liens amicaux et relationnels doivent s'entretenir, au même titre que les liens familiaux. Ici aussi l'auxiliaire de vie sociale a un rôle positif à jouer.

Rôle de l'AVS

L'auxiliaire de vie sociale peut favoriser les « liens relationnels », elle peut par exemple proposer à la personne âgée de :

- organiser un goûter (en invitant les voisins par exemple) (*cf.* chapitre 8) ;
- écrire aux vieux amis (à l'occasion des vœux, des fêtes ou des anniversaires ou sans réel motif, le plus régulièrement possible) ;
- téléphoner lorsque l'éloignement limite les rencontres ;
- participer à des rencontres de personnes âgées (club du 3e âge, voyage…), etc.

C Conséquences de l'isolement social des personnes âgées

L'isolement social présente des risques à différents niveaux. Ils peuvent se traduire tant sur le plan physique que psychologique.

1 Conséquences sur le plan physique

Chacun veut donner à autrui une « image de soi » valorisée. Déjà, le jeune enfant cherche à mettre des vêtements qui plaisent à son « groupe social » et l'adulte s'habille pour sortir avec des amis. La personne âgée et isolée n'aura plus de raisons de prendre soin d'elle-même et le découragement risque de la gagner par un sentiment d'inutilité.

Rôle de l'AVS

L'auxiliaire de vie sociale veillera quotidiennement à solliciter et inciter la personne âgée à se laver, à s'habiller, et aussi à se parfumer, en soulignant le plaisir qu'elle prend à la voir « soignée ». Ainsi, elle motivera la personne âgée, qui, faute de le faire pour sa famille (qu'elle ne voit plus souvent) le fera pour l'AVS, mais avant tout pour elle-même...

2 Conséquences sur le plan psychique

Le sentiment d'inutilité conduit beaucoup de personnes âgées vers la « dépression » et parfois vers le suicide. Or, toute personne âgée a un rôle à jouer dans la société et doit le conserver.

Rôle de l'AVS

L'auxiliaire de vie sociale doit veiller à détecter tous les « signaux » qui présagent d'une dépression ou d'une démission chez la personne aidée, par exemple :

- le laisser-aller de la tenue ;
- les paroles négatives, les idées sombres ;
- le manque d'appétit, etc.

Elle doit le signaler à la famille ou à la (au) responsable de l'association. Mais elle doit surtout *veiller à prévenir* les effets de l'isolement social. (Agir avant !)

Situation

La solitude de Maria et la sollicitude d'Anna

Maria (80 ans) vit seule à Colombes (banlieue parisienne). Depuis la mort de son mari, elle dit souvent à *Anna* (son auxiliaire de vie sociale) : « *Je ne sers plus à rien... Pourquoi le Bon Dieu ne veut pas encore de moi... Je serais mieux là-haut, je ferais mieux de partir !...* »
Anna met tout en œuvre pour lui *redonner « goût à la vie »*. Elle favorise les liens relationnels, et sollicite et soutient cette femme, mais elle ne peut le faire seule, d'où l'importance pour Anna de travailler en équipe.

Remarque

Cette situation présente la *détresse morale* d'une personne âgée, qui a subi un deuil et vit douloureusement sa *solitude*.
On nous dit que l'AVS met tout en œuvre pour lui redonner goût à la vie, en particulier au moyen de « *liens relationnels* ». Ce n'est pas toujours facile, car les vieux amis souvent ne sont plus là, les enfants pas toujours disponibles et les voisins peu enclins à ouvrir leurs portes ; d'où l'intérêt de persévérer pour offrir une aide affective et efficace. Ainsi, l'équipe peut être sollicitée si cela s'avère nécessaire.
Rappelons que l'AVS est un être humain, qui a une sensibilité et un vécu, et que la *douleur morale* de la personne aidée peut réveiller chez elle certaines blessures et l'affecter. Là aussi, le rôle de l'équipe est important. L'AVS doit pouvoir « en parler » pour ne pas se décourager.

CHAPITRE 8

La prévention de l'isolement

A Communication avec les familles et les autres aidants naturels

Élisabeth Kübler-Ross[1] (infirmière en soins palliatifs) a dit : « *Avec les siens, c'est toujours plus difficile !* ». Elle-même avouait qu'elle savait mieux se situer avec les malades qu'avec ses proches. En effet, ce qui arrive à nos proches nous atteint personnellement au plus profond de notre être. L'auxiliaire de vie sociale (comme tout soignant) agit en « tiers » et, en tenant bien sa place, elle peut grandement favoriser les relations de la personne aidée et de sa famille.

1 Champ relationnel avec la famille

La règle d'or, pour l'auxiliaire de vie sociale, demeure l'écoute, la parole. Cette parole fait le lien du trio : *Personne aidée-Famille-AVS*. Il est souhaitable que l'auxiliaire de vie sociale associe le plus souvent la famille à l'accompagnement.

◆ Définir la famille avec la personne aidée

D'après *le Petit Robert*, la famille représente « les personnes apparentées vivant sous le même toit ». Nous prenons ici le mot au sens large du terme : il ne se borne pas aux liens du sang mais à l'entourage immédiat, c'est-à-dire l'ensemble des personnes signifiantes.
Souvent la personne aidée ne tient absolument pas à parler des liens qu'elle entretient avec chaque membre de sa famille. Elle n'a pas envie de mettre à nu sa vie privée ! Cette attitude devra impérativement être respectée par le professionnel.
La famille sera donc celle que la personne décide de présenter. S'il doit y avoir un rendez-vous organisé par le médecin avec la famille, la personne aidée doit en être avertie et donner son accord. C'est un respect indispensable envers elle.

◆ Respecter les rôles de chacun

Accepter la personne aidée, c'est l'accepter avec et dans son entourage. Il faut trouver une relation équilibrée entre famille, personne et aidant.

---

1. Élisabeth Kübler-Ross : pour connaître ses travaux dans l'accompagnement du patient en phase terminale d'une maladie, se reporter au *Guide AS (aide-soignant)*, par J. Gassier. Masson, édition 2007.

© 2011 Elsevier Masson SAS. Tous droits réservés

Respecter les relations triangulaires

- On dit le plus souvent que c'est le professionnel (l'auxiliaire de vie sociale) qui accompagne la famille, mais, parfois, c'est la famille qui accompagne le professionnel.
- On dit aussi que c'est l'aidant qui accompagne la personne aidée, mais c'est aussi la famille qui l'accompagne et, le plus souvent, en collaboration avec l'aidant.
- On constate que c'est la personne aidée qui accompagne la famille et, quelquefois, qu'elle accompagne aussi le professionnel !

En fait, il s'agit de vivre à plusieurs une « relation triangulaire » (*cf.* Figure 3.1). Conserver cette triangulation et éviter les exclusions de toutes sortes, au niveau familial, est donc pour l'aidant la première ligne de conduite.

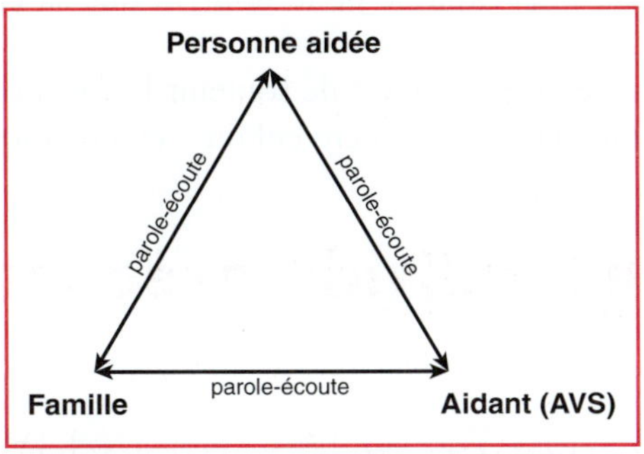

Fig. 3.1 **Les relations triangulaires.**

Éviter les confusions de rôle

Les confusions de rôle sont des écueils à éviter dans les relations avec la famille :

- l'auxiliaire de vie sociale reste le professionnel. Il ne peut devenir le « parent » de la personne aidée, même si les rapports sont très chaleureux ;
- la famille reste la famille. Il ne faut pas lui demander de jouer le rôle du « professionnel » (l'AVS).

On observe certaines épouses de personnes âgées, trop maternantes, devenir des soignantes de leur mari (*cf.* situation ci-après)

Situation

Nadine D. (maternante trop présente !)

Nadine D. a soigné son époux *Maxime* (81 ans) jusqu'au terme de sa grave maladie. Elle le lavait, lui donnait les repas, le changeait. Lorsqu'elle était présente, elle repoussait le plus possible l'auxiliaire de vie sociale dont elle acceptait mal les conseils et qui ne trouvait plus sa place.

Remarque

Le conjoint ne peut jouer tous les rôles à la fois. Cela peut :

- ▶ déséquilibrer les relations du couple ;
- ▶ dégrader les relations avec le service d'aide à domicile ;
- ▶ détériorer sa santé physique et morale.

Mais l'auxiliaire de vie sociale doit savoir que la « personne aidée » a d'autres besoins que le soin d'hygiène et de confort, en particulier un intense besoin affectif qu'il faut privilégier. *Ex.* : au moment du repas, elle a davantage besoin de chaleur humaine que de nourriture biologique !

2 Association de la famille aux soins

Il est souhaitable que l'AVS sache laisser une place à la famille pour les soins si cette dernière le souhaite. L'AVS peut par exemple demander aux membres de la famille qui le désirent, et en accord avec la personne aidée, de participer à des soins d'hygiène et de confort (*ex.* : soins de bouche, essuyer un visage, masser les mains, arranger un oreiller…). Ces petits gestes, si importants, aideront la personne « moralement ».

Lorsque la personne est malade, *notons que* la dyspnée[2] est un des symptômes les plus difficiles à supporter pour les autres. Il faut passer beaucoup de temps pour faire comprendre aux proches que, si le malade la supporte, on peut aussi supporter de la voir.

Par ailleurs, l'épouse du malade est souvent désemparée quand celui-ci perd l'appétit. Elle a tendance à croire qu'elle n'est plus capable de le nourrir, que sa cuisine n'est plus adaptée à ses besoins.

Une des tâches de l'auxiliaire de vie sociale est de soutenir la fonction familiale. Cela permet de maintenir les relations « femme-mari » ou « mère-enfant » et aide moralement la personne aidée.

B Relations de l'individu avec les membres de la famille

Protection de la personne aidée (malade) des « excès » familiaux

◆ Au niveau des projets

À mesure que la maladie évolue, les difficultés naissent des différences de projets entre les personnes malades et leur famille. Parfois les projets sont si incompatibles que l'auxiliaire de vie sociale cherche à protéger la personne malade de sa famille.

Situation

Le choix de la tranquillité

M. B. (80 ans) atteint d'un cancer pulmonaire, vit à domicile sa phase terminale grâce à l'assistance d'une auxiliaire de vie sociale. Mais sa fille, qui habite dans le midi, regrette qu'il soit tout seul. Cet homme dit à l'auxiliaire de vie sociale qu'il veut mourir, car sa fille veut l'emmener chez elle dans une maison pleine d'enfants et de bruit : le voyage en ambulance lui semble insupportable et quitter la tranquillité de son propre domicile est impossible. L'auxiliaire de vie sociale devra en faire part avec tact à la fille de M. B.

Remarque

Il est évident qu'une personne gravement malade appréhende un voyage et un transfert de domicile. L'AVS devra agir avec « tact » (c'est-à-dire opportunément, avec calme et diplomatie) et développer de bons arguments pour convaincre son interlocuteur dans l'intérêt de la personne aidée. L'AVS pourra se faire aider par l'équipe, mais aussi par le médecin traitant si besoin.

2. Dyspnée : difficulté à respirer (souvent au cours de pathologies rhino-pharyngées).

Rôle de l'AVS

L'auxiliaire de vie sociale peut jouer un rôle « de tiers » pour faire comprendre (avec tact) à l'entourage, que les intérêts de la personne aidée peuvent se modifier quand elle est âgée, ou très malade.

◆ Au niveau de la souffrance

La souffrance et la douleur sont supportées différemment par chacun de nous. Parfois, la perception qu'a la famille de la douleur de la personne aidée est bien différente de celle que la personne ressent elle-même. Or, très souvent, c'est la famille qui prend la décision d'interpeller le corps médical à ce propos.

Rôle de l'AVS

Souvent la famille souffre plus que la personne malade et il faut s'occuper d'elle en priorité. Le travail de l'auxiliaire de vie sociale sera un travail d'accompagnement. L'AVS saura accueillir la souffrance de la famille en vue de l'aider à cheminer. Mais c'est un travail difficile que l'AVS doit accomplir avec l'aide et le soutien de l'équipe.

C Situations de crises familiales

Il est difficile d'accepter les situations d'agressivité voire de violence. Il est cependant possible d'en comprendre les causes et mécanismes, afin d'anticiper, d'adapter son comportement et de se protéger.

1 Situations d'agressivité, de colère

L'agressivité trouve le plus souvent son origine dans une peur, une émotion, une colère, un sentiment d'injustice ou d'impuissance qui n'ont pu s'exprimer.
Devant une situation angoissante (*ex.* : la maladie qui dégénère, l'approche de la mort, l'isolement, l'abandon), les personnes âgées ou malades ou leurs familles, manifestent souvent des réactions violentes.
L'agressivité, la colère, une réaction violente deviennent alors la seule façon de « décharger » la souffrance.

Situation

Marion (AVS) et Mme Suz

Marion est auxiliaire de vie sociale au domicile de *Mme Bert*, 68 ans, atteinte de la maladie d'Alzheimer. Depuis quelques semaines, l'état de *Mme Bert* s'est aggravé. La sécurité à domicile est remise en cause et un placement en institution est évoqué. La fille de *Mme Bert* (*Mme Suz*) supporte difficilement la situation. Depuis quelques jours, elle est très exigeante envers *Marion* et lui fait des réflexions désagréables : « *Marion*, vous êtes quelqu'un de négligent, de maladroit et même de stupide. Vous ne comprenez RIEN aux malades, vous feriez mieux d'aller garder les vaches. Si ma mère est dans cet état, c'est depuis que vous êtes là. » Malgré cette agressivité de la part de la fille, *Marion* est restée calme, elle a su trouver un temps pour parler avec la fille de *Mme Bert*. La relation s'est améliorée…

Remarque

La réponse à une réaction agressive ou violente n'est jamais dans l'agressivité en retour (en miroir). Au contraire, le sentiment d'incompréhension n'en serait que plus fort, engendrant encore plus d'agressivité.

L'*écoute*, la *communication*, la *compréhension* de l'autre, la *prise en compte de la souffrance* physique et psychique permettent d'apporter une réponse libératrice. Plus les personnes se sentent entendues, moins la colère ou l'agressivité n'ont de raison d'être (nous vous conseillons de lire la réponse de *Marion* dans la suite de l'étude de situation, page suivante).

Rôle de l'AVS

L'auxiliaire de vie sociale doit souvent faire face à des situations d'agressivité à domicile. Chaque situation est particulière. Toutefois, on peut lui conseiller certaines attitudes de base ; elle doit savoir comprendre les mécanismes de l'agression, rester calme, ferme et digne.

2 Comprendre les mécanismes de l'agression

Aussi surprenant que cela paraisse, l'agression émane souvent de « mécanismes de défense » de la part de l'agresseur[3].

Les psychologues disent qu'il s'agit d'une partie du *moi* qui se défend contre une autre partie du *moi* qui a peur, ou qui pourrait l'amener à souffrir. Ces mécanismes de défense peuvent être classés en deux catégories.

◆ La défense comme une colère retournée contre soi, puis contre l'autre

Plutôt que de reconnaître son agressivité et de l'assumer, l'agresseur « qui ne s'aime pas », qui à cet instant est mécontent de sa réaction, retourne la violence contre lui, puis contre les autres. *Ex.* : l'agresseur se ronge les ongles, se mord les doigts, se cogne la tête, puis jure, insulte autrui ou l'agresse physiquement.

◆ La défense comme un rejet de la réalité

Il s'agit pour l'agresseur de nier une situation angoissante. *Ex.* : c'est l'attitude de *Mme Suz* dans la situation précédente. Cette personne agressive ne veut pas voir la maladie de sa mère qui s'aggrave, la mort qui approche. Sa violence marque son désarroi face à une réalité qu'elle ne peut maîtriser. Sa violence fait ressurgir des ressentiments anciens qui la rongent.

3. Même si le parallèle est surprenant, il est évocateur : un chien qui a PEUR est un chien qui attaque !!

Chacun met en jeu ses propres mécanismes de défense : l'AVS doit les connaître afin de pouvoir écouter la peur de l'autre sans être angoissée.
Certains patients ont tendance à « nier » leur vrai problème. Ainsi ils demanderont en agressant.

Rôle de l'AVS

L'auxiliaire de vie sociale devra donc aider la personne à formuler son « mal-être », « décoder » sa vraie demande, son besoin réel au travers de son langage quotidien[4].

3 Rester calme et ferme face à la demande agressive ou la provocation

L'auxiliaire de vie sociale, par son comportement calme et serein, fera régner un climat de sécurité de confiance et de parole. Elle ne doit pas manifester de peur ou d'appréhension vis-à-vis de la personne agressive car celle-ci le perçoit, mais elle doit déceler chez la personne tous les signes révélateurs d'agressivité dans son comportement (démarche, froncement des sourcils…).
Il faut rappeler que :

- toute *sollicitation exagérée* de la part de la personne agressive *doit être réfrénée*, la disponibilité a ses limites, tout excès est mauvais car il maintient la personne en état de dépendance ;
- toute *attitude d'agressivité* (ou de débordement) *doit être réprimée*, sans agressivité en retour, mais avec fermeté ;
- *être tolérant dans l'écoute* d'une souffrance ne signifie pas tolérer toutes les manifestations qui s'y rattachent.

Situation

Marthe (AVS) calme Arsène

Arsène (70 ans) se promène nu dans la maison en demandant son bain et en criant… Immédiatement *Marthe* (AVS) le raccompagne dans sa chambre, lui propose d'enfiler son peignoir et lui dit que son attitude n'est pas adaptée, en lui expliquant les motifs : respect de lui-même, respect d'autrui (d'elle et de sa famille). *Arsène* s'excuse et se rhabille.

Remarque

Il est indispensable pour l'AVS de savoir gérer avec calme, fermeté et respect les situations de démence qui induisent des comportements de désinhibition (perte des codes sociaux). Il est indispensable de cadrer les débordements.

4 Rester digne dans son attitude

L'auxiliaire de vie sociale doit permettre à la personne agressive de ne pas se sentir rejetée mais rester digne. *Ex.* : elle doit éviter les « familiarités » ou les « comportements démagogiques » pour prévenir les agressions.

---

4. Dans la limite de son rôle, car l'AVS n'est pas diplômée en psychologie.

5 Respecter la personne agressive

Respecter la personne agressive, c'est respecter en particulier son besoin de repos, de « repli sur soi », d'isolement, qui lui permet de rester calme, de réfléchir (« faire le point ») sur son comportement. Certaines personnes « agitées » ont besoin de « se reprendre en main ».
L'auxiliaire de vie sociale ne doit pas *susciter la relation à tout prix* : un excès de sollicitation peut provoquer à nouveau de l'agressivité.

6 La comprendre pour se libérer

La compréhension de l'autre « libère » [5] car comprendre, c'est voir dans l'oppresseur un être humain vulnérable et capable de changer.

Situation

Marion (AVS) et Mme Suz (suite et fin)

Dans cette situation, *Mme Suz* est agressive et irrespectueuse envers *Marion* (auxiliaire de vie sociale) qui s'occupe de *Mme Bert* (sa mère).
Marion cherche à comprendre *Mme Suz*. Au bout d'une heure de discussion, celle-ci lui avoue (en pleurant) à quel point elle se sent fautive de n'avoir pas su s'occuper elle-même de sa mère, d'avoir donné priorité à son travail. Elle se sent rongée par les remords, les regrets… Elle-même ayant été abandonnée par son père, puis par son mari, elle culpabilise et lui dit souffrir d'un manque relationnel.

Remarque

Marion a compris *Mme Suz* et lui a pardonné son agressivité. Cette attitude les a « libérées » toutes les deux et a renoué les liens.

D Socialisation et vie quotidienne

Chez les personnes âgées, les activités de la vie quotidienne doivent répondre aux besoins fondamentaux suivants : s'occuper en vue de se réaliser, apprendre, se recréer. L'AVS réfléchira en équipe sur :
- le choix à faire en matière d'activités et les priorités à déterminer ;
- les goûts, les désirs des personnes âgées et leurs possibilités.

La parole a permis à chacun de pouvoir occuper sa place.

Rôle de l'AVS

L'AVS veillera à solliciter la personne âgée pour qu'elle participe aux actes de la vie quotidienne selon ses capacités, en cherchant ce qui peut la stimuler ou lui plaire (*cf.* Figure 3.2). Elle peut par exemple :
- l'aider dans *l'aménagement de son environnement* afin qu'elle y trouve des objets familiers à des *endroits précis* ;

5. Comprendre l'autre, libère car cela permet le pardon. En grec, le mot pardonner (*asphésis*) signifie délier, libérer.

- *l'encourager à prendre des responsabilités à des heures et des lieux précis. Ex.* :
  - soigner ses plantes, se promener,
  - préparer le goûter,
  - porter le courrier à un voisin ;
- lui faire *choisir* ses vêtements ;
- lui demander *l'heure* et lui rappeler la *chronologie des soins* du matin ou de l'après-midi ;
- lui parler des *activités du jour*, l'écouter, la laisser s'exprimer ;
- *la questionner sur son passé*, sur sa famille au moyen de photos, sans être intrusif ;
- l'aider à *situer les événements* importants de sa vie dans le temps ;
- favoriser les *visites de la famille* ou des amis en les accueillant ;
- si la personne ne peut se mouvoir, penser à l'installer près d'une fenêtre afin qu'elle puisse observer ce qui se passe à l'extérieur et la questionner à ce sujet ;
- *apprendre à la personne à utiliser divers appareils. Ex.* : téléphone, radio, CD, télévision, DVD, voire Internet, et pour cela :
  - lui expliquer par des phrases courtes et simples,
  - reformuler si nécessaire,
  - laisser la personne prendre son temps, ne pas la bousculer,
  - lui montrer ses progrès, la valoriser dans ses réussites.

Fig. 3.2 L'AVS veillera à solliciter la personne âgée pour qu'elle participe aux « actes de la vie quotidienne » selon ses capacités et ses goûts.

NB : voir l'aide aux « activités socio-relationnelles » en 2e partie de ce chapitre.

Chapitre 9

Les techniques d'animation adaptées aux personnes

A Maintien de l'autonomie des personnes dépendantes

On ne peut envisager la vie des personnes âgées, que ce soit en institution ou à domicile, qu'à travers les soins « biologiques ». L'autonomie de celles-ci dépend non seulement d'une aide apportée au corps physique mais aussi à l'état psychique. Les stimulations de l'activité cérébrale et motrice répondent à cet objectif.

1 Évaluation de la mémoire chez la personne âgée

Certains tests permettent d'évaluer la mémoire (ou capacité cérébrale) de la personne âgée. On les appelle *« échelles d'évaluation »*.
Les échelles d'évaluation sont d'abord remplies par la personne puis soumises à un observateur compétent qui évalue les difficultés de mémoire (*cf*. Tableau 3.1).

Mise en garde pour l'évaluation

Ces échelles ne peuvent être utilisées que par des personnes formées à l'évaluation du psychisme de la personne âgée et non par l'AVS, car l'utilisation de l'instrument de mesure précité confronte la personne âgée à l'intensité de son déficit. Aussi la prudence est-elle de règle.
Toutefois, les résultats permettent aux spécialistes un meilleur diagnostic des difficultés cognitives et un meilleur suivi des personnes.

2 Activités « mémoires »

Le rôle de l'AVS ne sera pas de proposer des activités « clés en main », mais de construire un projet d'animation adapté aux besoins spécifiques des personnes. Voyons les objectifs des activités cérébrales destinées aux personnes âgées (*cf*. Tableau 3.2).

◆ Un exemple d'exercice de mémorisation (en atelier mémoire)

Il s'agit d'un exercice visant à stimuler la mémoire visuelle. Il peut se pratiquer par une ou plusieurs personnes (*cf*. Figure 3.3).

DEAVS. Modules 1 à 6
© 2011 Elsevier Masson SAS. Tous droits réservés

Tableau 3.1 **Échelle d'évaluation des difficultés cognitives de la personne aidée.**

Phrases du « vécu quotidien » de la personne	Réponses				
	0	1	2	3	4
1. Je me souviens difficilement des numéros de téléphone usuels					
2. Je pose des objets (lunettes, clés, porte-monnaie, papiers) et j'ai du mal à les retrouver					
3. Quand je suis interrompu dans une lecture, j'ai du mal à retrouver où j'en étais					
4. Quand je fais des courses, j'ai besoin d'une liste écrite pour éviter d'en oublier					
5. J'oublie des rendez-vous, des dates, des rangements					
6. J'oublie en cours de route des courses que j'avais projetées de faire					
7. Il m'est difficile d'évoquer le nom des gens que je connais					
8. J'ai des difficultés à raconter une émission que je viens de voir à la télévision					
9. J'ai du mal à exprimer ce que je voudrais dire					
10. J'ai du mal à dire ce que j'ai sur le bout de la langue					
11. J'oublie le nom des gens juste après qu'ils m'ont été présentés					
12. Je perds le fil de mes idées en écoutant quelqu'un d'autre					
13. J'ai besoin de vérifier une fois ou deux si j'ai bien fermé la porte, coupé le gaz, etc.					
14. Je fais des fautes en écrivant, en tapant à la machine ou en me servant d'une calculatrice					
15. Je ne peux pas fixer mon esprit sur une seule chose					
16. J'ai du mal à fixer mon esprit sur ce que je lis					
17. J'oublie ce que les gens me disent, immédiatement après					
18. Je dois faire les choses lentement pour être sûr de bien les faire					
19. J'ai l'impression d'avoir la tête vide					
20. J'oublie quel jour de la semaine nous sommes					
0 : régulièrement 1 : souvent 2 : quelquefois 3 : rarement 4 : jamais	Score final				

◆ Un exemple de jeux organisés : « les clubs mémoire »

Il s'agit de jeux dits de « société ». Le plus souvent, ils s'adressent à un groupe de personnes, mais certains jeux peuvent être utilisés individuellement.
Le but est de faire travailler la mémoire *cérébrale*, *auditive*, *visuelle*, *tactile* en dédramatisant la perte de mémoire, en rassurant la personne et en lui laissant prendre son temps.
L'AVS peut proposer les jeux ou exercices suivants :

- lecture de journal et discussion ;

Tableau 3.2 Objectifs des activités cérébrales destinées aux personnes âgées.

Objectif général	Activités proposées	Objectifs spécifiques
Stimuler l'activité cérébrale	*a) Les ateliers mémoire* Il s'agit d'exercices d'activité cérébrale à différents niveaux de difficultés. *Ex. :* – exercices de mémorisation auditive ou visuelle – exercices de logique – exercices de structuration	Ces activités stimulent : – la mémoire – l'autonomie – la confiance en soi – la socialisation – le goût de vivre – l'intellect : • logique • observation • réflexion
	b) Les jeux de « société » *Ex. :* – jeux de réflexion : échecs, dames, cartes, dominos, scrabble, etc. – jeux de patience : réussites, puzzles, etc. – jeux de logique : portraits, etc. – jeux de hasard : loto, dés, etc. – jeux de connaissances (QCM)	Ces jeux favorisent les échanges sociaux et les démarches intellectuelles

- écoute de sons divers (bruits d'animaux, de la rue, bruits domestiques, voix...) ;
- jeu d'association de lettres et de mots (A comme Ananas, Avocat, Argent ; T comme Table, Téléphone...) ;
- jeux de Scrabble, de Trivial Pursuit ;
- jeux de cartes ;
- jeu de Kim (découvrir un objet que l'on touche, les yeux bandés) ;
- le jeu de « loto ».

Le jeu de loto, très ancien et très répandu dans les régions françaises, fait partie du patrimoine culturel : bien des personnes âgées y ont joué. C'est un bon moyen de réadaptation. La manipulation des pions développe la dextérité, la motricité fine. La mémoire est stimulée par la formulation des chiffres, leur recherche sur le carton. L'aspect collectif du jeu développe les relations sociales.

Rôle de l'AVS

L'auxiliaire de vie sociale doit veiller à aider les personnes en difficulté en maintenant leur attention, en les sollicitant ou les aidant dans la manipulation.
L'organisation régulière de jeux de société au même endroit et à la même heure, peut aider les personnes âgées à retrouver des repères dans le temps et l'espace.

3 Activités motrices

La pratique d'activités physiques est indispensable pour le maintien des capacités physiques et psychologiques. Ces activités sont moins rébarbatives pour les personnes âgées si elles ont lieu dans le cadre d'activités ludiques.

Test 1 Mémoriser	Test 2 Se souvenir
1. Observer bien le dessin puis passer à la question 1 du test 2. 	1. Quel est le dessin qui a été ajouté ? 
2. Mémoriser le dessin puis passer à la question 2 du test 2. 	2. Cocher le dessin identique à celui que vous avez vu. 
3. Observer bien ce dessin puis passer à la question 3 du test 2. 	3. Quel est le dessin qui a été ajouté ? 
4. Étudier ces dessins puis passer à la question 4 du test 2. 	4. Quel est le dessin qui a été modifié ? 

Fig. 3.3 **Exercice de mémorisation (atelier mémoire).**

◆ Objectifs des activités motrices (cf. Tableau 3.3)

◆ Exercices corporels

L'exercice corporel à l'aide des ballons de baudruche (ballons légeres et mous) (*cf.* Figure 3.4) est très prisé des personnes âgées car elles peuvent y jouer à deux ou à plusieurs.
Il existe bien d'autres exercices corporels présentant un intérêt pour les personnes âgées[1].

Technique de l'exercice

Se mettre par deux et se déplacer en marchant de différentes façons :

1. Se reporter aux ouvrages spécialisés.

Tableau 3.3 **Objectifs des activités motrices.**

Objectif général	Activités proposées	Objectifs spécifiques
Stimuler l'activité motrice	*L'expression corporelle avec des accessoires* *Ex.* : – exercices avec des ballons de baudruche (*cf.* Figure 3.4) – exercices avec cerceaux – exercices avec élastique	Ces activités stimulent : – l'adresse – la coordination motrice – la souplesse des articulations – l'équilibre – la confiance en soi – le rythme – la respiration, le souffle – la mémoire des gestes et des phrases
Stimuler l'activité manuelle et occupationnelle	*Les activités quotidiennes* Les personnes âgées ont toutes un vécu d'activités quotidiennes. Un bon moyen de leur redonner le sens de leur utilité est de les réconcilier avec ces activités Les ateliers de cuisine aident les personnes à retrouver les gestes oubliés. *Ex.* : – éplucher des légumes – faire une pâte à tarte – casser des œufs	Ces activités permettent de : – se resituer dans le temps et l'espace – retrouver un rôle social – créer des liens

a. Bloquer un ballon entre différentes parties du corps :
- fronts ;
- épaules ;
- dos ;
- nuques.

b. Faire des mouvements avec les ballons :
- les ballons sont frappés ;
- ou poussés avec la main.

c. Se mettre face à face en tenant les deux ballons (à l'arrêt puis en déplacement), prendre un ballon entre les paumes de chaque main et faire des mouvements de bielle.

Il faudra veiller à éviter tout mouvement trop brusque.

B Activités d'éveil de l'enfant

Les techniques d'éveil ou d'animation visent à développer l'autonomie de l'enfant par un choix d'activités adaptées à son âge, à ses goûts et à ses capacités.

1 Critères à respecter pour une activité d'éveil

L'enfant a des besoins qui lui sont propres. L'auxiliaire de vie sociale en tiendra compte pour adapter son animation. Elle doit respecter certains critères de base importants.

Fig. 3.4 L'exercice corporel avec les jeux de l'escalier.

◆ Respect de l'autonomie de l'enfant

L'enfant aime explorer, découvrir et apprendre seul. Il recommence plusieurs fois le même geste, afin d'en acquérir la maîtrise parfaite. L'auxiliaire de vie sociale doit respecter ce temps d'apprentissage autonome. Elle évitera d'intervenir d'une façon intempestive et encouragera l'enfant à terminer l'action commencée.

◆ Respect des rythmes de l'enfant

Pour respecter les rythmes de l'enfant, l'auxiliaire de vie sociale veillera à :

- *respecter le temps de jeu de l'enfant*, c'est-à-dire ne pas interrompre brutalement son jeu (c'est source de frustration) et lui expliquer au contraire que la fin du jeu est proche (ce qui est mieux accepté par l'enfant) ;
- *alterner les temps-jeux et les temps-libres* : au cours de la journée, l'enfant a besoin autant d'activités structurées que de « temps libre » où il pourra donner libre cours à son imagination ;
- *aménager un « coin-coussins »* où l'enfant pourra aller librement se reposer.

◆ Respect du tempérament de l'enfant

L'auxiliaire de vie sociale tiendra compte du tempérament de l'enfant :

- si l'enfant a une *grande vitalité*, il aura besoin de jouets mobiles (tricycles, camion-porteur…) ;
- si l'enfant *aime jouer seul*, il aura besoin de jeux calmes (dominos, puzzles, *Légo*…) ;
- si l'enfant *s'ennuie seul*, il faut participer à ses jeux et l'associer à d'autres enfants.

◆ Respect du besoin de sécurité et de valorisation

L'auxiliaire de vie sociale veillera à :

- créer une ambiance chaleureuse où l'enfant se sente « encadré » ;
- permettre à l'enfant « d'avoir confiance en lui », lui donner le sentiment qu'il est capable de « faire seul » ;
- le féliciter pendant son activité : le regard bienveillant de l'adulte posé sur lui l'encourage ;
- ne pas marquer de préférence entre les enfants, ne pas valoriser les uns par rapport aux autres et, surtout, ne pas développer un esprit de compétition.

Situation

Émile (2 ans)

Émile ne parle à personne. Il suce son pouce, son esprit est ailleurs. *Annick* (AVS) va l'aider à s'exprimer par le mouvement. Elle le stimule lors des jeux moteurs, le félicite lorsqu'il a accompli un petit exercice. *Émile* lui dit souvent : « *Viens voir !* ». On remarquera progressivement un changement dans le comportement de l'enfant. Il devient plus vif, plus éveillé.

Remarque

L'AVS fait preuve ici d'une *double compétence professionnelle*. Elle voit que l'enfant de 2 ans est « isolé » en retrait, qu'il a un problème (ne parle pas, suce son pouce), elle va l'aider à reprendre confiance en lui par le moyen d'une activité motrice. Toutefois, notons ici que, dans une telle situation, l'AVS devra *transmettre* à sa responsable ses éléments d'observation sur l'enfant (l'origine de son problème doit réellement être élucidée).

2 Projet d'animation

Un projet d'animation se prépare toujours à l'avance. Le responsable du projet doit se poser plusieurs questions, cernant les objectifs, la catégorie de l'activité et les modalités d'expression.

On peut utiliser la méthode du QQQOCP, c'est-à-dire le : Qui ? Quoi ? Quand ? Où ? Comment ? Pourquoi ? de l'activité en question[2] :

- ***le « Qui »***, ce sont les *personnes* à qui s'adresse l'activité (leur nombre, leur âge, leurs capacités psychomotrices…) ;
- ***le « Quoi »***, c'est l'*activité choisie* (vais-je choisir une activité à caractère individuel ou collectif ?) ;
- ***le « Quand »***, c'est le *moment choisi* de la journée pour organiser l'activité (le matin ? l'après-midi ?) ;
- ***le « Où »***, c'est le *lieu choisi* pour cette activité (l'appartement ? le jardin ? etc.) ;
- ***le « Comment »***, c'est le *matériel à prévoir* pour réaliser cette activité (gros matériel ? petit matériel ?) ;
- ***le « Pourquoi »***, c'est l'*intérêt* de l'activité pour ce(s) enfant(s) (à quels besoins répondre ? à quelles attentes ?).

3 Différents modes d'animation

Il existe trois grands modes d'animation.

◆ Mode d'animation non directif

C'est un mode d'animation où l'animateur n'intervient pas. Il laisse l'enfant jouer seul, mais il est présent, attentif, disponible et prêt à répondre à ses demandes. Sur le plan de l'organisation, il se limite à aménager un espace adéquat.

Pour les plus « petits »

Il est judicieux d'aménager l'espace en disposant sur le sol des objets variés qui stimulent la curiosité. Pour que le bébé puisse jouer seul, il faut qu'il se sente en sécurité. Donc l'adulte doit être prêt à répondre à ses appels. Attentif à son jeu, il doit rester assis au sol et éviter les déplacements.

Pour les plus « grands »

L'adulte doit aménager des « coins-jeux », permettant à l'enfant de choisir à tout moment ce qu'il a envie de faire. Au cours d'une activité, il doit disposer le matériel de manière à laisser l'enfant agir sans rien lui imposer.

Situation

Activité libre de dessin ou peinture

Katy (AVS) s'occupe de Samuel et Chloé. Elle a collé sur le mur de grandes feuilles de papier et, sur une petite table, elle a disposé des pots contenant des feutres de différentes couleurs. Elle laisse les 2 enfants libres de choisir ou non l'activité proposée.

- *Samuel* (3 ans) décide spontanément de dessiner dans un coin de la feuille, puis il change d'endroit pour refaire un tout petit dessin. Ensuite, il change de feutre, il met sa main contre la feuille et en dessine le pourtour.
- *Chloé* (18 mois) entre à son tour et veut se servir d'un feutre, mais elle n'arrive pas à enlever le capuchon ; elle le tend à *Katy* qui le lui enlève. Elle s'amuse un long moment avec l'objet, puis s'en va. Katy la laisse faire à sa guise.

Remarque

L'AVS offre ici une *activité libre* aux deux enfants. Elle leur propose le matériel et les accompagne au cours de l'activité sans dirigisme, sans directivité. (Il s'agit du *mode d'animation non directif.*) Elle permet aux enfants de participer et réalisant ce qui les intéresse.

◆ Mode d'animation directif

C'est un mode d'animation où toutes les initiatives viennent de l'adulte.

Situation

Jules refuse à Flora l'activité « dessin » !

Flora (AVS) demande à *Jules* (6 ans) de dessiner le cube rouge qu'il a devant lui. Il refuse. *Flora* insiste, lui fait une démonstration ; alors *Jules* se met à pleurer et quitte la pièce. Il préfère jouer avec son tricycle.

2. Notons ici que sur le plan de la mémorisation, il est plus aisé de retenir la formule des trois Q (suivie de OCP) mais sur le plan logique, il est préférable de commencer par le Pourquoi d'une activité (car pourquoi faire une activité si elle ne répond pas avant tout à un objectif ?).

Remarque
Dans ce cas, l'enfant est placé dans une situation de contraintes, il doit se plier aux règles. Ce mode d'animation a tendance à limiter la créativité de l'enfant et peut engendrer un sentiment de frustration et de refus.

◆ Mode d'animation semi-directif

C'est un mode d'animation où l'adulte intervient pour proposer et non pour imposer. L'enfant doit pouvoir librement et réellement choisir. Il est indiqué pour les enfants qui ont des difficultés à prendre des initiatives (notamment dans le cas d'enfants timides) ou pour certaines activités qui nécessitent une technique précise (exemple ci-après).

Situation

Anne (AVS) propose une « activité pâtisserie »

Anne a mis en place le matériel et fait la démonstration de la pâte à tarte. *Maxime* et *Émilie* (4 ans et 3 ans) adorent casser les œufs, touiller et modeler la pâte pour préparer un gâteau d'anniversaire. Ils observent *Anne* quelques instants, puis se lancent rapidement dans l'action qu'ils maîtrisent, car ils l'ont déjà réalisée plusieurs fois. *Anne* les félicite à chaque étape.

Remarque
L'activité pâtisserie ne peut s'improviser ! Il y a une technique précise à respecter et les enfants sont « fiers » de l'apprendre (lorsque c'est la première fois !) puis de la « répéter » et de la réussir la fois d'après. Ici donc, la « *semi-directivité* » de l'adulte est très appréciée des jeunes enfants.

4 Caractère d'une activité (individuel ou collectif)

Que ce soit pour l'adulte ou pour l'enfant, il existe deux types de jeux et de loisirs. Certains ont un caractère individuel, d'autres un caractère collectif.

◆ Activités à caractère individuel

Lorsqu'il est seul, l'enfant a souvent besoin de s'exprimer au moyen des jeux, de laisser libre cours à son imagination, de se distraire.

Objectifs

Ces jeux visent à mobiliser :
- la réflexion, l'attention, la mémoire, l'observation ;
- la volonté, l'autonomie ;
- l'habileté manuelle, le toucher, etc.

Exemples

Les jeux de manipulation (jeux de constructions, de pâte à modeler…).

◆ Activités à caractère collectif

L'enfant a besoin de partager des expériences, des émotions avec d'autres personnes. Les activités de groupe, ou jeux collectifs, lui en donnent l'occasion.

Objectifs

Ces jeux visent à développer :
- la sociabilité ;
- l'expression corporelle et orale ;
- l'imagination, etc.

Exemples

La farandole, le toboggan, le lottino, les jeux de rôles, etc.

5 Diverses activités d'éveil pour l'enfant

Il existe de nombreuses activités d'éveil. Nous sélectionnons dans ce chapitre les plus faciles à pratiquer à domicile pour les auxiliaires de vie sociale.

◆ Récits et contes

Dans un récit ou un conte, il y a toujours un personnage central, *le héros*, que l'auteur érige en modèle.

Objectifs

Le conte a un but *éducatif* évident : les comportements jugés « bons » par la société sont valorisés et récompensés.

Exemples de contes (extraits)

Quels contes choisir et pour quel âge ?
- *Pour les petits* : l'histoire est simple. Les personnages sont des animaux ou des enfants.
- *Pour les grands* : les personnages sont plus nombreux et vivent des aventures qui font peur. L'histoire est plus longue et la langue plus riche.

Technique d'une séance de conte

Elle se fait en trois temps.

1. L'adulte récite une petite formule d'introduction.

Prenons un exemple pour les enfants :
« Toc-toc-toc, petite histoire es-tu-là ? Chut, je dors !
Toc-toc-toc, petite histoire es-tu-là ? D'accord, je sors ! »

*2. L'adulte **raconte** l'histoire*

Prenons un exemple de conte très connu (*Le petit poucet*) :
« Il était une fois un bûcheron et une bûcheronne qui avaient sept enfants, tous des garçons. Ils étaient pauvres, et leurs sept enfants les incommodaient beaucoup, parce qu'aucun d'eux ne pouvait encore gagner sa vie. Ce qui les chagrinait davantage, c'est que le plus jeune était fort délicat et ne disait mot, prenant pour bêtise ce qui était une marque de bonté de son esprit. Il était fort petit et quant il vint au monde, il n'était guère plus gros que le pouce, ce qui fit qu'on l'appela le petit poucet. » (extraits)

---

3. Pour en savoir plus, se reporter aux livres spécialisés. *Ex.* : *Guide AP (auxiliaire de puériculture)*, par J. Gassier, Éditions Masson, 2010).

3. *L'adulte* ***clôture*** *l'histoire.*

Il clôture en récitant une formule d'adieu (au pays des histoires) et prépare l'(es) enfant(s) à l'activité suivante (repos, sieste). On recommande à l'animateur d'annoncer la clôture de l'activité quelques minutes avant (l'enfant doit comprendre que tout plaisir a une *fin !*)

◆ b. Livres pour enfants

L'adulte est souvent amené à lire des livres aux enfants. Il lui proposera des livres adaptés à son âge et à ses goûts. Les livres pour enfants sont très divers. Le rapport entre le texte et l'image et la nature du livre sont à considérer par rapport à l'âge de l'enfant (*cf.* Figure 3.5).

Objectifs

La lecture vise à sensibiliser l'enfant au « goût des livres ». Elle tend à développer l'éveil intellectuel, la curiosité, l'observation, l'imagination, le vocabulaire, la culture, etc.
Ex. : les livres pour enfants sont très nombreux. Citons les principales formes qui plaisent aux enfants en fonction de leur âge.
Les petits personnages (humains ou animaux humanisés) plaisent à l'enfant car il aime se retrouver dans un livre. Ces personnages vivent sa vie. C'est très sécurisant pour lui, c'est une façon de mieux appréhender le monde adulte. L'enfant s'identifie aux personnages du livre.

Rôle de l'adulte

L'adulte ne doit jamais jouer au pédagogue. Il doit laisser parler sa sensibilité, sa joie de la découverte, en accompagnant l'enfant dans son plaisir, dans son imaginaire. Il doit accorder du « temps » à cette activité d'éveil, où l'enfant donne vie aux images.

Fig. 3.5 Les livres d'images et leurs « petits personnages » plaisent aux enfants dès l'âge de 1 an. (*Guide AP*, par J. Gassier. Masson).

1) Les imagiers
Ici, les images sont isolées sur une page, accompagnées du MOT correspondant.
Ici, les images sont regroupées par deux sur le thème du JARDIN, sans mots d'accompagnement.
2) Les livres d'images
Dans les exemples ci-dessous, les images sont isolées sur la page de gauche et le texte (très simple) explique la situation sur la page de droite.
Les petits personnages humains
Les animaux humanisés

◆ Chant

Le chant sera favorisé par l'adulte qui ne doit pas avoir de retenue pour chanter, même s'il chante faux.

Objectifs

Le chant vise à initier l'enfant au rythme musical, l'adulte lui propose de taper dans les mains, ou sur des objets, en rythmant le chant, ce qui va également développer l'écoute musicale.

Déroulement d'une séance

L'adulte fait écouter plusieurs fois la chanson. Les enfants observent l'attitude de l'animateur (la position du corps, les gestes, les mimiques...).

Exemples

- Les chants : parmi les chants à danser qui ont remporté un grand succès, citons « La danse des canards » où les enfants « miment » les canards tout en dansant.
- Les comptines : ces jeux chantés permettent à l'enfant de mieux connaître son corps. *Ex.* : la comptine du Jardin (ci-après).

La comptine du Jardin.

	Chanson	Gestes d'accompagnement
	– Je fais le tour de mon jardin – Bonjour, Papy, bonjour Mamy – Je descends l'escalier	– Faire le tour de la tête – Toucher chacune des paupières – Glisser le doigt le long de l'arête du nez
	– Je sonne à la porte – Je m'essuie les pieds – Et j'entre	– Appuyer sur le nez – Frotter la lèvre – Pointer l'index vers la bouche

Situation

Clara (2 ans)

Clara joue au train, elle fait « *tuf, tuf...* ». L'auxiliaire de vie sociale pourra rythmer le bruit du train à l'aide d'un instrument approprié... en s'associant au jeu de l'enfant. Aussitôt, *Clara* s'emparera de l'instrument pour en jouer à sa guise.

Remarque

L'adulte peut apprendre à l'enfant qu'il y a des *« musiques qui grimacent, qui pleurent, qui rient, qui grattent... »* et *associer la musique à un jeu.* Pour retenir l'intérêt de l'enfant, il faut savoir « accrocher » la musique à une situation de jeu originale.

◆ Manipulation

La manipulation précède le jeu et prépare son avènement. Celle des éléments naturels (eau, sable, terre) précède souvent celle des autres éléments (pâtes à modeler, à gâteau...).

Objectifs

La manipulation développe :

- *le plaisir de toucher* : tous les plaisirs forts de la petite enfance sont liés aux sensations tactiles ;
- *le plaisir de créer…* : on édifie, on donne « forme » à la matière ;
- l'observation, la réflexion :
  - rapports de cause à effet (par les nombreuses actions réalisées),
  - notion de poids, de volume des matériaux, etc.

Exemples

Les différentes pâtes

Tout ce qui est « pâteux » exerce une très grande attraction sur l'enfant. Diverses pâtes peuvent être proposées.

- *Les pâtes à modeler*

Ces pâtes sont souples et ont de jolies couleurs. Elles favorisent l'acte d'étaler, de lisser et elles conservent la forme.

Il est inutile de demander aux jeunes enfants de réaliser des objets précis. Les petits apprécient particulièrement de faire des boules, des boudins, etc.

- *Les pâtes à gâteaux*

On adopte souvent la recette du gâteau au yaourt qui présente l'avantage d'utiliser le pot de yaourt comme unité de mesure.

Les enfants peuvent travailler la pâte avec une cuillère en bois et goûter les ingrédients aux stades successifs de leur préparation.

Le moment du goûter est une fête. Ils sont fiers d'y avoir participé activement.

Recette du « gâteau au yaourt »

- *Ingrédients* :
  - 1 yaourt ;
  - 3 pots de farine ;
  - 2 pots de sucre ;
  - 1/2 pot d'huile ;
  - 2 œufs ;
  - 1/2 sachet de levure ;
  - éventuellement parfum : zeste de citron ou d'orange, vanille, etc.
- *Technique* :
  - mettre le yaourt dans un plat ;
  - casser les œufs et mélanger avec le yaourt ;
  - ajouter successivement le sucre, la farine, l'huile, la levure, bien mélanger ;
  - graisser et fariner un moule et y mettre la pâte.
- Cuisson :
  - four préchauffé ;
  - four moyen 30 à 40 minutes.

Le gâteau est cuit lorsque le couteau sort sec et propre (*cf.* Figure 3.6)

Fig. 3.6 **Le gâteau au yaourt.**

Rôle de l'AVS

Pendant l'activité, l'AVS :

- laissera l'enfant manipuler à son rythme personnel ;
- s'impliquera et partagera le plaisir de l'enfant ;
- échangera avec l'enfant, sous forme verbale ;
- encouragera les initiatives, apaisera les craintes ;
- veillera à ce que les jeux des petits ne soient pas perturbés par ceux des plus grands, ou des plus vifs.

◆ Peinture

L'activité de peinture doit être proposée aux jeunes enfants dans un but de découverte et non d'apprentissage. Elle doit être et rester une activité créatrice.

Objectifs

La peinture, matière molle et de couleur, permet à l'enfant de développer ses sensations tactiles et visuelles et ses capacités sensorimotrices et créatrices.

Organisation

Différentes couleurs sont proposées à l'enfant dans des récipients plats et suffisamment larges (assiette plate ou autre). Il faut y associer quelques pinceaux ou autres objets (rouleaux, éponges, bouchons) variables selon l'âge de l'enfant.

Rôle de l'AVS

Elle participe à l'activité et fait commenter ce qui est réalisé :

- on observe les traces laissées par l'enfant ;
- on parle des couleurs, des formes, de ce que l'on ressent.

Lorsque le panneau est sec, il est important d'écrire le nom de l'enfant et de le montrer à la maman.

◆ Expression corporelle

Il existe une multitude d'exercices physiques permettant à l'enfant de « s'exprimer corporellement ».

Objectifs

L'activité corporelle vise à développer :
- *la motricité globale* (équilibre, coordination des gestes) *et l'autonomie* ;
- *la connaissance de soi* (connaissance de son schéma corporel, de ses capacités motrices…) ;
- *la connaissance de l'espace* (direction, orientation).

Organisation générale

Ces exercices nécessitent des aménagements simples.
- L'aménagement de l'espace :
  - disposer au sol de grands tapis de mousse (insonorisés et moelleux) ;
  - ôter les meubles encombrants (ou dangereux) ;
  - prévoir aération, ouverture sur le dehors.
- L'équipement sonore :
  - passer des CD appréciés des enfants ;
  - apprendre aux enfants à écouter, à suivre le rythme.

Préparation des enfants

- Choisir l'activité en fonction de l'âge, des goûts et des capacités des enfants.
- Leur mettre des vêtements légers, amples et souples.

Variété des exercices

Les exercices corporels sont multiples (*cf.* Figures 3.7 et 3.8). Il y en a pour tous les âges, tous les besoins, tous les goûts. Nous avons brièvement résumé les plus pratiqués. Il en existe bien d'autres (tout dépend des moyens dont on dispose à domicile). Pour plus de détails, nous invitons le lecteur à se reporter aux livres spécialisés[4].

Fig. 3.7 Exercices avant la marche (*Guide AP*, J. Gassier).

4. *Guide AP (auxiliaire de puériculture)*, par J. Gassier. Masson, 2010.

Fig. 3.8 **Exercices après la marche (*Guide AP*, J. Gassier).**

6 Jouets « objets d'éveil »

Pour choisir un jouet adapté à l'enfant, il convient de s'appuyer sur la connaissance du développement moteur de l'enfant à un âge donné (*cf.* Tableau 3.4). Un jouet donné trop tôt décourage l'enfant et donné trop tard le déçoit !

Rôle de l'AVS

Critères d'achat d'un jouet

L'AVS doit connaître les critères de choix d'un jouet afin de pouvoir conseiller utilement les parents. Elle doit conseiller des jouets conformes aux normes de sécurité. « *Les jouets ne doivent entraîner aucun risque de toxicité, blessure, coupure ou brûlure* » (critères de sécurité Afnor).

Les jouets devront aussi :

- *être lavables et aux couleurs indélébiles ;*
- *avoir des formes rondes, simples, douces ;*
- *être solides ;*
- *être adaptés à l'âge de l'enfant*. Un jouet inoffensif peut se révéler dangereux lorsqu'il est confié à des petites mains maladroites. Les emballages doivent mentionner : « À ne pas donner aux enfants de moins de… ».

L'AVS devra surveiller les jeux des enfants. Il faut éviter de laisser les petits s'amuser avec les jouets de leurs aînés et apprendre aux grands à ne rien laisser traîner.

Objet d'éveil par excellence, le jouet (support du jeu) développe de nombreuses capacités chez l'enfant.

Tableau 3.4 Choix des jouets selon l'âge de l'enfant[a].

Développement psychomoteur	Choix des jouets Quelques exemples[b]	
La 1re année ***Avant 6 mois*** L'enfant aime : – voir les couleurs, le mouvement – écouter – toucher et sucer	– Mobiles au plafond – Bouliers au berceau – Mobiles musicaux – Hochets	
Après 6 mois *L'enfant maîtrise* : – la préhension volontaire – le relâchement volontaire *C'est l'âge* : – des dents – de la crise d'angoisse	– Tableaux d'éveil – Portiques – Cubes – Colliers à dentition – Ours en peluche	
La 2e année – *L'enfant aime introduire, retirer, superposer, juxtaposer*. La préhension et le relâchement sont fins et précis. – *L'enfant aime déplacer les objets* : • lancer • pousser, tirer, traîner • chevaucher – *L'enfant aime les activités artistiques* : • musique • lecture • peinture • modelage	– Pyramides d'anneaux – Gobelets et cubes gigognes – Trieurs de forme – Puzzles simples – Ballons, balles – Petits trains, trotteurs… – Camions pour monter dessus – CD pour enfants – Livres pour enfants – Peintures, feutres – Pâtes à modeler	
La 3e année – *L'enfant aime se concentrer, réfléchir, inventer, etc.* – *L'enfant aime mimer des situations* – *L'enfant a besoin de se dépenser physiquement* et de jouer avec d'autres enfants	– Jeux éducatifs – Légos, puzzles – Lottino – Jeux symboliques – Ours, poupées – Panoplies, dînettes – Jeux moteurs – Échelles, toboggans – Balançoires, tourniquets	

a. Extrait du *Guide AP (auxiliaire de puériculture)*, de J. Gassier, Masson, 2010.
b. Liste non exhaustive

◆ Capacités motrices

- *Motricité globale*, c'est-à-dire le maintien de l'équilibre du corps et la coordination des mouvements (*ex.* : l'enfant aime pédaler, sauter à la corde, lancer une balle...).
- *Motricité fine*, c'est-à-dire l'habileté de la main et la précision du geste. L'enfant a besoin de manipuler (*ex.* : toucher son hochet, puis emboîter des cubes...).

◆ Éveil intellectuel

L'enfant apprend peu à peu à découvrir les couleurs et les formes. Il prend conscience de la manière dont les pièces s'assemblent. Les premiers jouets éducatifs (tels que les puzzles, les constructions) affinent cette faculté.

◆ Créativité

L'enfant a besoin de laisser libre cours à sa fantaisie, à son imagination. Il apprécie de manipuler les couleurs (la peinture), de produire des sons (la musique), etc.

◆ Capacité d'imitation

L'enfant a besoin de revivre des situations, de s'identifier à telle personne. Cela va lui permettre de mieux comprendre le monde des adultes. Ainsi, la poupée, l'ours et toutes les panoplies (infirmière, cuisinière, marchande) sont des « *jeux symboliques* » par excellence.

◆ Socialisation

Dès l'âge de 2 ans, l'enfant aime jouer avec d'autres enfants et, progressivement, il va accepter les « règles » du jeu, la discipline (*ex.* : savoir attendre son tour pour monter au toboggan). Les jeux favorisent sa socialisation.

7 Formulaires des démarches d'animation pour enfants (DDA)[5]

Formulaire n° 1 Planification par l'AVS d'une animation pour enfants.

Actions à accomplir	Observations formulées
1. Choix des moyens spatio-temporels – le lieu – l'heure – la durée	
2. Préparation du matériel – gros matériel – petit matériel	

5. *Autorisation d'utilisation des formulaires* : les auteurs de l'ouvrage autorisent les formateurs à utiliser les formulaires pour leurs cours ou les examens des élèves, sous réserve d'indiquer les références des formulaires.

Formulaire n° 1 Planification par l'AVS d'une animation pour enfants. (Suite)

Actions à accomplir	Observations formulées
3. Préparation de l'enfant – annonce l'activité – ou donne le choix	
4. Réalisation de l'activité – explique l'activité (consignes éventuelles) – encourage les enfants – évalue les difficultés	
5. Clôture de l'activité – annonce la fin de l'activité – donne les consignes de clôture	
6. Transmissions ou rapport sur l'activité	

Formulaire n° 2 Auto-évaluation par l'AVS d'une animation pour enfants.

Objectifs à atteindre	Objectifs atteints		
	Totalement	Partiellement	Insuffisamment
Sur le plan relationnel *1. Avant l'activité* – j'ai établi le contact avec les enfants – j'ai motivé les enfants pour l'activité *2. Pendant l'activité* – j'ai été disponible et à l'écoute des enfants – j'ai accordé de l'attention à chaque enfant – j'ai tenu compte des interactions – j'ai stimulé les intérêts de chaque enfant			
3. À la fin de l'activité – j'ai préparé les enfants à la clôture de l'activité – j'ai préparé les enfants à l'activité suivante			
Sur le plan gestuel *1. Avant l'activité* – j'ai aménagé les lieux – j'ai installé le matériel			

Formulaire n° 2 Auto-évaluation par l'AVS d'une animation pour enfants. *(Suite)*

Objectifs à atteindre	Objectifs atteints		
	Totalement	Partiellement	Insuffisamment
2. *Pendant l'activité* j'ai respecté : – l'enchaînement logique des actions – la méthode d'animation – les règles de sécurité			
3. *À la fin de l'activité* – j'ai effectué les transmissions ou fait un rapport sur l'activité – j'ai rangé et nettoyé le matériel			

C Activités quotidiennes et de loisirs

L'animation a pour objectif de stimuler les capacités des personnes en leur offrant des moments de détente très prisés.

Les techniques d'animation ne demandent pas un matériel très élaboré. Toutefois, elles font appel à l'imagination de l'AVS chargée de l'animation, et à sa volonté de satisfaire les goûts, les désirs et les besoins des personnes dont il a la charge. Le projet d'animation va l'y aider.

1 Projet d'animation

Pour établir le projet d'animation, il faut rechercher les objectifs à atteindre.

◆ Contenu du projet

Comme précédemment, on va utiliser la méthode du QQQOCP, c'est-à-dire le : *Qui ? Quoi ? Quand ? Où ? Comment ? Pourquoi ?* de l'activité (*cf.* Tableau 3.5). Comme nous l'avons précisé précédemment, il est important de commencer par le *Pourquoi*.

Tableau 3.5 **Le contenu du projet d'animation.**

Questions	Réponses	Exemples	
Le Pourquoi ?	L'intérêt	Quelles sont les réponses à proposer ? – *Réponses aux attentes* : • se distraire • entretenir ses facultés • sortir • se cultiver • nouer des relations – *Réponses aux besoins* : • s'amuser, bouger • s'éveiller au monde • se socialiser	L'AVS doit récapituler les objectifs qui déterminent le choix d'une activité. *Ex.* : – se cultiver tout en se distrayant – stimuler les facultés mentales – favoriser les contacts sociaux, etc.

Tableau 3.5 **Le contenu du projet d'animation. *(Suite)***

Questions	Réponses	Exemples	
Le Qui ?	Les personnes	– Âge, capacités – Handicaps	L'AVS doit prévenir les personnes concernées
Le Quoi ?	L'activité	Activité individuelle ou collective ?	L'AVS peut choisir une activité : – récréative – culturelle – manuelle – physique – artistique
Le Quand ?	Le moment	– L'après midi (après la sieste ?) – Le matin ? (vers 10h00 ?)	L'AVS doit choisir l'activité en fonction des contingences familiales
Le Où ?	Le lieu	À l'intérieur ou l'extérieur ?	L'AS doit prévoir : – le lieu de l'activité (salon, jardin, terrasse) – et l'aménager
Le Comment ?	Le matériel	Quel matériel choisir : • gros matériel ? • petit matériel ?	L'AVS doit prévoir : – le matériel de l'activité (vérifier les ressources du domicile) – le budget (achats éventuels)

◆ Fiche technique de la planification

La planification permet d'organiser rationnellement une activité : sans perte de temps, en l'adaptant aux besoins, aux capacités des personnes, en prenant en compte les ressources du domicile. La fiche de planification permet de *visualiser* l'activité du début à la fin (*cf.* Tableau 3.6).

2 Différents modes d'animation

Comme nous l'avons vu, un projet d'animation est une planification d'activité qui se prépare à l'avance. Plusieurs questions ont reçu des réponses : on sait à qui s'adresse l'activité, le nombre de personnes participantes, leurs capacités et leurs attentes. L'AVS peut lancer l'activité. Le mode d'animation prévu peut être directif, semi-directif ou non directif (*cf.* Tableau 3.7).

Tableau 3.6 **Fiche technique de la planification d'une animation.**

3 temps	Progression de l'action	Rôle de l'AVS[a]
1. Préparation en vue de l'activité	Préparation du lieu et du matériel	– Je vérifie la salle où se déroulera l'activité et je l'aménage – J'installe le matériel dans la salle
	Préparation du groupe de personnes	– Je propose l'activité (ou offre le choix) aux personnes – J'expose les caractéristiques de l'activité – Je vérifie les capacités des personnes (mobilité, autonomie)

Tableau 3.6 **Fiche technique de la planification d'une animation.** ***(Suite)***

3 temps	Progression de l'action	Rôle de l'AVS[a]
2. Réalisation de l'activité	Animation de l'activité	– Je donne les consignes en langage clair – Je fais (si besoin) une démonstration – Je vérifie la compréhension des consignes – J'analyse les difficultés de certaines personnes et je les aide – J'accepte les refus de participation de certaines personnes – J'assure la prévention des accidents (je respecte les règles d'hygiène et de sécurité) – Je prépare les personnes à la clôture de l'activité – J'écoute les observations, les critiques… – Je range le matériel et la salle (ordre +– hygiène)
3. Final	Transmissions (orales) ou rapport écrit	Je rends compte de l'activité à la(le) responsable et aux familles
	Bilan de l'activité (= auto-évaluation) de l'action	– Je réfléchis aux difficultés rencontrées – Je prévois d'améliorer ma technique

a. L'AVS parle ici à la première personne pour mieux personnaliser l'action.

Tableau 3.7 **Les 3 modes d'animation.**

	Rôle de l'AVS	Objectifs	Réactions de la personne
Mode d'animation directif	*L'AVS dirige la personne* Elle prend les initiatives, oriente les actions (ex. : séance de gymnastique douce) « voici le matériel » « voici la démonstration »	L'AVS doit : – préciser le contenu de l'animation – faire une démonstration – encourager la personne – commenter les résultats obtenus	La personne peut : – accepter l'autorité avec soumission – refuser l'autorité avec parfois quelques réactions de contestation, d'énervement
Mode d'animation semi-directif	*L'AVS est le guide* Elle tient compte des avis et choix de la personne. Elles étudient ensemble le bien-fondé de l'activité et la façon de l'organiser	L'AVS doit : – être à l'écoute des besoins, des attentes de la personne… – solliciter sa participation à l'élaboration du projet – prévoir le matériel	La personne peut : – participer activement – collaborer efficacement – avoir des échanges fructueux avec l'AVS – vivre l'activité dans l'agitation – perdre du temps à cause des débats d'idées

Tableau 3.7 **Les 3 modes d'animation. *(Suite)***

	Rôle de l'AVS	Objectifs	Réactions de la personne
Mode d'animation non directif	L'AVS laisse la personne libre d'agir à sa guise *Ex.* : elle peut dire : « que voulez-vous faire ? » « choisissez ce que vous préférez »	L'AVS fait ce choix dans le but de : – stimuler la personne à l'autonomie et la valoriser dans ses choix – donner une impression de liberté – éviter les bilans d'efficacité Mais l'AVS peut aussi renoncer à la directivité par incompétence (« fais ce que tu veux ! »)	La personne peut : – agir avec désordre, anarchie… (*Ex.* : elle peut faire des mouvements inadaptés préjudiciables à sa santé) – se sentir dévalorisée – être découragée

3 Adaptation du projet d'animation

La meilleure façon de favoriser la participation des personnes est de choisir une activité répondant aux attentes et aux besoins particuliers. L'AVS veillera tout particulièrement aux moyens à mettre en œuvre pour réguler correctement l'animation.

◆ Proposer des activités variées et de courte durée

Il faut rappeler que généralement les personnes âgées se *fatiguent vite*. De ce fait, l'AVS veillera à ce que les activités soient (autant que possible) variées dans le temps et de courte durée, pour éviter de fatiguer et de lasser les participants. La nouveauté séduit davantage.

4 Proposer des temps de repos

Ils sont nécessaires en cours d'activité si la personne aidée émet des signes de fatigue ou de lassitude.
Ils sont utiles à la fin de l'activité, lorsqu'elle a sollicité une dépense physique ou lorsque le repas de midi fait suite à l'activité.

◆ Adapter les accessoires

Certaines activités nécessitent l'utilisation de matériels (cerceaux, briques, ballons de baudruche, bâtons…). Il faut se rappeler que :

- un *excès d'accessoires* détourne l'attention des participants. La personne âgée, par exemple, ne peut plus se concentrer sur l'activité elle-même, sur la bonne exécution des mouvements ;
- une *absence d'accessoires* ne permet pas à la personne d'exploiter toutes ses possibilités motrices et ne donne pas à l'activité la tonalité « jeu » indispensable au plaisir.

Ainsi, l'AVS veillera à « réguler » la mise à disposition des accessoires au cours de l'activité.

Tableau 3.8 L'adaptation du projet d'animation.

Adapter à qui ? à quoi ?	Où ? Comment ?	Pourquoi ?
Il faut adapter l'espace : – au nombre de participants	Il doit être : – assez vaste	Il doit favoriser : – la motricité, la gestuelle
– à leur âge et à leurs capacités	– aménagé (ex. : tapis pour une activité physique au sol)	– le confort, l'aisance
– aux normes d'hygiène et de sécurité	– clair, propre, aéré (air renouvelé) – protégé	– la respiration – la prévention des accidents

◆ Adapter l'espace

L'AVS doit prévoir d'aménager l'espace en fonction de l'activité choisie. Elle se questionnera selon la formule du QQQOCP (*cf.* Tableau 3.8).

5 Matériels d'animation et aide techniques

Une animation bien comprise et adaptée fait partie intégrante des mesures d'aide nécessaires aux personnes. Soins et animation mènent un même combat pour maintenir l'autonomie.
La personne a, selon son âge et son état de santé, des capacités et des goûts qui lui sont propres, et que l'AVS doit prendre en compte, pour choisir sa démarche d'animation et le matériel adapté à celle-ci. Certaines aides techniques sont très utilisées (*cf.* Tableau 3.9).

Tableau 3.9 Les matériels d'animation et les aides techniques pour la personne âgée ou handicapée.

Matériels	Intérêts des matériels	
Les jeux de société	Exemples : jeux de société, jeux de cartes, jeu de dames, de l'oie, loto… Certains jeux sont adaptés au handicap (ex. : damiers à velcro). Ces jeux stimulent : - la réflexion, l'observation, la concentration ; - les liens amicaux et le dialogue avec l'AVS, qui organise le jeu.	
La télévision et la radio	La télévision permet la détente et la distraction pour les personnes alitées ou obligées de rester à la maison (personnes âgées). Certains téléviseurs ont un magnétoscope intégré, ce qui permet d'enregistrer certaines émissions et de les regarder à l'heure de son choix. La radio permet d'écouter à toute heure informations, musiques, émissions de toutes sortes. Certains appareils permettent d'écouter des « compact disques » ou des « cassettes audio ».	

Tableau 3.9 **Les matériels d'animation et les aides techniques pour la personne âgée ou handicapée.** ***(Suite)***

Matériels	Intérêts des matériels	
L'écriture (ou le dessin)	Certains matériels permettent aux personnes âgées ou handicapées, de se livrer aux plaisirs de l'écriture. Les aides techniques proposées peuvent être très simples. Citons : - les bandes de caoutchouc ou les élastiques autour des stylos et crayons ; - les ordinateurs, les traitements de texte… ; - certains modèles, destinés aux handicapés sont équipés de touches plus grosses.	
La lecture	Les aides techniques, en facilitant la lecture des personnes âgées, leur permettent de profiter plus longtemps de ce moyen essentiel de distraction qu'est la lecture. On peut proposer : - des livres à grosses lettres ; - des livres en braille (pour les non voyants) ; - le porte-journal ou porte-revue et le pupitre du lit. Il évite tout effort de manipulation au lecteur.	

Situation

La fiche technique de préparation d'une activité

Janie (AVS) prépare une activité peinture pour les personnes âgées chez qui elle travaille à domicile. Elle réfléchit à son « projet d'animation » en utilisant à l'avance la méthode de la « fiche technique » qui est pour elle un petit « pense-bête » (dit-elle !).

Remarque

Sur la fiche technique, l'AVS va recenser le matériel disponible et le noter, indiquer les différents éléments de préparation des personnes, la technique de l'activité et les points clés de l'animation. Elle veillera aussi à réfléchir aux éléments importants de ses transmissions et à son auto-évaluation (bilan) (*cf.* Tableau 3.10).

Tableau 3.10 **Fiche technique de l'activité peinture.**

Déroulement de l'action	« Mémo »
1) Je prépare la salle et le matériel	1)
2) Je prépare les personnes	2)
3) Je propose et j'anime l'activité	3)
4) Je transmets	4)
5) Je fais le bilan de l'activité	5)

Situation

La fiche technique de « l'expression corporelle »

Josée (AVS) réalise une « fiche technique » pour une activité « expression corporelle » destinée à *Mme Berthe*, 80 ans, à domicile (*cf.* Tableau 3.11). Elle se pose de nombreuses questions et les note par écrit. Elle y ajoutera ultérieurement des réponses. Voici sa fiche ci-après.

Remarque

Cette fiche technique sera complétée progressivement en fonction des contingences matérielles et humaines.

Tableau 3.11 Fiche technique de l'activité « Expression corporelle ».

Étapes	Questions	Réponses
1) Je m'interroge	– Quel est le centre d'intérêt de la personne et l'intérêt du projet ? – Peut-on matériellement le proposer à la personne ? sous quelle forme ? – Cette action stimule-t-elle et respecte-t-elle les capacités de la personne ?	
2) Je prépare	– Je réfléchis au quoi ? Comment ? Quand ? – Avec quels moyens ? Quels sont ceux dont je dispose ?	
3) J'anime	– La réalisation correspond-elle aux souhaits de la personne ? – Que dois-je observer ?	
4) J'évalue	– Quel intérêt, quel profit en a-t-elle tiré ? – Quelles ont été les difficultés rencontrées ? – Qu'aurais-je dû faire ?	
5) Je transmets	À qui vais-je signaler mon action ? Pourquoi ?	

D Activités socio-relationnelles

Chez la personne âgée, le désir de participer aux fêtes et aux activités relationnelles ne diminue pas, mais les difficultés liées au vieillissement, ou à la maladie, condamnent les personnes à y renoncer. L'AVS va donc avoir un rôle important à jouer pour aider la personne âgée à sortir de la routine et la stimuler (*cf.* Tableau 3.12).

Tableau 3.12 **Les activités socio-relationnelles et le rôle de l'AVS.**

Activités	Rôle de l'AVS	Figures
Les sorties (activités d'extérieur) • courses au marché • promenades • cinéma, expositions, • club 3e âge, etc.	– suggérer les lieux de sorties[b] – établir une liste de recommandations – associer les voisins ou amis à ces sorties	
Les **fêtes**, • *anniversaires* • *thés, goûters…* (avec amis et voisins)	– aider la personne à se préparer à la fête[b] – déceler ses craintes (par exemple, souci de l'habillement) – s'informer des fêtes à organiser (anniversaire) ou programmées, et lui en parler à l'avance	
Les jeux de société	– se procurer des jeux de société[b] – rechercher des partenaires pour la personne (ex. : voisins) ou jouer avec elle	
Le chant, la musique	– prévoir l'achat de CD dans le budget – se procurer des chansons[b] – confectionner des carnets de chant rédigés en gros caractères – prévoir un pupitre pour la personne alitée	
La lecture	– se procurer des revues, des journaux – donner le choix des lectures à la personne[b] – faire la lecture à voix haute (cette activité a du succès car elle suscite un échange). Ses amis peuvent y être associés	

Tableau 3.12 Les activités socio-relationnelles et le rôle de l'AVS. *(Suite)*

Activités	Rôle de l'AVS	Figures
Les activités manuelles et la décoration	– se procurer le matériel (papiers, couture, tricot, peintures)[b] – associer l'activité à la préparation d'une fête (Noël, Pâques…) – donner un modèle simple et accompagner la personne dans la préparation – lui laisser la libre disposition du matériel – lui proposer d'associer des amis ou voisins à cette activité	
Les rencontres avec des enfants ou des jeunes	– encourager la visite des petits-enfants, petits neveux ou autres jeunes amis – animer les rencontres : • faciliter les dialogues • proposer des activités favorisant les liens (promenade, sortie cinéma, DVD…)	
L'entretien d'un animal domestique (chien ou chat)	– favoriser l'entretien de l'animal domestique – veiller à l'hygiène, à la sécurité liées à la présence de l'animal	

a. Avec accord préalable de la(du) responsable de l'AVS et/ou en étroite collaboration avec elle(lui).
b. Respecter les goûts de la personne, s'en informer au préalable, faire le choix avec elle.

Remarque : cette liste n'est pas exhaustive. Elle vise à mettre en avant les activités les plus appréciées et celles où l'AVS aura un rôle particulier à tenir. D'autres occupations à caractère familial sont également appréciées comme la couture ou le tricot, le bricolage, le jardinage, etc.

Rôle de l'AVS

L'AVS veillera à :

- solliciter la personne pour savoir quelle activité elle souhaite réaliser, la programmer et la préparer ;
- s'informer des activités antérieures pratiquées par la personne et si elle n'est plus capable de les accomplir ou d'y participer comme avant, savoir lui en proposer d'autres plus adaptées ;

- travailler en équipe et transmettre à la(le) responsable le déroulement de l'activité et le comportement de la personne au cours de celle-ci ;
- encourager les visites des enfants et des petits-enfants pour maintenir les liens familiaux et prévenir l'isolement (*cf.* Figure 3.9).

Fig. 3.9 L'AVS veillera à encourager les visites des petits-enfants pour maintenir les liens familiaux et prévenir l'isolement de la personne âgée.

Chapitre 10

La communication verbale et non-verbale

La relation entre les personnes est basée sur la communication. Communiquer est un besoin essentiel de l'être humain. Nous communiquons en permanence. Même lorsque nous ne communiquons pas avec les mots (communication verbale), nous nous exprimons par nos gestes, nos attitudes, notre regard (communication non verbale).

Communiquer est un besoin social qui permet « d'échanger des messages ». Le message peut revêtir des aspects multiples. Cependant lors de l'émission d'un message, il y a nécessairement un lien qui se crée entre l'émetteur et son destinataire.

Définition de la communication

- La communication consiste à mettre en commun une information.
- La communication est un acte, l'information est son contenu.

Principe de la communication

Dans une situation de communication, il y a au moins deux partenaires : l'*émetteur* du message et le *récepteur* du message. Lorsqu'un message est compris, le récepteur est capable de donner une réponse adaptée au message reçu, donc d'entamer le dialogue. Pour cela, le récepteur doit pouvoir :

- *entendre* le message ;
- *comprendre* le message ;
- *analyser* le message.

Ce n'est qu'à l'issue de ces trois étapes successives qu'une réponse peut être élaborée.

Exemple de situation de communication

La situation de communication peut être représentée par la Figure 3.10. Elle comprend :

- *un émetteur* (E), c'est l'origine de la transmission de l'information ;
- *un récepteur* (R), c'est le destinataire de l'information ;
- *un canal*, c'est le moyen physique ou matériel permettant la transmission de l'information ;
- *un message*, c'est le contenu informatif de la communication ;
- *une rétroaction*, c'est la réponse possible du récepteur et l'éventuelle remédiation apportée par l'émetteur.

Formes de la communication

Il existe trois grandes formes de communication : verbale, non verbale et écrite (voir ci-après).

© 2011 Elsevier Masson SAS. Tous droits réservés

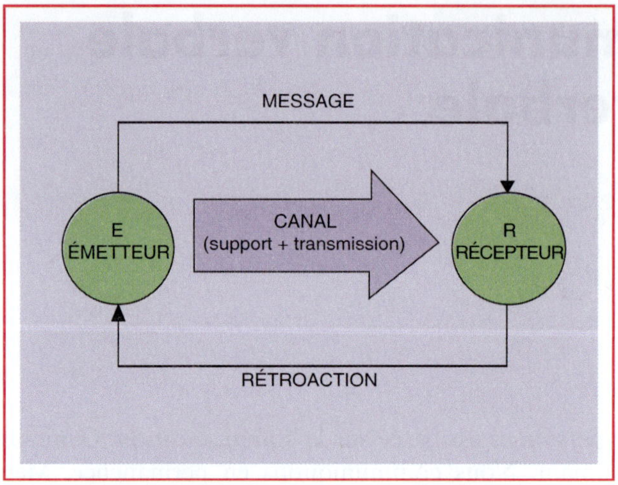

Fig. 3.10 La situation de communication.

A Communication verbale

Lors de ses rapports avec la personne aidée ou sa famille, l'auxiliaire de vie sociale veillera à soigner particulièrement l'expression verbale.

1 Expression de la voix

L'AVS doit comprendre l'importance de la voix dans la communication. L'expression de la voix se traduit par :

- *sa puissance* : l'AVS veillera à ne pas parler trop fort dans un langage de tête à tête avec une personne ;
- *son débit et sa tonalité* : l'AVS veillera à limiter le débit de ses paroles et à moduler sa voix. L'AVS saura faire des pauses et accepter les silences, car ils sont utiles au dialogue.

2 Clarté du langage, ton chaleureux

Pour être compris, l'AVS doit utiliser un vocabulaire simple, clair et précis, accompagné d'un ton chaleureux. L'AVS évitera :

- *la déformation* : un ou plusieurs mots mal compris peuvent avoir des conséquences préjudiciables ;
- *l'interprétation* : certaines phrases mal interprétées, ou dites sur un ton dur et sec, peuvent conduire à une incompréhension de deux partenaires et bloquer la discussion. D'où l'intérêt pour l'AVS de toujours chercher à comprendre ce qui « a été dit » par la personne.

3 Regard (auxiliaire de la parole)

À la maitrise de la parole, il est indispensable d'associer celle du regard. Le regard est un lien :

- « *regarder l'autre* », c'est l'assurer qu'on parle pour lui et non pour soi-même ; c'est le mettre en confiance ;
- « *être regardé par l'autre* » lorsqu'on parle, doit aussi être pris en considération. Quelle image donne de nous notre corps ? nos gestes ? nos mouvements ? Cet aspect-là de la « communication non verbale » sera abordé plus en détail dans la partie suivante.

4 Distance entre les personnes (proxémie)

Au cours de la communication s'installe une distance entre les personnes. On appelle proxémie la distance que chacun de nous met en place pour délimiter son territoire personnel. Différents niveaux de distance peuvent être instaurés et permettent de voir dans quel « espace » évolue le soignant par rapport au patient.

◆ Distance intime (autour de 40 cm)

Elle est réservée aux actes les plus intimes de la vie personnelle (*ex.* : câlins, baisers…). À cette distance, on sent l'odeur de l'haleine, la respiration, la chaleur de la peau. Le ton de la voix est faible (la communication peut se faire sur le mode non verbal).

◆ Distance quotidienne (entre 40 cm et 1,20 m)

Elle est observée lors des échanges de la vie quotidienne. *Ex.* : discussions familiales, proximités de personnes (on voit le visage de la personne plus que le corps). Le ton de la voix est modéré.

◆ Distance sociale (entre 1,20 m et 4 m)

Elle est observée lors des échanges de la vie sociale. *Ex.* : discussions entre collègues de travail, lors de réunions administratives (on voit le visage et le corps des personnes). Le ton de la voix est relativement élevé.

Rôle de l'AVS

Lors des soins, l'AVS se situe dans *l'espace intime* de la personne. De ce fait, celle-ci peut ressentir sa présence comme une intrusion, voire une agression. L'AVS doit donc savoir se faire accepter par le patient. D'où l'importance de créer une relation basée sur des valeurs de respect, de discrétion, d'empathie.

5 Reformulation

En reformulant à la personne le contenu de ses propos, l'AVS l'aidera à préciser ses besoins, à clarifier son point de vue. Il existe différents types de reformulation.

- *La reformulation par écho* : l'AVS répète simplement les mots que la personne vient de prononcer.
- *La reformulation-reflet* : si la personne dit « je suis complètement épuisée », l'AVS peut dire : « vous vous sentez à bout ».
- *La reformulation-clarification* : à la phrase précédente, l'AVS peut répondre : « vous voulez dire que vraiment vos forces vous quittent ? ».
- *La reformulation de synthèse* : après un monologue assez long de la personne, l'AVS peut répondre : « si j'ai bien entendu, vous avez donc dit… » et résumer ses propos.
- *La reformulation positive* : face aux interpellations très négatives de la personne, l'AVS doit « positiver » avec des phrases du type : « il est important pour vous que je puisse vous faire confiance, croyez-moi je le ferai ».

6 Caractère (fermé ou ouvert) de la communication

La communication verbale peut être :
- *fermée*, le message se manifeste sous la forme d'un ordre (signe d'autorité). La réponse attendue ne peut être que l'acceptation ;
- *ouverte*, le message peut solliciter une réponse. Il autorise alors une évolution : un dialogue se met en place.

Situation

« L'ordre » de Mme Denise et la proposition de Mme Véro

Mme Denise (AVS) doit faire le ménage de la chambre de *Mme X.* (personne aidée à domicile). Elle lui demande instamment de quitter la pièce (à cause de la « poussière » qu'elle va soulever). *Mme X.* a tout juste le temps de finir de s'habiller.

Mme Véro (AVS) dit à *Mme D.* : « *Que désirez-vous manger à midi ?* ». *Mme D.* répond : « *J'aimerais bien manger du gratin dauphinois* ».

Remarque

Nous voyons ici deux attitudes différentes chez les AVS. On peut dire que :
- Mme Denise n'a pas les qualités humaines et professionnelles requises pour s'occuper d'une personne âgée… La *communication est fermée* et elle manque de respect envers elle ;
- Mme Véro à l'inverse a les capacités relationnelles requises. La *communication est ouverte* et elle est pleine d'attention et de respect vis-à-vis de la personne aidée.

B Communication non verbale

La communication non verbale (appelée aussi paralangage) peut, soit renforcer le message verbal, soit au contraire en brouiller le sens initial. Les principaux signaux sont :
- *la posture* : elle informe sur l'éducation, mais elle traduit aussi le niveau d'attention accordée au message ;
- *le regard* : il peut être en lui-même émetteur (*ex.* : admiration béate) ou au contraire en quête l'approbation d'autrui ;

- *la distance* entre les personnes en présence : elle varie selon la familiarité, renforce ou annule les sentiments sous-jacents ;
- *les gestes* : ils accompagnent et amplifient souvent le message ;
- *le toucher* : le contact physique entre deux personnes a une grande charge émotionnelle. Il rassure le malade, réconforte la personne âgée ;
- *les mimiques* (ou expressions du visage) : elles peuvent exprimer la peur, la joie, la méfiance, le dégoût, etc.

Situation 1

Le cadeau de Romain

Isabelle est déçue. Le cadeau que vient de lui donner son ami *Romain,* pour son anniversaire, ne correspond pas du tout à ses goûts. Elle le remercie et ne dit rien d'autre. Pourtant, son regard et l'expression de son visage expriment sa déception. Son ami s'en aperçoit ; il la rassure et lui dit qu'il pourra changer le cadeau.

Remarque

Nous imaginons très bien le langage non verbal d'Isabelle : son regard doit manquer d'éclat, son sourire doit être forcé. Les personnes de notre entourage voient très vite nos réactions de dépit ou d'enthousiasme.

Dans la communication non verbale, nous utilisons différents signaux que nous décrivons dans le Tableau 3.13.

Tableau 3.13 La communication non verbale.

Éléments du langage non verbal	Signaux possibles du langage non verbal[a]
Regard	– Vide, absent, fuyant, fixe, éteint… – Vif, pétillant, franc, mobile, moqueur… – Larmoyant, anxieux…
Gestes	– Mouvement des mains (croisement, ouverture ou fermeture, crispation) – Mouvement des doigts (manipuler un objet, ses doigts, se gratter, se frotter…) – Mouvement des jambes et des pieds (balancement, trépidation) – Position de la tête (baissée ou droite, hochement) – Tics nerveux…
Mimique	– Sourire forcé, grimaces, tics – Plissement du front, froncement des sourcils…
Posture	– Position sur la chaise (bien installé ou au bord de la chaise, affaissé) – Position au lit… – Position du buste (raide, décontracté, penché…) – Façon de se lever, de marcher… – Raideur du corps, tension, repli sur soi…
Apparence	– Rougeur ou pâleur, tremblement – Respiration accélérée ou bruyante, sueurs… – Marques de fatigue…

a. Nous ne donnons ici que quelques exemples. Il existe bien d'autres signaux (d'où les pointillés…).

Situation 2

« La salle d'attente »

Nous sommes dans la salle d'attente chez le médecin. Il y a beaucoup de monde et le médecin est très en retard. Personne ne parle et pourtant chacun manifeste sa mauvaise humeur. *M. X.* tape du pied. *Mme Z.* soupire. *Mlle W.* regarde sa montre toutes les minutes. *M. S.* fronce les sourcils et regarde en direction de la secrétaire médicale avec des yeux interrogateurs.

Remarque

Dans la scène ci-dessus, la communication existe et pourtant aucune parole n'a été échangée. Les personnes s'expriment par des gestes, des attitudes, des regards, etc., qui en disent long sur leur ressenti…

C Difficultés de la communication

Pour que l'accompagnement de la personne aidée se déroule dans les meilleures conditions, il est nécessaire que la communication passe bien.

1 Déformations de la communication

Il y a parfois une différence importante entre ce que nous voulons dire, ce que nous disons réellement et ce que l'autre comprend de notre message. L'exemple ci-après tente de démontrer pourquoi la communication est souvent déformée.

☐ 1. Ce que je veux dire	☐ 2. Ce que je pense dire	☐ 3. Ce que je dis vraiment	☐ 4. Ce que l'autre entend	☐ 5. Ce qu'il comprend	☐ 6. Ce qu'il répond

Situation

L'histoire du vase cassé…

Malika (aide-soignante) transmet rapidement et oralement à *Nadia* (auxiliaire de vie sociale) que *Mme Alphonse* s'est coupée le dessus du pied avec un vase, tombé de la table de nuit.
Nadia explique à la fille de *Mme Alphonse* que celle-ci est tombée sur la table de nuit, a cassé un vase et s'est blessée.
La fille de *Mme Alphonse* téléphone au médecin en expliquant que l'auxiliaire de vie sociale a fait tomber la table de nuit sur le pied de sa mère.

Remarque

Dans le cas concret ci-dessus, le message est peu à peu déformé par les différents interlocuteurs. À l'arrivée, la situation décrite ne correspond plus du tout à la situation d'origine.
Ce cas peut nous paraître amusant, mais pourtant, cette situation n'est pas rare et l'incompréhension peut avoir des effets très négatifs.
Il est donc indispensable de bien réfléchir à ce que l'on souhaite exprimer, de choisir un vocabulaire compréhensible et de vérifier si le message a bien été compris.

2 Pathologies et handicaps touchant la communication

Certaines situations pathologiques, ou certains handicaps, peuvent entraîner des difficultés de communication. Il est néanmoins important et essentiel de communiquer avec la personne aidée. De ce fait, l'auxiliaire de vie sociale doit être capable de s'adapter aux différentes situations rencontrées.

Rôle de l'AVS

L'auxiliaire de vie sociale doit adapter son langage à chaque type de handicap.

- *Pour la personne malentendante* : l'auxiliaire de vie sociale doit lui parler en se positionnant face à elle, en parlant lentement et en articulant afin que la personne puisse lire sur les lèvres (il est inutile de crier ! mais tout de même parler assez fort).
- *Pour la personne aphasique*[1] : la personne comprend ce qu'on lui dit mais ne peut formuler de réponse (elle sait par contre ce qu'elle souhaite exprimer). L'auxiliaire de vie sociale doit s'adresser à elle normalement et mettre à sa disposition une ardoise ou une feuille de papier afin qu'elle puisse répondre. Si l'écriture est difficile, la personne peut s'exprimer par des gestes, des signes, en désignant les objets…
- *Pour la personne malvoyante* : la communication verbale n'est pas perturbée. L'auxiliaire de vie sociale doit lui décrire précisément tout ce qui est fait, ce qui l'entoure, lui faire toucher les objets, lui donner des repères.
- *Pour la personne désorientée dans l'espace et dans le temps* : la personne ne sait pas où elle se trouve ou n'a plus de notion du temps. Elle peut être angoissée par cette situation. L'auxiliaire de vie sociale doit lui donner des repères au quotidien : calendrier, pendule et repères dans la journée (heure des repas par exemple), repère par rapport à la saison, aux différents événements de sa vie (anniversaire, fêtes…). Il faut qu'elle adopte une attitude calme et rassurante.
- *Pour la personne présentant une infirmité motrice cérébrale* qui présente souvent des difficultés importantes à articuler, l'auxiliaire de vie sociale peut utiliser des tableaux de communication où chaque image représente un mot ou une idée (*cf.* Figure 3.11).

1. Aphasique : personne qui présente un trouble du langage plus ou moins sévère, le plus souvent après un accident vasculaire cérébral.

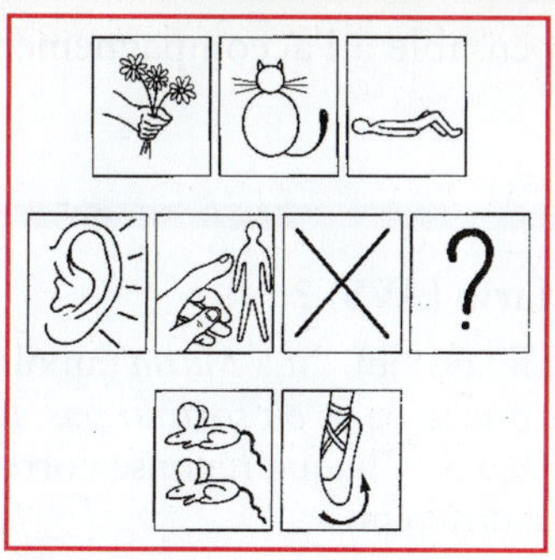

Fig. 3.11 **Tableau de communication.**

3 Communication avec la personne malade ou mourante

L'auxiliaire de vie sociale constate souvent des décalages entre les sentiments de la famille et ceux de la personne âgée (ou malade). Ces décalages créent de réelles perturbations dans la communication. Par exemple la personne malade peut :

- avoir accepté sa maladie alors que sa famille se révolte ;
- investir dans des projets alors que sa famille désespère ;
- être lucide quand sa famille se berce d'illusions.

Les sentiments et les attitudes de la personne malade peuvent ne pas être entendus par la famille ; la révolte s'exprime par l'agressivité.

D Écoute

L'écoute de la personne aidée est très importante. L'auxiliaire de vie sociale est parfois la seule à se rendre au domicile de la personne aidée. Dans une situation d'écoute, l'auxiliaire de vie sociale doit être disponible et attentive.

- Elle doit laisser la personne s'exprimer, *sans l'interrompre* et prendre en compte toutes les dimensions de la communication (verbale, non verbale).
- Elle ne doit pas hésiter *à reformuler* afin de vérifier si elle a bien compris.

Situation

La solitude de Mme Zoé

Marie, auxiliaire de vie sociale, effectue le repassage chez *Mme Zoé*, tout en regardant la télévision. *Mme Zoé* essaie de lui faire part de ses préoccupations mais *Marie* écoute d'une oreille distraite. *Mme Zoé*, lassée, retourne dans la salle à manger auprès de son vieux chat.

Remarque

Dans l'étude de cas ci-dessus, *Marie* ne tient pas compte du besoin fondamental de *Mme Zoé* (besoin de communiquer) et ne se rend pas disponible pour l'écouter. *Mme Zoé* se retrouve seule dans la salle à manger, sans aucune écoute. *Marie* aurait dû éteindre la télévision et dialoguer avec *Mme Zoé* pendant le temps de repassage.

Les 6 attitudes d'écoute[1]

La formation à l'écoute est indispensable à l'accompagnement des personnes âgées, malades ou en fin de vie.

Situation

Quelle sera l'attitude de Maria (AVS) ?

M. Paul (personne malade, en fin de vie), dit à *Maria* (auxiliaire de vie sociale) : « *Je ne veux plus vos médicaments, je sais que je ne m'en sortirai pas, laissez-moi mourir tranquille* ! ». *Maria* peut répondre de six façons. Chaque réponse correspond à une attitude de sa part dont l'impact sur *M. Paul* sera différent.

1. Selon le psychologue Porter.

Remarque
Le psychologue Porter distingue six attitudes d'écoute qui éclairent la relation d'aide. Les connaître permet d'analyser sa conduite et d'améliorer sa relation. Voyons chacune d'elles ci-après.

1 Attitude de support (d'aide ou de soutien)

Elle fait appel aux « sentiments » et vise à encourager la personne aidée.

Exemple

L'auxiliaire de vie sociale peut dire : « *Ne parlez pas ainsi de votre mort M. Paul, vous me faites de la peine, nous sommes là pour vous aider !* »

2 Attitude de décision

Elle privilégie l'action. Elle est basée sur les conseils ou les ordres. Elle vise à dire à la personne malade qu'il y a toujours quelque chose à faire.

Exemple

L'auxiliaire de vie sociale peut dire : « Je vous comprends M. Paul, mais vous allez manger et après ça ira mieux ! »

3 Attitude d'évaluation

Elle décrète que c'est bien ou mal. Elle tend à prononcer un jugement.

Exemple

L'auxiliaire de vie sociale peut dire : « *Voyons M. Paul, ce n'est pas bien de parler ainsi !* »

4 Attitude d'enquête

Elle pose des questions. Elle fait des investigations pour cerner toutes les données.

Exemple

L'auxiliaire de vie sociale peut dire : « *Pourquoi dites-vous ça, M. Paul ?* » ; « *Avez-vous eu un problème avec quelqu'un de l'équipe ?* »

5 Attitude d'interprétation

Elle cherche des raisons, des causes. Elle veut trouver des explications, mais, en fait, elle les impose.

Exemple

L'auxiliaire de vie sociale peut dire : « *C'est parce que vous avez mal dormi, M. Paul que vous avez mauvais moral aujourd'hui ?* »

6 Attitude de compréhension (ou d'écoute active)

Elle cherche à comprendre, elle favorise l'échange relationnel, mais elle s'en tient à ce qui a été dit par la personne.

Exemple

L'auxiliaire de vie sociale peut dire : « *Je comprends votre douleur M. Paul, ça fait partie des symptômes liés aux médicaments dont a parlé le Dr X. hier matin…* »

Rôle de l'AVS

La recherche de la bonne attitude d'écoute

Comme chacun des membres de l'équipe, l'auxiliaire de vie sociale doit rechercher quelle est l'attitude d'écoute qui convient le mieux (celle qui lui paraît la plus appropriée) :

- *les cinq premières attitudes* sont souvent le résultat d'une précipitation. Elles manifestent une tendance à régler le problème en imposant sa propre conception ;
- *la sixième attitude* semble la plus appropriée, elle se contente de reformuler des propos entendus dans le but de mieux les saisir.

Il ne s'agit pas pour l'auxiliaire de vie sociale de jouer au psychologue ou de répéter mot à mot la phrase énoncée par le malade. Il s'agit d'une *écoute active*. On peut redire avec ses propres mots ce que l'on a pu comprendre. Le malade saura alors rectifier et préciser sa pensée s'il sent que la priorité lui est accordée pour mener la conversation comme il le désire. La personne aidée sait qu'elle a été *écoutée donc comprise*.

E Grille d'analyse d'une situation de communication

Chaque fois que l'occasion se présente, l'AVS cherchera à développer ses capacités d'observation et d'écoute dans une situation de communication. Une grille peut l'y aider (*cf.* Tableau 3.14).

Tableau 3.14 **Grille d'analyse d'une situation de communication.**

Acteur A	Réponses	Acteur B	Réponses
Le langage de A est-il : – professionnel ? – familier ? – chaleureux ? – froid ? – compris par B ? – adapté ?		*Le langage de B, est-il :* – professionnel ? – familier ? – chaleureux ? – froid ? – compris par A ? – adapté à la situation ?	
L'attitude de A : – regard – gestes, mimiques du visage – hochement de tête – jambe qui balance…		*L'attitude de B :* – regard – gestes, mimiques du visage – hochement de tête – jambe qui balance…	
L'écoute de A Comment A manifeste-t-il une écoute attentive de B ? – postures – mots (lesquels ?) – reformulation (laquelle ?)		*L'écoute de B* Quels effets provoque sur B l'écoute de A ? – postures – mots (lesquels ?) – reformulation (laquelle ?)	
L'interaction Identifier les différentes phases de la communication Effets sur A ?		L'interaction Effets sur B ?	
L'évolution observée chez A entre le début et la fin de la communication		*L'évolution observée chez B* entre le début et la fin de la communication	
L'objectif L'objectif de la communication est-il atteint ? Conditions relationnelles de cette communication		*L'objectif* L'objectif de la communication est-il atteint ? Conditions relationnelles de cette communication	

Domaine de formation 4

Accompagnement et aide dans les actes ordinaires de la vie quotidienne

Indicateurs de compétences AVS du DF4

Chapitre 11. Alimentation et cuisine

▶ *Réaliser des achats alimentaires et participer à l'élaboration des menus*

L'AVS doit, dans les limites de ses compétences, savoir réaliser des achats alimentaires en fonction des ressources (budget, équipements...), des habitudes culturelles et de l'état de santé des personnes

▶ *Réaliser des repas adaptés et attractifs*

L'AVS doit, dans les limites de ses compétences :
- savoir utiliser des techniques culinaires simples appliquées aux situations, à l'état de santé, à l'âge et aux capacités des personnes aidées ;
- savoir veiller à la présentation des repas ;
- connaître les grands principes de conservation des aliments, de l'hygiène alimentaire et savoir prévenir les intoxications alimentaires.

Chapitre 12. Entretien du linge

▶ *Entretenir le linge et les vêtements de la personne*

L'AVS doit *connaître :*
- les propriétés des différents textiles, la lecture des codes d'entretien ;
- l'emploi du matériel et des produits en fonction des textiles ;
- les techniques courantes de lavage, de repassage du linge et de réparation des vêtements ;
- le rôle du vêtement et plus particulièrement le rôle du « *vêtement IMAGE DE SOI* ».

Chapitre 13. Entretien du cadre de vie

▶ *Organiser et entretenir le cadre de vie de la personne dans le respect des règles d'hygiène et de sécurité*

L'AVS doit, dans les limites de ses compétences :
- savoir utiliser les techniques, les produits et les équipements d'entretien du cadre de vie ;
- assurer l'hygiène et la sécurité du logement ;
- savoir organiser le logement en fonction des habitudes, des activités, de l'état de la personne.

Chapitre 14. Gestion courante du budget quotidien

▶ *Aider à la gestion du budget et des documents familiaux et aux démarches administratives courantes*

L'AVS doit :
- savoir aider à la gestion courante du budget quotidien ;
- avoir des notions de classement et d'échéancier ;
- savoir accompagner la personne dans ses démarches.

ISBN: 978-2-294-71424-5; PII: B978-2-294-71424-5.00025-0; Autor: GRASSIER; Documento ID: 00025; Capítulo ID: c0125

CHAPITRE 11

Alimentation et cuisine

I. ACHATS ALIMENTAIRES

Le poste alimentaire d'une famille nécessite une bonne gestion, surtout si la personne aidée ne dispose que d'un petit budget. Une bonne organisation est donc nécessaire.

A Organisation des achats

Certains produits peuvent être stockés, d'autres doivent être renouvelés tous les jours. Les temps de conservation devront être respectés ainsi que les lieux de stockage (*cf.* « Renouvellement des produits alimentaires et modes de stockage »).

Il est indispensable d'acheter en dernier les produits surgelés et de prendre la précaution de les transporter dans un sac isotherme pour éviter la rupture de la chaîne du froid.

Veiller à l'apport d'eau : les besoins hydriques sont importants, il faut prévoir au moins 2 litres de boisson par personne et par jour (tout liquide confondu). Les bouteilles d'eaux minérales se stockent plusieurs mois dans un endroit frais et sec.

B Lecture de l'étiquetage

1 L'étiquetage des produits alimentaires est réglementé

Afin de protéger le consommateur, il doit être précis et fiable : la directive européenne (article 2) précise que « *l'étiquetage ne doit pas induire l'acheteur en erreur* ».

2 L'étiquetage doit comporter certaines mentions

- *La dénomination du produit*. Elle permet à l'acheteur de connaître non seulement la nature du produit, sa qualité, son origine mais aussi de le distinguer des produits avec lesquels il pourrait être confondu (*ex.* : confiture tous fruits, confiture pur sucre pur fruit). La dénomination précise le traitement subi, l'état physique ou les modifications apportées (exemple pour le lait : pasteurisé, stérilisé, concentré).

© 2011 Elsevier Masson SAS. Tous droits réservés

- *La liste des ingrédients qui entrent dans la composition*. Ils doivent être indiqués par ordre de poids décroissant, ainsi que les additifs utilisés lors de la fabrication. Certains sujets allergiques (*ex.* : au lait, aux œufs, à l'arachide) ont besoin d'être informés sur la présence de ces ingrédients.
- *Les conditions de conservation du produit* (indication de la température de stockage…).
- *La quantité nette du produit* (cette mention permet d'évaluer le rapport prix/poids).
- *La date limite de consommation ou d'utilisation* (DLC ou DLU).
- *Les coordonnées du fabricant* (nom, raison sociale et adresse).

C Droits fondamentaux des consommateurs

Pour tous leurs achats, les consommateurs sont protégés par la loi :
- protection de la santé →*produits sains* ;
- protection des intérêts économiques →*coût abordable des produits* ;
- protection de l'information →*étiquetage fiable* ;
- *droit à la réparation* : si le consommateur a été trompé par un achat dangereux pour sa santé, il peut porter l'affaire devant les tribunaux.

D Étude de quelques produits alimentaires

Prenons l'exemple des produits alimentaires achetés par *Jeanne* (AVS) pour *Mme X.* (*cf.* Situation ci-dessous).

Situation

Les courses hebdomadaires réalisées par Jeanne (AVS)

Jeanne (AVS) est chargée de l'accompagnement de *Mme X.* (personne âgée dépendante). Après avoir écouté les souhaits alimentaires de *Mme X. (marque de respect élémentaire), Jeanne* chaque samedi, établit les menus des repas de la semaine. Elle pointe les produits manquants, fait une liste d'achats et part faire les provisions hebdomadaires.
Aujourd'hui, elle a prévu d'acheter les produits suivants : farine, sucre, huile, œufs, margarine, lait (*Gloria*), yaourts, fruits et légumes de saison, viande (en sachet), produits surgelés, 2 packs d'eau minérale, du vin et du pain (4 baguettes qu'elle mettra au congélateur, coupées en « *portions-repas* »).
Jeanne est méticuleuse. Elle veille à la fraîcheur des produits, elle prend connaissance de la DLC et des indications portées sur les étiquettes. Elle prévoit d'acheter au dernier moment les surgelés et les met dans un sac isotherme. De plus, elle veille à ne pas dépasser le budget prévu au départ. La famille de *Mme X.* est très satisfaite de sa gestion.

Remarque

Cette situation illustre plusieurs compétences professionnelles de l'AVS. Elle est capable de *planifier* les achats sur la semaine (cette économie de temps est précieuse). Elle programme à l'avance les *menus* en recherchant l'*équilibre alimentaire* indispensable à la santé de Mme X., et cela sans dépasser le *budget* prévu.
Notons aussi qu'elle veille à la *fraîcheur* des produits achetés, en lisant les *étiquettes*. De plus, elle protège les produits surgelés afin de ne pas rompre la « chaîne du froid ».
On comprend que la famille de Mme X. soit satisfaite de sa gestion.

Nous vous présentons (ci-après) les étiquettes de quelques produits alimentaires achetés samedi par *Jeanne*.

1 Forme de commercialisation du lait

Les formes de commercialisation du lait sont variées. Prenons, à titre d'exemple, le lait concentré (*cf.* Tableau 4.1).

Tableau 4.1 **Forme de commercialisation du lait concentré.**

Forme de commercialisation	Marque	Traitement subi	Conditions de stockage
Lait concentré non sucré	Gloria	– Produit concentré à la moitié de son volume sous vide et stérilisé à 120/130 °C (tous les germes microbiens sont détruits) – Lait ½ écrémé (matières grasses : 4 %)	– *Emballage fermé* : dans un placard, jusqu'à la date limite de consommation – *Emballage ouvert* : au réfrigérateur (+ 2 °C à + 4 °C) pendant 24 à 48 h

2 Forme de commercialisation de la viande

Les formes de commercialisation de la viande sont très variées. Prenons, à titre d'exemple, la viande présentée sous vide, en sachet (*cf.* Tableau 4.2).

3 Forme de commercialisation des œufs

Les formes de commercialisation des œufs sont très variées. Prenons l'exemple de la catégorie A, la plus recommandée pour la consommation (*cf.* Tableau 4.3 et Figure 4.1).

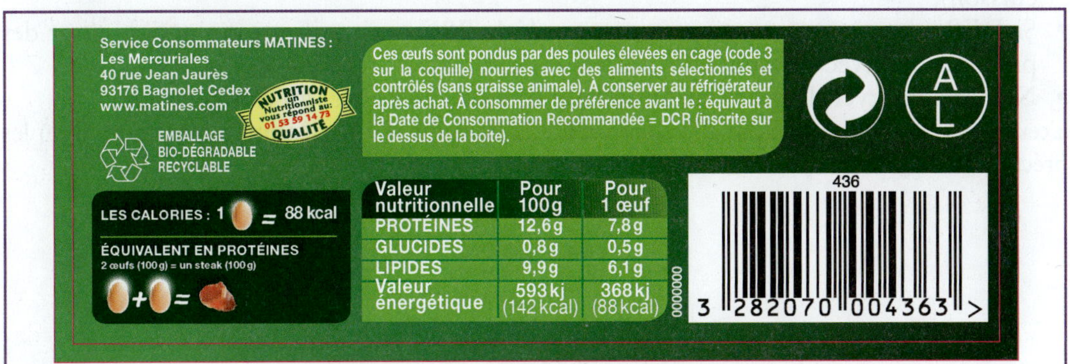

Fig. 4.1 **Étude d'une étiquette d'œufs.**

Tableau 4.2 Conseils de préparation de la viande en sachet[a].

1. Conservation de la viande dans le réfrigérateur	Conserver la viande dans la partie la plus froide de votre réfrigérateur
2. Précautions à prendre avant la cuisson	5 minutes avant la cuisson, découpez l'enveloppe aluminisée, puis retirez le film protecteur en tirant à partir de la pastille rouge. La viande mise sous vide est plus foncée ; le film protecteur enlevé, elle reprendra en quelques minutes sa couleur habituelle
3. Précautions à prendre en cours de cuisson	Pour davantage de saveur, salez toujours la viande à mi-cuisson, jamais avant
4. Conservation de la « barquette ouverte »	Une fois la barquette ouverte, s'il reste de la viande, vous pouvez la *conserver au réfrigérateur* 24 h maximum entre 0 et + 2 °C
5. Conservation du produit non ouvert	Il vous est possible de *congeler* la viande dans son emballage d'origine. La décongélation devra s'effectuer sans utiliser de micro-ondes et de préférence dans votre réfrigérateur
6. Recommandation essentielle	Un produit décongelé ne doit pas être recongelé

a. Conseils pris sur le sachet de viande de marque *Charal*®.

Tableau 4.3 Information sur la commercialisation des œufs.

Classement des œufs par catégorie	Caractéristiques des œufs Étiquetage des œufs	Conditions de stockage
Catégorie A (extra-frais ou frais)	Si le mot *extra* apparaît sur la boîte, l'œuf est emballé depuis moins de 7 jours (l'étiquette *extra* sera enlevée après 7 jours par le commerçant)	Stockage : au réfrigérateur (emplacement réservé)

Mises en garde

- Si la *date de ponte des œufs < 9 jours* : utilisation possible à la « coque » (donc sans cuisson).
- Si *DER (date consommation recommandée) > 28 jours* : utilisation possible pour des préparations avec cuisson.
- Ne pas conserver de préparations à base d'œufs > 24 heures au réfrigérateur.

L'œuf peut être contaminé par des *salmonelles*, à l'origine d'intoxication alimentaire, d'où les précautions à prendre pour sa consommation.

4 Forme de commercialisation du poisson

Les formes de commercialisation du poisson sont très variées. Prenons l'exemple du poisson surgelé (*cf.* Tableau 4.4).

Tableau 4.4 Commercialisation du poisson surgelé.

Forme de commercialisation	Caractéristiques des produits de la pêche	Conditions de stockage
Poisson surgelé	– Surgélation sur les lieux de pêche à – 40 °C – Stockage à – 18 °C – Étiquetage obligatoire	Respecter la chaîne du froid (les conditions de stockage sont obligatoirement inscrites sur les emballages)

II. PRINCIPES DE CONSERVATION DES ALIMENTS

Les aliments soumis à différentes températures auront des temps de conservation très différents. Les temps de conservation changeront à partir du moment où l'emballage aura été ouvert.
Il existe une relation très étroite entre la température et la conservation des aliments. Seule la température supérieure à 120 °C *détruit* spores et toxines produites par les micro-organismes, le froid *arrête* seulement leur multiplication.

A Renouvellement des produits alimentaires et modes de stockage

Comme nous l'avons vu précédemment, nous renouvelons les produits alimentaires très régulièrement. Cette périodicité dépend avant tout du temps de conservation des produits (*cf.* Tableau 4.5).

Tableau 4.5 **Périodicité de renouvellement de certains produits alimentaires.**

Périodicité de renouvellement	Aliments	Modes de stockage
Tous les jours	– Pain – Lait pasteurisé	– Boîte à pain, sac à pain – Réfrigérateur (4 °C)
Tous les 2 jours (si frais) 1 à 3 fois par semaine	– Viande, charcuterie – Poisson – Fromage blanc, yaourt – Autres fromages – Légumes – Fruits	– Réfrigérateur (2 °C) – Congélateur (surgelés) – Réfrigérateur (4 °C) – Réfrigérateur (8 °C) boîte hermétique – Réfrigérateur (10 °C) tiroirs – Extérieur ou réfrigérateur (10 °C)
1 fois par semaine	– Œufs – Pommes de terre	– Réfrigérateur – Placard
2 fois par mois	– Lait stérilisé UHT – Produits surgelés	– Placard (si fermé) ou réfrigérateur (4 °C) si ouvert – Freezer (–12 °C) ou congélateur
1 fois par mois (2 fois pour les grandes familles)	– Épicerie (courante et réserve) – Boissons (livraison)	Placard (température ambiante)

Situation

Jeanne range au réfrigérateur les produits alimentaires

Comme nous l'avons vu dans la situation (page précédente), Jeanne (AVS) fait les courses chaque samedi. D'après le contenu de ses courses, voyons le rangement de chaque produit. Jeanne va ranger[1] :

- au *réfrigérateur* : œufs, margarine, yaourts, légumes, viande à la coupe ;
- dans le *placard* : farine, sucre, huile, vin ;
- au *congélateur* : viande (en sachet), produits surgelés, pain (portion repas).

Remarque

Nous voyons dans le tableau 4.5 les températures liées à ces différents modes de stockage.

1. Nous les citons dans l'ordre des achats.

B Procédés de conservation des aliments

Les différents procédés de conservation des aliments ainsi que les temps et lieux de conservation des aliments sont respectivement présentés dans les tableaux 4.6 et 4.7.

Tableau 4.6 **Les 11 procédés de conservation des aliments et les traitements subis.**

Procédés	Traitements subis	Procédés (suite)	Traitements subis
1. *Congélation*	Refroidissement à -30 °C (ex. : volailles, gibiers, poisson)	6. *Technique du sous-vide*	Suppression de l'air (ex. : plats préparés)
2. *Surgélation*	Refroidissement ultrarapide qui maintient le goût et le parfum des aliments (ex. : plats préparés)	7. *Emploi de conservateurs chimiques*	Produits chimiques (ex. : E200 à E299)
3. *Conserves*	Stérilisation (par chauffage égal ou supérieur à 100 °C), il n'y a jamais de conservateur (ex. : le lait stérilisé)	8. *Dessiccation*	Élimination totale de l'eau (ex. : fruits, légumes, champignons)
4. *Semi conserves*	Pasteurisation (72 °C à 80 °C) Durée de conservation limitée (ex. : le lait pasteurisé)	9. *Sucraison*	Diminution de la teneur en eau et augmentation de la teneur en sucre (ex. : confiture)
5. *Lyophylisation*	Déshydratation sous vide La saveur des aliments est conservée (ex. : café, champignons, oignons)	10. *Salaison*	Adjonction de sel (ex. : petit salé, anchois)
		11. *Macération*	– Dans l'alcool (ex. : fruits à l'eau-de-vie) – Dans le vinaigre (ex. : cornichons)

C Temps et conditions de conservation des aliments

Les temps et les conditions de conservation des aliments varient selon leurs formes de commercialisation (*cf.* Tableau 4.7).

D Conditions de conservation des aliments dans un réfrigérateur

Pour stocker les aliments dans un réfrigérateur, des précautions particulières sont à prendre. Les ennemis dans un réfrigérateur sont l'air, les odeurs, les micro-organismes. Pour conserver les aliments dans de bonnes conditions, il faudra prendre certaines précautions lors du stockage. On évitera que les aliments prennent des odeurs au contact de l'air et apportent des micro-organismes avec leur emballage d'origine (*cf.* Tableau 4.8 et figure 4.2).

Tableau 4.7 Temps et conditions de conservation des aliments.

	Temps et conditions de conservation des aliments	
Produits alimentaires	**Emballage fermé**	**Emballage ouvert**
A) *Produits stérilisés*	Dans un placard	Au réfrigérateur (zone 4 °C)
– Conserves – Lait (UHT) – Crèmes (UHT) – Plats préparés (UHT)	– 3 ans (date de péremption) – 3 mois (date de péremption)	– 24 h (ne pas laisser dans l'emballage) – 1 à 2 jours – 1 jour
B) *Produits pasteurisés*	Au réfrigérateur (zone 4 °C)	
– Lait pasteurisé	– 1 à 5 jours (date limite de consommation)	– 1 jour en été, 2 jours en hiver
– Plats préparés	– 15 jours	– 10 jours
– Beurre	– 2 mois	– 24 h
C) *Produits surgelés*		
	– Au conservateur à – 18 °C (jusqu'à la date limite de péremption) – Dans un freezer** à – 12 °C (3 jours maximum) – Dans le réfrigérateur (24 h)	– 24 h dans le réfrigérateur (ne jamais recongeler un produit décongelé) – Quelques heures au réfrigérateur (le produit décongelé doit être utilisé de suite)

Tableau 4.8 Précautions de stockage des aliments dans le réfrigérateur.

Les ennemis des aliments	**Les précautions à prendre**
L'air et les odeurs	Pour éviter le rancissement des aliments (contact avec l'air), il faut : – *transvaser les aliments* dans un récipient fermé en matière plastique, en verre ou dans du papier aluminium. On peut utiliser un film plastique extensible ; – ne jamais laisser une boîte de conserve stérilisée entamée, *la transvaser* dans un récipient ; – *emballer* certains aliments à forte odeur : melon, fromage, choux-fleurs, plats aillés (utiliser un film plastique extensible). Ils modifient le goût des autres aliments.
Les micro-organismes	Salmonelles et listeria provoquent beaucoup de toxi-infections. Il faut donc éviter d'apporter ces micro-organismes et surtout éviter de contaminer les aliments qui se mangent crus à la sortie du réfrigérateur. Veiller à : – *transvaser les aliments* préemballés dans un autre récipient, ou les emballer dans un film en aluminium ou plastique (conserver les dates limites d'utilisation) ; – *éliminer les suremballages* de certains produits vendus par lots ; – *redoubler de vigilance* avec le poulet, les charcuteries et les fromages à moisissures internes et externes ; – *emballer* chaque fromage et les mettre dans une boîte hermétique.

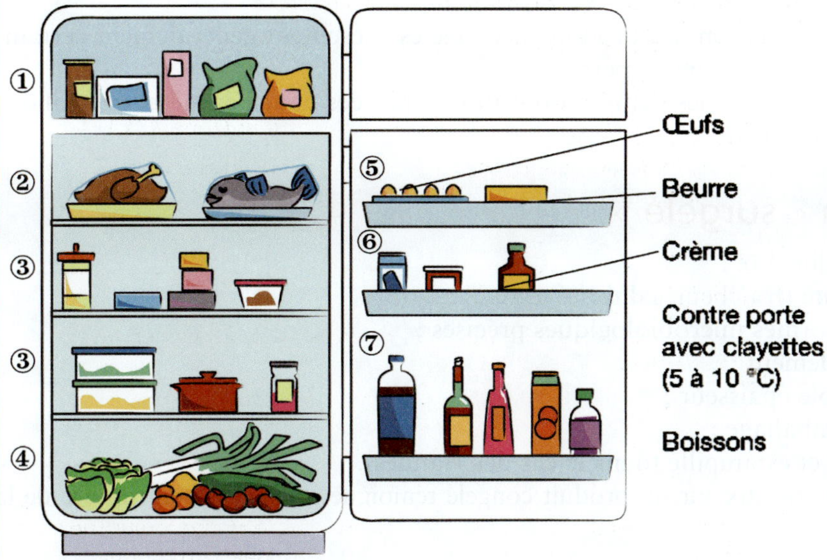

Dans le congélateur :
① aliments surgelés, desserts glacés
Dans le réfrigérateur :
② viandes, poissons frais, volailles, plats cuisinés sous vide, salade en sachet
③ aliments cuits et restes de nourriture (protégés)
④ végétaux (fruits, légumes, fromage)

Dans la contre-porte :
⑤ beurre, œufs
⑥ crème, fromages frais
⑦ boissons

Fig. 4.2 **Rangement des aliments dans le réfrigérateur par zone de froid.**
N.B. : Le froid ventilé offre plus de liberté dans le rangement des denrées

E Réglementation pour les produits réfrigérés, surgelés et congelés

Les produits réfrigérés, surgelés et congelés ne supportent aucune rupture de la chaîne du froid.

1 Contrôles alimentaires

Les contrôles portent sur :
- les conditions de transport ;
- l'état de l'emballage ;

- le datage ;
- les indices de décongélation (les produits décongelés présentent généralement certains « signes d'appel » pour un œil expert) ;
- la rapidité des opérations (les denrées doivent être placées dans l'enceinte frigorifique dans les plus brefs délais).

2 Appellation « surgelé »

Un aliment surgelé[1] doit être :
- d'excellente qualité (fraîcheur, salubrité, triage) ;
- conforme à des normes microbiologiques précises ;
- congelé très rapidement ;
- présenté sous faible épaisseur ;
- protégé par un emballage ;
- étiqueté en détail et estampillé (dans le cas des viandes).

NB : l'apparition de cristaux sur un produit congelé témoigne souvent d'une rupture de la chaîne du froid.

III. TECHNIQUES CULINAIRES SIMPLES

Afin de garantir la qualité du résultat dans le domaine culinaire, l'auxiliaire de vie sociale doit veiller à assurer une bonne préparation des denrées.
- Les *techniques de préparation* regroupent l'épluchage, le lavage, le découpage et le taillage des légumes et des fruits. Elles doivent respecter certaines règles.
- Les *techniques culinaires simples* sont bien connues des ménagères. Elles visent à réaliser des entremets, des pâtes brisées, des fruits mixés, très appréciés des personnes âgées.

A Techniques de préparation des denrées

Les infections d'origine alimentaire sont le plus souvent le résultat d'erreurs commises par le personnel, au moment de la préparation des denrées. De ce fait, l'hygiène reste la règle absolue à respecter pour toute mise en route d'une technique professionnelle.

Certaines précautions doivent être prises afin de conserver aux aliments leurs qualités nutritionnelles, organoleptiques et sanitaires. Il faut avant tout respecter deux règles de base : l'hygiène du lieu et la bonne organisation du travail.

1 Règles d'hygiène en cuisine

Nous regroupons dans le tableau 4.9 les principales règles d'hygiène en cuisine.

1. Un aliment surgelé est soumis à une réglementation stricte (selon l'arrêté du 2/01/2002).

Tableau 4.9 Règles d'hygiène en cuisine.

Règles d'hygiène en cuisine	Rôle de l'AVS
Pour la personne	– Porter des vêtements propres et les cheveux attachés – Porter des gants à usage unique[a] – Se laver régulièrement les mains – Ne pas fumer
Pour les locaux	– Laver et désinfecter le sol quotidiennement – Respecter le balayage humide – Nettoyer, désinfecter très régulièrement les sanitaires – Faire procéder à une dératisation et une désinsectisation (si nécessaire)
Pour les équipements	– Maintenir les équipements en parfait état de propreté – Ranger la vaisselle après nettoyage – Évacuer les déchets dans une poubelle hermétique et propre – Nettoyer et désinfecter régulièrement la poubelle

a. Les gants à usage unique se trouvent facilement dans le commerce à un prix abordable. Par mesure d'hygiène, il semble souhaitable que l'AVS prévoit cet achat.

2 Règles d'organisation du travail

Pour la préparation et le service des repas, il faut respecter deux règles (comme cela se pratique en collectivité).

- La règle des secteurs :
  - le secteur souillé : légumes non épluchés, les déchets ;
  - le secteur sain : légumes épluchés.
- *La règle des circuits*. Il est conseillé de :
  - ne jamais faire se croiser le circuit d'évacuation des déchets et le circuit de préparation des repas ;
  - regrouper tous les déchets vers un seul point de stockage et d'évacuation.

Il est également recommandé d'économiser ses gestes et adopter des règles d'ergonomie pour travailler efficacement sans endommager sa santé (*cf.* Domaine de formation 2).

3 Technique d'épluchage des denrées

Il est nécessaire d'éplucher ou de peler les légumes et les fruits, c'est-à-dire d'enlever la peau, les tiges, les côtes, les cosses, les racines, pour rendre l'aliment consommable. L'AVS devra respecter le principe de la « marche en avant » des denrées.

◆ Matériel à prévoir

L'AVS vérifiera ce qui est disponible au domicile. Pour effectuer le travail d'épluchage, il faut prévoir :

- *un couteau économe ;*
- *un couteau d'office.*

◆ Principe de la « marche en avant » des denrées

Pour un droitier, le matériel est disposé sur la droite du plan de travail. L'AVS effectuera les actions dans un ordre logique.

☐ 1. Mettre les denrées à éplucher dans un récipient.	☐ 2. Procéder à l'épluchage des denrées.	☐ 3. Mettre les épluchures et les déchets dans un récipient.	☐ 4. Mettre les denrées épluchées dans un autre récipient.	☐ 5. Laver les denrées épluchées et les utiliser rapidement.

4 Technique de lavage des denrées

Le lavage des fruits ou des légumes s'effectue généralement à la main dans un évier généralement en acier inoxydable.

5 Technique de découpage (ou taillage) des denrées

Le découpage des fruits et légumes se fait généralement à la main, à l'aide d'un couteau sur une planche de découpe, il ne concerne que les petites quantités d'aliments.

B Techniques de fabrication des crèmes et des entremets

Les collations sont particulièrement prisées par les personnes âgées. Les techniques professionnelles qui président à leur réalisation doivent donc être parfaitement connues et maîtrisées de l'auxiliaire de vie. La plupart des crèmes, potages et entremets sont fabriqués à partir de préparations appelées *liaisons*. Il en existe deux sortes : les liaisons à l'amidon et à l'œuf.

1 Liaisons à l'amidon

L'amidon contenu dans les céréales permet de donner une consistance onctueuse à tout liquide chaud dans lequel il est ajouté. On obtient alors un empois d'amidon qui épaissira le liquide (gonflement du grain d'amidon). Cette technique permet de réaliser des bouillies, des crèmes légères, des potages onctueux.

◆ Matériel et produits alimentaires

Matériel

- Casserole.
- Bol.
- Fouet métallique.
- Cuillère métallique.
- Chinois ou passoire fine.

Produits alimentaires

- Liquide (eau, bouillon).
- Farine de blé ou maïzena (maïs).
- Fécule de pomme de terre.
- Crème de riz.

◆ Technique

- Faire bouillir le liquide, mettre la quantité désirée de farine dans un bol.
- Bien délayer avec un peu d'eau ou de liquide froid, que l'on a réservé, en l'ajoutant petit à petit dans le bol.

Attention : éviter les grumeaux (passer si nécessaire).

- Faire cuire sur feu doux.

Attention : le temps de cuisson variera avec l'amidon utilisé.

- Passer au chinois si nécessaire.
- Servir chaud (minimum 63 °C) ou froid, pour des crèmes ou des bouillies.

◆ Préparations culinaires

- Bouillies à la vanille, au chocolat.
- Crèmes légères au caramel.
- Épaississement des potages : tomates, champignons, etc.

2 Liaisons à l'œuf

On peut rendre onctueuses beaucoup de préparations en réalisant une liaison à base de jaune d'œuf ; la chaleur provoque une semi-coagulation des protéines du jaune d'œuf. La saveur de l'aliment sera changée ainsi que sa consistance.

◆ Matériel et produits alimentaires

Matériel

- Bol.
- Cuillère.
- Fouet.
- Chinois ou passoire fine (si nécessaire).

Produits alimentaires

- Liquide ou préparation à lier.
- Jaune d'œuf.

◆ Technique

- Faire chauffer la préparation à lier dans une casserole.
- Délayer les jaunes d'œufs dans un bol avec un peu de liquide chaud, bien mélanger.
- Arrêter la cuisson de la préparation (mettre la casserole hors de la plaque de cuisson).
- Verser les jaunes d'œufs délayés dans la préparation.
- Bien remuer pour réaliser la semi-coagulation de l'œuf.
- Passer au chinois si nécessaire.

◆ Préparations culinaires

- Liaison de potage, de jus de cuisson.
- Clafoutis, crème anglaise, œufs au lait, crème renversée, etc.

Attention : pour une crème anglaise, il est impératif de ne jamais la faire bouillir (pour éviter la coagulation complète des protéines).
Pour les œufs au lait ou la crème renversée, la liaison à l'œuf peut être réalisée lors de la cuisson dans un four (130 à 150 °C, thermostat 4 ou 5).

C Technique de fabrication de la pâte brisée

La fabrication d'une pâte est une technique professionnelle de base car elle peut servir à la préparation de plats très diversifiés. Prenons ici l'exemple d'une pâte brisée.
La pâte brisée est la pâte la plus simple que l'on puisse réaliser ; elle sert pour des préparations salées (tarte aux champignons, quiche lorraine...) et des préparations sucrées (tarte aux fruits...). Elle se cuit toujours dans un four préchauffé à 210 °C, thermostat 7.

1 Matériel et produits alimentaires

◆ Matériel

- Calotte (ou terrine).
- Jatte.
- Couteau.
- Rouleau, passoire.
- Moule.

◆ Produits alimentaires

- Farine (P).
- Matière grasse (P/2).
- Sel.
- Eau.
- Rondelles de pommes (pour une tarte) et sucre.

2 Technique (cf. Figure 4.3)

- Préparer toutes les denrées ou produits alimentaires (peser).
- Tamiser la farine et la disposer sur le plan de travail ou dans la jatte avec le sel.
- Couper la matière grasse en petits morceaux réguliers et la mettre dans la terrine.
- Avec les doigts disperser la matière grasse dans la farine (**a**).
- Faire une fontaine, verser l'eau petit à petit dans la fontaine en agglomérant le mélange pour obtenir un pâton ou boule (**b**) (recommencer et réunir en une seule boule).

Fig. 4.3 **Préparation d'une tarte.**

- Fariner la boule, la mettre dans un récipient couvert au réfrigérateur (6 à 8 °C), la laisser reposer au minimum 30 minutes (plusieurs heures si possible).
- Étaler la pâte au rouleau sur un plan de travail légèrement fariné (**c**).
- Disposer la pâte dans le moule et la garnir de fruits prédécoupés en rondelles (*ex.* : pommes) (**d**).
- Faire cuire à 210 °C (ou thermostat 7) pendant 30 minutes à 1 heure selon la taille du moule ; la couleur marron clair de la pâte indiquera qu'elle est cuite (on peut faire précuire la pâte avant de la garnir, mais il faut piquer le fond de la pâte pour éviter qu'elle ne se soulève à la cuisson).

D Techniques de fabrication de mixés (les fruits mixés)

La fabrication de fruits mixés sera plus particulièrement destinée à la préparation de plats pour les personnes âgées ou pour les jeunes enfants qui les apprécient particulièrement.
Citons deux exemples : les jus de fruits et les compotes.

1 Jus de fruits : orange, citron ou pamplemousse

Pour préparer le jus de fruit (*cf.* Figure 4.4), il faut :
- laver le fruit (mesure d'hygiène indispensable) (**a**) ;
- le couper en 2 (**b**) ;
- presser le fruit (utiliser un presse-fruits) (**c**) ;
- sucrer en fonction de l'acidité du fruit (**d**) ;
- ajouter de l'eau (si nécessaire) et servir immédiatement ;
- filtrer (si le jus de fruit est donné au biberon).

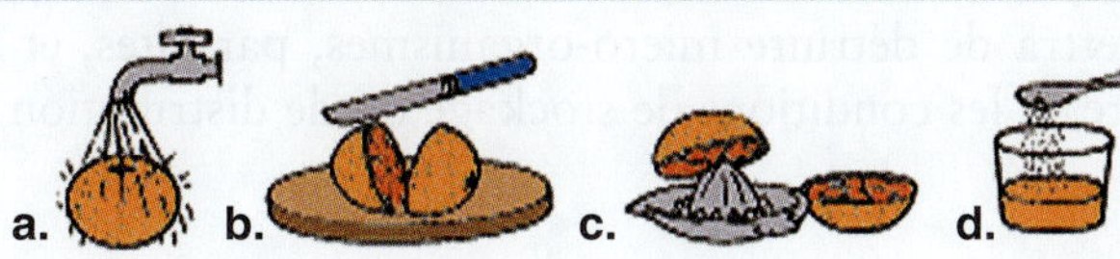

Fig. 4.4 Préparation d'un jus d'orange.

2 Compotes

Prenons l'exemple de la compote de pommes.

◆ Produits

- Pommes.
- Sucre.
- Parfum : citron (il blanchit la pomme).
- Cannelle, vanille (à mettre dans l'eau de cuisson ou après cuisson).

Fig. 4.5 **Préparation d'une compote de pommes.**

◆ Technique (*cf.* Figure 4.5)

- Laver les pommes et les éplucher finement (**a**).
- Enlever les pépins, couper les pommes en petits morceaux (**b**).
- Les mettre dans une casserole contenant un fond d'eau.
- Ajouter éventuellement le parfum : zeste de citron, cannelle.
- Faire cuire à feu doux (avec couvercle), en remuant de temps en temps (**c**).
- Goûter.

Attention : sucrer (si nécessaire) en fin de cuisson, sinon il y a risque de caramélisation du fruit (**d**).

- Passer au moulin à légumes ou au mixer (suivant la consistance désirée).

E Techniques de cuisson des denrées

La cuisson permet la concentration ou l'extraction des principes nutritifs. Le goût de l'aliment pourra être développé ou changé en cas d'amertume ou d'acidité. De plus, la chaleur atteinte lors de la cuisson permettra de détruire micro-organismes, parasites, et évitera les risques d'intoxication alimentaire, si les conditions de stockage ou de distribution sont correctement réalisées.

1 Cuisson à l'eau

Cuire un aliment à l'eau, c'est le soumettre à l'action de la chaleur en l'immergeant dans un liquide à base d'eau ou de vapeur d'eau.

◆ Principe et intérêts

On réalise une cuisson par extraction : les éléments nutritifs sont extraits de l'aliment (osmose). Le bouillon sera alors riche en éléments nutritifs.

2 Technique

La cuisson pourra débuter dans de l'*eau froide* pour augmenter les pertes d'éléments nutritifs (*ex.* : pour la fabrication d'un potage), à partir d'*eau bouillante* pour les diminuer (*ex.* : pour la cuisson des légumes frais).

◆ Matériels utilisés

Casserole ou marmite sous pression (autocuiseur) ou marmite à cuisson vapeur (couscoussier) ou marmite en fonte avec couvercle creux.

◆ Particularités (le blanchiment)

On peut blanchir certains aliments avant cuisson.
- *Pour la viande, la volaille, les légumes secs* : mettre les aliments dans l'eau froide, faire bouillir quelques minutes (selon les aliments), égoutter (on peut quelquefois rincer l'aliment à l'eau fraîche). Faire ensuite la cuisson à partir d'eau froide.
- *Pour les légumes verts et frais, les produits alimentaires à peler* (tomates, amandes...) : plonger l'aliment dans l'eau bouillante quelques instants (jusqu'à 2 minutes pour certains), égoutter (rincer si nécessaire). Faire ensuite la cuisson à l'eau bouillante.

3 Cuisson à la vapeur

Cuire un aliment à la vapeur permet de préserver au maximum sa texture, son goût, ses qualités nutritionnelles. L'aliment cuit sera plus facile à mastiquer et à digérer ; il sera mieux assimilé par l'organisme. À la vapeur, le temps de cuisson est divisé par 2 ou par 3 par rapport à la cuisson à l'eau et varie avec chaque aliment.

◆ Matériel

- Autocuiseur.
- Marmite pour cuisson à la vapeur (cette marmite a un panier qui évite le contact direct des aliments avec l'eau bouillante).

◆ Technique

Après avoir mis de l'eau dans le fond du récipient, disposer les aliments dans le panier métallique. Fermer l'appareil et surveiller la cuisson.

◆ Préparations culinaires

Ce mode de cuisson est proposé pour les préparations suivantes : poissons, légumes, fruits.

4 Cuisson en sauteuse ou à la poêle

Sauter un aliment, c'est le faire revenir rapidement sur feu vif dans très peu de corps gras, puis finir la cuisson sur un feu un peu plus doux ; il y a une coagulation rapide des protéines, il n'y aura pas perte d'éléments nutritifs ; l'aliment pourra être « cuit à cœur ».

◆ Matériel

- Sauteuse (fixe ou basculante en collectivité).
- Spatule ou cuillère (métal ou acier inoxydable).

◆ Technique

- Préparer l'aliment à faire sauter : chauffer la poêle ou la sauteuse avec le corps gras (huile ou margarine).

- Mettre l'aliment dans la poêle et le faire dorer sur les deux faces à feu vif.
- Continuer la cuisson à feu doux : le temps variera avec l'aliment, la taille des morceaux.

◆ Préparations culinaires

Les crêpes, le pain perdu, les viandes blanches (escalopes de veau ou de volaille).
Attention : on pourra déglacer la poêle avec un peu de bouillon chaud ou d'eau pour récupérer le jus de l'aliment et le verser sur la préparation.

5 Cuisson au four

La cuisson au four s'effectue dans une enceinte close préchauffée ; l'aliment enfourné coagulera sous l'action de la chaleur ; les températures varieront avec les différentes préparations culinaires. Dans un four, il est possible d'effectuer plusieurs types de cuisson.

Matériel utilisé

- Four ou rôtissoire électrique ou à gaz.
- Plat ou plaque à rôtir.
- Cuillères, écumoire.

6 Technique

Pour effectuer la cuisson de plats ou de gâteaux dans un four, il faut :
- préchauffer, si nécessaire, le four à la température demandée ;
- disposer le plat de cuisson à la bonne hauteur dans le four ;
- respecter le temps de cuisson.

F Technique de distribution des plats chauds (la « liaison chaude »)

Actuellement, les intoxications et toxi-infections d'origine alimentaire sont en nette progression. Les organismes humains les moins résistants (personnes âgées, malades, jeunes enfants) sont les plus atteints. Les salmonelles, les *Listeria*, les staphylocoques peuvent être présents dans l'aliment, mais aussi peuvent apparaître après cuisson, soit par manque d'hygiène (personne ou matériel), soit par le stockage à une température propice au développement microbien (20 à 25 °C). De ce fait, la distribution des plats doit respecter des principes d'hygiène très stricts.

Principe de la « liaison chaude »

Il ne faut pas laisser les aliments préparés dans une zone de température comprise entre + 10 °C et + 65 °C pour éviter que les micro-organismes se multiplient et sécrètent leurs toxines.
- Les préparations doivent être servies au minimum à 63 °C.
- Lors du réchauffage, le cœur de l'aliment doit être saisi au moins à + 63 °C.
- Pour réchauffer les aliments :
  - utiliser le micro-ondes à pleine puissance ;
  - ou mettre l'assiette sur une casserole d'eau bouillante.

IV. UTILISATION DES APPAREILS ET ÉQUIPEMENTS

La connaissance des matériels de préparation des aliments permet un travail plus efficace et plus rapide.

A Lave-vaisselle

1 Caractéristiques

Le lave-vaisselle est composé de plusieurs organes aux rôles bien déterminés. Voyons les principaux en observant le schéma inséré dans le tableau 4.10.

Tableau 4.10 **Principaux organes du lave-vaisselle et caractéristiques essentielles.**

Organes	N°	Rôle et caractéristiques	Schéma du lave-vaisselle
Les deux pompes (arrivée d'eau et évacuation de l'eau)	1	La pompe d'aspersion alimente le circuit d'arrivée d'eau et la pompe de vidange refoule les eaux usées	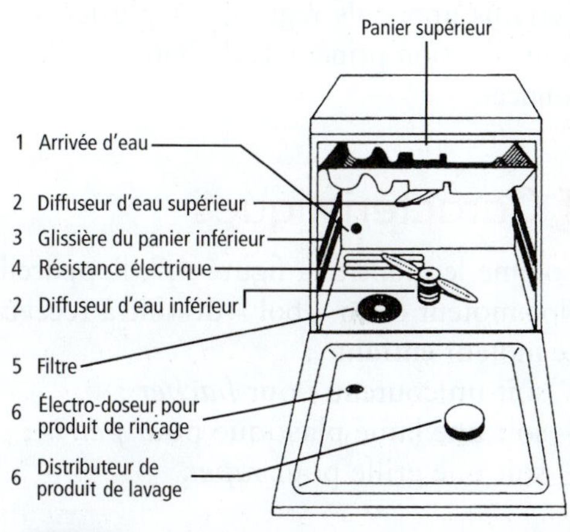 **Fig. 4.6** **Principaux organes du lave-vaisselle et caractéristiques essentielles.**
Les bras de dispersion (ou diffuseurs d'eau)	2	Ce sont deux bras rotatifs en acier ou en matière plastique percés de trous, dans lesquels passe l'eau	
La glissière	3	La glissière permet de retirer le panier contenant la vaisselle	
Les éléments chauffants	4	Ils sont constitués de résistances électriques permettant à la fois le chauffage de l'eau de lavage et de rinçage et le séchage en fin d'opération	
Le filtre (en bas de la cuve)	5	Il permet de retenir les déchets et d'éviter l'obstruction des canalisations et le blocage des pompes	
Les deux distributeurs automatiques de produits (placés dans la contre-porte)	6	Il s'agit du doseur pour le produit de rinçage et du distributeur du produit de lavage	

2 Avantages

Quel que soit l'appareil choisi, les avantages du lave-vaisselle sont indéniables :

- *le rinçage* à 90 °C garantit une bonne hygiène de la vaisselle ;
- *l'automaticité* réduit les manipulations et représente un gain de temps ;
- *la rapidité* de lavage permet une bonne rotation de la vaisselle ;
- *le minimum* de manipulation diminue les risques de casser la vaisselle.

3 Entretien

L'entretien du lave-vaisselle est simple si on prend quelques précautions :

- *le filtre doit être fonctionnel* : il faut le vider et le rincer après chaque vaisselle ;
- *l'appareil doit être régulièrement rechargé en sel* afin de prolonger sa durée de vie ; toutefois, la tendance actuelle est d'utiliser un produit « tout en un », qui associe les fonctions lavage, rinçage, et sel ;
- *un essuyage quotidien* sur la contre-porte permet de lui conserver son aspect et sa propreté[2];
- *il faut éviter d'ouvrir la machine en cours de programme.*

B Appareillage électrique

Certains appareils regroupent plusieurs fonctions. *Ex.* : le combiné batteur-mélangeur. Il a pour fonction principale de battre, mélanger, pétrir, et pour autres fonctions de hacher, râper, émincer.

1 Caractéristiques

Comme le montre la figure 4.7, l'appareil du batteur-mélangeur comprend deux parties : le bloc-moteur et un « bol » destiné à recevoir les aliments.

Le moteur entraîne :

- soit un couteau pour *hacher* ;
- soit une lame plastique pour *pétrir* ;
- soit une grille pour *râper.*

2 Entretien

Toutes les parties doivent être soigneusement nettoyées et séchées.

- Seules se nettoient sous l'eau tiède les parties non électriques (bol, couteau, disques, couvercles).
- Le corps de l'appareil est nettoyé et essuyé.

2. Veiller à bien nettoyer le « joint », réceptacle de souillures qui véhiculent des micro-organismes.

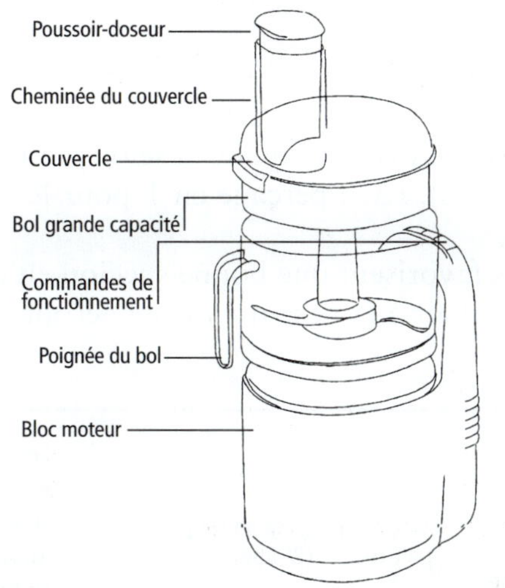

Fig. 4.7 **Le combiné batteur-mélangeur.**

C Petit matériel de puériculture

Le matériel destiné à l'alimentation de l'enfant est très varié. Les biberons et les tétines constituent l'essentiel de ce matériel.

1 Biberons (matériaux, caractéristiques)

Pour le nouveau-né, le biberon est en verre ou plastique étudié pour limiter l'ingestion d'air. Il existe de multiples formes de biberons (citons le biberon classique, le biberon maxi, le biberon jouet, le biberon décoré, le biberon à poignées, etc., *cf.* Figure 4.8).

Le biberon classique (240 mL) :

- biberon de forme ronde ;
- graduations chiffrées de 30 en 30 mL ;
- nettoyage à l'eau savonneuse ou au lave-vaisselle ;
- stérilisable au Soxhlet et passe au micro-ondes.

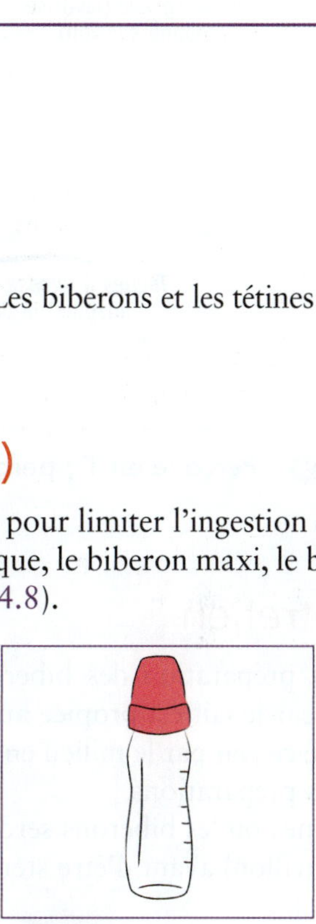

Fig. 4.8 **Biberon classique.**

2 Tétines

Les tétines accompagnent les biberons :

- elles sont réalisées en caoutchouc ;
- elles sont percées selon l'épaisseur du liquide et selon la rapidité d'ingestion souhaitées (tétines à vitesses différentes). *Ex.* : perçage en T pour les bouillies et plus fin pour le lait (*cf.* Figure 4.9) :
  - de forme ogivale, elles favorisent une bonne succion en dégageant le nez ;
  - elles ont un régulateur d'air à la base qui évite l'aérophagie à l'enfant.

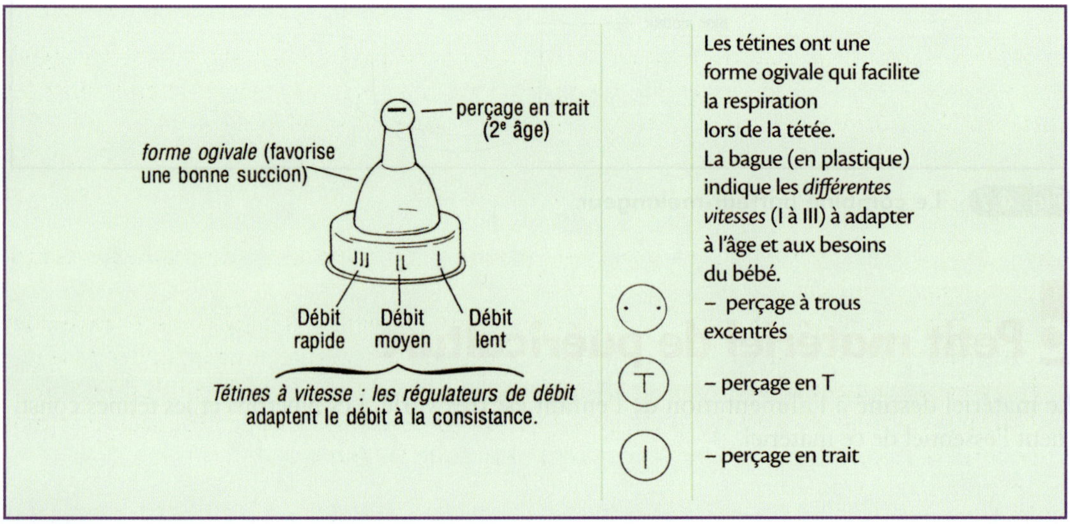

Fig. 4.9 **Perçage en T ; perçage excentré.**

3 Entretien

Pour la préparation des biberons, il est souhaitable de suivre des principes d'hygiène très stricts, car le lait est propice au développement bactérien. Il faut éviter tout apport de microbes, que ce soit par le milieu environnant, par le matériel, par la tenue, ou par défaut d'asepsie dans les préparations.
Les tétines ou les biberons seront lavés à l'eau savonneuse avec un matériel adapté (brossage à l'écouvillon) avant d'être stérilisé.

D Enceinte à micro-ondes

Cet appareil permet la remise en température des plats surgelés, le réchauffage des plats cuisinés et la cuisson rapide des aliments ; certains appareils cumulent trois fonctions : four, micro-ondes et gril (*cf.* Figure 4.10).

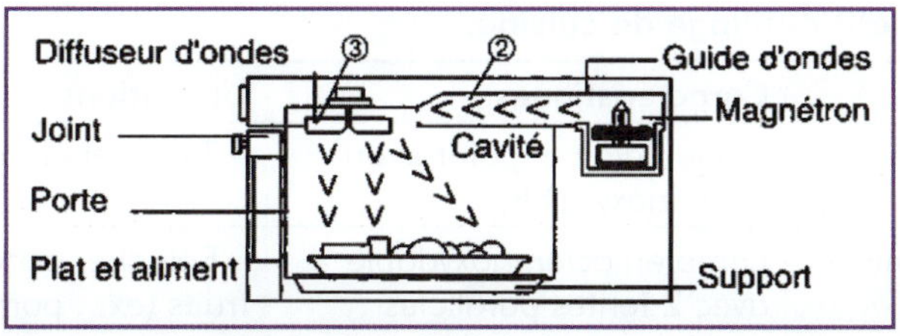

Fig. 4.10 Appareil à micro-ondes.

1 Caractéristiques

La partie essentielle du micro-ondes est le « magnéton » qui émet des ondes électromagnétiques traversant l'air et les aliments. Ces ondes sont absorbées par l'eau contenue dans les aliments. L'échauffement des aliments provient des frictions moléculaires.

2 Conditions d'utilisation

L'utilisation d'une enceinte à micro-ondes ne peut être calquée sur celle d'un four traditionnel. Certaines précautions sont à prendre.

- *Pour les ustensiles* : les matériaux contenant des aliments doivent laisser passer les ondes électromagnétiques. On utilisera en priorité la porcelaine, le plastique et le verre. Les ustensiles métalliques ne doivent pas être utilisés car ils réfléchissent les ondes.
- *Pour les aliments* : lorsqu'ils possèdent une enveloppe naturelle (*ex.* : saucisses, pommes de terre, tomates), ils risquent d'éclater. Il faut donc les piquer.

3 Entretien

La cavité de l'appareil doit être nettoyée après chaque utilisation avec une éponge humide.

E Petit outillage de cuisine

Il existe un nombre important de petits outils ; ceux-ci doivent être entretenus avec les produits adaptés (pas d'abrasifs sur l'acier inoxydable), rincés et séchés soigneusement. Le rangement doit être fait dans un endroit précis pour éviter toute perte de temps (*cf.* Tableau 4.11).

Rôle de l'AVS

Précautions lors de l'utilisation

Sécurité : les liquides mis à réchauffer au micro-ondes peuvent atteindre une température très élevée, source d'accidents graves (brûlures) qu'il faut à tout prix éviter. Il est donc déconseillé de faire réchauffer un biberon dans cet appareil.

Tableau 4.11 **Le petit outillage de cuisine.**

Ustensiles	Caractéristiques	Utilisations
Le couteau à légumes	Lame rigide et pointue en acier inoxydable	– Tailler et émincer les légumes
L'éplucheur « économie »	Lame en acier inoxydable avec 2 fentes parallèles aiguisées	– Éplucher certains légumes et fruits (ex. : pommes de terre, carottes, pommes…)
La spatule (métallique ou en plastique)	Longue palette arrondie à l'extrémité	– Retourner certains aliments fragiles (ex. : crêpes)
La louche	Ustensile à extrémité creuse avec un long manche	– Servir les liquides (soupes, sauces)
L'écumoire	Ustensile avec disque légèrement creux percé de petits trous et un long manche	– Séparer des éléments solides et liquides
Le fouet	Ustensile en acier étamé ou en acier inoxydable	– Mélanger des aliments (sauces, potages, crèmes) de façon homogène
Le chinois	Passoire en forme de cône à trous fins	– Passer les préparations liquides ou onctueuses (sauces, crèmes)

V. LA PERSONNE ET SON RAPPORT À LA NOURRITURE

L'AVS va intervenir dans le domaine alimentaire pour favoriser et encourager le plaisir de manger chez la personne aidée.

- *Si la personne peut se déplacer*, elle doit la solliciter le plus possible pour qu'elle participe aux achats, en l'accompagnant.
- *Si la personne ne peut se déplacer*, elle doit lui demander ce qu'elle désire manger et tenir compte de ses goûts.

A Perception sensorielle des aliments

Les aliments ont le plus souvent des saveurs agréables qui stimulent notre appétit, mais pour avoir une alimentation appétissante, il faut prendre en compte certains critères de mise en valeur des aliments.

1 Goût

- La langue capte les saveurs *sucrée*, *salée*, *acide* et *amère*.
- Le nez participe à la perception d'une infinité de goûts.

2 Appétit et manque d'appétit

Ils sont liés à l'existence de différents stimuli :

- les *stimuli métaboliques*. Notre organisme nous informe de nos besoins alimentaires. Par exemple, la baisse du taux de glucose dans le sang peut se traduire par un léger malaise et une sensation de faim qui sera corrigée par un apport de nourriture. Le besoin d'eau se traduit par une sensation de soif ;
- les *stimuli psychosensoriels*. L'odeur, la vue des aliments, leur saveur jouent un rôle essentiel dans l'envie de manger ou, au contraire, peuvent déclencher le rejet, voire la nausée ;
- les *stimuli socioculturels*. Dans certaines sociétés, certains aliments sont appréciés, alors qu'ils sont dépréciés dans d'autres. Par exemple, les Français apprécient les escargots, les cuisses de grenouille… aliments méprisés par les Anglais !

B Critères d'acceptabilité d'un plat

Pour faire accepter un aliment ou une préparation culinaire, il y a lieu de faire preuve :

- *d'une recherche de la qualité* dans le choix du produit (le produit qui a du goût plaît davantage) ;
- *d'une hygiène de la préparation et de la présentation des plats* (un plat qui garde sa fraîcheur et qui est protégé, est meilleur pour la santé) ;
- *d'une présentation attrayante des plats* (un plat qui est bien présenté est mangé avec plus d'appétit) ;
- *d'une bonne température des plats* ;
- *d'une certaine convivialité lors du repas.*

C Mise en valeur d'un plat

Pour mettre en valeur une préparation culinaire, il faut faire preuve d'imagination. Il est conseillé de :

- *choisir un matériel de qualité* (assiettes et plats coordonnés) ;
- *décorer la table* (fleurs) ;
- *procéder aux décorations des mets* (associer des crudités de couleurs différentes, les présenter de façon originale, agréable à la vue, décorer les tartes et les gâteaux…).

Ainsi, l'alimentation atteindra son objectif, elle profitera et donnera du plaisir aux convives à qui elle est destinée.

Lorsque vous préparez un plat, pensez à la présentation. Ce qui est agréable à l'œil donne envie de manger. *Ex.* : une tranche de citron, une rondelle de tomate, un brin de persil peuvent heureusement agrémenter un plat.

Dans certaines municipalités, il existe un service de *portage de repas à domicile*. Cette solution permet de gagner du temps et simplifie le problème de l'alimentation des personnes dépendantes. L'AVS doit simplement faire réchauffer les plats.

D Aide à l'installation à table et à la prise des repas (rôle de l'AVS)

Le temps du repas doit rester un moment agréable pour la personne. L'auxiliaire de vie sociale doit donc être attentive avant tout à *l'aspect relationnel*. Elle doit prendre en compte les désirs de la personne, lui annoncer le menu, parler avec elle et organiser sa tâche en adaptant les aides à l'alimentation au handicap de la personne (*cf.* ci-après « rôle de l'AVS » et Figure 4.11).

Rôle de l'AVS

1. Si la personne peut se mettre à table

- Asseyez-la confortablement, au besoin à l'aide de coussins.
- Veillez à ce que la table soit assez haute pour laisser la place à un fauteuil roulant.

2. Si la personne est alitée

- Utilisez une table adaptable sur laquelle on peut poser le matériel nécessaire au repas.
- Préparez le couvert et posez à portée de main de la personne, les éléments qu'elle peut désirer : pain, serviette, sel, poivre, etc.

3. Si la personne peut manger seule

Demandez-lui ce que vous pouvez faire pour l'aider : couper le pain, la viande, servir à boire, etc.

4. Si la personne ne peut pas manger seule

- Asseyez-vous le plus près possible d'elle.
- Proposez-lui une serviette.
- Vérifiez toujours la température des aliments.
- Proposez des aliments par petites bouchées.
- Laissez-lui le temps de mâcher et d'avaler.
- Proposez-lui à boire au cours du repas, surtout pour les personnes âgées souvent déshydratées.
- Faites-en sorte que les aliments restent chauds (couvercle, chauffe-plats, micro-ondes…).
- À la fin du repas, essuyez la bouche de la personne (vous pouvez lui proposer un soin de bouche, mais à distance du repas).

5. Si la personne est handicapée

Proposez-lui du matériel et des couverts adaptés à son handicap et qui lui faciliteront la manipulation (*cf.* Figure 4.12).

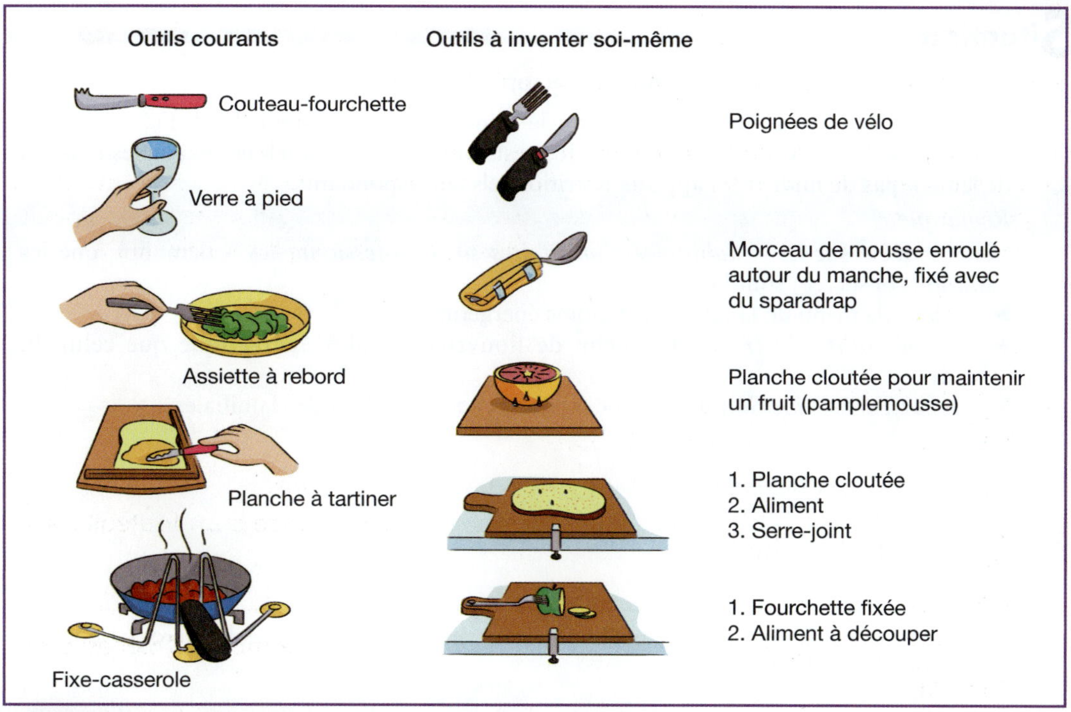

Fig. 4.11 **Aide à l'alimentation.**

VI. ALIMENTATION ET CULTURE

Nos habitudes alimentaires comportent deux tendances : manger une nourriture bonne pour la santé et pour le goût, et porteuse de symboles de la tradition. Plusieurs facteurs influent sur notre comportement alimentaire

A Facteurs socioculturels

1 Lieu de vie et traditions locales

Exemple

On constate des variations du Nord au Sud en fonction des traditions locales et des variations de la campagne à la ville. On sait que l'Alsace apprécie les choucroutes, le midi les salades à l'huile d'olive, etc.

2 Milieu socioprofessionnel et culturel

Exemple

On constate des différences selon la catégorie socioprofessionnelle : cadre, secrétaire, ouvrier, bourgeois, intellectuel, sédentaire, actif ou chômeur, etc. (*cf.* Figure 4.14).

Situation

Variations des repas selon le milieu socioprofessionnel

Les habitudes alimentaires varient selon le milieu socioprofessionnel (*cf.* Figure 4.12) : Mathieu est cadre, Marie est secrétaire, José est routier. Voyons quelques exemples illustrés de leurs repas de midi et les apports nutritionnels correspondants.

Remarque

Cette enquête sur les « *habitudes alimentaires socioprofessionnelles* » démontre que les variations observées sont liées :

- au *sexe* (le menu de la femme est moins énergétique) ;
- à la *pénibilité du travail* (le menu de l'ouvrier est plus énergétique que celui du cadre) ;
- aux *facteurs socioculturels* (origine ethnique, sociale, habitudes familiales...).

3 Situation familiale

Exemple

On constate des variations selon la situation familiale : marié, célibataire, veuf, divorcé (vivant seul), père ou mère de famille, etc.

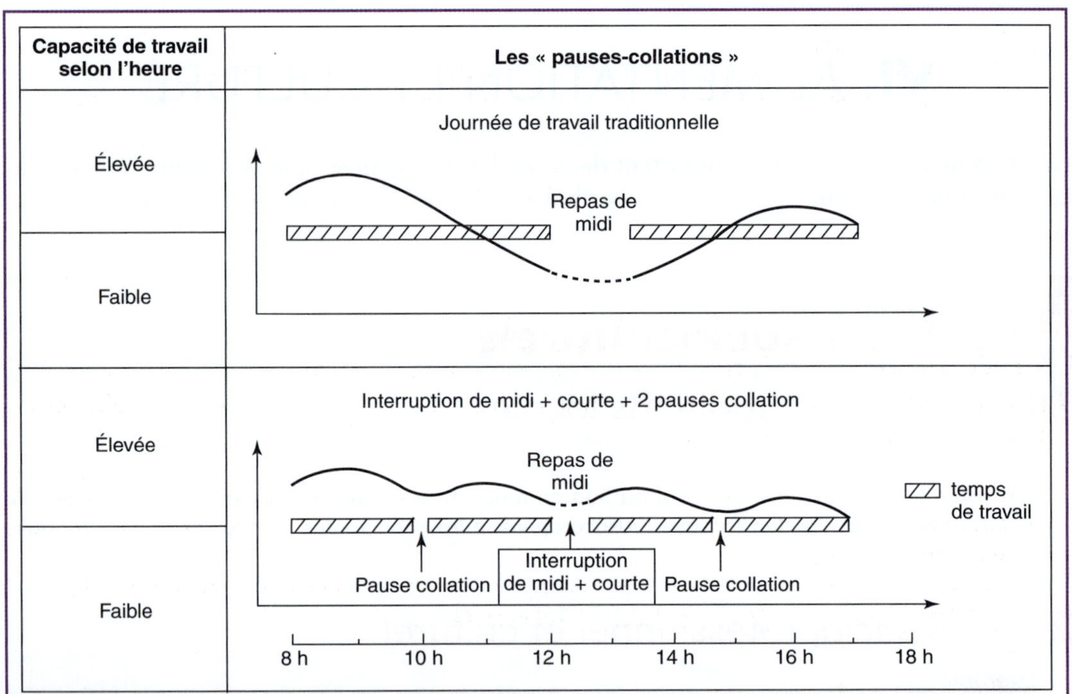

Fig. 4.12 Variations des repas selon le milieu socioprofessionnel *(Credoc, Enquête sur les comportements alimentaires)*.

4 Religion

Exemple

Généralement les catholiques ne mangent pas de viande le vendredi, les musulmans et les juifs ne mangent pas de porc (quel que soit le jour) : la religion influence aussi les habitudes alimentaires.

5 Nationalité

Exemple : on constate des variations liées à l'origine ou à la nationalité de la personne (*cf.* situation ci-après).

Situation

Le comportement alimentaire de Mérim

Mérim (50 ans), célibataire d'origine marocaine, habite Marseille. Elle mange tous les week-ends, en alternance, la cuisine de son pays d'origine et de son pays d'adoption (*ex.* : couscous le samedi et ratatouille le dimanche).

Durant la semaine, *Mérim*, qui est secrétaire, mange (en 20 minutes) à la cantine de la fabrique de savon où elle travaille. Elle arrive toujours la première à la cantine (car « *la faim la tenaille* ! », dit-elle) et elle salive à la vue des plats sur le présentoir ! Dans la journée, *Mérim* mange souvent quelques biscuits (qu'elle prévoit dans son sac chaque matin) et un paquet de bonbons. *Mérim* respecte le ramadan une fois par an. Depuis le printemps, *Mérim* (qui pèse 70 kg) a décidé de faire un « *régime* » (car elle veut partir en vacances à la mer, dit-elle !)

Remarque

On constate que de nombreux facteurs socioculturels et certaines habitudes alimentaires influencent le comportement alimentaire de *Mérim*.

B Habitudes alimentaires

1 Influence de la « mode »

Les modes alimentaires se font, à notre époque, surtout par le moyen des médias (revues, TV) et par l'influence des échanges socioculturels. D'autres sont dues à l'âge ou aux habitudes du milieu professionnel. Elles ont des répercussions sur la santé.

Exemple

- *Les repas « rapides »*, comme ceux pris dans des *fast-foods*, ou les repas pris dans les *cafétérias*, sont souvent *déséquilibrés* et sont ingérés trop rapidement.
- *Les repas « minceur »* (type sachets de poudre), qui concernent surtout les femmes, sont hypocaloriques et font courir parfois des risques pour la santé.

2 Influence du milieu du travail (les pauses-collations)

En milieu professionnel, les travailleurs ont l'habitude de faire des « pauses-collations » qui rythment la journée de travail. La collation a pour effet de dynamiser les personnes. Elle agit aussi bien sur le plan physique que psychologique (faire une « pause », c'est s'arrêter un instant pour « s'évader » en bavardant avec les collègues !).

◆ Rythme des collations

Il est en rapport avec la capacité de travail selon l'heure (*cf.* Figure 4.13)

◆ Nature de ces collations

- La collation est souvent réduite au café (ou au thé) : ils sont très appréciés pour leur effet stimulant (bien que cet effet soit léger et fugace), ils répondent le plus souvent à une habitude culturelle (on se rencontre entre collègues, on discute près du distributeur).

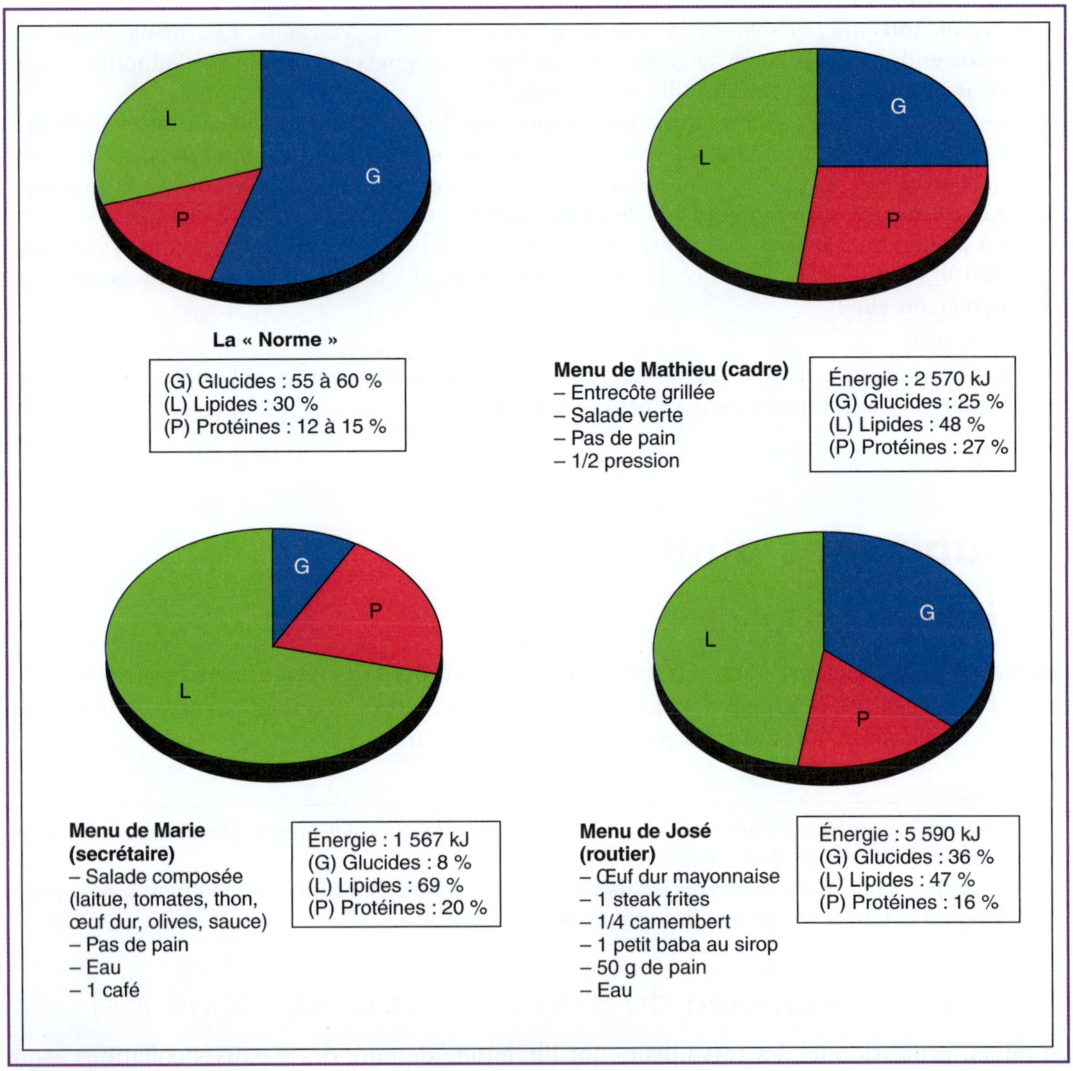

Fig. 4.13 Relation entre le temps de travail et l'aménagement de « pauses-collations ».

- La collation peut être un sandwich, il faudra donc le comptabiliser dans la ration alimentaire journalière : ce type de collation doit être adapté au type de travail fourni. Un travail pénible peut justifier une collation énergétique vers 10 h le matin et/ou vers 16 h l'après-midi.

3 Influence de l'âge

Selon les statistiques, à chaque âge ses goûts alimentaires :

- *entre 18 et 29 ans*, on préfère des plats italiens comme la pizza, les lasagnes ou les spaghettis, ainsi que des grands classiques comme le steak-frites ou le couscous ;
- *entre 30 et 39 ans*, on découvre avec délice les produits de la mer (poissons et fruits de mer) et les plats de terroir comme la choucroute ;
- *entre 40 et 49 ans*, on craque surtout pour les produits très gourmands, comme le foie gras ou le magret de canard ;
- *après 50 ans*, on revient aux produits plus simples, comme le pot-au-feu, les légumes, le rôti de bœuf.

4 Influence des lectures

Si vous êtes amateur d'exotisme et sensible à la philosophie chinoise, quelques livres proposent des dizaines de recettes !

Exemple

Pour chaque maux « ses trucs » !

Vous souffrez d'insomnie ? Essayez donc la tisane de mélisse. Contre les rhumatismes, mangez du porc aux coings chinois. Avec la soupe de maïs, luttez contre les calculs urinaires, etc.

CHAPITRE 12

Entretien du linge

I. PROPRIÉTÉS DES DIFFÉRENTS TEXTILES ET CODES D'ENTRETIEN

Selon leurs origines, les textiles seront entretenus différemment.

A Classification des textiles

Une matière textile est une matière qui peut être transformée en tissus ; elle peut avoir deux origines : naturelle ou chimique (*cf.* Figure 4.14).

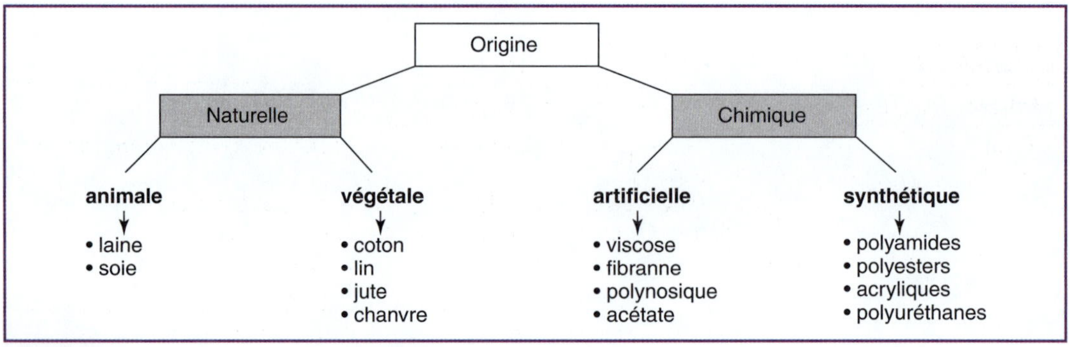

Fig 4.14 Classification des textiles.

B Critères d'identification des textiles

Les spécialistes reconnaissent une matière textile à la vue et/ou au toucher, mais le plus sûr est encore de lire les étiquettes de composition.

DEAVS. Modules 1 à 6
© 2011 Elsevier Masson SAS. Tous droits réservés

- *Les étiquettes de composition :* ce sont les seules étiquettes obligatoires. Elles signalent la nature de la matière textile et, pour les mélanges, les pourcentages (par ordre décroissant) respectifs des matières utilisées.
- *Les labels :* ils garantissent que l'article remplit des conditions bien précises, lui conférant des qualités prouvées par un organisme qualifié qui lui a fait subir des contrôles techniques.

Exemples

- *Pour la laine* : la *Woolmark* est la marque collective des produits en pure laine vierge. Les industriels qui souhaitent identifier leurs produits avec l'étiquette *Woolmark*, signent un contrat de licence par lequel ils s'engagent à respecter les normes internationales (*cf.* Figure 4.15).
- *Pour le coton* : le label *Cotonflor* s'applique surtout au linge tel que draps, taies, et garantit certaines qualités (irrétrécissabilité, composition 100 % coton) (*cf.* Figure 4.16).

- *Les marques déposées :* protégées par une législation, elles correspondent à une propriété commerciale. R est le sigle d'un dépôt international (on l'appelle Trade Marks), on le trouve près du nom d'un produit dont la marque est reconnue.

Fig 4.15 **Label Woolmark.**

Fig 4.16 **Label pour le coton.**

C Propriétés et utilisation des textiles

L'utilisation des textiles est directement liée à leurs propriétés qui en déterminent les utilisations. Prenons quelques exemples qui sont regroupés dans le tableau 4.12.

Tableau 4.12 **Propriétés et utilisation des textiles.**

Matières textiles	Propriétés particulières	Utilisation
Coton	– Grand pouvoir absorbant – Solidité – Préstérilisation possible par la chaleur (lavage, repassages faciles) – Javellisation	– Sous-vêtements, vêtements de sport – Torchons, blouses – Linge de toilette – Draps – Alèses, etc.
Laine	– Souplesse, confort – Bon pouvoir isolant	– Pulls, vestes, layette – Couvertures
Textiles artificiels (viscose)[a]	– Légèreté – Entretien facile	– Vêtements légers – Ameublement
Textiles synthétiques (polyester)[b]	– Bonne résistance à l'usure – Légèreté – Facilité d'entretien – Séchage rapide	– Vêtements de sport – Sous-vêtements, vêtements légers – Pulls, vestes, voilage – Ameublement

a. Souvent mélangé au coton.
b. Souvent mélangés au coton et à la laine dont ils améliorent la qualité.

II. ENTRETIEN DES TEXTILES : EMPLOI ADAPTÉ DU MATÉRIEL ET DES PRODUITS

L'auxiliaire de vie sociale veillera à respecter le « code d'entretien des textiles » pour que le nettoyage des vêtements atteigne l'objectif d'efficacité, car respecter le textile c'est prolonger la durée de vie du vêtement.

A Code d'entretien

Un code international (présent sur l'étiquette du vêtement) permet de connaître le mode d'entretien adapté à chaque textile (*cf.* Tableau 4.13).

Tableau 4.13 **Code international d'entretien des textiles.**

Lavage	30 °C Température eau 30 °C lavage à la main	30 à 40 °C · 60 °C · 95 °C Température eau pour lavage machine		Lavage interdit
Eau de javel	Cl		Cl Interdit	
Repassage	Doux	Moyen	Fort	Interdit
Nettoyage à sec	F Essence minérale	P Perchloréthylène	A Tous solvants	Interdit
Séchage en tambour			Interdit	

B Mode d'entretien des textiles courants

De nombreux tissus peuvent être aujourd'hui lavés en machine. Les lave-linge récents proposent des programmes variés, y compris pour les lainages ou la soie. Le linge doit être trié (blanc, couleur, linge délicat…) et doit être lavé séparément en machine. Le lavage à la main conviendra pour les tissus les plus fragiles (*cf.* paragraphe suivant).
Le tableau 4.14 présente le mode d'entretien des tissus les plus courants.

Tableau 4.14 **Mode d'entretien des textiles courants.**

	Coton	Laine	Textiles synthétiques
Trempage	Eau tiède + détergent	Non	En cas de taches
Lavage	Lavage en machine (de 60 à 95 °C Possibilité de prélavage	Lavage manuel à l'eau tiède ou froide (*cf.* Figure 4.18)	Eau de 30 °C à 40 °C en machine ou à la main Possibilité de prélavage 40 °C
Produit utilisé	Lessive en poudre ou liquide	Produit spécial pour la laine	Lessive en poudre ou liquide agissant à basse température
Essorage	Maximum	À la main ou entre 2 tissus-éponges	Modéré
Désinfection (Javel)	Coton blanc	Impossible	Impossible
Séchage	Sur fil ou tambour	À plat Tambour interdit	Sur fil ou tambour Faible température
Repassage	Très chaud + vapeur	À éviter ou tiède + pattemouille	À température moyenne (lire code d'entretien)

C Choix de la lessive

Le choix de la lessive est également un critère important pour l'entretien du linge. Il existe aujourd'hui une diversité de produits de lavage : poudre, lessive liquide, tablettes à mettre dans un filet, dosette de lessive liquide, lessive avec adoucissant incorporé, etc. Tout cela est affaire d'habitude et de facilité d'utilisation.

Il est par contre important de choisir deux types de lessive :

- une lessive pour le *linge courant* ;
- une lessive pour *lainage et linge délicat*.

Il faut respecter les habitudes de la personne aidée et vérifier si les produits utilisés ne présentent pas de risque d'allergies.

Par contre, il convient de repérer immédiatement et de faire le lien avec des problèmes d'allergie ou problèmes cutanés coïncidant avec un changement de lessive.

D Détachage des textiles

Le détachage d'un vêtement doit survenir le plus rapidement possible afin de ne pas permettre à la tache de se « fixer » sur le tissu. L'eau javellisée peut être utilisée sur des tissus pur coton, blanc ou grand teint.

Il existe dans le commerce des détachants sans javel à utiliser au moment du lavage. Des astuces de détachage permettent de venir à bout de certaines taches difficiles en fonction des textiles concernés (*cf.* Tableau 4.15).

Tableau 4.15 Principales techniques de détachage.

Nature des taches	Tissus blanc, lin, coton, grand teint	Coton et lin de couleur	Laine et soie	Textile artificiel
Taches grasses : cambouis, cirage, beurre, huile, lait, saindoux	– mettre du beurre sur l'envers – tapoter sur papier absorbant – puis mettre détergent pur avant le trempage – laver	– enlever cambouis et cirage comme pour le coton – puis savonner à sec et laver ou détacher avec perchloréthylène[a, b]	– confier le vêtement à un spécialiste – détacher avec perchloréthylène[a, b] – laver avec détergent doux	– confier le vêtement à un spécialiste – détacher avec perchloréthylène[a, b] – laver avec détergent doux
Taches sucrées : sucre, sirop, confiture	– laver à l'eau tiède – eau de javel si traces colorées	– laver à l'eau tiède – eau oxygénée ou « eau écarlate »	– laver avec eau tiède – rincer avec eau + vinaigre blanc	– tamponner avec papier absorbant – laver : eau + savon

a. Toujours faire un essai sur une partie non visible du vêtement.
b. Travailler dans un local aéré, loin d'une flamme.

E Technique du lavage manuel et du repassage du linge

L'AVS peut être amenée à laver à la main, et à repasser, certains vêtements de la personne (*ex.* : lingerie fragile, robe de chambre…) ou d'enfants (brassières d'un bébé par exemple). Les techniques de lavage et de repassage sont directement liées à la nature des tissus (laine, coton, synthétique…). Voyons ci-après l'entretien d'un vêtement en laine d'après la mise en situation.

Situation

Alexia lave et repasse les vêtements de Sloane (15 mois)

Alexia (AVS) doit laver les vêtements de *Sloane* (15 mois) qui vient de vomir : une veste en laine et un pantalon. *Alexia* vérifie le code d'entretien de ces vêtements. Elle lit :

- pour le pantalon : 100 % coton, ébullition, repassage fer chaud.
- pour la veste : 100 % laine Woolmark, lavage à 30 °C, sécher à plat, repassage interdit.

Remarque
Alexia va organiser son travail méthodiquement. Pour le lavage, elle procèdera en 2 temps puisque les tissus sont différents (*cf.* Tableau 4.16 pour le lavage et Tableau 4.17 pour le repassage du pantalon).

Tableau 4.16 **Technique de lavage manuel de 2 vêtements (coton et laine).**

Matériel et produits	Déroulement de l'action
– cuvette – eau chaude – produit de lessive (pour linge courant) – étendage à fil	**1. Le pantalon** (en coton) – diluer la poudre de lessive dans l'eau chaude de la cuvette – faire tremper le vêtement 30 min (au moins) – frotter à la main à l'endroit des souillures (ou avec une brosse douce) – bien rincer (2 à 3 fois) – faire sécher – repasser à fer chaud (*cf.* technique ci-après)
– cuvette – eau tiède – produit de lessive (laine) – adoucissant[a] – serviette de toilette	**2. La veste** (en laine) – diluer la poudre de lessive dans l'eau tiède de la cuvette (*cf.* Figure 4.17a) – immerger la veste et la brasser (*sans frotter, sans tordre*) (*cf.* Figure 4.17b) – rincer plusieurs fois – mettre un peu d'adoucissant dans l'eau – essorer *sans tordre* dans une serviette de toilette (*cf.* Figure 4.17c) – la faire *sécher à plat* dans une serviette de toilette (*cf.* Figure 4.17d) – ne pas la repasser

a. Vérifier que le produit soit hypoallergénique et vérifier les quantités sur l'étiquette (ici la quantité pour un petit vêtement sera minime).

Tableau 4.17 **Technique du repassage d'un vêtement en coton (*ex.* : le pantalon en coton de Sloane).**

Matériel	Déroulement de l'action
– table à repasser (ou molleton spécial à poser sur une table) – fer à repasser à vapeur – eau déminéralisée – vêtement (coton) – corbeille pour le linge repassé (facultatif)	*a) Au préalable* • se laver les mains • sortir le matériel (table à repasser, fer) *b) Préparation* • vérifier le matériel (le fer est-il rempli d'eau déminéralisée ? si non y pourvoir) • programmer la température du fer (ici coton : chaud) • faire chauffer le fer (veiller à la sécurité liée à cette utilisation et prévenir tout risque d'accident) • vérifier la température du fer sur les revers du vêtement *c) Action* • repasser en maintenant le tissu de la main gauche • éviter de faire des plis

Tableau 4.17 **Technique du repassage d'un vêtement en coton (*ex.* : le pantalon en coton de Sloane). *(Suite)***

Matériel	Déroulement de l'action
	• commencer par l'envers du vêtement • aller du haut vers le bas • à la fin : éteindre le fer, le débrancher (prévenir tout risque d'accident, voir ci-après) • le ranger dès qu'il est froid *d) Précautions* Le risque d'accident concerne aussi bien le jeune enfant que la personne âgée ou handicapée. La personne peut faire tomber le fer en s'accrochant au fil ou se brûler en touchant un fer qui vient d'être utilisé. L'AVS veillera *à prévenir ce risque*

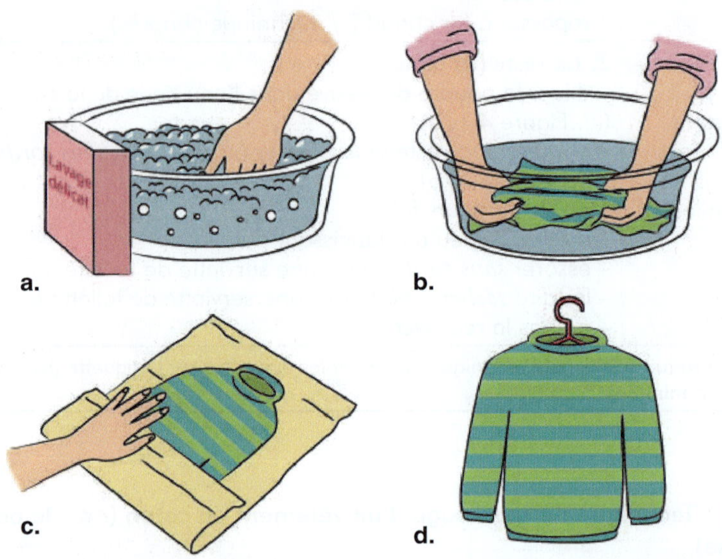

Fig 4.17 **Entretien du linge (ex. : les lainages).**

III. PETITES RÉPARATIONS DE VÊTEMENTS

L'auxiliaire de vie sociale doit posséder des notions de base en couture lui permettant de faire face aux imprévus du quotidien (un bouton perdu, un ourlet de robe qui est défait...). La personne aidée y trouvera du bien-être et pourra quand même porter le vêtement de son choix (*cf.* Figure 4.18).

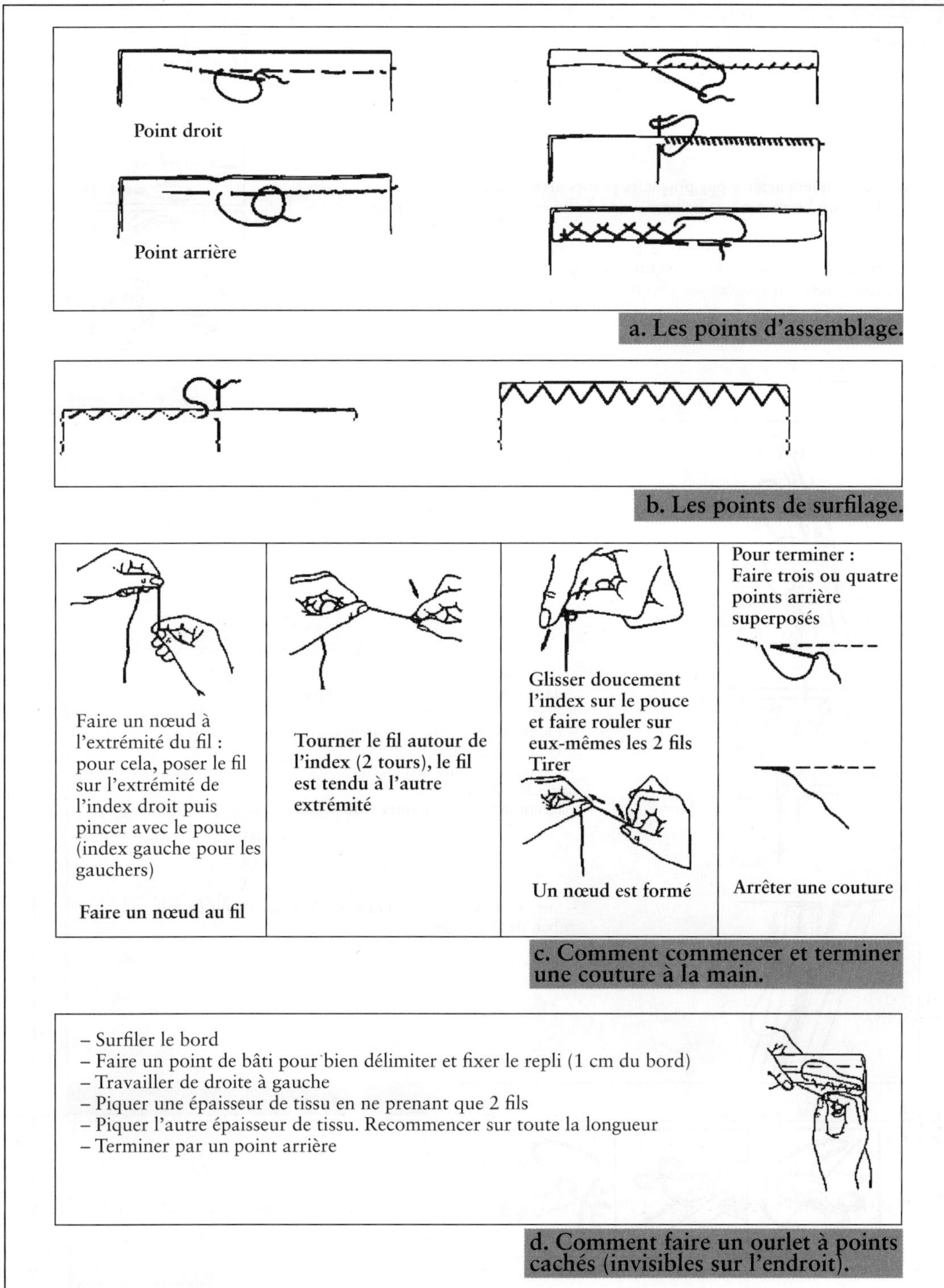

Fig 4.18 Les petites réparations : aide-mémoire en couture.

a.– Marquer l'emplacement du bouton avec une épingle piquée en travers de la boutonnière
– Faire un petit point pour repérer l'emplacement

b.– Passer plusieurs fois dans chaque trou en formant une tige (ne pas serrer)
– Tourner le fil autour de la tige plusieurs fois

c.– Sur l'envers arrêter par plusieurs points arrière bien serrés
– Pour un bouton à tige utiliser un fil de lin très solide. Passer plusieurs fois le fil

d.– Pour des boutons-pression, marquer l'emplacement des deux parties (attention au sens). Coudre chaque partie en passant dans les trous, les points doivent rester invisibles sur l'endroit

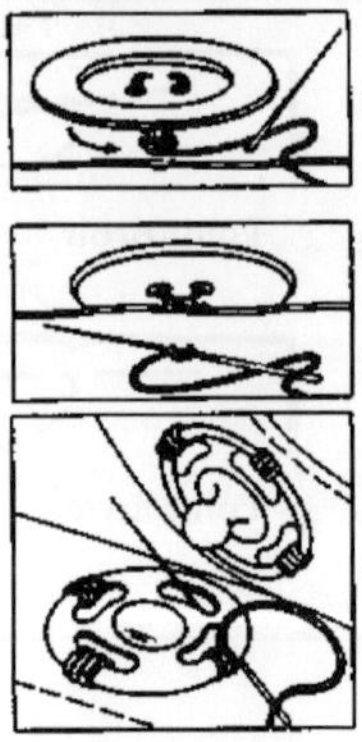

a. b. c. d.

e. Comment coudre des boutons.

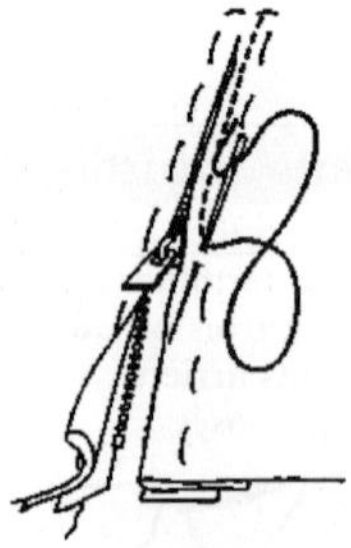

À la main
– Bâtir la nouvelle fermeture en commençant par le haut
– Ouvrir la fermeture à moitié
– Coudre à points arrière en partant du bas et en fermant progressivement la glissière pour que les bords se joignent
– Coudre le second côté de la même façon

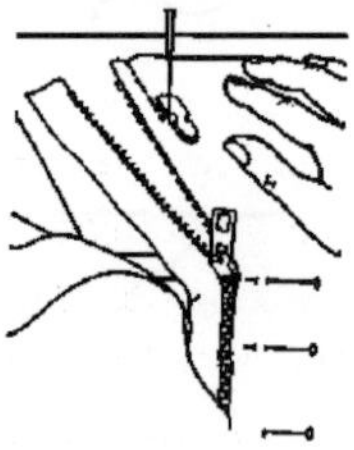

À la machine à coudre (avec pied ganseur)
– Épingler le bord droit
– Piquer en enlevant les épingles au fur et à mesure
– Ouvrir la glissière
– Piquer jusqu'au curseur. Refermer la glissière. Arrêter 2 cm après le curseur
– Recommencer de l'autre côté

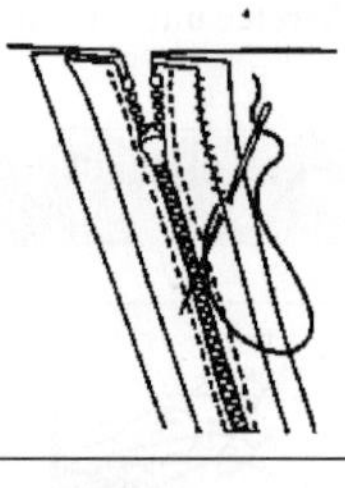

– Sur l'envers faire un point glissé à la main pour fixer le ruban de la glissière

f. Comment coudre une fermeture à glissière.

– Toujours marquer la manque

g. Comment coudre des agrafes métalliques.

Fig 4.18 **Les petits réparations : aide-mémoire en couture.** *(Suite)*

IV. RÔLE DES VÊTEMENTS

L'utilité principale des vêtements est de satisfaire le besoin de « se vêtir », mais l'un des rôles importants du vêtement est aussi de valoriser l'image de soi.

A Réponse aux besoins fondamentaux

L'utilité première des vêtements est de répondre à deux besoins fondamentaux importants.

1 Besoin de se vêtir et de se dévêtir[1]

La personne s'habille chaque jour ; l'AVS l'aide souvent dans son choix vestimentaire.
Ainsi le vêtement doit être :

- *pratique et confortable* (*c'est-à-dire* doux, ample, solide, lavable et laisser respirer la peau) ;
- *adapté à l'activité physique* (*ex.* : pour la marche il doit être souple, élastique…) ;
- *adapté à la saison et à la température ambiante* (*ex.* : à l'extérieur ou à l'intérieur de la maison).

2 Besoin de maintenir la température du corps dans les limites de la normale

Le maintien de sa température exige de l'être humain qu'il équilibre la production et la déperdition de chaleur de son organisme. Chez la personne âgée, le vieillissement provoque une diminution du métabolisme, donc une baisse de la production de chaleur, une baisse de la transpiration et un risque de déshydratation. Les personnes âgées ont donc une thermorégulation moins efficace qu'elles doivent compenser par des précautions vestimentaires et environnementales (température des pièces).

Rôle de l'AVS

L'auxiliaire de vie sociale doit impérativement respecter les goûts et les choix de la personne aidée et également inciter la personne à prendre soin d'elle.
Certaines personnes sont « frileuses », d'autres ont toujours chaud. L'auxiliaire de vie sociale doit comprendre cette réaction.

1. Ce sont les termes utilisés par Virginia Henderson pour la classification des « besoins fondamentaux » de l'être humain.

Situation

La tenue de Mme C.

Mme C. (30 ans) est la maman d'un bébé de 3 mois ; d'origine espagnole, elle apprécie les couleurs vives. Elle porte aujourd'hui un caleçon bariolé rouge et vert et elle a mis à son bébé un pyjama orange et bleu (car « elle trouve cela plus original »). Elle dit à *Sarah* (AVS qui travaille à son domicile) « qu'elle ne porte pas de soutien-gorge » (pour avoir moins chaud !) et « qu'elle laisse le bébé le moins habillé possible » (pour stimuler ses défenses naturelles).

Remarque

Analysons les besoins satisfaits et insatisfaits de Mme C. et de son enfant et voyons le rôle de l'AVS (*cf.* Tableau 4.18).

Tableau 4.18 Étude des besoins fondamentaux de Mme C. (maman d'un bébé de 3 mois) et rôle de l'AVS.

Besoins fondamentaux	Besoins satisfaits et habitudes de vie	Besoins insatisfaits ou perturbés	Rôle de l'AVS
Se vêtir et se dévêtir	Mme C. porte un caleçon bariolé, le bébé a un pyjama orange et bleu (car elle trouve ça plus « original »)	Mme C. ne met pas de soutien-gorge car elle n'en a pas trouvé à sa taille… et dit qu'il comprime les seins	– Motiver Mme C à l'achat d'un soutien-gorge adapté, le plus rapidement possible – Respecter ses goûts
Maintenir la température du corps dans les limites de la normale	Mme C. a toujours trop chaud, donc se couvre peu (elle se promène toujours en tee-shirt)	– Mme C. sort sur le balcon sans se couvrir – Mme C. a tendance à trop découvrir le bébé	– Aider Mme C. à évaluer la température de la pièce – Lui expliquer les risques d'un refroidissement pour elle et le bébé
Être propre, soigné	Mme C. met des vêtements propres, renouvelés chaque jour		– Renouveler chaque jour les vêtements de Mme C. – Les ranger dans l'armoire

B Réponse au besoin de « valorisation de l'image de soi »

Le vêtement reflète de nombreux aspects de la personnalité de chacun : ses goûts, son humeur, ses traditions, sa culture, son milieu social. Mais le vêtement joue un rôle essentiel. Il reflète l'image de soi, c'est-à-dire :

- l'image que l'on veut *avoir de soi* ;
- l'image que l'on veut *donner aux autres*.

Exemples

- *La jeune maman* (*Mme C.*) (*cf.* Tableau 4.18) porte un caleçon bariolé et habille son bébé de 3 mois en pyjama orange et bleu (elle trouve ça « plus original » dit-elle !). C'est sa façon de se singulariser de son entourage ; les raisons peuvent être nombreuses. C'est en fréquentant la personne que l'on peut déceler les motifs de ses choix et de ses goûts vestimentaire. Il est très important de les respecter.
- *L'adolescent* a tendance à choisir ses vêtements selon les « goûts » du groupe d'appartenance. Le « jeans » a toujours sa faveur (il donne une « image de soi » décontractée (cool !) que le jeune privilégie !).

C Adaptation des vêtements aux problèmes de la personne âgée

L'importance accordée aux vêtements dépend de l'image que l'on a de soi et est liée aussi aux problèmes de santé. Les personnes âgées dont l'image physique se détériore, peuvent avoir des comportements vestimentaires très opposés :

- soit une *valorisation* excessive de l'habillement pour préserver une image sociale acceptable ;
- soit un *désintérêt* pour le vêtement et l'aspect extérieur.

Les personnes dépressives se désintéressent de leur apparence, ne prennent plus la peine de s'habiller convenablement et finissent par ne plus avoir de relations sociales en raison de leur apparence négligée.

Le vieillissement biologique peut modifier également l'action de s'habiller. *Ex.* :

- perte de la souplesse, de la dextérité dans les mouvements ;
- déficit visuel ;
- modifications morphologiques et anatomiques gênant l'habillement : obésité, maigreur, voussure des épaules, etc.

Situation

Mme Simon (90 ans)

Mme Simon ne sort plus beaucoup de chez elle. Coquette, elle aimait beaucoup les sorties et soignait toujours ses tenues pour rencontrer ses amies. Aujourd'hui, elle continue à recevoir des visites chez elle et demande à chaque visite à *Émilie*, auxiliaire de vie sociale, de lui préparer une de ses robes préférées avec un gilet assorti. Elle demande aussi à *Émilie* de lui mettre des rouleaux (après le shampoing) pour sa mise en plis !

Remarque

Mme Simon, malgré ses 90 ans, a gardé une vie sociale (elle reçoit des visites à son domicile). C'est ce qui maintient chez elle l'*envie* de s'habiller, de soigner son image.
On voit ici l'importance du relationnel pour le moral de la personne âgée.

Rôle de l'AVS

L'achat de nouveaux vêtements ou l'adaptation de vêtements facilitant l'habillage, selon le choix de la personne aidée, pourront redonner l'envie de s'habiller à la personne et éviter les difficultés liées à l'habillage.
Le choix des vêtements quotidiens, avant la toilette et l'habillage, est un moment important. Les soins esthétiques (adaptés aux goûts de la personne) complètent la mise en valeur de la personne aidée.
L'auxiliaire de vie sociale joue un rôle fondamental dans la prévention des « besoins fondamentaux » insatisfaits ou perturbés de la personne aidée.
Donnons un exemple pour les 2 besoins concernant l'habillement de Mme Robert (*cf.* ci-dessous).

Situation

Mme Robert (87 ans)

Mme Robert, 87 ans, souffre d'une arthrose douloureuse. Elle peine à lever les bras et l'habillage quotidien devient difficile. De plus, *Mme Robert* a toujours froid. Mais *Mme Robert* tient à ses vêtements habituels et ne veut pas en changer (« Je vois peu de monde ! », dit-elle). *Roselyne*, auxiliaire de vie sociale, lui a proposé d'adapter ses robes en réalisant une ouverture large dans le dos avec des velcros facilitant la fermeture. Les robes peuvent ainsi s'enfiler comme un manteau et ne nécessitent plus d'effort.

Remarque

Mme Robert (à l'inverse de Mme Simon vue précédemment) voit peu de monde et est souffrante. On comprend que le vêtement ne soit pas une priorité.
Nous allons analyser les besoins fondamentaux de Mme Robert et voir le rôle que peut jouer l'AVS auprès d'elle (*cf.* Tableau 4.19).

Tableau 4.19 Étude des besoins fondamentaux de Mme Robert (*cf.* Situation)

Besoins fondamentaux insatisfaits ou perturbés de Mme Robert	Rôle de l'AVS[a]
Se vêtir et se dévêtir – Manque d'intérêt pour ses vêtements – Incapacités physiques pour se vêtir – Manque d'hygiène (vêtements souillés) – Choix de vêtements inadaptés (à la saison, aux situations)	– Motiver la personne pour s'habiller – Adapter les vêtements au handicap (large ouverture, velcros…) – L'aider à s'habiller ou à se déshabiller – Stimuler l'autonomie de la personne – Veiller à renouveler les vêtements – Suggérer à la famille d'apporter d'autres vêtements – Conseiller la famille pour le choix des vêtements adaptés
Maintenir sa température corporelle – Troubles de l'hypothermie : – froideur des extrémités – frissons	– Veiller à augmenter le nombre de couvertures – Adapter la tenue vestimentaire à son tempérament – Adapter à la température ambiante

a. Il s'agit du cas de Mme Robert, le rôle de l'auxiliaire de vie sociale doit évidemment être adapté aux besoins de chaque personne à aider.

Entretien du cadre de vie

CHAPITRE 13

Pour que la réalisation d'un travail d'entretien soit efficace, il faut d'abord procéder à une analyse de la situation. L'entretien du domicile est une action qui nécessite aussi une organisation méthodique.

A Organisation du travail d'entretien du domicile

Pour organiser correctement son travail, l'auxiliaire de vie sociale doit planifier son action (*cf.* Tableau 4.20) selon la méthode du QQQOCP, adoptée pour toute « démarche d'action »[1]. Après avoir effectué l'analyse de la situation, l'auxiliaire de vie va préparer son action, c'est-à-dire regrouper le matériel nécessaire en vue de réaliser son action.

Tableau 4.20 Planification de l'action.

	Rôle de l'AVS	
Q	Le Quoi ?	Quel est le travail à faire ?
P	Le Pourquoi ?	Quel est l'intérêt de cette action ? (son but, ses objectifs…)
Q	Le Qui (avec qui) ?	Dois-je demander de l'aide pour ce travail ?
Q	Le Quand ?	À quel moment faire le ménage ?
O	Le Où ?	Dans quelles pièces le faire ?
C	Le Comment ?	Quelle technique adopter ? Quel matériel et quels produits utiliser ?

B Objectifs de l'entretien du domicile

Le nettoyage des locaux ou des équipements à domicile a un triple objectif :
- *le respect de l'hygiène*: la santé des personnes est une priorité. Les petits enfants sont particulièrement sensibles, il est donc indispensable de les accueillir dans des locaux propres ;

1. La formule mnémotechnique se retient mieux sous cette forme, toutefois l'ordre des questions peut varier quelque peu (le Pourquoi doit être prioritaire).

© 2011 Elsevier Masson SAS. Tous droits réservés

- *le maintien en bon état des locaux et des équipements* : un local non entretenu se dégrade très vite, extérieurement et intérieurement. L'entretien journalier et les « grands nettoyages » périodiques permettent d'éviter les dégradations et d'y remédier rapidement si nécessaire. Conserver des locaux et du matériel en bon état, c'est aussi faire des économies ;
- *le souci de l'esthétique* : on connaît maintenant l'influence de l'environnement sur l'individu. Vivre dans un lieu agréable est un facteur d'épanouissement.

C Techniques d'entretien, utilisation des matériels, produits et équipements

Les principales techniques d'entretien varient ainsi que le choix des matériels et produits d'entretien, en fonction de l'utilisation du local. Elles vont du simple dépoussiérage à la désinfection, en passant par le lavage.

1 Dépoussiérage

Dépoussiérer, c'est éliminer les déchets non adhérents d'une surface (sols, mobilier).

◆ Périodicité

Le dépoussiérage doit être effectué :
- tous les jours pour le sol et le mobilier ;
- toutes les semaines pour les parois verticales.

◆ Matériel utilisé pour le mobilier

- *Des chamoisines* (ou des gazes imprégnées) : elles permettent l'agglutination des poussières. On replie au fur et à mesure de chaque passage de façon à enfermer les poussières. Les gazes peuvent être jetables ou réutilisables. Dans ce cas, on vaporise un produit agglutinant sur les gazes.
- *Les agglutinants* : ce sont des produits qui ont le pouvoir d'agglutiner, c'est-à-dire de coller entre elles certaines particules, en particulier les poussières, dans le but de faciliter leur élimination au nettoyage. *Ex.* : le produit *Pliz* (dépoussiérant-nettoyant) qui a un effet antistatique et retarde le retour de la poussière sur le support.

◆ Matériel utilisé pour les sols

- *Les balais* : les plus utilisés sont les balais trapèze ou les balais à frange, ainsi que les raclettes, car ils sont plus hygiéniques. Ils permettent le « balayage humide » vivement conseillé. Le balai traditionnel (en coco par exemple) est de moins en moins utilisé car il n'est pas hygiénique : il ne fait que déplacer la poussière. Pour être efficace, il faut « capter » la poussière : c'est le principe de l'agglutination (*cf.* les différents types de balais, figures 4.19, 4.20, 4.21 et 4.22).
- *L'aspirateur* : l'aspirateur est un appareil à moteur destiné à absorber les poussières (et les déchets solides) (*cf.* Figure 4.23).

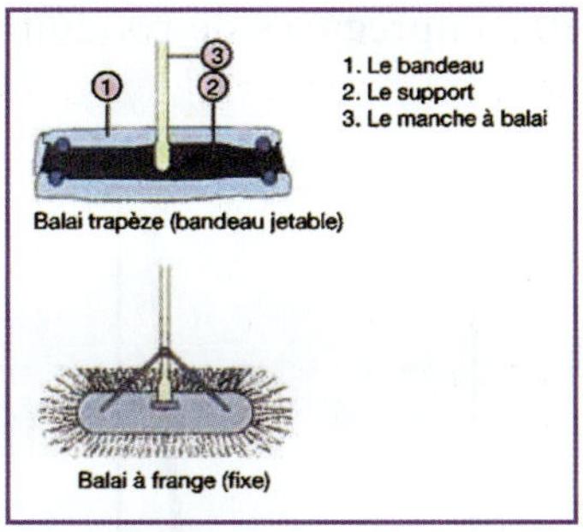

Fig. 4.19 **Le balai à franges.**
Ce type de balai est constitué d'un manche et d'un socle en forme de trapèze. Ce socle est en métal ou en matière plastique. Sur le dessus, deux ou quatre points d'ancrage permettent de fixer une gaze. La partie inférieure est garnie de caoutchouc mousse. Le manche et le socle sont articulés pour une manipulation facile.

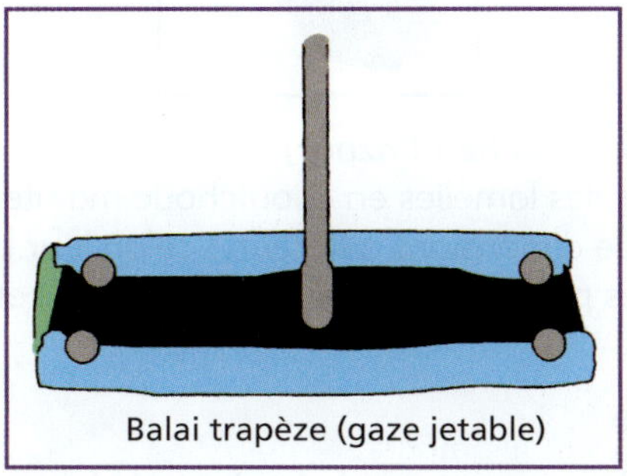

Fig. 4.20 **Le balai trapèze.**
Ce type de balai est constitué d'un long manche en plastique et d'un embout en microfibres. Il est vendu avec une « presse » permettant un essorage facile, en exerçant une poussée sur l'extrémité du balai. Il est de plus en plus utilisé en milieu domestique car il est « ergonomique ».

Précautions à prendre

- Pour les personnes allergiques aux acariens et asthmatiques, il faut acheter des sacs spéciaux (s'informer auprès des revendeurs et fabricants).
- Il est vivement conseillé d'aérer le local pendant et après le passage de l'aspirateur.

◆ Techniques de dépoussiérage

Le dépoussiérage comprend différents temps d'action :
- préparation du matériel (l'utilisation du chariot de ménage est très pratique) ;
- essuyage humide des parties hautes (plafonds, luminaires, encadrement des fenêtres, tringles à rideaux) ;
- dépoussiérage du mobilier ;
- aspiration ou balayage humide des plinthes et des sols. Une armure métallique est articulée sur un manche. Elle permet de recevoir des franges amovibles, qui facilitent le lavage et la désinfection. Les franges sont généralement en coton ou en fibres

synthétiques. Elles peuvent être imprégnées de produit agglutinant, qui retient mieux la poussière.

Fig. 4.21 **Le balai espagnol (*Kitchen Bazaar*).**

Les raclettes sont des lamelles en caoutchouc maintenues par une armure métallique. Elles sont de dimensions différentes selon leur utilisation : pour les vitres ou pour les sols. Elles permettent l'évacuation de l'eau et sont utilisées pour la vitrerie.

◆ Précautions à prendre

- Le travail s'effectue du plus propre au plus sale et de haut en bas.
- L'aération du local se fait avant ou après le dépoussiérage mais pas pendant car elle favorise le mouvement des poussières.

2 Nettoyage humide du sol

Quelle que soit la méthode choisie, le travail commence par un « détourage » : au contact des plinthes de la pièce.

◆ Méthodes de nettoyage

L'entretien d'un sol se fait toujours en commençant par le fond du local (partie opposée à la porte). Selon les types de locaux, on choisira :

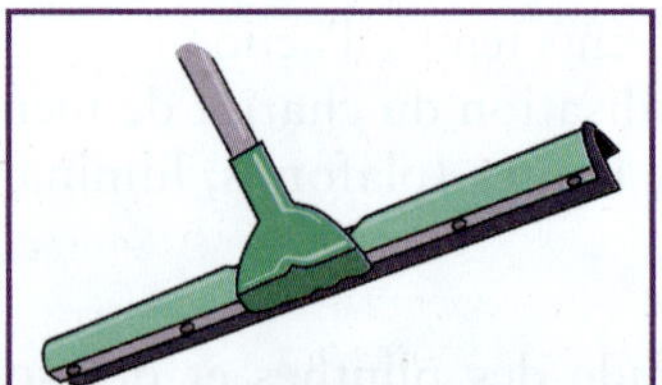

Fig. 4.22 **Les raclettes.**

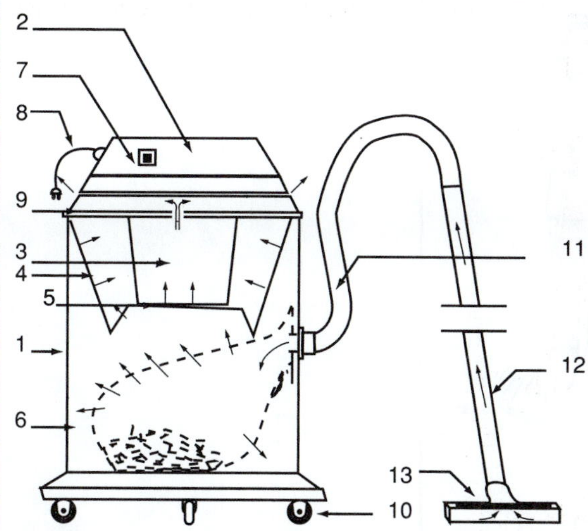

L'aspirateur à poussières

1. Cuve.
2. Moteur.
3. Turbine.
4. Filtre.
5. Poignée (pour décolmater le filtre).
6. Filtre (sac papier).
7. Commande M.A.
8. Cable d'alimentation.
9. Crochet de fixation de la tête d'aspiration.
10. Roulettes.
11. Tuyau souple.
12. Tuyau rigide.
13. Suceur.

Fig. 4.23 L'aspirateur à poussières.

- *la méthode à la « godille »* : elle permet de passer le balai sur une large surface, l'utilisateur travaille à reculons et tire le balai vers lui, en lui imprimant un mouvement en S (c'est la plus conseillée) (*cf.* Figures 4.24 et 4.25) ;
- *la méthode au poussé*: le balai est devant l'utilisateur qui le pousse. Elle est surtout employée pour les couloirs : on utilise alors des balais très larges (*cf.* Figure 4.26).

◆ Précautions à prendre

La personne qui fait le ménage doit être la moins fatiguée possible. Pour cela, elle doit se tenir bien DROITE, la colonne vertébrale dans l'axe du corps, et les pieds bien stables (importance du choix des chaussures). Ce sont les bras qui impriment le mouvement au balai et non le corps tout entier.

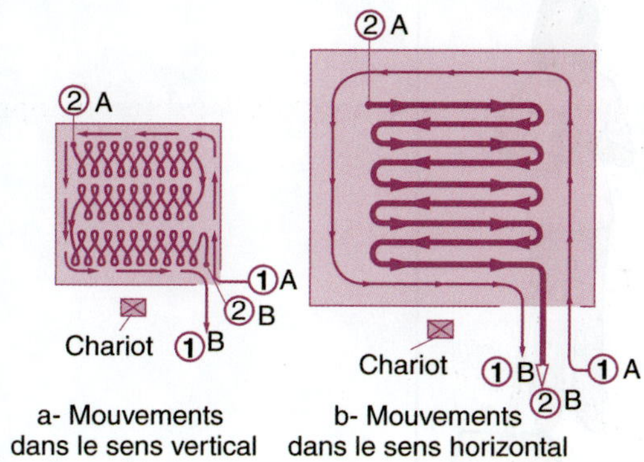

Technique
Il faut procéder dans l'ordre suivant :

– 1re entrée dans le local en 1A

– Détourage de la pièce

– 1re sortie de la pièce en 1B (avec le 1er déchet)

– 2e entrée dans le local (dans la partie la plus éloignée en 2A)

– Mouvements en S dans la pièce (*cf.* fig.a *sens vertical*, fig.b *sens horizontal*)

– 2e sortie de la pièce en 2B (avec le 2e déchet)

Fig. 4.24 Le nettoyage humide (méthode à la godille).

Fig. 4.25 Méthode de nettoyage « à la godille » (pour les pièces).

◆ Intérêts

Le lavage est très important pour le maintien de l'hygiène du local. Il a pour but d'éliminer les salissures (grâce à l'eau qui les entraîne) et de lutter contre les micro-organismes (grâce aux produits détergents ajoutés à l'eau de lavage).

Mise en garde

La technique du lavage manuel la plus répandue reste celle de la « serpillière » et du « seau » en milieu familial. Cette technique présente de nombreux inconvénients :

- manque d'hygiène ;
- risque d'accidents ;
- fatigue de l'utilisateur (lombalgies).

Fig. 4.26 Méthode de nettoyage « au poussé » (pour les couloirs).

Elle ne devrait être utilisée que pour les incidents localisés et ponctuels (ex. : vomissements, chute d'un plat).

3 Nettoyage des équipements

Selon le type d'équipement, le lavage est périodique ou journalier. L'entretien des éléments les plus courants est indiqué dans le tableau 4.21.

Précautions à prendre : pour l'équipement sanitaire (lavabos, cuvettes WC, revêtements de faïence) qui est sensible à l'abrasion (se raye), on utilisera un détergent neutre pour l'entretien courant et une crème abrasive douce (pas de poudre) en cas de fortes souillures. Ne pas oublier la robinetterie particulièrement contaminante et contaminée, ni le dessous des lavabos. En collectivité, l'utilisation d'un détergent-désinfectant est de plus en plus courante et recommandée.

4 Nettoyage de la vitrerie

La vitrerie regroupe les fenêtres et les baies vitrées. Les opérations successives pour l'entretien, le matériel et les produits nécessaires sont présentés dans le tableau 4.22.

Le travail s'effectue de gauche à droite (ou bien l'inverse) selon la personne et il faut toujours travailler (de préférence) de haut en bas.

Tableau 4.21 Entretien des éléments les plus courants des équipements.

Équipements	Déroulement de l'action	Matériel Produits	Précautions à prendre
1) Mobilier – Tables – Chaises	– Détachage préalable (tache d'encre, colle…) – Lavage : • des plateaux et des assises, rinçage, séchage • des chants (éviter les coulures) • du dessous du plateau des piétements	– Lavette – Seaux – Abrasif doux – Détergent neutre – Solvants (alcool à brûler) si chromes	– Ne pas altérer les matériaux avec des abrasifs non adaptés – Travailler en série pour aller plus vite
2) Meubles de rangement – Étagères – Armoires	– Vider le meuble en dépoussiérant au fur et à mesure les objets – Nettoyer les parties imperméables – Rincer et essuyer soigneusement – Ranger en respectant l'ordre initial	– Lavette – Brosse – Seaux – Détergent	– Repérer le rangement afin de le reproduire – Ne pas oublier les coins et les montants
3) Lits	– Dépoussiérer le matelas par aspiration – Laver de haut en bas – Nettoyer les montants du lit à l'alcool à brûler (si chromes) – Rincer – Sécher	– Lavette – Seau – Détergent – Alcool à brûler (chromes) – Eau de Javel (si besoin) – Torchon à usage unique	– Éloigner la personne du local – Aérer le local

Tableau 4.21 Entretien des éléments les plus courants des équipements. ***(Suite)***

Équipements	Déroulement de l'action	Matériel Produits	Précautions à prendre
4) Lavabos	– Nettoyer de l'extérieur vers l'intérieur – Rincer	– Détergent neutre ou crème abrasive – Éponge ou lavette	Utiliser du détartrant régulièrement[a]
5) WC	– Nettoyer de l'extérieur vers l'intérieur – Rincer – Mettre l'eau de Javel	– Détergent neutre – Balayette WC – Lavette jetable – eau de Javel	– Utiliser du détartrant régulièrement – Ne pas mélanger l'eau de Javel et les autres produits !

a. Les détartrants enlèvent le tartre : dépôts de sels calcaires qui sont le support idéal de certains micro-organismes. Donc il est important de détartrer régulièrement.

Quand il s'agit de grandes surfaces ou de vitres hautes difficilement accessibles, on emploie le même matériel monté sur un manche télescopique. On travaille alors uniquement verticalement de haut en bas. Les escabeaux et les échelles sont proscrits pour des raisons de sécurité.

Tableau 4.22 Entretien de la vitrerie.

Déroulement de l'opération	Matériel – Produits	Précautions à prendre
– Laver à l'éponge ou au mouilleur à vitre pour imprégner les salissures – Racler des traces de peinture ou vernis – Essuyer à la raclette à l'horizontale ou à la verticale. Seule la partie en caoutchouc est en contact avec la vitre formant un angle d'environ 30° (on tire la raclette vers soi)	– Éponge ou mouilleur à vitre – Racloir à vitres – Raclette en caoutchouc[a]	– Passer la raclette une fois (sinon il y a des traces) – Essuyer (régulièrement) la raclette sur l'éponge propre et essorée

a. La raclette (*cf.* Figure 4.23).

D Assainissement de l'air

Il faut savoir qu'on ne désinfecte bien que ce qui est propre. Ceci est valable pour les objets et les surfaces mais aussi pour l'air. C'est la dernière phase de l'entretien.

1 Facteurs de pollution de l'air

La pollution est directement liée aux :

- mouvements des personnes ;
- émissions cutanées (transpiration, desquamation…) ;
- émissions rhinopharyngées (paroles, respiration, éternuements…).

La charge en particules (poussières, micro-organismes…) d'un local, dépend donc de la contamination émise par les personnes et du renouvellement de l'air (*cf.* Figure 4.27).

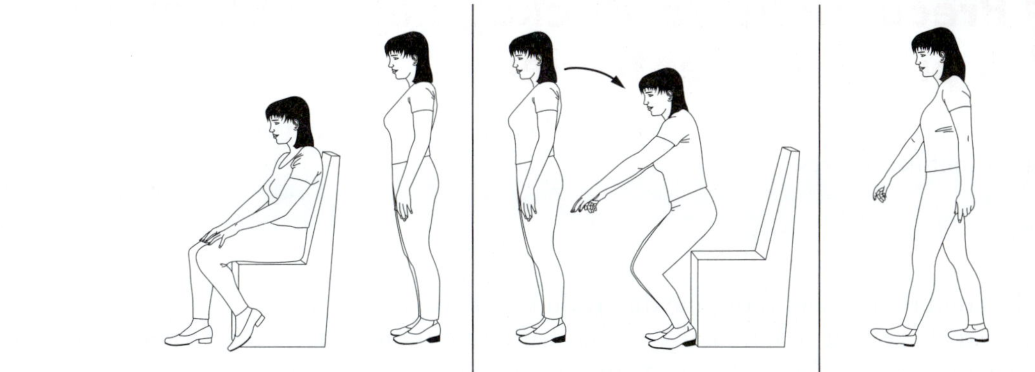

Nombre de germes /m³	500 000 100 000	2 500 000	5 000 000 10 000 000
Activités des personnes	**Immobilité** Personne assise ou debout	**Mouvements légers** de la tête et des mains	**Mouvements de tout le corps**

Fig. 4.27 Modification du nombre de micro-organismes par m3 en fonction du mouvement des personnes.

2 Désinfectants de l'air

La désinfection des locaux par voie aérienne consiste, toujours après nettoyage, à pulvériser à l'aide de matériel adéquat (pulvérisateur ou bombe aérosol) un produit désinfectant sur le sol, les murs, les objets (matelas par exemple). Il a une action assainissante sur l'atmosphère.
Il est très important de ne pas essuyer le produit après pulvérisation.
Ces produits ne sont pas toxiques, mais il faut aérer car ils peuvent être irritants pour les voies respiratoires et les yeux.
Il est indispensable de bien lire l'étiquette et de respecter le mode d'emploi. Il faut :

- protéger le produit des rayons solaires ;
- ne pas exposer le produit à une température supérieure à 50 °C ;
- ne pas percer ou brûler même après usage ;
- ne pas vaporiser vers une flamme et conserver hors de la portée des enfants ;
- ne pas fumer ;
- procéder par de brèves pressions sans pulvérisation prolongée.

Ce type de produit est généralement bactéricide et virucide ; c'est un mélange d'aldéhydes, d'essences parfumées et d'alcool. Il permet la désinfection rapide du matériel et des surfaces en milieu professionnel ; son séchage est rapide et sans traces, son odeur est agréable.

3 Parfums d'ambiance

Pour donner un sentiment de confort, de plaisir et de bien-être, on peut (si besoin) utiliser des produits qui parfument l'air, à certains moments de la journée. Ils se présentent en « spray » le plus souvent. Il est conseillé de bien lire le mode d'emploi et de tenir compte des recommandations. Certaines personnes allergiques, asthmatiques, ainsi que les enfant, peuvent être incommodés par ces produits. Dans ce cas, une bougie parfumée pourrait être utilisée (selon les consignes).

E Précautions de stockage et d'utilisation des produits d'entretien

Les produits d'entretien sont des produits chimiques. Des précautions de stockage et d'utilisation sont nécessaires.

1 Règles générales

- Le conditionnement d'origine du produit doit être conservé.
- Le stockage doit se faire dans un placard fermé (non accessible à un enfant ou à une personne âgée, désorientée ou ayant un comportement à risque).
- Le mode d'emploi doit être respecté.
- La dilution du produit doit être correctement appliquée ; il est inutile de trop concentrer un produit (plus de toxicité sans efficacité supplémentaire).
- L'utilisation du produit doit se faire dans une pièce ventilée. Le produit ne doit pas être respiré (attention aux produits en spray qui vaporisent des gouttelettes dans l'air).
- L'accident doit être évité :
  - en cas de projection du produit sur la peau, rincer abondamment à l'eau claire ;
  - en cas de projection dans l'œil, rincer abondamment à l'eau claire et consulter un spécialiste.
- Le port de gants de nettoyage à usage unique est recommandé.

2 Précautions à prendre pour l'utilisation de l'eau de Javel

N.B. L'eau de javel n'est pas un détergent, elle ne lave pas, mais désinfecte. Elle s'utilise donc sur des surfaces propres.

L'eau de Javel est un désinfectant très efficace permettant de détruire les bactéries, les champignons microscopiques et de nombreux virus. À ce jour, aucune souche microbienne résistante à l'eau de Javel n'a été trouvée.

Son utilisation à domicile est courante dans de nombreux domaines, mais elle nécessite des règles d'utilisation strictes.

Règles d'utilisation de l'eau de Javel

- Utiliser de l'eau de Javel en flacon à 12 Chl.
- L'eau de Javel se stocke dans son emballage d'origine (ne pas la transvaser dans un autre contenant).

Lors de l'utilisation de berlingots de Javel, veiller à les déverser dans des bouteilles vides de Javel (pour que le contenu reste identifiable) et veiller à faire aussitôt la dilution nécessaire (respecter les consignes).

- Éloigner les pastilles d'eau de Javel des enfants.
- Vérifier la date de péremption avant utilisation (attention : les berlingots se conservent moins longtemps car la forme concentrée est instable).
- Diluer l'eau de Javel à l'eau froide uniquement.
- Utiliser l'eau de Javel seule. L'eau de Javel ne se mélange avec aucun produit : il y a risque de dégagement gazeux très dangereux.

- Respecter le dosage de l'eau de Javel en fonction de l'utilisation souhaitée.
- Respecter le temps d'action avant de rincer.
- En cas d'ingestion accidentelle, ne pas faire boire (ni eau, ni lait), ne pas faire vomir. Rincer simplement la bouche et téléphoner au centre antipoison du département.

Rôle de l'AVS

Pour l'entretien et la maison

1. Quelques conseils doivent être pris en compte

- Le ménage est mis en œuvre alors que le rangement est terminé et les lits refaits.
- Les pièces sont aérées l'une après l'autre et les poubelles sont vidées.
- Les meubles sont dépoussiérés (dépoussiérage humide afin de ne pas soulever les poussières).
- L'aspirateur est passé sur les tapis et moquettes.
- Les sols sont balayés sans soulever les poussières.
- Dans la cuisine, salle de bains et WC, le carrelage est lavé après avoir été balayé.
- S'il existe un escalier, les marches sont aspirées ou balayées en ramenant le balai du côté du mur.

2. Quelques règles d'hygiène et de sécurité doivent être respectées

- Nettoyer toujours en allant du plus propre au plus sale, du haut vers le bas et de gauche à droite (*cf.* Figures ci-après).
- Aérer lors du ménage.
- Profiter de l'absence de la personne ou l'éloigner.
- Proscrire tout produit d'entretien rendant le sol glissant (ex. : parquet ciré chez une personne âgée).
- Éviter de mélanger des détergents ou lessives avec l'eau de Javel (gaz toxique).

3. Un planning doit être établi

- Le ménage à fond doit être fait chaque mois.
- La mise en œuvre du ménage sera bien entendu planifiée en accord avec la personne aidée. La technique de base est la même :
  - il convient de déplacer les petits meubles, les tapis et de dépoussiérer les fauteuils ;
  - une journée sera réservée pour le nettoyage des vitres et le lavage des voilages et rideaux.

Situation

La chambre de Mme Angèle

Fatou est auxiliaire de vie sociale. Elle est employée auprès de *Mme Angèle* (86 ans). *Fatou*, tous les matins, l'aide à la toilette et à l'habillage. Puis, pendant que *Mme Angèle* regarde son feuilleton à la télévision, *Fatou* réalise l'entretien quotidien de la maison. Elle commence par la chambre, aère la pièce et refait le lit. Puis elle dépoussière les meubles et passe l'aspirateur. La propreté de cette pièce est essentielle car *Mme Angèle*, fatiguée, y passe beaucoup de temps.

1 Remarque

Voici la chambre de *Mme Angèle* (*cf.* Figure 4.28).

- Quels conseils pourriez-vous donner à *Fatou* ?
- *Fatou* va nettoyer la table avec le produit ci-après (*cf.* Figure 4.29) ; est-ce un bon choix ?
- Puis elle met de la Javel dans la poubelle et dans le WC. Quelle est l'utilité de ce produit et quelles sont les précautions à prendre lors de son utilisation ?

Fig. 4.28 La chambre de Mme Angèle.

Fig. 4.29 Le produit pour nettoyer la table (droits réservés).

CHAPITRE 14

Organisation et adaptation du logement en fonction de la personne

A Aménagements pour l'enfant

Deux critères essentiels doivent être respectés lorsqu'on s'occupe de personnes à domicile : l'hygiène et la sécurité.
On y veillera particulièrement lors de l'aménagement et de l'entretien du lieu de vie.

1. Chambre d'enfant (espace et mobilier)

Aménager la chambre de l'enfant, c'est étudier l'espace disponible et faire un choix de meubles adaptés à l'âge de l'enfant. Sachant que ceci se fait toujours en accord avec les parents de l'enfant.

◆ Mobilier

- L'enfant doit pouvoir idéalement bénéficier d'une chambre individuelle ou au moins d'un espace réservé à lui seul dans le logement (en fonction de la structure du logement).
- Le mobilier et l'aménagement de cet espace doivent évoluer en fonction de l'âge de l'enfant (*cf.* Figure 4.30).

◆ Lit et literie

- *Le lit* doit être adapté à l'âge de l'enfant (*cf.* Figure 4.31) : il doit être à la fois pratique et facile d'entretien, solide, stable (prévention des chutes).
- *La literie* (*cf.* Tableau 4.23) doit assurer à la fois le confort et la sécurité de l'enfant.

◆ Température de la chambre

La température de la chambre doit se situer aux alentours de 19 °C. Une chambre surchauffée expose au risque de déshydratation et constitue aussi un facteur de risque de mort subite du nourrisson.

◆ Sièges pour enfant

Il existe différents modèles de siège pour enfant. Tous doivent répondre aux critères de sécurité. L'enfant doit, de toute façon, toujours rester sous la surveillance d'un adulte (*cf.* Tableau 4.24).

DEAVS. Modules 1 à 6
© 2011 Elsevier Masson SAS. Tous droits réservés

L'ÂGE DU BERCEAU (0-8 MOIS)

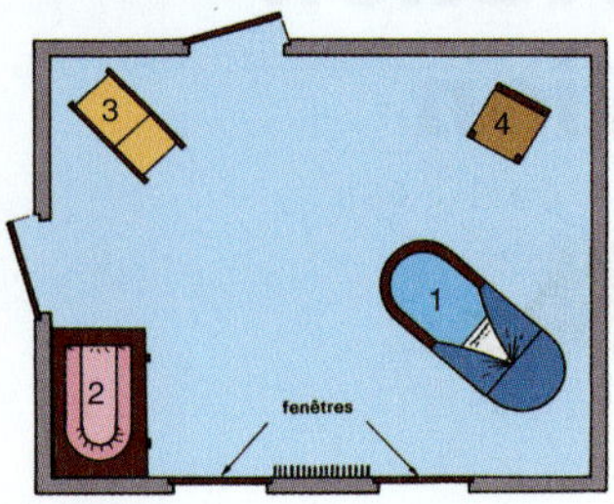

Pour le nourrisson : 3 meubles importants :
- berceau ou petit lit (1) ;
- table à langer ou commode (avec un coussin de change placé dessus), c'est très pratique : la stabilité est bonne et les tiroirs permettent le rangement des vêtements (2) ;
- transat (3).

Le petit fauteuil bas (4) est utile pour la maman (surtout si elle allaite).

L'ÂGE DU 4 PATTES (8-14 MOIS)

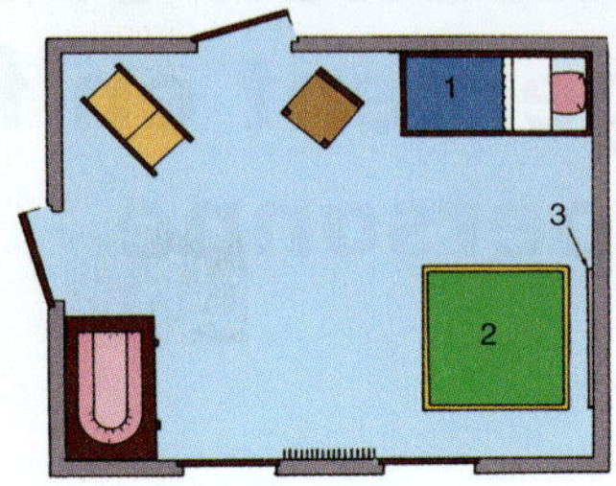

Entre le début de la station assise et la marche : l'enfant aime ramper, marcher à 4 pattes, se mettre debout seul, se regarder dans la glace, ouvrir les tiroirs de la commode… Le mobilier sera :
- un petit lit (0,60 x 1,20 m) (1) ;
- un tapis de sol en caoutchouc mousse (2) ;
- une glace murale spécialement adaptée pour les bébés (sans bris de glace) (3) ;
- la commode et le coussin de change sont toujours utilisés.

L'ÂGE DES 1ers PAS (15-24 MOIS)

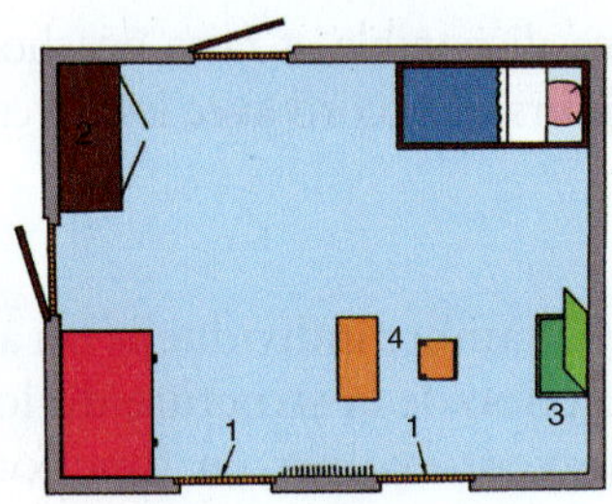

Vers 15 mois : l'enfant prend possession de son domaine privé, mais il n'y reste pas longtemps et préfère gambader dans l'appartement. A cet âge, il faut prévoir une protection aux fenêtres pour prévenir les accidents (1).
Meubles nouveaux :
- l'armoire penderie (2) ;
- un coffre à jouets (3) ;
- un petit siège et une petite table (4).

L'ÂGE DE LA MATERNELLE (24-36 MOIS)

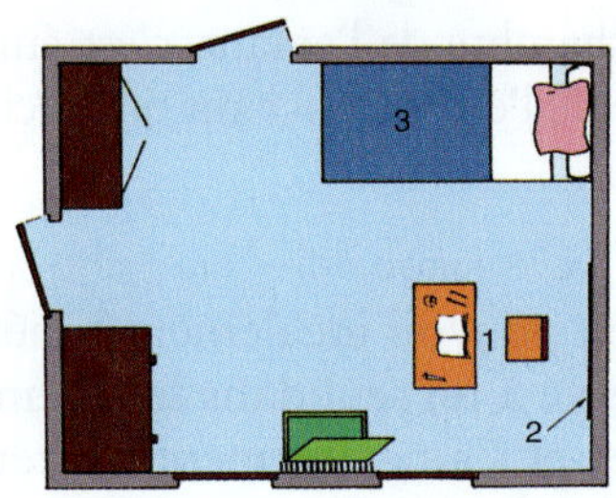

Vers 2 ans à 3 ans : l'enfant fréquente en général l'école maternelle. Sa chambre sera son domaine à « lui seul ».
Il aimera y retrouver :
- un bureau bas (1) ;
- un tableau (avec stabylos ou craies) pour dessiner (2).

Il faut à l'enfant un lit plus grand (style divan-lit) (3), afin qu'il y accède seul directement.
Le coffre à jouets est toujours très apprécié.

Fig. 4.30 **Choix du mobilier de la chambre selon l'âge de l'enfant.**

2. Prévention des accidents domestiques chez l'enfant

Le domicile recèle de nombreux dangers pour les jeunes enfants. Les chiffres parlent d'eux-mêmes avec 700 000 accidents par an chez les enfants de moins de 9 ans. Il faut donc tout mettre en œuvre afin de prévenir ces accidents (*cf.* Tableau 4.25).

Fig. 4.31 **Le lit à barreaux. (Droits réservés)**

Tableau 4.23 La literie.

Conseillé	À proscrire
– Matelas de mousse compacte ou à ressort (matelas ferme) – Protège matelas en caoutchouc ou en tissu Une turbulette	– Oreiller, couverture et édredon (risque d'asphyxie pour le nourrisson)[a] – Attache-couverture (risque de strangulation) – Lit instable (risque de chute)
a. Ces mesures entrent dans la prévention du risque de mort subite du nourrisson.	

Tableau 4.24 Les sièges de l'enfant[a].

Le transat	*Avantages* : – il permet de varier les positions de l'enfant ; – il facilite sa socialisation (permet les contacts) ; – il soutient bien le dos en position semi-assise ; – les modèles pour automobiles préviennent les risques d'accident. *Inconvénients* : – sa manipulation n'est pas toujours facile ; – les anses ne sont pas toujours fiables. Précautions (rôle AVS) : bien fixer les attaches de sécurité et rester toujours à proximité.	 **(Droits réservés)**
Le baby-relax	*Avantages* : – plus rigide que le transat, il favorise la position assise, dos bien maintenu ; – il permet de varier les activités de l'enfant (repas, jeux). *Inconvénients* : *cf.* transat. **Précautions (rôle AVS)** : *cf.* transat.	 **(Droits réservés)**

Tableau 4.24 **Les sièges de l'enfant. (*Suite*)**

La chaise haute[a]	*Avantages* : – elle permet à l'enfant de participer au repas des adultes à « hauteur de table familiale » ; – quelques modèles multipositions permettent des emplois diversifiés et sont donc économiques. *Inconvénients* : la chaise haute, du fait de sa hauteur, manque parfois de stabilité. **Précautions (rôle AVS)** : il faut surveiller les mouvements du bébé et ne pas trop prolonger les moments d'utilisation. Il faut également attacher l'enfant et régler le repose-pied pour un meilleur confort de l'enfant.	 **(Droits réservés)**

a. Il existe des chaises hautes évolutives qui accompagnent l'enfant dans les différents stades de son évolution (ex : chaise Stokhel).

Tableau 4.25 **Prévention des accidents domestiques chez l'enfant et rôle de l'AVS.**

	Rôle de l'AVS dans la prévention des accidents domestiques
La chambre	– Acheter des jouets aux normes de sécurité et vérifier régulièrement leur état – Équiper les coffres à jouet de système de blocage afin d'éviter qu'un enfant puisse s'y enfermer – Équiper le lit de barreaux rapprochés empêchant un enfant d'y passer la tête
La salle de bains	– Régler la température de l'eau avec un mitigeur – Contrôler la température de l'eau du bain avec le coude (ou un thermomètre) – Surveiller l'enfant pendant toute la durée du bain (ne jamais le laisser seul, même pour un court instant)
La cuisine	– Surveiller l'enfant lorsqu'il est assis dans sa chaise haute – Vérifier la température de l'aliment ou du lait du biberon à la sortie du micro-ondes (risque de brûlures graves !) – Tourner les manches de casseroles vers l'intérieur de la cuisinière – Ranger hors de portée briquets, allumettes, couteaux et objets tranchants – Disposer une grille de protection devant la porte du four
Le salon	– Équiper les tables basses d'angles de protection – Proscrire les plantes vertes toxiques – Proscrire les cacahuètes (risque d'étouffement) – Installer une grille de protection devant la cheminée
L'escalier	– Installer des barrières en haut et en bas de l'escalier – Installer des verrous en hauteur sur les portes des greniers et des caves – Apprendre à l'enfant, dès qu'il en est capable, à monter et descendre les escaliers
Dans toute la maison	– Installer des cache-prises ou des prises à éclipse – Débrancher immédiatement les appareils ménagers après utilisation – Ranger les produits ménagers en hauteur ou dans un placard fermant à clé (dans leur emballage d'origine)

Tableau 4.25 Prévention des accidents domestiques chez l'enfant et rôle de l'AVS. ***(Suite)***

	Rôle de l'AVS dans la prévention des accidents domestiques
	– Installer des sécurités sur les fenêtres (proscrire les meubles sous les fenêtres) – Éviter les cordons de rideaux (un risque d'étranglement) – Équiper les placards de bloque-porte – Ranger ou jeter les sacs plastiques (risque d'étouffement)
Au jardin	– Installer des barrières de protection autour des piscines ou plans d'eau – Surveiller avec attention un enfant qui joue dans l'eau (même avec une petite bassine) – Ranger les outils de jardinage ou de bricolage hors de portée des enfants – Allumer les barbecues avec les allume-barbecue spécifiquement étudiés et tenir les enfants éloignés (ne jamais allumer avec de l'alcool ou de l'essence) – Surveiller les jeux avec le chien (éduquer l'enfant et éduquer le chien)

B Aménagement pour la personne âgée

L'autonomie de la personne âgée sera conditionnée par l'aménagement de son domicile. Un environnement mal organisé peut entraîner un risque pour la personne et une perte d'autonomie.

1 Adaptation de l'espace

Prenons l'exemple d'une personne âgée se déplaçant avec des cannes, il faut prévoir plus d'espace que pour une personne autonome.
En moyenne, l'espace nécessaire pour une personne avec une canne est de 70 cm, l'espace avec 2 cannes est de 90 cm. L'espace avec un déambulateur est de 60 cm (*cf.* Figure 4.32).
L'aménagement et le rangement des pièces doivent tenir compte de ces espaces afin de permettre des déplacements sans risque ni gène.

2 Prévention du risque de chute

Environ un tiers des personnes de plus de 65 ans vivant à domicile chutent au moins une fois par an. Ces chutes entraînent souvent une perte d'autonomie ou une peur de marcher.
Parfois même, la chute aboutit au décès de la personne âgée.

C Aménagement pour la personne handicapée

Deux problèmes majeurs se posent à la personne handicapée : l'accessibilité au logement et l'aménagement intérieur du logement. Nous allons voir comment les solutionner, sachant que pour une personne en fauteuil roulant dans un logement :

- la largeur de déplacement est de 80 cm ; l'espace nécessaire pour faire demi-tour est de 160 cm sur 160 cm ;

Fig. 4.32 **Adaptation de l'espace.**

- les objets ne peuvent être saisis qu'à une hauteur située entre 60 cm et 140 cm du sol (*cf.* Figure 4.33).

1 Aménagement de l'espace

- *L'*entrée doit être facilitée par une rampe d'accès avec une pente de 5 à 6°.
- Si le logement n'est pas au rez-de-chaussée, un *ascenseur* (assez large et profond) doit permettre l'accès aux étages : il doit mesurer au moins 80 cm de large et 130 cm de profondeur avec des boutons de commandes et alarmes à 110 cm du sol.
- En cas de maison individuelle, l'*accès à l'étage* peut être possible par un *monte-escalier* sur rail ou une *plate-forme* pour fauteuil.

2 Aménagement du mobilier

- *La porte d'entrée* doit être large ; l'ouverture doit être facile par poignée bec-de-canne ou télécommandée.
- *Les portes intérieures* doivent être larges, de 80 à 90 cm.
- *La chambre de la personne aidée* doit être spacieuse, avec une zone de manœuvre suffisante autour du lit (passage d'un lève-personne pour les transferts).

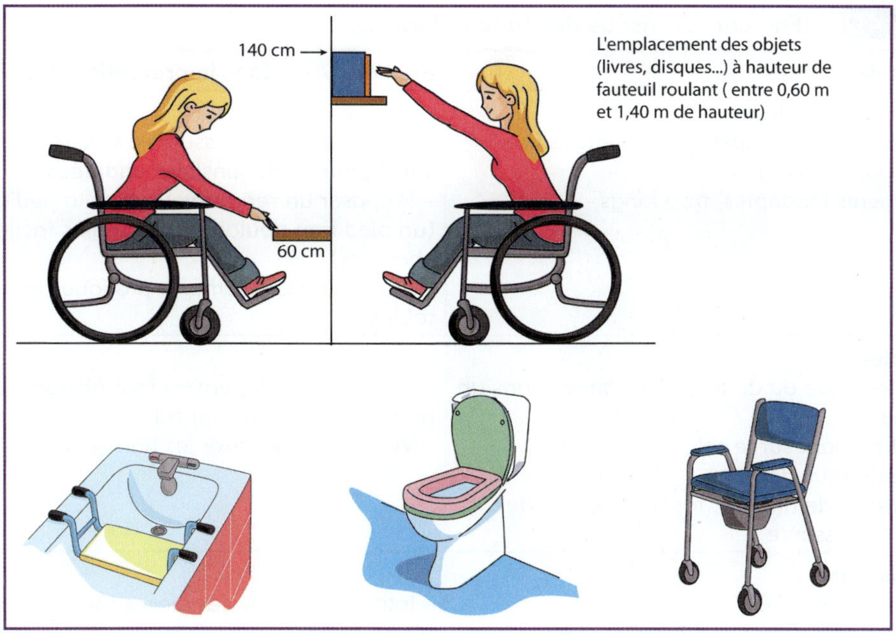

Fig. 4.33 **Aménagements pour personne handicapée.**

- *Les meubles et appareils électroménagers* doivent être à hauteur du fauteuil roulant : il existe des équipements sur rails avec télécommande, permettant de faire varier la hauteur des meubles de cuisine en fonction de l'utilisateur (ils sont coûteux) (*cf.* Figure 4.34).
- *Le lavabo de la salle de bains* doit être fixé à 80 cm de hauteur, sans meuble sous l'évier.
- *Les WC* doivent être larges afin de permettre un transfert latéral de la personne.
- *Les interrupteurs et prises de courant* doivent être fixés à 100 cm du sol.
- *Les volets* doivent avoir une ouverture automatique avec télécommande.

3 Choix du matériel de manutention

Différents dispositifs peuvent être loués, ou installés à domicile, afin de faciliter la manutention de la personne en fauteuil roulant.

Rôle de l'AVS

Les causes de chutes sont de trois ordres :
- les malaises ;
- les pertes d'équilibre ;
- les chutes dites mécaniques, dues à un obstacle ou un sol glissant. Dans ce dernier cas, l'auxiliaire de vie sociale a un rôle important de prévention en conseillant la personne âgée et en rangeant le domicile de façon adaptée (*cf.* Tableau 4.26).

Tableau 4.26 Facteurs de risque de chute à domicile.

Causes des chutes	Rôle de l'AVS dans la prévention des chutes
Habillement inadapté – Chaussures ou chaussons trop larges (ne tenant pas au pied) – Vêtements inadaptés, trop longs	– Proposer des chaussures à velcro ou chaussures pour pieds sensibles adaptées – Proposer un rendez-vous chez la pédicure (un pied non douloureux sera plus facile à chausser) – Proposer des vêtements pratiques et confortables
Obstacles – Fils électrique ou de téléphone situés dans un passage – Objet traînant sur le sol – Barre de seuil dévissée – Différence de niveau : tapis épais, rail de fenêtre coulissante	– Ôter systématiquement tout obstacle pouvant présenter un risque au sol – Vérifier et faire fixer les barres de seuil
Sols glissants – Carrelage mouillé – Parquet ciré, marches d'escalier cirées – Tapis ou descente de lit non fixée – Absence de tapis anti-dérapant dans une douche ou une baignoire	– Interdire l'accès des pièces tant que le sol n'est pas sec. – Essuyer immédiatement les projections d'eau au sol – Proscrire les produits glissants (éviter de cirer les parquets) – Proposer des supports anti-dérapants sous les tapis – Proposer des tapis de bain anti-dérapant
Aménagements inadaptés – Défaut d'éclairage dans une pièce – Absence de barre d'appui dans la baignoire ou les toilettes – Siège des WC trop bas – Rangements en hauteur (usage d'un escabeau pour accéder au placard)	– Vérifier l'éclairage des pièces et proposer des adaptations – Proposer des barres d'appui dans les sanitaires – Proposer des rehausseurs dans les WC – Effectuer le rangement dans les placards à hauteur des bras de la personne

Exemples

- *La planche de transfert* pour faciliter le déplacement du fauteuil à la chaise ou au lit (plus simple).
- *Le lève-personne* avec différentes sangles (sangles pour le bain) (*cf.* Domaine de formation 2, chapitre 6).
- *Le rail dans le plafond* avec un harnais et une télécommande.
- *Le lit à hauteur variable* avec télécommande (avec un matelas de prévention si nécessaire).

4 Recherche de matériel simple et d'astuces pour la vie quotidienne

Du matériel simple ou des astuces permettent de faciliter la vie quotidienne en fonction du handicap. Des conseils peuvent être obtenus auprès des personnes spécialisées : kinésithérapeute ou ergothérapeute.

Exemple

On peut prévoir :

- pour les repas : un support anti-dérapant sous les assiettes des personnes hémiplégiques ou des poignets permettant de fixer les couverts pour les personnes ayant des difficultés de préhension ;
- pour le bain : un tapis anti-dérapant, un petit siège (*cf.* Figure 4.34), une rampe d'accès ;
- pour les WC : les barres d'appui aux WC ou amovible, les surélévateurs de siège de WC (*cf.* Figure 4.34), les sièges percés (*cf.* Figure 4.34).

D Aides pour l'aménagement du logement

Il existe différentes aides possibles selon la situation de la personne (locataire ou propriétaire de son logement).

Exemples

- Des subventions, des prêts ou des primes peuvent être accordés. Différentes aides peuvent par ailleurs se cumuler.
- Des assistantes sociales peuvent aider les personnes à constituer les dossiers et les orienter.
- Des associations peuvent également aider les personnes :
  – le **PACT** : association à but non lucratif, assurant la protection, l'amélioration, la transformation et l'entretien des locaux d'habitation ;
  – l'**ALGI** (association pour le logement des grands infirmes) dont l'objectif est « que toute personne handicapée puisse garder son mode de vie et son lieu de domicile » ;
  – la **MDPH** de chaque département.

Toutefois, lorsque l'aménagement du domicile paraît impossible ou trop coûteux, il est raisonnable d'orienter la personne vers un changement de domicile. L'auxiliaire de vie sociale saura conseiller avec tact la personne, après une étude de la situation, et une réflexion en équipe.

CHAPITRE 15

Gestion courante du budget quotidien

A Notion de gestion du budget familial

1 Définition

- *Gérer* : signifie administrer, surveiller (avec une notion de responsabilité).
- *Budget* : signifie l'ensemble des dépenses et des recettes prévues annuellement.
- *Revenu* : désigne les montants pécuniaires qui sont perçus par un individu ou par un ménage (membres d'une même famille).
- *Revenu disponible* d'un ménage : comprend les revenus d'activité, les revenus du patrimoine et les prestations sociales (y compris les pensions de retraite).

Les revenus donnent lieu à des prélèvements fiscaux et sociaux (impôt sur le revenu, cotisations sociales…) qui sont eux-mêmes des revenus pour les organismes publics concernés.

2 Objectifs

L'AVS doit pouvoir aider la personne, ou la famille, à gérer son « budget », et cela afin de clarifier les recettes et les dépenses, de les équilibrer et surtout de prévenir tout « déficit dans le budget.

- Un *budget déficitaire* ne permet pas de faire face aux dépenses ; le déficit peut entraîner l'emprunt et l'endettement.
- Un *budget excédentaire* permet facilement de faire face à toutes les dépenses et dégage un excédent qui peut être épargné afin de couvrir des dépenses imprévues.

3 Méthodologie

La gestion du budget doit être méthodique. Les principales étapes à respecter pour gérer un budget sont présentées dans le tableau 4.27.

B Mesures de protection des consommateurs

L'information et la protection du consommateur sont nécessaires compte tenu de sa vulnérabilité face aux vendeurs professionnels. En France, elles font l'objet de mesures légales regroupées dans le Code de la consommation. Des institutions, destinées à sauvegarder sa santé, sa sécurité et à lui donner les moyens de défendre ses droits, ont été mises en place.

DEAVS. Modules 1 à 6
© 2011 Elsevier Masson SAS. Tous droits réservés

Tableau 4.27 Les étapes de la gestion d'un budget.

Étapes	Actions, il faut :
1. Évaluer les revenus	– additionner l'ensemble des recettes régulières de l'année pour obtenir le revenu annuel – diviser ce revenu annuel par 12 pour obtenir le revenu moyen mensuel
2. Évaluer les dépenses fixes	additionner les dépenses obligatoires annuelles et diviser le total par 12
3. Évaluer les dépenses courantes	– noter toutes les dépenses sur 2 ou 3 mois et diviser la somme totale obtenue pour avoir une moyenne mensuelle
4. Évaluer les dépenses d'équipements et de loisirs	– noter les dépenses faites et estimer les besoins en équipement – les comparer au budget disponible afin de savoir si ces dépenses sont possibles et quand

1 Obligation du vendeur

Le vendeur est dans l'obligation de fournir au consommateur, avant la conclusion du contrat, toutes informations utiles sur le bien, le produit ou le service qu'il fourni.

Exemples

- Prix TTC.
- Caractéristiques et origine du produit.
- Conditions de vente.

Cette obligation générale d'information (article L.111 du Code de la consommation) peut être faite à l'aide de n'importe quel support (affiche, catalogue, internet). L'obligation d'information prend la forme d'un triple devoir :

- devoir de renseignement (l'étiquetage est contrôlé) ;
- devoir de mise en garde ;
- devoir de conseil.

2 Réglementation de la publicité

Le consommateur est aussi protégé en matière de publicité. Sont sanctionnées pénalement : la publicité trompeuse (elle ne doit pas induire en erreur) et la publicité mensongère (elle ne doit pas diffuser d'informations fausses). La publicité comparative est licite si elle porte sur des éléments objectifs et si elle est loyale. La publicité des produits présentant des risques pour la santé ou l'ordre public est interdite ou réglementée (alcool, tabac, médicaments…).

3 Réglementation des méthodes de vente

- Les ventes *réglementées* sont la vente à domicile, à distance, à crédit. Le contrat est obligatoirement écrit. Le consommateur bénéficie d'un délai de 7 jours pour revenir sur son engagement sauf pour les crédits immobiliers et les soldes.

- Certaines méthodes de vente sont *interdites*. Il s'agit de la vente par lot, la vente à la boule de neige, la vente par envoi forcé, la vente liée, la vente avec prime, la vente à perte. Il en est de même pour les fraudes (falsification de produits, tromperie sur la marchandise) et l'abus à l'égard de certaines personnes. Les clauses abusives, procurant au vendeur un avantage excessif, sont aussi interdites par la loi.

4 Moyens de défense du consommateur

Le consommateur peut recourir à divers organismes :
- la Direction générale de la concurrence, de la consommation et de la répression des fraudes (DGCCRF) contrôle le prix des produits ;
- la Commission de la sécurité des consommateurs émet des avis et propose des mesures permettant d'améliorer la prévention des risques en matière de sécurité des consommateurs ;
- l'Institut national de la consommation (INC) informe et conseille les consommateurs ;
- les organisations de consommateurs agissent en plus en justice si elles sont agrées ;
- le tribunal de grande instance peut prononcer la nullité ou la résolution du contrat, mettre en jeu la responsabilité du vendeur et ordonner des sanctions pénales.

A Gestion et classement des documents administratifs

1 Documents administratifs

La vie quotidienne entraîne la réception de nombreux documents administratifs : il s'agit de factures, relevés et déclarations diverses.

◆ Déclaration d'impôt sur le revenu

Toute personne percevant des revenus doit remplir une déclaration d'impôt sur le revenu, même si elle considère que ses revenus sont trop faibles pour être imposable.
Cette déclaration est faite en février/mars, sur un imprimé spécial, envoyé par le centre des impôts.

Rôle de l'AVS

L'AVS informera la personne que :
- le calcul de l'impôt est effectué par le centre des impôts ;
- un avis d'imposition ou de non imposition, est envoyé en août ;
- le paiement des impôts peut être mensualisé, ce qui permet d'étaler la charge des impôts sur l'année.

◆ Documents liés au logement

Citons les principaux :

- *les factures de téléphone et d'EDF–GDF* se composent de deux parties :
  - le montant de l'abonnement représentant le droit de raccordement au réseau de distribution,
  - le montant de la consommation ;

Rôle de l'AVS

L'AVS informera la personne que :

- les factures de téléphone sont envoyées tous les mois ou tous les 2 mois ;
- les factures EDF–GDF sont annuelles, mais peuvent faire l'objet d'une mensualisation. L'AVS classera ces documents dans des chemises de couleurs différentes, par ordre chronologique en indiquant clairement les mois ou années sur la couverture.
- *les contrats d'assurance* couvrent en général :
  - le domicile : incendie, dégâts des eaux, vol, etc.,
  - la responsabilité civile des membres de la famille et des animaux domestiques pour tout accident causé aux biens ou à la personne d'un tiers,
  - le véhicule : accident, dégradation, vol, etc. Il existe deux types de contrats, le contrat au « tiers » qui couvre les dégâts si l'accident a lieu avec un autre véhicule identifié, le contrat « tous risques » qui couvre l'intégralité des dégâts quelles que soient les circonstances ;
- *les impôts fonciers et la taxe d'habitation* sont calculés par le centre des impôts en fonction du type de logement occupé. Les propriétaires de leur logement paient les deux impôts, les locataires ne paient que la taxe d'habitation. Ces impôts peuvent aussi être mensualisés.

◆ Documents liés à la santé

Les décomptes de remboursement des soins permettent de contrôler que tous les soins ont bien été remboursés par la Sécurité sociale. Ils précisent le pourcentage de remboursement. Ces documents doivent être ensuite envoyés à la mutuelle pour la part de remboursement qui lui revient.

Rôle de l'AVS

Ces documents doivent être classés dans des pochettes par ordre chronologique (du plus ancien au plus récent).

◆ Documents liés à l'emploi d'un salarié

Toute personne qui emploie un salarié doit le déclarer afin que ce dernier puisse bénéficier des prestations de Sécurité sociale, d'assurance chômage et de retraite.

« Chèque emploi service universel » (Césu)

Pour les emplois à domicile, il existe une procédure simplifiée, le *chèque emploi service*, qui a plusieurs intérêts :
- il permet à l'employeur d'être dispensé des formalités liées à l'embauche et à la rémunération et d'obtenir un allègement fiscal ;
- il assure au salarié les mêmes droits du travail et de protection sociale.

Démarches

Elles sont très simples puisqu'il suffit pour l'employeur de s'adresser à sa *banque* afin de remplir une demande de chéquier service et une autorisation de prélèvement des cotisations sociales.

Composition du chéquier

Chaque fois que l'employeur paye son salarié, il doit remplir deux imprimés du chéquier :
- un *chèque* portant la somme à payer au salarié et qui lui est remis (le salaire ne peut être inférieur au Smic horaire) ;
- un *volet social* qui est envoyé au service de gestion des emplois services.

Dans le mois suivant, le salarié reçoit son *bulletin de salaire* pour la période indiquée et une *attestation d'emploi* qui lui permet de justifier de ses droits à la Sécurité sociale, à l'assurance chômage et à la retraite complémentaire. L'employeur reçoit un avis de prélèvement des cotisations sociales et en fin d'année, une attestation qui lui permet d'avoir droit à une réduction d'impôt pour l'emploi à domicile.

2 Classement et archivage des documents

Afin de pouvoir retrouver sans difficulté les documents dont on a besoin, il est indispensable d'organiser leur classement. L'AVS aidera la personne à :
- *garder à portée de main les documents de l'année en cours* dans des chemises séparées, bien fermées et étiquetées, ou dans des dossiers suspendus dans un meuble ;
- *archiver les documents des années antérieures*, en tenant compte de la durée d'archivage dans des dossiers cartonnés type « archives » et étiquetés.

Nous proposons un type de classement des documents, mais il doit être adapté à chaque situation, l'important étant de pouvoir retrouver facilement le document recherché. Il y a deux types de documents :
- les *documents personnels* (*cf.* Tableau 4.28) ;
- les d*ocuments administratifs (cf.* Tableau 4.29).

Les documents administratifs ont une durée de vie extrêmement variable, de quelques semaines à toute la vie. Il est nécessaire de connaître ces durées de vie afin de faire un tri régulièrement pour ne pas s'encombrer d'une trop grande quantité de papiers, ce qui prend de la place et gêne la recherche de documents importants.

Tableau 4.28 **Exemple de classement des documents personnels.**

Nom des documents	Contenu
Documents personnels : Ranger à part (on ne peut avoir de duplicata pour certains documents[a])	– Livret de famille, livret militaire – Diplômes – Contrats de mariage, divorce, testament, donation, etc. – Livrets d'épargne
Emploi : 2 sous-chemises	– Contrat de travail, certificats de travail – Notations, évaluations, etc.
Salaire : 2 sous-chemises	– Bulletins de paie de l'année – Attestations d'autres revenus nécessaires à la déclaration d'impôts
Logement : 1 sous-chemise par élément	– Factures EDF, téléphone, charges, reçus de loyer, etc. – Acte de propriété ou contrat de location
Impôts : 3 sous-chemises	– Déclaration et avis d'imposition de l'impôt sur le revenu – Impôts fonciers et taxe d'habitation – Taxes diverses (TV...)
Banque : 2 sous-chemises	– Relevés de compte – Crédits, emprunts, etc.
Assurances : 2 ou 3 sous-chemises	– Contrat et factures annuels pour le logement, le véhicule, responsabilité civile – Assurance vie, déclarations de sinistres
Santé : 2 sous-chemises	– Ordonnances en cours, examens récents – Carnet de santé, vaccinations, carte de groupe sanguin
Sécurité sociale, mutuelle : 2 sous-chemises	– Carte de Sécurité sociale – Feuilles de remboursement, documents d'accident du travail
Véhicule : 2 sous-chemises	– Facture d'achat, de réparations – Constats d'accidents, etc.
Travaux	– Devis en cours, factures de grosses réparations
Loisirs : 2 sous-chemises	– Notes d'hôtel, contrats de voyages – Contrats d'abonnement à des revus, club, etc.
Achats	– Factures d'achats importants et susceptibles d'être remboursés par les assurances en cas de vol, détérioration

a. Il est cependant recommandé d'en faire des photocopies.

Tableau 4.29 Durée de conservation des documents administratifs.

Durée de conservation	Documents administratifs
À vie	Documents concernant : *a) la famille :* – livret de famille, – contrat de mariage, jugement de divorce *b) les ressources :* les pensions, la retraite, l'épargne (livrets de caisse d'épargne) *c) les dépenses :* factures de réparations ou d'achats importants *d) les actes notariés :* donation, testament, actes de propriété *e) les études :* diplômes *f) la santé :* – documents d'accident du travail ou de maladie professionnelle, ou invalidité – carte de Sécurité sociale, de groupe sanguin – dossiers médicaux : carnet de santé, certificats de vaccination, radiographies, analyses, certaines ordonnances, etc.
30 ans	– Justification de paiement d'un dommage – Reconnaissances de dette civile – Honoraires d'architecte et d'avocat
10 ans	– Factures de travaux effectués par un artisan – Relevés bancaires – Justificatif de paiement des charges de copropriété – Justificatif de paiement d'un prêt – Documents concernant une construction : factures, procès verbal de réception des travaux – Contrat de prêt après l'expiration du contrat – Factures EDF, GDF
5 ans	– Avertissements du percepteur – Déclaration de revenus – Justificatifs de paiement de : • pension alimentaire • cotisations sociales • impôts – Quittances d'assurance – Contrat de location après le départ des lieux – Bulletins de salaires d'un employé
2 ans	– Justificatif de paiement des factures d'eau, de téléphone – Décomptes de Sécurité sociale – Contrat de travail après sa résiliation
Durée variable	*– Preuves de mandats et virements, souches de carnet de chèques : le plus longtemps possible* *– Bulletins de salaire* : jusqu'à la retraite *– Certificats de travail* : jusqu'à la retraite *– Dossiers scolaires* : la durée des études *– Devis* : jusqu'à la facture *– Quittances de loyer* : pendant toute la location *– Bons de garantie* : jusqu'à expiration *– Facturettes de paiement par carte bancaire* : jusqu'au prélèvement sur le compte *– Polices d'assurance* : pendant toute la durée de souscription à cette assurance (auto, maison…)

3 Démarches administratives courantes

L'auxiliaire de vie sociale doit souvent conseiller la personne aidée lors des démarches administratives.
Le tableau 4.30 regroupe par catégories les démarches les plus courantes.
Il faut noter que des informations précieuses sont fournies par les *associations* d'action sociale, d'entraide mais aussi culturelles ou socio-éducatives.
Enfin, le *Minitel* et Internet sont des sources faciles et non négligeables de renseignements.

Tableau 4.30 Démarches administratives courantes.

Demandes formulées	Où aller ?
État civil – Copies, extraits d'actes – Actes établis dans les DOM-TOM – Actes établis à l'étranger – Bulletin n° 3 du casier judiciaire – Certificat de nationalité – Pièces d'identité	 – Mairie du lieu de l'acte – Ministère des DOM-TOM – Service central de l'État civil (Nantes) – Casier judiciaire national (Nantes) – Tribunal d'instance du domicile – Mairie ou commissariat du domicile
Enseignement – Orientation – Bourses d'étude – Enseignement à distance	 – CIO des établissements scolaires (Centre d'information et d'orientation) – CIDJ (Centre d'information et documentation jeunesse) Paris – Université ou rectorat – Cned (Centre national d'enseignement à distance)
Vie professionnelle – Insertion-Formation – Recherche d'emploi – Réglementation du travail – Litiges du travail – Aide aux personnes privées d'emploi	– Pôle Emploi du domicile – Chambre de commerce et d'industrie – AFPA (Association pour la formation des adultes) – Pôle Emploi – Direction départementale du travail – Inspection du travail (du domicile) – Conseil des prud'hommes – Pôle Emploi
Protection sociale – Sécurité sociale – Dossiers médicaux – Protection de l'enfance – Allocations familiales	– CPAM – CADA (Commission d'accès aux documents administratifs) – DDASS – CAF du domicile
Personnes âgées – Aides ménagères et soins à domicile – Hébergement – Allocation d'aide sociale – Allocation vieillesse	– CCAS du domicile – CCAS du domicile – Caisse de retraite – CCAS du domicile – Caisse nationale d'assurance vieillesse – Caisse de retraite

Tableau 4.30 Démarches administratives courantes. *(Suite)*

Demandes formulées	Où aller ?
Logement – Achat : PAP (prêts d'accession à la propriété), prêts conventionnés – Amélioration de l'habitat – Aide au logement – Allocation logement	 – ADIL (Association départementale pour l'information sur le logement) – ANAH (délégation locale de l'Agence pour l'amélioration de l'habitat) – Mairie, CAF – CAF
Taxes et impôts – Déclaration – Paiement	 – Centre des impôts – Perception ou trésorerie du domicile
Transports – Permis de conduire – Carte grise – Vente d'un véhicule	– Préfecture – Préfecture – Préfecture
Justice – Aide judiciaire – Dettes, créances	– Tribunal de grande instance – Tribunal d'instance – Commission de surendettement du département
Loisirs-Culture – Centre culturel – Brevets sportifs – Sections sportives et handisports – Information culturelle et sportive	– Mairie – Direction départementale de la jeunesse et des sports – Direction régionale des affaires culturelles
Principaux sigles à connaître AAH : Allocations aux adultes handicapés ADMR : Aide à domicile en milieu rural AEMO : Action éducative en milieu ouvert ANPE : Agence nationale pour l'emploi APEI : Association de parents et amis d'enfants inadaptés ASE : Aide sociale à l'enfance CAF : Caisse d'allocation familiale CCAS : Centre communal d'action sociale CDD : Contrat à durée déterminée CDES : Commission départementale d'éducation spéciale (enfants handicapés)	CDI : Contrat à durée indéterminée CDPH : Commission d'aide aux personnes handicapées CLIC : Centre local d'information et de coordination CMP : Centre médicopsychologique CMPP : Centre médicopsychopédagogique CMS : Centre médico-social COTOREP : Commission technique d'orientation et de reclassement professionnel (adultes handicapés)

Tableau 4.30 **Démarches administratives courantes.** ***(Suite)***

Demandes formulées	Où aller ?
CPAM : Caisse primaire d'assurance maladie DDASS : Direction départementale d'action sanitaire et sociale DRASS : Direction régionale d'action sanitaire et sociale DRPJJ : Direction régionale de la protection judiciaire de la jeunesse DVM : Droit de visite médiatisé EHPAD : Établissement d'hébergement pour personne âgée dépendante HAD : Hospitalisation à domicile HDT : Hospitalisation à la demande d'un tiers IMC : Infirme moteur cérébral IME : Institut médico-éducatif IMP : Institut médicopédagogique IMPRO : Institut médicoprofessionnel JAF : Juge aux affaires familiales JE : Juge des enfants MAS : Maison d'accueil spécialisée MDPH : Maison départementale du handicap MECS : Maison d'enfants à caractère social OPP : Ordonnance de placement provisoire PEP : Pupille de l'enseignement public PJJ : Protection judiciaire de la jeunesse PMI : Protection maternelle infantile RASED : Réseau d'aide spécialisée pour les élèves en difficulté RSA : Revenu de solidarité active SSESAD : Service de soins et d'éducation spécialisée à domicile SSIAD : Service de soins infirmiers à domicile TISF : Technicien en intervention sociale et familiale UDAF : Union départementale d'aide à la famille VAE : Validation des acquis de l'expérience	
N.B. Noter les adresses des organismes de votre département.	

Domaine de formation 5

Participation à la mise en œuvre, au suivi et à l'évaluation du projet individualisé

Indicateurs de compétences AVS du DF5

Chapitre 15. Le droit des personnes

- ***Connaître les droits des personnes et l'évolution de leur mise en application dans le champ sanitaire et social***

  L'AVS doit connaître l'évolution du cadre juridique des personnes (adulte-enfant) (lois de 2002 et de 2004)
- ***Adopter des comportements qui respectent les droits des personnes***

  L'AVS doit :
  - connaître le dispositif de protection des personnes dans le domaine sanitaire et social ;
  - savoir respecter les droits, les libertés et les choix des personnes.

Chapitre 16. Le projet individualisé

- ***Contribuer à l'élaboration du projet individualisé***

  L'AVS doit savoir :
  - *construire un projet individualisé* en liaison avec l'équipe et l'encadrement ;
  - recueillir le *consentement* de la personne sur la mise en œuvre de ce projet individualisé.
- ***Organiser son intervention à partir du projet individualisé***

  L'AVS doit savoir :
  - *gérer son temps* ;
  - *définir des priorités*.
- ***Analyser et rendre compte de son intervention***

  L'AVS doit savoir :
  - développer une *analyse cohérente* à l'oral et à l'écrit et adaptée à l'interlocuteur ;
  - rédiger des écrits professionnels ;
  - dresser des *bilans réguliers* de son intervention ;
  - rendre compte de son intervention à l'équipe et à l'encadrement.

Chapitre 17. Éthique et déontologie professionnelle

- ***Savoir intervenir conformément aux règles de l'éthique et de la déontologie professionnelle***

  L'AVS doit :
  - savoir *respecter* la personne dans ses droits, ses choix de vie, sa dignité, ses croyances et sa culture ;
  - savoir *prendre du recul* face aux difficultés de la personne ;
  - savoir *gérer les situations* de violence et d'agressivité ;
  - savoir *prévenir et alerter* sur les situations de maltraitance ;
  - connaître les aspects de la *responsabilité* civile et pénale ;
  - faire preuve de *discrétion professionnelle* ;
  - respecter le *secret professionnel*.

Le droit des personnes

CHAPITRE
16

CADRE JURIDIQUE DE LA PERSONNE (LOIS 2002 ET 2004)

Définition

« On appelle capacité juridique toute compétence d'une personne en matière de droit ». L'enfant n'a pas de capacité juridique, ce sont ses parents et la société qui doivent défendre ses droits.[1]

A Cadre juridique et institutionnel de l'enfant

Afin de défendre les droits de l'enfant, l'Organisation des Nations Unies (ONU) a signé la Convention internationale des droits de l'enfant. En adoptant ce texte, les États s'obligent mutuellement au respect des droits de l'enfant qui n'a pas atteint sa majorité.

Les dix principes de la Convention des droits de l'enfant (20 novembre 1989)

1. L'enfant doit jouir de tous les droits énoncés dans la présente déclaration.
Ces droits doivent être reconnus à tous les enfants, *sans discrimination* qui serait fondée sur la race, la couleur, le sexe, la langue, la religion ou toute autre discrimination.
2. L'enfant doit se voir accorder des facilités par l'effet de la loi, afin d'être en mesure de *se développer* d'une façon saine et normale.
3. L'enfant a droit, dès sa naissance, à *un nom* et à *une nationalité*.
4. L'enfant doit bénéficier de la *Sécurité sociale*, d'une *alimentation*, d'un *logement*, de *loisirs* et de *soins* médicaux adéquats.

1. La Convention des droits de l'enfant n'est pas présentée dans son intégralité. Les extraits sélectionnés donnent une idée des 10 principes essentiels de cette convention (les points clés sont en italiques).

© 2011 Elsevier Masson SAS. Tous droits réservés

5. L'enfant désavantagé (physiquement, mentalement ou socialement) doit recevoir le traitement, l'éducation et les *soins spéciaux* que nécessite son état ou sa situation.
6. L'enfant a besoin d'*amour* et de *compréhension*. Il doit grandir sous la sauvegarde de ses parents dans une atmosphère de sécurité morale et matérielle. Les pouvoirs publics ont le devoir de prendre soin des enfants en difficulté. Il est souhaitable que soient accordées des *allocations* de l'État pour l'entretien des enfants de familles nombreuses.
7. L'enfant a droit à une *éducation gratuite* et obligatoire qui contribue à sa culture et lui permet de développer ses facultés, son jugement et son sens des responsabilités.
8. L'enfant doit, en toutes circonstances, être parmi les premiers à recevoir *protection et secours*.
9. L'enfant doit être protégé contre toute forme de négligence, de cruauté et d'exploitation. Il ne doit pas être soumis à la traite, il ne doit pas être admis à l'emploi avant d'avoir atteint un âge minimum, ni être astreint à prendre un emploi qui nuise à sa santé.
10. L'enfant doit *être protégé* contre les pratiques qui peuvent pousser à toute forme de discrimination.

B Cadre juridique et institutionnel de la famille

1 Famille

Définition : la famille désigne les gens « liés par le sang », qu'ils vivent ou non ensemble.

◆ Modèles familiaux

- *La famille nucléaire* (ou restreinte) est composée des parents (père et mère) et des enfants non mariés ou non indépendants économiquement.
- *La famille monoparentale* est formée d'un adulte avec un ou des enfants de moins de 25 ans. Le plus souvent le parent est la mère.
- *La famille recomposée* regroupe l'un des parents, son nouveau conjoint et les enfants nés d'une première union et parfois les enfants nés de cette nouvelle union. L'augmentation du nombre de séparations est à l'origine de ce type de famille.

◆ Loi sur la famille[2]

La politique familiale touche directement ou indirectement tous les secteurs de la vie sociale et économique (natalité, modes de garde, logement, équipement, construction, éducation, loisirs, impôts…), ce qui explique l'existence de nombreuses prestations :

- *prestations générales d'entretien* : allocations familiales, allocation maternité, allocation de parent isolé, etc. ;
- *prime pour la naissance* et prestation d'accueil du jeune enfant (PAJE) ;
- *prestations à affectation spéciale* : allocation logement, prestations pour les personnes handicapées, aide au recouvrement des pensions alimentaires, etc.

2. Loi du 5 mars 2002.

2 Mariage et divorce

D'un point de vue juridique, la famille est fondée sur les notions de mariage et de filiation (auxquelles s'ajoute celle du pacte civil de solidarité ou Pacs).

- *Le mariage* est un acte juridique passé devant un officier d'État civil (le maire). Il requiert le consentement d'un homme et d'une femme. Il oblige les époux à la cohabitation, la fidélité, l'assistance et le secours. La coutume veut que la femme utilise le nom de son mari mais elle peut y adjoindre son nom (depuis la loi du 4 mars 2000).
- *Le divorce* : seul un autre acte juridique peut le prononcer. C'est le juge aux affaires familiales qui, dans le cadre du tribunal de grande instance, est compétent pour prononcer la séparation ou divorce[3].

3 Filiation

La filiation est un lien de parenté établi par un acte d'État civil. Elle peut être légitime, naturelle ou adoptive. Parfois la filiation est inconnue ou non établie.

◆ Filiation légitime (article 4)

Il s'agit de la filiation de l'enfant né d'un couple marié. La filiation légitime est établie automatiquement par l'acte de naissance mentionnant le nom des parents.

◆ Filiation naturelle (article 12)

Il s'agit de la filiation de l'enfant dont le père et la mère ne sont pas mariés ensemble.

- Pour reconnaître un enfant naturel, il suffit de s'adresser au bureau d'état civil de la mairie
- L'enfant peut être reconnu par l'un de ses parents avant sa naissance, dès sa naissance ou après sa naissance.

◆ Filiation inconnue ou non établie (article 13)

C'est la filiation d'un enfant naturel non reconnu. « En l'absence de filiation maternelle ou paternelle établie, la femme du père ou le mari de la mère (selon le cas) peut conférer par substitution, son propre nom de famille à l'enfant par une déclaration conjointe. Il peut également être conféré à l'enfant les noms accolés des deux époux (mêmes conditions que celles énoncées à l'article 4). »

◆ Filiation adoptive (article 15)

Il s'agit de la filiation d'un enfant adopté par des parents adoptifs. Elle est établie par une décision de justice. Cette adoption peut être plénière, ou simple : « Dans le cas de l'adoption plénière, l'enfant prend le nom de l'adoptant (si l'adoptant est marié, le tribunal peut autoriser que le nom de famille du conjoint soit donné à l'enfant) » ; « En cas d'adoption par deux époux, le nom de famille conféré à l'enfant est choisi par eux : soit le nom du père, soit le nom de la mère, soit leurs deux noms accolés (mêmes conditions que celles énoncées à l'article 4) ».

3. Il y a trois formes de divorce : par consentement mutuel, pour rupture de la vie commune et pour faute (loi du 5 mars 2002).

4 Autorité parentale[4]

« L'autorité parentale est un ensemble de droits et de devoirs ayant pour finalité l'intérêt de l'enfant, jusqu'à sa majorité ou son émancipation ». L'autorité parentale entraîne des droits et des devoirs, aussi bien pour les parents que pour l'enfant (article 3 de la loi).

◆ Droits et devoirs des parents

Les parents doivent contribuer à l'entretien et à l'éducation de l'enfant. Ils doivent :
- protéger l'enfant dans sa sécurité, sa santé, sa moralité ;
- assurer son éducation ;
- permettre son développement dans le respect de sa personne.

◆ Droits et devoirs de l'enfant

- L'enfant doit rester sous l'autorité parentale jusqu'à sa majorité ou son émancipation, et, de ce fait, ne peut quitter le domicile familial.
- L'enfant a le droit d'entretenir des relations personnelles avec ses ascendants (grands-parents, oncles, tantes...) et même des tiers : parents ou amis (*ex.* : parrain, marraine...).
- L'enfant doit être associé aux décisions qui le concernent, selon son âge et son degré de maturité.

5 Exercice de l'autorité parentale selon la filiation

L'exercice de l'autorité parentale peut prendre des formes différentes selon la filiation (article 5 de la loi[5]).

◆ Cas de filiation légitime

Lorsque la filiation est légalement établie, les père et mère exercent en commun l'autorité parentale et assurent ensemble les droits et les devoirs qui s'y rattachent.

◆ Cas de filiation naturelle

- Lorsque la filiation n'est établie qu'à l'égard de l'un des parents, celui-ci exerce seul l'autorité parentale.
- Lorsque la filiation est établie à l'égard des deux parents, elle est exercée conjointement par le père et la mère, sous réserve que les deux parents aient reconnu l'enfant avant l'âge de 1 an.
- Lorsque la filiation est établie à l'égard de l'un des deux parents, plus d'un an après la naissance de l'enfant, dont la filiation est déjà établie à l'égard de l'autre parent, celui-ci reste *seul* investi de l'autorité parentale. Toutefois l'autorité parentale pourra être exercée en commun s'ils en font la demande (déclaration conjointe devant le TGI).

4. Loi du 5 mars 2002.
5. Loi du 5 mars 2002.

◆ Cas de filiation adoptive

- L'autorité parentale peut être détenue conjointement ou unilatéralement (selon le cas).
- Les parents adoptifs ont les mêmes droits et les mêmes devoirs envers l'enfant adopté qu'envers l'enfant dont la filiation est légalement établie (enfant légitime) et les enfants adoptés ont les mêmes droits et les mêmes devoirs que les autres enfants envers leurs parents adoptifs.
- En cas d'adoption simple, l'autorité parentale est exercée par la famille adoptive, mais l'enfant garde des liens avec sa famille biologique (devenu adulte, il a notamment une obligation alimentaire vis-à-vis de sa famille biologique).

6 Exercice de l'autorité parentale pour les parents séparés

La loi définit le cadre de l'autorité parentale pour les parents séparés (article 6[6]).
« La séparation des parents n'a pas d'incidence sur les règles d'exercice de l'autorité parentale ; elle laisse subsister les droits et les devoirs des parents à l'égard de l'enfant ».
« L'autorité parentale peut être exercée soit conjointement (par les deux parents) soit unilatéralement (par l'un des deux) ».
« Si l'exercice de l'autorité parentale est confié à l'un des deux parents, le juge décide de la résidence principale de l'enfant mineur ».

- *Le parent qui exerce l'autorité parentale a le devoir de* :
  - accorder le droit de visite et d'hébergement à l'autre parent ;
  - l'informer des choix importants relatifs à la vie de l'enfant ;
  - l'informer d'un éventuel changement de résidence ;
  - respecter les liens de l'enfant avec l'autre parent et avec ses ascendants ou tiers (parent ou ami).
- *Le parent qui n'exerce pas l'autorité parentale a le devoir de* :
  - contribuer à l'entretien et à l'éducation de l'enfant (cette contribution prend la forme d'une pension alimentaire) ;
  - maintenir des relations personnelles avec l'enfant (visite et hébergement) ;
  - respecter les liens de l'enfant avec l'autre parent et avec ses ascendants ou tiers (parent ou ami).

« Si l'un des père et mère se trouve privé de l'exercice de l'autorité parentale, ou si l'un des deux décède, l'autre exerce seul cette autorité ».
« Le juge aux affaires familiales peut, à titre exceptionnel, et si l'intérêt de l'enfant l'exige (notamment en cas de privation d'exercice d'autorité parentale) décider de confier l'enfant à un tiers (choisi de préférence dans sa parenté) ».

C Droits et protection des personnes dans le domaine sanitaire et social

En France, un ensemble législatif à caractère sanitaire et social, vise à protéger les personnes. Le dispositif mis en place est très vaste. Il regroupe la Sécurité sociale (assurances sociales), la PMI, l'aide sociale, la protection de la personne hospitalisée, etc. Voyons l'essentiel de ce dispositif.

6. Loi du 5 mars 2002.

Tableau 5.1 **Missions et moyens d'action de la PMI (récapitulatif).**

Missions du service de la PMI		
Actions de prévention et d'éducation à la santé	**Actions de prévention et de protection**	**Actions de surveillance et de contrôle**
↓ Parents ↓ *Ex.* : • planification familiale • consultations prénatales et postnatales • surveillance à domicile (si difficultés)	↓ Enfants de 0 à 6 ans ↓ *Ex.* : • consultations d'enfants • bilans de santé en école maternelle • surveillance à domicile	↓ Surveillance et contrôle des modes d'accueil de l'enfant ↓ a) Modes d'accueil collectif *Ex.* : • crèches[a] • haltes-garderies[a] b) Modes d'accueil familial ; assistantes maternelles (agrément et suivi)
Actions faites par des professionnels au service de la famille : médecins, sages-femmes, puéricultrices, psychologues, assistantes sociales, conseillers conjugaux, etc.	Actions faites par des professionnels de l'enfance : pédiatres, puéricultrices, auxiliaires de puériculture, psychologues, éducateurs de jeunes enfants, éducateurs spécialisés, etc.	Actions faites par des professionnels de l'enfance : puéricultrices, médecins, assistantes sociales, psychologues, etc.

a. Structures d'accueil régulier (crèches) ou occasionnel (haltes-garderies).

1 Protection maternelle et infantile (PMI)

La protection maternelle et infantile (PMI) est l'ensemble des mesures visant à protéger et à promouvoir la santé de la mère et de l'enfant de 0 à 6 ans.

◆ Moyens d'action de la PMI

Pour accomplir ses missions, la PMI doit mettre en place différents moyens d'action (*cf.* Tableau 5.1).

◆ Modes d'intervention de la PMI dans le département

Dans le département, la PMI propose plusieurs types de consultations. Elle a aussi pour mission de « contrôler » les différentes structures d'accueil. *Ex.* : les inspecteurs de la DDASS ne donnent des « autorisations d'ouverture » aux différentes structures d'accueil, que si elles sont en conformité avec les normes d'hygiène et de sécurité en vigueur (*cf.* Tableau 5.2).

◆ Protection médicale de la mère et de l'enfant

- La surveillance médicale de la femme enceinte se fait essentiellement grâce aux examens médicaux dont le rythme a été fixé par des textes officiels.

Tableau 5.2 Modes d'intervention de la PMI dans le département.

	Pour les parents et futurs parents	**Pour les enfants de moins de 6 ans**
Missions de la PMI	– information et éducation sanitaire – prévention des problèmes liés à la naissance	– surveillance sanitaire et sociale – prévention des handicaps – éducation à la santé
Mode d'intervention de la PMI	**1°) Consultations autour de la naissance** *a) Dans les centres de PMI ou les hôpitaux :* – consultations de planning familial – consultations prénatales – consultations postnatales *b) Dans les hôpitaux :* – consultations de conseil génétique – consultations de lutte contre la stérilité – centres d'insémination artificielle **2°) Centres maternels** Pour les mères en difficulté **3°) Visites à domicile pré et postnatales** – surveillance des grossesses à haut risque (par des sages-femmes) – surveillance des familles en difficulté (par des puéricultrices, assistantes sociales…)	**1°) Consultations d'enfants** – examens médicaux obligatoires – 3 certificats de santé **2°) Bilan de santé à l'école maternelle** pour les enfants de 3 – 4 ans[a] **3°) Contrôle des établissements et services d'accueil de l'enfant[b]** – crèches – haltes-garderies, pouponnières – assistantes maternelles de PMI, et de l'ASE. **4°) Visites à domicile des puéricultrices pour les nouveau-nés** **5°) Protection de l'enfance en danger moral ou physique** **6°) Centre d'action médico-sociale précoce (CAMSP)**

a. Pour l'enfant de 5-6 ans, un nouveau bilan de santé est fait par la médecine de santé scolaire. Toutefois, jusqu'à l'âge de 6 ans, les bilans de santé peuvent se faire au service de PMI.
b. Accueil régulier ou occasionnel.

- Les examens médicaux de l'enfant peuvent être effectués dans un centre de PMI ou chez un médecin traitant.

2 Aide sociale à l'enfance (ASE)

L'aide sociale à l'enfance est un organisme financé par le département. C'est un partenaire privilégié des professionnels de terrain (PMI, service social, écoles…) pour des décisions à prendre lors de situations familiales difficiles.

◆ Objectifs et missions de l'ASE

L'objectif premier de l'ASE est de préserver l'unité familiale. Elle va donc :
- aider les familles afin de prévenir l'abandon de l'enfant (aide matérielle et financière) ;
- responsabiliser les familles dans l'éducation et l'entretien de l'enfant (action éducative) ;
- assurer l'épanouissement de l'enfant dans sa famille ou, si besoin, dans une famille d'accueil ;
- veiller à l'intérêt des enfants susceptibles d'être adoptés (l'ASE instruit les dossiers en vue d'une adoption).

Tableau 5.3 Enfants placés hors du foyer familial et protégés par l'ASE.

Catégories d'enfants	Situation familiale	Rôle de l'ASE
Enfant accueilli provisoirement	Enfant ne pouvant plus être momentanément gardé par sa famille, déficiente sur le plan moral et/ou éducatif mais qui garde ses droits	Place l'enfant dans un établissement ou dans une famille d'accueil et mène une action éducative auprès des parents pour les préparer au retour de l'enfant
Pupille de l'État	Enfant reconnu abandonné	Exerce la tutelle de l'enfant et le confie à une famille d'accueil, à un foyer de l'enfant, ou à une famille en vue d'adoption

◆ Catégories d'enfants protégés par l'ASE

Il existe différentes catégories d'enfants protégés par l'ASE.

- *Soit l'enfant est maintenu dans sa famille* : dans ce cas, un soutien est apporté aux parents par un professionnel. L'ASE verse une allocation mensuelle pour l'éducation et l'entretien de l'enfant et mène une action éducative auprès des parents pour améliorer les conditions de vie de l'enfant.
- *Soit l'enfant est placé hors du foyer familial* (*cf.* Tableau 5.3). Le placement doit être le mieux adapté à l'enfant : il peut être confié à un membre de la famille, à un service spécialisé ou à une famille d'accueil de l'ASE. Il faut savoir que :
  - le juge des enfants désigne la personne responsable de l'enfant. Elle sera chargée de veiller à son éducation et à son développement ;
  - l'action doit être menée en vue du retour de l'enfant au sein de sa famille ; dans la majorité des cas, cet enfant a une famille qui a des droits de visite ou d'hébergement (sur décision du juge des enfants). (*Cf.* situation ci-après.)

Situation

Le placement de Maya en famille d'accueil

Zélie avait 19 ans lorsqu'elle a donné naissance à Maya et sa situation familiale était tellement conflictuelle (abandon par le père de l'enfant et rejet de ses parents) que, malgré le désir qu'elle avait de garder Maya, elle a dû se résoudre à accepter le placement proposé par le juge des enfants. Maya a été placée par l'ASE dans une « *famille d'accueil* » (chez M. et Mme Z., habitant une banlieue près de Paris). L'ASE (représentée par Sonia, assistante sociale) s'assure régulièrement de la qualité du placement (compétences humaines et professionnelles de la famille d'accueil) et prépare Zélie à retrouver un jour son enfant par un suivi psychologique et l'incitation à des rencontres hebdomadaires avec sa fillette.

Remarque

L'objectif du placement est de *protéger* l'enfant, de *prévenir l'abandon* et de préparer son *retour auprès de sa mère biologique* lorsque les conditions de son accueil seront réunies.

◆ Mission des familles d'accueil dans le cadre des placements familiaux

Les familles d'accueil qui dépendent de l'ASE ont une mission délicate. Elles doivent élever l'enfant avec toute l'affection nécessaire à son épanouissement, sans toutefois se « l'approprier ».

3 Protection juridique de la personne hospitalisée (majeur/mineur)[7]

Le système de protection juridique de la personne hospitalisée a été renforcé par la loi du 4 mars 2002. Citons d'abord ses principes généraux pour toute personne puis voyons les spécificités pour les mineurs.

◆ Droits du patient hospitalisé

Respect de sa vie privée

Respecter la vie privée du patient, c'est respecter en particularité les confidentialités :
- de ses *déclarations* : aucune transmission écrite ne doit être faite sans l'accord du malade ;
- de son *courrier* ;
- de sa *religion* ;
- de son *droit à l'anonymat*.

Respect de ses goûts

Respecter les goûts du patient (exception faite pour les boissons alcoolisées), c'est respecter son désir de *conserver des objets personnels* (bijoux) ou son refus de certaines visites.

Respect de sa dignité

Le respect de sa dignité, c'est :
- l'attention à tous (personnes les plus démunies, personnes handicapées…) ;
- l'interdiction faite au personnel de santé *d'attacher* un patient, même s'il est agité (exception : si le malade inconscient peut porter atteinte à sa sécurité, le mode de contention est prescrit) ;
- le soulagement de la douleur.

Respect de sa responsabilité

Il s'agit de respecter différents droits.

Droit à l'information (le livret d'accueil)

L'établissement ou un service d'aide à domicile remet aux patients, lors de leur admission, un livret d'accueil. Une circulaire du 24 mars 2004 précise la nature des renseignements figurant dans ce livret. Il comporte généralement trois types d'informations :
- l'organisation de l'établissement ;
- les services proposés par l'établissement ;
- les informations obligatoires (loi du 4 mars 2002) :
  - accès au dossier médical,
  - informations médicales, formalités à l'admission et à la sortie ;
- la charte des droits et libertés de la personne accueillie et le règlement de fonctionnement doivent y être annexés.

7. Loi du 4 mars 2002.

Hôpital x (1)
DEAGJ/ADMISSIONS

RECUEIL DU CONSENTEMENT AUX SOINS

Cachet du service

Date du recueil : ....

Article 38 du code de déontologie médicale, article 28 du décret du 14 janvier 1974, article L. 11112 de la loi du 4 mars 2002

Nom du Médecin : ....

Objet du traitement :
....
....

Hospitalisation prévue le : ....
....

Je soussigné : ❑ Père, ❑ Mère, ❑ Représentant légal, Nous soussignés ❑ parents

Nom(s) : .... Prénom(s) : ....

De l'enfant : Nom : .... Prénom : ....

Étiquette Dossier

Déclare(nt) consentir aux soins prodigués à mon enfant après avoir été clairement informé(s), de la nature de l'intervention, ainsi que des actes qui s'y rattachent.
Signature(s) :

(1) Ce modèle émane des services de chirurgie orthopédique de l'hôpital Trousseau/Paris (2007).

Fig. 5.1 **Exemple de recueil de consentement aux soins.**

Droit à l'information sur sa santé

Le patient doit être informé de tout ce qui concerne son état de santé (diagnostic, examens, traitement) par le médecin ou les cadres de santé et il peut refuser certains traitements ou soins d'où la nécessité d'un consentement libre et éclairé, l'accès à l'information.

Consentement aux soins

Le patient doit :

- être consulté pour consentir à certains actes (*ex.* : la recherche biomédicale, le don d'organes…). La loi de 2002 confirme la nécessité de recueillir le consentement (libre et éclairé) du patient pour tout acte médical et tout traitement le concernant (*cf.* Figure 5.1) ;
- pouvoir quitter l'établissement de soins à tout moment (selon le principe de la liberté individuelle). Son avis doit être respecté. Si le patient ne peut exprimer sa volonté (en raison de son âge, ou de ses facultés mentales), son représentant légal ou un membre de sa famille peut le faire à sa place. Jusqu'à la loi du 4 mars 2002, le patient devait prouver que le service de soins ne l'avait pas informé. Depuis la loi, la charge de la preuve incombe au service de soins.

Respect de ses droits de fin de vie et soulagement de la douleur

Les droits du patient doivent être particulièrement protégés en fin de vie. D'où les recommandations faites aux personnels de santé de :

- *recueillir ses dernières volontés* (*ex.* : recevoir le ministre du culte qu'il désire, accueillir son souhait de don d'organes ou don du corps à la science ou recourir à la personne de confiance ; l'AVS doit transmettre les informations reçues) ;
- *lui éviter toute souffrance inutile* : le soulagement de la douleur est pris en compte.

◆ Droits du mineur hospitalisé

L'enfant mineur (moins de 15 ans) hospitalisé fait l'objet d'une législation spéciale, dont nous verrons deux aspects essentiels de la loi du 4 mars 2002 : les obligations des parents de l'enfant et celles des médecins, du personnel et de l'administration de l'hôpital.

Autorisation indispensable des parents

Les parents doivent signer et dater une autorisation écrite pour tout ce qui concerne l'hospitalisation de leur enfant. À savoir l'admission de l'enfant à l'hôpital ou le séjour, c'est-à-dire les soins, les traitements, les examens.
Pour l'autorisation écrite « relative à l'hospitalisation », seuls peuvent la signer les parents, ou l'un des deux (si divorce), ou le tuteur légal.

Information au mineur hospitalisé

Le mineur mérite, plus que tout autre, notre attention et le respect de sa personne et de sa dignité. Le mineur doit être informé par les médecins de son traitement, dans un langage clair et compréhensible, adapté à son niveau intellectuel.

Protection du mineur hospitalisé

- Les fugues ou les disparitions doivent être signalées. Ce signalement se fera le plus rapidement possible au cadre de l'unité et à la famille de l'enfant et des recherches seront engagées.
- Les tentatives de « rapt d'enfants » doivent être prévenues. Surtout en services de maternité, les entrées et les sorties seront particulièrement surveillées.
- La sortie de l'enfant de l'hôpital doit être surveillée. La personne qui vient chercher l'enfant doit correspondre à l'une des personnes responsables de l'enfant. Le personnel doit être vigilant à cet égard.
- La suspicion de maltraitance doit être déclarée. L'agent hospitalier qui signalera la maltraitance est dispensé de l'obligation du secret professionnel (*cf.* chapitre suivant).

◆ Secret professionnel

L'AVS est concerné(e) par les problèmes d'éthique et de déontologie que l'on appelle plus couramment la morale professionnelle. Ainsi, parler de morale professionnelle, c'est parler des valeurs fondamentales que doivent respecter les soignants envers le patient (*cf.* plus loin).

4 Protection renforcée contre les actes de maltraitance (loi du 5 mars 2007)

Les actes de maltraitance se sont considérablement développés ces dernières années. La société a le devoir de protéger ceux et celles qui en sont victimes et tout particulièrement : « les mineurs ou les personnes qui ne sont pas en mesure de se protéger en raison de leur âge ou de leur incapacité physique ou psychique ». La loi du 5 mars 2007 a renforcé les dispositifs en cours (*cf.* paragraphe « Maltraitance » dans le chapitre suivant).

CHAPITRE

17

Le projet individualisé

L'auxiliaire de vie sociale est un membre de l'équipe pluridisciplinaire intervenant aux côtés de la personne aidée. À ce titre, elle se doit de concourir à la construction du projet d'accompagnement de la personne qui répond aux souhaits, envies et désirs, aux besoins et aptitudes de celle-ci et tient compte aussi des habitudes sociales et des croyances de la personne aidée.

Construction du projet individualisé

Il ne s'agit pas de proposer des actions démesurées ou des projets irréalisables, mais plutôt, en concertation avec les professionnels du secteur médical et de l'aide à la personne et au regard des difficultés rencontrées par les personnes aidées, d'envisager des propositions qui favorisent et valorisent leur inscription dans la cité, en respectant leur autonomie et leurs envies.

Situation

La construction du « projet individualisé » pour Mme D. (80 ans)

Mme D. (80 ans) vit *seule* à son domicile. Elle vit très mal le deuil de son mari, ce qui a eu des répercussions sur son moral et sa santé. Elle *dort* très mal, ses crises *d'arthrose* se sont amplifiées, elle *mange peu*. De plus, elle souffre de *problèmes d'élimination* (fuites urinaires) qui la gênent beaucoup.

Lise (AVS) qui intervient à son domicile chaque jour (à raison de 2 h le matin et 2 h l'après-midi) constate que Mme D. *se coupe* de plus en plus du monde extérieur, qu'elle a tendance à ne pas vouloir *s'habiller* le matin. Mme D. bénéficie à son domicile de 2 séances de kinésithérapie hebdomadaires.

À la suite d'un échange entre le médecin traitant, l'AVS, la responsable du service à domicile et Mme D., et en accord avec le kinésithérapeute, il ressort qu'il serait opportun que Mme D. puisse se rendre à pied au cabinet de kinésithérapie ; ce cabinet se situe à 400 mètres de son domicile. Elle sera accompagnée à l'aller et au retour par Lise. Le médecin a également demandé que l'on mette tout en œuvre pour la stimuler à manger et favoriser le sommeil. Lors de cette réunion, l'AVS a transmis le souhait de Mme D. de se rendre à l'église (se plaignant de ne plus y être allée depuis le décès de son mari) et de voir sa famille plus souvent.

Remarque

D'après cette situation, nous allons voir comment se construit un projet individualisé, qui doit tenir compte de la pathologie de la personne, de ses *besoins fondamentaux*, de ses *aptitudes*, de ses *désirs*, de ses *croyances* et des divers *intervenants* de l'équipe pluridisciplinaire. L'AVS participe activement à la construction de ce projet individualisé. Nous allons étudier son rôle.

© 2011 Elsevier Masson SAS. Tous droits réservés

A Observation de la situation, collecte d'informations et analyse des données)

Dans l'étude de situation précédente, l'AVS a longuement observé et questionné la personne aidée et sa famille.
Afin de sélectionner des informations utiles, l'AVS réfléchit aux *besoins fondamentaux* de la personne : « Sont-ils perturbés ou non ? » ; « Pourquoi ? » ; « Comment les satisfaire ? » ; « Quelles sont les priorités ? ». L'AVS doit également définir le profil de Mme D. (problèmes, ressources potentielles, passé médical et social) et cerner les facteurs favorisant les problèmes de santé de la personne.

1 Liste des besoins fondamentaux insatisfaits ou perturbés de Mme D. et conséquences sur sa santé

Les besoins fondamentaux perturbés ont des conséquences sur la santé. Prenons l'exemple de Mme D. (*cf.* Tableau 5.4)

Rôle de l'AVS

1. Conditions requises pour la collecte d'informations (ou de données)

La qualité du recueil d'informations (ou de données) exige de la rigueur. L'AVS doit :

- *aborder la personne sans préjugés* : la meilleure attitude de la part de l'AVS est celle de quelqu'un à l'esprit ouvert, qui attend tout de la personne aidée. L'AVS doit accepter les données et les inscrire sans jamais porter de jugement ou ajouter de commentaires personnels ;
- *maintenir la confidentialité des données* : les données doivent rester confidentielles, comme l'oblige le secret professionnel. Seule la (ou le) responsable et l'équipe sont informés, dans l'intérêt de la personne aidée.

2. Les quatre objectifs du projet individualisé

Il s'agit de développer chez la personne aidée :

- 1. un sentiment de *dignité* ;
- 2. une meilleure *qualité de vie* ;
- 3. une promotion de la *santé* ;
- 4. la conquête de son *autonomie*.

2 Analyse des informations (ou des données)

L'AVS sait (d'après l'étude de situation) qu'à la suite d'un échange pluridisciplinaire, le *besoin de se mouvoir* de Mme D. a été pris en compte : il faudra accompagner deux fois par semaine

Tableau 5.4 Les besoins fondamentaux perturbés de Mme D. et leurs conséquences sur la santé de cette personne.

Besoins fondamentaux[a]	Conséquences sur l'état de santé
– manger	– maigreur, fatigue, affaiblissement, etc.
– dormir	– nervosité, fatigue, affaiblissement, etc.
– éliminer	– gêne, honte, repli sur soi, etc.
– s'habiller	– repli sur soi, isolement, etc.
– se mouvoir (*arthrose*)	– raideurs articulaires, douleur, repli sur soi, etc.
– communiquer et se recréer	– repli sur soi, isolement, etc.
– agir selon ses croyances	(*cf.* plainte et souhait de Mme D. dans l'étude de situation)

a. D'après Virginia Henderson, théoricienne qui a défini les 14 besoins fondamentaux de l'être humain.

Mme D. chez son kinésithérapeute. L'AVS, à ce sujet, sollicite à nouveau Mme D. pour savoir ce qu'elle en pense. Celle-ci lui confirme son accord.
D'autres besoins fondamentaux de Mme D. sont à satisfaire rapidement en raison de leurs conséquences sur l'état de santé (*cf.* Tableau 5.4).
L'analyse des besoins fondamentaux se fera en deux temps.

◆ 1er temps

L'AVS se pose plusieurs questions par rapport aux besoins fondamentaux de la personne.
- Quelles sont ses habitudes de vie ?
- Les besoins sont-ils insatisfaits ou perturbés ?
- Quelle peut en être la cause ?

◆ 2e temps

L'AVS doit, en regard de chaque besoin :
- préciser son rôle auprès de la personne, en dégageant des priorités dans les réponses à apporter aux différents besoins ;
- hiérarchiser, en les justifiant, les orientations qui guident ses actions et planifier ses actions ;
- avoir des orientations cohérentes par rapport à l'analyse.

L'AVS va donc organiser et planifier son action ou intervention (*cf.* ci-après).

B Organisation et planification de l'intervention

C'est à partir de l'analyse des besoins insatisfaits ou perturbés de Mme D. que l'AVS va planifier et organiser son intervention. *L'observation* et le *questionnement* de Mme D. va l'aider. L'AVS peut utiliser la démarche méthodique du QQQOCP (*cf.* Tableau 5.5).

Tableau 5.5 La démarche méthodique du QQQOCP [a].

Besoins fondamentaux insatisfaits ou perturbés	Pourquoi ?	Qui ? Quoi ?	Quand ? Où ? Comment ?
Manger	Restaurer la santé	L'AVS doit : – s'informer des *habitudes alimentaires* de Mme D • qu'aimez-vous manger ? • suivez-vous un régime ? etc. – connaître les *goûts* et *dégoûts* de Mme D. – s'informer des *habitudes de vie* : • à quelle heure préférez-vous manger ? • où préférez-vous manger ? etc.	L'AVS doit : – établir les menus pour la semaine dès le *lundi* avec la personne aidée – *répertorier* les aliments et plats concernés – fixer *l'heure* des repas selon la demande de Mme D. – choisir *l'endroit* selon les goûts de Mme D.
Dormir	– Restaurer la santé – Procurer détente et bien-être	– s'informer des *habitudes de vie* de Mme D. : • à quelle heure vous couchez-vous ? • à quelle heure avez-vous sommeil ? • êtes-vous gênée par le bruit ? la lumière ? – favoriser le sommeil de la personne par de « *petits moyens* » (non médicamenteux) – favoriser le confort au lit	– respecter les habitudes de vie – proposer de faire une sieste – proposer tisanes, eau, couverture… – favoriser le calme – retendre les draps et alèses, aérer la chambre etc.
Éliminer	– Rétablir la confiance en soi – Régulariser les éliminations	– observer le *rythme des mictions* de Mme D. – lui proposer d'aller aux *toilettes régulièrement* (heures fixes) – rassurer Mme D., dédramatiser la situation – proposer de « *petits moyens* »[b] pour assurer le confort	– *Ex.* : avant une sortie, avant chaque repas, etc. – agir avec tact et respect (pudeur) – proposer des protections[b]
S'habiller	– Jouer un rôle social – Valoriser l'image de soi	– s'informer des *habitudes vestimentaires* de Mme D. – proposer à Mme D. de changer de *vêtements* régulièrement – l'aider à faire des *choix* dans sa penderie – favoriser les « *emplettes* » – la *valoriser* dans ses choix vestimentaires – observer ses *difficultés motrices* à l'habillage	– respecter les habitudes de vie – chaque matin ou tous les 2 jours (avec accord de Mme D.) – respecter ses habitudes de vie, ses goûts, etc. – lors du retour de la séance de kinésithérapie

Tableau 5.5 **La démarche méthodique du QQQOCP [a]. *(Suite)***

Se mouvoir	Lutter contre l'arthrose	– *accompagner* Mme D. chez le kinésithérapeute – profiter de cette sortie pour y annexer les emplettes demandées par Mme D.	– respecter la consigne (2 fois/semaine) – observer les réactions de Mme D. – respecter les goûts de Mme D.
Communiquer et se recréer	Avoir une vie sociale enrichissante et réconfortante	– *solliciter la famille* (sa fille habite dans la même ville) pour satisfaire la demande de Mme D.[b] – lui proposer de *rencontrer* ses voisins, d'inviter ses petits-enfants[b] de leur téléphoner	– proposer à la fille de Mme D. de l'accompagner (si possible) 1 jour par semaine à sa séance de kinésithérapie[b] – prévoir de leur téléphoner une fois par semaine (ex. : le mercredi après midi)
Agir selon ses croyances	Mme D. est catholique et souhaite aller à l'église	– lui proposer de s'arrêter à l'église – respecter les croyances de Mme D	– par exemple au retour des séances chez le kinésithérapeute (mardi et jeudi vers 16 h)

a. La formule mnémotechnique se retient mieux sous cette forme, mais il est préférable de toujours placer le "Pourquoi" au début de sa réflexion.
b. Après avoir demandé l'avis de la(le) responsable à ce sujet.

C Transmissions et adaptation de l'intervention

L'AVS constate que les sorties sont très appréciées par Mme D. et ont des effets bénéfiques sur sa santé (meilleur appétit, meilleur sommeil, mobilisation efficace, meilleur moral). L'AVS transmet ces informations à l'équipe et fait part du *nouveau souhait de Mme D. : organiser davantage de sorties*. L'AVS suggère que Mme D. l'accompagne au marché le mercredi matin (après réflexion en équipe sur son bien-fondé, cette demande sera respectée).

D Évaluation du projet individualisé et compte-rendu de l'intervention

L'évaluation du projet individualisé se fait régulièrement et méthodiquement en équipe. L'AVS y participe activement.

1 Objectif

Il s'agit de :

- faire le bilan de l'efficacité de l'intervention ;
- vérifier si l'organisation de l'intervention a été bien menée ;
- vérifier si la planification est correcte, équilibrée ;
- faire le point sur ce qui a entravé la réalisation des objectifs ;
- modifier éventuellement l'organisation ou la planification ;
- tenir compte de l'avis de la personne aidée ;
- tenir compte des remarques de la famille de la personne aidée et de l'équipe.

2 Méthode

Certains critères d'évaluation font l'objet d'un questionnement de la part de l'AVS : « *Les objectifs sont-ils atteints, et comment ?* » (*cf.* Figure 5.2)

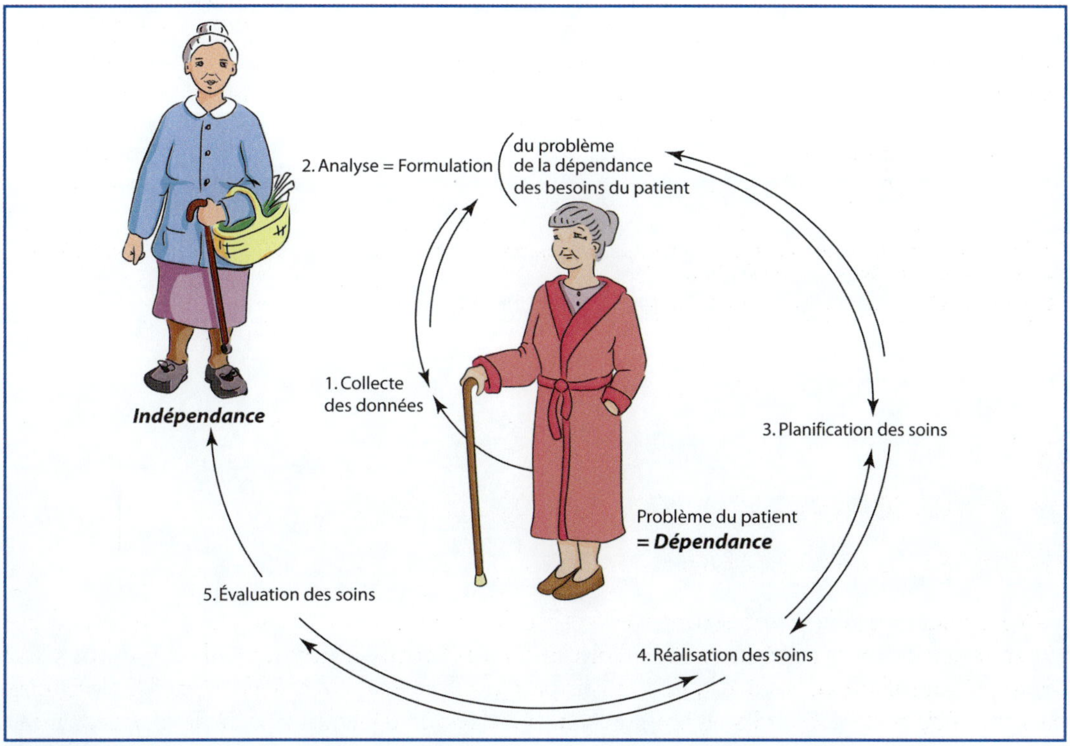

Fig. 5.2 La spirale vers l'autonomie : l'intervention de l'AVS entraîne la personne aidée de la dépendance vers l'autonomie.

Explications : ce schéma illustre la force centrifuge qui tend à libérer le personnage central, encerclé par son problème (mais avec des ressources potentielles). Les flèches dans les deux sens signifient un mouvement possible de va et vient entre deux étapes.

- Totalement ? En partie ? Pas du tout ?
- À court terme ? À moyen terme ? À long terme ?

Exemple

Évaluation d'après l'étude de situation

- *Totalement ?*

L'AVS liste quelques interventions permettant de juger de l'efficacité de l'action selon des critères professionnels.

- *Partiellement ?*

L'AVS relève les objectifs qui n'ont été atteints qu'en partie et réfléchit à ce qu'il fallait faire pour les atteindre.

- *Pas du tout ?*

L'AVS ne se rend pas toujours compte de ses oublis ; dans ce cas c'est en questionnant la personne aidée qu'elle pourra comprendre les difficultés de l'accompagnement.

- *À court terme ? À moyen terme ? À long terme ?*

L'AVS vérifiera si les actions accomplies, par rapport à tel ou tel besoin perturbé, ont eu des résultats ou non.

Ex. : pour le problème de santé (l'arthrose), le résultat ne sera pas apprécié à *court terme*, mais à *moyen* ou à *long terme*. En revanche, l'AVS peut signaler à l'équipe que l'appétit de Mme D. s'est normalisé à moyen terme.

L'éthique et la déontologie professionnelle

CHAPITRE 18

A Respect de la personne

L'exercice à domicile est particulier car il réunit sur un même lieu la notion d'espace de travail (pour l'auxiliaire de vie sociale) et d'espace privé et intime (pour la personne aidée). Il est donc indispensable que l'AVS ait un positionnement déontologique et éthique.
L'AVS doit s'engager à respecter :

- les droits fondamentaux de la personne aidée ;
- ses biens et son intimité ;
- sa culture, sa religion, ses choix de vie ;
- ses choix éducatifs (lors de l'aide apportée aux parents d'un enfant) ;

Définitions

Éthique : c'est une invitation au questionnement. Elle va au-delà de la morale et protège les droits des êtres humains.
Déontologie : ensemble des règles et des devoirs qui régissent une profession.
L'AVS doit solliciter en toute chose l'accord et la participation de la personne aidée et en référer à son supérieur hiérarchique.

1 Charte de la personne âgée dépendante

Elle résume les droits et libertés de la personne âgée dépendante.

Charte des droits et libertés des personnes âgées dépendantes (Fondation nationale de gérontologie, 1997, ministère du Travail et des Affaires sociales)

- ***Choix de vie*** : toute personne âgée dépendante garde la liberté de choisir son mode de vie.
- ***Choix du domicile et de l'environnement*** : le lieu de vie de la personne âgée dépendante (domicile personnel ou établissement) doit être choisi par elle et adapté à ses besoins.
- ***Maintien d'une vie sociale*** (malgré les handicaps) : toute personne âgée dépendante doit conserver la liberté de communiquer, de se déplacer et de participer à la vie de la société.
- ***Maintien des relations*** : le maintien des relations familiales et des réseaux amicaux est indispensable aux personnes âgées dépendantes.

© 2011 Elsevier Masson SAS. Tous droits réservés

- ***Maîtrise du patrimoine et des revenus*** : toute personne âgée dépendante doit pouvoir garder la maîtrise de son patrimoine et de ses revenus disponibles.
- ***Valorisation de l'activité*** : toute personne âgée dépendante doit être encouragée à conserver une ou des activités.
- ***Liberté de conscience et pratique religieuse*** : toute personne âgée dépendante doit pouvoir participer aux activités religieuses spirituelles et philosophiques de son choix.
- ***Maintien de l'autonomie*** : la prévention de la dépendance est une nécessité pour l'individu qui vieillit.
- ***Droits aux soins*** : toute personne âgée dépendante doit avoir, comme toute autre, accès aux soins qui lui sont utiles.
- ***Qualification des intervenants*** : les soins que requiert une personne âgée dépendante doivent être dispensés par des intervenants formés, en nombre suffisant.
- ***Respect de la fin de vie*** : soins et assistance doivent être procurés à la personne âgée en fin de vie et à sa famille.
- ***Exercice des droits et protection juridique de la personne*** : toute personne en situation de dépendance, devrait voir protégés, non seulement ses biens, mais aussi sa personne.
- ***L'information, meilleur moyen de lutte contre l'exclusion*** : l'ensemble de la population doit être informé des difficultés qu'éprouvent les personnes âgées dépendantes.

La recherche multidisciplinaire sur le vieillissement et la dépendance est une priorité et un devoir.

2 Charte des droits et libertés de la personne accueillie

Cette charte a valeur de norme en matière de législation et doit être affichée et respectée par tous les intervenants à domicile.

Charte des droits et libertés de la personne accueillie[1]

***Article 1**^er^* **– Principe de non-discrimination**

Dans le respect des conditions particulières de prise en charge et d'accompagnement, prévues par la loi, nul ne peut faire l'objet d'une discrimination en raison de son origine (notamment ethnique ou sociale), de son apparence physique, de ses caractéristiques génétiques, de son orientation sexuelle, de son handicap, de son âge, de ses opinions et convictions, notamment politiques ou religieuses, lors d'une prise en charge ou d'un accompagnement, social ou médico-social.

Article 2 **– Droit à une prise en charge ou à un accompagnement adapté**

La personne doit se voir proposer une prise en charge ou un accompagnement individualisé et le plus adapté possible à ses besoins, dans la continuité des interventions.

Article 3 **– Droit à l'information**

La personne bénéficiaire de prestations, ou de services, a droit à une information claire, compréhensible et adaptée sur la prise en charge et l'accompagnement demandés ou dont elle bénéficie, ainsi que sur ses droits et sur l'organisation et le fonctionnement de l'établissement, du service ou de la forme de prise en charge ou d'accompagnement. La personne doit également être informée sur les associations d'usagers œuvrant dans le même domaine.

1. Ministère de la Santé, de la Famille et des Personnes handicapées. Arrêté du 8 septembre 2003 relatif à la charte des droits et libertés de la personne accueillie, mentionnée à l'article L.311-4 du Code de l'action sociale et des familles.

La personne a accès aux informations la concernant dans les conditions prévues par la loi ou la réglementation. La communication de ces informations ou documents, par les personnes habilitées à les communiquer en vertu de la loi, s'effectue avec un accompagnement adapté de nature psychologique, médicale, thérapeutique ou socio-éducative.

***Article 4* – Principe du libre choix, du consentement éclairé et de la participation de la personne**

Dans le respect des dispositions légales, des décisions de justice ou des mesures de protection judiciaire ainsi que des décisions d'orientation :

1. *la personne dispose du libre choix entre les prestations adaptées qui lui sont offertes*, soit dans le cadre d'un service à son domicile, soit dans le cadre de son admission dans un établissement ou service, soit dans le cadre de tout mode d'accompagnement ou de prise en charge ;
2. *le consentement éclairé de la personne doit être recherché*, en l'informant, par tous les moyens adaptés à sa situation, des conditions et conséquences de la prise en charge et de l'accompagnement et en veillant à sa compréhension ;
3. *le droit à la participation, directe ou avec l'aide de son représentant légal, à la conception et à la mise en œuvre du projet d'accueil et d'accompagnement qui la concerne, lui est garanti.*

- Lorsque l'expression par la personne d'un choix ou d'un consentement éclairé n'est pas possible en raison de son jeune âge, ce choix ou ce consentement est exercé par la famille ou le représentant légal auprès de l'établissement, du service ou dans le cadre des autres formes de prise en charge et d'accompagnement.
- Ce choix ou ce consentement est également effectué par le représentant légal lorsque l'état de la personne ne lui permet pas de l'exercer directement.
- Pour ce qui concerne les prestations de soins délivrées par les établissements ou services médico-sociaux, la personne bénéficie des conditions d'expression et de représentation qui figurent au Code de la santé publique. La personne peut être accompagnée de la personne de son choix lors des démarches nécessitées par la prise en charge ou l'accompagnement.

***Article 5* – Droit à la renonciation**

La personne peut à tout moment renoncer par écrit aux prestations dont elle bénéficie ou en demander le changement dans les conditions de capacités, d'écoute et d'expression, ainsi que de communication prévues par la présente charte, *dans le respect des décisions de justice* ou des mesures de protection judiciaire, des décisions d'orientation et des procédures de révision existantes en ces domaines.

***Article 6* – Droit au respect des liens familiaux**

La prise en charge, ou l'accompagnement, doit *favoriser le maintien des liens familiaux* et tendre à *éviter la séparation des familles* ou des fratries prises en charge, dans le respect des souhaits de la personne, de la nature de la prestation dont elle bénéficie et des décisions de justice. En particulier, les établissements et les services assurant l'accueil et la prise en charge ou l'accompagnement des mineurs, des jeunes majeurs ou des personnes et familles en difficultés ou en situation de détresse, prennent, en relation avec les autorités publiques compétentes et les autres intervenants, toute mesure utile à cette fin.

Dans le respect du projet d'accueil et d'accompagnement individualisé et du souhait de la personne, la participation de la famille aux activités de la vie quotidienne est favorisée.

***Article 7* – Droit à la protection**

- Il est garanti à la personne, comme à ses représentants légaux et à sa famille, par l'ensemble des personnels ou personnes réalisant une prise en charge ou un accompagnement, le *respect de la confidentialité des informations* la concernant dans le cadre des lois existantes.

- Il lui est également garanti le droit à la protection, le droit à la sécurité (y compris sanitaire et alimentaire), le droit à la santé et aux soins, le droit à un suivi médical adapté.

***Article 8* – Droit à l'autonomie**

- Dans les limites définies dans le cadre de la réalisation de sa prise en charge ou de son accompagnement et sous réserve des décisions de justice, des obligations contractuelles ou liées à la prestation dont elle bénéficie et des mesures de tutelle ou de curatelle renforcée, il est garanti à la personne la *possibilité de circuler librement*. À cet égard, les relations avec la société, les visites dans l'institution, à l'extérieur de celle-ci, sont favorisées.
- Dans les mêmes limites et sous les mêmes réserves, la personne résidente peut, pendant la durée de son séjour, *conserver des biens, effets et objets personnels* et, lorsqu'elle est majeure, disposer de son patrimoine et de ses revenus.

***Article 9* – Principe de prévention et de soutien**

Les conséquences affectives et sociales qui peuvent résulter de la prise en charge ou de l'accompagnement, doivent être prises en considération. Il doit en être tenu compte dans les objectifs individuels de prise en charge et d'accompagnement.

Le rôle des familles, des représentants légaux ou des proches qui entourent de leurs soins la personne accueillie, doit être facilité (avec son accord) par l'institution, dans le respect du projet d'accueil et d'accompagnement individualisé et des décisions de justice.

Les moments de fin de vie doivent faire l'objet de soins, d'assistance et de soutien adaptés, dans le respect des pratiques religieuses ou confessionnelles et convictions, tant de la personne que de ses proches ou de ses représentants.

***Article 10* – Droit à l'exercice des droits civiques attribués à la personne accueillie**

L'exercice effectif de la totalité des droits civiques attribués aux personnes accueillies et des libertés individuelles est facilité par l'institution, qui prend à cet effet toutes mesures utiles dans le respect, si nécessaire, des décisions de justice.

***Article 11* – Droit à la pratique religieuse**

Les conditions de la pratique religieuse, y compris la visite de représentants des différentes confessions, doivent être facilitées, sans que celles-ci puissent faire obstacle aux missions des établissements ou services. Les personnels et les bénéficiaires s'obligent à un respect mutuel des croyances, convictions et opinions. Ce droit à la pratique religieuse s'exerce dans le respect de la liberté d'autrui et sous réserve que son exercice ne trouble pas le fonctionnement normal des établissements et services.

***Article 12* – Respect de la dignité de la personne et de son intimité**

Le respect de la dignité et de l'intégrité de la personne est garanti. Hors la nécessité exclusive et objective de la réalisation de la prise en charge ou de l'accompagnement, le droit à l'intimité doit être préservé.

B Prise de recul face aux difficultés de la personne

Lors de sa tâche auprès de la personne aidée, l'auxiliaire de vie sociale peut rencontrer des difficultés face auxquelles elle doit savoir « prendre du recul ». Les difficultés peuvent avoir des causes différentes. Le plus souvent, il s'agit de gérer des situations relationnelles difficiles, soit avec la personne, soit avec sa famille, lors de problèmes graves de santé, de handicap. L'AVS doit avoir une attitude professionnelle.

1 Reconnaître ses « limites »

Le plus grave pour « l'aidant-accompagnant » d'une personne malade et de ses proches n'est pas de craquer, ou de ne pas pouvoir cacher son émotion, ou sa faiblesse, mais de ne pas tenir compte de ses limites. Quelques signes annonciateurs d'un excès de fatigue doivent alerter l'AVS sur *l'opportunité de prendre du recul* :

- fréquentes et involontaires pensées envers le malade mourant ;
- pleurs et accablement ;
- difficulté de concentration ;
- colères, anxiété, irritabilité.

Rôle de l'AVS

L'AVS saura signaler et reconnaître les signes de débordement personnel auquel il faut remédier.

2 Assumer son « impuissance »

Certains accompagnants ont l'impression d'être « vidés » par ce travail, qui, pourtant, n'est pas inhumain. Au contraire, il demande beaucoup *d'humanité, d'attention, d'engagement et même d'affection.* C'est cet investissement qui explique la peur d'être happé, la réticence à franchir le seuil précisément de la personne aidée lorsque son état s'est gravement détérioré.

Rôle de l'AVS

L'AVS doit dépasser la tentation de vouloir résoudre la difficulté. Elle doit reconnaître et assumer un sentiment d'impuissance devant certaines situations et en référer à son supérieur hiérarchique et à l'équipe.

3 Éviter les « confusions de rôle »

Malgré l'affection que l'AVS peut nourrir pour la personne aidée, elle ne peut jouer le rôle de père ou de mère de celle-ci. *La famille reste la famille, l'aidant reste l'aidant, à sa place de professionnel.*

Rôle de l'AVS

L'AVS doit savoir prendre du recul, c'est-à-dire garder un rôle de professionnel et éviter tout investissement affectif déplacé.

4 Savoir « remplir sa vie personnelle »

L'AVS veillera, lors de son temps de repos, à se distraire, à se « *recréer* », à avoir une vie privée.

Rôle de l'AVS

L'AVS saura oublier, mettre de côté son travail, pour cela elle saura choisir ses loisirs, et voir des amis qui l'aideront à faire un « *vide constructif* ».

C Gestion des situations de violence et d'agressivité

La réponse à une réaction agressive ou violente n'est jamais dans l'agressivité en retour. Au contraire, le sentiment d'incompréhension n'en serait que plus fort, engendrant encore plus d'agressivité.

L'écoute, la communication, la compréhension de l'autre, puis la prise en compte de la souffrance tant physique que psychique, permettent d'apporter une réponse libératrice. Plus les personnes se sentent entendues, moins la colère ou l'agressivité n'ont de raison d'être.

Devant une situation angoissante (*ex.* : la maladie qui dégénére, l'approche de la mort, l'isolement, l'abandon), les personnes âgées ou malades, ou leurs familles, manifestent souvent des réactions violentes envers les soignants qui ne savent pas comment réagir.

L'auxiliaire de vie sociale doit souvent faire face à des situations d'agressivité à domicile. Chaque situation est particulière. Toutefois, on peut lui conseiller certaines attitudes de base ; elle doit savoir comprendre les mécanismes de l'agression, rester calme et ferme, rester digne et respecter le besoin de calme (*cf.* Domaine de formation 3).

D Prévention, repérage et alerte sur les situations de maltraitance

La maltraitance n'est pas un phénoméne rare et n'arrive pas qu'aux autres. Il est important d'en comprendre les mécanismes afin de la prévenir. Cette tâche complexe demande de la part des travailleurs sociaux un certain nombre de qualités, telles que le sens de l'observation, la perspicacité, la rigueur dans la transmission des informations.

Il est important de détecter le plus rapidement possible les signes permettant d'identifier les mauvais traitements, tout en évitant les erreurs d'appréciation (celles-ci pouvant être préjudiciables à la personne et à sa famille).

En matière de mauvais traitements, il existe une sorte de graduation des signes pouvant :

- soit faire suspecter un sévice ;
- soit l'identifier.

1 Prévention de la maltraitance chez la personne âgée (ou handicapée)

Un gérontologue[2] a dit : « Chacun de nous peut être maltraitant, parce qu'il peut nous arriver d'avoir un passage à vide, un instant de dépression, un moment où notre tolérance s'épuise, où nous ne pouvons plus nous contrôler ». Les manifestations de la maltraitance et ses causes sont de natures très diverses.

◆ Manifestations de la maltraitance

La maltraitance peut s'exprimer de différentes façons. Prenons quelques exemples, la personne maltraitante peut :

- être *brusque* dans ses gestes par négligence (ou avoir des *gestes violents*). *Ex.* : cogner la personne en la retournant pour un change ;
- utiliser le *chantage* pour obtenir la coopération de la personne. *Ex.* : « Si vous ne mangez pas votre purée, vous n'aurez pas de dessert. » ;
- adopter le *tutoiement* de la personne ou user de familiarités. *Ex.* : l'appeler papy au lieu de M. X. ;
- proférer une *menace* pour obtenir un effort de la personne ;
- manifester une *absence de chaleur* et de convivialité. *Ex.* : pendant les repas, forcer la personne à ouvrir la bouche, la faire manger trop rapidement ou mélanger tous les aliments pour gagner du temps ;
- utiliser les *insultes* et les *humiliations*. *Ex.* : « Vous êtes dégoûtant, papy, vous avez encore « pissé » dans votre pantalon !! ».

La maltraitance occasionne toujours une grande souffrance pour la personne concernée.

◆ Causes de la maltraitance

La maladie, la vieillesse, le handicap, la démence mettent chacun de nous en face de réalités difficiles à supporter et nous révèlent nos propres peurs et angoisses (peur de la mort, de la dépendance). Il peut y avoir des sentiments de dégoût (notamment dans certains gestes d'hygiène et de confort).
Les conditions de travail, la charge de travail ou la fatigue conduisent parfois l'auxiliaire de vie sociale à un épuisement (physique et/ou moral) et elle ne supporte plus sa fonction.
La personne âgée ou handicapée est vulnérable et ne peut pas se défendre ; elle devient alors la cible de la professionnelle débordée par une situation qu'elle ne peut plus gérer.

◆ Solutions proposées

La prévention de la maltraitance repose sur différents principes que l'auxiliaire de vie sociale doit savoir utiliser pour elle-même :

- *accepter ses propres limites* : savoir que personne n'est infaillible (même avec un diplôme en poche ou un statut de professionnel). Être capable de le reconnaître n'est pas un aveu d'incompétence, mais au contraire un signe de responsabilité, de respect envers les personnes aidées ainsi que de professionnalisme ;

2. Docteur Huguenot, gérontologue.

- *parler de ses difficultés* : face à une situation difficile à vivre, il est important de pouvoir en parler à une personne compétente et de chercher ensemble des solutions (*ex.* : en parler au responsable afin de mieux anticiper et adapter son attitude) ;
- *accepter de passer la main* (dans la mesure du possible et de l'organisation) : demander à l'association d'être remplacée par une autre professionnelle si la situation devient trop difficile et demander une prise en charge plus légère.

Par ailleurs, lorsqu'une auxiliaire de vie sociale repère une situation de maltraitance familiale, il est de son devoir de la signaler rapidement (*cf.* plus loin la *Dérogation au secret professionnel pour les cas de maltraitance*).

Rôle de l'AVS

La prévention de la maltraitance

La relation avec la personne aidée est d'autant plus difficile et pénible à assumer qu'elle requiert beaucoup d'énergie. Certains « aidants » ont l'impression d'être « vidés » par ce travail qui pourtant n'est pas inhumain. C'est cet investissement qui explique la fatigue des « aidants » et qui pourrait (en partie) être à l'origine de certains cas de maltraitance. Certaines capacités semblent être attendues chez l'AVS. Elle doit pouvoir :

1. Reconnaître ses limites

Les « aidants » professionnels ou naturels (auxiliaire de vie sociale, ou famille) sauront reconnaître les signes d'un débordement de travail auquel il faut remédier (*cf.* Test d'évaluation de la fatigue pour l'auxiliaire de vie sociale et pour la famille de la personne aidée ci-dessous).

2. Réfléchir au sens de sa fonction

L'AVS doit :

- remplir sa fonction avec humanité et dignité : à chaque instant elle doit penser qu'elle travaille avec de « l'humain » ;
- apprendre à mettre ses qualités personnelles au service de sa tâche ;
- apprendre à respecter autrui par son comportement, ses gestes, ses paroles ;
- faire des bilans quotidiens sur son « attitude humaine et professionnelle ».

◆ Test d'évaluation de la fatigue pour les AVS[3]

Ce test (*cf.* Tableau 5.6) a pour but de vérifier le degré de fatigue ou de saturation des soignants ou des aidants (AVS).

◆ Test d'évaluation de la fatigue pour les aidants naturels (famille)[4]

Les aidants naturels (famille, entourage) peuvent être également fatigués.

---

3. Extrait du test de « Burn out », établi pour les aides-soignants. (*In Guide AS (aide-soignant)*, par J. Gassier. Masson).
4. Échelle du fardeau de Zarit (source membre-lycos.fr/papidoc/).

Tableau 5.6 **Test d'évaluation de la fatigue.**

1. L'évaluation de la fatigue **Il s'agit d'associer aux qualificatifs ci-dessous, le mot correspond à l'appréciation de son état.**		
a) Qualificatifs – Fatigué – Déprimé – Satisfait de votre journée – Épuisé physiquement – Épuisé moralement – Heureux – Malheureux	– Déçu – Faible et impuissant – Désespéré – Rejeté – Optimiste – Énergique (etc.)	*b) Degré d'évaluation* – Jamais – Parfois – Rarement – Souvent – Généralement – Toujours
2. Le bilan selon les réponses Selon vos réponses : – vous allez très bien (pas de problémes pour vous !) ; – vous devez réexaminer vos méthodes de travail ou votre mode de vie, ou vos priorités pour améliorer votre état ; – vous êtes fatigué ou épuisé et il faut faire quelque chose ; – votre état mérite des soins immédiats.		

L'échelle du fardeau (de Zarit) permet de mesurer le degré d'épuisement de l'entourage face à une prise en charge lourde à domicile. Cette grille doit être remplie par l'aidant naturel en compagnie d'un médecin (*cf.* Tableau 5.7).
Zarit suggère l'interprétation suivante : score entre 61 et 88 = fardeau sévère ; entre 21 et 40 = fardeau léger à modéré ; entre 41 et 60 = fardeau modéré à sévère ; entre 0 et 20 = fardeau absent à léger.

Tableau 5.7 **« L'échelle du fardeau » (de Zarit).**

Évaluation de la charge matérielle et affective	**0** **jamais**	**1** **rarement**	**2** **quelques fois**	**3** **assez souvent**	**4** **presque toujours**
Sentir que votre parent demande plus d'aide qu'il n'en a besoin	0	1	2	3	4
Sentir qu'à cause du temps consacré à votre parent, vous n'avez plus assez de temps pour vous	0	1	2	3	4
Vous sentir tiraillé(e) entre les soins à votre parent et les autres responsabilités	0	1	2	3	4
Vous sentir embarrassé(e) par les comportements de votre parent	0	1	2	3	4
Vous sentir en colère lorsque vous êtes en présence de votre parent	0	1	2	3	4

Tableau 5.7 « L'échelle du fardeau » (de Zarit). (*Suite*)

Évaluation de la charge matérielle et affective	**0 jamais**	**1 rarement**	**2 quelques fois**	**3 assez souvent**	**4 presque toujours**
Sentir que votre parent nuit à vos relations avec d'autres membres de la famille ou des amis	0	1	2	3	4
Avoir peur de ce que l'avenir réserve à votre parent	0	1	2	3	4
Sentir que votre parent est dépendant de vous	0	1	2	3	4
Vous sentir tendu(e) quand vous êtes avec votre parent	0	1	2	3	4
Sentir que votre santé s'est détériorée à cause de votre implication auprés de votre parent	0	1	2	3	4
Sentir que vous n'avez pas autant d'intimité que vous aimeriez à cause de votre parent	0	1	2	3	4
Sentir que votre vie sociale s'est détériorée du fait que vous prenez soin de votre parent	0	1	2	3	4
Sentir que votre parent semble s'attendre à ce que vous preniez soin de lui comme si vous étiez la seule personne sur laquelle il pouvait compter	0	1	2	3	4
Sentir que vous n'avez pas assez d'argent pour prendre soin de votre parent, compte tenu de vos autres dépenses	0	1	2	3	4
Sentir que vous ne serez plus capable de prendre soin de votre parent encore bien longtemps	0	1	2	3	4
Sentir que vous avez perdu le contrôle de votre vie depuis la maladie de votre parent	0	1	2	3	4
Souhaiter pouvoir laisser le soin de votre parent à quelqu'un d'autre	0	1	2	3	4

Tableau 5.7 « L'échelle du fardeau » (de Zarit). (*Suite*)

Évaluation de la charge matérielle et affective	0 jamais	1 rarement	2 quelques fois	3 assez souvent	4 presque toujours
Sentir que vous ne savez pas trop quoi faire pour votre parent	0	1	2	3	4
Sentir que vous devriez en faire plus pour votre parent	0	1	2	3	4
Sentir que vous pourriez donner de meilleurs soins à votre parent	0	1	2	3	4
En fin de compte, à quelle fréquence vous arrive-t-il de sentir que les soins de votre parent sont un *fardeau* (une charge lourde) ?	0	1	2	3	4
Total général					

2 Prévention de la maltraitance chez l'enfant

Des milliers d'enfants sont maltraités chaque année en France, certaines violences infligées à l'enfant aboutissent au décès. Toutes les situations à risque ont des causes qu'il faut connaître pour pouvoir les prévenir.

◆ Manifestations de la maltraitance

Il existe différentes sortes de « violence sur enfant », citons :
- *la violence physique* (*ex.* : sévices avec coups, brûlures, morsures) ;
- *la violence psychologique* (*ex.* : insultes, humiliations) ;
- *la violence sexuelle* (*ex.* : attouchements, viol) ;
- *la négligence grave* (*ex.* : privation de soins, de nourriture).

NB : un exemple de violence physique : le syndrome du bébé secoué. Cet acte entraîne des lésions cérébrales graves (pouvant aboutir au décès de l'enfant) ; un adulte énervé secoue vigoureusement l'enfant qui pleure (parce qu'il ne supporte plus ses pleurs !...) et les secousses entraînent un écrasement du cerveau contre la boite crânienne.

◆ Causes de la maltraitance

Il existe différentes causes de maltraitance :
- *les circonstances de la naissance de l'enfant* (*ex.* : enfant non désiré, enfant prématuré ou séparé de sa mère dès la naissance, enfant adultérin...) ;
- *la pathologie d'un parent* (*ex.* : maladie mentale, alcoolisme, toxicomanie, perversion...) ou la fragilité psychologique (*ex.* : immaturité affective, mauvaise image de soi, personne ayant été maltraitée dans l'enfance) ;
- *les perturbations de l'environnement socioculturel* (*ex.* : difficultés matérielles, logement insalubre).

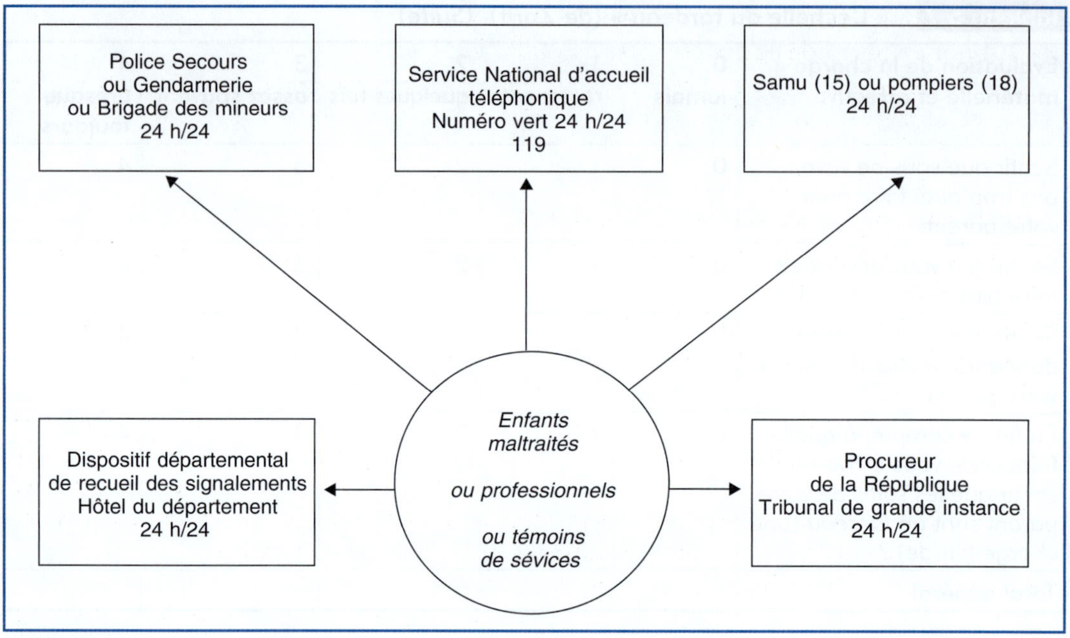

Fig. 5.3 Procédures de signalement pour maltraitance d'enfants.

◆ Solutions proposées

La législation (en particulier la « convention des droits de l'enfant ») prévoit une protection de l'enfant. Les mesures de prévention sont très importantes.

Signalement

Quand on se trouve face à un cas de maltraitance, il convient d'en faire le compte rendu aux personnes compétentes (*cf.* Figure 5.3). C'est ce qu'on appelle le *signalement* :

- l'obligation est faite à tout citoyen de signaler les cas de maltraitance (la procédure de signalement est résumée dans la figure ci-aprés) ; le Code pénal prévoit des peines allant de 1 mois à 3 ans de prison pour quiconque se serait abstenu ;
- de même, une peine est prévue pour « *quiconque s'abstient volontairement de porter, à une personne en péril, l'assistance que (sans risque), il pouvait lui porter* ».

Secret professionnel

Le secret qui lie les personnels médico-sociaux (dont les auxiliaires de vie sociale) est levé quand il s'agit de sévices à mineur de moins de 15 ans. Cette mesure est prise afin de protéger la santé et la moralité des enfants (*Code pénal-Loi N° 71*). La loi du 5 mars 2007 officialise en outre le secret professionnel partagé.

Aides

Elles peuvent être éducatives, psychologiques et/ou financières ; citons plus particulièrement :

- *l'AEMO* (ou Action éducative en milieu ouvert) qui peut être préventive ou judiciaire : les équipes sont composées d'assistantes sociales, d'éducateurs spécialisés, de psychologues, qui conseillent la famille afin d'atténuer les risques auxquels l'enfant est exposé ;

- *l'AEAD* (ou Action éducative à domicile) qui peut :
  - apporter une aide et des conseils à la famille,
  - envisager le retrait de l'enfant (en veillant à ne pas ajouter un traumatisme supplémentaire à ce dernier) et son placement en famille d'accueil (ou chez un tiers digne de confiance).

Mesures (loi du 5 mars 2007)

Les principales mesures de la loi du 5 mars 2007 sont :

- le renforcement de la répression des infractions sexuelles ou de nature à porter atteinte à la dignité de la personne humaine ;
- le renforcement du rôle de l'ONED (Observatoire national de l'enfance en danger) qui a pour mission de prévenir la maltraitance. Une cellule de recueil d'informations est créée dans chaque département (cellule opérationnelle) ;
- des mesures relevant des organes spécifiques du ministère de l'Intérieur : l'audition de l'enfant, par les brigades de mineurs spécialement formées à l'audition de l'enfant victime de sévices, l'organisation d'une banque de données sur les affaires en matière de pédophilie, la coopération policière internationale, des actions préventives menées auprès des agences de voyage pour lutter contre le tourisme sexuel ;
- les bilans de santé obligatoires à 3, 6, 9, 12 et 15 ans ;
- la formation et la sensibilisation des personnels (tous les personnels sont concernés dont les professionnels de l'aide à domicile) ;
- les liaisons avec les collectivités locales, les autres services de l'État et les associations.

Protection sociale et protection judiciaire : loi du 5 mars 2007 (*cf.* Figure 5.4)

Mise en garde n° 1

La sensibilité de l'auxiliaire de vie sociale peut être vivement éprouvée au contact d'une situation de maltraitance. Cependant, elle ne doit jamais prononcer de paroles négatives sur les parents en présence de l'enfant. Cela nuirait à son développement.

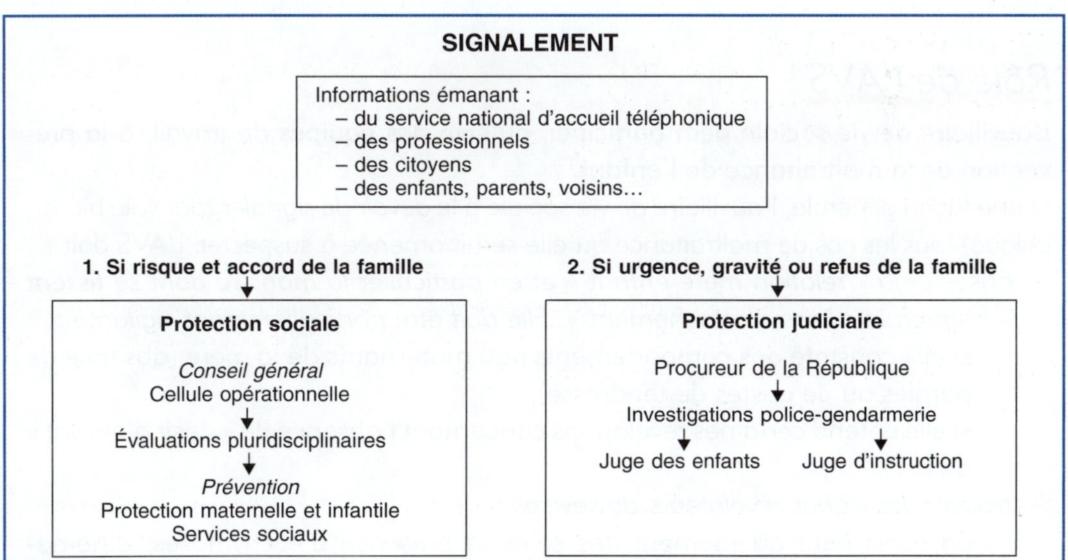

Fig. 5.4 La protection sociale et la protection judiciaire après signalement.

Mise en garde n° 2

Notons que le goût du risque, ou simplement les jeux, sont, chez de nombreux enfants, la cause d'hématomes qu'il ne faut pas « interpréter » comme sévices…

Mise en garde n° 3

La compréhension du problème des sévices n'entre pas dans le cadre d'une pensée logique. C'est pourquoi il est préférable de s'abstenir de jugements de valeur et de considérer avant tout le mal-être de l'enfant (mais aussi des parents). En effet, on ne peut affirmer que sévices et maltraitance signifient systématiquement « non-amour » de leur part. Il faut donc être très vigilant.

Situation

Fathia (AVS) « *signale* » un risque de maltraitance

Depuis trois mois, *Fathia* (AVS) travaille chez *Mme D.*, jeune femme de 21 ans, qui a repris la garde de sa fillette de 18 mois (*Zoé*). Celle-ci avait été placée en famille d'accueil par la DDASS, car *Mme D.* (très jeune, immature et sans travail) ne pouvait s'occuper de son enfant.

Fathia entoure le mieux possible *Mme D.* dans sa nouvelle charge familiale, et elle l'observe également beaucoup. Elle constate que *Mme D.* trouve tous les prétextes pour se décharger des soins du bébé et sortir… (Elle ne rentre jamais à l'heure prévue).

Fathia a également constaté des ecchymoses sur le dos de l'enfant. Hier *Zoé* a même pleuré lorsqu'elle a entendu sa mère arriver (elle avait peur et ne voulait pas quitter les bras de *Fathia*).

Fathia n'a pas tardé à *signaler* les événements qui lui paraissaient suspects.

Remarque

Le signalement est le *devoir* d'une professionnelle. Fathia est ici la mieux placée pour venir en aide à Zoé. Cet enfant de 18 mois ne peut exprimer ce qu'elle vit lorsqu'elle est seule avec sa mère. L'AVS l'imagine et doit le *dire* à sa responsable.

La protection sociale et judiciaire fera le reste.

Rôle de l'AVS

L'auxiliaire de vie sociale peut participer, au sein des équipes de travail, à la prévention de la maltraitance de l'enfant.

D'une façon générale, l'auxiliaire de vie sociale a le *devoir de signaler* (par voie hiérarchique) tous les cas de maltraitance qu'elle serait amenée à suspecter. L'AVS doit :

- *observer la « relation mère-enfant » et en particulier la manière dont se tissent « les premiers liens d'attachement ». Elle doit être particulièrement vigilante :*
  - si elle constate des comportements peu maternants de la mère (absence de paroles ou de gestes de tendresse),
  - si elle entend certaines révélations concernant l'absence de « désir d'enfant » de la mère ;
- *trouver des signes révélateurs de sévices :*
  - en constatant au moment des soins la présence d'ecchymoses, d'hématomes, de traces de coups, etc.

- en observant le comportement de l'enfant (réactions de repli, attitudes agressives, douleurs lors des manipulations : change, bain), tristesse, isolement, etc.

L'AVS veillera à *transmettre rapidement* tous les éléments de son observation à sa direction.

E Responsabilité civile et pénale

Définition : « être responsable » signifie, sur le plan juridique, répondre de ses actes avec lucidité et en assumer les conséquences.

Lors de l'exercice de ses fonctions, tout professionnel, dont l'auxiliaire de vie sociale, engage sa *responsabilité morale, civile et pénale*. Que recouvrent ces termes pour le professionnel ?

Responsabilité morale

Tout professionnel est responsable moralement de ses actes et a l'obligation de remplir ses engagements.

2 Responsabilité civile

Tout professionnel, comme tout citoyen, a l'obligation de réparer les préjudices causés à autrui, soit de son fait, soit par imprudence ou négligence. La réparation se fait sous forme de dommages et intérêts.

Situation

Annie (AVS) a cassé un vase !

En dépoussiérant les meubles, *Annie* a bousculé une table et fait tomber un vase de valeur. La famille de *Mme* X. demande une indemnisation pour ce vase.

Remarque

Lorsque l'AVS est salariée d'une structure ou d'une association, l'employeur doit souscrire une assurance couvrant la responsabilité civile.

3 Responsabilité pénale

Tout professionnel a l'obligation de supporter la peine prévue pour l'infraction qui a été commise.

La responsabilité pénale est engagée lorsque trois éléments sont réunis :

- une *faute pénale* : c'est-à-dire une violation de la loi en faisant ce qui est interdit ;
- un *préjudice subi* par un tiers ;
- un *lien direct entre la faute et le préjudice*.

La peine encourue dépend de la faute commise. Il peut coexister des amendes et des peines de prisons (*ex.* : pour la violation du secret professionnel).

NB : le secret professionnel et la discrétion professionnelle sont traités dans le Domaine de Formation 6, chapitre 20. Nous vous invitons à vous y reporter.

Domaine de formation 6

Communication professionnelle et vie institutionnelle

Indicateurs de compétences AVS du DF6

Chapitre 18. L'approche des politiques sociales et de leurs acteurs

▶ ***Identifier les principaux dispositifs sociaux afin d'orienter la personne aidée vers les acteurs compétents***

L'AVS doit connaître :
- les *principales institutions sociales et médico-sociales* ;
- les *principaux acteurs intervenant dans le champ de l'action sociale et médico-sociale* (conseil général, établissements, services…) ;
- les *principaux dispositifs du champ de l'action sociale et médico-sociale* (APA, prestations handicap, vieillesse, assurance maladie, allocations familiales, services aux personnes…) et repérer les principaux *réseaux*.

Chapitre 19. La vie institutionnelle

▶ ***Positionner l'intervention à domicile dans le champ de l'action sociale et médico-sociale***

L'AVS doit :
- connaître *la composition et les critères de fonctionnement* de l'équipe ;
- avoir des *notions de droit du travail* ;
- connaître le *statut* des salariés intervenant à domicile.

▶ ***Participer à la vie de l'établissement ou du service***

L'AVS doit :
- connaître les *missions* de l'établissement ou du service ;
- connaître les principales *fonctions* des membres de l'équipe et de l'encadrement ;
- contribuer à l'élaboration du *projet d'établissement* ou de service et *inscrire son action* dans ce projet.

Chapitre 20. La communication professionnelle

▶ ***Travailler en équipe pluridisciplinaire***

L'AVS doit savoir :
- *recueillir et trier l'information* ;
- *transmettre l'information* (oralement et par écrit) ;
- *exposer une situation et formuler des propositions* à l'équipe et à l'encadrement ;
- *réagir aux propositions* faites par l'équipe ou l'encadrement ;
- utiliser les *outils de transmission* de l'information (cahier de liaison…).

Chapitre 21. L'intervention à domicile

▶ ***Positionner l'intervention à domicile dans le champ de l'action sociale et médico-sociale***

L'AVS doit :
- connaître le *champ d'intervention* des aides à domicile et ses limites ;
- savoir expliciter une intervention professionnelle à domicile.

▶ ***Participer à la vie de l'établissement ou du service***

L'AVS doit savoir prendre des *initiatives* et des *responsabilités*.

ISBN: 978-2-294-71424-5; PII: B978-2-294-71424-5.00027-4; Auteur: GRASSIER; Document ID: 00027; Chapitre ID: c0135

CHAPITRE 19

L'approche des politiques sociales et de leurs acteurs

I. ORGANISATION DE L'ÉTAT ET DES COLLECTIVITÉS LOCALES

A État

1 Définitions

L'État : c'est une personne morale (juridiquement responsable), représentant la nation et dont l'autorité souveraine s'exerce sur l'ensemble d'une population et d'un territoire déterminés. Il est le fruit de la volonté d'un peuple.
L'homme d'État : c'est un personnage qui exerce une autorité au nom de l'État.
La nation : c'est une communauté humaine caractérisée par son identité historique ou culturelle et formant une entité politique.

2 Système démocratique

Dans un système démocratique, le pouvoir est exercé par les représentants du peuple qui les a élus : les hommes d'État.
L'État a toute autorité sur le peuple et sur le territoire de la France. Son pouvoir résulte de la volonté d'une communauté d'hommes ayant un projet, un destin communs.

3 Texte fondateur : la Constitution

Le premier des textes fondateurs de l'État est la *Constitution* (datant de *1958*). Elle prévoit la mise en place des différents éléments du pouvoir, les liens entre eux, leurs attributions, leurs limites, leurs responsabilités.
Afin d'éviter que tous les pouvoirs ne soient concentrés dans les mains d'un seul homme ou d'un seul groupe, la Constitution a institué le principe de la séparation des pouvoirs.

© 2011 Elsevier Masson SAS. Tous droits réservés

4 Séparation des pouvoirs

Il existe trois pouvoirs : le pouvoir exécutif, le pouvoir législatif et le pouvoir judiciaire.

◆ Pouvoir exécutif

L'exécutif est bicéphale (à deux têtes). Il est représenté par un *président de la République*, élu au suffrage universel direct pour 5 ans, et un *gouvernement*, dirigé par un *Premier ministre*. Le président de la République nomme le Premier ministre, puis sur proposition de celui-ci, il nomme les autres membres du gouvernement.

◆ Pouvoir législatif

Il est composé de deux assemblées :

- *l'Assemblée nationale*, élue au suffrage universel direct : les députés qui y siègent sont élus pour 5 ans ;
- *le Sénat*, élu au suffrage universel indirect : les sénateurs ont un mandat de 9 ans, et leur assemblée est renouvelée par tiers tous les 3 ans.[1]

Ces deux assemblées constituent *le Parlement* qui est chargé de voter les lois. Si le Parlement est chargé de contrôler l'action du gouvernement, seule l'Assemblée nationale a le pouvoir de le renverser.

Pouvoir judiciaire

Ce pouvoir est chargé de régler les conflits des particuliers entre eux ou avec l'État. L'indépendance du pouvoir judiciaire, par rapport aux deux autres pouvoirs, est inscrite dans la Constitution. Il est constitué, notamment, du *Conseil d'État* et de la *Cour de cassation*.

5 Lois, décrets, arrêtés

◆ Lois

Elles sont votées par le Parlement (Assemblée nationale et Sénat). *Ex.* : *les lois des finances*, les lois sur la durée du *temps de travail*, sur le *tabagisme*, etc.
Toutefois, le Conseil constitutionnel est là pour veiller à la conformité de la loi à la Constitution : c'est le gardien vigilant de la Constitution (il peut être saisi pour avis).

◆ Décrets

Ils sont signés par le président de la République et/ou le Premier ministre, en fonction de leurs pouvoirs respectifs. *Ex.* : *les décrets d'application* des lois, *les décrets de nomination* de hauts fonctionnaires (comme les préfets, les magistrats, les officiers), etc.

1. À compter de 2010, les sénateurs seront élus pour 6 ans, et le Sénat sera renouvelé par moitié tous les 3 ans.

◆ Arrêtés

Ils sont signés par tous les autres personnages représentant l'État, les collectivités locales ou les établissements publics. *Ex.* : un *arrêté de nomination* d'un agent de la fonction publique (une directrice de crèche par exemple).
Notons aussi l'existence d'autres actes.

◆ Délibérations

Ce sont les *actes* pris par les assemblées délibérantes des collectivités locales : les conseils municipaux, les conseils généraux et les conseils régionaux. Ils sont le reflet des choix votés à la majorité de l'assemblée. *Ex.* : une *délibération* pour la création d'un service municipal comme une crèche.

◆ Contrats et marchés publics

Les contrats et les marchés publics sont aussi des *documents* qui produisent du droit. *Ex.* :
- passer un marché public pour choisir une entreprise en vue de la construction d'une route ;
- puis signer le contrat avec l'entreprise choisie.

B Collectivités territoriales ou locales[2]

1 Définition

Une collectivité territoriale ou locale est une structure administrative française chargée des intérêts des personnes vivant sur son territoire. Elle est distincte de l'administration de l'État.

2 Caractéristiques

Une collectivité territoriale ou locale pourrait se définir par les caractéristiques suivantes :
- *un nom* : *ex.* : la ville de « Marseille », le département de « Haute-Savoie », la région « d'Île-de-France » ;
- *un territoire géographique ;*
- *une population* : celle qui vit sur ce territoire ;
- *des compétences* : des domaines d'intervention définis par la loi et/ou par l'assemblée élue ;
- *des moyens* : humains, financiers, patrimoniaux.

Les collectivités territoriales ou locales sont :
- *les communes* (36 778 en France) ;
- *les départements* (100) dont les quatre départements d'outre-mer (Guadeloupe, Martinique, Guyane et Réunion) ;
- *les collectivités à statut particulier* : Paris, Lyon, Marseille ;
- *les collectivités d'outre-mer* : Mayotte, Saint-Pierre-et-Miquelon, les îles Wallis-Et-Futuna, la Polynésie française, etc.

2. Les deux termes sont utilisés.

3 Statuts, attributions

Les collectivités territoriales ou locales sont dotées de :

- *une personnalité juridique* (on dit aussi personnalité morale) qui les rend indépendantes de l'État et responsables des décisions qu'elles prennent. Elles disposent ainsi de leur propre personnel et de leur propre budget, contrairement aux ministères ou aux services de l'État (qui ne sont pas des personnes morales, mais seulement des administrations émanant de l'État) ;
- *une libre administration* (notion inscrite dans la Constitution) qui leur attribue un pouvoir de décision dans la gestion des affaires de la collectivité ;
- *des compétences propres* qu'elles ont l'obligation d'assurer ;
- *des ressources* sur lesquelles les collectivités vont pouvoir compter pour faire face aux dépenses qu'elles doivent désormais prendre en charge.

4 Fonctionnement

Les collectivités territoriales ou locales (*cf.* Tableau 6.1) sont composées de :

- *une assemblée délibérante* élue au suffrage universel direct (*ex.* : conseils municipal, général ou régional) ;
- *un exécutif* élu en son sein par l'assemblée (*ex.* : le maire, le président de conseil général et celui du conseil régional) ;

En sus de ces deux organes, les régions sont dotées d'un *organe consultatif* : le conseil économique et social régional.

Toutefois, suivant les types de collectivités locales, les règles de fonctionnement ne sont pas toutes identiques, notamment pour les collectivités à statut particulier (Paris, Lyon et Marseille) et les collectivités d'outre-mer.

5 Actes des collectivités territoriales ou locales

Les délibérations et les arrêtés sont des actes administratifs des collectivités locales. Ils créent des *droits* ou imposent des *obligations*. Ils s'intègrent à la hiérarchie des normes et doivent donc respecter les règles qui leur sont supérieures. *Ex.* : *l'arrêté de nomination* d'un agent dans une collectivité locale doit respecter toutes les lois sur le recrutement des fonctionnaires.

L'établissement public est une personne morale de droit public, créé par l'État ou une collectivité locale, en vue d'assurer la gestion d'un ou plusieurs services publics. Cette structure est :

- dotée d'*élus* qui peuvent prendre des décisions, passer des contrats et des marchés ;
- dotée de l'*autonomie financière* puisqu'elle possède son propre budget (voté par son organe délibérant).

La collectivité conserve le pouvoir de contrôler le gestionnaire. Celui-ci doit assumer sa tâche conformément au contrat conclu avec lui et aux exigences de l'intérêt général.

Le préfet contrôle la légalité des actes pris par ces établissements.

6 Notion de service public

Lorsqu'une assemblée d'élus reconnaît un besoin d'intérêt général pour la population, assortie d'une carence de l'initiative privée, et qu'elle décide d'y répondre, elle met alors en place un service public.

Les activités dites de « service public » sont les activités majeures des administrations de l'État ou locales. Ces activités sont extrêmement variées. Les missions de service public peuvent être :

Tableau 6.1 Fonctionnement des collectivités territoriales ou locales.

	Commune	Département	Région
1. Organe exécutif	Maire	Président du conseil général	Président du conseil régional
Fonctions	• Chef du personnel • Autorité de police municipale • Officier d'État civil et de police judiciaire	• Chef du personnel • Autorité de police administrative	Chef du personnel
Nom des élections	Municipales	Cantonales	Régionales
Élection	Scrutin de liste à 2 tours	Scrutin uninominal majoritaire à 2 tours	Scrutin de liste mixte
Durée du mandat de l'organe exécutif	6 ans	3 ans	6 ans
Attributions de l'organe exécutif	• Prend des arrêtés • Prépare et préside les réunions • Prépare le budget • Exécute le budget	• Prend des arrêtés • Prépare et préside les réunions • Prépare le budget • Exécute le budget	• Prend des arrêtés • Prépare et préside les réunions • Prépare le budget • Exécute le budget
2. Organe délibérant	Conseil municipal	Conseil général	Conseil régional
Durée du mandat de l'organe délibérant	6 ans	6 ans	6 ans
Attributions de l'organe délibérant	• Gère par ses délibérations les affaires de la commune • Élit l'organe exécutif • Vote le budget • Crée et supprime les emplois communaux	• Gère par ses délibérations les affaires du département • Élit l'organe exécutif • Vote le budget • Crée et supprime les emplois du conseil général	• Gère par ses délibérations les affaires de la région • Élit l'organe exécutif • Vote le budget • Crée et supprime les emplois du conseil régional
3. Organe consultatif			Le conseil économique et social[a]

a. Doit être consulté avant que les élus ne prennent leurs décisions.

- *obligatoires*. Exemples :
  - organiser l'enlèvement et le traitement des ordures ménagères,
  - assurer la distribution de l'eau,
  - assurer l'éducation scolaire,
  - organiser les transports scolaires ;
- *facultatives*. Exemples :
  - organiser la restauration scolaire,
  - mettre en place un moyen de garde d'enfants (*ex.* : halte-garderie, crèche…),
  - proposer des activités culturelles à la population.

Il s'agit d'activités d'intérêt général. Mais il faut distinguer les notions d'intérêt général et de service public.

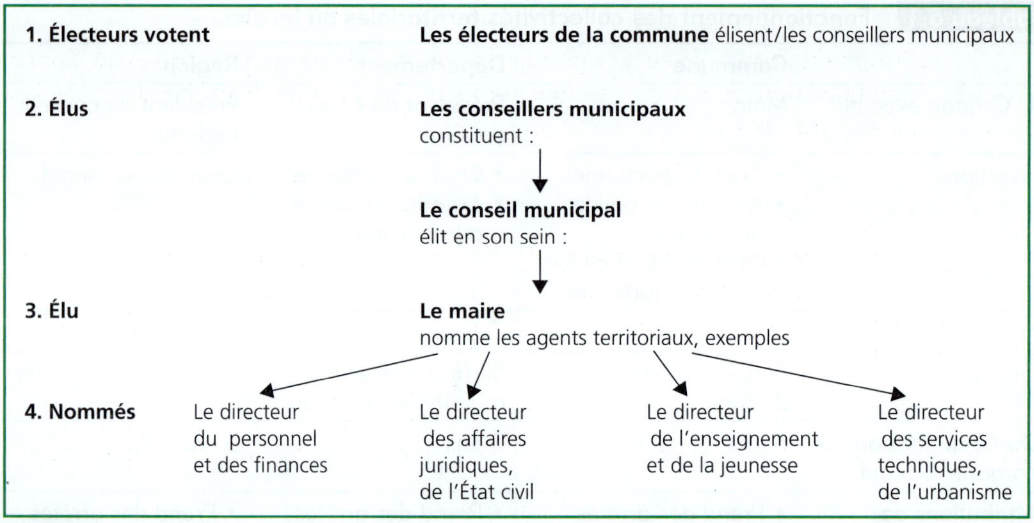

Fig. 6.1 Récapitulatif du principe de l'élection du maire et de la nomination des agents territoriaux au niveau de la commune.

II. PRINCIPALES INSTITUTIONS SOCIALES ET MÉDICO-SOCIALES

Il existe différentes sortes d'établissements ou d'institution.

ASE (Aide sociale à l'enfance)

L'ASE, service du département sous l'autorité du président du conseil général, assure un soutien matériel, éducatif et psychologique aux mineurs et à leur famille, et répond aux besoins des enfants placés dans ses services.

CCAS (Centre communal d'action sociale)

Le CCAS est un établissement public chargé de gérer la politique sociale de la commune.
Le CCAS propose des mesures d'accompagnement des personnes âgées (portage des repas, aides ménagères), des aides en espèces et en nature, des aides au logement des personnes en difficulté, des aides aux jeunes sans ressource. Ce centre social de proximité a un rôle d'animation, de prévention et de développement social au niveau d'une commune.

SSIAD (Service de soins infirmiers à domicile)

Le SSIAD organise, sur prescription médicale, un service de soins infirmiers, des soins de nursing et un suivi des personnes à domicile. L'équipe d'un SSIAD est composée d'une ou plusieurs infirmières coordinatrices et d'une équipe d'aides-soignants.

HAD (Hospitalisation à domicile)

L'HAD (ou hospitalisation à domicile) permet la continuité des soins infirmiers à domicile après une hospitalisation pour une pathologie grave. La personne bénéficie des personnels paramédicaux nécessaires à sa prise en charge.

EHPAD (Établissements d'hébergement pour personnes âgées dépendantes) et maisons de retraite

Pour les personnes âgées, les établissements d'hébergement pour personnes âgées dépendantes (EHPAD) et les maisons de retraite proposent des prises en charge adaptées au degré de dépendance. L'accueil se fait de plus en plus en chambres individuelles, avec la possibilité d'installer quelques meubles ou objets personnels.

CANTOU (Centre d'activités naturelles tirées d'occupations utiles)

Ce sont des services d'aide à domicile ou des établissements destinés aux personnes âgées.

Établissements ou services d'aide par le travail

Ils permettent une réinsertion sociale à des personnes qui ne peuvent occuper en poste de travail « classique ».

Centre d'action médico-sociale précoce

Ils offrent des consultations médico-sociales et une prise en charge psychologique précoce.

Structures d'accueil spécialisées pour personnes handicapées

Il existe de nombreuses structures d'accueil. Chacune a ses spécificités. Citons :

- *les centres de rééducation* : ils offrent une rééducation adaptée au handicap de la personne ;

Exemples

  - Centres de rééducation fonctionnelle.
  - Institutions des jeunes aveugles.
  - Centres d'éducation des sourds.

- *Les maisons d'accueil spécialisées* : elles offrent un hébergement à des personnes lourdement handicapées.
- *L'Institut médico-éducatif (IME)* : il assure une continuité d'action médico-éducative de la petite enfance à l'âge adulte.
- *L'institut médicopédagogique* : il prend en charge les enfants de 3 à 14 ans. Il leur propose des soins, une éducation spécialisée et une pédagogie adaptée (enseignement général et pratique). En externat ou internat (EME et IME).
- *Les placements familiaux spécialisés* : ils prennent en charge des enfants qui ne peuvent être admis en internat ou qui ne peuvent rentrer chez eux le soir (du fait de l'éloignement du domicile). Les enfants sont accueillis en famille d'accueil (assistants familiaux) qui sont associées au projet pédagogique, éducatif et thérapeutique[3].
- *Les établissements pour infirmes moteurs* : ils prennent en charge des enfants atteints d'une infirmité motrice incompatible avec des conditions de vie et de scolarité dans un établissement ordinaire. L'enfant bénéficie de techniques médicales et rééducatives hautement qualifiées.

---

3. L'accueil de l'enfant dans ces structures d'accueil dépend d'une décision départementale de l'éducation spéciale. La CDAPH (commission des droits et de l'autonomie des personnes handicapées) statue également sur l'attribution d'une aide financière (AES).

- *Les établissements pour enfants polyhandicapés* : ils prennent en charge des enfants et adolescents atteints d'handicap grave, réduisant les capacités et nécessitant le recours d'une tierce personne.
- *Les pouponnières sanitaires (0 à 3 ans)* : elles accueillent des enfants en internat sous contrôle médical et social permanent.

III. ORGANISATION DU SECTEUR DE L'AIDE À DOMICILE

A Intérêts pour la personne du maintien à domicile

Dans toutes les situations, l'aide à domicile permet aux personnes d'améliorer leur qualité de vie dans le respect de l'individu. Le maintien des repères de la vie quotidienne et des repères affectifs est essentiel à tous. Les relations familiales et sociales (avec le voisinage) sont maintenues. Les choix de vie sont plus faciles à respecter à domicile qu'en institution.
Il faut néanmoins être conscient que, pour certaines personnes, le maintien à domicile à tout prix n'est pas toujours possible (en particulier si la sécurité de l'individu n'est plus assurée) ; il est parfois indispensable de trouver d'autres alternatives.
Le secteur social s'intéresse plus particulièrement aux individus et aux groupes sociaux ayant des difficultés sociales passagères ou permanentes. Il leur permet de conserver un statut.

B Objectifs de l'action sociale

L'action sociale est mise en œuvre par l'État, les collectivités territoriales, les organismes de Sécurité sociale, les associations et les institutions sociales et médico-sociales. Des prestations peuvent être mises à la disposition des personnes en difficulté. Une nouvelle loi[4] a rénové l'action sociale et médico-sociale.
Cette loi stipule plus particulièrement de :
- *protéger les personnes en difficulté sociale* et exige une protection renforcée des personnes en difficulté matérielle (précarité ou pauvreté) ;
- *respecter les « droits » et « libertés » des personnes protégées*, qui doivent pouvoir :
  - choisir la prestation la mieux adaptée à leur situation (*ex.* : maintien à domicile ou choix d'un établissement),
  - participer aux décisions les concernant, émettre leur avis, manifester leur volonté, etc.,
  - participer au projet d'accueil et d'accompagnement (éventuellement avec l'aide de leur représentant légal) ;

4. Loi du 2 janvier 2002 (extraits des articles 1 à 8).

- *informer les personnes accueillies en institution* et leur remettre un livret d'accueil lors de l'admission. Dans ce livret sont regroupés :
  - la « Charte des droits et libertés de la personne accueillie »,
  - le règlement de fonctionnement de l'établissement ou du service,
  - le contrat définissant les objectifs et la nature de la prise en charge,
  - la liste et la nature des prestations dont la personne peut bénéficier.

C Rôle des professionnels du secteur social

Il existe différentes professions reliées au secteur social.

1 Auxiliaire de vie sociale (AVS)

L'auxiliaire de vie sociale est le professionnel qui exerçait auparavant la fonction d'aide à domicile ou aide ménagère.
Le diplôme d'État d'auxiliaire de vie sociale (DEAVS) représente désormais le premier niveau de qualification de la filière sociale rénovée *(cf.* missions AVS).

2 Technicien de l'intervention sociale et familiale (TISF)

Le titulaire de ce diplôme exerce un rôle social, préventif et éducatif auprès des familles, des personnes âgées ou handicapées. Il apporte un soutien psychologique et des conseils et utilise le support des activités domestiques pour construire des projets d'éducation ou de prévention. Le diplôme de TISF remplace le certificat de travailleuse familiale.

3 Aide médico-psychologique (AMP)

L'aide médico-psychologique intervient en maison d'accueil spécialisée, en maison de retraite, en centre d'accueil de jour, en foyer de vie, en maison d'accueil spécialisée, en centre d'aide par le travail, en institut médico-éducatif ou encore en centre hospitalier spécialisé. Son rôle est de participer à l'accompagnement et à la prise en charge médico-psychologique et éducative des enfants, des personnes handicapées et des personnes âgées[5].

4 Assistant(e) de service social

L'assistant(e) de service social a pour mission d'aider les personnes en difficultés à améliorer leur situation économique et sociale notamment en les informant sur leur droit, en les orientant et en les aidant dans leurs démarches. Le diplôme d'État se prépare en trois ans après le baccalauréat. L'assistant de service social peut exercer sur un secteur géographique donné pour l'ensemble de la population ou dans un service spécialisé.

5 Conseiller en économie sociale familiale

Le conseiller en économie sociale familiale (CESF) est un travailleur social qualifié dont le cœur de métier est fondé sur une expertise dans les domaines de la vie quotidienne : consommation, habitat, insertion sociale et professionnelle, alimentation-santé. Ses compétences scientifiques

5. *Cf. Guide AMP* (livre de formation des AMP) et *Mémo-fiches DEAMP*, par J. Gassier, éditions Elsevier-Masson, 2010.

et techniques spécifiques lui confèrent une légitimité professionnelle pour intervenir dans le cadre de l'écologie de la vie quotidienne. Il exerce dans différentes structures publiques ou privées, au sein des collectivités territoriales, organismes sociaux, associations, bailleurs sociaux privés ou publics, structures d'hébergement, mutuelles, hôpitaux, services tutélaires...
La formation est sanctionnée par un diplôme d'État de conseiller en économie sociale familiale de niveau III délivré par les ministères des Affaires sociales et de l'Éducation nationale.

6 Autres professions

Il existe de nombreux autres diplômes du secteur social, notamment les professions éducatives (*ex.* : éducateurs spécialisés, éducateurs de jeunes enfants, moniteurs éducateurs, éducateurs techniques spécialisés...).

D Formes de l'aide à domicile

Différentes catégories de personnes justifient d'une aide à domicile. Citons particulièrement les personnes âgées, les personnes handicapées, les enfants.

1 Aide à domicile des personnes âgées

Les données démographiques confirment le vieillissement de la population. Ce vieillissement s'accompagne d'une augmentation de la dépendance des personnes. En règle générale, la majorité de ces personnes souhaitent rester à leur domicile.

◆ Besoins

Sur 12 millions de personnes de plus de 60 ans vivant à domicile en France, 3,2 millions d'entre elles ont besoin d'aide[6]. Si nous retenons les prévisions pour 2020, qui établissent que 30 % des Français auront plus 60 ans, nous en déduisons que les besoins d'accompagnement et d'aide à la vie quotidienne deviennent de plus en plus importants dans le cadre du domicile.

◆ Aides matérielles

L'*APA* (Allocation personnalisée à l'autonomie) a modifié les modalités de l'aide à domicile des personnes âgées, avec non seulement un soutien financier, mais également des aides techniques et humaines.

◆ Aides humaines

- *L'auxiliaire de vie sociale* est une professionnelle indispensable au maintien à domicile dans les meilleures conditions.
- *Le personnel paramédical* complète le rôle de l'auxiliaire de vie sociale lorsque cela est nécessaire (aides-soignants, infirmiers à domicile, kinésithérapeutes, pédicures...).
- D'autres *services sociaux* complètent le dispositif (portage des repas à domicile, service de téléalarme...).

6. Enquête de la direction de la recherche des études, de l'évaluation et des statistiques du ministère des Affaires sociales.

◆ Coordination des services

La coordination des différents services et professionnels de l'aide à domicile est devenue indispensable. La mise en place des Centres locaux de l'information et de coordination gérontologiques (CLIC) répond à cet objectif. Il existe trois niveaux de CLIC :

- le CLIC niveau 1 : il propose l'accueil, l'écoute et l'information des personnes âgées ;
- le CLIC niveau 2 : il propose l'évaluation et l'élaboration de plans d'aide à la personne ;
- le CLIC niveau 3 : il propose la recherche de solutions d'hébergement, des actions de formation et de prévention.

2 Aide à domicile des personnes handicapées

Trois millions de personnes handicapées vivent en France, avec pour beaucoup d'entre elles, le désir bien légitime de vivre à domicile.

◆ Problèmes

Des difficultés spécifiques peuvent survenir en fonction du handicap :

- des moyens financiers insuffisants ;
- des logements inadaptés (conçus pour des personnes valides et nécessitant des aménagements) ;
- des difficultés à trouver le personnel qualifié en fonction de la gravité du handicap (*ex.* : pour des personnes vivant à domicile avec une trachéotomie et une assistance respiratoire).

◆ Propositions

- Il faut savoir que la loi prévoit une garantie de ressources pour toute personne handicapée exerçant une activité salariée.
- Une personne handicapée peut trouver un emploi afin de mieux se réaliser et s'intégrer. Elle a la possibilité de travailler dans différents milieux :
  - *le milieu ordinaire*, chaque entreprise de plus de 20 salariés doit réserver 6 % des emplois pour des personnes handicapées ou s'acquitter d'une contribution financière au Fond d'insertion pour les personnes handicapées (ou FIPH) ;
  - *le milieu protégé* ou ESAT (établissement ou service d'aide par le travail) ou ateliers protégés ou encore le centre de distribution du travail à domicile.
- La personne handicapée peut aussi choisir le maintien à domicile. Des solutions originales sont proposées aux personnes lourdement handicapées, avec des appartements regroupés autour d'un service de soins à domicile spécialisé (intervention 24 h sur 24 et connexion par interphone). Des associations coordonnent et organisent le maintien à domicile.

3 Aide à domicile pour les enfants

Différentes situations familiales peuvent nécessiter, de façon transitoire ou pour une durée plus longue, une aide à domicile qui sera chargée de s'occuper des enfants.[8]

Exemples

- Une mère de famille immobilisée à cause d'une maladie ou accidentée.
- Une mère de famille ayant de lourdes charges familiales (naissances multiples ou famille nombreuse).

8. Extrait de l'annexe 1 du Référentiel professionnel auxiliaire de vie sociale.

Rôle et missions de l'AVS : contexte de l'intervention[1]

- L'auxiliaire de vie sociale réalise une intervention sociale visant à compenser un état de fragilité, de dépendance ou de difficultés dû à l'âge, la maladie, le handicap ou les difficultés sociales par une *aide dans la vie quotidienne*. Il favorise ainsi le maintien de la personne au domicile et évite son isolement. Il veille à la préservation ou à la restauration de l'autonomie de la personne et l'accompagne dans sa vie sociale et relationnelle. Il intervient auprès des *familles*, des *enfants*, des *personnes en difficulté* de vie ou en difficulté sociale, des personnes *âgées*, *malades* ou *handicapées*. Il réalise cette intervention au domicile, lieu de résidence privative (habituel ou de substitution) de la personne aidée, et l'accompagne dans son environnement proche.
- L'auxiliaire de vie sociale *repère les potentialités* et les *incapacités* constatées de la personne, ses besoins et ses attentes. Il met en œuvre un *accompagnement adapté* à la situation de la personne, soit en l'aidant à faire, soit en faisant à sa place lorsque la personne est manifestement dans l'incapacité d'agir seule. Il *évalue* régulièrement et *réajuste* son intervention en s'assurant du consentement de la personne et de son implication à toutes les phases du projet individualisé, et en collaboration avec l'encadrement.
- L'auxiliaire de vie sociale, s'il dispose d'une certaine autonomie dans son intervention, inscrit son action dans le cadre d'un *projet individualisé* contractualisé avec la personne et dans le cadre des missions qui lui sont confiées par l'encadrement. Il contribue à l'amélioration de la qualité du service et travaille en *liaison étroite* avec les autres intervenants à domicile, les institutions sanitaires, sociales et médico-sociales.
- Dans le cadre du projet individualisé, l'auxiliaire de vie sociale accompagne et aide la personne dans les *actes essentiels* (aide directe à la personne) et dans les activités ordinaires de sa vie quotidienne. Il favorise les activités et les relations familiales et sociales de la personne.
- L'auxiliaire de vie sociale adopte un *comportement professionnel* en cohérence avec *l'éthique* de l'intervention sociale et veille tout particulièrement au respect des droits et libertés de la personne et de ses choix de vie dans l'espace privé de la personne, qui est également son espace de travail.

1. Extrait de l'annexe 1 du Référentiel professionnel auxiliaire de vie sociale.

- Une mère de famille ayant une charge professionnelle lourde.
- Une mère de famille ayant un enfant handicapé ou atteint d'une pathologie sévère.

IV. STRUCTURES ET ACTEURS DE L'AIDE À DOMICILE

Dans le cadre du maintien à domicile, l'employeur peut être différent selon les cas.

A Une structure ou association prestataire

La structure intervient comme employeur direct et en assure toutes les obligations et responsabilités. L'auxiliaire de vie sociale est donc dans ce cas salariée de la structure et est envoyée en mission auprès d'une ou plusieurs familles.
Le système prestataire correspond à la Branche de l'aide à domicile (ou Bad). Une convention collective unique correspond à cette branche.

B Une structure ou association mandataire

La structure sert d'intermédiaire entre les demandes d'aide et l'AVS. La personne aidée est l'employeur et en assure donc les responsabilités. L'AVS est donc salariée de la personne aidée ; elle peut même être salariée à temps partiel chez plusieurs personnes aidées différentes (donc elle peut avoir plusieurs employeurs).
La structure effectue la recherche de l'auxiliaire de vie sociale, ainsi que les démarches administratives nécessaires. Le système mandataire correspond à la branche professionnelle des salariés du particulier employeur (Fepem) avec une convention collective unique.

C Un système gré à gré

La personne aidée est employeur et ne passe pas par une association. Elle assure directement le recrutement de l'AVS et assume toutes les démarches administratives nécessaires.

D Un système mixte prestataire et mandataire

Certaines structures proposent les deux systèmes afin de mieux s'adapter aux besoins des personnes. Le système prestataire est plus adapté aux prises en charges lourdes avec un remplacement assuré en cas de congés ou d'absence de l'auxiliaire de vie sociale.

V. DISPOSITIFS D'AIDE ET DE PRISE EN CHARGE DES PERSONNES

L'AVS doit connaître les principaux dispositifs d'aide et de prise en charge des personnes, existant dans le champ de l'action sociale et médico-sociale.

A Prestations pour les personnes âgées

Il existe différentes prestations.

1 Allocation personnalisée d'autonomie (APA)

Cette allocation concerne les personnes âgées de plus de 60 ans rencontrant des difficultés dans l'accomplissement des gestes de la vie quotidienne.
Elle est versée par le conseil général après une évaluation de la dépendance et des besoins de la personne par une équipe médico-sociale. Le montant versé est calculé en fonction de la perte d'autonomie et des ressources financières de la personne.

2 Évaluation de l'autonomie (la grille AGGIR)

L'autonomie de la personne est évaluée à partir de la grille AGGIR (Autonomie gérontologique groupe iso-ressource, *cf.* Tableau 6.2). La grille permet de calculer six niveaux de GIR (Groupe Iso-Ressource) :

- GIR 1 : la personne a une *perte totale d'autonomie mentale*, sociale, corporelle et locomotrice. Une aide continue est indispensable ;
- GIR 2 : la personne a une *perte d'autonomie locomotrice* (lit ou fauteuil) mais les fonctions mentales sont conservées (ou inversement). Dans ces deux cas, une prise en charge est nécessaire dans les actes de la vie courante ;
- GIR 3 : la personne a une autonomie mentale conservée mais la *fonction locomotrice* est *partiellement altérée* (souvent problème d'élimination). Une aide quotidienne est nécessaire ;
- GIR 4 : la personne a des difficultés uniquement pour les *transferts* (se lever, se coucher). Une aide partielle est parfois nécessaire pour la toilette quotidienne et l'habillage ;
- GIR 5 : la personne est autonome à l'intérieur du logement mais elle nécessite une *aide ponctuelle pour l'entretien* de la maison, pour les repas ;
- GIR 6 : *la personne est autonome.*

Les personnes dont la perte d'autonomie correspond aux GIR 1 à 4 peuvent bénéficier de l'APA.
Les personnes autonomes dont le GIR se situe entre 5 et 6 ne peuvent percevoir l'APA mais peuvent solliciter auprès de leur mairie quelques heures d'aide-ménagère (ou AVS) par semaine avec une participation financière à leur charge.
Les dix-sept critères ci-dessus, dits variables discriminantes, permettent d'évaluer l'autonomie physique et psychique.

Chaque variable possède trois modalités :

- *A* : fait seul, totalement, habituellement et correctement ;
- *B* : fait partiellement, ou non habituellement ou non correctement ;
- *C* : ne fait pas.

Tableau 6.2 Grille AGGIR.

Variables discriminantes	A	B	C
Cohérence : converser et/ou se comporter de façon sensée			
Orientation : – se repérer dans le temps (repérer les moments de la journée) – se repérer dans l'espace (repérer les lieux)			
Toilette : se laver			
Habillage : s'habiller, se déshabiller, se présenter			
Alimentation : manger les aliments préparés			
Élimination : assumer l'hygiène de l'élimination urinaire et fécale			
Transferts : se lever, se coucher, s'asseoir			
Déplacement à l'intérieur : se déplacer avec ou sans canne, ou déambulateur, ou fauteuil roulant, etc.			
Déplacement à l'extérieur : se déplacer à partir de la porte d'entrée sans moyen de transport			
Communication à distance : utiliser les moyens de communication : téléphone, sonnette, alarme, etc.			
Gestion : gérer ses propres affaires, son budget, ses biens (PA au domicile)			
Cuisine : préparer ses repas et les conditionner pour être servis (PA au domicile)			
Ménage : effectuer l'ensemble des travaux ménagers (PA au domicile)			
Transport : prendre et/ou commander un moyen de transport (PA au domicile)			
Achats : acheter directement ou par correspondance			
Suivi du traitement : se conformer à l'ordonnance du médecin			
Activités de temps libre : pratiquer des activités culturelles, sociales ou de passe-temps			

Situation

La grille AGGIR de Mme Germaine

L'assistante sociale est venue chez *Mme Germaine* afin de remplir une demande d'APA (prestation sociale d'aide à l'autonomie). Elle remplit la grille AGGIR à partir des observations suivantes :

- *Mme Germaine* se déplace seule dans sa maison, mais ne peut se lever seule de son lit ;
- elle a besoin d'aide pour sa toilette et pour l'habillage (mais peut participer) ;
- elle s'alimente bien et ne présente pas de problème d'élimination.

Remarque

- Transferts : C.
- Déplacements à l'intérieur : A.
- Toilette : B.
- Habillage : B.
- Élimination : A.

3 Évaluation sous forme de « cible »

Des évaluations successives du degré d'autonomie peuvent être faites. Elles se font au moyen de grilles (vues précédemment) ou de tableaux divers qui visualisent l'état d'autonomie de la personne et son évolution dans chaque activité de la vie quotidienne. Nous en donnons un exemple sous forme de *cible* (*cf.* Figure 6.2) :

- dans la partie foncée : *aide totale* à la personne ;
- dans la partie semi-foncée : *aide partielle* ;
- dans la partie foncée : *aide inutile*.

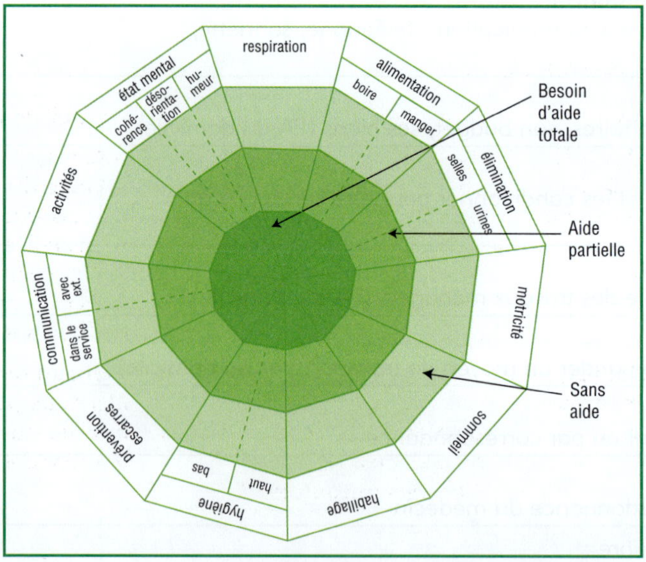

Fig. 6.2 Évaluation du degré d'autonomie sous forme de « cible ».

B Les prestations pour les personnes handicapées

Différentes prestations sont proposées aux personnes handicapées ne pouvant travailler.

1 Pension d'invalidité

Elle concerne les personnes de moins de 60 ans, victimes d'un accident ou de maladie invalidante alors qu'elles étaient salariées (il faut être immatriculé à la Sécurité sociale depuis au moins un an).

2 Allocation aux adultes handicapés (AAH)

Elle concerne les personnes de plus de 20 ans ne pouvant pas travailler et ne bénéficiant pas de ressources imposables supérieures à un plafond fixé chaque année. Cette allocation est versée par la Caisse d'allocation familiale.

3 Prestation de compensation

Elle concerne les personnes handicapées ayant un taux d'invalidité de plus de 80 %, ce qui justifie une aide pour l'accomplissement des actes de la vie quotidienne et permet de financer des aides techniques, aides animalières et aides humaines[9].

4 Autres aides

D'autres aides financières peuvent être apportées dans le cadre du logement :

- l'allocation logement (*cf.* Tableau 6.3 sur les prestations familiales) ;
- la subvention ou le prêt, par les caisses d'allocation familiales ;
- les primes à l'amélioration de l'habitat.

Tableau 6.3 **Les prestations familiales.**

Rôle des prestations	Conditions d'attribution	Formalités et versements
Allocations familiales (Af) : allocations visant à diminuer les dépenses d'entretien de l'enfant	Avoir au moins 2 enfants à charge (c'est-à-dire : tous les enfants jusqu'à 18 ans, et jusqu'à 20 ans pour les jeunes placés en apprentissage ou poursuivant leurs études, ou malades ou handicapés)	– Adresser à la CAF la fiche d'État civil ou le bulletin de naissance justifiant la naissance de l'enfant – Versement mensuel dont le montant varie avec le nombre et l'âge des enfants
Complément familial (Cf) : il apporte une aide financière aux familles à revenus modestes	– Ménages ou personnes seules ayant au moins 3 enfants à charge, tous âgés de plus de 3 ans – Faibles ressources	Montant mensuel forfaitaire identique pour toutes les familles quel que soit le nombre des enfants à charge

9. 1er janvier 2006.

Tableau 6.3 Les prestations familiales. (*Suite*)

Rôle des prestations	Conditions d'attribution	Formalités et versements
Allocation de soutien familial (Asf) : elle apporte une aide financière aux parents seuls	– Être seul(e) pour élever un enfant de moins de 20 ans (orphelin ou abandonné) – Si l'enfant a été reconnu par l'autre parent, il faut prouver que les démarches pour obtenir la pension alimentaire ont été faites	Versement d'un montant mensuel (dont on a soustrait, s'il y a lieu, le montant de la pension alimentaire)
Allocation d'éducation de l'enfant handicapé (Aeeh) : elle est destinée à compenser les frais qu'entraîne un enfant handicapé	– Avoir un enfant handicapé < 20 ans – Pas de conditions de ressources	Montant mensuel de base avec complément selon incapacité. Dossier à demander auprès de la Maison départementale des personnes handicapées
Allocation de rentrée scolaire (Ars) : elle allège les frais de « rentrée scolaire » de l'enfant	– Avoir un enfant scolarisé de 6 à 18 ans – Avoir de faibles ressources	Envoyer à la CAF : – un certificat de scolarité – une déclaration de ressources Un seul versement annuel (en septembre-octobre)
Aides au logement (Apl, Alf, Als) : elles sont destinées à alléger les frais de location	Avoir de faibles ressources	Montant mensuel fixé en fonction des ressources et de la composition du foyer
Prestation accueil du jeune enfant (Paje) : – elle apporte une aide financière aux parents pour la naissance de l'enfant – elle facilite une cessation d'activité pour le parent qui souhaite garder son enfant – elle allège les frais de garde de l'enfant	1) *La prime de naissance* – avoir un 1er enfant – sans conditions de ressources 2) *L'allocation de base* – avoir un 1er enfant – conditions de ressources 3) *Le complément libre choix d'activité* – avoir un 1er enfant – avoir travaillé 2 ans dans les 4 ans avant la naissance et réduit son activité professionnelle 4) *Le complément libre choix mode de garde* – faire garder son enfant par une AMA (assistante maternelle agréée)	Versée au 7e mois de grossesse Versée de la naissance jusqu'aux 3 ans de l'enfant (versements mensuels)

5 Carte d'invalidité

Elle est attribuée pour une invalidité d'au moins 80 % et permet à la personne d'obtenir des réductions d'impôts (taxe d'habitation, impôts fonciers), l'exonération de la redevance télévision, des places réservées dans les transports, etc. La carte est demandée auprès de la MDPH

(Maison départementale des personnes handicapées). La décision est prise par la CDAPH (Commission des droits et de l'autonomie des personnes handicapées).

C Prestations familiales

De nombreuses prestations existent pour les enfants et les familles. Le tableau 6.3 propose un récapitulatif de ces prestations et des conditions requises pour en bénéficier.
D'autres aides peuvent être sollicitées en fonction des situations :

- certaines mutuelles ou assurances proposent des aides ponctuelles à domicile lors d'accident ou de maladie ;
- des soutiens scolaires à domicile sont possibles pour des enfants malades. Il est donc important de bien connaître les différents services proposés par les organismes auxquels nous cotisons.

CHAPITRE 20

La vie institutionnelle

A Notion d'équipe pluriprofessionnelle

L'auxiliaire de vie sociale intervient le plus souvent avec d'autres professionnels qui n'interviennent pas forcément aux mêmes heures et se croisent peu de temps. De ce fait, la communication professionnelle, qui se traduit par des « transmissions », est un élément très important de la prise en charge à domicile. Elle permet la coordination des actions.

1 Composition de l'équipe pluriprofessionnelle

◆ Définition

« L'équipe pluriprofessionnelle est un groupe de personnes unies dans la réalisation d'une tâche collective. »

Les structures d'aide à domicile suscitent l'emploi de nombreuses catégories de personnel, dont les activités sont complémentaires. Aucune activité d'un groupe n'est efficace sans la coordination de tous les membres du groupe.

◆ Membres principaux

Outre les auxiliaires de vie sociale, il s'agit essentiellement de médecins, d'infirmières, de kinésithérapeutes, d'assistant(e)s de service social, d'aides-soignants et de pédicures.

◆ Objectifs de la coordination professionnelle

Le principal objectif de la coordination professionnelle est la prise en charge globale et suivie de la personne aidée. La communication en est « l'outil » principal. Elle vise à :

- l'harmonisation de la démarche d'action ;
- la cohérence du plan d'action et de l'action.

2 Critères de fonctionnement de l'équipe

Le bon fonctionnement de l'équipe nécessite un certain nombre d'éléments.

◆ Reconnaissance d'une organisation hiérarchique

La présence d'un responsable rappelle l'objectif au groupe, définit les règles de fonctionnement et les moyens de réalisation.

© 2011 Elsevier Masson SAS. Tous droits réservés

L'organisation et le déroulement des activités seront facilités si les décisions du responsable sont prises après concertation des membres de l'équipe.

◆ Reconnaissance des fonctions de chaque membre de l'équipe

Chaque activité fait appel à des niveaux de performance différents selon la catégorie professionnelle des membres de l'équipe et la réalisation des objectifs s'obtient grâce à l'association des compétences de chacun. Il faut savoir que la manière dont les membres de l'équipe acceptent l'autorité du chef (ou responsable) est tout aussi déterminante.

- Plus les individus se comportent en *membres responsables* de leur action, moins les actions envisagées ont de raison de s'exercer « autoritairement ». Elle se limite alors à favoriser la communication entre les membres de l'équipe.
- *Une attitude de compétition* entre les membres (la notion de « gagnant » et de « perdant ») n'est pas favorable au fonctionnement d'une équipe

B Notion de droit du travail

1 Contrat de travail

Le contrat de travail énonce les obligations du salarié et de l'employeur et garantit les droits.

◆ Droits et devoirs

Le salarié et l'employeur ont des droits et des devoirs réciproques :

- *l'employeur* doit respecter les horaires de travail établis, verser le salaire correspondant au travail et respecter les éléments du contrat (tâches à accomplir, congés payés…) ;
- *le salarié* doit respecter les horaires de travail et effectuer le travail précisé, observer le règlement intérieur et respecter les obligations de discrétion et de réserve professionnelle.

◆ Formes du contrat

Il existe 2 types de contrat :

- *le contrat à durée indéterminée* (ou CDI) ne prévoit pas de date de fin de contrat. Il peut être rompu par le licenciement par l'employeur ou par la démission de l'employé. Le CDI est la forme normale de contrat (*cf.* Figure 6.3) ;
- *le contrat à durée déterminée* (CDD) a une durée limitée dans le temps. Le contrat doit préciser la date d'embauche et la fin du contrat, la durée de la période d'essai, la rémunération le lieu de travail, la convention collective applicable et tout autre avantage promis à titre individuel.

◆ Modèle de contrat de travail à durée indéterminée (CDI)

2 Durée du temps de travail

- *La durée du temps de travail* est de 35 h par semaine (loi Aubry de 1998). La durée des heures supplémentaires ne peut excéder 20 h par mois.

Entre l'employeur :
M., Mme, Mlle (Nom) : Adresse :
N° d'immatriculation URSSAF :

et le salarié :
M., Mme, Mlle (Nom) : Adresse :
N° d'immatriculation de Sécurité sociale :

Il est conclu un contrat de travail régi par les dispositions de la convention collective nationale de travail des salariés du particulier employeur tenue à la disposition du salarié qui pourra la consulter sur le lieu de travail. Toute modification de ces textes lui sera notifiée dans le délai d'un mois après sa date d'effet. Les institutions compétentes en matière de retraite et prévoyance sont :

IRCEM Retraite. Prévoyance : IRCEM

1. Date d'entrée : Durée de la période d'essai : (renouvellement possible sous réserve d'information écrite avant la fin de la première période).
2. Lieu habituel de travail : Autre(s) lieu(x) : un accord entre employeur et salarié fixera les modalités particulières.
3. Nature de l'emploi :
   • Description du poste.
   • Niveau de qualification. (S'il y a lieu, caractéristiques ou exigences particulières de l'emploi)
4. Horaire de travail hebdomadaire : heures :
   • Pour les postes d'emploi à caractère familial, préciser :
     – nombre d'heures de travail effectif :... heures ;
     – nombre d'heures de présence responsable :... heures correspondant à :... heures de travail effectif (*une heure de présence responsable, équivaut à 2/3 d'une heure de travail effectif*).
   • S'il y a lieu, préciser : planning, présence de nuit.
   • Périodicité de relevé de situation si horaires irréguliers.
5. Repos hebdomadaire : Préciser le jour habituel de repos hebdomadaire (s'il y a lieu, modalités particulières).
6. Jours fériés : (prévoir les jours fériés travaillés, le cas échéant).
7. Rémunération (en euros) à la date d'embauche :
   • Salaire brut horaire :... correspondant à un salaire net horaire : ... :
     – salaire brut : montant du salaire avant déduction des cotisations salariales ;
     – salaire net : montant du salaire après déduction des cotisations salariales.
   • Assiette des cotisations :
   • Les prestations en nature fournies seront déduites de la rémunération nette.
   • En cas de paiement par chèque emploi-service, le salaire horaire net ou le salaire mensuel net est majoré de 10 % au titre des congés payés.
8. Congés payés :
   Délais de prévenance à préciser.
   Cas particulier de l'année d'embauche (année de référence incomplète).
9. Clauses particulières :
   • Congés liés aux contraintes professionnelles de l'employeur.
   • Évolution possible des tâches, des horaires.
   • Logement de fonction, etc.

À ...., le .... Signature du salarié,

Signature de l'employeur,

Fig. 6.3 Modèle de contrat de travail à durée indéterminée branche Fepem.

- *Un repos hebdomadaire* de 24 h consécutives est obligatoire. Ce repos est normalement fixé le dimanche, mais ce principe ne peut pas toujours être appliqué en fonction des impératifs de service du secteur à domicile (en cas de travail le dimanche, un jour de repos en semaine est attribué).
- *La durée du repos obligatoire* entre deux journées de travail est de 12 h.
- *La durée des congés annuels* est fixée à 30 jours par an ou 2,5 jours de congé par mois de travail.
- *Des congés particuliers* sont prévus par la loi : congés maternité, congés parentaux, etc.

2 Différends entre employés et employeurs

L'inspection du travail a un rôle de contrôle et de conseil. L'inspection peut constater des infractions au Code du travail et prendre des décisions.
Le *Conseil des Prud'hommes* est un tribunal spécialisé, chargé de régler les conflits lorsqu'ils n'ont pas trouvé de solutions à l'intérieur de l'entreprise. Deux solutions sont possibles : une tentative de conciliation ou le jugement.

3 Statut juridique des réseaux

Les réseaux sont le plus souvent créés à partir de structures associatives indépendantes.

C Coordination et travail en réseau avec les autres intervenants

La coordination est un élément important dans la prise en charge des intervenants à domicile. Nous avons déjà cité les CLIC en gérontologie (coordination gérontologique).
Il existe d'autres coordinations dont le rôle est de permettre l'articulation de dispositifs parfois complexes du domaine médico-social.
Un réseau permet la collaboration, dans une zone géographique donnée, de professionnels de disciplines différentes.
La personne aidée est au centre du dispositif : des professionnels se concentrent sur la prise en charge d'une personne, sur un problème de santé ou sur une difficulté sociale

Exemple

Certains réseaux sont spécialisés dans la prévention de l'alcoolisme, de la toxicomanie ou dans l'aide à des populations en difficulté.

1 Objectifs

L'objectif d'un réseau, fixé par la coordination des professionnels, est d'assurer une continuité et une qualité dans l'aide ou dans la prise en charge d'une personne.

2 Origine des réseaux

Le développement des réseaux correspond à l'apparition de groupes de populations particulièrement en difficulté, et pour lesquels les solutions existantes n'étaient pas satisfaisantes.

Exemple

La prise en charge des :

- personnes âgées à domicile ;
- *personnes atteintes du Sida* (elle a nécessité la création des premiers réseaux ville-hôpital) ;
- *personnes en fin de vie.*

3 Différentes sortes de réseaux

Les différents réseaux permettent :

- une prise en charge spécialisée dans des pathologies ou handicaps ;
- l'accès aux soins des personnes démunies ou en situation de précarité ;
- des actions de surveillance des pathologies lourdes.

D Notion de qualité du service rendu

Le mot qualité fait référence à une image de satisfaction et de confiance.

Dans le monde de l'entreprise, cette notion est très présente avec la création de la démarche qualité.

Des normes permettent aujourd'hui de valider cette démarche qualité (*norme française NF et norme internationale ISO*). L'objectif de cette démarche est de placer le client au centre du dispositif. À domicile, le client est la personne aidée.

Une norme NF correspond aux services des personnes à domicile (*norme NF X 50-056*) avec trois points essentiels :

- *le respect de la personne ;*
- *une intervention individualisée ;*
- *une relation visant à protéger le client et l'intervenant à domicile*. La personne aidée doit bénéficier d'un service adapté à ses besoins. Ce service respecte les principes déontologiques et la réglementation en vigueur.

La personne aidée doit avoir la garantie que l'organisme emploie un personnel qualifié et compétent. D'autre part, toutes ses réclamations doivent être prises en compte et traitées rapidement. Son avis est sollicité quant à la qualité du service reçu.

La notion de « qualité du service rendu » n'est plus seulement utilisée dans le secteur de l'industrie, mais s'applique, et occupe toute sa place, dans le secteur sanitaire et social.

Chapitre 21

La communication professionnelle

A Recueil et tri des informations

Avant de sélectionner les éléments d'observation ou de trier les données pertinentes qui devront faire l'objet d'une transmission, l'AVS doit réfléchir méthodiquement.
Nous lui suggérons d'utiliser la méthode du QQQOCP (Quoi ? Qui ? Quand ? Où ? Comment ? Pourquoi ?)[1] (*cf.* Tableau 6.4).

B Transmissions des informations

1 Deux types de transmissions

Les transmissions des informations peuvent être orales ou écrites.

◆ Transmissions orales

Les transmissions orales peuvent concerner deux situations :

- *l'urgence* : une situation urgente nécessite une intervention ou une décision immédiate (urgence médicale par exemple). L'auxiliaire de vie sociale doit alors transmettre *des informations par téléphone*, en décrivant précisément les faits ou l'observation de la personne. Elle laissera par ailleurs une trace écrite de sa démarche ;
- *le relais entre deux professionnels* : l'auxiliaire de vie sociale transmet ce qu'elle a fait à sa collègue et/ou à sa (ou son) responsable et précise les éléments nouveaux. Elle peut aussi transmettre des informations à la famille de la personne aidée.

◆ Transmissions écrites

Les transmissions écrites permettent (lorsque les professionnels ne se rencontrent pas) de conserver une trace des éléments importants et des problèmes signalés. Pour transmettre correctement les informations écrites, l'auxiliaire de vie sociale doit les inscrire dans le cahier des transmissions ou de liaison.

1. Cette formule mnémotechnique est très facile à retenir sous cette forme ; toutefois l'ordre des lettres n'est pas systématiquement respecté et le « Pourquoi » doit être placé au début de sa réflexion.

DEAVS. Modules 1 à 6
© 2011 Elsevier Masson SAS. Tous droits réservés

Tableau 6.4 Méthodologie pour sélectionner l'information.

Pourquoi ?	– Dans quel but dois-je transmettre cette information ? – Quel est l'objectif de cette transmission ?
Quoi ?	Quels sont les éléments de mon observation que je dois transmettre ?
Qui ?	À qui dois-je les transmettre ? (responsable ? équipe ? famille ? etc.)
Quand ?	À quel moment dois-je réaliser la transmission ?
Où ?	Dois-je transmettre l'information orale en présence de la personne ou à distance ? Et pourquoi ?
Comment ?	– La transmission sera-t-elle orale ou écrite ? – Comment se présente le cahier de transmissions ou de liaison ?

2 Nature des transmissions

L'auxiliaire de vie sociale doit transmettre la nature exacte de son intervention et signer. Elle doit faire la synthèse des informations à transmettre (*cf.* Rôle de l'AVS).

Rôle de l'AVS

L'AVS doit inscrire :

1. les observations sur la personne en indiquant :

- ses réactions (fatigue, autonomie, tristesse…) ;
- les incidents éventuels (malaise…) ;
- les rejets alimentaires après le repas ;
- les refus du repas, les refus des activités, des distractions ;
- les insomnies, etc.

2. les anomalies éventuelles constatées :

- toute éruption cutanée, diarrhée, inflammation, etc. ;
- toutes paroles de la personne exprimant une crainte, une angoisse, etc.

3. les informations nouvelles apprises au sujet de la personne (par sa famille ou un membre de l'équipe)

4. les soins ou actions réalisés :

- toilette corporelle ;
- aide à la marche, aide à l'élimination, etc.

Situation

Marlène (AVS) fait les « transmissions écrites »

Marlène, auxiliaire de vie sociale, accompagne au quotidien *Mme R.* (78 ans) qui est handicapée motrice. Elle réalise les soins d'hygiène et de confort, fait les courses et l'aide au repas

et veille à son repos. *Marlène* observe beaucoup le comportement de *Mme R.* qui manifeste des états dépressifs depuis le décès de son mari. Elle veille à noter méthodiquement chaque jour les éléments de son observation.
Voici un aperçu du « *cahier de transmissions* » ou de « *liaison* ».
Remarque
Cahier de transmission de Mme ROBERT. Marlène X. (AVS)
Mercredi 14 janvier, 10 h : Mme Robert présente ce jour une rougeur sous les seins. Toilette corporelle au savon de Marseille sous les seins (+ talc). Surveillance régulière du moral (Mme Robert est triste).
Signature : Marlène X (AVS)
L'AVS peut noter beaucoup d'informations sur le cahier de transmissions, mais elle veillera à tenir la personne aidée au courant de ce qui a été rédigé la concernant. L'AVS expliquera à la personne l'intérêt des transmissions écrites (*cf.* ci-après).

3 Intérêts des transmissions

Les transmissions permettent de :
- regrouper les informations sur la personne aidée, d'où une meilleure prise en charge visant sa sécurité ;
- personnaliser les soins : situer ses habitudes de vie, ses besoins fondamentaux, ses attentes, etc. ;
- assurer le suivi de la personne par l'équipe de soins 24 h/24 ;
- favoriser la concertation entre tous les membres de l'équipe professionnelle ;
- éviter les risques d'erreurs et d'oublis au niveau des interventions ;
- disposer d'un document légal en cas de problème juridique.

4 Consignes d'utilisation du cahier des transmissions ou de liaison

Certaines consignes d'utilisation du cahier des transmissions doivent être respectées :
- les notes doivent être synthétiques mais précises, claires, complètes et pertinentes ;
- les abréviations doivent faire l'objet d'un consensus (*ex.* : RAS = rien à signaler) ; il est préférable de les éviter, car l'AVS fait un travail humain et non technique ;
- les notes doivent être chronologiques (préciser l'horaire).

L'AVS doit dater et signer ce qu'elle a écrit sur la personne.

Précautions particulières

Les recommandations de la circulaire ministérielle doivent être respectées : les confidences relatives à la vie privée de la personne ne peuvent faire l'objet de transmissions écrites qu'avec l'accord de celle-ci. Le respect de la vie privée est un principe indérogeable que l'auxiliaire de vie sociale doit privilégier en toutes circonstances ; il participe à l'établissement d'un climat de confiance avec la personne aidée et sa famille et à la crédibilité du service d'aide à domicile

C Discrétion et secret professionnel

Comme tout professionnel du secteur sanitaire et social, l'AVS est soumise à l'obligation de discrétion et au secret professionnel. L'AVS intervient à domicile et peut avoir connaissance de faits confidentiels sur la vie de la personne et de sa famille. Le secret professionnel protège la personne aidée contre toute divulgation de ces faits confidentiels.

1 Discrétion professionnelle

L'obligation de discrétion professionnelle concerne également l'AVS. Elle protège plus particulièrement l'ordre interne à l'institution en interdisant la révélation de toute information indiscrète par les salariés.

Selon la loi[2] :

- « *la discrétion professionnelle est de règle* pour tous les faits, informations et documents dont les salariés ont connaissance dans le cadre de leur fonction » ;
- « *l'indiscrétion professionnelle est une faute disciplinaire* susceptible d'entraîner une sanction disciplinaire (dans le cadre d'une procédure disciplinaire) » ;
- « *l'obligation de réserve professionnelle* concerne l'opinion personnelle que peut avoir un employé sur l'établissement (ou l'institution) qui l'emploie et sur ses collègues de travail, et le fait qu'il manifeste ouvertement cette opinion dans le cadre de son travail ; cette opinion pouvant porter atteinte à l'image de marque de l'établissement ou de l'institution. »

2 Secret professionnel

◆ Textes

Les textes officiels[3] indiquent que :

- chaque professionnel a pour devoir de « ne pas révéler d'informations à caractère secret, dont il serait dépositaire par sa profession » ;
- toute infraction au secret professionnel est passible de peines correctionnelles[4] ;
- le secret professionnel est la règle. Nul ne peut être dispensé de cette obligation, sauf dans le cas de dérogations prévues par la loi (*cf.* paragraphe suivant).

Situations

Violation du secret professionnel

- ► *Mlle F.* (AVS) travaille auprès d'une jeune mère de famille, divorcée et malade. Connaissant l'ex belle-mère de celle-ci, elle lui a fourni, à sa demande, des copies de son dossier médical qui l'intéressait. L'ex belle-mère en a fait un usage malveillant.
- ► *Mme G.* (AVS) travaille auprès de *M. Y.* qui est atteint du sida. Il est très amaigri et en

---

2. Loi du 13 juillet 1983 (article 26).
3. Code pénal (article 226.13).
4. Pour toute violation du secret professionnel, le Code Pénal prévoit des peines d'emprisonnement et des amendes de l'ordre de 15þ000 Euros.

arrêt de travail depuis trois mois. *Mme G.* a transmis des nouvelles par téléphone à un certain *M. A.*, qui se présentait comme le beau-fils de *M. Y.* ; c'était en fait un représentant de son directeur, qui voulait « en savoir plus »...

Remarque

Mlle F. et Mme G. ont toutes les deux « *violé le secret professionnel* » et, en cas de plainte des personnes concernées, encourent des sanctions sévères.

◆ Enquête pour déterminer la responsabilité

Toute violation du secret professionnel est une faute grave. Lors d'une violation du secret professionnel, chacun doit répondre de sa faute individuellement face à la justice. L'enquête va rechercher le quoi, le pourquoi et le comment ?

Le quoi ? (l'élément légal)

La loi interdit de diffuser toute information lue ou entendue portant sur la santé ou sur la vie privée du patient ou de son entourage.

Le pourquoi ?

Pour respecter la vie privée des personnes.

Le comment ? (l'intention du fautif)

L'enquête va apprécier l'intention du soignant lorsqu'il a violé le secret professionnel. Lorsque le soignant invoque « l'ignorance de la gravité de la faute » pour atténuer sa faute professionnelle, le tribunal prend très rarement en compte cet argument, en fonction d'un grand principe : « nul n'est censé ignorer la loi ».

◆ Dérogations au secret professionnel

Certaines dérogations au secret professionnel sont prévues par le Code pénal. Il s'agit des déclarations de sévices et de violences sur mineur de moins de 15 ans et sur personnes fragilisées (mineurs, personnes âgées, handicapées, malades ou affaiblies). Concrètement, tout soignant doit signaler au cadre de santé, ou au médecin, les sévices ou privations qu'il constate dans le service. C'est une obligation.

Rôle de l'AVS

L'AVS veillera à :

- faire preuve de discrétion et de réserve professionnelle : elle respectera son milieu de travail, ses responsables et ses collègues et ne révèlera ni opinions, ni informations les concernant ;
- respecter le secret professionnel.

L'AVS a l'obligation de :

- ne donner aucun renseignement par téléphone ;
- *ne donner aucune information orale ou écrite, sur la personne et son envi-*

ronnement familial (nom, situation familiale, santé, maladies, soins, examens, diagnostics, vie professionnelle, sociale, chômage, budget, confidences, religion, goûts, opinions, visites, rapports de voisinage, résultats scolaires des enfants...) ;
- dénoncer tout sévice ou acte de violence sur enfant ou personne fragilisée.

Dans le cadre d'un service à domicile, l'AVS, dans les plus brefs délais, signalera oralement en cas d'urgence et en tout état de cause par la suite, au supérieur hiérarchique ou au médecin l'acte de violence ou le sévice dont il a été témoin.

D Écrits professionnels

1 Importance d'un « écrit professionnel »

Un écrit professionnel est un acte d'une grande importance.

◆ Un acte de « réflexion »

L'écrit n'est pas seulement un moyen d'échanger des informations, c'est aussi un moyen de discipliner sa pensée, de prendre de la distance avec la situation vécue, de la clarifier, de l'ordonner, de l'approfondir. L'écrit développe la réflexion. C'est aussi un acte culturel, puisqu'il exige un effort intellectuel.

◆ Un acte « responsable »

Celui qui écrit s'expose aux yeux de l'équipe, il émet des observations, des remarques, des propositions, des suggestions. Il témoigne de sa responsabilité.

◆ Un acte de « traçabilité »

L'acte écrit est un acte qui laisse une trace définitive, et cette trace est une preuve légale. La personne concernée (ou sa famille) peut demander à prendre connaissance de l'acte écrit (loi du 2 avril 2002).

On peut ajouter un quatrième intérêt à l'écrit : il permet de gagner du temps.

Rôle de l'AVS

L'AVS ne doit pas pour autant appréhender l'écrit professionnel ; bien au contraire l'AVS aura à l'esprit l'importance d'une transmission pour la personne aidée et pour ses collègues. Il convient cependant d'être prudent dans la formulation de l'acte écrit et surtout de faire preuve de discrétion professionnelle. L'AVS veillera à :
- faire attention aux tournures de phrases témoignant de jugements de valeurs, d'opinions qui seraient contestables, voire attaquables, car peu objectives et donc interprétables de façon différente selon les personnes ;
- utiliser un vocabulaire respectueux de la personne.

2 Différents outils de transmission

Parmi les écrits professionnels figurent en première place les « *transmissions écrites* », consignées dans le *cahier de transmission*, ou de liaison, mais il existe aussi l'outil informatique. Il prend une place de plus en plus importante dans la vie professionnelle, car il mémorise beaucoup d'informations. L'outil informatique permet de :

- obtenir rapidement une information et facilite le recueil et le tri des données ;
- améliorer le travail d'équipe, car outil commun = langage commun = rigueur = efficacité et rapidité dans le travail ;
- améliorer la qualité de la prise en charge de la personne aidée ;
- éviter la perte d'informations.

3 Mise en garde pour l'outil informatique

L'outil informatique, en matière d'écrits professionnels, est soumis à la loi du 6 janvier 1978 dite « *loi informatique et libertés* » mise en place par la CNIL (Commission nationale de l'informatique et des libertés). Ce dernier veille à ce que les informations relatives à la vie privée des personnes soit protégées. La loi prévoit l'accès aux informations consignées, par la personne concernée et/ou sa famille.

E Communication orale en réunion

La communication orale dans un groupe permet la *concertation* et la *coopération* entre les membres. Elle repose sur la confiance en soi, en ses capacités et en celles des autres membres de l'équipe.

1 Intérêt d'une réunion

Ces réunions ont pour objectif de faire le point sur les prises en charge, d'évaluer et de réajuster les actions et d'évoquer les cas difficiles. La concertation en réunion permet une prise en charge globale, adaptée et suivie de la personne aidée. Elle permet à chaque membre de l'équipe de s'impliquer dans le projet du service d'aide à domicile.
L'information, par les connaissances qu'elle apporte, a une incidence importante sur les relations dans l'équipe. Toute perturbation dans la transmission de l'information a des conséquences regrettables.

2 Méthodologie pour « prendre la parole » en réunion

La communication en réunion n'est pas toujours réalisée dans les structures d'aide à domicile. Toutefois (si elle a lieu), il est important pour celui qui prend la parole de :

- être *synthétique* (c'est-à-dire de parler de l'essentiel) ;
- utiliser des *mots précis* et de décrire des *faits précis* ;
- *écouter* les autres membres de l'équipe, respecter chacun (éviter de couper la parole) ;
- respecter les limites de *compétences* de chacun ;
- soigner le *ton* de sa voix, *l'articulation* des mots, le *débit* des paroles, etc. ;
- soigner *l'expression verbale* (vocabulaire correct) ;

- être attentif à *l'expression non verbale* : il doit renforcer le contenu de ce qui est dit. Il faut savoir modifier ses attitudes (se lever, se déplacer) ;
- *regarder les auditeurs* : à la maîtrise de la parole, il est indispensable d'associer celle du regard. Le regard est le lien entre celui qui parle et celui (ou ceux) au(x)quel(s) il s'adresse. Il garantit l'efficacité de la communication ;
- utiliser un « *vocabulaire commun* », un langage professionnel adapté.

3 Difficulté à « prendre la parole » en réunion

Certains participants ont des difficultés à prendre la parole dans un groupe. Pourquoi ?

- *Ils n'ont rien à dire* parce qu'ils sont d'accord, parce qu'ils ne sont pas concernés, etc. ;
- *Ils ne peuvent pas parler* parce qu'ils ne savent pas ou croient ne pas savoir, parce qu'ils n'ont pas le vocabulaire ou croient ne pas l'avoir, parce qu'ils ne sont pas écoutés ou croient ne pas l'être, etc.

4 Intervention positive en réunion

On peut distinguer deux catégories d'interventions (les positives et les négatives). Avoir une attitude positive, c'est avoir la volonté d'aboutir. Citons quelques attitudes positives. Pour qu'un groupe soit productif, il faut que certaines règles soient respectées par les participants. Il faut savoir :

- manifester de la solidarité ;
- réduire les tensions ;
- être coopératif ;
- écouter ;
- ne pas couper la parole ;
  - éviter la critique, la mise en cause des personnes ;
- éviter les jugements de valeurs.

Situation

Laetitia « prend la parole »

Mme D., responsable du service de l'aide à domicile, a organisé hier une réunion de travail où chaque professionnel devait parler des difficultés rencontrées.

Lors de cette réunion, *Laetitia* (AVS) prend la parole rapidement et fait une longue liste des aspects négatifs de son métier (horaires trop stricts, personnes âgées trop exigeantes…). Immédiatement, *Zohra* (collègue AVS) l'accuse d'être incompétente et immotivée. Il s'en suit quelques « joutes verbales » qui divisent le reste du groupe (chacun prenant parti pour l'une ou pour l'autre) et auxquelles *Mme D.* (la responsable) doit mettre un terme.

Remarque

Lors d'une réunion, certaines personnes manifestent souvent des réactions révélatrices de leur *personnalité* ou de leur *vécu*. Certaines de ces réactions ne sont pas professionnelles. Un climat trop conflictuel peut mettre en jeu la cohésion du groupe et nuire à sa production. Souvent, un participant peut jouer le rôle de « *leader* » et influencer le groupe (positivement ou négativement). Il peut être institutionnel par son statut ou avoir simplement une personnalité dominante.

On remarque que lors d'une réunion, certaines personnes ont la fâcheuse tendance à *parler d'elles*. Or un professionnel doit lutter contre toute tendance à l'égocentrisme. Pour cela, il doit décider de parler moins, d'écouter plus et de questionner davantage, avant d'émettre un avis. Ici Zohra, au lieu de mettre en cause Laetitia, aurait dû la questionner et essayer de comprendre la cause de son « *négativisme outrancier* ». L'échange aurait peut-être été plus productif et moins houleux.

Rôle de l'AVS

En position d'auditeur en réunion

1. Se motiver (même si l'orateur n'est pas passionnant)

L'auditeur doit savoir dire : « Ce que j'écoute me permettra d'améliorer mes compétences dans tel domaine, je dois donc faire l'effort d'être attentif, de m'intéresser à ce qu'il dit, ainsi je retiendrai mieux ».

2. Se responsabiliser, se discipliner

Nous avons vu toutes les attitudes positives à adopter en groupe de travail. Il faudra donc lutter contre toutes les tendances au bavardage, à la mise en cause des personnes. Respecter celui qui parle, c'est ne pas lui couper la parole, c'est savoir parler dans un temps bref et concis afin de respecter le temps de parole des autres collègues. Il faut donc se responsabiliser, se discipliner, c'est un travail de longue haleine pour ceux qui n'y sont pas prêts du fait de leur personnalité.

5 Différents types de réunion

Il y a quatre types de réunions :

- *la réunion d'information* : transmettre des informations ;
- *la réunion de discussion* : échanger des informations, des opinions, des questions ;
- *la réunion de décision* : résoudre des problèmes et rechercher des solutions ;
- *la réunion de synthèse* : permet de faire la synthèse d'informations, pour mettre en place un projet individualisé.

Situation

La synthèse des informations sur Mme A.

La prise en charge de *Mme A.* (personne âgée en fin de vie) est analysée dans toutes ses dimensions. Chaque professionnel parle de *Mme A.* au regard de sa fonction. La synthèse des informations permet de cerner au mieux la réalité vécue par *Mme A.* et le projet qui suit est individualisé sur ses besoins.

Remarque

La réunion de synthèse est centrée sur les bénéfices que tirerait Mme A. de tel soin (ou thérapie) plutôt que de tel autre. Elle participe à la démarche éthique. La réunion ne peut exister que dans la pluridisciplinarité.

Définition de la pluridisciplinarité

« La pluridisciplinarité est une mise en commun d'informations issues de plusieurs sciences ou disciplines. Elle relève d'une ouverture d'esprit, d'une curiosité intellectuelle qui pousse chacun de ses membres à évoluer, à sortir de son domaine et de son langage propre[5] (*cf.* la composition de l'équipe pluridisciplinaire dans le chapitre 19).

6 Réseaux de communication

Un groupe se structure en réseaux en fonction de la position tenue par chacun de ses membres. Cette position varie en fonction de la personnalité de chaque membre (*ex.* : timide, extravertie, introvertie…) et de son statut au sein du groupe (responsable de secteur, infirmière, kinésithérapeute, aide-soignante, auxiliaire de vie sociale…).
Lorsqu'on souhaite intervenir dans un groupe, on a tendance à se tourner vers une personne déterminée. Cette personne joue le rôle de soutien pour atténuer toute l'angoisse que l'on éprouve face au groupe. Lors des échanges, certaines personnes se trouvent plus sollicitées que d'autres. Des réseaux de communication se constituent. Ainsi, on peut avoir différents types de réseaux (*cf.* Tableau 6.5).

Tableau 6.5 Principaux réseaux de communication.

Schémas	Réseaux	Caractéristiques
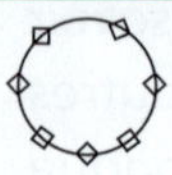	En cercle	Les échanges ont lieu avec l'ensemble du groupe, ce qui améliore la cohésion de celui-ci. C'est le groupe le plus efficace.
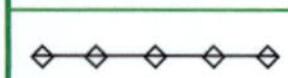	En chaîne	C'est un réseau de communication très morcelé qui comporte des risques de perte et de déformation de l'information. Il est cependant très utilisé. *Ex. : les transmissions orales pour l'aide à domicile : médecin → infirmière →famille ou auxiliaire de vie sociale*
	En étoile	L'information est bien transmise mais il y a peu de relations entre chaque membre du groupe d'où le désintéressement des autres et la frustration. *Ex. : les transmissions orales (à titre d'exemple pour l'aide à domicile) :* *• AVS → famille → AVS* *• infirmier → responsable → infirmier* *• médecin → infirmier → médecin*

7 « Groupe de paroles »

La pratique d'accompagnement d'une personne exige un travail d'équipe. Certains services d'aide à domicile ont expérimenté les « groupes de parole » qui permettent des échanges animés par un psychologue (*cf.* Figure 6.4). On peut souhaiter que de nombreuses auxiliaires de vie sociale chargées d'un travail d'accompagnement, puissent bénéficier de ce soutien, car la parole permet d'apprendre à *exprimer ses émotions* et permet une *mise à distance* de ses propres sentiments. Elle permet aussi aux différents membres de l'équipe de réfléchir sur les

5. Soigner la relation malade-famille-soignants, Mr S. Richard. CREFAC, 2002.

Fig. 6.4 **Portraits de quelques participants à une réunion de service (dans un groupe, chacun joue un rôle en fonction de sa personnalité et de son vécu).**

points importants de la fonction d'accompagnement, en particulier de savoir reconnaître les attitudes à adopter en toutes circonstances.
Ces échanges favorisent un accompagnement collectif. Ainsi on pourra noter sur le cahier de transmissions comment telle personne aidée a vécu tel ou tel moment.
Les conditions particulières de cette transmission sont à mettre au point en équipe car il ne faut pas oublier que les familles peuvent manifester, à l'égard de cette transmission, un grand intérêt, surtout après le décès de leur proche. Rappelons que ces groupes de paroles ont été créés par les services de soins palliatifs avant d'être élargis à d'autres services et aux services d'aide à domicile.

8 Exposé oral

◆ Définition de l'exposé

L'exposé est une intervention d'une durée variable, qui s'adresse à un auditoire dans le but de transmettre un savoir selon un sujet défini. L'exposé est une *communication orale.*

◆ Préparation de l'exposé

L'orateur veillera a :
- rassembler une *documentation* ou des *outils* (*ex.* : tableau blanc, feutres, photos…) si besoin ;
- faire un *plan* très structuré de son exposé, ne rédiger que des *notes* (ne pas détailler l'exposé écrit) ;
- *classer les documents* selon l'ordre de l'exposé ;
- *préparer l'exposé par écrit* selon la méthode du QQQOCP (*cf.* ci-après).

Préparation de l'exposé oral :
- Q (*Quoi ?*) : situer le thème de l'exposé (*ex.* : accueil d'une stagiaire) ;
- Q (*Qui ?*) : préciser le type et le nombre d'auditeurs et leurs fonctions ;
- Q (*Quand ?*) : préciser le jour et l'heure de l'exposé ;
- (Où ?) : préciser le lieu (salle de réunion) ;
- C (*Comment ?*) : préciser les moyens utilisés (graphiques, diagrammes, photos, grilles) ;
- P (*Pourquoi ?*) : préciser les objectifs de l'exposé (*ex.* : donner des informations).

◆ Réalisation de l'exposé

Le jour de l'exposé, que l'orateur soit en présence d'un petit ou d'un grand groupe de personnes, les *principes* à respecter sont les mêmes. Il veillera à :

- *maintenir l'intérêt de l'auditoire* :
  - *au début de l'exposé* : l'introduction doit motiver l'auditoire (*ex.* : l'importance du thème, en quoi les concerne-t-il ?),
  - *au cours de l'exposé* : l'orateur devra adapter ses intonations, ses attitudes, ses propos. Pour cela, il devra *être attentif à l'expression non verbale*. Il faut savoir modifier ses attitudes (se lever, se déplacer) ;
- *accepter les silences* : un intervenant qui fait un exposé d'information face à un auditoire plus ou moins important, est souvent décontenancé par le silence qui suit sa prestation. Il saura dire : « Avez-vous des questions ? des remarques à faire ? »... et il saura attendre les réponses... ;
- *regarder les auditeurs* : à la maîtrise de la parole, il est indispensable d'associer celle du regard. Le regard est le lien entre celui qui parle et celui (ou ceux) au(x)quel(s) il s'adresse. Il garantit l'efficacité de la communication. Regarder l'auditeur :
  - c'est l'*assurer qu'on parle pour lui*, donc c'est *solliciter son attention*, faciliter sa prise de parole, le mettre en confiance,
  - c'est *contrôler la façon dont les propos sont reçus*. Une mimique de désapprobation, des sourcils froncés, des manifestations d'ennui sur un visage, des apartés, etc., sont autant de signes qui traduisent la réaction des auditeurs à l'orateur.

Rôle de l'AVS

En position d'orateur

Pour résumer, on peut dire que l'exposé oral se déroule en *trois temps* et que l'AVS peut se questionner ainsi :

- 1. *Je dis de quoi je vais parler* (j'annonce le thème), ex. : l'insomnie de Mme A. ;
- 2. *Je parle* (je développe des arguments), ex. : les causes, les conséquences de l'insomnie de Mme A. ;
- 3. *Je dis de quoi j'ai parlé* (je conclus avant d'aborder un autre thème), ex. : nous avons donc terminé avec le problème de l'insomnie, s'il n'y a plus de remarques, nous passons au problème de l'agressivité permanente de Mme B.

L'intervention à domicile

A Place de l'intervenant à domicile

L'AVS est une professionnelle de la filière sociale de qui il est attendu un positionnement lors de ses interventions à domicile.

1 Place de l'AVS et limite par rapport à l'entourage de la personne aidée

Même si des liens se créent immanquablement avec la personne aidée et sa famille, l'AVS n'en devient pas pour autant un membre de la famille ou une amie.

- L'AVS ne peut se substituer à une personne de l'entourage et ne peut prendre des décisions seule.
- L'AVS doit rester dans une position de neutralité bienveillante et ne doit en aucun cas prendre parti.
- L'AVS doit agir en accord avec la personne aidée et rendre compte à la famille.

L'AVS est un des membres de l'équipe pluridisciplinaire. À ce titre, elle a un rôle, une fonction et un statut mais ne doit en aucun cas dépasser le cadre de ses compétences et attributions. En cas de situation d'urgence ou particulièrement difficile, elle peut et doit faire appel aux personnes compétentes et qualifiées, sans omettre d'informer sa hiérarchie.

2 L'espace privatif comme lieu de travail de l'AVS et ses enjeux

Le travail de l'AVS s'exerce quasi-exclusivement dans l'univers domestique. Travailler au domicile de la personne, de surcroît pour apporter une aide qui n'est pas forcément visible, puisque vite effacée par le quotidien, ne favorise pas la reconnaissance de ce métier, pourtant si important dans le cadre d'une politique sociale de maintien à domicile.

Les enjeux sont donc multiples :

- reconnaissance de la pénibilité du travail ;
- reconnaissance de « l'usure » des professionnels ;
- manque de reconnaissance sociale et salariale.

© 2011 Elsevier Masson SAS. Tous droits réservés

B Limites de l'intervention de l'AVS

L'AVS doit connaître sa fonction et ses limites de compétence.

- Elle ne peut en aucun cas se substituer à un professionnel de la santé et prendre des décisions dans ce domaine, même si la personne aidée le lui demande (*ex.* : administrer un médicament non prescrit trouvé dans l'armoire à pharmacie). Elle doit au contraire rendre compte et se référer au professionnel compétent en cas de difficultés.
- Elle doit avoir conscience que le maintien à domicile peut trouver ses limites. Elle doit ainsi repérer et transmettre toute aggravation de l'état de la personne aidée nécessitant une prise en charge médicalisée, voire un placement en institution.

C Réflexions sur les pratiques professionnelles

Il parait de plus en plus indispensable que les AVS puissent parler de leur pratique, mais surtout puissent évoquer les situations de plus en plus difficiles qu'elles peuvent rencontrer.

Le maintien à domicile des personnes, le développement de l'hospitalisation à domicile (ou HAD), tout ceci concourt à permettre que les sujets demeurent chez eux le plus longtemps possible, parfois jusqu'au dernier souffle, si tel est leur choix et celui de leur famille.

Les intervenants à domicile ont alors besoin de pouvoir parler de leur travail, de la lourdeur de certaines situations.

Pour cela, des *réunions* régulières d'analyse de la pratique s'avèrent indispensables, avec l'aide et le recours de psychologues. De plus en plus d'associations bénéficient à ce jour de ce type de prestations.

Par ailleurs, afin de faciliter le travail en équipe pluridisciplinaire, la mise en place, le développement et l'utilisation régulière du *cahier de liaison* est nécessaire. C'est l'outil incontournable d'une pratique professionnelle de qualité.

Dans ce domaine, comme dans toute activité professionnelle, un questionnement et une remise en cause des pratiques personnelles de chacun amène, là aussi, un gain en qualité au niveau de l'accompagnement de la personne.

471424 - (1) - (13) - CSB100 - THOMSON

Elsevier Masson S.A.S
62, rue Camille-Desmoulins
92442 Issy-les-Moulineaux Cedex
Dépôt légal : juillet 2011

Achevé d'imprimer sur les presses de
LEGO S.p.A., Lavis (TN)

Imprimé en Italie